日本外交文書

国際連合への加盟

外務省

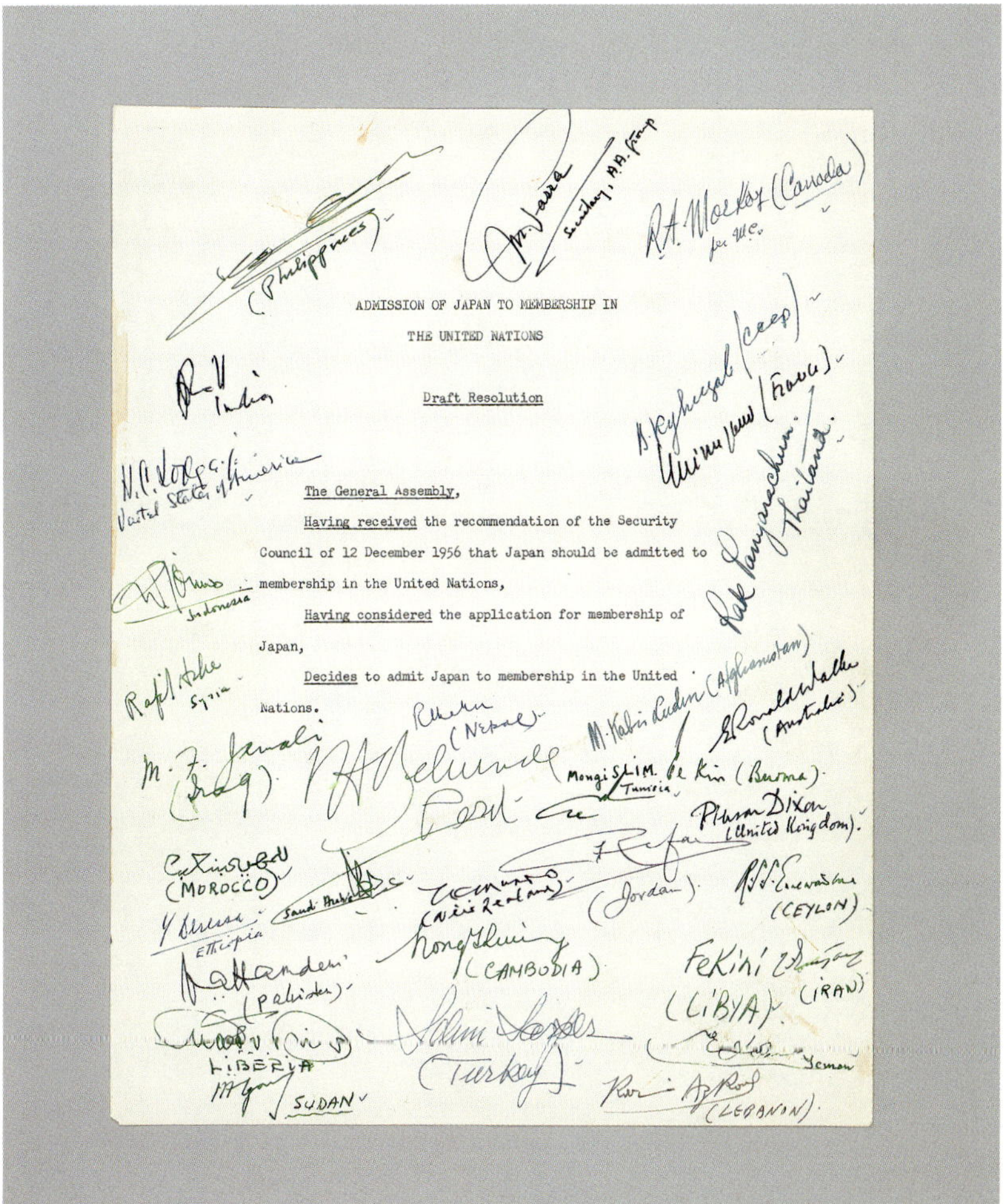

ADMISSION OF JAPAN TO MEMBERSHIP IN

THE UNITED NATIONS

Draft Resolution

The General Assembly,

Having received the recommendation of the Security Council of 12 December 1956 that Japan should be admitted to membership in the United Nations,

Having considered the application for membership of Japan,

Decides to admit Japan to membership in the United Nations.

日本の国際連合加盟に関する決議案原文

（本書第 519 文書参照）

序

外務省では、明治維新以降のわが国外交の経緯を明らかにし、あわせて外交交渉上の先例ともなりうる基本的史料を提供する目的で、昭和十一年に『日本外交文書』第一巻を公刊した。以来、既に明治・大正期の刊行を終え、昭和期についても、満州事変、海軍軍縮問題、日中戦争、および太平洋戦争等の特集とともに、昭和期Ⅰ（昭和二―六年）、昭和期Ⅱ（昭和六―十二年）、および昭和期Ⅲ（昭和十二―二十年）の刊行を終え、戦前期の刊行は完結した。

他方、戦後期についても、サンフランシスコ平和条約シリーズ（全三巻）および占領期シリーズ（全三巻、関係調書集）を刊行済みである。右シリーズに続く本書は、外交史料館が所蔵する「特定歴史公文書等」から、昭和二十六年の対日平和条約調印以後、三十一年に日本の国連加盟が実現するまでの主要な関係文書を選定し、編纂・刊行するもので、これをもって『日本外交文書』の通算刊行冊数は二二一冊となる。

激動の時代といわれる昭和期を顧みるにあたって、本書が正確な史実を提供し、外交問題の歴史的研究に資するとともに、現在の国際関係を考察する上でも貢献できれば幸いである。

平成三十一年三月

外務省外交史料館長

例　言

本書は『日本外交文書　国際連合への加盟』として、昭和二十六年の対日平和条約調印以後、三十一年に日本の国連加盟が実現するまでの主要な関係文書を収録した。

1　収録文書は、基本的に外交史料館の所蔵史料によった。

2　収録文書は、原則として原文のままとしたが、旧字体は新字体に置き換え、明らかな誤字と認められる箇所については、正しい文字に置き換えた。

3　収録文書には、一連文書番号および件名を付し、事項ごとに日付順に配列した。

4　収録文書中、発着の日付が原文に記されていない電報で、他の外務省所蔵記録から日付が特定される場合は、2月[18]日のように角括弧を付して区別した。

5　収録文書に付した書誌情報中にある発受信者などの人名については、初出の場合のみ姓名を表示し、以後は姓のみにとどめた。また発受信者名に付す国名・地名は、原則として辞令に基づく在勤地とした。

6　収録にあたって加えた注記は、（編注）として当該箇所に明記し、その文面は各文書の末尾に記載した。

7　原文書に欄外記入がある場合は、（欄外記入）として当該箇所に明記し、その文面は各文書の末尾に記載した。

8　収録文書中（省略）（ママ）等の括弧を付したルビは、収録にあたって記したものである。

9　押印については、公印と私印をそれぞれ〔印〕と（印）に区別して記した。

10　本書末尾に全収録文書の日付順索引を付した。

目次

一　平和条約調印後における国連加盟問題

1　第六回総会へのオブザーバー参加

1　昭和26年8月14日　条約局国際協力課作成

「国際連合加入問題と見透し」

国際連合加入問題と見透し

昭二六、八、一四　条、協

一、加入問題と平和条約案

対日平和条約案前文には、わが国は、国際連合に加盟を申請する意思を宣言し、連合国は、わが国のこの意思を歓迎すると書かれている。わが国は、この平和条約の締結後は、みずからの意思で国際連合に加盟を申請することとなろう。

国連憲章上加盟は、安全保障理事会の勧告に基いて総会が承認することになつている(第四条)。

二、イタリアその他諸国の先例

イタリア、ブルガリア、ハンガリー、ルーマニア及びフィンランドとの平和条約前文にも対日平和条約案と類似の規定があり、同盟及び連合国は、国際連合の加盟国となるためのこれらの国の申請を支持することとなつていた。これらの諸国は、いずれも加盟申請をしたが、安全保障理事会において、イタリアとフィンランドは、ソ連の拒否権にはばまれ、ブルガリア、ハンガリー、ルーマニアは、所定の多数を得ることができず、いずれも未だ加盟するに至つていない。(注一)

注一、これら諸国の加盟問題の経緯概要

(一)これらの旧敵国の中フィンランドを除く四国は、平和条約調印(一九四七年二月十日)後実施(同年九月十五日)前に加盟申請を行つた。これらの加盟申請は、まず安全保障理事会に付託されたが、ソ連及びオーストラリアは、平和条約実施まではこれらの国の加盟を認めるべきでないと主張した。表決の結果は、イタリアは、ソ連の拒否権にあい、他の三国は、総会に必要な多数を得ることができなかつたので、総会による承認を求めるまでに至らなかつた。

㈡平和条約実施後フィンランドも加盟申請を行い、これらの国の加盟申請は、あらためて安全保障理事会で審議された。米英その他の国は、ブルガリア、ハンガリー及びルーマニアの三国については、人権じゆうりん問題（ミゼンティー枢機郷《(卿カ)》迫害事件その他）及びギリシヤ問題（ギリシヤ国内における共産系ゲリラ部隊の援助）を理由として加盟に反対した。ソ連は、これらの五国が同一の種類に属する旧敵国であるから同時に加盟を承認せらるべきであると主張した。表決の結果は、イタリア及びフィンランドは、ソ連の拒否権にあい、他の三国は、必要な多数を得ることができなかつたので、総会による承認を求めるまでに至らなかつた。

㈢そこでこの問題は、一九四七年秋の第二回総会で取上げられ、総会は、一国の加盟を承認するに当つて他国の加盟が承認されることを条件とすることができるかという問題について国際司法裁判所の勧告的意見を求め、また、安全保障理事会が旧敵国その他の加盟申請国中ソ連の拒否権にあつて加盟を承認されないでいる国について再検討するように要請した。国際司法裁判所は、右のような条件にかけることは認め得ないという意見を述べた。他方安全保障理事会は、イタリア及びフィンランドの加盟申請を審議したが、再びソ連の拒否権にあつて総会による承認を求めるまでに至らなかつた。そこで一九四八年秋の第三回総会は、再びこの問題を取上げ、憲章第四条の規定は、安全保障理事会の勧告がない場合にも総会は、加盟を承認することができるかという問題について国際司法裁判所の勧告的意見を求め、また、安全保障理事会が拒否権のために加盟を認められないでいる国の加盟申請を引き続いて審議するように要請した。国際司法裁判所は、安全保障理事会の勧告がない限り総会は、加盟を承認することはできないという意見を述べた。他方安全保障理事会においては、ソ連が依然として自己の主張を維持したためにイタリア及びフィンランドは、国際連合に加盟するまでに至つていない。

なお、オーストラリーも、加盟申請を行つており、これに対しては、安全保障理事会において平和条約実施までは加盟を承認すべきでないと主張する国があつたが、結局総会が適当と認める時期に加盟を承認されるべきであるという案が提出された。しかしこの案も、ソ連の拒否権にあつて却下された。

三、わが国の加盟の見透し

わが国が、平和条約調印後発効前に加盟を申請しうるかは、今のところ不明である。仮にこのような申請をした場合にも平和条約発効後に申請した場合にも、ソ連その他の国でわが国との戦争状態が存続する国は、あるいは戦争状態を理由として、あるいはわが国の再軍備気構え(警察の強化、警察予備隊及び海上保安隊の設置など)、非民主化(労働運動の圧迫、共産党の迫害、中共との断交など)、日米軍事協定などに藉口して反対するであろう。特にソ連の反対は、拒否権の発動となるのでわが国の加盟が安全保障理事会により総会に勧告される公算は少い。しかし、国際連合加盟問題は、イタリアその他諸国の加盟問題が未解決であることに関連して何らかの形で解決されるべき最終段階に近づいて来ておるようにも思えるので、米国その他の国の努力により何らかの解決方法が見出されるかも知れない。

五(ママ)、加盟の手続

加盟申請は、正式の文書をもつて国際連合事務局に送付される。加盟申請を行う場合には、憲章の義務を受諾する用意があることを宣言する文書を提出することになつている。従来の例では、加盟申請と義務受諾は、同時に同一文書で行われたこともあり、別個の時に別個の文書で行われたこともある。わが国の加盟が総会で承認された場合には、手続規則上承認と同時にわが国は、国際連合加盟国となる。

六、わが国の国連協力態勢

イタリアは、国際連合加盟国ではないが、レークサクセスの本部に常駐使節団を置き、また、ソマリランド信託統治地域の施政権者となつており、その他種々の問題について実質的に積極的に国際連合と協力している。国際連合の主催する会議には、公式非公式の代表、オブザーヴァなどを送つている。わが国も平和条約第五条の規定からいつて、イタリアと同様の形で国際連合と協力することが必要となろう。

2　昭和26年9月8日　調印

「平和条約」（前文）

日本国との平和条約

連合国及び日本国は、両者の関係が、今後、共通の福祉を増進し且つ国際の平和及び安全を維持するために主権を有する対等のものとして友好的な連携の下に協力する国家の間の関係でなければならないことを決意し、よつて、両者の間の戦争状態の存在の結果として今なお未決である問題を解決する平和条約を締結することを希望するので、

日本国としては、国際連合への加盟を申請し且つあらゆる場合に国際連合憲章の原則を遵守し、世界人権宣言の目的を実現するために努力し、国際連合憲章第五十五条及び第五十六条に定められ且つ既に降伏後の日本国の法制によつて作られはじめた安定及び福祉の条件を日本国内に創造するために努力し、並びに公私の貿易及び通商において国際的に承認された公正な慣行に従う意思を宣言するので、

連合国は、前項に掲げた日本国の意思を歓迎するので、

よつて、連合国及び日本国は、この平和条約を締結することに決定し、これに応じて下名の全権委員を任命した。これらの全権委員は、その全権委任状を示し、それが良好妥当であると認められた後、次の規定を協定した。（以下省略）

編注　「平和条約」の全文は『日本外交文書　サンフランシスコ平和条約　調印・発効』第27文書参照。

3　昭和26年10月10日　条約局国際協力課作成

「国際連合第六総会に対する対策研究会議議事録」

国際連合第六総会に対する対策研究会議議事録

昭和二十六年十月十日午前十時

条約局長室にて開催

出席者

政務局総務課　高橋課長、東郷事務官

管理局引揚課　吉岡課長
調査局第二課　上川事務官
国際経済局第二課　大和田事務官
条約局国際協力課　須山課長、安倍、根本
松本、山根、角谷各事務官

須山課長

本年十一月六日からパリで国連第六総会が開かれることになつたが、この総会に対し日本としていかなる対策、方針をとるべきかについて今のうちに研究しておく必要があるために、ここに御出席を願つたのである。

第六総会に対して日本のとるべき対策としては色々なことが考えられると思うが、先ずオブザーバーの派遣ということから考えて見たい。第六総会にオブザーバーを派遣するという問題はなかなか有望であると思う。その根拠としてはサンフランシスコの対日平和条約署名の会議において、フランスのシューマン外相が行つた演説をあげることができる。

同外相はその演説中で日本も含めて平和及び民主主義的自由を愛好するすべての国家が第六総会に集うことを強く希望し、且つ第六総会は平和建設のための国連の世界性(universality)を発揮することができ(る欠カ)ことを期待する旨述べているのである。

然し元来オブザーバーというものは法律的に云へば、会議招請国又は当該会議によつて出席を招請されることが必要であり、出席した際には自国の政府の名において発言することを許されるが投票権は持たない。しかるに従来の国連総会の歴史を見ると、総会に国の政府のオブザーバーを招請したという例は見当らない。ただ国連専門機関の代表を招請する外は、僅に地域機関の代表として全米連合事務総長(一九四八年四月三十日ボゴタで署名された全米連合憲章第七十九条に基く)とアラブ連盟事務総長(一九四五年三月二十二日カイロ規約に基く)を総会にオブザーバーとして招請したことはあるが、これは地域機関の代表としてであつて一般的な事例として例証とすることはできない。総会に対しては、今のところオブザーバーとして出席し得る以外は、一般のヴィズィターとして行くより外に道はないようである。

高橋課長

何らかの形で日本が代表を送ることはいいのだらうがどんな形で送るかが問題である。

須山課長

いずれにせよわが国としては消極的に招請を待つことは得策ではない。日本の招請を総会で決議するようDS（外交局）にアプローチすることはどうであらうか。

松本事務官

第六総会のアジエンダの追加としてペルーが「新加盟国の容認―国家及び候補国が国際連合憲章第四条の要求事項をみたすことを示すための挙証の権利」（Admission of new members…right of states and candidates to adduce proof to show they satisfy requirements of article 4 of the United Nations Charter）という項目を提出しているが日本の国連加盟はこの提案によつて影響されることになると思う。

須山課長

問題が二になつたようである。すなわち第一の問題はオブザーバー派遣の問題であり、第二の問題は日本の国連加盟申請である。日本の国連加盟申請はどのような方法でどのような時期に行つたらいいか研究を要すると思う。

条約局長は平和条約に対する日本の批准後で且つ平和条約が効力を発する以前に、加盟申請を行うのが適当であるという御考えのようである。

東郷事務官

オブザーバー派遣の件は先ずDSに口頭で非公式にあたつてみるのが最も賢明であると思う。

安倍事務官

法律的に正規の資格を持つオブザーバーの派遣は総会の正式の決議で招請してもらう外はないが、このような正式のオブザーバーと一般のヴィズィターとの間になんらかの特殊なステイタスがあるのではないだらうか。たとえばイタリーなどでは自国の代表をオブザーバーと言いならわしているようであるが、彼等が法律的にはどのような資格を持つているのであるか。イタリーのいわゆるオブザーバーが事務総長にアクレデットされているかどうかを調べる必要がある。

須山課長

今迄の話を綜合すると結局次のような方法をとるのが最も賢明であると思う。第一に、DSに対して、日本政府としては、第六総会の会議の始めからオブザーバーを出したいがどのような方法をとつたらよいか分らないから何分の示唆を乞うと依頼するのである。この際にはなるべく早く返事をもらう必要がある。このＤＳに対する依頼と同時に、ワシントンの在外事務所に電報をもつて、イタリーの代表がいかなる資格で総会に出席しているか、日本から代表を出す適当な方法がないかどうかについて調査させるのである。この際には東京ではＤＳと折衝している旨付記する必要があり、且つ、国務省に関する限り日本からの代表派遣を支持してくれるよう連絡依頼する必要がある。

須山課長

次にオブザーバーの派遣が許されたときに派遣すべき人の問題がある。そしていかなる人をいかなる人数で送るかは、いかなることを発言し、いかなる範囲まで発言するかによつて決まる問題である。然し大体の見透しとして在外事務所から人員の援助をあおいでも、こちらから最少限二、三人の人員は派遣する必要があると思う。

国連に派遣された人が発言することを許されたときに、いかなることを発言すべきかは第六総会に対する日本の対策としてのまた一の問題である。たとえば国連の一つの大きな目的である安全保障ということについては、日本は安全を保障される側に立ち、保障する側には立たないので積極的な主張はなしにくい。現在の国連の安全保障体系については、集団措置委員会のリポートの入手前までは詳細は分らないが、将来国連の安全保障体系が再建され、日本もその体系に組み入れられ、日米安全保障条約も解消するという事態になることが望ましいが、現在そのような発言をなすことは時期尚早と思う。なお、この問題はhigh policyに属するものであつて、幹部の御意向を伺わなければならない。

派遣すべき人員の問題にもどる。第六総会のアジエンダ二十九の人権に関する国際規約案についてはその教育に関する部分についてユネスコが各国に意見を求めており、日本にも意見を求めてきている。日本も将来この規約に加入することにならうから、代表を一人位出さなければならないだらう。

アジエンダ三十に関連しては、朝鮮人が無国籍となつてのこる場合があれば実質的に相当問題となる。従つて第三委員会には二、三人の代表を出さなければならないであらう。

アジエンダ三十九から四十四までは財政問題であるが、これに関連しては日本の分担金が問題となる。分担金決定の際には日本からも専門家を一人位出した方がいいと思う。

アジエンダ四十九以下は法律問題であるが、これに関連しては法律専門家一、二名を派遣したい。

結局安全保障関係一、二名、社会関係二、三名、分担金関係一名、条約法律関係一、二名、合計八名位を派遣したいが、予算その他の都合がつかなければ最小限四名は派遣したい。(数字は在外事務所員の応援数を含む)

安倍事務官

日本から代表を派遣するとしても総会での討議首題について良く準備して行くことが必要であるから、総会のアジエンダの一つ一つについて予め適当な研究をしておくことが必要である。(本点については至急研究を進め調書を作成することとなつた)

須山課長

第六総会に関連して、更に準加盟という問題が浮かび上つてくる。総会の三分の二の賛成があればこのような制度の成立も可能である。然し準加盟国は発言権はあるが投票権はない。日本が準加盟国となるとしても、正規の加盟申請をする前に、準加盟国となるのはおかしいと思う。順序としては正規の加盟申請をして、それが安全保障理事会でソ連の拒否権にあつてつぶされた後に準加盟国となるべきではないかと思う。

大和田事務官

準加盟の問題に関連して、日本のＥＣＡＦＥ(アジア極東経済委員会)への加入が問題となると思う。

須山課長

ＥＣＡＦＥの地域に日本が編入されＥＣＡＦＥの準構成員となることは、日本が国連自体の準加盟国となることによつて促進はされようが、これは性質上別問題であり、ＥＣＡＦＥの準構成員となる方が国連の準加盟国となるより時期的に早いのではあるまいか。

吉岡課長

捕虜引揚問題については、総会の捕虜委員会（三人委員会）から関係各国へ調査方依頼しており三人委員会は本年末に再会合の予定なので、その結果として、第六総会が来年になつてから日本の事情聴取を求める可能性はあるであらうが、之も一に十二月以後の三人委員会の審議の進捗状況と総会に対する報告提出の時期にかかる問題である。何れにしても捕虜関係について代表者を派遣することは第六総会当初からの問題ではないと思う。

4　「国際連合第六総会にオブザーヴァー派遣の件」

昭和26年10月11日　条約局国際協力課作成（高裁案）

高裁案

昭和二十六年十月十一日起案
昭和　　年　月　日決裁（編注）

国際連合第六総会にオブザーヴァー派遣の件

一、本年の国際連合総会は、十一月六日からパリで開かれる予定である。従来の例では、総会の会期は、約三箇月であるから、この総会は、明年二月初旬までは継続することとなろう。この総会については、開催地国であるフランスのシューマン外相は、九月のサン・フランシスコ会議において、国際連合第六総会には、日伊を含むすべての平和愛好国の参集を強く希望し、また、この総会が国際連合の普遍性（ユニヴァーサリティ）を実現することを希望すると述べたが、当省が最近入手した別紙(一)「仮議事日程」（省略）には、以上の演説を反映する議題は、まだとり上げられていない。

二、第六総会に対するオブザーヴァーの派遣（別紙(二)に説明のとおり）は、平和条約の趣旨にかんがみ、且つわが国の国際連合加盟申請を容易ならしめるものと認められるので、これを実現するために、連合国総司令部外交局に対し右実現方について協力を求めることといたしたい。

三、なお、ワシントン及びニューヨーク在外事務所に訓令して、国際連合事務局などと接触してイタリアのオブザーヴァーの出席資格及び出席手続を問合せることといたしたい。

右御高裁を仰ぐ。

別紙(二)

一、国際連合総会におけるオブザーヴァー

「オブザーヴァー」とは、会議の決議により出席を勧誘されて出席する者で、会議においては、議長の許可がある場合には、発言し、また、書面により議題又は意見を提出することを認められるが、投票権は与えられないものである。この定義に従えば、国連総会は、国際機関（全米連合、アラブ連盟、専門機関など）からのオブザーヴァーを認めているだけで、国の政府からのオブザーヴァーを認めた例はない。イタリアが総会に派遣している者も恐らくオブザーヴァーの資格をもつものではなく、オンルッカー又はヴィジターの性格のものであらう。昨年秋の総会第三委員会に出席した管理局長等の資格も前述の意味におけるオブザーヴァーではなかつた。（もつともそれにもかかわらず文書の配布は認められた）国連総会にオブザーヴァーとして認められるためには、総会の決議を必要とするであらう。憲章及び手続規則には、総会のオブザーヴァーに関する規定がない総会がこの種の決議を採択できない法律的理由も認められない。わが国としては、このような決議に基くオブザーヴァーの派遣が望ましいが、それには仏、米などから決議案を提出して貰わなければならず、仮に同案が採択されたとしてもその時期が遅れるかも知れない。しかし、会議外においてわが国の主張を述べ、あるいは書面による資料の提出を認められる、かなり確立した地位のオンルッカーないしヴィジターでも、総会の事業を充分にフォローすることができるし、将来のわが国の国連協力に資すること大であると思われる。このためにも、イタリアの先例を充分に研究する必要がある。

この問題について外交局と協力を求めるのは、充分の資料を有しないわが国として厳格な意味におけるオブザーヴァーの派遣というような確定した希望を表明するよりは、米国側に代表派遣形式について適当の方式をサジェストして貰つた上でわが国からの代表派遣の方式を決定する方が円滑且つ速やかに目的が達せられると判断されるからである。

二、第六総会と引揚問題

捕虜委員会（三人委員会）は、各国からの資料が出揃う十二月まで休会することを決定しているので、その報告書の提出はそれ以後のこととなる。この報告書の提出が明確となつてからわが国の引揚問題についての代表者の派遣が急速に問題となるであらう。

編　注　決裁日は不明。

5　昭和26年10月13日　吉田（茂）外務大臣より在ワシントン武内（龍次）在外事務所長宛（電報）

イタリア国連代表団の資格および現況について調査方訓令

本　省　10月13日前9時0分発

第五三号

国連第六総会に代表を派遣したいので、ニュー・ヨークと協力しイタリアの国連代表の派遣手続、総会出席資格、代表部の規模など調査の上回電ありたい。

ニューヨークに転電ありたい。

6　昭和26年10月13日　条約局国際協力課作成

第六回総会へのオブザーバー派遣に関し総司令部外交局へ援助を要請

パリ第六回国連総会へわが方オブザーヴァー派遣に関し助力要請の件

昭二六・十・十三　条　協

本十三日DSストークス書記官と面会し、来る十一月六日からパリで開催される第六回国連総会へわが方としてオブザーヴァー派遣を希望するが㈠国連非加盟国からのオブザーヴァーが認められるや否やについて正確に知らず（総会の手続規則によれば、国際機関のオブザーヴァーは参加を認められているが、国家からのそれについては記されておらない、法律的には総会がオブザーヴァー招請の決議をすれば勿論充分であるが、わが方としては先例を知らないと附言し）、イタリヤあたりの例を参考として承知したい㈡法律的に明確なステータスを認められるオブザーヴァーの例が存せず、且つ、この度実現不可能であるときも、何らかの特別の便宜を与えられるものとして総会の議事を検討させたい（如何なる個人でも傍聴者としての入場券を入手すれば見ることはできるが、これらは必要な文書も与えられず、場合によつては席に入れないこともあらうし、このようなステータスでは不充分と思うと附言し）と述べＤＳの援助方を要請した。ス書記官から、ＤＳでは全然確たることを申上げられない、在ニューヨークの米国対国連ミッション（United States Mission to United Nations）に電報で問合すことと致したい旨応えた。ス書記官は、日本の国連加入申請は何時行われるのかとの質問があつたのに対し、当方から、正式に定つたところは承知しないが、わが国の平和条約批准がすめば加入申請をするのではないかと推測するとこたえておいた。

7 昭和26年10月19日　在ワシントン武内在外事務所長より吉田外務大臣宛（電報）

イタリア国連代表の資格と現況に関する国務省の回答について

ワシントン　10月19日後3時46分発
本　　　省　10月20日前8時38分着

第七四号

貴電第五三号に関し

国務省に問合せたところ、イタリアの国連代表はイタリア領土の信託統治に関連し、国連がパーチシパント（討議に参加し得るも投票権なし）として信託統治理事会に招待したもので、今回の総会では同問題を審議する特定の会合にのみ右資格で招待されるに過ぎず、一般的には単にスペクテーターの資格との趣である。又国連にはオブザーヴァーの制度なく、且つ特に関連する問題のない限り日本のパーチシパントとしての出席も問題とならないと思われるとのことであつた。ただ、イタリアは長期に亘り滞在している関係上スペクテーターとしてもセミオフィシアルな便宜を与えられる由である。詳細なお調査の上電報するも右取りあえず。

ニューヨークに転電した。

8 昭和26年10月23日　在ワシントン武内在外事務所長より吉田外務大臣宛（電報）

各国オブザーバーの資格と必要な手順に関する国務省の非公式書面による回答について

ワシントン　10月23日後1時26分発
本　　省　10月24日前8時45分着

第八一号

往電第七四号に関し

一、国務省より非公式書面で回答越した内容とりあえず左の通り。

国連には目下イタリーのほかオーストリヤ西独及び韓国が一、二名のオヴザーバーを常駐せしめている（イタリーの代表団は Count Gaston Guidotti を長とする一、二名である）。右オヴザーバーは通常国際会議にいうオヴザーバーでなく単に特別の便宜を与えているスペクテーターに過ぎない。ただイタリーの場合はソマリーランドの為政者たる資格にて信託統治理事会及びその他右問題に関連する特定の会合にパーチシパントとして参加することは前電通である。右のオヴザーバーを送るに当つては通例当該国の外務大臣より国連事務総長あての書翰の形式の信任状を携行し国連は特に招待状を発しない。

二、なお国務省は今回の総会に対し日本のオヴザーバー代表団派遣に賛成であり、日本政府よりパリーの国連事務局に対し代表派遣につき、アプローチすれば問題ない筈との意見である。

9　昭和26年10月26日　条約局国際協力課作成

第六回総会へのオブザーバー派遣に関し総司令部外交局より調査結果の通報

国連総会への代表派遣に関する件

二六、一〇、二六、根本

総司令部外交局ストークス氏から、一〇月二五日夕刻須山課長に電話で翌日会いたい旨申出て来た。本日午前中、須山課長は、前日からの約束でスタヴロプロス氏に会いに赴いたので、根本が十時三〇分ストークス氏を外交局に訪ねた。

ストークス氏は、須山課長から先頃来非公式に依頼を受けていた、日本の国連への代表派遣に関連する調査の結果を伝えると前置して左のように述べた。

一、現在迄のところ、国連総会にオブザーバーが認められた例はない。総会が或る理由から、オブザーバーを招請する議決を行うということは考えられないことではないが、前例もないことから見て、今回日本代表に関してこのような議決をするかどうか疑問である。

二、現在国連非加盟国たる、イタリヤ、スイス、オーストリヤ、大韓民国及び西ドイツ連邦の五国は、国連に常駐の代表(レプレゼンタティヴ)を出している。これら代表の派遣に当つては、それぞれの国の外務大臣から国連事務総長にあてて覚書を送り、特定の人々をその国の代表として派遣したい旨を申入れ、事務総長がそれを承認したものである。更にこれらの代表の信任状が事務総長に承認されなければならない。このようにして事務総長に認められた代表は、各会期の始めに、国連出入許可証を交付され、国連文書の配付を受け、又何れかの加盟国の国連代表がこれら代表と連絡することを希望する時は事務総長が仲介する。このような代表は、事務総長から見れば、それぞれの非加盟国の正式代表であるが、国連総会から見れば私人である。

三、以上の前例から見て、日本も国連に代表を出すことにするならば、これら五国の代表と同様のものとなるのではないかと思われる。しかして、日本政府が右のような代表を出すためには、前述の様に外務大臣から国連事務総長に対して要請することになるが、その前に総司令部あて(外交局その他特定の部局あてでなく)に文書で承認を求められたい。その際、第六総会の時期が切迫しているから、処理を速かにするため、外務大臣から事務総長あてに出す覚書案をつけて出されればよいと思う。

10　昭和26年10月26日　条約局国際協力課作成

総会へのオブザーバー派遣手続き等につき国連事務総長個人代表の説明

国連総会への代表派遣方法について

条、協　二六、一〇、二六、

一、本官本二十六日午前他用をもつて国連事務総長個人代表スタブロプーロス氏を帝国ホテルに往訪の際先方より非常な熱意をもつて、日本の国連総会代表派遣を歓迎するとのべその方法としては日本政府より電信あて先 UNATIONS PARIS でリー事務総長あてに日本政府が某某の者を国連第六総会に対する代表として任命しこれをオブザーバーとして派遣する旨を電信で通報すれば事務総長はこれを歓迎する旨の返電を発するであらう。このようにして派遣された日本政府代表は総会に出席するすべての便宜を与えられ且つ総会の文書の配布を受けうることとなると述べた。

二、なお、非加盟国の代表派遣問題が明確な形をとりえないのは第一にもし招請状を事務総長が発するとすればどのような国に発すべきか（たとえばリヒテンシュタインはどうか。）の問題があり、第二に派遣されたオブザーバーが会議開催国で有する地位（特権免除を含む）について大きな問題が生ずるすなわち東欧非加盟国のオブザーバーが米国において特権免除を有するという問題があるので米国政府はつねに国のオブザーバーの地位を明確化することを好まない状況にあると本問題の不明確であるゆえんを説明してくれた。

11　昭和26年11月2日　外務省より 連合国最高司令官総司令部宛

総会へのオブザーバー派遣に関するリー事務総長への書簡発出につき許可要請

TO: GENERAL HEADQUARTERS SUPREME COMMANDER FOR THE ALLIED POWERS.

FROM: Ministry of Foreign Affairs

SUBJECT: Attendance by Japanese Delegation at Sixth Session of General Assembly, United Nations, in Paris

2 November 1951

FOM No. 2371 (TI)

1. In order to strengthen the relationship between the United Nations and this country, the Japanese Government have a desire to send a delegation to the Sixth Session of the General Assembly of the United Nations, scheduled to meet at Paris from the 6th instant.

2. It is reported that some non-member state such as Italy, West Germany and Switzerland have their representatives accredited to the Secretary General of the United Nations, thus enabling them to attend various meetings of the Organization and to follow their important proceedings.

3. Taking advantage of such precedents, the Japanese

Government wishes to send to the Secretary General of the United Nations a telegram, soliciting the latter for receiving Mr. Toru Hagiwara as Japanese representative accredited to him, draft of which is enclosed herewith.

4. It would be much appreciated if the General Headquarters, Supreme Commander for the Allied Powers, be good enough to approve such action of the Japanese Government.

FOR THE MINISTER:

(S. Iguchi)

Vice-Minister

Ministry of Foreign Affairs.

1 Incl:

Draft of telegram

as indicated in para. 3

To Mr. Trygve Lie,

Secretary General UNATIONS PARIS

Telegram (Draft)

Have honor to request Your Excellency to be good enough to receive Toru Hagiwara, Japanese Government Overseas representative in Paris, as Japanese representative accredited to Your Excellency, and to accord him facilities for attending Sixth Session UNGA.

Shigeru Yoshida, Foreign Minister of Japan.

12 昭和26年11月6日 連合国最高司令官総司令部より外務省宛

総会へのオブザーバー派遣に関するリー事務総長への書簡発出につき許可回答

GENERAL HEADQUARTERS

SUPREME COMMANDER FOR THE ALLIED POWERS

APO 500

Diplomatic Section

AG (001) DS 6 November 1951

MEMORANDUM FOR: Japanese Ministry of Foreign Affairs

SUBJECT: Authorization for Attendance of Japanese Government Representative as Observer at Sixth Session, General Assembly, United Nations.

1. Reference is made to the Ministry's Memorandum FOM No. 2371 (TI) dated 2 November 1951.

2. The Japanese Government is hereby authorized to send to the Secretary General of the United Nations the telegram text enclosed in the Ministry's communication. This Headquarters has no objection to attendance by Mr. Toru HAGIWARA, Japanese Government Overseas Representative in Paris, at the Sixth Session of the General Assembly of the United Nations, in any status which may be accorded him by the Secretary General of the United Nations.

For the Chief, Diplomatic Section:

Niles W. Bond
Deputy Chief
Diplomatic Section

〰〰〰〰〰〰〰〰

13　昭和26年11月6日　吉田外務大臣より リー国際連合事務総長宛（電報）

総会へのオブザーバー派遣についてリー事務総長に認可を要請

（欄外記入）

本省　11月6日前11時10分発

Have honour to request Your Excellency to be good enough to receive Toru Hagiwara, Japanese Government Overseas representative in Paris, as Japanese representative accredited to Your Excellency, and to accord him facilities for attending Sixth Session UNGA.

Shigeru Yoshida, Foreign Minister of Japan.

（欄外記入）

本日午后10時半DSより総司令部においては右発電に異議ない旨電話があった

〰〰〰〰〰〰〰〰

14　昭和26年11月7日　リー国際連合事務総長より 吉田外務大臣宛（電報）

総会へのオブザーバー派遣を認可するとのリー事務総長回答

パリ　11月7日前11時30分発
本省　11月8日後1時55分着

第一号

In response your request have honour to inform that Toru Hagiwara will be accorded facilities as observer on behalf Japanese Government for Sixth Session General Assembly.

15 昭和26年11月9日　吉田外務大臣より 在パリ萩原（徹）在外事務所長宛（電報）

オブザーバーとして国連総会に出席方訓令

本　省　11月9日後4時20分発

第一一八号

往電第一一二号に関し

八日事務総長から承諾の旨返電があつたから貴官はオブザーヴァーとして総会に出席し、重要事項適宜報告ありたい。なお議事の経過に伴いオブザーヴァー増強の要ありと考えられるときは、その旨電報ありたい。

16 昭和26年11月24日　在パリ萩原在外事務所長より 吉田外務大臣宛

第六回総会におけるソ連代表の態度に関する事務総長の批判的発言について

第四二三号

昭和二十六年十一月二十四日

在パリ日本政府在外事務所長　萩原　徹〔印〕

外務大臣　吉田　茂殿

リー国連事務総長との会談に関する件

オヴザーヴァーとして国連総会に出席することになった機会にトリーヴ・リー事務総長に面会を申込んでおいた処、総会の一般討論の終了を俟って十一月二十二日事務局で会談の機会を得た。

本官よりオヴザーヴァーとして派遣方に付、国連当局の与えられた好意的な取計を謝した上、対日平和条約の規定はいわば日本の国連参加を前提とするものであり、また既に各種の Specialized Agencies にも参加している次第でもあるから今後国連との間に漸次密接なる関係が生じて行くことを期待している旨を述べておいたが、右の儀礼的挨拶の交換の外にリー事務総長の述べた所の中、対ソ関係について、かなりはっきりしたことを歯に衣を着せない話振りで述べていた点は一寸印象的であった。

即ち「今次総会がその直前までは世論の相当部分からは

米英仏三国側の緩和的なジェスチュアーに対しソ連が何等かの形で、たとえ宣伝的な平和攻勢にもせよコンシリアトリーな態度を示し、国際間の緊張緩和の契機となるかも知れないとの期待をいだかれていたに拘らず当初の本会議における二回のヴィシンスキーの発言が相変らずかなりアグレッシーヴなものであったことについては一般に失望を与えたかも知れないが、ソ連は結局あくまで総会を宣伝のために利用し、あらゆる手段を用いて世界を爆発に至る一歩手前までの混乱状態においておこうとするものであると考える外ない、独裁国の常としてかなりグロッシエールな政策上の誤謬は過去においても度々おかしたことがあるし、今日の如き政策が果して彼等のために利益であるか否か頗る疑問であり、本会議に引続き開かれている第一委員会におけるアチソンの軍縮案の説明に対してヴィシンスキーが果してどうでるかが今次総会の一番の見物であるかも知れない。ヴィシンスキーはこの二、三日来各国が何等かの発言を期待しているに拘らず、訓令を待っているためであろうか、まだ沈黙を守りつづけていて、どう出るか全くわからない。

ソ連が戦争を望まないことは明らかであるが真の平和をも亦望んでいないことは明らかであり、総会としては米英仏三国案とソ連案の間に存在する僅かの共通点をとりあげて行く方法も考えられるが、ソ連の態度は今日までの所全くディスカレッヂングである」という意味のことを述べていた。

右何等かの御参考までに御報告する。

なお各国の代表部とも個人的に接触してみるつもりであり委細逐次報告する。

17　昭和26年12月27日　吉田外務大臣より在パリ萩原在外事務所長宛（電報）

代表部事務所設置について内密に国連事務局の意向確認方訓令

本　省　12月27日前10時15分発

第一五三号

平和条約発効をまって、できうればスイス、イタリア等と同様に常時日本政府を代表して国連との連絡に当らせる国連事務所をニューヨークに設置する国内措置を考慮中であるが、内密に事務局側の意向を確めの上回電ありたい。事務局側と折衝することについては総司令部外交局の了解取付ずみ。

18　昭和27年1月14日　在パリ萩原在外事務所長より吉田外務大臣宛

代表部事務所設置に関する国連事務局側の意向について

第二一号

昭和二十七年一月十四日

在パリ日本政府在外事務所長　萩原　徹〔印〕

外務大臣　吉田　茂殿

国連事務所設置に関する件

本件に関する国連事務局側の意向についてはさきに取敢えず電報したが事務局儀典局長につき確めたところは詳細左記の通りであったから右御報告する。

記

一、現在非加盟国でニューヨークに国連との連絡のため事務所を設けている国の中には二種ある。一はソ連の衛星諸国の中にその例があるがこれら諸国は国連に対しては何等通告を行わず事実上の事務所又は連絡者を置き国連の書類、資料等を貰い受けているだけである。他はオーストリア、イタリア、朝鮮及びスイスの諸国でありこれらの場合は予め国連側の了解を取付けた上で事務総長にアクレディテされている。

二、日本の場合は恐らく後者の如きデレゲーションを送られる意向と思われるがこれも憲章その他の規定に予想しない事実上の存在でただ慣習上事務総長にアクレディテされることとなって居りそのためには外務大臣から事務総長宛書翰でその意志を申出でられれば足り、日本の場合は喜んで御受けするものと思われる。

三、この場合も前述の通り国連との間に法律上の関係はないが特定の総会又は理事会に派遣されたオブザーヴァーよりは鄭重な待遇を受け国連の各国代表部の名簿の末尾に載せられる外すべての便宜を供与される。

ただ法律上の存在でないから国連と米国政府との協定ではカバーされず米国への入国移民法上の取扱、無税通関、暗号使用等に関する便宜供与については国連としては何とも致し兼ねる。

四、従ってイタリアなどは米国政府の了解を取付けた上で在ワシントン大使館員の身分を有するものをニューヨークに出張駐在せしめるとの形式をとってニューヨークに事務所を設置しすべて大使館の特権でカバーされるようにしている。

五、日本が事務所を設置される場合御注意願いたいのはニューヨーク総領事館に絶対に附属せしめられないことで人員も事務所もはっきりと区別していただきたい。これは現在オーストリアがこの形式をとって居り種々の問題を起して非常に困惑している。

六、なお現在常設事務所を有する国の中イタリアはかなりぼう大な機構をもっているがその他の国は何れも一、二名を置いているに過ぎない。

19　昭和27年2月25日　在パリ萩原在外事務所長より吉田外務大臣宛

オブザーバーとして出席した第六回総会についての所感報告

第一〇八号

昭和二十七年二月廿五日

在パリ日本政府在外事務所長　萩原　徹〔印〕

外務大臣　吉田　茂殿

国連総会に関し報告に関する件

今次国連総会にオブザーバーとして出席した感想を別紙の通り提出する。

なお事務的の問題としては在外事務所として本来の任務を持ち片手間に総会本会議及び七委員会をすべて傍聴することは全所員を動員しても到底不可能で議事録及び会議書類に目を通すだけでも容易でなかった。当初訓令の中近接事務所から応援を得られるやの御意向であったに拘らずついに実現しなかったがこれは単に議事をフォローするという見地からのみでなくこの種の機会にこの種の会議の空気をのみ込むためにも近接事務所よりなるべく多数の外務省員の派遣方御考慮相成ること然るべきものと思う。

またこの種の会議の常としてオブザーバーとしては議場の傍聴よりも各国代表及び事務局側との個人的接触を重要視すべきこと勿論であるが昼の休けい時間又は夜間の外に

はこの種の機会がなく今回の経験によりても人員及び予算上の制約からこの点は全く意に任せなかったがこれもまた将来は十分御考慮願いたい点である。

（別紙）

第六回国際連合総会所感

オブザーバー　萩原　徹

㈠今次国連総会については某国代表が「国連は今や世界情勢を何とかする機関ではなく単にそれを反映する機関である。」と私語していたが全くその感を深くする。当初総会開催前より一般にはソ連が平和攻勢の手段として総会で何等か融和的なゼスチヤーに出て一種のデタントが齎らされるのではないかと期待されていたがこの期待は裏切られた感がある。

㈡もちろんソ連の提案した運《(軍カ)》縮問題の第二次案及び最終案の如きは平和攻勢としてはなかなかよく出きているがこれを提案するソ連代表（殊にヴィシンスキー）の演説はいつも極めてアグレッシーブであり且つサーカスチックでさえありいつも一様に「米国の戦争挑発者は…」という調子で且つ一々議事規則で争い提案の内容が融和的である場合にさえ一般に好感は与えず議場の空気の緩和に資する所は一向になかつた。（平和攻勢の積りならソ連代表はもつとうまい芝居が打てた筈だとの感想をもらす代表が多かつた）。

㈢これに対する米国の態度は何といつても受身で結局はソ連の平和攻勢は偽の手段であることを論証して以て自由諸国の団結の必要を強調しようとする立場にあつたのであらうが時には（殊に会議の終り頃は）多数をたのんで押し切つたという感が多い。しかも米国としてはソ連圏以外の諸国を団結させて一致した投票を得ることに必ずしも常に成功していない。安全保障理事会の非常任理事国の選挙について南米諸国の投票が得られずに十四回に亘つて投票をくり返さざるを得なかつた第一委員会における新加入希望国の問題ではソ連の提案が委員会では多数を集めやつと本会議で三分の二に達しなかつたために葬り得たが如き非ソ連圏諸国の足並の一致を誇示し得るものではなかつた。

㈣新加入希望国の問題については米英仏等がイタリヤの加

盟を先づ単独の問題として強力に推進しようとしたが総会の決議に拘らず安全保障理事会でソ連の拒否権で葬られ（これで一応イタリアに対する義理をすませソ連が無理を通そうとしていることを世論に実証を得たとも言えるが）その後ペルー代表の提案（加盟希望国に個別的に資格審査の資料を提出せしめようとする案）を成立せしめたのはいいとしても前述の如くソ連の提案に案外賛成者が多く漸く本会議で葬つたのはアメリカ代表部のアセットにはならなかつた。

ソ連の提案は新加盟申入国全部を一括参加させようという案であり、しかも問題を複雑化する北鮮、南鮮の問題などは巧みに外してあり結局ソ連圏諸国五ヶ国と非ソ連圏諸国九ヶ国とをバーゲンしようという案である。米国の反対の主要根拠はルーマニア、ブルガリア等は平和愛好国たる資格なしというにあるが一種の非承認主義の如き感がありルーマニヤ、ブルガリア等との平和条約前文で国連加入支持を約している手前からも一寸妙な主張であり、ポーランド、チェコスラバキア等の除名を主張するのでなければ理論としては一貫しない。

勿論政治的にはソ連の horse trading に応じないという態度を示そうとするにあるのであるから今日国連総会でソ連側が常に五票持つている以上ソ連の提案をいれてそれが十票にならうと国連の大勢に変化はないしイタリアその他の加盟が得られれば一向悪くはないとさえいえる。南米、東南アジヤ等の諸国に賛成者が多かつた理由であり、英仏さえも反対せず棄権した理由であらう。これを押し切らうとした米国のやり方は公平にいえば少し無理があつたかに見える。（アメリカとしては大統領選挙の年たからだと評した代表もありイタリヤ代表はアメリカは日本の加盟申請を待つているのでイタリヤまでつき合いをさせられた形だと本官に云つていた）

(五)右以外に個々の議案について日本に関係の深い問題としては第二第三委員会における社会経済理事会の報告の審査殊に未開発諸国の援助問題、ＥＣＡＦＥのメンバーの問題等であるが、これらについては個々に報告したのもあり又議事録で明らかであるので抄略する。

20　昭和27年4月28日　吉田外務大臣より在ワシントン武内在外事務所長宛（電報）

国連代表部事務所設置に関し国務省の意向確認方訓令

本　省　4月28日後1時40分発

第三五〇号

講和発効後すみやかに国連本部に対する常駐オブザーヴァーをニューヨークに派遣するつもりである。その方法としては国連にて行動する政府代表として特命全権大使一名、右随員として参事官一名、書記官一名及び書記一名合計四名を常駐させる考えである。この方法による事務所の設置につき国務省の承認を得るよう申入れありたい。

なお、この代表は、わが方においては特命全権大使の資格を与うるも米国側から見れば単なる国連のオブザーヴァーに過ぎないと考えられるところ、かかる者にも外交使節なみの特権免除を与えうるか問合わせありたい。若し特権免除が与えられないとすればワシントン大使館の館員たる公使を派遣してその資格において特権免除を与えられるよう措置する外なしと思考するも、国務省の意向至急回電ありたい。

21　昭和27年5月15日　在米国武内臨時代理大使より岡崎（勝男）外務大臣宛（電報）

国連代表部事務所設置に関し国務省の回答案要旨の報告

ワシントン　5月15日後5時45分発

本　省　5月16日前8時3分着

第四七四号

貴電第三五〇号及び第四〇〇号に関し

一、貴電の趣旨は五月一日エイドメモアールをもって国務省に申し入れ国務省は回答原議を関係部局に回付中にて回答まではなお若干の時日を要する見込の由。

二、但し先方の作成した原案要旨を非公式に聴取したところ左の通り（正式回答には多少の変更あるやも知れず）

(イ)米国政府は日本の本件国連代表派遣を歓迎する。

(ロ)国連代表に対する特権及び免除に関しては米国政府の一貫した方針として第七九議会、ＰＬ二九一号 Title 1

(U.S. Code Titles 16–26 参照）に規定されたもののみを認める。日本の場合も然り。

(ハ)当大使館館員の身分を有する者を国連代表とすることにも反対はない。

三、なお先方係官から口頭で(ハ)の場合同代表がニューヨークに事務所を持つことは差支えないがこれを回答文中に明記することは他国に対して先例を開くこととなるので差控えた旨の説明があつた。

～～～～～～～～～～～～～～～～～～～～～

22　昭和27年6月23日　岡崎外務大臣より 在米国新木（栄吉）大使、在ニューヨーク島津（久大）総領事宛

常駐代表の派遣を国連事務総長に申し入れた書簡の送付

付　記　昭和二十七年六月二十七日付ジョルジュ・ピコ国連事務総長代理より岡崎外務大臣宛書簡

常駐代表の派遣了承

協一合第四八五号

昭和廿七年六月廿参日

外務大臣　岡崎　勝男

在米国

特命全権大使　新木　栄吉殿

在ニューヨーク

総領事　島津　久大殿

国連に対する常駐代表派遣に関する国連事務総長あて書簡写送付の件

国連に対するわが国の常駐代表派遣方を国連事務総長に直接申し入れた書簡写一通別紙のとおり何ら御参考までに送付する。

（別　紙）

No. 86/IC1

Tokyo, June 19, 1952

Your Excellency,

I have the honour to inform Your Excellency that the Japanese Government has the intention to station its representative permanently at the United Nations Headquarters for the purpose of observing the activities of the organs of the United Nations and keeping contact with them.

I should be grateful if Your Excellency would receive the representative to be accredited to Your Excellency and accord him and his suite necessary facilities in performing their duties.

I avail myself of this opportunity to renew to Your Excellency the assurance of my highest consideration.

K. Okazaki

Minister for Foreign Affairs of Japan.

His Excellency

Trygve Lie,

Secretary-General, United Nations,

New York, N.Y., U.S.A.

（付　記）

SG 18/02

27 June 1952

Excellency,

I have the honour to acknowledge receipt of the letter which Your Excellency addressed on 19 June 1952 to the Secretary-General of the United Nations informing him of the Japanese Government's intention to station its representative permanently at the United Nations Headquarters for the purpose of observing the activities of the organs of the United Nations and keeping in contact with them.

The Secretary-General will be gratified to learn of the Japanese Government's decision. He will be pleased to receive the observer to be accredited and will accord him the usual facilities to enable him to perform his duties as soon as Your Excellency has been good enough to appoint him.

I avail myself of this opportunity to extend to Your Excellency the assurances of my highest consideration.

Guillaume Georges-Picot

Acting Secretary-General

His Excellency

Mr. Katsuo Okazaki

Minister for Foreign Affairs

Ministry of Foreign Affairs
Tokyo　Japan

23　昭和27年10月9日　国際連合日本政府代表部武内公使より
岡崎外務大臣宛（電報）

国連代表部事務所の開設について

ニューヨーク　10月9日前6時2分発
本　　　　省　10月10日前9時30分着

第一号

本九日をもつて当代表部の仮事務所を総領事館内に開設し、電信宛先（DAIHYO NEWYORK）の登録を了した。

米に転電した。

編　注　在ニューヨーク国際連合日本政府代表部は十月九日に開設されたが、予算並びに定員上は在米国大使館分室として扱われ、昭和二十九年四月一日、外務省設置法改正により在外公館の一つとなった。

〈参考〉

「国際連合に関する外交」

国際連合に関する外交（編注）

目　次

（序論）

国際連合に対するわが国の政策と他の国際機関に対する政策とは一応分離して考察しなければならない。何となれば一般的に見て前者は政治的機関であるのに対し後者は非政治的機関であるからである。政治機関に対する政策は、その国の当該機関に対する政治的要求によつて決定される。国連に対するわが国の政策を論ずるに当つては、先づ第一にわが国が国連に対していかなる政治的要求を有するかの検討をなさねばならない。

二（ママ）、他方国連の特質は次の三点にある。

㈠安全保障機関であること。

(二)世界のあらゆる問題を議するタウン・ミーテングであること。
(三)経済社会的進歩を促進する機関であること。
(一)について、
わが国は、米国との間に安全保障条約を調印し、平和条約発効後のわが国の安全は、右の条約の実施により保障される体制を確立し得たという現状にある。更に正確に分析すればわが国の外交政策の目下の第一目的は、連合国をしてすみやかに平和条約を批准させること、及び米国をして安全保障条約に批准させることにある。

以上のような状況において、国際連合に対して特にわが国の安全保障について要求をなすべき理由もなければ必要もない。

軍備のないわが国としては、非軍事的方法によつて国連の安全保障措置に協力すべきことはもち論である。
(二)について
わが国は平和条約によつて一応戦争から生じたすべての問題が解決されることとなつた。従つて戦争から生じた問題については引揚問題を除いては国連のタウン・ミーテングに提起すべき何らの問題を有しない。

この点において現下のわが国の立場は、平和条約の改訂(軍備制限の緩和を含む)を主張するイタリヤや、統一ドイツの実現を希望するドイツの立場と著しく異る。

但し、平和条約の発効後は、わが国も漸次国連に提起すべき政治問題を有するに至るであろう。予想される問題を次に列挙する。
(a)共産主義国との平和条約締結問題
(b)千島樺太の帰属問題
(c)再軍備後においては日米安全保障条約に代る国連集団安全保障制度の樹立の要望

(d)移民の自由の主張

(e)資源所有国に対する資源開放の主張

もとより、これらは未だ現下の問題ではない。

㈢について

わが国は、国連の経済的社会的進歩の諸計画(人権、自由、人道、教育的、文化的、衛生的進歩を含む)には、全面的に協力すべきである。

三、以上の概観的検討から結論されることは、国連に対するわが国の現下の政策には、何ら政治的要求が含まれないということである。(国連への加入問題が政治的要求の様相を帯びるに止る。)

国連に対するわが国の政治的要求がありとすれば、それは第三次世界大戦の防止、米ソ両陣営の和解の要望に外ならない。

従つてわが国の国連に対する現下の政策はいわば極めて非政治的、技術的なものとならざるを得ないのである。

(第二)加盟の実現性

㈠わが国と国際連合との現在の関係

去る十一月八日在パリ萩原事務所長が国際連合事務総長によつてオブザーヴァーとして、西ドイツのオブザーヴァーと同様の地位を認められた(イタリ、スイス及び韓国は、「国連本部に常駐代表をおいている国」のオブザーヴァーという資格で総会に出席している)。続いて翌九日には、総司令部覚書で日本政府と国際連合との直接通信を一部制限付ではあるが許可された。集団措置に関しては、朝鮮事件への中共の介入に対する制裁としてすべての国による中共への武器の禁輸の要請に対して、わが国もこれに協力している旨を詳細回答した。また、従来から、技術的な国際条約が国際連合に一定の任務を負わしている場合(麻薬条約など)、わが国は、これらの条約の当事国として国際連合と連絡している。更にわが国の問題が国際連合で問題となつたために、国際連合からわが国に連絡して来た例も多い（引揚問題、ユニセフ、技術援助、国際連合の特権免除など）。

(二)加盟の先例と見透し

今までに国際連合への加盟を申請した国は、二十四国でその中九国が加盟を承認されている。他の十五国は、安全保障理事会において必要な五常任理事国の同意投票を含む七理事国の賛成投票が得られないために加盟できない状態にある。その中九国は、七理事国以上の賛成投票が得られたが、ソ連の同意投票が得られないために、加盟できないでいる。ソ連の反対理由は、申請国によつて異るが、旧敵国の場合（イタリア及びフィンランド）には、平和条約が効力を生じていないこと及び平和条約の効力発生後は、イタリア及びフィンランドの平和条約は、ハンガリー、ルーマニア及びブルガリアの平和条約とともに締結されたものであるから、これら五国は同一の立場にある国であつて同時に加盟を承認せらるべきであるという理由である。

現行の国際連合憲章の下においては、手続規則の改正その他憲章の解釈の方法で加盟問題について法律的に拒否権を排除することはできないというのが定説であるから、安全保障理事会において、ソ連の同意投票を得て、国際連合に加盟を承認されるということは実現の可能性は、ほとんどない。唯一の打開の道は、米ソ両ブロックの政治的取引である。

(三)国際連合準加盟国の地位

わが国の加盟見透が悲観的なために準加盟国としての加盟を希望する向もあるが、国際連合において準加盟国制度が実現する可能性はない。

(四)加盟促進のための政策

前記平和条約におけるわが国の宣告の趣旨からも、またわが国の地位と発言権の回復のため並びにわが国の安全保障の裏付の意味からも、国際連合へのすみやかな加盟を実現することを目標として今後の施策を行うことは当然である。

そのために、先ず第一に、加盟申請を行う時期であるが、わが国の批准後、発効前にする場合と平和条約の発効後にする場合との二つが考えられる。一般的にいえば、わが国の加盟の意思表示は早いほどよいと考えられるが、この点については本第六総会の会期中に非公式に事務総長側の意向を打診してみることも一案であろう。要するに、加盟申請の時期については、できるだけ早い期間に行うことを目標に西欧諸国、国連事務局、伊独等非加盟国の主な諸国等と緊密な連絡を取りつつ決定すべきである。

この目的のためにも、又加盟実現までに実質的に国際社会に有力な地位を占めるためにも現在第六総会を限つて認められているオブザーヴァーを恒常的なものとし、イタリア等と同様にニューヨークにわが国の常駐のオブザーヴァー事務所を設置することが望ましいと思われる。

(第二)国際連合に対する協力

わが国の国際連合加盟の時期如何にかかわらず、わが国としては現在既に行いつつある国際連合に対する協力を継続強化し特に国際協力の分野を拡大することが間接の加盟促進策ともなり、又わが国の国際的地歩を実質的に高め、又、国際貿易その他の面でも永い眼で見て好影響を与えるであろう。

a、集団的安全保障。現在朝鮮における国連軍に与えているような施設及び役務の提供を継続し、若し将来同種の事態が生起した時もわが国のできる範囲で同様の援助を行う方針を保持する。

また、中共への武器の禁輸決議が維持されている限りわが国は、この措置に協力する方針を保持する。

b、国際協力。国際連合の第二の目的である経済的、社会的、文化的又は人道的性質を有する国際問題の解決のため並びに人権及び基本的自由の尊重の助長奨励のための国際協力に関しては加盟前といえども全面的に協力することを方針とする。

その具体的内容としては、後述のように近い将来わが国が加入し、或いは、わが国に関して効力を回復する各種国際条約の実施については国際連合事務総長の管理に入るものが多いが、これら諸条約の規定に従つて事務総長から報告その他を要請されるときはできるだけこれにすみやかに応ずるようにする。

その他国際協力の各分野において事務総長その他が加盟国その他に対して特別の援助を要請する事例が今後増えるものと考えられるが、これらに対しても、前述の方針に沿つて徒らに目先の直接の利益にとらわれず長い期間に大きな利益を得ることを目標としてできうる範囲の協力を惜しまないこととする。一例として、既に事務総長から本年十月書簡をもつて一九五二年度末開発国技術援助拡大計画に対してわが国の協力準備方を要請して来ている。これに対しては、外務省としては本年末パリで開催予定の技術援助会議に代表を派遣し、応分の拠出を申出る等積極的協力の誠意をもつて応える方針である。

c、国連機関との関係

わが国を含むアジア地域において事業を行う国連機関に財政上可能な援助を与え、またわが方も援助を受けるようにする。

実例として、ユニセフに対する協力がある。その募金要請に応え、その朝鮮救恤事業のため原綿加工費を拠出している。

又、国連朝鮮復興局（ＵＮＫＲＡ）、国連朝鮮統一復興委員会（ＵＮＣＵＲＫ）及び在鮮国連事務総長個人代表事務所に対しても要請に応じ適宜便宜を図ることとする。なお現在東京にUnited Nations Administrative Office代表が駐在しているが、これとも今後密接な連絡をとり、将来国連のインフォメーション・センター等の東京誘致に努める。

アジア極東経済委員会（ＥＣＡＦＥ）に対しても、前記技術援助拡大計画の他、同正規計画等を通じてわが国の技術家の派遣等の方法で援助を与えると同時に、現在のようなオブザーヴァーの資格でなく、準構成員の資格を得るよう、その申請を行うこととする。

d、また国際連合との協力に関連する問題として、わが国において国際連合の機関(例えば朝鮮復興局)、加盟国代表者又は国際連合の職員に対して一定の特権免除を与える協定を締結したい旨国際連合から申出があり、目下わが方の対案作成中である。

e、わが国の国際連合加盟前においても国際連合事務局及び各機関にわが国民が職員として勤務することは望ましいことであるが現在の採用規則によれば非加盟国の国民は採用されない趣であるので、何らかの方法によつてこれを改めさせるよう努力したい。

(第三)国際連合専門機関との関係

a、現在までにわが国が加入済みの専門機関は次の六である。

万国郵便連合(UPU)

国際電気通信連合(ITU)

世界保健機関(WHO)

国際連合教育科学文化機関(UNESCO)

国際連合食糧農業機構(FAO)

国際労働機関(ILO)

国際民間航空機関(ICAO)及び世界気象機関(WMO)には平和条約附属の宣言に基いて近い将来に加入の申請を行うこととする。

国際通貨基金(IMF)及び国際復興開発銀行(IB)に対しては、本一九五一年八月加入申請を行い、IMFの特別委員会でわが国のＩＭＦ及びＩＢへの加入を審議中であるが、正式承認を得るのは来年一、二月頃と思われる。

b、前述の国際連合との特権免除条約と同趣旨のものが専門機関についても存するが、(専門機関の特権及び免除に関する条約)専門機関と積極的に協力するためにはなるべく早目にこれに加入することが必要である。

(第四)国内に対する施策

国際連合及び国際機関に対し上述のようにわが国が積極的に協力するためには政府部内は勿論、国民の正しい認識に基ずく支持が不可欠であるので、このためには次の事項が必要であると考えられる。

(1)外務省自体として、関係資料による不断の研究を行い、正確な情報を入手整備する。

(2)適宜情報を必要に応じわが国の実質的、具体的国際社会復帰実現の面より解説を加えつつ報道啓発するためあらゆる機関と機会を捉えることとする。

(3)日本国際連合協会、ユネスコ協会等関係諸団体と常に密接な連絡をとり、国民啓蒙についてこれらの団体の協力を益々密接にする。

むすび

要するにわが国の国際連合に関する外交は、国際連合および国連機関への速かなる加盟の達成に力め、それとの誠実な協力体勢を確立し、わが国の国際問題をそれらの機能を活用して解決に努力することを基調とするが、国連および国連機関を種々の国際会議と共にわが国の、善意と積極的国際協力を実証するカンペインの舞台となしもつて国際社会に好意と理解の雰囲気を醸成し、わが国今後の外交施策の有利な展開への道を拓くため活用しなければならない。

編　注　本文書は「平和条約調印後の外交政策審議要綱」の一部として昭和二十六年末頃に作成されたものと思われる。

2　第七回総会における加盟申請

24　昭和27年3月18日　吉田外務大臣より吉田内閣総理大臣宛

国連への加盟申請につき閣議請議

条一第一七六号
昭和二十七年三月十八日

外務大臣　吉田　茂

内閣総理大臣　吉田　茂

「国際連合への加盟について承認を求めるの件」に関し閣議請議の件

「国際連合への加盟について承認を求めるの件」別紙理由を具して閣議を求める。

（昭二七、三、一八
条　　一　　　）

国際連合への加盟について承認を求めるの件

国際連合への加盟について、日本国憲法第七十三条第三号但書の規定に基き、国会の承認を求める。

（別　紙）

理　由

日本国との平和条約の前文において、わが国は、国際連合への加盟を申請する意思を宣言し、連合国は、この意思を歓迎しているので、この平和条約の効力発生の後なるべくすみやかに、千九百四十五年六月二十六日にサン・フランシスコ市で作成され、同年十月二十四日に効力を発生した国際連合憲章第四条の規定に基き、国際連合への加盟を申請することといたしたい。これが、この案件を提出する理由である。

25　昭和27年6月4日　保利(茂)内閣官房長官より岡崎外務大臣宛

国連加盟申請の国会における承認につき通報

付　記　昭和二十七年五月二十六日、国際協力局第一

課作成

「日本の国連加盟申請書の国連における取扱
について」

内閣外甲第三四号

昭和二十七年六月四日

内閣官房長官　保利　茂〔印〕

外務大臣　岡崎　勝男殿

昭和二十七年三月十八日条一第一七六号請議に基き、さきに国会に提出した国際連合への加盟について承認を求めるの件は、国会において承認することを議決し、別紙のとおり衆議院議長から送付があつたから、命によつて通知します。

（別　紙）

国際連合への加盟について承認を求めるの件

右は国会において承認することを議決した。

よつて国会法第六十五条により送付する。

昭和二十七年六月四日

衆議院議長　林　譲治

内閣総理大臣　吉田　茂殿

衆議院事務総長　大池　真

（付　記）

日本の国連加盟申請書の国連における取扱について

二七、五、二六

一、国会における「国連加盟承認の件」の審議は、明二十七日午后の参議院外務委員会において質疑を終了し討論採決に至る予定の趣であり、政府は近く加盟申請書を国連事務総長に提出するものと思われる。

よつてわが国の加盟申請書が国連でどのように取り扱われるかについて次に考察を試みる。

二、国連安保理事会の議長は、理事国の英語のアルファベット順で輪番に理事国が当ることになつているところ（別添安保理事会仮手続規則第十八参照）本年五、六、七、八月の議長の当番国は、次のとおりである。

五月　トルコ

六月　ソ連

七月　英国

八月　米国

（なお一年間の輪番の表は別紙甲（省略）のとおり。）

そこでわが国の加盟申請書が六月中に安保理事会に提出される場合ソ連議長の理事会は、どのように行動するか。

㈠加盟申請書は、事務総長にあてられる。（仮手続規則第五十八参照）

㈡事務総長は、直ちに申請を理事会の代表者に提示する。（同規則前段）

㈢安保理事会が別段の決定をしない限り安保理事会の全員委員会に議長が付託しなければならない。（同規則第五十九）（同規則中段）

議長がソ連代表である場合、安保理事会が別段の決定をしないときに直ちに右の全員委員会に付託するであらうか。規定には直ちにという言葉はない。

（注　安保理事会の別段の決定とは、全員委員会に付託せず直ちにみずから審議に入る場合である。インドネシアの申請の場合（総会開会中）は、この方法によつた。）

恐らくソ連代表は、全員委員会に付託することを遅滞することはあるまい。ソ連は、拒否権をもつて後にわが国の申請を葬ることができるしまた拒否する理由を明らかにするチヤンスは、全員委員会でもその后の安保理事会でも充分有しうる。

しかし万一ソ連代表が全員委員会にわが国の申請を付託しなかつた場合は、どうなるか。

ソ連代表たる議長をして、日本の申請を全員委員会に付託させるためには先ず理事会が開催され（規則二参照）、そこでソ連議長が付託すべきことが決定されなければならない。

そのためには日本の加盟問題が仮議事日程に載つていなければならない。（規則七参照）

議長の権限を乱用すれば一九五〇年八月の安保理事会でマリクが朝鮮問題の審議を妨げたように種々の妨害もできないことはない。しかし結局においてそれは議長の権限の乱用であるから最終的にはソ連は屈服を強いられるであらう。万一この妨害に成功しても七月に入れば、直ちに英国代表たる議長によつて、全員委員会に付託されるわけであるから、ソ連としては大した成功とはならないのみならず不法の妨害を試みることはソ連にとつて却つて不利と認められる。

(四)全員委員会は、通常総会の開会日（本年は九月の第三火曜日（総会手続規則一参照）より多少遅れると見られている。）前三十五日より以前、又は特別総会（今のところ朝鮮休戦の際又は朝鮮問題について必要のあるときは特別総会を開くという総会決議にもかかわらず特別総会開催の気配はみえない。）前十四日より以前に結論を理事会に報告しなければならない。全員委員会の票決は多数決による。

(五)同委員会は申請国に対し憲章第四条に該当するか否かを審査する資料を要求する場合がある。今のところそのような資料の提供を求められるか又は求められるとすれば具体的にどのような資料の提供を求められるか予見できない。

（注　アルバニア及びジョルダンが求められた資料については別紙乙（省略）参照）

(六)ソ連が日本の加盟申請を拒否する場合挙げる理由としては次のものが考えられる。

(A)安保条約及び行政協定により日本全土は米軍の基地となり、米軍は日本全土に亘つて行動する権利を持つている。かかる状態は、日本の独立とは一致しない。

注　ジョルダン、リビアに対し、ソ連は同趣旨の非難を行つたことがある。しかしソ連の一括加盟承認案にはこれらの国も入れた。

(B)日本との戦争状態は完全に終了していない。従つて日本はなお敵国である。

（注　オーストリアも同様の状態にあるが、ソ連の一括加盟承認案には同国も入れている）

(C)日本はつぎの点でポツダム宣言を履行しておらず、平和愛好国ではない。

1．民主化は行われていない。

2．軍国主義はせん除されていない。旧軍人の指導下に軍隊が復活している。

3．日本の軍需工業は復活している。

(D)安保条約、行政協定は中ソに対する侵略を準備するものである。かかる条約は国連憲章の違反である。

三、結論として日本の申請がソ連が議長である六月に提出さ

れても他の月に提出されても究極において日本にとつて有利、不利の差違は生じない。（終り）

26　昭和27年6月6日　国際協力局第一課作成（高裁案）

「国連加盟国に対しわが国の加盟申請支持方申し入れの件」

高裁案　昭和二十七年六月六日起案
昭和　年　月　日決裁（編注）

国連加盟国に対しわが国の加盟申請支持方申し入れの件

一、国際連合への加盟申請については、平和条約前文に特記されたことであり、加盟の申請は平和条約上の道義的責務を果すこととともなるので、平和条約を締結した国連加盟諸国に対しては申請書を送付した旨を通報し、その支持を求めるのが適当な措置と認められる。

よつて別記一のとおり主としてわが在外公館を通じて以上の趣旨を申し入れるよう訓令することといたしたい。

二、なお平和条約の締結をみなかつた加盟国についてもソ連圏諸国を除いては別記二のとおり支持方を求めることといたしたい。

右御高裁を仰ぐ。

記

一、日本との平和条約の署名国

(一)　平和条約の発効している国連加盟国

1．安全保障理事会理事国

米、英、仏、ブラジル、オランダ、パキスタン（安全保障理事会理事国であつて、日本との平和条約が効力を生じていない中国、トルコ、ギリシャ、チリについては後述）

これら諸国の政府に対しては、平和条約に言及して、某月某日附加盟申請書を発送した旨並びに安全保障理事会及び総会における本件審議に際してわが国の申請を支持されたい旨をわが在外公館を通じて申入れる。

2．安全保障理事会の理事国以外の加盟国

アルゼンチン、オーストラリア（注一）、カナダ、メキシコ、ニュー・ジーランド（注一）、サルバドル

（注二）

右諸国に対する申入れは、「安全保障理事会」を除いて、前項1．と同様とする。

（注一）　オーストラリア及びニュー・ジーランドにはわが在外公館は未だ設置されていない（六月五日現在）から、同国の在京ミッションを通じて申入れる。

（注二）　サルバドルにはわが在外公館は置かれておらず、同国外交使節も在京していないが、同国は在メキシコ千葉臨時代理大使を通じて通商条約の締結を申し入れて来ているので、同公使を通じて申し入れることとする。

㈡　平和条約の批准を完了していないが、外交関係を復活している加盟国

ベルギー、ペルー、ノールウェー（注一）及び中国（安全保障理事会理事国）

申し入れは前記2．に準ずる。

（注一）在ノールウェー公使は、在スウェーデン公使が兼任しているので、特にスウェーデンから措置をとらせることなく、在京ノールウェー公使に申し入れることとする。

㈢　平和条約の未批准国で外交関係が復活されていない諸国

ギリシャ、トルコ、チリ（以上三カ国は安全保障理事会理事国）、ボリヴィア、コロンビア、コス・タリカ、キューバ、ドミニカ、エクアドル、エジプト、エティオピア、ニカラグァ、グァテマラ、ハイチ、ホンデュラス、インドネシア、イラン、イラク、レバノン、リベリア、ルクセンブルグ、パナマ、パラガイ、フィリピン、サウディ・アラビア、シリア、南阿、ウルグァイ、ヴェネズエラ

ギリシャ及びチリについてはワシントンで、トルコについては東京で申し入れることとし、その他の諸国に対する申し入れの方法及び場所はすみやかに決定の上措置する。

二、平和条約署名国以外の加盟国

㈠　外交関係を復活又は設定している諸国

インド、スウェーデン、タイ、デンマーク（注）、ユー

ゴスラヴィア、イスラエル

わが在外公館を通じて、加盟申請書を発送した旨を述べ支持を求める。

(注)デンマークは東京において申し入れる。

(二) 戦争終了宣言をした国

ビルマ

(一)に準じワシントンにおいて申し入れる。

(三) その他の国

アフガニスタン、アイスランド、イエーメン

申し入れについてはすみやかに決定の上措置する。

編注 決裁日は不明。

27 昭和27年6月10日 島(重信)大臣官房審議室参事官作成

イタリアの国連代表の地位および国連加盟問題に関する在京イタリア大使の談話

国連代表の地位及び国連加盟問題に関するイタリー大使の談話に関する件

昭和二七・六・一〇 島

一、十日午前、在京イタリー大使は島と会談の際、ニューヨークに駐在するイタリーの国連オブザーヴァーの特権問題に関し、先日渋沢次官にお話し、更に詳細な資料送付方本国政府に言っておいたところ、最近受取った報告によると、数日前島津総領事がニューヨークでイタリーのオブザーヴァー、　？　氏を来訪して本件につき会談された模様である。いずれ同総領事から詳細な報告が外務省にあることと思うから、右によって、メンバーでない国のオブザーヴァーに米国政府が与えている特権の内容がはっきりすると思う、と述べたので島から、島津総領事からの報告はまだ見ていないが、右情報を感謝する旨述べておいた。同大使は、右会見の報告はローマへも行っているから、イタリー外務省は改めて自分の方へ資料を送って来ないことになるかも知れない、と述べていた。

二、続いて同大使は、日本の国連加入申請書の取扱はどうなるのか、六月はソ連のマリク代表が安保理事会議長であるために日本側は今月中は申請書を出さないという噂があったが、どうか、と問うたので、島から、その件に関

しては自分は詳しく承知していない、しかし自分の個人的意見としては、ソ連代表が理事会議長であると否とは、理事会における日本の加入申請に対する事務的取扱に大した影響を及ぼすことはないと想像されるから、そのために申請書提出を七月まで延ばすということは、あまり意味がないのではないかと思う、と述べたところ、同大使は、国連加入問題はイタリーにとっても非常に重要な問題であり、日本と大体同一の地位に立つことになるわけであるから、本件に関してはお互いに十分な情報交換を行いたい、と述べたので、島から、何か新しい発展があった場合には早速お知らせする、これも個人としての話であるが、本年二月、ラングーンにおけるエカッフェ総会においてソ連が日本の加入を積極的に支持したことは極めて興味があり、従って今度の国連加入申請にどういう態度に出るかを注目している次第である、と述べておいた。

三、なお、右会談の際同大使は、エジプトとの外交使節交換に関し情報を得たい、と述べたので、今日までの経緯を説明しておいたところ、同大使は、実はイタリーも同様の問題に面しており、エジプト国王がスーダン王の呼称を併せ用いると宣言する数日前に在エジプト、イタリー大使が死亡し、エジプト側は右呼称による国王宛の信任状を携行した新大使の派遣を希望して来たが、イタリーとしては英国との親善関係は勿論重要視するところであるので、いまだに決定しかねている実情である旨述べていた。

28　昭和27年6月16日　岡崎外務大臣より リー国際連合事務総長宛

加盟申請書

付記　右和訳文

Tokyo, June 16, 1952.

Excellency,

I have the honour to state that Japan applies for membership in the United Nations in accordance with Article 4 of the Charter of the United Nations.

The Treaty of Peace with Japan signed at San Francisco on September 8, 1951, has come into force as from April 28,

1952, and Japan as an independent state has been restored to the comity of nations.

In the preamble of this treaty it is stated inter alia that "Japan for its part declares its intention to apply for membership in the United Nations and in all circumstances to conform to the principles of the Charter of the United Nations" and that "the Allied Powers welcome the intention of Japan".

The Japanese people have an earnest desire to participate in the work of the United Nations and to utilize the purposes and principles of the Charter as a guide to the conduct of their affairs. There exists among the Japanese people nation-wide sympathy with the objectives of the United Nations to foster international peace and cooperation among nations. The Government of Japan is eager to apply for membership in the United Nations therefore and will undertake to fulfil the obligations of membership in the Organization by all means at its disposal.

In these circumstances I have the honour to request that Your Excellency be good enough to take necessary steps so that the present application of Japan might be given due consideration by the competent organs of the United Nations.

A formal declaration that the Japanese Government accepts the obligations contained in the Charter of the United Nations is hereby enclosed.

I avail myself of this opportunity to extend to Your Excellency the assurance of my highest consideration.

Katsuo Okazaki

Minister for Foreign Affairs

of Japan.

His Excellency

Trygve Lie,

Secretary-General of the United Nations,

New York, U.S.A.

DECLARATION

Tokyo, June 16, 1952.

I, Katsuo Okazaki, Minister for Foreign Affairs, having been duly authorized by the Japanese Government, state that the Government of Japan hereby accepts the obligations contained in the Charter of the United Nations, and undertakes to honour them, by all means at its disposal, from the day when Japan becomes a Member of the United Nations.

Katsuo Okazaki
Minister for Foreign Affairs
of Japan.

（付　記）

書簡をもつて啓上いたします。本大臣は、日本国が国際連合憲章第四条に従つて国際連合への加盟を申請する旨申し述べる光栄を有します。

千九百五十一年九月八日にサンフランシスコで署名された日本国との平和条約は、千九百五十二年四月二十八日から効力を生じ、日本国は、独立国として、国際の友好関係に復帰しました。

この条約の前文において、とりわけ、「日本国としては、国際連合への加盟を申請し且つあらゆる場合に国際連合憲章の原則を遵守する意思を宣言する」こと及び「連合国は、日本の意思を歓迎する」ことが述べられています。

日本国民は、国際連合の事業に参加し且つ憲章の目的及び原則をみずからの行動の指針とすることを熱望しています。日本国民の間には、諸国間における平和及び協力を助長しようとする国際連合の目的に対し、挙国的な共感がみなぎつています。よつて日本国政府は、国際連合への加盟を熱意をもつて申請するものであり、また、国際連合の加盟国としての義務を、その有するすべての手段をもつて、履行することを約束するものであります。

このような事情の下に、本大臣は、閣下に対し、日本国のこの申請に対し、国際連合の権限を有する機関による妥当な審議が行われるため必要な措置が執られるよう要請する光栄を有します。

日本国政府が国際連合憲章に掲げられた義務を受諾する旨の公式宣言をここに同封いたします。

以上を申し進めるに際しまして、本大臣は、ここに閣下に向つて敬意を表します。

昭和二十七年六月十六日　東京において

日本国外務大臣
岡崎　勝男

国際連合事務総長
トリグヴェ・リー閣下

宣　　言

日本国政府から正当な権限を与えられて、外務大臣岡崎勝男は、日本国が、国際連合憲章に掲げられた義務をここに受諾し、且つ、日本国が国際連合の加盟国となる日から、その有するすべての手段をもつて、この義務を遵奉することを約束するものであることを声明する。

昭和二十七年六月十六日　東京において

日本国外務大臣
岡崎　勝男

29　昭和27年6月18日　岡崎外務大臣より在米国新木大使宛(電報)

加盟申請支持を国務省に申し入れ方訓令

本　省　6月18日後6時23分発

第五二四号

一、(一)わが国は、平和条約前文第二段において国際連合への加盟を申請する意思を宣言しており、加盟の申請は、同条約上の道義的責務を果すこととなるので、六月十七日加盟申請書を国連事務総長に宛てて発送した旨(実際は、在ニューヨーク島津総領事に送付し、同総領事をして提出させる)並びに(二)安全保障理事会及び総会における本件審議に際してわが国の申請を支持されたい旨を国務省に口頭を以て申し入れられたい。又、責任国駐在ギリシヤ、チリ、ボリヴィア、コロンビア、コスタ・リカ、キユバ、エクアドル、エジプト、エティオピア、ニカラガ、グァテマラ、ハイチ、ホンデュラス、イラン、リベリア、パナマ、パラグァイ、サウディ・アラビア、南阿、ヴェネズエラ、ユーゴスラヴィア、イスラエル、ビルマ及びアフガニスタン大使、イラーク、レバノン、ルクセンブルグ、シリア及びアイスランド公使並びにイエーメン代理公使にもそれぞれ右二点を申し入れられたい。

二、サンフランシスコ平和条約署名国でない国の使節に対する場合は同条約に言及せざることとし、且つ、安全保障理事会の理事国でない国に対する場合は、理事会の審議に際して支持を求める旨は取り除かれたい。

三、なお、責任国以外の国に対する申し入れは、安全保障理事会理事国、平和条約署名国、平和条約非署名国の順序で行われたい。

30　昭和27年6月18日　岡崎外務大臣より在英国松本(俊一)大使、在仏国西村(熊雄)大使、在カナダ井口(貞夫)大使他宛(電報)

加盟申請支持を加盟各国に申し入れ方訓令

本　省　6月18日後6時25分発

合第一一九号

一、(一)わが国は、サンフランシスコ平和条約前文第二段において国際連合への加盟を申請する意思を宣言しており、加盟の申請は、同条約上の道義的責務を果すことともなるので、六月十七日加盟申請書を国連事務総長に宛てて発送した旨(実際は、在ニューヨーク島津総領事に送付し、同総領事をして提出させる)並びに(二)安全保障理事会及び総会における本件審議に際してわが国の申請を支持されたい旨を責任国外務省に口頭を以て申し入れられたい。又、在メキシコ臨時代理大使においては責任国駐在ドミニカ及びサルヴァドル大使にもそれぞれ右二点を申し入れられたい。

二、なお、サンフランシスコ条約署名国でない国の政府に対する場合は、同条約に言及せざることとし、且つ、安全保障理事会の理事国でない国に対する場合は、理事会の審議に際して支持を求める旨は取り除かれたい。

本電宛先　在英、仏、カナダ大使

在ブラジル、オランダ、パキスタン、アルゼンチン、メキシコ、ベルギー、インド、タイ臨時代理大使

在スウェーデン公使

在ペルー臨時代理公使

在台北、ウルグアイ在外事務所長

31　昭和27年6月18日　在ニューヨーク島津総領事より岡崎外務大臣宛(電報)

国連事務総長が第七回総会に至急オブザーバー派遣を慫慂

ニューヨーク　6月18日後5時13分発
本　　　省　6月19日前8時58分着

第一一二号

新木大使より

十七日ジャパン・ソサィエティー晩餐会にて国連リー事務総長及び米国国連代表グロス大使は要旨左の通り本使に語つた。ついてはオブザーヴァー任命方至急お取計いありたい。

「ソ連国連代表は安保理事会の議題として細菌戦問題及び新加入問題を討議することを提案し、明十八日から討議開始(細菌戦問題詮《先カ》議)のこととなつた。従つて日本のオブザーヴァーが会議に出席すること緊要となるにつき至急オブザーヴァーを任命されることが適当と思われる。国連関係は政治事項なるにつき大使館員中より任命されることとしかるべきも、総領事にては不可という次第にはあらず、日本のオブザーヴァーには国連に事務室を与え資料を配布する等の便宜を供与すること勿論なり」。

32　昭和27年6月18日　在ニューヨーク島津総領事より岡崎外務大臣宛(電報)

ソ連代表が安保理に対し十四国同時加盟案を提示との報道について

ニューヨーク　6月18日後1時26分発
本　　　省　6月19日前8時41分着

第一一三号

新聞情報によれば、マリク、ソ連代表が安保理事会に対し加盟申請中の一四カ国の同時加盟を総会に勧告する提案をなしたのは、この際加盟問題を一括処理する事により、将来の日独加盟を妨害する意図に出たものであると思われるが、米国としては、日独が加盟を申請するまでは、ソ連側に反対するものと観測せられている。

33　昭和27年6月24日　在米国新木大使より岡崎外務大臣宛(電報)

国務省への加盟申請支持申し入れにつき報告

付記一　作成日不明、国際経済局第一課作成

「日本の国際連合加入申請に関する米国側の

態度」

二　昭和二十七年十月三十日作成

「わが国の国連加盟申請の支持要請に対する回答一覧表」

ワシントン　6月24日後7時20分発
本　　省　6月25日前10時52分着

第六三二号

貴電第五二四号第一項に関し

二十四日本使はアリソン次官補を訪問(アチソン長官渡欧中)二十三日加入申請を了した旨述べ御訓令の通り米側の援助を要望し長官へも伝達方求めたところ次官補は日本の申請が国連の審議にかかる時期は未詳であるが日本の加盟はアメリカとしても望むところで十分努力すべし、ソ連の拒否等米国としても如何ともしがたい面もあること御承知の通りなり。一括加盟承認案についても米は未だ何ら決定しおらずと語つた。

(付記一)

日本の国際連合加入申請に関する米国側の態度

六月二七日「ウエヤリング」米大使館参事官は定例会見の席上本件に関し次の通り述べた。

(欄外記入)
一、以下日本の国連加入申請に関する米国側の態度は国務省から米大使館に対し極秘、日本側にも伝えない様にとの訓令附できたものであるが、日本側にとり参考となると思はれるので特に自分個人の責任に於て非公式に御伝へする。

二、米国務省は国連の米代表に対し次の様な訓令を送った。ソ連は日本を一括加盟国「リスト」中に加へようとするかも知れないが、(might conceivably seek to add...)右動議に対し米代表は反対し、日本の加入は日本丈けの問題として取扱う事とし(Japan's affiliation stands on their feet)且出来る丈け早く投票に付託するよう主張する。若し右にソ連が反対した時には、一括加盟問題を討議することになるかも知れない。

(欄外記入)
米側との話合いにも本件を引用せざるよう留意のこと　経済一課長

(付記二)

わが国の国連加盟申請の支持要請に対する回答一覧表

(昭和二十七年十月三十日)

イ、安全保障理事会理事国

国名	申入地	申入先	回答要旨
アメリカ	ワシントン	アリソン次官補	日本の加盟はアメリカとして望むところであり十分努力する。
イギリス	ロンドン	外相代理ロイド国務相	英国としては勿論十分日本の加盟を支持する意向である。
フランス	パリー	外務次官	快諾。代表団に対し強力に支持するよう訓令する。
中国	台北	胡外交部次長	支持を確約。
オランダ	ヘーグ	ロイヒリン外務省政務総局長	申入れの趣旨を了承し、全幅的支持を約す。
パキスタン	カラチ	ペーグ外務次官補	直ちに大臣に伝えることを約し、同時に全幅的に支持するであろうと語る。
トルコ	東京	テベレン臨時代理大使	全幅的に支持するよう代表団に訓令する。
ブラジル	リオデジャ	ビメンテルン・ブラン	支持。その旨駐米大使に訓令する。

	ネイロ	デン大使（次官に相当）	
ギリシヤ	ワシントン	ワシントン駐在公使	支持。国連代表に訓令済。
チリー	〃	ワシントン駐在大使	〃

ロ、その他の加盟国

国名	申入地	申入先	回答要旨
ペルー	リマ	外務次官	支持。
カナダ	オタワ	〃	〃
タイ	バンコック	外務大臣	〃
インド	ニューデリー	ネール外務次官	〃
アルゼンチン	ブエノスアイレス	外務省政務局長	〃
ウルグァイ	モンテヴィデオ	外務次官	〃
インドネシア	東京	シャリフ参事官	支持（外務大臣）
フィリピン	東京	メレンシオ大使	本国政府に伝達する。
ノールウェー	〃	ロイシュ公使	安保理事会からの積極的な勧告があつた場合には支持す。

デンマーク	〃	ティリッツェ公使	本国政府より好意的態度をもつて臨むこと及び代表部に対し支持を訓令する旨の回電があつた。
ニュージーランド	〃	チャリス代理公使	申入れを本国政府に電報したところ支持すべき旨回電があつた。
スウェーデン	ストックホルム	ルンドベリー外務次官	大臣に伝達する。政府がとるべき措置につき予め確約しない方針である。 (注)同国外務省政務局長は、右のほかに、同国が従来国連においてとつた態度から見て安心されてしかるべしと述ぶ。
メキシコ	メキシコ・シティー		外務大臣の命によるとして支持する旨の回答あり。
サルヴァトル	メキシコ・シティー	メキシコ駐在大使	支持。
ドミニカ	〃	〃	〃
オーストラリア	東京	ウォーカー大使	支持。
ユーゴスラヴィア	ワシントン	ワシントン駐在大使	〃
ホンデュラス	ワシントン	〃	〃
リベリア	〃	〃	〃

ビルマ	〃	〃	〃
ヴェネズエラ	〃	〃	〃
グワテマラ	〃	〃	本国に伝達すべし。
ニカラグァ	〃	〃	〃
エクアドル	〃	〃	支持確信するも本国に回訓すべし。
アフガニスタン	〃	〃	本国に伝達すべし。
パラグアイ	〃	〃	本国に回訓の上回答。
レバノン	〃	ワシントン駐在公使	本国に伝達すべし。
エチオピア	ワシントン	ワシントン駐在大使	本国に伝達すべし。
イラク	〃	〃	支持確信するも本国に回訓の上回答。
コロンビア	〃	〃	〃
南阿	〃	〃	本国に伝達すべし。
ボリビア	〃	〃	支持確信するも本国に回訓の上回答。
イラン	〃	〃	本国に回訓の上回答。
コスタリカ	〃	〃	講和条約未批准につき他国に先立ち日本の加盟支持のイニシァティブをとること困難と思うが日本支持は確信する。本国に伝達すべし。

イスラエル	〃	〃	本国に伝達すべし。
パナマ	〃	〃	〃
キューバ	〃	〃	支持は確信するも伝達すべし。
アイスランド	〃	〃　駐在公使	〃
イエーメン	〃	〃　駐在代理公使	本国に伝達すべし。
エヂプト	〃	〃　駐在大使	〃
シリア	ワシントン	ワシントン駐在公使	全面的加入許可方針につき支持確信するも本国に回訓の上回答。
ハイチ	〃	〃　駐在大使	本国に伝達すべし。
ベルギー	ブラッセル	国際協力局長	支持は大臣の許可を得ずとも直に約し得る。

右以外ルクセンブルグ及びサウディ・アラビアの意向については在ワシントン大使館よりの報告未着のため不明。

34　昭和27年6月26日　在ニューヨーク島津総領事より岡崎外務大臣宛

日本の加盟申請書の受領および加盟各国への通報に関する国連事務総長代理の書簡について

JOAN第四五〇号

昭和廿七年六月廿六日
在ニューヨーク日本国総領事
島津　久大〔印〕

外務大臣　岡崎　勝男殿

国連加盟申請書受領に関する件

昭和二十七年六月十六日付貴信条二第一五六号に関し別

添六月二十三日付国連事務総長代理より貴大臣宛書簡(SCA 2/02)の通り国連加盟申請書は六月二十三日に提出したが、国連事務局は安保理事会各当事国並びに加盟各国に通報した趣であるから御報告する。

(別　添)

SCA 2/02

23 June 1952

Sir,

I have the honour to acknowledge the receipt of your letter dated 16 June 1952 communicating your Government's application for admission to membership in the United Nations, together with its declaration of acceptance of the obligations contained in the Charter of the United Nations.

Further, I have the honour to inform you that your letter and the attached declaration have been brought to the attention of the Members of the Security Council, and copies have been circulated to all Members of the United Nations.

Please accept, Sir, the assurances of my highest consideration.

G. Georges-Picot
Acting Secretary-General

His Excellency,
K. Okazaki,
Minister for Foreign Affairs,
Ministry of Foreign Affairs,
Tokyo, Japan.

35　昭和27年6月30日　在ニューヨーク島津総領事より岡崎外務大臣宛(電報)

加盟申請を安保理の議題とするための複数の方針案に関する国連米国代表部公使発言

ニューヨーク　6月30日後8時38分発
本　　　　省　7月1日後1時5分着

第一二四号

三十日本官国連米国代表部「ロス」公使を往訪、国連加盟申請につき会談要旨左の通り

ロスより安保理事会の議題とするには数種の可能性あり。

イ、米又は他の国より日本加盟問題を単独議題 separate item として上程する場合、

ロ、現在議題となつている十四ケ国(衛星五ケ国、その他九ケ国)の一括加盟承認問題(ソ連提案)にソ連が日本を加える場合、

ハ、単独議案とするも審議を延期する場合、

ニ、事態静観の意味で提案を暫らく見合わせる場合、

ロ、は可能性少なくイ、の場合はソ連の拒否に会う可能性強く、同国の対日態度を明確化する利点あるも(イタリーは、内政問題よりこれを望み昨年パリーでソ連の拒否があつた)或はハ、又はニ、の態度を採るも一案であろう。

何れにするも心得迄に日本政府の内意を承知し出来るだけ協力したしとの内話があり本官は請訓の上回答を約した。

ついてはロ、の十四ケ国案は来週早々審議の模様でもあり貴見折返し御回電ありたい。

36　昭和27年6月30日　在ニューヨーク島津総領事より岡崎外務大臣宛(電報)

加盟申請を安保理の議題とするには理事国による上程が必要との米国代表部説明

ニューヨーク　6月30日後6時55分発
本　　省　7月1日前9時40分着

第一二五号

国連加盟申請に関連して申請書の取扱振りにつき、米国代表部の説明によれば現実に安保理事会の議題となるには理事国の一つにより上程を提案する必要がある由である。

右念のため。

37　昭和27年6月30日　在ニューヨーク島津総領事より岡崎外務大臣宛(電報)

加盟申請を安保理で議題とするための複数の方針案を示した米国代表部の意図について

ニューヨーク　6月30日後9時18分発
本　　省　7月1日後1時6分着

第一二六号

往電第一二四号に関し

加盟申請を提出した以上ソ連の拒否の有無にかかわらず早期上程を予期しておられることとは存ずるも、米国はその

微妙な立場もあり、ハ、ニ、の場合も考慮しているものと察せられる。米国としては日本側と協力する以上往電第一二五号の通り提案の必要があり冒頭往電の内話となつたものと思われる。

38　日本を含む一括加盟案への賛成または速やかな単独審議の実施希望を米国に回答方訓令

昭和27年7月3日　岡崎外務大臣より在ニューヨーク島津総領事宛（電報）

本　省　7月3日後8時45分発

第一一二号

貴電第一二四号に関し

次のとおり回答ありたい。

一、政府としては、わが加盟申請が理事会の手続規則に従つて第七総会の廿五日前迄には審議が終ることを期待しており、特に早急に他の議題をおしのけても審議されるよう特定の国に希望することはない。

二、しかし、いずれかの理事国が一括加盟案にわが国を含めるようなことがあつた場合は、米国が一括加盟案に賛成することを希望する。もし、米国がこれに賛成し難いとすれば、わが申請が能う限り早く単独審議されることを希望する。

三、もとより政府としては国連加盟の代償として、ソ連との間に何らの妥協的取引を行うが如き意思はない。

本電ワシントンに転電ありたい。

（冒頭に平文で「大臣来電」と記入しそのまま転電のこと）

39　一括加盟案に対する日本側希望に関し米国側意見の確認方訓令

昭和27年7月3日　岡崎外務大臣より在米国新木大使宛（電報）

本　省　7月3日後8時0分発

第五七一号

貴電第六三二号に関し

一括加盟案に対するわが方の希望は、ニューヨーク宛第一一二号のとおりなるが右に付適当なる方法で国務省の意見を求められたい。

40　昭和27年7月7日　在ニューヨーク島津総領事より岡崎外務大臣宛(電報)

米国は新加盟問題の討議を当分延期する模様との観測

ニューヨーク　7月7日後7時46分発
本　　省　7月8日前11時7分着

第一三四号

貴電第一一二号に関し

七日貴電の趣きをロスに伝えたところロスは我方申請の取扱いについては各般の問題と共に提出時期等につき本官と緊密連絡の上、研究したいと述べた、なお米側は差当り一括加盟案を含む新加盟問題の討議を当分延期する心組の模様である。

ワシントンに転電した。

41　昭和27年7月8日　在米国新木大使より岡崎外務大臣宛(電報)

日本を含む一括加盟案への態度および同案を不可とする場合の代替案につき米国側に照会

ワシントン　7月8日後7時8分発
本　　省　7月9日前11時0分着

第七〇一号

貴電第五七一号に関し

一、八日本使アリソン国務次官補を往訪貴大臣発ニューヨーク総領事あて第一一二号の趣旨を述べ、日本を含めた一括加盟案に対する米政府の態度及び右を不可とする場合の代案につき質したところ「ア」は従来米政府は一括加盟案を不可として来たが最近これを再検討すべしとの意見もあり、右につき明日部内会議の予定であるから、右会議後結論を得ざるやも知れざるも改めて連絡すべしと答えた。

なお、その際一括加盟案がとられざる場合日本側はソ連の拒否権を侵しても単独審議を急ぐ次第なりや、または、一括加盟案がとられざる場合は審議延期を期待されるものなりやとの質問があつたから、この点当地九日朝までに御回電ありたい。

二、なお、七月一日のレセプションの際ヒッカソン国務次官補(国連担当)は本使に対し米国はソ連の一括加盟案に対しては反対であり、たとえこれに日本の加盟申請を加えても外蒙の如きわけの解らぬ国がソ連案に入つていることは承服し難いと内話していた。

ニューヨークに転電ありたい。

42　昭和27年7月9日　岡崎外務大臣より在米国新木大使宛（電報）

米国政府が一括加盟案を不可とする場合に日本が早期単独審議を希望する理由について

本　省　7月9日後7時10分発

第五九七号

貴電第七〇一号に関し

㈠米政府部内において一括加盟案を不可と決定し、且ついずれの安保理事国も一括加盟案に日本を加える提案をしない限り、わが方の意見はニューヨーク宛往電一一二号のとおり、特に急ぎはしないが所定の日までに審議が終ることを期待する。

㈡米政府部内において一括加盟案を不可と決定し、いずれかの安保理事国が一括加盟案に日本を加える提案をしてその提案がしりぞけられた場合はソ連の拒否権が予想されてもわが申請が早急単独審議されることを希望する。その理由は、西欧諸国側が日本の加盟をブロックしていることのみが国民に印象づけられ、ソ連が拒否することが実証されないので、国民一般の感情がこの点で西欧側に不利に傾くと思われるからである。

43　昭和27年7月9日　在米国新木大使より岡崎外務大臣宛（電報）

日本を含めた一括加盟案に対する米国の態度は未だ結論を得ずとのアリソン国務次官補内話

ワシントン　7月9日後8時2分発

本　省　7月10日後0時0分着

第七一一号

往電第七〇一号及び貴電第五九七号に関し

一、本日の国務省会議に先立ち冒頭貴電の趣旨を先方に申入れおいたが、同会議の内容につきアリソンより本使に対し左の如き内話があつた。

㈠米政府はソ連の一括加盟案には反対である。

(ロ)従つて他国が日本を含まない一括加盟案を提案すればこれに反対する。

(ハ)しかし他の理事国が日本を含めた一括加盟案を提案した場合いかなる態度を採るかについては結論を得なかつた。

(ニ)日本の単独加盟案が審議される場合には米国は勿論支持する。

いずれにしても米国政府としては明日アチソン長官の帰還後に最後的決定を行う予定であり、又本日の安保理事会の審議では加盟問題は九月二日まで延期となる模様でもあるから、それまでになお充分考究する時間的余裕あるべしと述べていた。

二、なお本使より日本の加盟申請に対するソ連の態度につき見透しを質したのに対し、「ア」はソ連がＥＣＡＦＥに対する日本の参加を認めた例もあり、必ずしも日本の加盟に反対するとは即断し得ない面もあると述べた。

右取りあえず。

ニユーヨークに転電ありたい。

44　昭和27年7月10日　在英国松本大使より岡崎外務大臣宛(電報)

日本の加盟申請審議については提案時期が重要とするロイド英国外相代理の談話

ロンドン　7月10日後8時50分発

本　　省　7月11日前10時12分着

第三四六号

本使着任以来議会等の用務多忙のため訪問できなかつたイーデン外相は病気にて三週間乃至一ケ月引籠ることとなり、本十日外相代理ロイド国務相を往訪した、「ロ」は最近日本にて総理初め貴大臣等に面会したる際の話を持出し、日本に対する認識を深めたることを喜んでいると述べた、次いでロから往電第三一四号バークレーとの会談の際、日本の国連加入に関し英国の支持を申入れられたる由であるが、この問題については英国としては勿論充分日本の加入を支持する意向なるが、ソ連の拒否権の関係もありこれを何時持出すかタイミングの問題は極めて重要と思はれるから英国側としては国連が適当な時機に取り上げるよう仕向けたいと述べた。

なお、本使からGATTに対しても日本は最近加入を申し込む手筈であるから、英国の支持を得たいと述べたところ、この問題は極めて複雑な問題を含んでいるようであるから充分研究したいと答えた。

45　昭和27年8月15日　在米国新木大使より岡崎外務大臣宛（電報）

日本を含めた一括加盟案に対する米国側態度に関しヒッカーソン国務次官補との意見交換

ワシントン　8月15日後8時19分発
本　　省　8月16日前11時41分着

第九一四号

貴電第五九七号に関し

一、往電第九〇七号上村、ジヨンソン会談の際往電第七一一号(ハ)の点に対する米国側の研究の結果を尋ねさせた処、ジは自分はいまだ何等の決定に到つていないと承知しているが、この点は国連担当のヒツカーソン次官補と会談しかるべしとのことであつたので、十五日本使前約のため上村をしてヒと会談せしめた。

二、上村は先ず冒頭貴電の趣旨により日本側の希望を説明し米国側は今なお一括加盟案の形式に拘泥しているとのことであるが万一ソ連または他の国が日本を含めた一括加盟案を提案し米国が之れに反対せざるを得ぬ立場となつた際は米国が日本加入に対する障碍をなしているとの印象を日本国民に与え甚だ面白くない結果となる惧れがある、ついては、米国側が何等かの形で日本支持のイニシヤチーブをとることが考えられないかと述べた。これに対しヒは一括加盟案については米国も英国も反対しているので他の方法を考えているが、只今の話により思い付いた案は理事会開会の劈頭に米国より日本の単独加入決議案を提出し、まず反応を見ることは如何がと思う。理事国が全部之れを承認すればもつとも結構であり、もしソ連が之れに反対すれば日本加入反対の責任及び日本国民に対する悪印象はソ連に負わせることとなる。右米国側提案の後にソ連又はその他の国が他の提案を行うかも知れないが、その際は、その事態に応じて対処したら良いと思う貴見如何と尋ねたので上村は、日本としては加入が実現し得れば結構でそのタクチツクスは米国側にお委せしてある訳であるから、タクチックスとして日本の単独加入を劈頭に出されることは日本政府として何等異議がないと思う。

なお、自分個人としては、妙案だと思うと答えたところヒは実は今の案は貴官と話合中に思いついたものであつて、これを実行するためには早速理事会構成の主要国と話合を開始して見よう。その結果本案の採用が困難となつた場合には早速貴方に御連絡すべしと述べた。

三、右話合の際上村は日本単独加盟案に対しソ連が反対し万一ソ連またはその他の国が日本を含む一括加盟案を提案した場合米国として一括加盟案と云う形式のみに捉われて頭から反対すると云うやり方には些か疑問があると思う。右の案にたとえば外蒙の如き多数の国が問題とする国を包含する場合にはそれらの国だけを除外すると云う交渉を試みる価値があるのではないかと思う、若し右が成功すればソ連としては一括加盟案が通つたと云うことになり英米側としては各国のメリットに応じて加盟させると云う趣旨が通つたことになるのではないかと二度繰返して述べヒをサウンドしたがヒはその都度単に笑つて答えなかつたが、上村の得た印象では米国側としては理事会の模様如何によつては右のような手に出ることも絶対不可能とは考えていないようにも見られたとのことである。

46 昭和27年8月19日 在米国新木大使より岡崎外務大臣宛(電報)

米国は安保理冒頭に日本の単独加盟案を提出するとのアリソン国務次官補の言明

ワシントン 8月19日後6時48分発
本　　省 8月[20]日前11時5分着

第九二五号

往電第九一四号に関し

十九日本使アリソン次官補に会見の際、上村よりジョンソンに話した通り日本としては出来得る限り速かに国連に加入したき希望であること、及びその際、米国が日本の加入を妨害しおるが如き印象を与える様な結果となることは避けたきことを、重ねて申し述べたところ、アは米政府は、九月の理事会再開の劈頭、日本の単独加盟案を提出することに決定し、グロス代表が目下本件に関し各国代表と交渉中である旨述べた。又十八日上村公使他用にて英国大使館スチール公使及び国府大使館タン公使と会見の際、非公式に本件支持方を依頼したところ、何れもそれぞれ右を国連代表に連絡方約した。

尚貴電第五二四号の件は全部執行済。この点委細公信。

ニューヨークえ、転送。

47　昭和27年8月22日　在ニューヨーク島津総領事より岡崎外務大臣宛（電報）

日本を一括加盟案に加えずその加盟審議は同案採択後の旨ソ連マリク代表が発言との情報

ニューヨーク　8月22日後1時52分発
本　　　　省　8月23日前9時40分着

第一七七号

二十二日係官米国国連代表「ハイド」顧問を往訪、加入問題につき懇談の際「ハ」は二十一日の安保理事会常任理事国非公式会談の模様を述べ「オスチン」米代表は日本の加入承認を力説、英国、仏国、中国は賛成「マリク」は日本は単独平和条約を結び安保理事国二ケ国（ソ連及び中共）と戦争状態にあるから原則上の問題として反対であり、又一括加盟案に日本を加える考えもなく一括案採択後でなければ日本の加入の審議にも反対である旨発言した由内話した趣である。

在米大使に転送した。

48　昭和27年8月27日　在ニューヨーク島津総領事より岡崎外務大臣宛（電報）

日本の加盟に否定的なソ連の態度を踏まえた今後の措置につき米国側との協議結果

ニューヨーク　8月27日後6時12分発
本　　　　省　8月28日前10時5分着

第一八三号

往電第一七七号に関し

ソ連の日本加入拒否の態度に関連し、国務省は今後とるべき措置につき「グロス」国連大使と協議のため、「ヤング」極東部長をニューヨークに派遣することになり、上村公使の同行を求めたので、二十七日右三名で長時間協議した、その結論左の通り。

一、日本単独加盟案はソ連の反対があつても次の安保理事会の議長たるブラジル代表から各国代表宛「サーキユラー」として理事会の「アジエンダ」に載せるように手配される。(この点「グロス」大使からブラジル代表に話をすると共に上村よりも話をする予定)

二、ソ連の一括案は既に昨年から提案されているので、順序としてソ連案が先に審議されることになる筈だが、ソ連案には日本が含まれていないから米、英、仏国、中国等は何れも反対する。但しソ連が急に日本を含めた一括案を出した場合に、米国がこれに反対することは、日本の加入を米国が妨害しているような印象を与えて面白くないので、米国としては斯様な修正案は新提案と解し日本単独加入案よりも先に審議することを拒否する。(これらの手続問題は可成り複雑なので今後関係国とも充分に協議する由)

三、日本単独加盟案がソ連によつて拒否された後、他の国より日本を含む別途の提案があつた場合の処理については、日本側とその都度協議する。(ソ連案を基礎として、その中に日本等を入れ或いは各国の反対する国を除き、事実上英米の主張する個別審査と同じところに持つて行かれるのではないかとの質問に対し、グロスは例えば、中国は外蒙に反対し、ギリシヤはブルガリアに反対すると言うような各国間の複雑な主張があるので、実際問題としても、かような交渉は望み難いと思う旨答えた)

四、米国は日本加盟案が安保理事会で拒否されても、更に総会に日本加盟案を提出する。安保理事会で拒否されたものを総会において表決することはできないが、討議することは差支えないわけで、これによつて日本の加盟問題に対する支持の空気を強める効果がある。

以上につき何等心得べきことがあれば御訓令ありたい。

在米大使に転電した。

---

49 昭和27年8月27日　在ニューヨーク島津総領事より岡崎外務大臣宛(電報)

日本の加盟をソ連が否決した場合の次策としてグロス大使より「準加盟」案の検討につき打診

ニューヨーク　8月27日後6時51分発
本　　　省　8月28日前11時0分着

第一八四号

上村公使より

往電第一八三号会談の際グロス大使から全く個人的の話合として万一日本の加盟がソ連によつて否決された場合、日本が単にオブザーヴァーを送るというだけでは甚だ心許ないので次の計画として、国連総会には他国代表と共に出席し一切の討議に参加し得るが正式ではないので、投票権だけを有しない「準加盟」という案を考えてみては如何が。この案は更に研究を要するが自分としてはこの案なら、安保理事会にかけず直接総会に提出して採決させることができるのではないかと思う、実は昨年イタリアに対しこの方式を話してみたが、イタリアは正式加盟を予期していたためか(今回のソ連一括加盟案にはイタリアが含まれている)「準加盟」案には賛成しなかつた経緯がある、然し日本の(ママ)拒否のソ連の態度に変化が無い限り加盟実現は困難であり、他方日本が「準加盟」国として常に総会に出席し討議に参加するようになれば日本の正式加盟に対する各国の支持の空気を愈々濃くする効果があると思うので日本としてはこの案を研究する価値があるのではないかと思う。ついては、できるだけ早く日本政府の意向を承知したいと述べた。

ついては、右に対し至急ワシントン宛回電ありたい。

在米大使に転電した。

50　昭和27年8月28日　在ニューヨーク島津総領事より岡崎外務大臣宛(電報)

ブラジル国連大使より安保理での日本の単独加盟案審議手続き完了の通報および右決議案の内示

ニューヨーク　8月28日後9時32分発
本　　　省　8月29日後1時15分着

第一八五号

往電第一八三号に関し

上村より

二十八日ブラジル国連大使と会見したところ、同大使はグロス大使とはまだ直接話をしていないが、事務的の連絡があつたので日本加盟案を安保理事会の議題とする手続をすでに完了した旨を述べ、安保理事会において米国代表の提案する予定である決議案を内示した。右決議案は日本は平和を愛好し国連加盟国として最も適当と認めるので、安保理事会は日本の国連加盟申請を採択するよう総会に勧告するという趣旨である。

なお安保理事会の議題第一は、ソ連の一括案、第二は従来の懸案を一括したもの、第三は日本の単独加盟案となつている。また万一ソ連等がソ連の一括案に日本を含めた場合にはグロス大使のいう通り、新たな議題として日本単独案の後に回すように取計うつもりだと述べていた。

51 昭和27年8月28日 在ニューヨーク島津総領事より岡崎外務大臣宛（電報）

準加盟問題に関する上村公使と信託統治理事会イタリア代表との意見交換について

ニューヨーク 8月28日後9時32分発
本 省 8月29日後0時20分着

第一八六号

往電第一八四号に関し

上村より

二十八日信託理事会に対するイタリア代表ギドッテイ大使と会談したが要領左の通り。

一、「準加盟」の問題は昨年以来米国側から二、三度内交渉を受けたがイ政府はイタリアは当然正式加盟の資格があるとの見解の下に準加盟のような中途半端な方式は主義の問題として受付けぬことにしている、しかし若し日本政府がこの問題に興味を持たれ条件等について具体的に交渉されるような場合には、イ政府にも非常に参考になると思うのでその際お話願えれば結構であると述べていた。

二、イタリアは現在信託理事会に大使の資格で自分が代表として討議に加わつているが投票権は与えられていない。なお正式加盟国でないので国連代表としての外交特権も認められていない。（尤も同大使はワシントン大使館の公使として従来の関係から外交特権も黙認されている模様であるが、この点に関しては同大使ははつきりした説明を欲しない様子であつた、なおまた「イ」代表部の「スタッフ」は外交特権を認められていない旨述べてい

た）

三、イタリアはソ連の一括案の中に入れられてあるので「イ」政府としては今回は単独加盟案の提出を求めることはしないとのことである。

52　昭和27年8月29日　国際協力局第一課作成

「米国連代表グロス大使提案の「準加盟」案に関する討議要旨」

米国連代表グロス大使提案の「準加盟」案に関する討議要旨

二七、八、二九
国協一

一、ニュー・ヨーク発本省宛電報一八四号の米国連代表グロス大使がわが上村公使に対して提案した「準加盟」案を検討するため八月二十九日午前十一時半から四一九号室において会議を開いた。参加者次のとおり（当課からは課長及び今井出席）。

官房総務課長、人事課長、欧米一課長、欧米四課長、経済一課兼松事務官、経済二課長、後宮課長、国協二課長

二、当課から先ず「準加盟」なるものの内容及び意義等について考えられるところを紹介した上⑴日本人一般は恐らく一時は準加盟なる地位に大いに興味を感ずるであらうが、やがてそれが加盟国の権利を与えないことに不満を表明するに至るであらう。殊に日本だけがその地位に立つ場合には厳しい批判を受けるに至るであらう。⑵西欧諸国と最も広い分野で協力する方法の一つとして、この機会をとらえることは適当であらう。⑶総会の採り上げる一切の問題について討議に参加しうることは著るしい利益である。⑷準加盟国は討議に参加できること以外は別に権利も義務も有しないが、発言を促される結果種々のコミットメントをし、政治的束縛をうける惧れが相当大である。以上の理由から、当課としては「相当数の国が同じく準加盟国となるならば反対しないが、わが国だけがなるのは適当でない」と考えるという意見を述べた。

三、これに対する各課長の意見は次のとおりである。

（欧四課長、総務課長）総会に出席して演説できるということは、わが国の国際的地位向上に資するところ大であ

るから、「準加盟」は、是非実現したい。種々コミツトメントをして政治的束縛を受けるというが、何らの義務を負うわけではないし、出席したからといつて必ずしも賛成演説をする必要はなく、大いに反対すればよい。

(後宮課長)先ず、米国の考える「準加盟」の内容を知るよう手配してはどうか、またイタリアの意見を聞いてみるのもよかろう。

(総務課長)米国側の考える「準加盟」の内容を探るというだけでなく、もつと積極的に出てわが国が適当と考えるような「準加盟」の内容をつくらせるように、どしどしと意見を提出、ないしは、わが方で「準加盟」に関する決議案を作成して米国側に提示して、先方をリードして行くようにしたい。要するに加盟したと同じように振舞えるようにして行きたい。

(兼松事務官)「準加盟」という言葉をつかうから半分加盟国となり、それ相応の権利義務もあるかという誤解を生じるが、引続いて非加盟国であることに変りはないが、特に討議には参加できるのであるという点をはつきりとさせて物事を考えるのがよい。

(総務課長、国協一課長)「準加盟」という言葉がよくない。こういう言葉を使うと国内の批評家達が好んで羊頭狗肉であるとの非難をし、政府は不必要に困難な立場にたつ惧れがある。「参加国」その他内容にふさわしい適当な表現を考えてはどうか。英語についても同じでAssociated Memberではよくない。適当な言葉を使わせるよう米国側を指導することとしたい。

四、須山課長より「今迄の御審議をみると、米提案を好機とし、これに賛成して、大いに積局《(極カ)》的に動くべきであるということになるところ、総会に出て一切の問題について討議を行うについては、今度出来るニューヨーク国連代表部は勿論、国協一課においても演説内容の整備、それに必要な研究等著るしい事務量の増大を来すことになる。これについては人事、会計両課の協力を得なければ到底やつて行けない」との発言があつた。これに対し、人事課長は、具体的にどういう仕事にどれだけの人員が必要であるかが判れば、勿論人を差し向けるにやぶさかでない、と述べた。

53　昭和27年8月30日　岡崎外務大臣より
在米国新木大使宛（電報）

グロス大使の準加盟提案に関し詳細報告方訓令

本　省　8月30日後1時27分発

第七九〇号

ニュー・ヨーク発本大臣宛第一八四号に関し

本大臣としてはグロスの提案に多大の興味を感ずるが決定的の意見は準加盟方式の詳細が判明しないときめ難い。右のラインでグロス又は関係官に応酬の上先方の考へ方その他本件成行随時電報ありたい。

ニュー・ヨークに転電ありたい。

54　昭和27年9月3日　在ニューヨーク島津総領事より
岡崎外務大臣宛（電報）

安保理での一括加盟案討議において日本の加盟拒否を暗示したソ連代表の発言

ニューヨーク　9月3日前10時42分発
本　　　　省　9月4日前7時2分着

第一八八号

二日第五九四回安保理事会開催され、国連加盟問題をとり上げ、ソ連の一括加盟提案の討議に入り、ソ連代表の発言約一時間に互《(亘カ)》り米英ブロックの人民民主主義国家群に対する態度を非難し、アルバニア、ルーマニア等の諸国の加入を米英が認めない限り、ソ連はその他の諸国の加入に対し拒否権を発動する旨を強調し、日本の加入は時期尚早として拒否すべきことを暗示した。

なお会議は三日五日と続く予定であるが、この間一括案の討議に終始し、日本の加入申請の討議は来週に持越されるものと目下想像される。

ワシントンに転電した。

55　昭和27年9月5日　在米国新木大使より
岡崎外務大臣宛

準加盟案に関する日本側質問事項に対する国務省北東アジア局長の見解について

普通第八四六号

昭和二十七年九月五日

在米

特命全権大使　新木　栄吉〔印〕

外務大臣　岡崎　勝男殿

国際連合準加盟に関する件

貴電第七九〇号に関し御申越しの趣旨にそつて別添甲の質問事項につき先方の意向を質すため九月二日上村公使をしてヤング北東アジア局長と会見せしめたところこれに対するヤングの一応の見解は左の通りであるから取敢えず御報告する。

一、この点に関しては憲章にはこれを不可とする規定はなく従つて総会の多数決で決定し得る事項と思うが専門家の意見をきいた上確答する。

二、自分としては「然り」と思う差し当り日本はＥＣＯＳＯＣのサブ・コミッティのＥＣＡＦＥに出席して意見を述べることとなる。原則的にはこの質問に対する答はイエスである。

三、この点は「否」と思う。道義的には拘束されるが法律的にはされないと思う。

四、この点は「然り」と思う。また凡て配布される書類も日本に配布され日本も提案を行い得ると思う。

五、この点は自分には解らない。

六、この点に関しては研究して見よう。

なお以上の外、特権の問題につき質したのに対し、さきに文書で回答した（往信第五五八号参照）のはオヴザーバーの場合で準加盟国となる場合には又別に考慮され得るものと思う旨述べた。

以上の点は申す迄もなくヤングの個人的意見に過ぎず国務省としての正式の見解は関係方面において研究の上回答されることになつている次第であるが右何等御参考まで取敢ず。

（別　添）

1. Is the procedure to admit Japan as a non-voting participant of the General Assembly permissible under the Charter of the United Nations?

2. If so, will Japan be able to sit in the same capacity in the ECOSOC, Trusteeship Council and other organs of the United Nations when problems of interest to Japan are discussed?

3. In so participating, will Japan be legally bound by the Charter,

resolutions and other actions of the United Nations?
4. In this capacity, will Japan be able to submit draft resolutions, documents, etc.?
5. Will Japan be required to make financial contributions?
6. In general, what are the rights and obligations of Japan in this capacity?

56　昭和27年9月12日　島大臣官房審議室参事官作成

在京イタリア大使より米国の準加盟案に対する日本の態度につき情報提供の要請

国連加盟問題に関するイタリー大使の申入に関する件

昭和二七、九、一二　島

十一日午後、ダイエタ在京イタリー大使は島に対し、本国政府から接到した訓令であると前置して、「ニューヨークからの報告によると、米国政府は日本に対し国連の準加盟についての申入をなした趣である、右と同様の申入は、過去二回にわたってイタリーにも行われたが、イタリー政府は自明の理由(注)により、又イタリーが安保理事会及び経済社会理事会を除く国連のほとんど全部の機関にすでに正式に加入している事実に鑑みこれを拒絶した、貴大使は右イタリーの態度を日本外務省に通報せられると共に極秘として米国政府の申入に対する日本政府の態度を問合せて報告されたい。」との電文を読み上げて情報を求めた。

よって島から、自分の主管する事項でないのでよく承知しないが、自分の記憶している限りでは、申入と言えるかどうか知らないが、その趣旨の話が米国側からあり、右に対し外務省内で研究の結果、明確な返事をする前に、準加盟の性質について二、三明かにする必要のある点があるということで、これらの点について米国側に照会を発した筈である、正確なことは更に取調べた上なるべく速かに御返事しよう、と述べておいた。

本件経緯概略、差支えない限りイタリー側に内報することと致したい。

(注)ダイエタ大使はイタリーが既にNATO等の重要な国際機構にフル・メムバーとして参加しており、今更差別的地位をオッファされる筋合ではないということを指すものであると説明した。

57　昭和27年9月12日　在ニューヨーク島津総領事より岡崎外務大臣宛（電報）

安保理による日本の加盟申請審議決定の報告

ニューヨーク　9月12日後9時10分発
本　　　　省　9月13日後0時0分着

第二〇八号

往電第一九九号に関し

十二日、日本の加盟申請を安保理審議することに決定（編注）（反対ソ連、棄権チリー、フランス）。次回は十六日。

米に転電した。

編　注　ソ連提案による一括加盟案は八日に否決された。

58　昭和27年9月17日　在ニューヨーク島津総領事より岡崎外務大臣宛（電報）

安保理でのソ連代表による日本の加盟申請反対発言

ニューヨーク　9月17日後6時5分発
本　　　　省　9月18日前9時41分着

第二一三号

往電第二一二号に関し

日本の加盟申請についてはソ連を除く十ケ国の賛成発言あり、ソ連は時機尚早として反対し占領軍から解放され、ソ連及び中共と平和条約を結び、かつ占領軍の撤退後でなければ賛成し難いと発言した。

米に転電した。

59　昭和27年9月18日　在ニューヨーク島津総領事より岡崎外務大臣宛（電報）

安保理における日本加盟申請採決の見とおし

ニューヨーク　9月18日前10時21分発
本　　　　省　9月19日前7時7分着

第二一五号

往電第二一三号に関し

十八日日本加盟申請の採決に入る見込。

米に転電した。

60　昭和27年9月18日　在ニューヨーク島津総領事より岡崎外務大臣宛（電報）

日本の加盟申請がソ連の反対により安保理で否決について

付　記　昭和二十七年九月十九日付在米国大使館上村（伸一）公使より渋沢（信一）外務事務次官宛書簡

安保理での日本の加盟申請審議を傍聴しての感想

ニューヨーク　9月18日後5時16分発
本　　　省　9月19日前10時2分着

第二一六号

往電第二一五号に関し

米ソの発言の後、採決により十箇国賛成。ソ連の反対により、午後五時過ぎ否決された。

米に転電した。

（付　記）

昭和二十七年九月十九日

ワシントン大使館
上村　伸一

渋沢次官殿

一、今回安保理事会に日本の国連加盟問題が上程されたので小生は出来るだけ傍聴席に出席するように努めました。傍聴席は各国代表と向い合つておるので我々が最前列に座つておると各国代表側も非常に注意しているように見えました。リビアや仏印三国側からは誰も傍聴に来ていないのに日本側だけがおるので一つには日本の熱心さを示すことになり又一つには一種の示威的効果があつたと思われます。従つて問題が起ると各国側から相談を受けることになりました。例えばマリックがソ連は日本と未だ戦争状態にあると述べた後中国代表から小生に此の点日本はどう考えるか若し日本側が戦争状態にないと考えるならば自分が発言して反駁しようと思うがどうかと相談があつた。そこで小生は技術的に戦争状態にあるという解釈は成り立つ訳でその点は余り争わない方がよいのではないか然し其他の日本誹謗の点は充分に反駁していただきたいと述べた。又マリツクの日本及びアメリカ誹誹に対する発言の後アメリカ代表団からこれを反駁すべきか又は余り時間を取るので黙殺すべきかという相談を受けたので小生は矢張り議場で一応反駁した方がよいと思うと述べたところアメリカ側は然らば今日の会議はこの辺で打切つて明日やるように導こうと述べていた。新聞の写真班も度々日本の傍聴席を写したりして日本の熱心さの相当宣伝になつたように思う。ＡＢＣテレビ放送網からも今日本の問題がアメリカ人(の欠カ)関心の絶頂にあるので来週月曜(二十二日)夜の時局放送に大使又は小生の出席を得たいと非常に熱心に依頼して来たが丁度その日は大使主催のリセプションが大使館で催うされるのでニューヨークに出掛けることが出来ないといつて断つたが再三再四交渉に来た結果多分島津総領事が代つて出ることになる筈であります。尤も傍聴席は議場との間に柵があつてオブザーヴァーとはいうものの新聞記者及び一般傍聴者と変つた席を与えられる訳でもないので地位としては非常に軽く見られる訳であります。加盟国からの傍聴者は各国代表の直ぐ後側にある席に着いて聴くことが出来るので矢張り準加盟国位のところまでは漕ぎ付ける必要があると思います。

一、会議の印象を簡単に申上げます。(イ)手続問題で最初ゴタ々々し全然予期しなかつたリビアの加盟問題が議題とされるに至つた事情は前に御報告の通りでマリツクの議場攪乱策が成功した形でありました。(ロ)日本加盟勧告決議案は十七日アメリカ代表オースチンによつて説明されました。続いて英、デンマーク、パキスタン、トルコ、チリーによる賛成の演説があり七人目にマリツクが時期尚早論を述べ日本及びアメリカを酷く誹謗したことは御承知の通りです。次は中国代表が発言する順序であつたのでマリツクの演説を英仏語に通訳中に中国代表から反駁の方法につき小生に相談があり続いて蒋代表が立つて非常な力の入れ方でマリツクの発言を反駁しました。蒋代表の演説はアメリカとともに最も力強い発言でありました。次にギリシア代表が立ちこれ又マリツクの演説に対し可成り手厳しい反撃を加えたのでマリツクが特に発言を求めこれに対する再反駁をやるというような一幕も出ました。こうして会議は夕方になつたのでアメリカ代表から今日はこれで打切り明日又続行するようにとの動議が出てこれに対しマリックが皮肉を述べたような経緯もあつたが結局動議が成立しました。

十八日午后三時から理事会が再開されオースチンが起ち上つて前日のマリックの演説に対し一々反駁し更にソ連一国が拒否権を使うために新らしく加盟することが出来ないような状態では何時までもこれを放置することは出来ない。この手続問題を自由化するように考えなければならないという重要な発言もしこれに対しマリックは若しアメリカがその方向に進むなら国連自体の崩壊になるというような脅し文句を述べておりました。

なお此の点に関するオースチンの発言内容は曩に小生がグロス大使と会談の際アメリカ側としてはこの問題を真剣に研究しておると述べた経緯があるので愈々表面に持ち出すことになつたものと思います。具体的の内容については今後情報を得次第御報告します。

演説等の速記録等はニューヨーク総領事館から送ることになつておりますが以上印象だけを御報告します。

尚又小生は会議の進め方代表の人柄等も承知しておく必要ありと存じ一般傍聴者として入場したのですが結局坐る場所は同じであつた為アメリカの記者達は小生を団長扱いする様になつてしまいましたが小生は度々オフイシヤル・オブザーバーではないと断つておきました。

61　昭和27年10月7日

在米国新木大使より
岡崎外務大臣宛(電報)

準加盟の規定等に関する米国側研究の結果につき国務省北東アジア局長からの報告

ワシントン　10月7日後6時24分発
本　　省　10月8日前10時15分着

第一〇七〇号

第八四六号往信に関し

一、米国側の研究の結果を度々督促したところ、七日ヤングから上村に対し、大様左の通りの中間報告があつた。

(以下の数字は冒頭往信の英文質問事項による)

㈠国連憲章には準加盟に関する規定はないので、米国としては日本を準加盟国として推薦出来ると考えている。しかし加盟国の多数が同様の解釈を下すかどうかは話合をした後でなければ判らない。従つて、日本側からの積極的な意思表示をまつて国連各国と話合を始めて見たいと思う。

(一)(二カ)準加盟国としての資格条件も加盟国多数の決定による次第であるから各国と話合をした上でなければ的確な回答は出来ない。しかしこの点は総会及び各種理事会において、おのおの独自の立場から決定するので総会及びその他の理事会において、おのおの異つた決定をすることもあり得る。

(三)日本の義務の点も同様、総会及び理事会の決定によるわけだが、この点は前項日本参加の条件資格等とも関連が生ずるものと思われる。

(四)討議に参加し、及び決議案等を提出することも、当然許されるものと考えておるが、この点も結局総会及び理事会の決定に俟つ外はない。

(五)この点は未だ何等の結論に達していない。

二、本件は全く新しい問題でしかも米国だけで決定し得るものではないので、若し日本政府において準加盟国問題を真剣に考慮されるならば、むしろ日本側において具体案を作成し、これを米国側に提示して、先ず日米間において一つの成案を作り、米国側をして国連各国と折衝せしむるようにするのが最善の策と思われる（折衝の結果不満足なら、その時再考して差支えないわけである）。この点はヤングも同感の意を表していた。

三、以上の通り、本件の折衝は相当手間取る見込みなので米国側としては、到底本月開かれる国連総会中に決定出来るものとは期待出来ないと述べていた。

四、なお、ヤングは本件は可成り機微な関係があるので、日米間の話合は極秘にして置く必要があることを強調し、暗に東京方面から機密の漏洩したことを遺憾とした。ついては機密保持方特に御配慮を請う。

---

62 昭和27年10月23日 国際連合日本政府代表部武内公使より岡崎外務大臣宛（電報）

日本の国連加盟の見とおしに関するリー事務総長の発言について

別電 昭和二十七年十月二十三日発国際連合日本政府代表部武内公使より岡崎外務大臣宛第九号

右発言要旨

第八号

ニューヨーク　10月23日後6時55分発
本　　　　省　10月24日前9時43分着

リー事務総長に対しては、総会開会当時常駐代表就任の挨拶を述べておいたが、本日再び会談したところ、本官の説明に対し要旨別電第九号の通り述べた。御参考まで。
なお今後のこともあり右が外部へ洩れるが如きことなきよう厳に注意請う。

（別　電）

第九号

ニューヨーク　10月23日後6時55分発
本　　　　省　10月24日前11時0分着

一、今次総会の議事が本格的段階に入るのは米国大統領選挙後になるが、今次総会が朝鮮休戦に関し成果を挙げ得る見込は全然ない、コールド・ウオーは今やアイシー・コールドの域に立至つており、かたがた米国内には休戦交渉の延引に対する焦慮感より軍事的に局面の打開を急がんとの空気が起りおる実状である。

二、日本の加盟に関しソ連が拒否権行使を差控えることは予想されず、一括加盟問題も米国に対しては国内政治上の観点より同意し難きにつき実現の見込なし、もつとも米国の国情として大統領選挙後右情勢の急転することが絶無とは言い得ない。また準加盟制度は実現の可能性はないと思う。

ワシントンに転報。

63　昭和27年10月25日　国際連合日本政府代表部武内公使より岡崎外務大臣宛

日本の加盟問題に関する中国および米国代表部との意見交換

（昭和二七、一一、五本省接受）

国連第一四号　（昭和二七、一〇、二五付）

外務大臣あて

在ニューヨーク国際連合日本政府代表武内龍次発

国連代表団と会談に関する件

本官十月二十三日及び二十四日の両日国連議事を傍聴すると共に「リー」事務総長、葉中国外交部長（主席全権）、濠洲スペンダー代表及び米国全権団員等と会談した。その中リー事務総長との話の要旨は電報済であるがその他の会談に付き左の通り報告する。

一、葉外交部長との会談は二十四日総会において中国代表の資格問題が急に上議されることとなつたため詳細の会談は後日に譲り主として挨拶のため短時間会見したがその際先方で述べた点次の通り。

(一)自分は日本の参加問題は勿論その他情報の入手等凡有る問題に付て出来得る限り日本側の便宜を計る積であるから何事に依らず御連絡ありたい。自分の滞在は約五週間の積であるが来週は多分華府に行き大統領に挨拶を行ふ積であるからその場合にも会談したい。なお帰国に当つては今の処欧洲廻りを考えているがこれが取止めとなつた場合は帰途日本に立寄りたいとも考えている。

(二)日本の国連準加盟の問題に付て米国全権団側から相談を受けたがこれに関し日本側は

(イ)正式メンバーでない限り斯かる中途半端な資格は問題とせずとの立場を取られるか

(ロ)あるいは正式加入の見込がない以上準加盟にてもこれを実現し日本の立場を国連を通じて世界に設《(説カ)》明する機会を捉むことを可とせられるか大体の意向を承知したいと述べた。

これに対し本官より準加盟に付てはその条件が如何なるものであるか一切判明しないので政府として素より正式の意見を決定すること不可能であるが目下研究中であつて相当興味を感じているのが実情であると答えて置いた。

(三)先方より自分は今回フィリッピンの次席全権ズルエタ(上院外交委員長)と途中より同行して来たので種々話をしたが彼は政府反対党の首領であるのみならず猛烈な排日論者であるからこれとのコンタクト等に付ては今後御注意あること然るべしと思ふ。マニラにおいてはキリノ大統領と会談したが同大統領は対日条約の批准に付ては頻る苦心している模様であつた。中国がサーヴイス(役務)賠償を放棄した点に付て種々自分に質問をしていたが何とかして日本から現金の賠償支払を受けて妥協をする如きことは出来まいかという質問があつたので自分はそれは貴国と日本との間で話さるべき問題であるとのみ答えて置いた。何時迄も比島だけが対日条約を批准せず独り止つていることは出来ないことであるから晩かれ早かれ解決が付くことと思われる。

二、米国全権団アドヴァイザー、マック・キー（前ビルマ駐在）の求めに依り会談（国務省東北アジア局長ヤング同席）したが先方は日本の準加盟問題に頗る熱心であり日本にさえその気があれば他の諸国とも次第に連絡してこれが実現を図りたいとの趣旨を述べた。これに対し本官より日本政府は準加盟（先方はアソシエート、メンバーと呼んでいる）の問題に深い興味は持つているが何分にもこれが如何なる条件の下に実現されるかと考えるべきかに付て全く見当が付かないので何等意見を立てかねている実情である。例えば(イ)日本だけの準加盟として考えられるのかあるいは日本と類似の地位にあるイタリーその他の諸国も同時に準加盟となることを予想すべきか(ロ)如何なる特権と義務がそれに依り生ずるのであるか(ハ)これに依り米国その他各国の日本参加推進の熱意が弱まることなきや等の諸点が不明である限り意見の立て様もないというのが現状であると自分は答えた。その際当方からの質問に対し先方は今の処米国側としては憲章を変更することは困難であるから憲章の解釈に依り何処迄行けるかを考えて見たくまた日本のみを取上げて問題にすることの可否に付ても慎重に考えて見る必要がある旨を述べ米国側としては決して日本側が希望するのでなければ本件を推進する気がないこと勿論であつて従つて具体的な条件等も先般のヤング、上村会談以来進捗していないが一般的にいつて日本が準加盟という様な形になり事実上国連と協力の実を挙げる様になればそれに依り日本の立場を闡明することが出来るのみならず実際上の参加を理由として法律上の参加を促進することも出来るのではないかと考えている次第であると述べた。

種々懇談の結果この儘では結局循環論の様なことになり何等前進すること不可能であるから(イ)米国側としては国連の内情前例その他から如何なる条件の準加盟が可能と考えられるかに付きこの上とも一層具体的に研究すること(ロ)日本側としては国連憲章その他を参照しつつ如何

なる条件ならば欣んで準加盟を考慮する用意があるかマキシマム又は如何なる条件が実現するのでなければ準加盟を考慮する用意がないかミニマムに付き別に併行的に研究してその結果を持寄ることが最良のアプローチであらうという結論になつた。

本問題に関しては別に電報した事務総長の意見もあり又今後正式加盟問題が如何なる経緯を辿るかに依ることでもあるが米国側の態度は相当積極的であり日本側としても本件には興味を有しておられる模様であるので（大使あて貴電の通り）この際積極的に右(ロ)のラインに依りわが方として如何なる条件ならば準加盟を考慮すべき御意向なりや等に付き更に突込んで御研究の上結果本官迄御回報相仰度い。右接到迄はこの上とも米国側の考方を更に打診致すべきも先方としても日本側から更に具体的な意思表示がない限り本件推進を躊躇してゐる状況であるから御含置きありたい。

本信写送付先　在米大使

64　昭和27年10月29日　岡崎外務大臣より在米国新木大使宛（電報）

国連準加盟に関する具体案骨子を米国側へ提示し非公式に協議方訓令

別　電　昭和二十七年十月二十九日発岡崎外務大臣より在米国新木大使宛第九三二号

右骨子

本　省　10月29日後2時10分発

第九三一号

貴電第一〇七〇号の二に関し

一、別電第九三二号の準加盟方式をわが方具体案の骨子（詳細は追送）として非公式に米側に提示し充分腹蔵なき協議を試みられたい。

二、尚本案は我方としては準加盟の制度に満足しこの際之を応諾せんとするが為のものではなく単に米側累次の好意に答えんとして作成した技術的研究の成果にすぎず。仮に本試案のラインにて日米間に意見一致せる場合も之に基いてわが国が準加盟国たらんとするや否やは新内閣がその際に於ける国内国外の情勢並びに他に準加盟国となる国の多少等も考慮に入れて決定すべき問題である。従つて米側との話合に於ては苟も日本が準加盟の希望ありて本案を提示せりと云うが如き誤解をなさざる様特に御注意ありたい。要するに我方としては何等コミットすることなく一般的の問題として準加盟の具体案を米側と共に研究せんとする次第である。

なお本電別電と共にしかるべく国連代表に転報ありたい。

（別電）

本省　10月29日後1時30分発

第九三二号

一、準加盟国の正式呼称

non-voting participant

二、準加盟国となる手続

総会の決議による invitation に応じて代表者を総会に出席させる国は、準加盟国となる。

三、総会が invite する国の範囲

加盟の申請を行い、その申請が安保理事会で七票以上の支持を得たにもかかわらず総会に対し加盟承認の勧告が行われなかつた国とする。

四、準加盟国の権利義務

前記 invitation を行う総会の決議中で定め、同時に総会手続規則を改正する。

㈠権利

a．総会のすべての会期に加盟国と同様の代表団を派遣する権利。

b．総会の本会議、主要委員会及びその他加盟国全員が代表される委員会の討議に投票権なしで参加する権利。

この権利には発言権、決議案提出権、修正案提出権、動議の提出及び撤回権等すべて投票権を除いて討議に参加する権利を含むものとする。

c．事務総長から総会に関するすべての通報及び文書の送付を受ける権利。

㈡義務

a．信任状提出義務。

b．総会の手続規則に従う義務。

65　昭和27年11月10日　岡崎外務大臣より在米国新木大使宛

国連準加盟に関する具体案の詳細および説明の送付

秘協一第六四〇号

昭和廿七年十一月拾日

外務大臣　岡崎　勝男

在米国

特命全権大使　新木　栄吉殿

国連準加盟に関する具体案の詳細追送の件

国連準加盟に関する十月二十九日付電信の日本側具体案の詳細及び説明別紙のとおり送付する。(編注)

(別　紙)

国連準加盟具体案の詳細及び説明

二七、一一、四

一、準加盟国の正式呼称について

準加盟国の呼称については㈠ non-voting participant（本省としては八月二十七日ニューヨーク発上村公使来電には準加盟とあり、九月五日付貴信第八四六号別添甲には non-voting participant とあるので、この語はグロス大使の用いた言葉と推察した）㈡ associate member ㈢ provisional member の三者が考えられる。右三者のうち後の二者は日本語においては準加盟国又は臨時若くは仮加盟国と訳す外ないところ、その場合は㈠恰も加盟国の一種であるかの如き印象を与えるが、実は加盟国の最も大切な権利である投票権がないので羊頭狗肉であるという批判を日本国内において ひき起す惧があること㈡地位の内容をそのままに反映する用語が望ましいこと㈢最初に用いられた用語を変更する必要はないこと等の理由によって non-voting participant とした。勿論正式名称はこれとし俗称には他の名称を用いることとは差支えない。

二、準加盟国となる手続について

㈠　希望国から申請を出させ総会がこれを承認するという方式も考えられるが、これは煩瑣で時日を多く要するのみならず、準加盟国と加盟国との間に法律関係が設定されない本件のような準加盟については全然その必要が認められないので、最も簡単な総会の勧誘という形式を執った。

㈡　勧誘が充分実効的であるためには総会の会期開催の通告、仮議事日程等の送付を受ける必要がある。よって勧誘を行うとの条項を補足して「総会は、事務総長に対して総会の手続規則四、五、九、一〇、一二、一四、一六及び一八に規定する通告を準加盟国となるよう勧誘された国に対しても加盟国に対すると同様に行うことを要請する」旨の条項を設ける。

三、準加盟国となるよう総会が勧誘する国の範囲について

総会の決定は、当然総会独自の判断に基いてなされるべきであるから、オーストリア、セイロン、フィンランド、ジョルダン、アイルランド、イタリア、ポルトガル、大韓民国、ネパールについては一九四九年十一月二十二日の総会決議があるのでそれを引用すれば足りるが、それ以外の国すなはち日本、リビア、カンボジャ、ラオス、ヴェトナムについては、総会が加盟資格ありと決定する行為を必要とするであらう。

四、準加盟国の権利義務について

準加盟国と加盟国との間には憲章上の法律関係は生じないのであるから、準加盟国は加盟国に対して権利を有したり義務を負ったりするものではない。ただ総会に代表が出席しその代表が討議に投票権なしで参加するのに必要な権能を総会がみとめ、また、準加盟国の代表は総会の手続規則(以下「規則」と称す)には従わねばならない。理解を容易ならしめるため準加盟国の権利義務という表題を掲げたが、実はこの意味である。

㈠権利

a．決議本文(オペラティブパート)において「総会は、準加盟国となりうる国が本決議で改正された規則の特定の条項(信任状提出義務の条項並びに発言権、決議及び修正案提出権、動議の提出及び撤回権等会議参加に必要な権利を規定する条項)に従うことを条件として総会のいずれの会期にも加盟国と同様の代表部を派遣するよう勧誘する」旨を規定し、決議附属書において規則二五を修正するか又は第二項を設け non-voting participant の代表部も加盟国の代表部と同じ構成であるべき旨を規定する。

b．決議本文において「準加盟国の代表は、本会議、

主要委員会及びその他加盟国全員が代表される委員会の討議に投票権なしで参加しうる」旨を規定し、附属書において㈠規則六九の前に「準加盟国の代表は、総会のいずれの会合の討議にも投票権なしに参加しうる」旨の一条を設ける㈡規則一〇九の前に「準加盟国の代表は、主要委員会及びその他加盟国全員が代表される委員会のいずれの会合の討議にも投票権なしで参加しうる」旨の一条を設ける。㈢規則七四及び八一の member 並びに規則一一四及び一二一の member の次にそれぞれ non-voting participant をいれるか又はこれらの member 若しくは members を representative に改める。㈣規則一〇一前段の members of を representative to に改める。

c. 決議本文において「事務総長に対し規則四七、四八、四九及び六一に規定する文書の送付及び通告を準加盟国に対しても行うことを要請する」旨の規定を設ける。

㈡義務

信任状提出義務その他総会の手続規則に従う義務は、前記のとおりこれらの事項を規定した規則に従うことを条件として準加盟国が代表部を派遣しうる旨を決議本文で明かにし、なお必要があるものについては決議附属書による規則の改正にその旨を加えることとする。

編注 本公信の写しは国際連合日本政府代表部武内公使宛に送付された。

66　昭和27年11月11日　国際連合日本政府代表部武内公使より岡崎外務大臣宛

加盟と準加盟問題に関するドイツおよびイタリア代表の談話要旨

（昭和二七、一一、一八本省接受）

国連第二六号　（昭二七、一一、一一付）

外務大臣あて　在ニューヨーク国際連合日本政府代表発

国連ドイツ及びイタリア代表談話要旨報告の件

十一月七日本官ドイツ国連常駐代表（Hans E. Reisser, Councillor of Embassy）及びイタリア国連常駐代表（Gastone Guidotti, Ambassador）を往訪した際当方の質問に応えて先方のなした談話要旨御参考までに左記の通り報告する。

記

一、ドイツ代表談要旨

(一)朝鮮問題

アイゼンハワーが選挙されたことは朝鮮問題に対する現政権の施策に米国民があきたらないでいることが最大の原因なるをもつてアイゼンハワーは朝鮮事変が現在のスティルメートの状態を継続することを絶対に許し得ない立場にあり妥結にせよ強硬策にせよ何等か現状打破の策に出るであろう。

(二)加盟及び準加盟問題

ドイツとしては未だ先日のジャーマン、パクトも発効していないのみならず、現状においてはソ連の拒否権に遭遇すること明白なるをもつて加盟申請をしていない。西独が加盟申請をすれば東独も同様になすべくこれは西欧諸国の容るる処とならざるべきに付スティルメイトに陥ること必至である。加入に関する拒否権回避に関するリーガル・フォーミュラが出来ない限り加入は不可能であるがこの点に付て国際司法裁判所の動きに期待するも同裁判所はかつて憲章の解釈として加入問題を拒否権の框外に置くことは違法なる旨の意見を発表しているので難しかろう。

準加盟に付ては投票権なき以上オブザーヴァーと実質上差異ないから意味がない。また日本の正式加盟に付ては中共の加入問題が当然からんで来よう。

なおドイツ常駐代表は去る十月初旬設置されたが今後はオブザーヴァー諸国間で連絡協調を密にして行きたい旨の希望を開陳していた。

二、イタリア代表談要旨

(一)米国大統領選挙の結果と一括加盟問題

共和党は民主党以上にナショナリスチックな傾向が強いから一括加盟を米国が応諾することは新政権下においても国難《(困カ)》であろう。昨年パリの総会においてこの問題が上程された際も米国の共和党出身代表は特に反対意見が強かつた。

(この点に関し同日面接した米国代表部員も当方の質問に対し新政権になつても米国の外交政策全般に変化なく従つて加盟問題に付ても変化があると思えない旨

語つていた。)

(二)準加盟問題

準加盟問題に付ては従来二、三回米国よりアプローチを受けたが案の骨子は準加盟の地位は総会との関係のみであること、投票権はないこと、しかしモーラル・ヴォート(投票はするが票数の計算に算入しない)の制度は考え得ること、発言権、提案権はあること等であつた。

イタリアとしてはこの制度は同国のディグンティを傷つけるのみならず不利な点ばかりあり利点がないとの見解で始から問題にしなかつた。それで分担金の問題等まで話は進まなかつたが投票権なくして分担金を負担するのは不条理と思料する。

最近米国より日本に対し準加盟に付アプローチがあり日本がこれに乗気なるが如き情報があつたので日本の場合はアラブ、アジア、ブロック諸国の支持を得て実現の可能性強く究極においてイタリアのみが取残される結果にならぬかという危惧を持つたが日本も慎重なる旨承知して危惧が当つていなかつたことが判明した。

なおギドチ大使はオブザーヴァーで大使の資格を有するのは同人だけで面映ゆいが如き感あるもイタリアは信任統治理事会に出席する資格を認められておりこの点稍々特殊の立場にある訳なる旨述べていた。

本信写送付先 在米大使

67 昭和27年11月13日 国際連合日本政府代表部武内公使より岡崎外務大臣宛(電報)

日本の国連加盟を支持する中国代表の総会本会議における一般演説について

ニューヨーク 11月13日後3時43分発
本　　　省 11月14日前9時7分着

第一六号

十三日午前総会本会議において、中国代表葉外交部長はその一般演説中において日本の国連加盟を支持し、日本は今や民主化され極東における stabilizing power となつており加盟資格を充分に有する旨を述べた。当地外人筋においては日華間の長期の戦争状態を想起し右発言を意外としている向もある。
なお当代表部員よりは右演説後、会議場内ロビーにおいて、中国代表部員に対し謝意を述べておいた。
米、台北へ転報した。

68　昭和27年11月25日　岡崎外務大臣より在米国新木大使宛(電報)

国連加盟資格承認決議案の総会提出に対する日本政府の期待を国務省に伝達方訓令

付　記　昭和二十七年十一月二十四日、国際協力局第一課作成
「国連総会に対する日本の国連加盟資格承認案提出についての考察」

本　省　11月25日後7時25分発

第一〇〇一号
在ニューヨーク総領事発本大臣宛第一八三号の四に関し政府としてはわが国の国連加盟資格を承認する決議案で一九四九年十一月二十二日の総会決議二九六(Ⅳ)と同趣旨のものが今次総会に提出されることを期待している旨念の為国務省に申し入れられたい。
国連代表へ転電ありたい。

(付　記)

国連総会に対する日本の国連加盟資格承認案提出についての考察

二七、一一、二四
国協一

一、特定の加盟申請国に加盟資格があることを認める決議案を総会に提出することは、加盟申請が先ず安保理事会の承認を受けてからでなければ総会で承認されても効果のないことから考えると一見奇異に見えるが、実は前例のあることであつて一九四九年秋オーストラリアは、オーストリア、セイロン、フィンランド、アイルランド、イタリア、ジョルダン、大韓民国、ポルトガル及びネパールの九国が加盟資格を具備することを総会が決定し安保理事会に対しこれら九国の申請を再審議するように要請する決議案を提出し、同年十一月二十二日採択された。
二、従つて日本の申請についても同種の決議案が提出される

ことは歓迎されるべきことである。のみならず本決議の採択は、単に米側のいうように日本の加盟問題に対する支持を強めるという一般目的の外㈠安保理事会によつて再審議される途を開く意味からも㈡日本を準加盟国に招く決議案を提案する過程としても全く妥当と認められる。

三、若し米国から本件決議案提出の予告がなければ、わが国としては国連加盟国中のいずれの国に提出方依頼するか全く自由である。その場合は、米国をして本件決議案を提出させることは、余りにも日米緊密関係のみを誇示することになるので（オーストラリアに依頼しても引き受けてくれないかも知れないが）、提出方を依頼しうる友好国としてはインド、パキスタン及びメキシコが考えられる。しかし本件決議案を米国が提出することについては既にグロス、ヤング両氏が予言したところであるから米国以外の国に提出方を依頼するのは事宜を得ないと思われる。

〰〰〰〰〰〰〰〰〰〰〰〰〰〰〰〰〰

69 昭和27年12月2日　奥村（勝蔵）外務事務次官 在本邦ダイエタ伊国大使 会談

国連未加盟各国の準加盟案に対する見解等につき在京イタリア大使からの情報提供

国際連合に対する準加盟の件　二七、一二、二

次　官

十二月二日在京伊太利大使奥村を来訪、同大使より、先般ブルザスカ国務次官来訪の際、吉田総理及び岡崎大臣より国際連合に加入する問題については日伊両国たがいに歩調を併せ情報を交換することと致し度いと述べられたが、本国政府から最近次のような情報が来たのでお伝えする。

一、在米伊太利大使は最近国務省に対し、伊太利としては完全なるメンバーでなければ加入しないことを申入れた。その際国務省は斯ういう返事が来るだろうということを予期していたらしいのは興味のある点である。

二、なお伊太利外務省は国際連合に加入していない諸国の意向を質ねてみたが、その反響は左の通り。

(イ) アイレ（アイルランド）。準加盟というようなことは威厳を損する。

(ロ)　オーストリー(グルーバー外務大臣の談)。右と同じ。
(ハ)　リビヤ。準加盟には何等の実用はない、そして正式の加入を遅らせる。
(ニ)　ジヨルダン(外務大臣の談)。準加盟は劣等を意味するものである。
(ホ)　ポルトガル(外務大臣の談)。右と同じ。
(ヘ)　カンボヂャ。右と同じ。
三、なお英国、仏蘭西(シューマン外相)、ノールウエー、デンマーク等にも接触したが何れも伊太利の立場を諒解している。
これに対し奥村より、面白いお知らせを頂いて感謝すること、又日本としては準加盟案にはそう乗り気ではないことを答えて置いた。

70　米国以外の国による国連加盟資格承認決議案提出の可否につき請訓

昭和27年12月4日　在米国新木大使より岡崎外務大臣宛(電報)

ワシントン　12月4日後7時24分発
本　　　省　12月5日前11時0分着

第一二〇七号

貴電第一〇〇一号に関し

四日上村公使が国務省関係方面と話合をした結果、米国側は総会に特別委員会を作り、国連加入問題を一括研究させ、その報告を経た上で正式に次の(来年度)会期で討議するという腹案をもつて各国代表と話合をしているとのことである。従つてこの際貴電のような資格承認決議案の提出に米国側がイニシァティブをとることは、考えてみるとは言つているが、首尾一貫しない嫌いがあり、難しいようである。そこでヤングの如きは、個人として日本は寧ろ、この際米国以外の国をして、四九年十一月の資格承認と同一様式の決議案を提出させる方が近道だと思う旨を述べていた(その際上村から中国をスポンサーにしては困るかと尋ねたところ、インド、パキスタン辺りがよいと思うと述べていた。)

なお、加入問題はアド・ホック政治小委員会の議題第七にあり、これはクリスマス前に取り上げられ、特別委員会に研究を委託させることになる可能性もあるとのことなので、若し米国以外の国から資格承認決議案を提出させるなら急遽措置する必要があると思う。ついては何分の御回電ありたい。

ニユーヨーク国連代表え転送した。

71 昭和27年12月5日 在米国新木大使より岡崎外務大臣宛

国連加盟資格承認決議案の上程および特別委員会設置案に関する米国側との意見交換

秘第一三〇四号

昭和二十七年十二月五日

在米

特命全権大使 新木 栄吉〔印〕

外務大臣 岡崎 勝男殿

日本の国連加入に関する件

本件要点は十二月四日往電第一二〇七号を以て報告の通りであるが、左記補足御報告する。

記

日本の国連加入の問題は本年八月ニユーヨークで、グロス大使、ヤング国務省北東(ママ)局長、上村公使の三者会談からの引続いての問題であるので、上村公使からヤングに対し会談を申入れ、四日往訪した所、先方はヤングの外、ヒッカーソン(国連)及アリソン両次官補の代表と称する関係官及ホーレー日本課長の四人が集つて待つてをり、一時間以上に亘つて、意見の交換をしたが、その要点は左記の通りである。

一、日本の国連加盟資格を承認する決議案上程の件

国務省(特に国連局側)は、九月の安保理事会に於てソ連が、日本の加盟申請を、先づ資格審査小委員会に附議せよと主張したのに対し、数国代表から、日本は十分に資格ありとの発言があり、最後にアメリカ代表から、日本の資格は十分だから、小委員会に廻すことなく、安保理事会に於て直ちに取り上げるとの動議を提出して可決されたのだから更めて、資格承認の決議案を上程する程の必要も認められないという趣旨を述べた。

上村は、そういう解釈も成り立つと思う。然し四九年十一月二十二日の決議の様なものがあれば、日本の資格

は一層明確になり問題がなくなるわけである。その上総会を通じ、多数の国が日本の加盟を支持していることも、はつきり表現されてよいと思う。尚又グロス大使も述べた様に総会がもう一度日本問題を取り上げて、多数の国から日本加盟を支持する発言があることは、日本加盟に対する世界各国支持の意向を、もう一度世界の輿論に訴えることになり、ソ連ブロックに対する圧力ともなり、更に、加盟手続簡易化主張の伏線ともなるので、決議案を上程する方がよいと思うと述べた。

ヤングは、上程するとしても今度は各国単独の決議案とせず、問題となつている各国を一括した資格承認決議案とする積りだと述べた。

然るに国連関係官は、実は、加盟問題はソ連の態度が余りにはつきりしておるので、安保理事会に於ける拒否権制限というようなドラステックな手段を取らない限り解決の見込はなく、さりとてそこまで行くことはソ連脱退も止むなしとの腹を決めてかからなければならず現在各国ともそれ迄の腹は決まらないので此の際は各国をしてこの問題に対する意見を十分に述べさせ解決策につき討議研究させることが第一歩だという風に考えるものが多くなつて来た。即ち総会特別委員会を設置して加盟問題に関する一切の事項を特別委員会をして研究させその報告乃至勧告を待つて総会の議に上すという考案である。アメリカ側は既にそういう方向で主要国と接触している。そういう事情にあるのでそれとはいさゝか筋の違う資格承認決議案を上程することは趣旨が一貫しないことになるので非常に困つていると述べ更に上村の質問に対して特別委員会の研究はかなりの期間を要するのでその報告を総会に上程するのは次の会期(来年秋以後)になることゝ思う旨を明にした。

上村はこれに対し過日も日本の国連協会代表が国民多数の署名した加盟請願書を携えて遥々ニューヨークの国連本部を訪れヤング局長も国連本部で一行に会われ日本国民の熱心さを印象されたといわれた程である。日本政府もこの国民の熱意に応え新内閣の発表した重要政策の中に国連加盟促進の努力を挙げている。然るに加盟問題の討議がこれから一年間も公にはされないということでは日本政府としても国民を納得させることが出来ないであろうという趣旨を述べたところ、それではもう一度申請を安保理事会に出して、再審議をさせたらどうか安保理事会では何度討議しても差支えないわけだという発言があつた。

上村は無論日本としては何度でも出すことを希望すると思う。然し安保理事会で拒否されたから総会で気勢を上げて貰い、その後をうけて又理事会に出すという所に意味があるので、九月の安保理事会に引続き情勢に何の変化もないのに直ぐ又同じ安保理事会に出すということはどうかと思われる。尤も他の申請を討議するというような機会でもあれば、これは又別だがという趣旨で応酬しておいた。

その際ヤングが笑いながらこれは全くの個人として役人の立場を離れて言うわけだが日本は資格承認決議案をインドかパキスタン辺りから出させるわけにはいかないものかと囁いた。

そこで上村はわざと中国では困るだろうかと言つた所、ヤングは困るというような表情をしてインドかパキスタンの方がよいだろうと述べた。

これは要するに日本の資格承認決議案に対し、アメリカ側には何等異議はないが前記のようなアメリカの立場上、アメリカから決議案を出すことは困るので他国から出させようということを考えついたわけと思う。

インド及パキスタンは常に独自の立場を取つて英米と必ずしも同一行動は取らないので特別委員会設置案についてもアメリカ側は、英仏に対する程深くは接触していないのでその辺がスポンサーとして恰好と考えたのであろう。

中国は国連でもデリケートな立場にあるので中国がスポンサーになることは余計な論議を招くことになる虞もあるわけである。

尚ヤングは決議案が総会に上程された場合日本としては可決される自信があるのかと心配の様子であつたので、加盟問題については日本が加盟申請を出した際既に加盟国全部にアプローチして大多数の支持を得ておるから少しも心配はないと説明したところ、ヤングはそれで安心した。だがアジヤの各国はどうだろうか、フイリツピンは反対しないだろうかと尋ねたのでフイリツピンの意向は何も聞いていないが諸般の情勢から判断するに恐らく反対することはないと思う。最悪の場合でも棄権以上には出ないと思うと述べておいた。

二、加盟手続簡易問題

上村から安保理事会でオースチン代表は此の問題を強調していたが具体的にどんなことを考えているのかと質問したところヤングはオースチン代表は特に具体案があつて言つたわけではない、この問題もソ連の脱退を覚悟しなければ効果的な案が出来ないので困つているわけだと説明した。

国連係官は昨年、中米五国から提案があり審議未了なので今総会に上程される可能性もあるが若し特別委員会でも出来ればそこで研究されることゝなるかも知れないと述べていた。

三、加盟問題の討議

加盟問題はアド・ホック政治小委員会議題七に挙げられており現在の進行振りから見ると此の議題はクリスマス前に取り上げられる可能性があり、その際加盟問題の一切を総会特別委員会の研究に附託するということになるかも知れない。資格承認決議案を出すとすれば議題七が未討議の間の方がよいと思うという関係官の話があつた。

尤も資格承認決議案が早く出ていると一切の加盟問題を特別委員会に附託するという場合には決議案をもその中に入れて了うことになる虞もあり此の点は研究の余地があると思う。

資格承認ということは加盟手続改訂の問題とは切り離して考えても差支えない問題であるから仮令特別委員会が設置された後でも、独立した決議案として総会に提出して差支えないとも主張し得ると思う。

何れにしても目下のところアメリカとしては特別委員会設置案につきかなりコミツトしているので、決議案の方はアジヤの団結を示す上にも或はアジヤの国をスポンサーとする方が却て妙味があると考えられる。右何等御参考迄。

〰〰〰〰〰〰〰〰〰〰〰〰〰〰〰〰〰〰

本信写送付先　国連代表

72　昭和27年12月6日　岡崎外務大臣より在米国新木大使宛（電報）

特別委員会案に日本の加盟資格確認を含めることおよび他国による日本の加盟決議案提出につき米国側意向確認方訓令

本　省　12月6日後4時45分発

第一〇二四号

貴電第一二〇七号及紐育発本大臣宛電報第二二号に関し

一、本会期においてはソ連の一括加盟案の提出が予見される外、一般討議における中南米代表の発言等より見て、申請国全部の加盟承認案提出の可能性もありうる。万一申請国全部の加盟承認案が採択されるか、または日本を含むソ連の一括案が採択される場合は一応は満足すべきも、このような提案がないか、或いはあっても否決されて米国の加盟委員会案のみの採択を見た場合、同案において特に日本の加盟資格を確認する一句が含まれていない限り日本の加盟資格は未だ総会によって承認されないこととなる。これはわが方の欲しないところである。

二、然るに冒頭貴電は紐育発本大臣宛電報第一八三号の四の趣旨と異り居り最近米側の考へ方が変化したるやにも思はれる処我方としては

(1)米の特別委員会案にも何等かの形にて日本の加盟資格を確認する部分を含ませる様希望する。

(2)又右米提案とは別個に日本の加盟決議案を通過せしめ日本の加盟資格承認を得ること対内的にも望ましきに付オーストラリア又は他の国（フランス、インド及びパキスタンを考慮中）に決議の提出方を依頼致度し。

以上二点に付米側と懇談し御見込回電ありたい。

在ニューヨーク国連代表に転電ありたい。

73　昭和27年12月8日　在米国新木大使より岡崎外務大臣宛（電報）

日本の加盟資格確認措置に向け努力するが単独決議案の他国への依頼は形勢を見るべきとの米国側意見

ワシントン　12月8日後8時8分発

本　省　12月9日後3時15分着

第一二一四号

貴電第一〇二四号に関し、

八日上村公使ヤングと会談の結果、左記の点を明確にした。(左記は八日付上村宛ヤングの書面の形でコンファームした)

一、米国としては総会が日本の資格確認につき何等かの措置を採るように努力する。日本政府が一九四九年の決議と同様な単独決議の成立を希望していることは充分考慮に入れて善処する。(但し数十ケ国の意向を纏めるのだから固定した案を推すことは難かしい)

二、目下の形勢はアド・ホック政治委員会が特別委員会の設置を勧告するに至る空気が濃厚であるが、ニユーヨーク米国代表は今なお前記単独決議案推進についても他国代表部と話合つている。それが不可能の場合には特別委員会設置の決議前文中に、日本の資格確認の一項を入れるように考慮している。なお、口頭の話合でヤングはアド・ホック政治委員会は今週末辺りには加入問題に入る形勢で、ニユーヨークでの各国代表の動きは非常に活潑化しているから、日本代表部も極力各国側と接触して啓発に努めた方がよい。従つて単独決議案を米国以外に頼むことはもう少し形勢の動きを見ての上にした方がよい。(或いは米国が出すことになるかも知れない)ついては、日本側はニユーヨークでは米国代表部と、ワシントンでは国務省側と密接に接触して情勢の動きに即応することにしたいと述べていた。

ニユーヨーク国連常駐代表部へ転電した。

74　昭和27年12月9日　国際連合日本政府代表部武内公使より岡崎外務大臣宛(電報)

米国代表部より特別委員会設置決議案の内示および加盟資格承認決議案提出の意向確認

別　電　昭和二十七年十二月九日発国際連合日本政府代表部武内公使より岡崎外務大臣宛第二七号

右特別委員会設置決議案の骨子

ニユーヨーク　12月9日後11時56分発
本　　　省　12月10日後3時12分着

第二六号

往電第二二号に関し

九日米国国連代表部の極東関係担当官Key大使等と会談

したが、その要旨左の通り

一、先方の意見左の通り

(一)ペルー、ニカラガ等中南米の五国は米国側とも内々打合せた結果、加盟問題全般を研究するための委員会を設置する決議案(別電第二七号)を近く提出することになつたが右案の一の狙いはソ連の一括加盟案の如き米国にとつて不都合な案をこれによりおしのけることにある。

(二)この点ヤングの話(在米大使発大臣宛電報第一二〇七号)には誤解があり、米国代表部として日本の加盟資格承認の決議案を提出することには何等差支えなく、日本側が若しこれを希望されるにおいてはもとよりこれに応ずることとなると思う。

(三)然しながら総会会期との関係もあり(目下のところ二十一日で一応今年内の会期を終ると思われるが、その後来年一月または三月にこの総会を続行するか、又は特別総会を開くか等の点は全く予測困難である。)日本の加盟資格承認に関する決議案が今から提出される場合には(イ)各国共これを議決に付することなく、他の関係決議案と共に右新委員会に附托せんとする動きの生ずること及び(ロ)議決に付せられても、右委員会案と睨み合せ棄権する国が多数出て圧倒的多数をもつて本案が採択されるとゆう政治的効果を失うことの二つのリスクを冒すこととなることを充分考えなければならない。

(四)結局日本側によりかかるリスクを考慮に入れた上兎も角加盟資格承認案を提出し、テイク・チヤンスしてみたいとの御意向ならば、米国としてはかかる決議案の主唱者となるには吝でない。その場合には仏印三国もこれにならわざるを得ないであろうが、これをしては反対が多いから、この分とは別に切り離して決議案にすることが必要である。

又、おそらく十二日からアドホツク委員会が加盟問題を採り上げることになるのではないかと思われるが中米五国決議案は次の週の後半迄提出されぬ筈であるから来週初め頃までの議事状況等をみた上で、日本加盟支持決議案を出すか否かを決するのも一の行き方であろう。

二、右に対し本官より御説明の点は直ちに本省に報告の上結果直ちに連絡すべきも、国連加盟は国民の熱心な希望であり政府としては総会による加盟資格承認を熱望しており、恐らく右リスク云々に拘らず決議提出方希望してくることと思われる、又その際は米国が主唱者になることが、自分としては最も自然であり又日米国交上よりも望ましいと考える旨強調しておいた。

三、右の如く十二日より本件はアドホック委員会で審議が開始されることとなり、もし決議案を提出するならば、これに先だち、又は平行して各国に働きかける必要もあることにつき政府の御意向折返し御回電ありたい。

米に転報した。

（別　電）

ニューヨーク　12月9日後11時56分発
本　　　省　12月10日後5時10分着

第二七号

米国側より内示された五国決議案の骨子概ね左の通り。

一、一九四九年の国別決議第一節と同趣旨。

二、十国《九国カ》（国名を挙げる）につきては総会の加盟資格承認決議があつたことを述べる。

三、十四国（国名を挙げる日本も含まれる）につきては七国以上の賛成にも拘わらずソ聯の拒否権により安全保障理事会の推薦がなされなかつたことを述べる。

四、加盟問題を憲章四条の定めるもの以外の条件にかからせることを不法と宣言した国際司法裁判所の意見表明のあつたことを述べる。

五、加盟問題につき種々の提案（本決議案の外に提出される諸決議案を指す）があることを述べる。

六、右諸提案を研究し次期総会に報告するため特別委員会を設置することを勧告する。

75　昭和27年12月10日　国際連合日本政府代表部武内公使より岡崎外務大臣宛（電報）

安保理での議事経緯に照らして諸加盟申請の審議を行うとの総会決議案をペルーが提出について

ニューヨーク　12月10日後5時13分発
本　　省　12月11日前9時21分着

第二八号

一、ペルーは「総会は安全保障理事会における加盟問題の審議には、拒否権の適用なしとの憲章解釈論に立ち、安全保障理事会の議事の経緯に照らして懸案の諸加盟申請を審議(consider)することを決議する」という趣旨の決議案(空送)を、十二月八日付をもって提出した。

二、往電第二六号一、の一にペルーが含まれていたのは誤りで、ホンジユラス、ニカラガ、コスタリカ、エルサルバドル、ガテマラの五国につき、訂正する。

米に転報した。

76　昭和27年12月11日　国際連合日本政府代表部武内公使より岡崎外務大臣宛(電報)

総会での加盟申請審議ないし特別委員会設置に関する決議案を中米諸国が提出について

ニューヨーク　12月11日後6時19分発
本　　省　12月12日前11時0分着

第三〇号

往電第二七号に関し

十日付をもって中米諸国は加盟問題に関し選択的に二つの決議案を提出した。

第一決議案(往電第二八号二、の国名よりガテマラを除いた四国が提案国)は往電第二八号のペルー案と同趣旨であり、第二案(往電第二八号二、の提案国)は前文に於て冒頭往電に比し相当改変を見たが冒頭往電と同趣旨の研究委員会(ベルギー、中国、キユーバ、エジプト、エルサルバドル、フランス、ギリシヤ、インド、レバノン、オランダ、ニユージーランド、ペルー、ソ聯邦、英国、米国)設立案である。

米に転報した。

77　昭和27年12月12日　岡崎外務大臣より国際連合日本政府代表部武内公使宛(電報)

特別委員会設置に関する五国決議案の修正案提出を米国に申し入れ方訓令

本　　省　12月12日後4時40分発

第九号(至急)

貴電第二六号及び在米大使発本大臣宛第一二一四号に関し、

一、わが方の希望は、往電第一〇二四号のとおり日本の加盟資格の確認を米国案即ち現在の五国案に含ましめることにある。

二、五国案は、貴電第二七号のとおり九国について総会の加盟資格承認決議のあつたことを述べるものであるから、之と共に五国(日本を含む)について加盟資格承認をすることも本質的に何ら矛盾するものでないのみならず、之をなさなければ却つて特別委員会としても九国と五国との間に差別待遇する場合が生じないとは限らない。

三、よつて米側に対し次の三方法に付懇談の上結果回電ありたい。

(一)五国案の提出をまち米国より又は米仏パキスタン等の共同にて五国案の修正案を提出する。修正案は、貴電第二七号五国案の骨子中例えば三、と四、との間に日本又は日本を含む五国の加盟資格のある旨の決定を含ませる。この場合修正案は、少くとも前文、主文、前文、主文という形になるが、パートⅠ、パートⅡ(例、一九四六年十二月十五日亡命者及び追放者に関する決議)とすれば不体裁は避けられるであらう。また五国案の修正案であれば冒頭貴電一、(三)(イ)(ロ)の二つのリスクは避けうる。

(二)或は五国案の提出前に米側より五国側と話をつけ、前記(一)の修正を施したものを提出させるのも一案である(冒頭在米大使発第一二一四号三、参照)。

(三)右(一)及び(二)の方法が困難の場合は、五国案の提出に先立ち米側より日本加盟決議案(安保理事会に対する再審議要請を含むもの)を提出しおき、五国側と協議の上右再審議要請の部分を削り前記(一)と同じ結果となるよう五国案はインコーポレートする。

在米大使へ転電ありたい。

78

昭和27年12月12日　国際連合日本政府代表部武内公使より岡崎外務大臣宛(電報)

日本の加盟資格承認に関する単独決議案の米国提出につき至急意向回示方請訓

別　電　昭和二十七年十二月十二日発国際連合日本政

府代表部武内公使より岡崎外務大臣宛第三二号

米国代表部との打合せ状況および請訓

ニューヨーク　12月12日後4時22分発
本　　省　12月13日前8時37分着

第三一号（至急）

貴電第九号に関し

御訓令接受直ちに米国代表部と打合せを行つたが打合せの結果及び請訓別電第三二号の通り電報すべきところ国連における議事の進捗状況に鑑み遅くとも月曜午前中に米国側において決議案提出の手配を了する必要あるにつき土曜日（十三日）午前中に米国側に回答の要あるにつき右御含みの上至急回訓方御配慮ありたい。

（別　電）

ニューヨーク　12月12日後6時45分発
本　　省　12月13日後1時37分着

第三二号（大至急）

貴電第九号及び往電第三一号に関し

一、米国代表部との打合せの状況左の通り、

㈠当方から冒頭貴電の趣旨を説明したところ、先方は前回の会談の後で関係各国間の打合せの状況が変りいわゆる五国案の前文が変更されて（往電第三〇号）十国（リビヤにつき一九五二年二月一日同趣旨の決議があるから、これを加える）につき総会の加盟資格承認決議があつたことに関し、全然言及しないこととなつたので、同決議案の中に日本の資格承認を挿入することは無理になつて来たとの趣旨を述べた。

㈡よつて種々論議を重ねた結果結局五ケ国決議案とは切り離して日本の加盟資格承認に関する独立の決議案を提出すること然るべし（米国が日本につき決議案を出せば、仏国が仏印三国につき同趣旨の決議案を別に出すこととなるであろう。この方が反対の多い仏印三国と一括した案よりも日本にとり有利である）との結論に達した。

米国代表団としては日本側の意見がはつきりし次第直ちに右決議案提出の手続を採るべく、結果につきては多数国の出方によることであつて確言は出来ないが、

獲得票数(何ケ国が棄権するかの点)等は別とし結局可決されることは概ね確実と信ずる旨述べた。

二、本官としては御訓令の次第もあり、五ケ国決議案に日本資格条項を入れることを第一案として説得に努めた次第であるが、米国側としても関係諸国の足並を揃えることには多大の苦心を払つている実情であり、これ以上固執することは時間の関係からいつても無理であると思われるので独立の加盟資格承認決議案で行くことに一応打合せておいた次第である。但し、政府において右を不可とせられる場合には大至急御電報相成りたく、米国側に対しては日本政府において意見あらば明十三日昼までに通報すべき旨申入れておいたから御了承おき願う。

米に転報した。

79　昭和27年12月12日　国際連合日本政府代表部武内公使より岡崎外務大臣宛(電報)

加盟資格承認決議案提出に際し日本側から各国代表部への働きかけの適否につき米国側意見

ニューヨーク　12月12日後7時9分発
本　　省　12月13日後2時50分着

第三四号(大至急)

往電第三二号に関し

冒頭往電会談の際、本官よりわが国の加盟資格承認決議提出につき米国以外の各国代表部に対し、日本側より働きかけおくことの適否につき質したるところ、先方は右決議案が通過することにつきては余り困難ありとは思えないので、右の如き働きかけが緊要であるとは思わず、又米国側としては安全保障理事会の投票の模様から見ても当然の決議であるとの建前で行く積りである。併し日本側において斯かる働きかけを行われる場合には、欧州諸国、西半球諸国の動向につきては安心して可なりと思われるにつき、インド、インドネシア、ビルマ三国と中近東の一、二の国位に当りおくこと適当であろうと述べていたので、ワシントン及びニューヨークにおいて適宜右諸国代表団と接触しておく所存である。

御参考まで。

米に転報した。

80 昭和27年12月13日　岡崎外務大臣より　国際連合日本政府代表部武内公使宛（電報）

国連加盟資格承認の単独決議案提出を可とする旨訓令

本　省　12月13日後4時10分発

第一〇号（至急）

貴電第三二号に関し

貴代表打合せの筋にて差支えなし。

81 昭和27年12月13日　国際連合日本政府代表部武内公使より　岡崎外務大臣宛（電報）

総会において日本の加盟資格承認の単独決議案を米国より提出決定について

別　電　昭和二十七年十二月十三日発国際連合日本政府代表部武内公使より岡崎外務大臣宛第三六号

右決議案文

ニューヨーク　12月13日後8時28分発
本　省　12月14日前11時58分着

第三五号

貴電第一〇号に関し

一、冒頭貴電の趣旨にて、米国代表部に申入れた結果、米国は月曜日に日本の加盟資格承認に関する単独の決議案を提出することになつた。

二、後刻米国代表部員より事務当局かぎりの研究案として別電第三六号決議案文を送付越した。

（別　電）

ニューヨーク　12月13日後8時28分発
本　省　12月14日後0時8分着

第三六号

一、往電第三五号の二の決議案文左の通り。

Draft Resolution on Japan

The General Assembly,

Noting that ten members of the Security Council, on18th September, 1952, supported a draft resolution recommending the admission to the United Nations of Japan, but that no recommendation was made to the General Assembly because of the opposition of one permanent member,

Deeming it important to the development of the United Nations that all applicant states which possess the qualifications for membership set forth in Article 4 of the Charter should be admitted,

1. Determines that Japan, in its judgment, a peace-loving state within the meaning of Article 4 of the Charter, is able and willing to carry out the obligations of the Charter, and should therefore be admitted to membership in the United Nations;

2. Requests the Security Council to take note of this determination by the General Assembly with respect to the application of Japan.

二、オパラチブ・パートの第二項が一九四九年の決議文と異るのは、本決議は、目下の処、五国案の研究委員会設立決議の後に、審議される予定であり、その際、資格承認以上に特定の行為を勧告することにより、五国案と矛盾するが如き印象を与えるときは、修正案の提出等議事の紛糾を来し、本決議案の円滑な通過が妨げられる惧れがあるので、斯かる可能性を回避しつゝ可及的に一九四九年の決議内容に近い決議を採択させる狙いである由。

米に転電した。

82　昭和27年12月13日　国際連合日本政府代表部武内公使より岡崎外務大臣宛(電報)

ソ連が一括加盟案に日本を含めないとの観測をもたらした特別政治委員会での審議状況

ニューヨーク　12月13日後8時28分発
本　　省　12月14日後0時13分着

第三七号

Ad Hoc 政治委員会は十二日午後より加盟問題の審議に入れるところ、

一、第六総会より持ち越された加盟問題につき、国際司法裁判所の(にカ)諮問する決議案は撤回された。

二、十三日ポーランド代表は、去る九月安保理事会におけるソ連提案と同趣旨の十四国同時加盟案を提出した。

その際同代表は、日本、大韓民国及び仏印三国は加盟資格無いとして他の十四国と区別すべきことを強調した。

右により今次総会においてソ連が、その一括加盟案の中に日本を加え来る可能性無きことが明らかにされたものと観測されている。

米に転電した。

83 昭和27年12月15日 国際連合日本政府代表部武内公使より岡崎外務大臣宛(電報)

日本の国連加盟資格承認決議案を米国代表部が正式に提出

ニューヨーク　12月15日後4時12分発
本　　　　省　12月16日前10時52分着

第三九号(至急)

本十五日付をもつて米国代表部は日本の国連加盟資格承認に関する決議案を正式に提出した。案文はさきに電報したところと変らない。明日又は明後日 Wiley 米代表が提案理由の説明に当る筈。

米に転報した。

84 昭和27年12月16日 国際連合日本政府代表部武内公使より岡崎外務大臣宛(電報)

アジアとラテンアメリカ諸国を中心とした日本の加盟資格承認の支持固め状況

ニューヨーク　12月16日後7時14分発
本　　　　省　12月17日後2時15分着

第四〇号

一、わが国の加盟資格承認決議案については、なるべく大多数で裁決されるよう各国代表部に対し働きかけ、又その意向を探つているが、米国側からの示唆もあり主としてアジア及びラテンアメリカ諸国に重点をおいて工作に努めている。現在までの状況次の通り。

㈠インド代表パンヂット女史は本官に対し、右決議案支持を約した。

㈡インドネシア代表スジヨルノも右決議案支持を約し、右支持につきては本国輿論の一部に反対の生ずることも承知の上で将来の両国国交の為支持することに決した旨述べた。

㈢ビルマ代表バリントン大使は他用をもつて往訪した上

村公使に支持方を約した由である。

㈣米国代表部を通じタイ及びフイリツピン代表部の意向を当りたるところ、タイは支持の方針であるがフイリツピンは棄権する予定の趣。

㈤オーストラリア代表スペンダー大使も支持を約した。

㈥ペルー代表バラウンデ大使もこれを支持すると共に中南米各国に働きかけることを約した。

二、なお中国代表は十五日、先に葉全権の演説と同趣旨でわが国の加盟資格を強く支持し、パキスタン代表は十六日東亜における最重要国であり又パキスタンが学ぶところ多い日本が未だ国連加入を許されていないのを遺憾としてこれが加盟資格承認を支持する旨明らかにした。イラン代表も十六日の会議で支持の意向を表明した。

三、会議の複雑な掛引があり、殊に中米五ケ国決議案が先に議せられるため事態が稍面倒であるが、米国代表部も心配はしていないようであり、先づ、通過は間違いがないと思われる。この上共状況を注視し、努力致すべきも取敢えず。

米に転報した。

85　昭和27年12月16日　国際連合日本政府代表部武内公使より岡崎外務大臣宛（電報）

日本は加盟資格を備えずとするソ連代表の発言等特別政治委員会での審議要旨

ニューヨーク　12月16日後7時19分発
本　　　　省　12月17日後2時30分着

第四一号

一、十五日付をもつてフランスも仏印三国の加盟資格承認に関する三決議案を提出した。案文は我国の場合と同じ。

二、ソ連グロムイコ代表は十五日ポーランド提案の一括加盟案を支持するが我国、仏印三国及び韓国は加盟資格を備えずと述べた。

三、十六日北欧三国は中米五国の委員会設立決議案の前文に関し二つの修正案を提出し、キユーバは右決議案の委員会のメンバーを更に六国（国名未定）増加する修正案を提出した。

米に転報した。

86　昭和27年12月17日　国際連合日本政府代表部武内公使より岡崎外務大臣宛（電報）

日本の加盟資格承認をめぐる米国のソ連案への反駁等特別政治委員会での審議要旨

ニューヨーク　12月17日後7時24分発
本　　　省　12月18日前11時25分着

第四二号

一、米国代表ワイリー上院議員は、本十七日の特別政治委員会における演説において、日本加盟資格承認に対し強力な支持を表明すると共に、ソ連圏諸国の一括加盟案を烈しく攻撃した。

なお、日本の加盟資格支持に際し、UNICEF TAA に対するわが国の寄与に触るると共に、先般の国民使節持参の陳情書に言及した。又日本の加盟資格問題は何等研究を要しないから特別委員会設立の問題と混合すべきでなく、又他の九国につき同種の決議がある以上、日本についてこれを為さないのは差別待遇になることを指摘した。

二、フィリツピン代表は、日本の加盟資格承認に関する決議を含む他の一切の関係決議案を中米五国案の特別委員会に附託することを主張した。

三、中米五国はその提案にかかる特別委員会の構成国にアルゼンチン、カナダ、コロンビア、チエッコスロバキア、フイリツピン、ノルウエー及び南ア連邦を加える修正案に同意した。

四、目下のところ、特別政治委員会における加盟問題の各決議は明日午後票決に附せられる予定。（編注）

米に転報した。

編　注　十八日に予定された加盟資格承認に関する決議は、議事の都合により延期となった。

87　昭和27年12月20日　国際連合日本政府代表部武内公使より岡崎外務大臣宛（電報）

特別政治委員会における日本の加盟資格承認決議案の採択

ニューヨーク　12月20日後2時34分発
本　　　省　12月20日後5時25分着

第四四号（至急）

特別政治委員会は、本十九日午後九時四十五分日本の加盟資格承認案を四八対五（ソ連圏諸国）及び棄権六（ボリビア、グアテマラ、ハイチ、イスラエル、フイリッピン、スエーデン）で採択した。フイリッピンは「平和条約上の重要問題が未解決なる」ことを棄権理由として明言したが、他の棄権国は大体において五国案が採択される以上個別的決議案の必要なしとするにあつた。

なおパナマ代表は欠席していた。

米に転報した。

88　昭和27年12月21日　国際連合日本政府代表部武内公使より岡崎外務大臣宛（電報）

総会本会議における日本の加盟資格承認決議案の採択

ニューヨーク　12月21日後8時53分発
本　　　省　12月22日後1時55分着

第四六号（至急）

一、本二十一日午後六時五〇分総会本会議は、日本の加盟資格承認決議案を五〇対五（ソ連圏諸国）及び棄権四（グアテマラ、イスラエル、フィリッピン、スエーデン）で採択した。委員会採決のとき欠席したパナマは、今回は賛成投票し、レバノンは欠席した。

二、中米五ケ国案は四七対五及び棄権六で採択、但しソ連、チエッコ及び印度は特別委員会の構成員になることを拒否したので原案から右三国を除いた儘で投票に附せられた。

三、ヴエトナム（四〇対五及び棄権一二）
カンボヂア（三八対五及び棄権一四）
ラヲス（三六対五及び棄権一四）
リビア（五一対五及び棄権二）
ジヨルダン（四九対五及び棄権三）
に関する加盟資格承認は何れも採択された。

四、ポーランド一括加盟案は先づ simultaneous という字の削除が票決されたゝめ、ソ連圏諸国も反対側に廻り九対三〇及び棄権一〇で否決された。

米に転報した。

89　昭和27年12月26日　国際連合日本政府代表部武内公使より岡崎外務大臣宛

日本の加盟資格承認決議案の審議における気づきの点につき報告

（昭和二八、一、六受）

国連第七五号　昭和二七、一二、二六付

岡崎大臣　　在ニューヨーク武内国連日本政府代表

日本の国連加盟資格承認決議案審議に関する件

首題の件に関しては屢次電信をもつて御報告致しておいたが右以外に気付きたる諸点御参考までに左記報告する。

記

一、我国の加盟資格に関し中国及びパキスタン代表が特に力強い支持の発言をしたことはさきに電信をもつて御報告致した通りであるが右以外にトルコ代表は極東の安定に重要役割を有する日本の国連加盟は国連に new vigour を注入するポリチカル・ウイズダムであるとし印度代表は日本の加盟は国連における極東の代表をアディクウェイト乃至リアリスチツクにするものであると論じビルマ代表も日本の除外は中共の除外と同じく極東問題の討議に対しアンリアリスチツク・アトモスフィアをかもしていると論じた。なおインドネシア代表は国内においてヂァスチファイアブルな反対意見あるに拘らず賛成投票すると述べたこと等が注目された。

二、本件決議案に反対したソ連圏諸国の論旨は本年九月の安全保障理事会当時におけるソ連の議論のむしかえしであつたが右以外にポーランド代表がその支持する十四国の加盟申請は長期の懸案であるからこれに新しい問題を附加することを避けて先ず右十四国の加盟を実現すべきであると論じたことは何等か将来の含みを残す如くとれざるにもあらざる印象を与えた。

なおソ連圏諸国は仏印三国に関する決議案に対しても勿論反対したのであるがその反対の論拠は日本の場合に比しこれら三国が独立国家としての実を備えていないという点に重点が置かれていた。このことは一般的な感情であつたようで特にアジア、アラブ諸国には日本の決議案には賛成しながら仏印三国については右の点に関し疑点ありとして棄権したものが相当あつた（インド、ビルマ、サウヂアラビア、シリア、アフガニスタン、インドネシアその他）。

なおハイチ代表が委員会の投票においては安全保障理事会は日本についてはリコメンデイシヨンをしなかつたのであるからこれについて提案の如き決議をすることは憲章違反であるとして棄権したのは他の中南米諸国と異る安全保障理事会の権限に関する同国の意見（後述）《（見当ラズ）》に立脚したものとして興味を惹いたが本会議投票では特に理由を述べずして賛成投票に転じた。

本信写送付先　在米大使

90　昭和28年1月5日　リー国際連合事務総長より岡崎外務大臣宛

日本の加盟資格承認決議案採択の通知

SCA/2102

5 January 1953

Sir,

I have the honour to transmit herewith, for the information of your Government, the text of the resolution concerning the application of Japan for admission to membership in the United Nations, adopted by the General Assembly at its 410th plenary meeting on 21 December 1952.

Accept, Sir, the assurances of my highest consideration.

Trygve Lie

Secretary-General

His Excellency,
Mr. Katsuo Okazaki,
Minister for Foreign Affairs,
Ministry of Foreign Affairs,
Tokyo, Japan.

A/RESOLUTION/80

ADMISSION OF NEW MEMBERS

RESOLUTION B

The General Assembly,

Noting that, on 18 September 1952, ten members of the Security Council supported a draft resolution recommending the admission of Japan to the United Nations, but that no recommendation was made to the General Assembly because of the opposition of one permanent member,

Deeming it important to the development of the United Nations that all applicant States which possess the qualifications for membership set forth in Article 4 of the Charter should be admitted,

1. Determines that Japan is, in its judgment, a peace-loving State within the meaning of Article 4 of the Charter, is able and willing to carry out the obligations of the Charter, and should therefore be admitted to membership in the United Nations;

2. Requests the Security Council to take note of this determination by the General Assembly with respect to the application of Japan.

3　第八回・第九回総会と新たな加盟方式の検討

91　昭和28年4月8日　島大臣官房審議室参事官作成

最近の国際情勢の変化と国連加盟問題への影響につき在京イタリア大使との意見交換

国連加入に関する在京イタリー大使意見に関する件

（昭二八、四、八）　島

八日午前ダイエタ大使、島を来訪して先般御同意を得た、今後は単なる情報交換だけでなく、国際情勢についても半公式の意見交換を行おうという了解に基いて参上した旨前置きした上、最近の急激な国際情勢の変化にかんがみ、自分としては東西両陣営間の緊張が緩和した場合には国際連合が国際政治の中心舞台としての機能を発揮する方向に向うであろうし、また国連に加入することは空気が険悪な間は負わなければならない義務が大きく、受ける利益は少いのに反し、情勢がおだやかな時には加入によって受ける利益の方が多いとの見解からイタリーとしてもこの際積極的に国連加入実現に努めるべきではないか、特に来る十六日にはアイゼンハワー大統領の米国の一般政策に対する態度を明らかにする声明の発出が予想されているから、米国政府に働きかけて冷戦の緩和のためにはイタリー、日本等の国連加入に対しソ連が反対しないという態度を示すことが条件の一つである旨を右声明の中に織り込ませることを申入れてはどうかと考え、その旨本国政府に意見具申したところ、ローマからは差当り（for the moment）イタリー政府としては従来の方針を変えるつもりはないと言ってきたが、右「差当り」にアンダーラインしてきたところをみると本国政府も近く政策変更の必要を認めるかもしれないと考えられる。勿論以上は自分一個の個人的見解であり、本国政府から訓令を受けた次第ではないが、かくの如き考え方に対し日本側はどう思われるであろうかと述べたので、島から選挙戦中のことであり政府首脳部が最近の事態と日本の国連加入の問題とをどのように関連して考えているかは承知しないし、また自分の知っている限りでは今までのところ外務省内に右に関する何らかの動きがあるとは思わない。むしろ自分達は休戦協定が成立した場合には共産側は中共を侵略者と断定した五一年二月の国連総会決議撤回を持出し、次いで中共の国連加入を提議してくるのではないか（モロトフ外相は中共及び北鮮の国連加入と述べたが、北鮮についてはソ連といえども当分実現の可能性のないことはよく承知していると思われるから差当りは中共だけに限って考えて差支えなかろうと思う）そういう事態になればアジア、アラブ連盟諸国は勿論英国、スカンヂナビア諸国も反対の理由はなくなり、米国としては僅かにラテンアメリカ諸国を頼りにする外ないこととなり、極めて微妙な事態が現出するのではないかと考えている。イタリーについては、外電によればソ連が中共その他の加入と引換えに承認しようとしている民主陣営側諸国中フィンランド、ポルトガルと共に最初に掲げられている訳であるから、おそらく最も可能性が大きいであろうし、また今度は昨年と違って準加盟の問題は考えなくてよいわけであるからイタリーとしても加入のための一つの障害が減ったと云えるであろう。米国に働きかけて大統領声明中にこの問題を織り込ませることは一つの考え得る方法とは思うが、前述中共加入に関する共産陣営の方針が事実とせば米国が問題を持出すことはソ連に一括加入提議の絶好の機会を与えることとなり、米国をその極東政策において国府をとるか、中共をとるかの重大な岐路に追込むことになる可能性があるのではないかと思う。従ってこの際米国政府に対し何らかの働きかけをするとせば、イタリーなり日本なりが国連加入について依然として強い希望を持っていることを忘れないでいてほしいというような趣旨にする方が適当ではなかろうかと考える。尤もこれは純然たる個人的見解であることは勿論であると述べたところ、ダイエタ大使はなるほどその危険は十分あるから、この際は日伊両国の関心と希望を常におぼえていてほしい（keep in mind）という趣旨の働きかけをすることが最も適切かもしれない。ただ自分としてはこの際何もしないでいて世界情勢の進展の埒外に置去られることは不利益と考えるので何か手を打つべきであるとの気持から持出してみた次第であると述べていた。

島から本日のお話の次第は早速次官及び出来れば大臣に

もお伝えしておくと述べたところ、同大使は日本側で何らかの動きがあった場合にはお知らせねがいたい。この問題については今後とも密接にお互いに連絡することとしたいと述べた。

92　昭和28年5月28日　国際連合日本政府代表部沢田（廉三）大使より岡崎外務大臣宛（電報）

準加盟に関わる日米間の協議状況につきイタリア代表部からの照会

ニューヨーク　5月28日後4時19分発
本　　　　省　5月29日前9時20分着

第八一号

一、本二十八日本使就任挨拶のため当地イタリア国連オブザーバー・ギドチ大使を訪問したところ、同大使は約二週間前、在京米国大使館側より日本政府に対し、国連準加盟問題につき新に何等かの提案をなしたるやの聞込ある趣をもつて、本使に対し、右情報の真否、又真なりとせば日本政府のこれに対する見解如何につき、相当突込んで質問せり。本使よりは全然斯かる情報に接しおらざる旨答え置きたるも、最近ドイツ代表部よりも同様の質問に接したる外、英国代表、中国代表も本件に触れおる（五月二十五日付往信第二〇八号）趣。何等本件に関し新発展あらば御回電相成りたい。（なお本日ロッジ大使と面会の際本件につき質したるところ、同大使は何も承知しおらざる旨答えたり）。

二、なおギドチ大使は右情報に関し、これが真とせば最近の米、ソ間緊張緩和に伴い、正式加盟問題につきても妥協の余地あるを予想しおれるところと矛盾する傾向として、訝しく感じいたる次第なるが、イタリアとしては来たるべき総選挙の結果、右翼政権が出現するにおいては、準加盟の話に乗る可能性は絶無なるも、現政権が存続することになれば、日本が純《(準カ)》加盟制度に同意する際は、イタリアもこれに倣うことになる可能性ありと述べたり。又、同大使は米国上院歳出委員会の附帯決議（往電第八〇号）につき、右は国連加盟問題打開に暗影を投ずるものとの感想を洩らしおれり。

在米大使に転電せり。

93　昭和28年6月4日　在伊国原田（健）大使より岡崎外務大臣宛

準加盟問題に関しイタリアの同調を求め応諾が得られない場合には日本は独自に態度を決すべきとの意見具申

第二四七号

昭和廿八年六月四日

在イタリア特命全権大使　原田　健〔印〕

外務大臣　岡崎　勝男殿

国連準加盟問題に関し具申の件

貴電第九二号及び第九三号に関し

三日本使外務省政務局長に面会の際それとなく冒頭貴電の次第に付いて何ら心当りありやと質ねたところ、同局長はニューヨークから何の報告にも接していないが、何れにしてもイタリアとしては日本側と多少立場を異にし準加盟問題に対しては依然反対であつてこの際何を好んで差別扱いに甘んずる必要はないと思うと語つていた。

右に関連し、イタリア側の対国連態度に付いて本使はかねて次のとおり観察している。

イタリア外交の基調が普遍的国際協力に在ることは疑う余地がないが、而もその重点を欧洲協力に置き異常の熱意をもつてこれに参加するばかりでなく有力なリーダーシップをさえ取つておるだけに国連による国際協力はイタリアにとつては第二義的であるように思われる。而もイタリアは信託統治理事会とも関係を有し非国連国としては異例の対等の地位を占める関係からこの際何を好んで投票権を有しない二流国扱いを甘受する必要はないとするのも如何にも当然のように思われる。なおイタリア政府部内の者の中には若し加盟すれば莫大な分担金を負担せねばならぬばかりでなく、時には国連の圏外に在ることは都合の良いこともあるとの口吻を洩らすものもある。従つて準加盟問題に対するイタリア側の態度の変更を期待することは先ず無理かと考えられる。

これに反し、日本の国際的地位は欧洲国たるイタリアの立場と相当異るものがあることは申すまでもなく、日本としては国際社会に復帰後と雖も今尚国際政治圏外に残され、如何にも孤立しておる観は当地においてすら切実に痛感せられることである。従つて日本の国連正式加盟問題が急速に解決されない情勢にある今日徒にイタリアに同調して準加盟問題の解決を遷延することは日本の将来にとつてはむしろ採らないところではないかと考えさせられる。仍てこの際我方としては日本の異つた立場を説明すると共に準加盟が必ずしも将来の正式加盟に禍することがないばかりでなく、むしろこれを促進するものであることをイタリア側に強調し、また米国側をしてイタリア側を説得せしめて我に同調せしめる態度に出るべきではあるまいか。それでもイタリア側が応じない場合は我方としては独自の態度を決することにすれば、イタリア側に対する信義を欠かないことになり、また先方も我方の態度を諒解することになると思われる。就ては本件に関し、改めて再検討を試みられ度く、敢て卑見を具申する。

尚本使としては何事にもつけ日伊両国が国際的に共同動作を取るべきことを強調しておる折柄でもあり、本使の立場として本件の如きを具申することは極めてデリケートな関係あることを御賢察の上、本件は極秘扱いにお願い致し度い。

本信写送付先　在ニューヨーク国連代表、米

94　昭和28年8月31日　岡崎外務大臣より在米国新木大使宛（電報）

正式加盟への見とおしおよび日本側作成の準加盟案骨子に対する米側意見報告方訓令

付　記　昭和二十八年八月二十一日、国際協力局第一課作成

「「国連準加盟」に関する件」

本　省　8月31日後6時0分発

第八四一号

八月八日ダレス国務長官と会談の際、同席のロッジ大使より国連準加盟を考慮しては如何との話があり、検討の上回答すべき旨約した。

我方としては正式加盟の実現を希望することは従来と変りないが、正式加盟が相当期間見込のない場合には、準加盟方策を今一度考慮する要あるべきやに考ふるところ、今後の朝鮮問題の推移等にも照し、正式加盟に対する米政府の見透し及び客年往電第九三一号別電を以て送付の準加盟案骨子について米政府との間に私的に意見交換せられ結果回電ありたい。

在ニューヨーク政府代表に転報ありたい。

（付　記）

「国連準加盟」に関する件

昭二八、八、二一
国協、一

一、従来の経緯

昨年八月末米側より日本が国連に対し単にオブザーヴァーを送るだけでは甚だ心許ないから「総会に出席し、一切の討議に参加しうるが、投票権だけは有しない準加盟」という案を考えてはどうかとの申入があり、これに対しわが国は準加盟案の骨子（別添甲号）を作成した上、同十一月初め準加盟受諾についてコミットすることなく単に準加盟問題に関する日米間の共同研究のために作成した技術的成果を示すものとしてこれを米側に提示した。我方が右案をコミットする正式の申入を行わなかったため米側は本件を両国間の研究事項としておくべき旨を述べ爾后そのままとなっていたが、本年八月八日外務大臣がダレス国務長官と会談した際同席のロッジ米国連代表より、日本が国連準加盟を考慮しては如何との話が持出され、大臣より本件検討の上返答すべき旨約した。

なお、我方の作成した準加盟案の英文（別添乙号）も在米大使館より国務省側に対し参考までに伝達してある。

二、客年八月後の情勢を考慮に入れ本件に関する利害得失を現在において考察すれば次の通りである。

(イ)利益

(1)国連総会における発言権を確保することはわが国の国際的地位向上に資する。

(2)国連総会における発言権を行使し、わが国の立場を世界に対して披歴しうることはそれ自体利益であるのみならず、国連協力の立場をより有効に示し得る。

(ロ)損失

(1)発言権をもって総会に出席する限り、発言によって政治的にコミットし、総会の決議に対しモーラル・オブリゲーションを負う場合が生じる。

(2)準加盟国となってしまえば我国の国連加盟に対する加盟国の熱意を冷却させる惧が考えられる。（これに対しては反対に、準加盟という実際上の地位を利用して正式加盟を促進できるのではないかという意見もある。しかしソ連がわが国のＥＣＡＦＥ準加盟に賛成したが、その正式加盟及び国連自体への正式加盟に反対しているところをみると右の議論もあながち否定し得ないところがあるようである。）

(3)投票権なしで総会に出席することは二流国扱いに甘んじるとの国内からの非難を受ける惧がある。

(注)日本の国連加盟促進のための国民使節団長として昨年末南北米を訪れた内山神奈川県知事は、その帰朝報告中に「準加盟のような不完全な会員となることは不名誉なことであり、準加盟でも結構だというような安易な考え方は新日本国民としては採るべきでない」と述べているが、これは日本の国民感情の一表現とみられる。

なお、本年五月二十九日日本国連協会評議員会において大臣に代って挨拶した田中情報文化局長は次官の命によって「政府は国連へはフルメンバーとして加盟するよう努力しており準加盟には皆様と同様反対であって、この点イタリアと同調する考えである」旨を述べた。

外務次官も在京伊太利大使に対して、右と同趣旨の話をされたことがある。

三、結論

以上の通り考察すれば賛否両論何れも一理ある次第であり、その決定は甚だ機微な問題であるが、最近の世界状勢の推移より見れば、今後の情勢発展如何によっては日本の加盟問題の好転する可能性全然なしとは考えられず、八月十二日沢田大使とマーフィ次官補の会談の際にも、マは来るべき総会中にも色々の「サーカムスタンス」の競合によって加盟の機会が生れるチャンスも起るに非ざるやとの意向を述べた如くであり、この際直に準加盟をコミットすることなく今後の情勢特に第八回総会(本年九月十五日開会)における状況を注視し、機会を捉えて正式の加盟の推進に努力することとし、正式加盟が到底不可能なりとの見透しが確実なる場合において、次善の策として準加盟の方策を進めることと致したい。よって、政府としては今回のロッジ国連代表の申出に対しては、在ニューヨーク政府代表部若しくは在米大使館を通じ米国政府に対して我国の正式加盟の見透し、可能性について先方の意向を改めてただすと共に我方としては正式加盟が当分の間到底見込ないと考える場合には次善の策として準加盟に進む可能性もあり得る旨述べ、日本側の準加盟方式について米国側の意見、見透しを示されたい旨、返答することとしては如何かと存ぜられる。

編　注　別添甲号、乙号は見当らないが、別添甲号は本書第64文書別電第九三二号と同一の内容であると思われる。

95　昭和28年9月18日　国際連合日本政府代表部沢田大使より岡崎外務大臣宛（電報）

準加盟制度の効用を説き実現への惜しみない協力を示唆した米国代表部ロッジ大使の談話

ニューヨーク　9月18日後4時57分発
本　　　省　9月19日前8時27分着

第一二九号

昨十七日米国ロッジ大使は本使に対し準加盟制度の効用を強調し日本も専任国連代表として大使を任命した以上右国連代表が仮令投票権はなくとも国連議場において発言権を得ることは国連内部における日本の地歩向上のため極めて効果的な第一歩にして、反面本制度により日本が失う点は毫もなきか如く思われる処（この点に付イタリアの懸念は当らずと思う旨附言せり）本件は日本側の意向が先決問題につき若し日本側において本制度を希望するにおいては米国としては右実現につき努力を惜しむものにあらずと述べたり。右取敢ず。

在米大使に転電せり。

96　昭和28年9月18日　在米国新木大使より岡崎外務大臣宛（電報）

ダレス国務長官およびロッジ大使による準加盟制度採用の慫慂

ワシントン　9月18日後6時58分発
本　　　省　9月19日前10時47分着

第一一五一号

貴電第八四一号に関し

十七日本使ダレス長官及びロッジ大使と同席せる際、日本の国連準加盟問題に言及せる処、「ダ」長官及び「ロ」大使より本件については既に客年末準加盟の利害得失について の検討を終り、後は日本政府の決断に待つ段階となつている。国連への正式加盟は勿論最も望ましいことであるが、現在その見透しも明らかでなく表決では実際上たいした問題でなく、意見の発表が出来るか否かが最も重要の点である。この際日本が準加盟国となり国連において発言する機会を確保し必要の問題につき自己の立場について積極的に見解を明らかにせられることは単に日本自身にとつてのみならず、東亜において日本の有するウエートより見て国際的にも極めて有意義なりと思考せられ、日本政府として本件を積極的に考慮されること然るべしと考えるとの趣旨を力説した。

97　昭和28年9月21日　岡崎外務大臣より 在米国新木大使宛(電報)

準加盟に関する米国側具体的方針につき確認方訓令

本　省　9月21日後9時35分発

第九二六号(大至急)

貴電第一一五一号に関し

左の点お確めの上、至急回電ありたい。

一、米側は既に検討済みの趣であるが、先方は我方が提出した案のラインで進める意向か、それとも別個の案を用意しているか。

二、我方の決定を俟つて今次総会に持込む積りであるか、又その場合、総会通過について如何なる見透を持つているか。

冒頭貴電と共にニューヨーク代表部に転報ありたい。

98　昭和28年9月22日　島大臣官房審議室参事官作成

準加盟に対する日本側見解につき在京イタリア大使館からの問い合わせについて

国連準加盟に関し在京イタリー側から問合せの件

(昭二八、九、二二)　島

二十一日在京イタリー大使館モンタナーリ参事官島参事官を来訪し、本日手術後初めてダイエタ大使を見舞に赴くところであるが、大使夫人を通じての話によると体が恢復するに従っていろいろ仕事のことが気になるらしく、先週金曜日(十八日)の外人記者会見で岡崎大臣が日本の国連準加盟を考慮していると述べられたとの報道について、予ねてダイエタ大使から同大臣以下外務省の各関係官に話があったとおり、イタリーとして重大な関心を有する問題であるだけに詳細日本政府の意向を確めて来てほしいとのことであった。よって差支えない限り本件に関する日本側の見解をお話ねがえないかと述べたので、島から自分の了解する限りにおいては政府の方針に変更があったとは聞いていない。即ち原則としてはあくまでも正式加盟のために凡ゆる努力を尽すものであるが、ただ正式加盟が不可能であることが、決定的に明らかになった場合には次善の方法として準加盟を考えるというのが日本側の考えである。但し、何時右切替えを行うかの時期の問題はその時その時の情勢によって判断せざるを得ないであろうから、今後どの位の期間は準加盟のことは考えないというような制約は何もないわけである。また一方において例えば今次国連総会においてある国の厚意から日本の準加盟の問題が持出されるような事態になった場合これをむげに断ることが果して適切かどうかの問題もあろう。従って現在のところ準加盟の問題は正式に取り上げられるには至っていないが、何時そういう情勢にならないとも限らないと思う。岡崎大臣の記者会見自体は同席した係官の話によると初めから国連加盟の問題が話題になったわけではなく、ガット仮加入の問題が話されている間に同じく正式加入でないという関連から国連準加盟の問題が持出されたにすぎず、岡崎大臣も場合によっては考慮するという趣旨で答えられたという風に聞いている。ただ新聞としてはこの方がニュースバリューがあると考えて大きく取扱ったのであろうと説明したところ、同参事官は今次総会にこの問題が持出されそうな気配があるのか、またその場合には米国が提案国になるのかと質問したので、今のところ具体的にそのような話が起っているとは聞いていない。持出すとなればやはり米国あたりが音頭をとってくれることになるのではないかと答えた上、話が起るとすれば東京ではなく、ワシントンまたはニューヨークであろうからその方面でも連絡をとられることが適当であろう。何れにせよ何か新しい変化が起った場合には直ぐ御連絡することにしようと附け加えておいた。

99　昭和28年9月22日　在米国新木大使より岡崎外務大臣宛（電報）

準加盟に関する米国側方針につき国務省事務当局への照会

ワシントン　9月22日後6時16分発
本　　　省　9月23日前9時50分着

第一一六二号（至急）

貴電第九二六号に関し

一、本件についてはさきに貴電第八四一号により御訓電ありたる際取敢えず館員より国務省事務当局に対して申入を行つたが先方はロツヂ大使が右貴電の如き話をしたことを意外とする態度を示し、ニユーヨークとも連絡の上研究すべしとのことで、その後折にふれ督促したが今日まで回答に接しなかつた次第である。

二、往電第一一五一号の内容についても国務省事務当局は館員より連絡するまで何等承知しておらず従つて冒頭貴電による訓令の趣旨に関しても第一項については昨年末上村公使とヤング局長との間の非公式折衝を一歩も出ず第二項も今後の研究に俟つと云う事情である。右事情に鑑み二十一日館員より国務省係官に対して、

㈠冒頭貴電第一項に関連せる準加盟の手続及び準加盟国の権利、義務に関する米国側の具体案。

㈡米国政府より日本以外の非加盟国に対しても同様の勧告が行われたか否か。勧告が行われたとすれば右に対する非加盟国の態度如何。

㈢正式加盟の見透し及び国連憲章改正に関する研究の現段階について出来得る限りの援助を至急提供されたき旨申入れた。

右に対して係官は至急部内関係者と協議すべき旨を約したが、回答までには若干の日数を要するであろうと述べていた。

ニユーヨーク国連代表部へ転電した。

100　昭和28年9月23日　国際連合日本政府代表部沢田大使より岡崎外務大臣宛（電報）

正式加盟は現状困難でありその代案として日

本の準加盟に向けて努力するとのロッジ大使の説明

ニューヨーク　9月23日後3時29分発
本　　　省　9月24日前7時55分着

第一三三二号

二十二日本使米国ロッジ大使に会見を求め、準加盟問題につき打診したる模様左の如し。

一、本使より米国側としては本件は日本の肚の決め方次第なる御見解の如く存ずるところ、日本政府としては右肚を決めるに当つて若干米国側の意図、情況判断等につきクラリフイケーシヨンを欲する次第にして、特にわが国としては今なお正式加盟を第一に希望し居ることは変りなきをもつて正式加盟の実現の時期に関する米国側の見透しを伺いたき旨述べたるに対し、「ロ」大使は正式加盟につきては米国側の最も腐心し居るところなるが、憲章の如何なる有利なる解釈を図りてもソ連が拒否権を行使する間は何とも致し方なく、一方憲章の改訂問題はあるも果して拒否権廃止の目的を達し得るや見透しつかず、従つて日本の正式加盟は今後一年又は二年経てばと云うような時期を画し得ず、コンシデラブル・タイムの間は不可能と断ぜざるを得ず、国連においては表決権を持つことよりも各々自国の立場を公に表明するところに重点がある訳にして、極東の鍵となるべき日本に発言の機会なきことは惜しきことと思い、正式加盟実現に至るまでの代案として準加盟制度を示唆したる次第なりと述べたり。

二、次いで本使より日本が肚を決める場合に準加盟制度の今次総会における採決の可能性を質したるに「ロ」大使は自分としては必ず今次総会において採択せしめることをギヤランテーすることはなし得ざるも、米国としては日本の肚が決まれば本件の今次総会における採択のため出来る限りの努力を傾注するつもりなりと答えたり。

三、次いで本使よりイタリアその他の未加盟国に対しても同様アプローチしたるやを質したるに「ロ」大使は本件については米国は先づ日本のことのみを問題とし居り他国の事は全然考えおらず、寧ろ日本が本制度に加入して範を示す事は善き先例となると考えおれりと述べたり。

在米大使に転電せり。

101　昭和28年9月24日　国際連合日本政府代表部沢田大使より岡崎外務大臣宛（電報）

日本の準加盟案に対する各国国連代表の反応について

ニューヨーク　9月24日後4時29分発
本　　　　省　9月25日前8時46分着

第一三六号

往電第一三三号の二に関し

当地新聞に伝えられている準加盟制度に関する貴大臣のプレスコンファレンス言明は各国代表及び国連事務局において漸次問題となりつつあるに鑑み、特に関心を持ちくれそうな国の代表に対するリアクシヨンを探りたる結果左の如し。

一、二十三日印度ダイアル大使は印度としては従来とも日本の正式加盟に尽力する方針なる処、準加盟制度に対する印度の態度については即答いたしかねるも、何分憲章に規定なき次第にもあれば、ソ連ブロックの反対は熾烈なるべしと洩らし、

二、同日、英国ジエツブ大使は準加盟制度は現在の日本の国連における地位に比し、大差なかるべく、反面正式加盟を遅らす逆効果なきやを惧る。中共加盟が実現する暁には右とのバーゲエインにおいて日本の加盟実現のチヤンスがあり得る点については貴大使（沢田）と同意見なり。右に関連し中共加盟拒否に関する英、米間の妥協は本年間限りのことにて、来年になれば英国としては理論上は本件につき米国と再協議の義務なく、全然フリー・ハンドを得る建前なるが、来年度において現実に如何なる態度をとるやはその時における関係情勢に照らして決定することゝなるべしと述べ、

三、二十三日エル・サルバドルのウルキア大使（加盟問題委員会議長、特別政治委員会議長）は準加盟制度は面白きアイデイアにつき研究致すべきも、結局憲章との関係において大なるコントロバーシーを惹起する惧れあり、従つて果して準加盟の目的を達し得るか疑問なりと洩らしたり。

在米大使に転電せり。

102　昭和28年9月24日　国際連合日本政府代表部沢田大使より岡崎外務大臣宛

加盟問題に関する特別委員会設立の決議案についての報道

国連第四五五号

昭和二十八年九月二十四日

在ニユーヨーク国際連合日本政府代表
特命全権大使　沢田　廉三

外務大臣　岡崎　勝男殿

加盟問題特別委員会設立の決議案と準加盟制度に関する新聞切抜送付の件

九月二十四日付のニユーヨークタイムズ紙は次の要旨を伝えている。

ベラウンデペルー代表は加盟に関する行詰りを打開せんが為に三人委員会を設立すべく来週中に決議案を提案する筈である。右委員会は従来の法律的アプローチの無効にかんがみ政治的な面より本問題の解決を試みるものであり、且つ具体的に各申請国につき研究する予定である。

日本政府の所謂準加盟制度の示唆も本委員会にかかるべく、ただ憲章にかかる規定がない所を如何にして正当付けるかの問題が残されて居る。

（切抜別添《省略》）

103　昭和28年9月28日　国際連合日本政府代表部沢田大使より岡崎外務大臣宛

総会におけるペルー等各国代表の加盟問題に関する発言について

国連第四五九号

昭和廿八年九月廿八日

在ニユーヨーク国際連合日本政府代表
特命全権大使　沢田　廉三〔印〕

外務大臣　岡崎　勝男殿

第八回国連総会状況報告に関する件（第二週Ｉ）

加盟問題に関する各国代表の国連総会に於ける演説に関する件

加盟問題の解決の見込が立たない現在国連総会の一般討論に於ても他の政治問題（朝鮮問題、軍縮問題、チユニス・モロッコ問題、南阿人種問題等）に比し余り重視されず、本件に言及した代表は少数でその大部分がその演説の僅かな部分を本件のために割いたのみである。

現在迄の一般討論に於ける発言者中本件に言及したのは米国、ペルー、ポーランド、ドミニカ共和国、アイスランド、南アフリカ、エルサルバドル及びスウェーデンである。これらの代表のうち本件を最も積極的に取上げたのはペルー代表のみで、その他は主として憲章改正問題に関連して加盟問題に対する拒否権に触れたものが大部分である。

以下各代表の本件に関する発言要旨を略述する。

一、九月二十一日ペルー代表ベラウンデは次の通り述べた。

1、全人類の四分の一を構成する二十国が現在国連の枠外に置かれていると云う変則的状態を放置出来ない。

2、現在本件解決のための措置として三方式が提案されている。即ち㈠ソ連衛星国を含む数国一括加盟による政治的解決案㈡本件を手続事項として安全保障理事会で単純七票を獲得した申請国の加盟を総会が承認すべしとする法理論的解決案及び㈢両者の折衷案とも称すべきもの、即ち、安全保障理事会又は総会の権限に関する規定を枉げずに「平和のための統合」決議の前例にならって総会の非常権を行使する案（ペルー支持）

同代表の演説は未だ意図が明白でなく第三案が如何なるものか不明であるが或は特別政治委員会で本件が審議される際に具体案を示すべくその伏線としてかかる漠然とした説明を行ったのかとも思はれる。

第七総会の特別政治委員会に於ける本件審議の際には同代表は加盟申請国の中安全保障理事会に於ける個別審議で七票以上を獲得したがソ連の拒否権により否決され、而もソ連の同時加盟案中に含まれている国（オーストリア、セイロン、アイルランド、ポルトガル、イタリア、ジョルダン、ネパール、リビア、フィンランド）はソ連に依っても加盟資格ありと承認されたものと見做して総会はこれらの国の加盟を承認すべしとする決議案を提出している。

第七総会決議案により本件研究のため設立された加盟問題委員会の書記であった事務局職員チャイ氏の内話によればペルー代表は新に決議案を用意しているとのことでありニューヨーク・タイムス（九月二十四日、国連第四五五号）も、同代表が政治的コンプロマイズにより加盟を実現させるため三人委員会設立を企図している旨を報じている。

二、国連憲章改正の研究問題に関連して本件を取り上げたのは米国（九月二十五日、国連第四五六号参照）、南アフリカ、アイスランド及びスウェーデン各代表である。

米国代表ダレスは本件に関し非加盟国の見解に傾聴すべきであると論じ、他の三国は加盟問題に関する拒否権を取扱い南アフリカは全般の拒否権の乱用を攻撃したに過ぎないがアイスランド及びスウェーデンは軍事問題に関する拒否権を否定せず加盟問題に対する拒否権の放棄を要望している。

三、その他、エル・サルバドル及びドミニカ共和国も本件を取上げているがドミニカ共和国はスペインの加盟を希望したのみであり、エル・サルバドル代表は加盟研究委員会の委員長であった外、本件を審議する特別政治委員会の委員長にも選任されている関係から本件に関心を示し、本件の解決の遷延は許されないと述べたが何等具体的提案を示さなかった。

四、九月二十三日ポーランド代表は国際上の諸問題全般に亘って言及しソ連圏の平和的意図を強調したが加盟問題に付ても㈠一九四六年以来懸案となっている加盟問題を解決すべきであること㈡国連がユニバーサルな機関となるためには差別待遇を廃止し一般資格国の加盟を実現すべきことを述べた。

同代表の言にも別に新味は見られないがソ連ブロックのうち加盟問題に付て言及した国は同代表だけであることと及び本件に対してソ連圏が全然無関心でないことを示したものとして注目された。

本信写送付先　在米大使

104　米国側による準加盟案提出の時期等に関する米国代表部員の内話

昭和28年9月30日　国際連合日本政府代表部沢田大使より岡崎外務大臣宛（電報）

ニューヨーク　9月30日後5時13分発
本　　省　10月1日前10時58分着

第一三九号

本三十日国連準加盟制度に関し米国代表部員が洩らした処次の通り。

一、米国側に関する限り客年十一月上村公使より連絡ありたる案に対し、特に支障ある点はなきものの如く思われるも、決議案として提出する際は種々他国の意見も入れる要あり、細部の点については如何になるや予断し得ず（モーラルボート制、分担金の自発的支払制等も可能性なしとせじ）只総会においては発言権あること、本制度は安保理事会において七票を得た国に対してのみ適用あることの二点は、基本的な最少限度の条件なり、米国としては日本等が右基本的ラインを含みたる上本制度に対し原則的に同意なる旨意思表示ある迄は関係国との間に本件採択工作を進め得ざる立場にあり。

二、尤も右関係国との間の了解、支持要求工作等に時日を要すべきをもつて、今から本件に乗出すとも今次総会における採択は多分に困難なるべく、米国代表の発言中に本制度支持を謳うことにより、来期総会を目途とするグランドワークをなし得るに留まる可能性多し。

三、特に特別の政治委員会は加盟問題審議を来る二日より開始し二週間以内に終了する予定なるにつき、右審議終了後においては準加盟に関する決議案の提出の不可能なるは勿論、今次総会における追加議題としての採択も先づ不可能なるべし云々。

在米大使に転電せり。

105　昭和28年9月30日　国際連合日本政府代表部沢田大使より岡崎外務大臣宛

加盟問題に関するペルーの特別委員会設置案についての聞き込みと観察

国連第四六五号

昭和廿八年九月卅日

在ニューヨーク国際連合日本政府代表

特命全権大使　沢田　廉三［印］

外務大臣　岡崎　勝男殿

加盟問題審議に関する件

（ペルー提案及びソ連提案について）

一、加盟問題打開のため三人委員会をつくる案をペルーが考慮している情報については、さきに往信国連第四五五号を以って御報告致しておいたが九月二十九日別添写の如きペルー案の提出を見た。

右案に関し米国代表部員は次の如く洩らした。

米国代表部においてペルー側に接触した処ペルー案のねらいは結局、部分的な一括加盟による加盟問題打開を目途としていることが判明したので、米国としては一括加盟案に対しては全般的なると部分的なるとを問わず賛成し得ざる旨明らかにして置いた。

しかし本決議案はラテン・アメリカ諸国の外、英仏及びアラブ・アジア諸国の一部も賛成しているので結局採決はされるであろうが、米国の右の如き態度により具体的な業績をあげ得ず、結局加盟問題に対する総会の関心の表示という精神的効果の外にはソ連の拒否権乱用につき反省を求むること或は場合によりてはブルガリアの如くソ連圏の国にても行状改善の兆ある国の加盟を考慮することを勧告すること等をなすにとどまるのではないか、なお、ソ連はペルー案には反対するであろう。

二、ペルーベラウンデ代表は本使に対し要するに加盟問題打開のきっかけをつかむねらいで本委員会案を提議したので、細部の点については自己の案を固執するものでない、右委員会の業績の発展により日本の加盟も実現の機運に向うことを期待している旨述べた。

なお、国連事務局担当官の洩らす処によれば、ペルーは右三人委員会のメンバーとしてペルー、パキスタン、ベルギーを考慮しているようである。

三、本三十日ソ連は加盟問題につき決議案を提出したが右は従来の一括加盟案の繰り返しで右に含まれている国名も従来同様で我国は含まれていない。

本信写送付先　在米大使

付属物　A/AC. 72/L.2 30 September 1953（見当ラズ）

A/AC. 72/L.1 29 September 1953

（別　添）

UNITED NATIONS
GENERAL ASSEMBLY

Distr.
LIMITED
A/AC. 72/L.1
29 September 1953
ORIGINAL: ENGLISH

Eighth session

AD HOC POLITICAL COMMITTEE

Agenda item 22

ADMISSION OF NEW MEMBERS: REPORT OF THE SPECIAL COMMITTEE

Peru: draft resolution

The General-Assembly,

Having examined the Report of the Special Committee on Admission of New Members（A/2400）,

Considering that the aims of the Charter of the United Nations would be furthered through the co-operation of all peace-loving States,

Believing that a new effort to find a solution to this problem should be without prejudice to the juridical positions maintained by individual Members of the United Nations and to any further consideration of the subject by the General Assembly,

Decides to establish a Committee of Good Offices consisting of the representatives of（three Member States）empowered to consult with members of the Security Council with the object of exploring the possibilities of reaching an understanding which would facilitate the admission of qualified new Members in accordance with Article 4 of the Charter. The Committee shall report to the General Assembly as appropriate.

106　昭和28年10月1日　国際連合日本政府代表部沢田大使より犬養（健）外務大臣臨時代理宛

総会におけるアルゼンチンおよびインド代表の加盟問題に関する発言について

国連第四六七号

昭和廿八年拾月壱日

在ニューヨーク国際連合日本政府代表

特命全権大使　沢田　廉三〔印〕

外務大臣臨時代理　犬養　健殿

第八国連総会状況報告に関する件（第三週Ⅰ）

国連総会に於ける各国代表の加盟問題に関する発言に関する件

本件に関しては往信国連第四五九号を以て御報告しておいたがその後の国連総会本会議一般討論に於ける本件に関

する発言に付て左記御報告する。一昨九月二十九日を以て終了した一般討論に於てアルゼンチン及びインド両代表が加盟問題に言及した。

一、二十八日アルゼンチン代表は㈠もし国連が国際社会の掟に反する行為をなす国を指導しようとするならば限られた加盟国によつてのみ構成される閉鎖的機関であつてはならないこと、一部の国のみが特権を与えられ他国には与えられないと云う不公平な制度が存在するときには国の指導は出来ないこと、㈡国連の枠外にある国の多くは最近の政治的変動により生じた新興国である故に尚更これらの国が既加盟国と平等の地位に立つてその政治的基礎を固める必要があるため国連の門戸を開放すべきこと及び㈢その他イタリアの如き文化の伝統を有する国及び重要な地理的位置を占め且つ工業国である日本の加盟が両国の存在する地域の問題解決に重要であることを述べ本会期に於ける本件解決を強く要望した。

二、二十九日インドのメノン代表はその長時間に亘る演説に於て加盟問題にも触れ法理論的解釈を斥けて政治的決定をなすべきことを述べた。同代表は要するにソ連の十四国一括加盟案を蒸返したもののようであるがその発言の意味は必ずしも明瞭ではない。即ち、㈠同代表は「総ての関係国が時を異にするが兎に角一度その加盟に同意した十四国」の同時加盟を提案しているが十四国がソ連案の十四国と同じものであるとすればソ連圏五国（アルバニア、ブルガリア、ハンガリー、ルーマニア及び外蒙共和国）も含まれていることになる。しかるに総ての関係国が安全保障理事会常任理事国を指すものとすれば米国、英国、フランス及び中国が右ソ連圏五国のうちブルガリア、ハンガリー及びルーマニアに付て加盟を承認したことはないのであるからソ連案の十四国ではあり得ない。若しメノン案の十四国がソ連案十四国以外の国を含むとすればソ連が加盟を承認することを表明した国はソ連案十四国以外にはないからメノンの指す十四国とは如何なる国か不明である。なお日本はソ連十四国案と同じくインドの十四国案にも含まれていないことはメノン代表がたとえ同国案が実現しても、なお大国が国連の外にあると言明している点から見ても略々確実である。メノン代表は右十四国加盟を以て新加盟に対する反対の壁に破れ目を入れる役割を果さすべきことを説いている。㈡同代表はたとえば安全保障理事会非常任理事国の中の一国又は数国が右十四国一括加盟勧告を一決議案の形式で若しくは同日に数個の決議案の形式で提出することを提案し、而も「同決議案がヴィトーされないと云う了解を取付けた上で」と云う条件を付している。米国側にソ連圏衛星国を含む一括加盟を承認する意思なくソ連に各申請国個別審議同意の意思がない以上かかる了解を如何にして取付け得るか疑問である。特に数個の決議案と云う形式が一国一案の意味があるならば個別表決によつてソ連圏申請国が否決されるおそれがある以上ソ連が同意するとは考えられない。㈢又メノン代表はこの一括加盟案が憲章の規定に反するとは考えられないと述べているが一国の加盟承認を他国の加盟承認の条件にすることが出来ないと云う国際司法裁判所の勧告的意見に対し如何なる立場を取るものであるか疑問である。

　メノン代表の加盟論議は結局ソ連案少くともその同種案を推進するものの如くである。

本信写送付先　在米大使

107　昭和28年10月7日　国際連合日本政府代表部沢田大使より犬養外務大臣臨時代理宛（電報）

準加盟案の今次総会提出可否につきわが方意思を表示すべきとの意見具申

ニューヨーク　10月7日後4時16分発
本　　　省　10月8日前8時20分着

第一四二号

往電第一三九号に関し

一、準加盟制度が何等かの形において今次総会にて採り上げられる為には冒頭往電㈢の如き時間的要因の制限あり、わが国としては本制度に対し積極的態度を採るか当分見送る態度を採るか何れにせよ米国側に対し速かに一応はつきりした意思表示を致しおくこと適当なるべくこのまずるずるに総会における加盟問題の審議終了期を迎うることは米国側に対しても礼を失することとなる惧もあるやに存ぜられるにつき右米国側に対する意思表示の点に関し何分の儀至急回電ありたい。

（目下進行中の加盟問題審議は十三日（火曜）頃終了の見込）

二、本件に対する積極的又は消極的意思表示の折衷案として米国が一般論的に準加盟制度なるアイデイアを総会において提唱し以て各国の反響を引出してわが国が将来腹を決める場合の参考に資する案も考えられるところ本案につき六日本使、ロッジ大使等を招待したる機会に本使限りの個人的思いつきとして同大使の意向を打診せるに対し同大使は一般論として本件を提唱するときは各代表は特定国に気兼なく勝手な討論にふけり議論倒れとなることは容易に予見されるを以て米国としては日本と云うことを表面に強く押出し各国を引張る作戦に出たき次第なり。二、三日前英国代表ジエブを打診したところ同人も日本が腹を決め米国が推すとならば英国もこれに同調すべき旨述べたるに鑑み英米共同して本件を支持する態度を示せば政治的効果多大にして多数国を引き摺り得ることと確実と思考する旨述べたり。

参考迄本件会談詳細は空送する。

在米大使に転報した。

108　昭和28年10月7日　国際連合日本政府代表部沢田大使より犬養外務大臣臨時代理宛

準加盟案提出の方法につき沢田・ロッジ両代表による意見交換

国連第四七五号

昭和二十八年十月七日

在ニューヨーク国際連合日本政府代表
特命全権大使　沢田　廉三［印］

外務大臣臨時代理　犬養　健殿

国連準加盟制度に関する件

往電第一四二号による首題の件に関し会談の詳細別紙のとおり報告する。

本信写送付先　在米大使

（別　紙）

十月六日

ロッヂ―東京より回答なきや。

沢田―大臣旅行中にて回答遅るる見込なり。

ロッヂ―何日頃旅行より帰るや。

沢田―本月十五・六日の予定、但し帰朝と同時に当方に回答あるや疑はしく思いおれり、従って本使としてはその内アド・ホック・ポリチカルコミチーに於ける「アドミツシヨン」の問題は議了となる虞ありと考う、よって之は全然本使のみの思付なるが、米国は特定国の加盟に関係なく、一般問題として「準加盟」なる制度を提唱して先づ之に対する各国の反響を見ることとし、該制度による資格、特権等が確立したる上にて、之を利用せんとする国が之によって準加盟を「アップライ」すると云う順序にすることは考へられざるものなりや。

ロッヂ―一般問題として提起する時は各代表はどの国にも(例へば日本)気兼ねなきため、抽象論として勝手な法理論や解釈論を持出して結局何等結論を得られざる事従来の例にて明らかなり、よって米国としては特定日本と云う事を強く押し出して各国を引張って行く作戦に出たき次第なり。二三日前「ジェブ」とも話したるが「ジェブ」も日本が決心するならば而して米国が之を推すならば英国も同調すべしと云い居りたり、日本を推し出して英米同調支持する態度を示せば政治的効果百パーセントにて之によって多数国を引摺り得ること確かなり、朝鮮問題にては英米同調を欠きたるは不幸なりしも、日本の準加盟には「ジェブ」も賛成しくれ居るにより彼の任期中に、此の点に関する英米の同調を《(ママ)》物を言はせ度く思う次第なり、故に要点は日本が先づ準加盟申入の決心をすることにて、之なきに米国が抽象的に本制度を提唱するなどの考へは全然なく、全て日本のために考へ居ることとなり、抑々数年来「セキュリティ・カウンシル」なるものが拒否権濫用のため無力なるものとなって以来、今日の国連の重点は総会に於ける各国の政策表明の点に置かれる事となり、各国とも総会にて態度を表明して之に大きくパブリシティーを与え、之を引用して或はその内政運用の上にも響かせ、又は特定国との外交々渉の上にも之を利用する所に国連の新しき妙味が生じつつある訳にて、日本も兎も角も国連壇上にて発言すると云うことに大きな効果を見出しうる次第なり、自分が先日来 Vote

よりも発言の機会を得ることが重要なりと云いたるは此の意味にしてかかる発言の機を逸せず日本の態度を時々に表明させる仕組を考へられることは、日本の内政、外交のため必要且つ重要なりと考える次第なり。

沢田―御話の次第は今一応東京に伝えることとすべし。

109 昭和28年10月8日 国際連合日本政府代表部沢田大使より犬養外務大臣臨時代理宛

特別政治委員会における一括加盟案は十四国の加盟問題であるとするソ連代表の発言等について

国連第四八三号

昭和廿八年拾月八日

在ニューヨーク国際連合日本政府代表

特命全権大使　沢田　廉三(印)

外務大臣臨時代理　犬養　健殿

第八国連総会状況報告に関する件(第三週Ⅲ)

加盟問題審議状況

特別政治委員会は二日(金曜日)その第一議題たる加盟問題の審議を開始した。

本件は数年来議論し尽された問題のこと故特に耳新しい議論もなかったが三人委員会案を提案しているペルー代表と新に一括加盟の提案をしているソ連代表の所説中注目すべき点につき略記する。

一、ペルー代表所説

ペルー代表ベラウンデは国連の function の問題については総会が元来安保理事会の権限の問題にすらタッチした事例ありとして例の「Unifying for peace」の決議をあげ、しからば structure の問題について安保理事会の行為のためデッドロックが起っているときにはなおさら総会は拱手傍観すべきに非ずとして三人委員会の提唱をした。

ベラウンデは三人委員会に対する米国側の批判にかんがみてか(往信第四六五号参照)同委員会は要するに関係国間の協議と可能性の探求により問題の解決を図るための good office の機関であってパケヂ・ヂールを目標にするものに非ずとして、パケヂ・ヂールの方式は却てフレクシビリチーを欠くのみならず先例になる危険ありとして非難すると共に憲章四条尊重の要を強調したことが注目された。

なお右に対しアルゼンチン代表は本三人委員会の業務期間を四週間に限定すること、右四週間の活動期間中雰囲気の悪化を防ぐため加盟問題に関する一般討論を中止すべきこと等を示唆したが前者に付てはペルー代表は時間の限定は目的の達成に資せずとし後者についてはソ、英を始め議長も反対し一般討論が続けられた。

二、ソ連代表所説

ソ連代表マリクはその演説の冒頭に於て加盟問題とは正確に云へばソ連一括加盟案に含まれている十四国の加盟問題なりと限定して日本、仏印三国、韓国等は全然問題外との立場をとったことが注目された。

彼は右十四国は何れも加盟資格を十分に満足していると し、又右十四国中には非共産国は勿論、NATO加盟国、ソ連と外交関係なき国も含まれているに拘らずソ連はその加入に反対していないのに米国は共産国の加入に反対しているのは favouritism なりとて反対した。又加盟問題特別委員会報告書については右委員中の正義派のために「favouritism」の結論を出さなかったこと、一括加盟反対者は同委員会でマヂョリチーを占めなかったこと、委員中のフィリッピン代表は共産諸国も加盟資格を備えていると述べたこと等同報告書中の自己に有利な点のみを引いて自説の裏付とした。

尚彼はダレス長官がかつてその著書 Peace or War に於て国連の組織は世界の客観情勢をその儘に反映する要ありとて共産国の加盟にも賛成したことに言及しダレス長官は今なお右の説を保持するやとチャレンヂした。

附

一般討論の段階に於てインドのメノン代表が加盟問題につき十四国に言及したが右十四国が何れの諸国なりやにつき疑義のあることについては当時御報告しておいたが今般インド代表部員は右の点を訊した当部員に対し次の如く述べた。

メノン代表の言及した十四国はソ連の一括加盟案に含まれている十四国であるが日本の加盟も問題になればインドは賛成することは昨年の総会に於ける例によっても明かであらう。メノン代表はただ右十四国に付ては東西両陣営ともかつて加盟資格ありと認めたことがありとして―この点ブルガリア、ルーマニア、ハンガリーに付てはメノン氏は誤解していたのであるが―先づ十四国の加盟を図ることが容易であると考え加盟問題の行詰り打破の手始めとして示唆したのであろう、云々。
本信写送付先　在米大使

110　昭和28年10月9日　犬養外務大臣臨時代理より国際連合日本政府代表部沢田大使宛（電報）

準加盟案の今次総会提出は見送りを希望する旨米国側へ通報方訓令

本　省　10月9日後6時45分発

第一一二号（大至急）
貴電第一四二号に関し
米国側の好意を多とするも、国連における本件審議の期限も切迫しおる関係もあり、今回は一応見送り、その後の国際情勢とも睨合せ、あらためて態度を決定したい旨伝達ありたい。
在米大使に転報されたい。

111　昭和28年10月12日　国際連合日本政府代表部沢田大使より犬養外務大臣臨時代理宛（電報）

準加盟案の今次総会提出見送りにつき米国側への申し入れ

ニューヨーク　10月12日後6時49分発
本　省　10月13日前9時40分着

第一四三号
貴電第一一二号に関し
ロッジ大使閣議出席のためワシントンに帰りおりたるにより、取りあえずその代理の元大使キー氏を訪ね、貴電の趣旨を転達方依頼し置きたり。
十二日ロ大使に会いたるに同大使は伝言確かに聴きたる旨を述ぶると共に自分としては日本が如何なる資格にても発言の機会を得ることは日本の為プラスとなることを今尚疑わざるにより、東京の決心あり次第何時にても直ちに問題をテーク・アップすべく、自分の申入れはオープンしたまとなし置くべしと附言した。

在米大使に転報せり。

112　昭和28年10月13日　国際連合日本政府代表部沢田大使より犬養外務大臣臨時代理宛

ソ連代表の主張する一括加盟案に対し米英代表による批判等について

国連第四九〇号

昭和廿八年拾月拾参日

在ニューヨーク国際連合日本政府代表

特命全権大使　沢田　廉三〔印〕

外務大臣臨時代理　犬養　健殿

第八国連総会状況報告（第四週Ｉ）

加盟問題審議状況

今週も特別政治委員会は加盟問題審議の一般討論を続行し、米英代表を始め多数の国の代表がこれに参加した。注目すべき発言次の通り。

一、米国バーンズ代表（五日）

バーンズ代表は先週ソ連が自己の推す十四国の加盟が即加盟問題なりとの態度をとったのに対抗し、米国側の推す十四国こそいずれも総会において加盟資格の承認を得ていることを理由にこれが加盟実現を主張した。

ソ連の一括加盟案に含まれている共産諸国に対してはソ連の主張する如くその政体に反対しているのでなく平和愛好国でないので反対するものとし、最近これら諸国の態度に若干変更の兆あるを認めつつ、もっとはっきりした態度変更の証拠を示すべきことを、チャレンヂしたのは一面チャレンヂであると共に米国のこれら諸国の加盟問題に対する態度変更の可能性と方向をにおわしたものとも見られた。

しかし、所謂一括加盟方式については米国は依然絶対譲歩の余地なきことを明確に示したことが注目され、この点に関し、米国は加盟出願国の早期加入を切望するにかかわらず、かかる一括加盟方式なる安易な妥協に堕することなく国連のインテグリチーを維持することが右出願国の福祉のためにも重要なりと断言した。

又、同代表が憲章改正会議の時期までに加盟問題が解決していないときは憲章改正により本問題を取扱う提案をすべき旨言及したことは、米国としては加盟問題の解決は早急にあり得ずとの情況判断に立っていることを示すものとして注目された。

なお、ペルー提案の三人委員会案については右がパケギデールを交渉する機関に非ずという点につき釘を打った上で賛成した。

二、英国ヂエブ代表（五日）

英国代表の発言としては加盟問題特別委員会の報告書が法律解釈論により安保理事会を迂廻して加盟問題を解決せんとするアプローチも、所謂パケギデール方式も双方とも排撃したことを重視した。なお、ソ連案については同案が日本、韓国等を含んでいない点を批判した。

三、その他

ソ連の一括加盟案に対してはインドネシア、ビルマ、パキスタン等アラブ・アジアブロック代表のみならず、スエーデン、デンマーク等北欧諸国代表もこれを支持していることは大体従来と同じであり中共加盟問題等にも見られる通りこの種の問題につき北欧ブロックがソ連側の立場に接近していることは注目される。なおビルマ代表（八日）はソ連の一括加盟案を支持しつつも、同国が戦争中受けた苦難にもかかわらず、右一括加盟リストに日本が含まれていたら最もサチスファクトリーと考える旨言及し又、イスラエル代表（九日）はソ連の一括加盟案につきては棄権することを明にしつつ、右一括加盟案には日本の如くあらゆる基準に照らし加盟資格ある国が除外されていると言及した。

本信写送付先　在米大使

ラングーン総領事

113　昭和28年10月21日　国際連合日本政府代表部沢田大使より岡崎外務大臣宛

特別政治委員会における三人委員会設置案の可決およびソ連による新提案をめぐる議論等について

付記　昭和二十八年十月十六日付国際連合日本政府代表部沢田大使より岡崎外務大臣宛公信国連第四九九号

加盟問題審議における米国の態度に関し同国代表部員の内話

国連第五一一号

昭和廿八年拾月廿壱日

在ニューヨーク国際連合日本政府代表
特命全権大使　沢田　廉三〔印〕

外務大臣　岡崎　勝男殿

第八国連総会状況報告に関する件（第五週）

加盟問題審議に関する件

一、特別政治委員会は十五日加盟問題に関する審議を終えペルー提出の三人委員会（ペルー、オランダ、エヂプト）設立の決議案を満場一致を以て可決した。

尤も満場一致の可決と云っても本委員会のイニシアチブにより何等か加盟問題打開の途が開かれることを期待するが如き熱意は全然見られず、ソ連代表の如きもはっきり米国が今の態度を変えない限り三人委員会は何もなし得ざるべしと言って居り又同委員会が結局加盟問題解決を来会期迄遷延する具になるとて攻撃して居る。又米国代表のこれに対する見解はさきに往信国連第四六五号を以て御報告した通りであり、結局総会が加盟問題に無関心でないことを示すヂェスチュア的意義に於て採択されたものであり、皮肉な見方をすれば右委員会が無力にして東西両陣営の何れに取っても毒にも薬にもならぬ存在であるが故に満場一致で採択されたとも云い得やう。

二、日本に対する言及

今週も我国の加盟問題について積極的、消極的に言及する代表少からず、某会合の席上インドネシア代表も本使に対し最近日本が論議の的になっているではないかと述べた位であり加盟問題を論ずる場合如何なる意味合に於ても我国を無視し去り得ない雰囲気が次第に醸成されて来ているような印象を得た。

日本の加盟を支持する発言としては十三日パキスタン代表は日本の国連協力に関する諸種の事例（オブザーバー常駐、日本国内に於ける対国連関心、国連関係研究の目覚しいこと等）をあげてこれが加盟を強力に支持した。（本部員が当日会議終了後同代表に謝意を表明した処同代表は自分の任務として当然のことを述べた迄であると応答して居た）。

又アルゼンチン代表が本会議一般討論の際も我国の加盟を支持したことについては、さきに御報告致して置いたが十四日さらに同代表はアジアの声を国連に正当に反映さすために日本を加盟さす要を説きソ連案の十四国に日本を附加すべき旨主張した。

右に対し反対する例として十二日ソ連マリク代表は日本を加盟させよとの議論があるが日本は五大国中の二国と平和条約未締結の状態にあるのでこれの加盟を審議することは "a little bit inopportune"(英訳)であるとし日本が右二国と平和条約を結ぶときはその国連加盟の途も開ける趣旨を述べた。

同じくポーランド代表は十三日日本が中蘇と平和条約未締結の状態にあるので日本の「リーガル・ステイタス」について議論の余地あり現在これが加盟を論ずることは unprofitable なりとした。しかして尤も右は日本を仏印三国と同一視する訳ではなく仏印三国の如きは真面目に議論の余地なしと附言した。

右ソ連圏諸国の発言振は昨年第七総会に於て加盟問題審議の際右諸国が日本は米国の占領下にあって独立国の実なく又侵略の基地となっているので加盟資格なしとして激しく攻撃したのに対比すると著しい態度緩和でありこの緩和の兆候は本年四月の経済社会理事会に於ける ECAFE 正式加盟問題の審議の際から現れ出したことについては当時御報告致して置いた処である。

尚インド・メノン代表は審議の最終日十五日四十分に亘るインタベンションをし、右の中に於てリビア、セイロン、ネパール等のアラブ、アジア諸国に付ては各国別に加盟支持の理由をあげてこれが加盟を推薦し、又アジア諸国の国連内リプレゼンテイション増加の要を説いたに拘らず、我国に付ては全然言及しなかったことは、むしろ意識的に言及を避けた如き印象を得た。

三、一括加盟案

ソ連の一括加盟案(十四国)は加盟問題行詰り打破の最善の案とは云い得なくても兎角加盟に関するユニバーサリズムの原則に一歩近づくものとして相当の支持国を得て居りアラブ、アジア諸国の総てと北欧諸国の総て、中南米諸国の若干等これに属し、この傾向は年と共に強まるのではないかと察せられる。

これを支持する国は本方式を以てアメリカ等の云うパケヂ・ヂールないしホース・トレードに非ず(十五日インド、メノン代表の如きもパケヂ・ヂールなる語は "Terror of Word" なりとして攻撃している)共産諸国も憲章に規定する加盟資格ありとの立場をとるものである。フィリッピンのロペス代表がその持論を再展開して加盟資格に関する憲章の規定は客観的基準によって解釈すべく「若し加盟して居れば除名の対象になるが如き行状なき場合」は加盟資格ありと認定すべしと述べたことは傾聴をひいて居たようである。

　右に対し米英等は東欧諸国の政体を問題にするものに非ず、その行状が改善したら再考慮すると酬い、これに対しソ連圏諸国は右は米国のローリング・バック政策を露呈するものなりとし（往信国連第四九九号参照）又東欧諸国の人権非尊重を云々する米国のバーンズ代表が知事をしているサウス・カロライナ州に於ける黒人待遇は如何と酬ゆる等辛刺《（辣カ）》な応酬があった。又外蒙の独立性を云々する米国に対しパキスタン代表が外蒙を云々するならば白露、ウクライナを加盟国にしていることは如何と衝いたことはソ連圏諸国にとっては痛し痒しの弁護の感を与えた。

　一括加盟問題に関連し米国がかつてバーンズ長官の下に一九四六年の安保理事会に於て八国の一括加盟を支持したことが一括加盟を支持する各国によって言及されたが右に対しバーンズ代表（十三日）が当時は問題の八国が出願国の総てであったので懸案出願国を一掃するため外蒙、アルバニアに対する疑惑を抑えてこれを支持したのであり、ソ連の一括加盟案は全出願国を含まず差別的なりと酬いたことが注目された。（この発言に関する米国の真意に付ては往信国連第四九九号を以て御報告致して置いた）。

四、ソ連第二次提案

　先週加盟問題審議冒頭に十四国同時加盟案を提出していたソ連は十二日に至り第二次大戦平和条約関係の五国（イタリア、フィンランド、ブルガリア、ルーマニア、ハンガリー）の同時加盟に関する第二次提案をなし十四国加盟に関する第一次提案に付ては票決を要求しないことにした。右論拠としてソ連マリク代表、ポーランド・カツキー代表はこれらの諸国に付ては平和条約当事国の約二十国の賛成が確保出来る筈であるから加盟問題の行詰打破の「第一歩」として提案するものであり、これは平和条約尊重の観念を助長すると説いた。

しかし右案はユニバーサリズムの理想より遠ざかるものであり特にアジア、アラブ諸国が皆落されていることと相俟って各国の激しき反対に遭い十四国案支持を表明していた諸国も皆反対(パキスタン)ないし棄権の態度を明かにした。パキスタン代表がソ連の云う「第一歩」は後退の第一歩なりとし加盟問題がパワー・ポリチクスの具に供せられることに耐え得ずと涙を含んだ声でソ連を責めたのとフィリッピン代表が旧敵国の加盟に優先順位を与える理由なしと衝いた点は特に注目を惹いた。

これに対し十四日ソ連マリク代表は十四国案の考方を捨てた訳ではないが十四国案が⅔の多数を確保出来そうにないので平和条約の裏付けのある五国案に転じたものと論じたが苦しき言いのがれの感を免れず、レバノン代表が指摘した如くソ連の説明は「アンコンビンシング」であった。

この論争の間ソ連、ポーランド代表等が平和条約は無条件にこれら五国の加入を支持する義務を連合国に負わせているとし、又平和条約が憲章より後から出来たもの故平和条約の規定が優先するとの趣旨を諷したのに対し、米国、新西蘭代表等が憲章が締結の時期にかかわらず他の条約に優先する点を指摘し平和条約も憲章四条違反国の加入までも認めたものではないと応酬したのは興味深い条約論争であった。

かくてソ連の第二提案が惨敗を見るのは必至の形勢になったが印度メノン代表は本案を三人委員会に附託すべきことを説いて助け船を出しフィリッピン代表はペルー案票決後ソ連案の投票に移らんとした際右印度の提言を捉えてソ連案を票決に附すべきか否かを決定する要ありと注意したので議長は議事規則第一三〇条を引用してソ連代表にその提案の票決を要求するや否やを問うた。ソ連マリク代表は暫し考えていたが票決をインシストせずと述べここにソ連代表は面子を保ちつつ退却し得ることとなった。

なおソ連が第二提案を出した真意に付て米国代表部員はソ連が明かにアラブ、アジア、ブロックの票数を失う提案を何故なしたか分らないと洩らしていたが、ソ連代表が米国等の平和条約不尊重を衝いてトリエステ問題に軽くふれたことは予想されたトリエステ問題の安保理事会審議に備えての伏線と見られ、フィリッピン代表も演説中に暗にこの点を指摘していたし、事務局担当官も同様の観測をなしていた。

本信写送付先　在米大使

（付　記）

国連第四九九号

昭和廿八年拾月拾六日

在ニューヨーク国際連合日本政府代表

特命全権大使　沢田　廉三〔印〕

外務大臣　岡崎　勝男殿

加盟問題審議に関する米国代表部員の談話に関する件

昨十五日を以て終了した特別政治委員会に於ける加盟問題審議―特に右に関連する米国の態度について米国代表部の担当官は当方の質問に応じ左記要旨を述べていた。何等御参考迄。

一、バーンズ代表が東欧諸国の行状が改善したらその加盟問題を考慮する旨述べたのに対しソ連マリク代表以下ソ連圏諸国はこれを以て米国のローリング・バックないしリベレイション・ポリシーの現れとして攻撃したがバーンズ代表は東欧諸国の政体の変更迄を意味したのでなくユーゴの域迄行かなくてもこれら諸国のビヘイビアが改まれば考慮するというむしろコンシリアチブな余地を示した積であった。しかしソ連圏諸国は従来よりの米国の相互安全保障法の特別工作費攻撃の材料としてこれを逆用したものである。

二、バーンズ代表が一九四六年米国が一括加盟を提唱した理由として当時は右一括加盟に含まれている八ヶ国が懸案出願国の全部でありソ連の今般の一括加盟の如き差別的なものでなかったと述べたことはソ連の一括加盟案に日本、仏印三国、韓国等が加えられればこれに賛成することをヒントしたものではない。なおかかる案を米国側から提出する件については昨年も本年も国務省内部で検討されたが米国としてはかかる案を提議しない旨の決定を見た経緯がある。昨十五日インド代表はソ連案に対する修正案としてかかる案を提出するに非ずやと思っていたがかかる案が提出されれば米国代表は困難な立場に立ったであろう。

三、バーンズ代表が憲章改正期迄加盟問題が解決しない場合は右改正によりこれが解決を図らんと言ったのは大体その時期迄、即ちここ二年位は加盟問題解決の見込なしとの米国の情勢判断によるものである。

四、惨敗必至の形勢にあったソ連の第二提案を投票しないことにしてソ連の面子を救った印度及びフィリッピンの昨日の動議はソ連の指金によるものとの観測も立ち得るが(事務局筋ではかかる見方をしているものもある)メノンやロペスは自己の発意であの種の動きをよくするから何ちらとも云へない、云々。

本信写送付先　在米大使

114　昭和28年12月9日　国際連合日本政府代表部沢田大使より岡崎外務大臣宛

日本の国連加盟問題に関するソ連代表団との応酬ぶりにつき報告

付　記　昭和二十八年十二月十四日、新関(欽哉)欧米局第五課長作成「日本加盟に関するソ連の態度に関する件」

国連第六一三号

昭和廿八年拾弐月九日

在ニューヨーク国際連合日本政府代表

特命全権大使　沢田　廉三〔印〕

外務大臣　岡崎　勝男殿

ソヴィエット代表団との関係に関する件

一、ソ連のツアラプキン代表と時々立話する間柄となり居る次第は既に御報告済の処(往信第五三九号)ヴィシンスキー代表とも時々黙礼を交はす外十一月五日ジェッブ英国代表官邸にてそのレセプションありたる節人混みの中にてヴィシンスキーに出会いヴィより手を差伸べ来りしを以て本使より「How do you do?」と云いたるに対し彼は黙したるままなりしがジェッブは之を目撃して great event と云いたることあり。

二、従って俘虜問題の取扱に付ては之に関して少しにてもソ連に対してプロヴォカティヴと解せらるる態度を取る結果国際司法裁判所加入の我方申請に対しソ連の態度を硬化せしめざる様注意する要あるを認め第三委員会に於ける発言請求も独伊が請求するが故に同一歩調を取る為め日本も発言するものなりとの形となる様事務総長への請求書簡は独伊より数日おくれたる日附となる様措置し右書簡発送の日(十一月十七日)ツアラプキンに対しては日本もいよいよ俘虜に関して発言するに決したる旨内話したる処

ツアラプキン
「何を言う積なりや」

本使
「それは言へず、然し発言することを貴下に予告する位なるを以て「プロヴォカティヴ」な陳述は避ける積りなる位のことは理解されそうなものならずや」

ツア
「そう?」

との会話を交はしたることあり。

三、十一月二十七日裁判所問題に関する専門家委員会にてソ連専門家は棄権の態度を取りたるに拘らず本件安保理事会に上程の際にはソ連は日本を拒否すべしとの噂各代表者間に伝はりし趣にてジェッブ英代表よりは特に憂慮する旨内報あり中国代表部よりも切りに警戒を要する旨伝えくれ憂慮の中に十一月三十日第三委員会に於ける俘虜に関する陳述も成るべくプロヴォカティヴに聞えざる様留意して原稿を読み上げたる次第なり。

幸に十二月一日スイス・オブザーバー及び安保理事会キルー代表(ギリシヤ)の内話によりヴィシンスキー氏は裁判所問題に付棄権すると洩らしたる旨承知し稍々安堵したる次第なり(往電第一七七号参照)

四、同一日ギリシヤ代表の内報を得たる直後国連本部内にて行き合いたるツアラプキンは本使に対しいきなり

「日本側は相不変コンコクトせる数字を援用せる点に於て貴下の発言はディスサティスファイドなり」

と云いたるを以て

「ソ連側より公的な情報を提供せざる以上我方としては我方の確信する数字を出すより致方なきにあらずや」

ツア
「相変らずアメリカ側に言はされ居るならん、日本はいつサヴァレンティを回復するや」

本使
「本使の昨日の発言中ソ連中共が俘虜送還の好意を示し

たのに対してはアプリシエーションを表明するに吝ならざるを述べたるを記憶せずや、国連加盟六十ヶ国中ソ連に対して国連公開の席にて「アプリシエーション」などを述べるもの唯だの一国もなきにあらずや、いづれもソ連に対しては之を敵として Harsh words 及び Violent phrases を浴びせて攻撃のみを事としつつある時に当り本使独り「有難う」と言ふには勇気を要したる所なりアメリカ側の指金などとは以ての外なり」

ツア、日本語にて

「偉いネー」

(彼はソ連の秘密警察の中佐より抜擢されて国連に派遣せられ居る者にて日本語も話し心理戦にかけての強か者なる由)

本使

「委員会のミニュッツはサンマリーに過ぎざるにより本使発言のコピーを後刻貴下に手交するを以て熟読して貰い度し、殊に最後の「足を大きく」踏み出して貰い度いと述べたる点は本使はヴィシンスキー氏に直接希望し度くも思い居れり」

ツア

「貴下が会見を希望するならば自分に於てアレンジすべし」

本使

「アレンジして貰えば有難し」

五、かくて十二月三日の安保理事会にてヴィシンスキー氏は棄権し七日の総会運営委員会にて日本の裁判所加入問題を総会本会議の議題に追加する件審議に際してはソ連(委員ツアラプキン)並にポーランドも之に賛成全会一致の結果にて各国委員を驚かしたる結果を見たり。

六、七日運営委員会終了の後本使はツアラプキンに簡単に「サンキュー」と述べたるに彼は

「ヴィシンスキー代表は唯今より第一委員会に出席の筈なるにより其の閉会の時会見せられては如何」と言ひたるに付之を諾して同委員会の議事を傍聴し閉会と共に本使は退場せんとするヴィシンスキー氏に向って歩き出たるに横より出でしツアラプキンが紹介せんとするも待たずヴィ自身本使に手を差のべたり。依て本使は

「貴君との知り合ひは廊下の行きづりのスマイルの交換

に始まったことを私は愉快に思ひ居れり、国連内部にもモーアスマイルが交はされる様にならなければならんと思ふ」

通訳がスマイルと言ふ言葉を繰返し述べるを聞きてヴィシンスキー氏は大きくスマイルして見せたり。

「貴君は唯今此の場所にて第一委員会の閉幕に当り委員長に対して委員長など言ふ肩書を離れて「ヒューマンビーイング」としての Van Langenhove 氏（白耳義代表）に自分もヒューマンビーイングとして御礼を述べると言ふ趣旨を述べられたが私もヒューマンビーイングとして貴君に御礼を述べたきこと二つあり、一つはソビエット赤十字社の好意によって今回日本人抑留者の一部の帰還が実現されし事なり、今一つは日本の国際司法裁判所加入申請に対し好意ある態度を示されし事なり」

之に対しヴィ自身英語にて Not Against, eh? と言ひたるに付本使は

「in favor にあらずとも not against にて結構、兎も角 veto せざる事によって日本の申請はアップルーヴせられた訳にて私は之を多とする次第なり」と述べ、続いて

I hope you will take, in some future, the same attitude, with regard to Japan's admission to the United Nations と附言したり、ヴィ自身は再び英語にて In near future とコメントしたり。

よって本使は其の点をツアラプキン以下数名の彼の取巻の面前にて確認させ置く積にて

In near future? That is most reassuring. Thank you.

と言ひつつ両手にて彼の手を握りたるに、彼は又英語にて

My salute to the Japanese people.

と言ひて握り返へしたり。

七、ヴィシンスキー氏と会談の際は未だ退場せざる若干委員の注意をも惹きたる様子なりしを以て英米代表にはその経緯を内話し置くこと適当なりと認め八日ジェッブ代表に前日ヴィシンスキー氏との応酬の模様を話したるに英代表は

Did he say in the near future? How interesting! Isn't it?

と申し居りたり。

又ロッジ米代表はさきに本使が裁判所問題に関しソ連は

棄権する意向を洩らしたる趣のギリシヤ代表の内報を伝えたる際ロッジ氏は「然らば何故ソ連は日本の国連加盟に関しても同様の態度を執り得ざるや」と述べたる経緯ありしによりロッジ氏に対しても英同様ヴィシンスキー氏との応酬の模様を伝え置きたり。

八、「社交上には愛嬌をふりまけ」とのモスコーの訓令の下に行動しつつありと言はるる(国連の多数代表間の噂)ソ連代表の一片の握手の如きに彼等の意図と態度を「オーバー、シンプリファイ」することは禁物にて今後ともツアラプキン等との接触に十分警戒を怠らざる所存なるが裁判所加入問題と俘虜問題を繞りてのソ連代表団との関係御報告申進す。

本信写送付先　在米、英大使

(付　記)

日本加盟に関するソ連の態度に関する件

二八、一二、一四

新関(印)

十四日午後在京米国大使館ラトキンス書記官は欧米五課長を来訪し、国連米国代表部よりの報告によれば、最近沢田大使がヴィシンスキーに会い、日本の国際司法裁判所加入に際し、ソ連が支持を与えたことに謝意を表するとともに、日本が国連加盟申請をなす場合にも同じく支持を与えるよう要望したところ、ヴィはソ連は将来(in the future)日本の国連加盟を支持するであろうと答えた趣であるが、本件に関し別のチャンネルからの情報を持合せているか、とのことであったので、本官は、沢田、ヴィシンスキー会談が果して行われたかどうか、またその内容がいかなるものであったかについて自分は何等関知していない、ソ連が日本の国連加盟を支持する方針をきめたとすれば、それは従来の経緯に鑑み大きな政策転換であるが、自分の知る限りにおいてはそうした徴候は別に認められない。国際司法裁判所規定加入に際しては、ソ連は拒否権を用いなかっただけで、賛成したのではなく、安保理事会及び総会において棄権したのであるから、この問題にいわば中立的態度をとったにすぎない、積極的支持とは解されないと答えた。

ラトキンスはさらに、ソ連が仮りに将来日本の国連加盟を支持することがあるとすれば、中共の加盟と絡み合せてのパッケージ・ディールという形で出てくるのではないかと思われるが、そういうことになった場合、日本国民はどんなリアクションを示すであろうかと問うたので、本官は、勿論自分の個人的見解であるが、ソ連のそのような政策は、日本に対する平和攻勢の最も巧妙なる手段として日本国民の心理に相当大きな影響を及ぼすことと思うと答えておいた。

(欄外記入)

(欄外記入)

ラトキンスより国際協力局長に対しても同様の趣旨で話しがあり局長よりこれとほぼ同様の線で応酬された由である。　新関

115　昭和29年1月14日　国際連合日本政府代表部沢田大使より岡崎外務大臣宛(電報)

国交回復調整に向けたソ連側意向探査の是非につき請訓

ニューヨーク　1月14日後5時52分発
本　　　　省　1月15日前9時45分着

第五号(館長符号扱)

客年往信第六三七号に関し

其後もヴイシンスキー氏とは会えば握手する程度の関係を続けおり噂さる如く二月九日より国連総会再会(開カ)さるるにおいては議場内外において顔合せの機会も自然多くなることと考え居れり、我方の国連加盟問題につきては、かつてソ連側において「日本と国連五大国中の二国との平常関係樹立さるるにおいては日本の加盟はすこぶる容易となるべし」と述べたることあるに鑑み(客年十月十二日総会特別政治委員会第九回会議英文議事録一九頁マリク氏発言参照)本使としては主としてソ連側の右陳述を引用して平常関係樹立に関する先方のシンセリテイーの有無その条件希望等に先探りを入れて見たしと存じ居る処政府としての対「ソ」関係の根本政策上本使果して右の一歩を進めて可なるや不明なるにつき右に関する何分の御意向至急御回示仰ぎたし。

116　昭和29年2月4日　岡崎外務大臣より国際連合日本政府代表部沢田大使宛(電報)

日ソ国交調整問題は慎重な対応を要すため国連加盟問題に限りソ連側意向探査方回訓

本　省　2月4日後3時30分発

第一三号（館長符号扱）

貴電第五号に関し

日ソ国交調整問題に付ては各方面より慎重検討すべき必要あるは勿論にて又其の時期に関しても同様なり就ては折角の御申越なるも差当りは問題を国連加盟に限定し、今後適当の機会を利用し非公式の接触のうちに「ソ」側の真意を打診される様致度い。尚日ソ間の根本問題に対する政府の見解は、其の内貴方に内報の機会ある筈。

117　昭和29年3月26日　国際連合日本政府代表部沢田大使より岡崎外務大臣宛

ジュネーブ会談の見とおし等の国際情勢および準加盟問題につきマーフィー国務次官補の談話

国連第一七五号

昭和廿九年参月廿六日

在ニューヨーク国際連合日本政府代表

特命全権大使　沢田　廉三〔印〕

外務大臣　岡崎　勝男殿

ジュネーブ会談の見透等につきマーフィー次官補との会談に関する件（附、準加盟問題）

三月二十三日往信第一七一号会談の序を以てマーフィー次官代理と交えたる雑談御参考迄左記報告する。

記

一、本使よりジュネーブ会談の見透を訊したるに対しマ次官代理は、未だ同会談につき確たる見透をつけるは時期尚早なりと思われるも、目下の処韓国は同会談出席を愚図りおるも結局は出席を受諾するものと観測され、他方中共は本会談に絶大な力の入れ方にして代表団員も二〇〇名に及ぶやの報もあり、兎角ソ連と組んで同会談をリードせんと企図しおるは確実なり、しかして会談においてソ連、中共側は重点を仏印問題に指向して仏蘭西口説き落しに力を注ぎ以て仏と米英との関係の疎隔に努力し朝鮮問題は二義的になる惧なしとせざるべき旨述べたり。

二、次で本使より在ロンドン、ピルグリムス、ディンナーにおける中共加入問題に関するジェブ元英国国連代表及びハマショルド国連事務総長の演説に関するコメントを求めたる処、マ次官代理は、米国としても中共の国連加入をいつまでも無期限に引っぱり置く意向なく、又これを意図しても不可能なことは承知致しおるも、ただ中共が未だ平和愛好国としての実証を何等示しおらざる今日、事務総長の如く、手放しのメンバーシップの普遍主義に基く中共加入促進論は時宜に適した発言と思われず、尤もヂェブ前代表の発言は中共の行状の改善を条件としおるにつきこの点は差支なしとするも唯、一般的に言いて英国は中共を承認しおるに対し中共は右承認を受け入れおらざるのみならず、在支英国人は種々の圧迫を蒙りおる現状なるにかかわらず英国が中共加入に熱心なるは解しかねる旨述べたり(この点、前日井口大使のレセプション席上にて会談したるロバートソン次官補は一層強硬にしてマーフィー氏以上の不満の語気を以て第二次大戦当時英国は多数国が認めた仏蘭西ヴィシー政権を最後迄承認せざりしに比し、今日多数国が未だ認めおらざる中共を逸早く承認せるはビッグ、ミステークなる旨洩らせり)。

三、更に本使より、先般国務長官が上院において準加盟論を述べたるは、中共の国連加入は当分あり得ず、従てこれと懸連させられる可能性のある日本の国連正式加入の契機も当分めぐり来ずとの推理に基くものなりやと訊したる処マ次官補は、ダレス長官としては特に日本のことを念頭において準加盟に関する右発言をなしたものには非るべきも、本件につき日本側より申出あれば長官としては何時にても相談に乗りくれるものと思う。此の点本使に於て希望ならば長官の意向を確めて可なる旨述べたるに付本使は我方は今準加盟を急ぎ居るにあらざる旨を答えたるに同席のウェインハウスは、ペルー側よりの連絡によればベラウンデ(加盟問題斡旋委員会議長)もカラカス会議を終え、一週間ないし十日以内にニューヨークに帰任の上加盟問題の打開に尽力する予定なる趣に付日本の準加盟問題もベラウンデの斡旋工作(マーフィー氏はベラウンデが如何程の効果を挙げ得るや疑う旨附言せるが)の模様を十分検討の上のことにしても遅からざるべき旨述べたり。

本信写送付先　在米、英、仏各大使

118　昭和29年4月28日　国際連合日本政府代表部沢田大使より岡崎外務大臣宛

沢田大使より加盟促進工作に関する私案をロッジ大使に提示

国連第二六〇号

昭和廿九年四月廿八日

在ニューヨーク国際連合日本政府代表部長

特命全権大使　沢田　廉三〔印〕

外務大臣　岡崎　勝男殿

国連加盟促進工作につきロッヂ大使との会談模様に関する件

（一、欠カ）四月二十七日本使は米国国連代表ロッヂ大使を往訪し、国連加盟促進工作については本使着任以来腐心致しおれる処なるが、最近においては水爆実験問題、ＭＳＡ調印後の日本の自衛力漸増に伴う国民負担増嵩、日本の防衛努力程度に対する米国側の不満等日米間のイリテーションが次第に増加する傾向にあり、日米緊密関係の持続のため憂慮に耐えず、かかる趨勢をチェックし日米枢軸関係を強化する見地からも日本の国連加盟実現、特に右目的のため米国が積極的にイニシアチブを執ることは極めて効果的と信じらるるを以て、かかる考方に基いて現段階における加盟問題のデッドロック打破に関し本使の最近思案しおる処をお話し致したし、右は素より本使限りの思いつきにして、又貴大使の本問題研究の一資料に供することを目的とするものにして日本政府の提案などと云うものに非ず、日米関係の緊密化と云う共通目的のため本件デッドロックのウェイアウトを共同して探究するため材料になり得れば幸甚なりとの趣旨を前置きしたる上、かねて御来示の貴大臣の御方針（一昨年貴大臣発ニューヨーク総領事宛電報第一一二号）の線に沿い、且つ先般公館長会議の際御示しあった国連加盟工作に関する御指示（特に第三節）の趣旨に則して勘案せる一アイディアにつき別添本使の心覚えを敷衍しつつ説明を進めたり。

二、右に対し、ロッヂ大使は、最近日本駐屯の軍務を離れて帰国せる同大使子息よりも日本の現況、日本人の様子等を聴取して感銘を受けており、自分が国連代表として在任の間に何か日本のために役に立ちたいとの希望を強めおる際のことにもあり、貴大使（沢田）の積極的なアイディアの開陳、特に本件を本使との間の man to man talk にて研究したしとの提案は大に歓迎する処にして、事務当局による研究もさることながら自分自ら深く研究せんと述べ、特に米国が躊躇するときはソ連乃至中立主義的諸国が先を越すならんとの貴大使の見方は興味深しとコメントせるにつき、本使より先般経済社会理事会において日本等のＥＣＡＦＥ正式加盟問題が議せられたる際におけるソ連代表の言動（往電第四九号）をもリマインド致し置きたり（右に関連しロッヂ大使より日蘇関係は改善されつつありや、特に在日ソ連代表部との関係如何を質問せるにつき、本使より日本には現在日本政府と交渉の権限あるソ連代表部は存在せざるにつきこれとの接触等のこともなし、又当地におけるソ連代表部と本使との接触についても客年末貴大使（ロッヂ）にお話した処以後何等発展なき旨答え置きたり）。

三、ついでロッヂ大使より客年同大使が示唆せる準加盟問題の研究はその後日本側において如何なりおるやと訊したるにつき本使より勿論研究を棄てたる次第に非るも日本としては先ず正式加盟の実現性につき微少なチャンスなりとも探究し尽し一応の結論を得ることが先決問題なりと思考しおる旨述べたる処ロ大使も右考え方は了解し得る処なりと述べ、いずれ又研究の上再会せんことを約したり。

四、会談後ロ大使が右本使の心覚えの書き物を頂けざるやと訊ねたるにつき、本使は本メモはノートにも非ず、メモアールにも非ず、貴大使と本使との会話を貴大使が筆記されたるサマリー位に考えられて二人の間の研究に資することと致したく、従てこの書き物を国務省又は在京米国大使館等えクオートされることは差し控えられたき旨断りたる上右書き物を遺し置きたり。

本件会談につき何等かの機会に在京米国側等より本省に照会越すべきを慮り会談状況不取敢御報告する。

本信写送付先　在米大使

（別　添）

JAPAN'S ADMISSION TO THE UNITED NATIONS

(1) Isn't it possible for the United States to propose, as a realistic approach, her own new list of the applicants for "simultaneous" admission (in substance), by adding to her present list five more countries of Albania, Outer-Mongolia, Bulgaria, Romania and Hungary (or with the exception of a couple of them)?

It is not necessary for the U.S. to consent to or propose outwardly the "simultaneous admission" formula or the "package deal" formula. Ostensibly, she will do well to take the position that she has come to consider the "behavior" of each of the Communist applicants to be satisfactory as the result of application of the more liberal interpretation of the relevant provision of the United Nations Charter. (The three-men good office committee on admission problem established by the 8th General Assembly would be one scene where some tacit understanding in this respect with Soviet Russia may be developed). It does not seem to be unreasonable to take such liberal interpretation about "behavior" of the applicant nations, since Soviet Russia and some other Communist countries are already included in the U.N.

(2) In connection with this formula, it might be desirable for the U.S. not to make her approval of the above-mentioned five Communist applicant countries contingent on the Soviet's approval of South Korea and the three French Indo-Chinese countries.

It does not seem to be unreasonable to separate Japan's case from those of French Indo-China and South Korea, because there are two competing regimes in each of these countries. Apart from the merits and legitimacy of the regime in question, the consideration of their admission may be deferred for a while, until an unified government be established in the respective area. In this connection, it may be noted that the admission of neither North Korea nor the Ho-Chi Minh regime is endorsed by the Soviet Union.

On the other hand, the Soviet Union should concede and could concede without the loss of her "face" that Japan's admission shall not be linked with Communist China's "admission", because unlike Japan's admission, Communist China's "admission" is legally the problem of the representation of a country which is already a member state（China）of the U.N., but is not a question of admitting a new member state.

Both Korea and French Indo-China on one hand and Communist China on the other are now pivotal questions of the world, which can only be settled within the framework of a general settlement between the East and the West which will take a very long time. Therefore, to segregate the admission problem from these countries, coupled with less strict interpretation of the relevant provision of the Charter as mentioned in（1）above, seems to be the only practical way to settle expeditiously the admission problem independently of the general world situation, even if the chance of its success would be slight.

（3） This formula is not necessarily an abrupt one. When Japan's application was going to be considered in the Security Council the year before last, the possibility was feared that the Soviet Union would make a similar proposal. In view of such a contingency, the Japanese Embassy in Washington approached the State Department with the request that the U.S. would not veto such a suggestion if it should be proposed by the Soviet Union.

However, it is believed that such a positive proposal for facilitating Japan's admission should come from the U.S., it will contribute very much towards promoting friendly relations between Japan and the U.S. If the Soviet Union or some neutralist bloc countries should outsmart the U.S. in this respect by way of proposing a similar formula, it will dampen the desired political effect of Japan's admission into the U.N., even if her admission should be materialized under this formula.

Should such a conciliatory U.S. proposal be vetoed by Soviet Russia, it would have the effect of clearly demonstrating to the Japanese people which country actually is in the way of Japan's admission into the U.N. For this purpose alone, this proposal seems to be a worthwhile step.

119

昭和29年5月18日

国際連合日本政府代表部沢田大使より
岡崎外務大臣宛（電報）

沢田大使提示の加盟促進案に対する米国側見解について

ニューヨーク　5月18日後5時44分発
本　　省　5月19日前8時55分着

第六六号

往信国連第二六〇号に関し

一、十八日午前ワズワース米国国連次席代表の要請により国連加盟促進問題につき同代表と会談状況次の通り

(一)「ワ」代表より先般貴使(沢田)がロッジ大使と会見の際示唆されたる加盟促進案(冒頭往信)につき米国代表部限りにて決定し兼ねたるをもつて国務省に請訓中なりしところ今般回訓に接したるが右によれば米国政府としては日本の希望するが如き憲章第四条のリベラル・インタープリテーションは米国従来の方針と一致せざるため受諾し難く又米国の支持せる加盟申請国グループより韓国及び仏印三国を落すことにも応じ難しとの内容なりし旨極めて恐縮の態にて申し述べたり

(二)右に対し本使よりソ連が一括加盟を固執しある現状において米国又その態度不変なりとせば他に対策ありやと質したるところ「ワ」代表は残念乍ら現在においては正式加盟問題解決の途なく加盟問題委員会議長ベラウンデ大使としても何等手の施しようなしと思惟さるる就いては準加盟問題につき今一度日本側の熟慮を促し右意向を国務省も代表部も共に有しおる旨述べたり

二、右米国側の回答内容は加盟促進問題につきわが国として一応の肚固めをなす契機を供するものと存ぜられるも本使としては今暫く寿府会議の成行き、米国その他関係国のこれに対する反応等を見極めたる上次のステップを考慮すること然るべしと存じおる次第なるが右取敢えず米に転報せり

〰〰〰〰〰〰〰〰〰〰〰〰〰〰〰〰

120　昭和29年6月11日　国際連合日本政府代表部沢田大使より岡崎外務大臣宛

加盟問題特別委員会の動静に関する国連事務局からの情報

国連第三七五号

昭和廿九年六月拾壱日

在ニューヨーク国際連合日本政府代表部長
特命全権大使　沢田　廉三〔印〕

外務大臣　岡崎　勝男殿

加盟問題委員会の動静に関する件

六月十一日第八総会で設立された加盟問題促進に関する三人委員会の書記の国連事務局 Dr. Chai は首題の件に関し当部員に対し左の如く洩らしていた。何等御参考迄。

記

三人委員会委員長ベラウンデ大使(ペルー代表)は先般来数種の一括加盟に関する方式を考案し米国代表部を始め若干の代表部に接触していたが右諸方式は米国々務省に移牒された結果国務省より米国としては如何なる方式の一括加盟方式に対してもインタレストを有しない旨のカテゴリカルな否定的意思表示があった趣で委員会の工作は目下停頓している。

委員会としては工作の成否に拘らず報告書を第九総会に提出しなくてはならぬが右報告書には委員会の考案せる種々の加盟問題促進方式を記載することになるべく、又正式加盟促進工作のデッドロックにかんがみて準加盟方式についても記述することになる可能性がある。若し日本が準加盟方式の推進を希望するならば、本委員会の報告書に本件がメンションされているときは他の加盟国としてはこれをピック・アップして推進するに便宜であろう。云々。

本信写送付先　在米大使

〰〰〰〰〰〰〰〰〰〰〰〰〰〰〰〰〰〰〰〰

121　昭和29年6月28日　国際協力局第一課作成

「国連準加盟問題に関する件」

二九、六、二八
国協一

国連準加盟問題に関する件

一、六月中旬星課長が、シュナイダー米大使館書記官と会談した際、偶々わが国の国連加盟問題に触れわが方としては正式加盟実現の見込が全く無いとも断じておらず、従つて準加盟工作を今直ちに推進する意向はないこと、準加盟という呼称の一般に与える面白からざる影響等についても考えていることを述べたところ、先方は本件に関し国務省に連絡を行った模様で、本二十八日来訪し星課長に対し、準加盟問題に関する国務省の考えとして左記の通り述べた。

イ、日本の国連正式加盟の見込はノー・ホープと見ている。

ロ、準加盟工作を進めるや否やは固より日本政府の決定するところであるが、右決定の上は米国としては予め他の主要国に連絡し、事前工作の労を取る用意がある。

ハ、準加盟方式には国連憲章の条項に抵触する問題はないと考える。

ニ、総会や下部委員会の討議に参加し、各種提案を行い、且つモーラル・ヴォート（勘定されない）を行使することは、日本政府にとつて有意義であると共に、国連に対するコントリビューションでもあり、又、ソ連等の我国加盟に対する反対態度を世界各国の前に明らかにしその結果却って加盟に有利な事態を造る機会ともなる。

ホ、準加盟することによって正式加盟が困難になるとは考えられず、米国としては準加盟実現後も、正式加盟実現工作を支持する。

(二)(ママ)準加盟という呼称を用いず、非加盟国に総会において発言、提案の権利を与えるというタイトルで本件を提案することも可能であると思われる。

なお、米国としてはブルガリア等ソ連圏に属する未加盟諸国に関してこの制度を適用する意向は勿論ない。

以上

122　昭和29年8月19日　国際連合日本政府代表部沢田大使より岡崎外務大臣宛

加盟問題解決策としての一括加盟方式には反対とのキー国務次官補の言明

国連第五六一号

昭和廿九年八月拾九日

在ニューヨーク国際連合日本政府代表部長

特命全権大使　沢田　廉三〔印〕

外務大臣　岡崎　勝男殿

国連加盟問題に関しキー次官補の談話に関する件

八月十八日国務省国連問題担当キー国務次官補は当部員に対し、最近外務省は準加盟方式は差当り推進しない旨の決定をなしたるやに聞及びおれり云々と加盟問題につき口火を切ったので、当方より、日本を含む一括加盟方式を米国側より提唱する意図のないことは先般の沢田、ワズワース会談で承知したが、先般のストックホルムにおける共産系の「平和会議」なるものにおいて全未加盟国の同時加盟方式を執るべき（中共代表権問題の解決をも含め）旨の決議が採択されている事実にもかんがみ来る総会において或は共産国側からかかる提案ある公算もなしとせざる処、かかる場合にも米国は本方式に反対するものであるかを質したる処、同次官補は省内の関係者とも相談しない前にデフィニットなことは云えないがと再度念を押した上、同次官補限りのオフ、ハンドの見解なりとして、中共代表権問題が絡む場合は勿論のこと、然らざる場合と雖、一括加盟方式は憲章所定の加盟資格無きソ連圏諸国を加盟させる結果となるから米国としては反対である旨明言した。右何等御参考迄。

本信写送付先　在米大使

〰〰〰〰〰〰〰〰〰〰〰〰〰〰〰

123　昭和29年9月24日　国際連合日本政府代表部沢田大使より岡崎外務大臣宛（電報）

米国代表団より日本の国連加盟方式に関する新提案の連絡について

別　電　昭和二十九年九月二十四日発国際連合日本政府代表部沢田大使より岡崎外務大臣宛第一五五号

右米国新提案

ニューヨーク　9月24日後6時31分発
本　　省　9月25日前9時36分着

第一五四号

貴電第一四三号及び往電第一四四号に関し

オーストリーの加盟再申請に関する事務総長宛書簡は二十七日アドホック政治委員会に配付され、その取扱方に関し審議される予定であり、右審議の進展如何によりては或は個別審査の道が開かれ、一括加盟方式による現在の行詰りが打開される可能性もなきにしもあらずと考え、右委員会の動向に関しては特に注視する積りなりしところ、本日米国代表団より往電第一五五号の通り連絡ありたるにつき、至急御検討の上御回電願いたい。

米国へ転電し、イタリアへ転送せり。

（別　電）

ニューヨーク　9月24日後6時31分発
本　　　　省　9月25日前9時8分着

第一五五号

往電第一五四号に関し

一、昨年度総会における米国代表団「キー」の任務を引継ぎ、シーニアー・アドバイザーとして極東諸国との連絡に当りおるヴァンソルが二十四日本使に連絡越せるところによれば、米国としては加盟問題打開のため苦慮の結果、今日まで加入をブロックされおる諸国につき Resident Representative たる資格を認め、総会における発言を自由に認めることは勿論、議題に関し賛否の意思表示を行う外、投票にも参加することとし、但しその投票は加盟国の投票による決には影響を与えない（Resident Representative の票は加盟国の決とは別に計算されるも、国連外の与論には反響を与うることとなる）こととするが、代表団のステイタス、特権等については出来る限り加盟国と同一にするとのラインにて決議案提出方考慮しおるところ、日本政府は従来の Associate-Membership の考え方には余り熱意なしとのことなるも、右案に対しては考慮願えるやとの申出ありたり。

二、右に対し本使より昨年ロッジ大使より Associate-Membership に関し話ありたる際には、若し日本がこれを希望し且つ準加盟申請の手続をとる場合には、米国としてはその実現につき努力するとのことなりしも、若し貴案が特定国に関係なく、加盟問題につき一般的な新制度を設けて、その枠内において希望する国は何時でも参加し得るという趣旨ならば、一応東京に取次ぐべしと述べたるところ、「ヴァ」はその趣旨のドラフトとすること困難ならず、右趣旨にて至急政府の意向を確めて呉れれば幸いなりと述べたり。

三、更に本使よりオースタリーは事務総長あて書簡にてその加入の再考を要求しおるところ、右オースタリーのケースを機とし、今後個別審査の途が拓け、延いては正式加盟を促進し得ることともならば、本使としてこの方法を政府に推薦したく思いおり、この点も米国代表団として貴案と共に御研究煩わしたしと述べ置けり。

四、なお、国連委員会代表に対し、加盟に関し米国より何等か連絡ありたるやを尋ねたるところ、イタリア代表に対しても右一、と同内容の連絡あり、右案は現在のオブザーヴァーの地位を著しく進めることとなると考えるにより、直ちに米側提案を本国政府にリコメンドする所存なる旨述べおりたり。

米へ転電、イタリアへ転送せり。

124　昭和29年9月28日　岡崎外務大臣より国際連合日本政府代表部沢田大使宛（電報）

米国の新提案につき詳細確認方訓令

付記一　昭和二十九年九月二十八日、奥村外務事務次官作成

「国連準加盟の件」

二　昭和二十九年九月三十日、奥村外務事務次官作成

イタリアが本案について反対の理由

本　省　9月28日後7時45分発

第一七二号

貴電第一五五号に関し

一、米国案は日米両国にて従来検討し来つた準加盟案（特にモーラル・ヴォートを含む案）と内容大差なきものと考えられるが、なお左の点につき確められ結果回電ありたい。

(1)米国はわが国が同意してもしなくても一般的制度として本案方式を推進する意向ありや。

(2)米国は今次総会の加盟問題審議において本案のみを主張し正式加盟については何等新展開を期待せざるや。

(3)本案を諸国に対し広くオープンなるものとする用意ありや（総会の加盟資格承認ありたる国に限らず）。

(4)本案による新資格は今次総会より適用あるものとするや。

(5)分担金支払義務は如何にするや。

二、二十八日イタリア代理大使は次官を来訪し、イタリアは本案に反対の旨述べていたが、貴地における他の未加盟国の本案に対する意向を打診されたい。

三、わが方としては本案につき尚研究中なるも、今次総会においても正式加盟促進の気運を助長するため、例えば加

盟再申請、一括加盟案をわが方に有利なる如く修正せしめる工作の余地等を考慮しおるにつき、右取り敢えず貴使御含みまで。

米に転電ありたく、イタリアに転電した。

（付記一）

国連準加盟の件

二九、九、二八

昭二九、九、二八、在京伊太利代理大使マリエンニ氏奥村を来訪。「マ」より、国連未加盟国に Resident Representative のステイタスを与へんとする米国案に対する日本政府の態度を承知し度き旨申出でた。「マ」は伊太利政府は、右案に反対であり、又情報に依れば、独乙、オーストリアも賛成でないと附言した。

奥村より、本件は未だ研究中であるが、何分の決定次第、連絡すべしと応酬した処、「マ」は成るべく早く御返事を頂き度いと述べた。

編　注　欄外に「伊ハ何故反対カ理由ヲ知リタシ」「差支ナイ様思フカ如何」との岡崎大臣のコメントが書き込まれている。

（付記二）

二九、九、三〇

伊太利が本案に反対の理由は

(一) Resident Representative と言ふも、前の Associate Member 案と大差無し（違ふのは投票するだけであるが、それがカウントしないのでは意味は無い）、Associate Member といふ様なものは、伊太利のデイグニテイにマッチしない、要するに名ばかりで実益は無く却って、経費を分担させられるのが損になる。

(二) 対伊平和条約に於て、ソ聯を含む各国は伊太利の国連加盟を約束してゐる。伊太利としては、之を根拠に正式加盟をプッシユすべきで、準加盟案に頭をふりむけるべきではない、

と言ふに在り。

更に伊太利としてはＮＡＴＯ及ＥＰＵの加盟国であり、是等に依りヨーロッパの重大問題については各国と対等の発

言権を持つてゐることも、国連加盟問題については、心理的余裕を持ち得るものと想察せられる。

---

125 昭和29年9月29日 国際連合日本政府代表部沢田大使より岡崎外務大臣宛(電報)

米国新提案に対する吉田総理の賛意につき通報

ニューヨーク 9月29日後3時5分発
本　　省 9月30日前8時58分着

第一六五五号(館長符号扱)

貴電第一七二二号及び往電第一五五五号に関し

一、総理当地御通過の際、冒頭往電の趣旨を御説明旁々冒頭貴電の諸点に関し目下米国代表部に問合中なることを御報告申上げ、右米側案によれば日本も国連において討議に参加し提案し得る他、決には影響を与え得ずとも、あらゆる問題に関し、一応投票し、賛否の意思表示を行うことにより米国その他諸国との友好関係の緊密化に資し得ることもあれば、他方場合によりては独自の見解を表明することにより米国に対しても我方立場の強化を図ることも可能であり本制度の活用如何によりては我国の当面する外交上の諸問題の打開につき有効な布石となし得るにあらずやと愚考する旨御報告申上げたり。右に対し総理より細目については今後共検討の要あらんも自分は右米側提案には賛成なるにより、その旨貴大臣に電報にて御伝えする様との御言葉ありたり。

二、冒頭貴電の諸点に関しては、出来得る限り米側の具体的責任ある回答を取付けるべく努力中なるも、右総理の御趣旨に則り本使より米国代表部に対し細目については留保するも主義上は賛成なる旨回答しおくこととすべし。

米国、仏国へ転電せり。

---

126 昭和29年9月30日 国際連合日本政府代表部沢田大使より岡崎外務大臣宛(電報)

米国新提案の草稿入手の報告

別　電　昭和二十九年九月三十日発国際連合日本政府代表部沢田大使より岡崎外務大臣宛第一七八号

右草稿

ニューヨーク　9月30日後4時41分発
本　　　省　10月1日前9時29分着

第一七七号

往電第一五五号に関し

予ねて米国代表部に対し本件に関する決議案の骨子につきドラフトせるものあらば細目検討のため便利なる旨申入れおきたるところ、本日先方係官別電第一七八号の内容のものをプレリミナリ且つテンタチブ・ドラフトとして持参し、右は今後各国の意向をも取り入れるにより種々の変更あるべきも、本制度を通じ正式加盟を促進する趣旨を是非とも挿入したい旨述べおれり。詳細については追電すべきも右取敢えず。

米国、仏国へ転電せり。

（別　電）

ニューヨーク　9月30日後4時41分発
本　　　省　10月1日前8時39分着

第一七八号

The General assembly

1. invites any state not a member of the United Nations which the General Assembly has found qualified for admission but whose application has been blocked by inability of the Security Council owing to opposition of a permanent member to make affirmative recommendation under Article 4 of the Charter to send a resident representative to the Headquarters of the United Nations and to accredit representatives to sessions of the General Assembly;

2. Decides that such representatives may speak and make proposals in main committees and in plenary sessions of the General Assembly and shall have the right to have their vote recorded but not counted;

3. Directs the Secretary General

(A) to place any non-members who avail themselves of the provisions of paragraph 1 on the same basis as members of the United Nations with respect to distribution of United Nations documents, and

(B) to accept and circulate as United Nations documents any proposals or communications received from such non-members.

4. Requests the Secretary General, during the 9th regular session of the General Assembly, to recommend to the 6th Committee, for action during the current session, any amendments or additions to the rules of procedure of the General Assembly necessary to carry out the provisions of this regulation;

5. Requests the Advisory Committee on administrative and budgetary questions in view of the desirability of enabling any non-members who decide to participate in the work of the United Nations on the above basis to make a financial contribution to the United Nations to cover the costs of such participation——to consider and make recommendations to the General Assembly during the present session on the development of an equitable basis for arriving at the amount of such contributions.

~~~~~~~~~~~~~~~~~~~~

127　昭和29年10月2日　岡崎外務大臣より在伊国原田大使宛（電報）

正式加盟が打開不能の場合は米国新提案に賛成とのわが方方針をイタリア側へ伝達した旨

通報

本　省　10月2日後4時30分発

第一八一号

ニューヨークあて電第一七二号に関し

一、その後米国案を更に検討の結果、今次総会にて加盟再申請等正式加盟工作をも試み、なお行詰り打開不能の場合は次善の策として米国案に賛成する方針を決定し、沢田大使にもその旨訓電した。

二、一日湯川局長より在日伊代理大使にも右意向を伝え、米国案によるわが方参加の場合出きれば同調方勧誘しおきたるにつき話が出た場合は貴使におかれても同様趣旨にて適宜応酬されたい。

ニューヨークに転電した。

~~~~~~~~~~~~~~~~~~~~

128　昭和29年10月4日　岡崎外務大臣より国際連合日本政府代表部沢田大使宛（電報）

米国案に原則異議なきも正式加盟を優先として加盟再申請の書簡発出等適宜措置方訓令

本　省　10月4日後0時55分発

第一九四号

貴電第一六五号に関し

米国案に対しては原則的に異議なく、その実現方措置せられたい。但しわが方としては正式加盟があくまでも目標なること論をまたず、内外に対する影響をも考慮する必要があるので、一種の代用案たる本件米国案が初めより論議の中心となり、正式加盟の問題が等閑に附されるが如き事態は好ましからず。従つて、先ず、オーストリア等の例に倣い、本大臣の訓令に基くものとして貴使より事務総長宛に加盟再申請の書簡を発しおき、又例えばソ連の一括加盟方式にわが国が洩れおる場合はパキスタン等をしてその片手落なる旨指摘せしめ事宜により或いは日本を加える修正案を提出せしめる等、貴使御裁量により適宜前記趣旨に沿い工作方御措置ありたい。

米に転電ありたい。

129　昭和29年10月5日　国際連合日本政府代表部沢田大使より緒方(竹虎)外務大臣臨時代理宛(電報)

米国新提案に原則として異存なき旨をロッジ大使に回答について

ニューヨーク　10月5日後3時40分発
本　省　10月6日前8時34分着

第一九四号

一、四日ロッヂ大使に対し、日本政府としては米案に対し原則として異存なき旨を回答せる処、同大使は今次総会の新代表フルブライト上院議員がダレスの意を受け今後 resident representative の問題を担当することとなりたる故、随時連絡ありたしとて「フ」代表を本使に紹介せり。

二、又ギドッチ・イタリア大使に対し日本側態度につき米国側に一応回答済なる旨を伝うると共に、この際イタリアとしても同調せらるれば本案成立に力を注ぐものとして米国側においては大いに期待しおる様子なる旨話したるに「ギ」大使はその点は良く了解しおれりと云い、次いで contribution の問題はどうなるかとて拠金の点を気にしおる様に見受けられたり。

130　昭和29年10月8日　緒方外務大臣臨時代理より在伊国原田大使、在セイロン木村(四郎七)公使、在カンボジア吉岡(範武)公使他宛

米国新提案に基づく方針採用の場合は非加盟諸国に対し同調勧誘方訓令

協一合第一三三五号

昭和二十九年十月八日

外務大臣臨時代理

国務大臣　緒方　竹虎

新方式による国連総会参加に関する件

一、目下ニューヨークにおいて開催中の国連第九総会において、わが方は国連加盟促進のため種々工作を施しているが、今次総会においても加盟問題の行詰り打開が依然として望みえない見通しであるので、その場合に次項のごとき新方式による総会参加の道を開く米国側提案を支持し、これが実現の暁には、わが国と同様の資格ある諸国と共に進んで参加する方針を決定した(今次総会中に参加の運びに至るか否かは未詳であるが)。しかしながら、別添会談録の示すごとく、差当り本方式に賛同しない諸国もあるところ、わが方としては他国との共同参加を右方式参加の必須条件としているものではないが、かかる方式に多数諸国が参加し相共にこれを活用することが効果的であり、究極において国連加盟をも促進するものと考えるので、貴使におかれても次項並びに別添会談録御参照の上、適当な機会に責任国政府に対し参加に同調方しかるべく勧誘されたい。

二、非加盟国中、総会において加盟資格が承認されている諸国(ヨルダン、ポルトガル、アイルランド、イタリア、オーストリア、ラオス、フィンランド、セイロン、大韓民国、ネパール、ヴェトナム、リビア、カンボディア、日本)については、その代表に対し、常駐代表として総会(主要委員会を含む)において議案提出、発言及び投票の権利を有することを認め(但しその投票は加盟国代表の投票とは別に扱われ、前者の決定には影響を及ぼさない)、その他、特権等についても出来る限り加盟国代表と同様なものとする、というのが本件新方式の骨子であり、細部についてはなお検討中である。いずれにせよ本制度が今次総会において採択されたならば、わが国等は

少くとも総会において発言等を行い、わが国の意思を世界に向つて表明する新たな機会を与えられるものである。

本信送付先　イタリア、セイロン、カンボディア、オーストリア、ポルトガル、ヘルシンキ

本信写送付先　アメリカ合衆国、カナダ、メキシコ、ブラジル、アルゼンティン、ウルグァイ、ペルー、チリ、ヴェネズエラ、キューバ、ドミニカ、連合王国、フランス、オランダ、ベルギー、スペイン、ドイツ、スウェーデン、スイス、ヴァチカン、ユーゴースラヴィア、インド、タイ、パキスタン、中華民国、オーストラリア、ニュージーランド、マニラ、トルコ、エジプト、イラン、ニューヨーク国連、ジュネーヴ国際機関

（別　添）

国連加盟問題に関し在京イタリア代理大使と会談の件

十月一日

国際協力局長

本件に関し、先般マリエニ在京イタリア代理大使より次官に対し米国提案にかかる新方式につき日本側の意向を承知したき旨の依頼があつたので、本日同代理大使を招致し、日本としては固より正式加盟を熱望し今后もなおそのために凡ゆる努力を試みるつもりであるが、今の段階でそれがどうしても不可能と判明した際には、次善の策として米国提案による Resident Representative という資格で加盟することを原則として受けるつもりであると内報した。これに対し同代理大使は、イタリアとしてはソ連を含んだ対伊平和条約で連合国がイタリアの国連加盟を支持する約束があるので、イタリアの加盟を拒否するのは平和条約違反であるとの見地より準加盟のような制度には反対してきている。イタリア側の情報では英、仏もこういう制度の設置に消極的であり、またドイツやオーストリアもこういう形の加盟には反対の由であると述べたので、当方より日本としてもこういう問題では出きるだけイタリアと同一歩調を採つて行きたいと考えている次第だが、平和条約の関係では日本の場合はソ連が入つていないのでイタリアよりもそれだけ

不利な立場にあり、種々熟慮の結果若し現状で正式加盟の機会がどうしてもないことが明らかになつた際は、とにかく一歩前進という意味で米国提案のラインに乗ろうとゆうことを決定したわけで、そうなつた際は出きるならイタリア政府も同じラインに同調するよう考慮されんことを望んでいると述べた。先方も日本政府の御意向は早速本国政府に取次いで研究に資したく、若し吉田総理の御訪伊の際にまだ国連の方で決定がなされてない時は、ローマで吉田総理とも本件を御相談することとなろうと答えた。

131　昭和29年10月8日　在伊国原田大使より緒方外務大臣臨時代理宛（電報）

米国新提案は支持し得ないとするイタリア外務省局長の内話

ローマ　10月8日後11時30分発
本　省　10月9日前10時24分着

第二六三号

国連発貴大臣宛電報第一九四号の二に関し

七日デル・バルツオ外務省政務局長（ダイエタ在日イタリア大使同席）と来るべき日伊両首相会談内容を打合せた際その一項目たる国連における日伊協力問題に関連し本使より更めてイタリア側の同調を強く促した処「デ」は左の如く内話した。

一、米案は在来と何等変りがないからイタリアとしては支持し得ない旨、既に米側に通報済なので今となつて態度を変えること困難である。

二、投票権の行使もさることながら率直に云えば例えばモロッコ問題の如きにつき賛否を表示すれば徒らに仏国側及びアラブ側の板挟みとなつたり、問題により極めてデリケートな立場に陥る場合がある。尤もかかる心配は余りに消極的との誹りを受けるかも知れぬが苟も正式加盟国ならば兎も角準加盟国としてそれだけの責任を負うことは考えものでこれも同案を支持し得ない理由の一である。

三、ニューヨークからの情報によれば米案に対し英仏を初めアジア諸国中にも未だ熱心な支持がないと云うことでその成り行きに今のところ自信がない。

四、イタリア側としては日本側の立場が自ら異ることを深く諒とし何等本案成立に反対する意向でないからこの点了解を得たく特に総理の御来伊のみぎり必ずや本件に関してもシエブバ首相とお話合あると思われるのでイタリア側としてそれまで決定を俟つことと致したい。

五、米案成立の場合のイタリアの態度は改めて考慮する。

なお本使はこの上ともダイエタ大使を通じ同調方慫慂する所存である。

国連、仏国へ転電した。

---

132 昭和29年10月11日　在伊国原田大使より緒方外務大臣臨時代理宛（電報）

米国新提案につき吉田総理とイタリア首相との会談での言及を提案した在京イタリア大使内話

ローマ　10月11日後11時20分発
本　省　10月12日前10時59分着

第二六八号

往電第二六三号に関し

九日ダイエタ在日イタリア大使は本使に対し極内密の含みで左の如く語つた。

一、実を言えばローマでは再三の加盟拒否に会つて以来、国連に対しては全然興味も関心もなく、従つて今次米国案に対しても極めて否定的態度であつたが、此の度の日本側申出もあり多少変つて来た様に思われる。

二、自分個人としてはイタリーが欧洲問題だけに没頭することは賛成出来ない。斯様な Provincialism を清算し、此の際広い舞台に乗り出すのが将来のため必要でもあるとの見地から及ばずながら部内の啓発に努力して居るが若し吉田総理からシエルバ首相との御会談中に本件に言及願えれば両国の為幸甚に存ずる。

なおダイエタ在日イタリア大使の立場もあり本電取扱特に御注意ありたい。

国連、ドイツへ転電した。

---

133 昭和29年10月11日　国際連合日本政府代表部沢田大使より緒方外務大臣臨時代理宛（電報）

米国代表上院議員より米国新提案取り下げの可能性示唆について

ニューヨーク　10月11日後7時36分発
本　　省　10月12日後1時52分着

第二二六号

往電第一九四号の一に関し

十一日フルブライト上院議員の求めに応じ会見せるに「フ」氏はノン・メンバー・パテイシペーシヨン制度に対し一応の賛意を表せるは、未加盟国側にては日本、韓国及びジヨーダンにして、加盟国中には憲章に抵触すとのリーガリテイーの見地より、反対の者、反対はせざるも別に誠意を示さゞる者多き状態なり、自分はこう着せる加盟問題の如きは、憲章にのみ捉われては到底打開の途なく、国連のユニヴアーサリテイの見地からも、特に日伊の如き大国に対しては、拒否権の対象とならざる政治的な考え方にて国連総会等参加せしむる方途(例えば憲章三十五条二項の如き)を見出すべきものなりとの持論なるが、今往電第一七八号米国案を提出するも、三分の二の賛成を得られざること予め明らかなるにおいては、遺憾ながらドロツプせざるべからずと考へおれり。但しこの点未だ米代表団の態度を決定しおる訳にはあらず。米原案において総会が未加盟国にインビテエイシヨンを発する形式をやめて総会の一方的デクラレイシヨンとして、希望の国はこれに便乗可なりとする形式に書き改めることも一案と考へおれり、これにつきなおも各代表団に当り見る積りにて、茲数日間の発展の結果更にお話し致度きも、若しドロツプする場合日本側にては如何に考へらるるやとの質問ありしにより、本使は本案はもともと米国側の好意に応じ「原則的に異議なき」旨答えたるものなるが(編注)、その発案者望み薄すとしてドロツプするに当り、我方よりプツシユせられんことを要請する立場に非ず。又その意思なしと答えおけり。なお「フ」代表は日本のみに適用して、米国原案の如き加盟案を提出すること如何と問いたるにより、日本のみが俎上に上げられて論議されること好ましからずと答え、更に本米国原案成立する場合にも、日本は正式加盟の希望を捨ておらざることを明らかにするため、別に事務総長宛オーストリア書簡の如きものを発送すべき訓令を受けおれるが、いよいよ米案ドロツプとなれば益々その必要ある次第にて、米国においても正式加盟促進については、この上とも御尽力を期待する旨を述べたるに、「フ」代表は正式加盟については米国としても日本の為、あらゆる機会を捉んとする方針に変りなしと答えたり。
米国、イタリアに転電せり。

編　注　昭和二十九年十月十一日発国際連合日本政府代表部沢田大使より緒方外務大臣臨時代理宛電報第二二七号により、「質問ありしにより」以下を「本使は日本政府としてはもとより正式加盟を第一に望むものであるが権宜の措置として米側の好意に応え「原則として異議なき」旨を御伝えしたものであるが」に修正方指示があった。

134　昭和29年10月16日　緒方外務大臣臨時代理より国際連合日本政府代表部沢田大使宛（電報）

インド代表に対し国連加盟問題を日ソ平和条約締結と関連させぬよう説明方訓令

付　記　昭和二十九年十月十五日、国際協力局作成
「国連加盟問題に関する件(対インド関係)」

本　省　10月16日後2時35分発

第二一二号

貴電第二〇七号並びに往電第一九四号に関し

インド代表の演説はわが国の加盟と日ソ平和条約の締結とを結びつける趣旨には非ずと了解しおるも、インド代表に対しわが国の加盟支持を謝する機会に我方は加盟を熱望するもこれを日ソ平和条約の成立にかからしめることは望ましからざる旨然るべく説明せられたく、その際先方の態度並びに情況によりては冒頭往電のパキスタン等に依頼せんとすると同様の動きを適当に依頼されたい。御如才なきことと存ずるも念のため。

（付　記）

国連加盟問題に関する件(対インド関係)

二九、一〇、一五
国協局

今次国連総会に際し、加盟問題に関しては、米国案による準加盟(総会参加)と並行して、正式加盟をも促進する方針をもって臨んできたが、十月十三日着の沢田大使

来電によれば、右米国案に賛成の国は現在のところ極めて少く、この情勢では米国としても本案上程を見合すことになる見込が強くなってきた。わが方としても、わが国のみを対象として本案の如き新方式を無理推しする意向はない（沢田大使よりもこの意向にて米側に応酬ずみ）。

二、他方、先般の一般討論においてインドのメノン代表が、インドは日本の加盟を支持する旨言明したが、国連代表部よりの通報によると、インド代表は右演説を行う前に、同代表部にも連絡越しており、本件につき相当積極的な意図を有しおる模様である。インド代表は右演説において、日本とソ連の平和条約が締結されることを要望し、日本の国連加盟はアジアの安定に資するとしてその実現を希望する旨述べた（沢田大使来電第二〇七号）趣であるが、今月下旬に特別政治委員会において開始される加盟問題審議に際し、インドが、例えば、日ソ平和条約の締結を条件として日本の国連加盟を認めるべしとの提案を行うことも考えられる。

三、わが方としては、インド代表の好意には感謝するも、インドがわが国の加盟と日ソ平和条約とを関連せしめるが如き性質の提案を行うことは、わが方にとり迷惑な事態を招来する惧れあるものとして、事前にこの動きを制御せざるをえないが、さりとて、わが方の加盟に対する熱意を疑われるが如きことも好ましくない。

よって、正式加盟工作推進の既定方針に従い、沢田大使よりインド側に対し、右の如き性質の提案以外の具体案を提示し、その推進方を要望することが寧ろ得策であると考えられる。

よって、さきに訓電（第一九四号＝別添）において、「パキスタン等」と指示した点に関し、右事情より、インドをも加えるよう沢田大使に訓電しては如何と考える。

135　昭和29年10月16日

在オーストリア中川（進）臨時代理公使より
緒方外務大臣臨時代理宛

米国新提案は支持しないとするオーストリアの立場について

第三九三号　昭和二九、一〇、一六付

緒方外務大臣代理　　在オーストリア　中川代理公使

新方式による国連総会参加に関する件

十月八日付貴信協一合第一三三五号に関し

一、十月十四日本官墺外務省政務局長シューナー公使を他用往訪の際軽く墺側の加入問題に対する態度をサウンドして見た処、オーストリアとしては今更不完全なメンバーになる意思はなく、どうしても正式加盟が不可能なれば、待機する積りであると述べた。よつて本官より実は本件に関し本日本省より訓令を受けたので近々主管局長に面会の上お話しする筈であるがと前置し御訓令の次第を申入れた処、前述の墺側態度は熟慮の末決つたもので変更は難しいと思うが、主管局長に話して貰いたいと述べた経緯がある。

二、十月十六日本官国連主管の国際協力局長マッチ公使を往訪し、御訓令の次第申入れた処、同公使は「実は貴官と同様な申出でを既にニューヨークで沢田大使から墺側オブザーバーも受けておる旨報告に接している。オーストリアとしては然し Expanded Participation といわれるこの米側の新しい提案をあらゆる角度から検討した結果、矢張り正式加盟まで待つことに決し、数日前国連代表部にその旨の訓令を出した所である。右態度決定に最も大きな参考になつたのは欧州諸国就中イタリア、西独、芬蘭の態度である。我々は欧州諸国と歩調を合して行きたいが、特に右三国とは地理的にも北から南に一連の東西中間地帯的な地域を形造つているので歩調を共にしたい。ポルトガルやアイレも新米案には反対と聞いているし、英仏も憲章の法規的根拠から米案には同調を躊躇しているものの様である。但し米側自体も新案の運命がどうなるか分らずしきりに実現に努力していると思われるから問題は未だ終極的に決つたのではなくて十二月初旬の討議までには如何なる変化が起らないとは言えない」と述べたので、本官より九月二十八日付往信第三六八号で御報告した墺、芬両国に或いはリビアを入れた三国のみの加盟案はどうなつたかと尋ねた処、本件は日本側で既に御存知と思うが、ハマーショルドとヴィシンスキーと先日会談の結果ソ側にかかる二又は三国のみの加入を認める意思がないことがはつきりしたので廃案になつている と述べた。

三、本官より墺側の立場は諒解したが、日本側の立場もあり殊に在日イタリア代理大使は未だ本件に関するイタリア側の最後的態度を留保しているものと諒解するので、オーストリア側においても是非政府最高首脳に日本側申入れの次第をお伝えの上御研究願いたいと述べた処、同公使はこれを承諾した。

四、本官がマ公使との会談中受けた印象ではオーストリア自身としてもフィンランドとの早期加入案が潰れた現在、待機すべきか米側の勧誘に応ずべきかに関し必ずしも何れかに絶対的の自信を有するのではなく（尤も政務局長は明確に正式加入以外は問題にならない旨繰返していたが）むしろ伊、芬、ポルトガル、西独、アイレ、就中イタリアの態度を大いに参考にしている様に思われたし又反面では米側の対墺働きかけにも相当に気を使つている様に思われた。然し従来本官等が外務省筋に接して来た印象を綜合すると、未加盟欧州諸国の態度が変らない限りオーストリアのみを翻意せしむることは先ず困難だろうと思われる。ついては本官においても固より今後共微力を尽す所存であるが、叙上未加盟欧州諸国の態度を我方に有利に御指導相成ることがオーストリアをして我方に同調せしむるために極めて有益であると思われる。右御如才なき儀とは存ずるも念のため申添える。

本信写送付先　国連代表部、米、伊、独、芬、葡

136　昭和29年10月22日　国際連合日本政府代表部沢田大使より緒方外務大臣臨時代理宛（電報）

早期国連加盟実現のための対ソ方針に関しインド代表との意見交換

ニューヨーク　10月22日前11時35分発
本　　　省　10月23日前8時2分着

第二三三六号

貴電第二一二号及び往電第二〇七号に関し

二十一日本使メノン代表と会談先ず先日総会の演説において日本の国連早期加盟を希望する旨述べられたることに関し謝意を表すると共に本件実現につき差当り打つ手ありやを質したるところ、ソ連代表が従来日本の加盟を拒否せる理由として日本とソ連との間に未だ戦争状態の終結しおらざる点を挙げおるより見るも日ソの平和回復が前提条件であり、他方インドとしては日「ソ」平和条約はアジアの安

定に資するところ誠に大と考えおる故本問題の解決を衷心より期待しおる所以を縷々述べおりたり。本使より日「ソ」平和回復については日本側は従来とも桑港条約を基礎としたオープン・ビッドを出しおり、寧ろソ連側よりの公式チャンネルによる接触を待ちおる次第にして、日本の国連加盟につき日「ソ」の平和回復を条件とするにおいては日本政府においても考慮し得ない旨述べ、更に従来ソ連が毎年繰返し提出しおる一括加盟案に日本をも加えた形において今期総会に提出を試みることは如何と尋ねたるところ、「メ」は右の日本をも含めた一括案に米国が賛成するとの保証を与えざればソ連は肯んじないと考える旨述べおりたり。

米国、インドへ転電せり。

137 昭和29年10月22日　国際連合日本政府代表部沢田大使より緒方外務大臣臨時代理宛（電報）

日本政府の正式加盟に関する希望を再確認する趣旨の事務総長宛て書簡発出について

別　電　昭和二十九年十月二十二日発国際連合日本政府代表部沢田大使より緒方外務大臣臨時代理宛第二四〇号

右書簡

ニューヨーク　10月22日後8時0分発

本　　省　10月23日前11時49分着

第二三九号

貴電第一九四号に関し

加盟問題の審議はAd hoc政治委員会において来週後半より開始される予定なるにつき冒頭貴電事務総長あて書簡は来週初め別電の通り発出いたすべし。

なお、貴電には加盟再申請の書簡とありたるも、加盟手続上再申請する場合には、一昨年行いたる手続を再度繰返すこととなり、他方今回書簡の趣旨は日本政府の正式加盟に関する希望を再確認するにある故、事務局とも協議の上別電内容の通りとせるにつき御諒承ありたい。

別電と共に米、英に転電せり。

（別　電）

ニューヨーク　10月22日後7時59分発
本　　　省　10月23日後0時58分着

第二四〇号

I have honour to draw your attention to item entitled "Admission of new member to UN" on agenda of current session of General Assembly which will be taken up by AD HOC Political Committee in short while.

You would recall that June16 1952 Government Japan submitted application for membership to UN. Application was considered by Security Council in September of same year and supported by ten affirmative vote. On December 21 1952 Seventh session of General Assembly determined Japan is fully qualified under Article 4 of Charter of UN to become member state. However, due to lack of unanimous support by permanent members of Council she has been kept outside UN.

Japan's will and ability to take role in activities of UN would be amply illustrated by her records. Japan belongs to all existent specialized agencies of UN while occupying post in executive body of seven of them. Further Japan is full member of Economic Commission for Asia and Far East and party to statute of International Court of Justice and from next year will serve on Executive Board of United Nations Childrens Fund. She also assumes active role in expanded programme of technical assistance both as beneficiary and benefactor. Furthermore peaceful settlement of disputes is principle under which Japan regulates her relations with other states. At present she is involved with some of such disputes with neighboring nations and is desirous of settling them through mediums of UN. Not only self interest but also concern with settlement of other peoples disputes and resultant relaxation of world tension prompt Japan to seek seat in UN.

In this connection some delegates have pointed out during general debate of current session that long pending problem of admission of new members is becoming vital issue for UN and Government Japan considers this present situation most regrettable one in view of principle of universality of UN. Government Japan in these circumstances would earnestly hope member states of UN would explore all possible ways and means to solve admission problem and to provide chance for Japan even fuller participation

in activities of UN.
Under instruction of my Government I hereby reconfirm desire of Government Japan to be admitted to UN and would appreciate it if you could bring this letter to attention of General Assembly.
Accept sir

138 昭和29年10月22日 国際連合日本政府代表部沢田大使より緒方外務大臣臨時代理宛(電報)

オブザーバーの権限を強化し総会での発言を認めるとの私案を米国代表部に提案

ニューヨーク　10月22日後7時59分発
本　　　省　10月23日後1時28分着

第二四一号

往電第二二六号に関し

一、十八日本使フルブライト上院議員と会談の機会あり「フ」より米国案推進方に関しワシントンと連絡中につき米側の態度決定迄二、三日猶予ありたき旨話ありたるにつき、本使は了承すると共に単なる私見として現在のオブザーバーのステータスを resident representative に変更せんとするが故に憲章の字句を楯にとり種々反対も起り得る故寧ろ名称にとらわれず実質的にときほごす手初めとして国連のユニバーサリティーを幾分なりとも強化し且つ国際紛争の審議に際してもより広く意見を徴しその解決の可能性を増加せしめるためオブザーバーをして現在の名称をその儘にし総会及び委員会において発言を認めしむる方法も一案と考える旨述べたるところ「フ」は興味を示すと共に、ワシントンとも至急協議し見る旨述べおりたり。なおその際本使より加盟問題審議の日も近ずきたる上先日もお話致しおきたる通り日本政府の正式加盟希望を再確認する趣旨の書簡を事務総長宛提出する旨述べ写を手交し置きたり。

二、二十日米代表部ボンソルより右一、の本使の示唆は helpful と考え目下代表部において勘案し且つ本使も書簡の字句等をも参考として一案をドラフトしつつあるにつき本使の事務総長宛書簡の発出を一両日待たれたき旨連絡越せるにより、本使より勿論異議なきも右書簡の提出は米国案の推進と何等抵触するものに非ざる故加盟問題審議の時期と睨み合せ来週早々には発出する所存なる旨申し置きたり。
米、英に転電せり。

139　昭和29年10月22日　国際連合日本政府代表部沢田大使より緒方外務大臣臨時代理宛（電報）

新提案の推進とオブザーバーの権限強化は米側結論として実現困難との米国代表の談話

ニューヨーク　10月22日後7時59分発
本　　　省　10月23日前11時45分着

第二四二号
往電第二四一号に関し
二十二日求めによりフルブライト議員と会談せるところ「フ」は本日朝国務省よりの連絡に基き米側原案については加盟国中にも賛成せざる国多くこれ以上推進すること困難なる旨、更に本使より示唆せる第二案については面白いと思い米側において種々研究せるも現在のオブザーヴァーが事務総長のカーテシーに拘わらず気儘に出来ざる故これを formalize する場合にはさきの non-members participation と同じ困難を起すこと予想されるにつき右を持出すこと困難なる結論に達せること、他方国務省としては日本のみに関し個別審査の方法なきやにつき真剣に検討するため先日事務総長宛書簡発出を数日延期方お願いしたる次第なるも、如何にしても目下のところ方法なしとの結論に達せるにつき誠に遺憾ながら右悪しからず了承ありたき旨述べたり。
なお「フ」は事務総長宛書簡については内容も誠に結構なるにつき至急発出されることを希望する旨付言せり。
米、英に転電せり。

140　昭和29年10月22日　国際連合日本政府代表部沢田大使より緒方外務大臣臨時代理宛（電報）

ソ連の一括加盟案に日本を加えることは困難との米国代表上院議員の見解

ニューヨーク　10月22日後8時0分発
本　　　省　10月23日前11時43分着

第二四三号
往電第二四二号のフルブライト上院議員と会見の際、往電第二三六号のメノン代表との会談の模様を話したるに「フ」は日本加盟問題につきソ連側と相当話合をなしおると思われるメノン氏の言として米国代表団側に伝わりおるところによるもソ連は法律論上なお戦争状態にある日本の加盟を推せんすることは出来ずと云いおる趣につきソ連のpackageに日本を加えしむることは困難なるべしと述べおりたり。

米、英に転電せり。

141 昭和29年10月26日 田中(三男)情報文化局長談話

国連加盟再申請に関する外務省情報文化局長の談話

昭和二十九年十月二十六日

国連加盟再申請に関する外務省情報文化局長談

わが国の国連加盟促進については、各種の国連機関への参加、国連の諸事業に対する積極的協力等を行うとともに、米国はじめ友邦諸国の支持を得て種々の努力を重ねてきたが、その一環として、国連第九総会に際し、沢田大使に訓令して、わが国が既に一昨年加盟申請を行つたこと、国連の原則に則つて国際協調に努め来つたこと、わが国の加盟が早期に実現されることを重ねて希望すること等を述べて、国連事務総長よりわが国の加盟について総会の注意を喚起するよう要請した書簡を事務総長あてに発出せしめることとした。

沢田大使よりの報告によれば本書簡は十月二十五日正午(日本時間二十六日午前二時)国連事務局に提出されたが、総会の特別政治委員会が今週後半から加盟問題を審議する際本書簡に関連して活潑な論議が行われ、わが国の早期加盟実現に有利な方向に少しでも発展することを期待している。

142 昭和29年10月28日 緒方外務大臣臨時代理より在伊国原田大使他宛(電報)

米国が新提案の見合わせを決定の旨通報

本　省　10月28日後8時0分発

合第三四九号

往信協一合第一三三五号に関し

沢田大使よりの報告によれば、本方式に対する各国の反響思わしからず総会にて多数の賛成を得る見込なきをもつて米国は本件提案を見合わすこととなりたる趣なり。なお、わが方としては本件と関係なく今後とも早期加盟実現のための工作を推進すること従来と変更なきも、とりあえず貴使御含みまで。

編注　本書第130文書の宛先と同一と思われる。

143　昭和29年11月5日　国際連合日本政府代表部沢田大使より緒方外務大臣臨時代理宛(電報)

特別政治委員会におけるアルゼンチン等による加盟問題決議案および修正案の提出について

ニューヨーク　11月5日後6時30分発
本　　省　11月7日前8時31分着

第二七二号

五日特別政治委員会の加盟問題審議に当りアルゼンチン、キューバ及びサルバドルより次の決議案及び修正案の提出あり。

一、ラオス及びカンボジヤに関するオーストラリア《（オーストリアカ）》等三国共同決議案を改正し第二項としてオーストラリア、セイロン、フインランド、アイルランド、イタリア、日本、ジョルダン、リビア、ネパール及びポルトガルも国連加盟を認めらるる資格ある旨の総会決議が既にありたることを想起し、との趣旨の一文を挿入し新な第三項に右に応じて十二カ国の名を掲げ且つ declaring を reaffirms と改むる修正案。

二、安保理事会に対し、懸案の申請の再審査及び具体的勧告に到達するための努力を要請し、斡旋委員会に対し安保理事会理事国と協議するよう指示し又総会は本決議案採択後二週間本問題の審議を停止した後、今会期中に解決策に到達するための審議を再開すべき旨の決議案。

三、右一、二、に関しては来週早々審議の予定なり。

144　昭和29年11月8日　国際連合日本政府代表部沢田大使より緒方外務大臣臨時代理宛(電報)

特別政治委員会における加盟決議案の審議状況

ニューヨーク　11月8日後5時51分発
本　　省　11月10日前8時11分着

第二七六号

往電第二七二号に関し

国連総会特別政治委員会における加盟問題の審議は十月二十九日より十一月五日までに五回に亘り行われ、斡旋委員会の報告並びにオーストラリア、パキスタン、タイ三国共同提案、ラオス及びカンボジアの加盟の両議題に関し一般討論を行い、この間にソ連より十四ケ国(アルバニア、蒙古、ブルガリア、ルーマニア、ハンガリア、フィンランド、イタリア、ポルトガル、アイルランド、ジョルダン、オーストリア、セイロン、ネパール及びリビア)一括加盟決議案(往信第七七二号参照)、インドより懸案の加盟申請書を安保理事会に再審査の為再戻《ママ》すこととする趣旨の決議案の提出あり。現在までに斡旋委員会ベランデ議長の外米、英、仏、「ソ」を始め三十ケ国代表の発言を終りたるところ、主なる論点左の通り。

一、ベランデ委員長は、報告書の説明として、委員会の努力にも拘わらず、解決の見込み得られざることを遺憾とするも、委員会の構成変更乃至は付託条項改正を行いなお努力継続の価値あることを述べたるに対しソ連圏諸国代表は右報告が簡略に過ぎ不満なりとせるも、その他の代表は現状の制約下においては、これ以上を望み得ずとして委員会に対し一様に讃辞を送りおれり。

二、国連のメンバーシップが普遍的なるべしとの原則は東西両陣営夫々の意味にて等しく唱うるところなるも、中国のみは右が mechanical universality となることの不可を特に強調せり。

三、一括加盟案承認の思想を当然なりとして擁護するものソ連圏諸国、政治的妥協策として認めるものパキスタン、インド等。

四、加盟実現を阻害するものとしてソ連圏側は米、英、仏等の favoritism 即ちこれ等諸国と政治、経済、社会組織を同じくするもののみを加盟せしめんとする意図を挙げ、これに対し西欧側のうち米、英、仏、ベルギー、中国、イラク等はソ連による拒否権行使を強く批判せり。

五、アルゼンチンを始めとする中南米諸国は憲章作成のための桑港会議における法律家委員会の見解に言及し加盟問題審議に当り総会は必ずしも安保理事会の勧告に束縛されざることを考慮し、総会の権限強化を計る必要ありと唱えたるも、ビルマ代表は理事会における拒否権行使はこれを認むべしと反論せり。インド代表は憲章の現行規定においては理事会の独自の権限を尊重すべきこと及び同国の決議案は右の趣旨に出るものなることを述べたり。
六、ラオス及びカンボジアの加盟に関し仏、中国、リベリア等よりヴェトナムを除くべき理由なきこと、又ソ連圏諸国よりラオス、カンボジアの加盟承認は時期尚早なることが述べられたり。
米に転報せり。

145　昭和29年11月8日　国際連合日本政府代表部沢田大使より緒方外務大臣臨時代理宛(電報)

特別政治委員会におけるインド提出の決議案について

ニューヨーク　11月8日後5時9分発
本　　　省　11月9日前10時31分着

第二七七号
往電第二七二号に関し
(以下平文)
一、三日インド代表は総会特別政治委員会加盟問題審議に際し別電《省略》の決議案を提出せり。同案の特色は憲章二十八条第二項及び安保理事会手続規則第四による理事会定期会議を召集し加盟問題審議を行うことを示唆しおる点にある。
(以下略号)
二、右案に関しインド国連代表部員の当部員に語るところによれば現加盟申請国の申請が安保理事会において再審議の際米国ソ連両国共に反対しおらざる国(必ずしも積極的に支持しおる国に限らず)の申請に対しては拒否権を行使せずとの保証を別途個別的に米「ソ」両国より取り付けることをインド代表部において考慮中にして米「ソ」両国の拒否権行使なき時はソ連一括加盟案中の五ソ連衛星国以外の九国の申請は必要票数獲得容易なるべくアルバニア及び外蒙については一九四六年米国が九国同時加盟案に両国を含めたる経緯より推して米国は積極的に反対しないものと考える。なおラオス及びカンボジヤもジユネーヴ会議において東西両陣営によりその独立を保証されおる点より見て米「ソ」より異議なきものと推察しおり、かくて相当数の国の加盟を実現し得ると考えおる由なり。

三、右二、の実現性については相当疑問ありと考えるも聞込みの儘御参考迄。

米に転報し、インドに転電せり。

146　昭和29年11月8日　国際連合日本政府代表部沢田大使より緒方外務大臣臨時代理宛（電報）

特別政治委員会の加盟問題審議における主要発言

ニューヨーク　11月8日後7時17分発
本　　　省　11月9日後1時59分着

第二七九号

往電第二七二号に関し

本八日総会特別政治委員会の加盟問題審議のうち主なる点左の通り。

一、一般討論の継続において、サウヂアラビア代表はソ連一括加盟案を支持すべきことを表明せるも日本の如き大国が同案に含まれおらざることを故意の除外なりとして遺憾の意を表せり。

二、イラン及びハイチ両代表よりインド案（往電第二七二号（編注））とアルゼンチン、キューバ及びエル・サルバドル決議案（往電第二七二号第二項）が類似せるにより両提案国が協議の上単一案として再提出することを示唆し、且つハイチ代表は右提案に基いて理事会が加盟申請の再審議を行う間、他の決議案の表決を行わざることを提言せり。委員会トルス委員長も又右両代表の意見に同調せるをもって前記両案に代るべき修正単一案を提出の見込み大なり。オーストラリア案もアルゼンチン他二国の修正案で骨抜きの体となり、然も右アルゼンチン修正案は加盟資格再確認決議の繰返しであり、レバノン代表もかかる反覆の無用なることを力説しおる点より見て今後濠洲提案及びその修正案も改訂される可能性あり。

米に転報せり。

編　注　往電第二七七号（本書第145文書）の別電第二七八号（本書では省略）の誤りと思われる。

147　昭和29年11月9日　国際連合日本政府代表部沢田大使より緒方外務大臣臨時代理宛（電報）

ソ連の一括加盟案に日本を含めることにつきインドネシア代表が賛意表明

ニューヨーク　11月9日後1時25分発
本　　省　11月10日前8時28分着

第二八二号

往電第二七七号に関し

一、四日夕本使主催の総理レセプシヨンにおいてインドネシア代表スジアルボ公使と国連加盟問題につき懇談せる際、ソ連の一括加盟案に日本を含ましめる点につき、本使より意向打診せるところ「ス」は明日の特別政治委員会審議においてその点にふれる積りなるも、自分がこの点に関し、ソ連代表部と接触せるところによればソ連側は Time is not yet ripe と言いおるも、日本側よりの接触を非常に希望しおるよう見受けられたる旨語りたり。

二、五日の特別政治委員会においても、同代表はソ連一括加盟案を支持する旨述べると共に日本を同案中に含めることに異存なき旨発言せり。

インドネシアに転電し、米に転報せり。

148　昭和29年11月10日　国際連合日本政府代表部沢田大使より緒方外務大臣臨時代理宛（電報）

特別政治委員会審議での日本に関する主要発言

ニューヨーク　11月10日前10時55分発
本　　省　11月11日後1時19分着

第二八四号

往電第二七六号に関し

第五回までの審議における日本関係の主なる発言冒頭往電二、の他次の通り。

一、十一月一日ポーランド代表は終局的にはインドシナ諸国の他日本及び統一された韓国その他アジアのすべての国の国連加盟を希望するも、その前提条件として大国間の政治的和解、憲章の精神の尊重及び当該主権国の社会、経済組織の如何に拘わらず、これを公正に取扱うことを必要とする旨を述べたり。

二、加盟資格を充分に備えおり、従つて当然加盟しありて然るべきに拘わらず加盟を阻まれている国の例として日本を挙げたるもの、パキスタン、エジプト、サルヴァドル、アルゼンチン等。

三、四日インド代表メノンは同国がすべての国の加盟を歓迎するものなるも法律的戦争状態がなお存在する二国間、例えば日本に対するソ連の如き立場においてはソ連が直ちに日本の加盟を認むること困難ならんとの要旨の発言を行いたり。

米に転報せり。

---

149 昭和29年11月10日 国際連合日本政府代表部沢田大使より緒方外務大臣臨時代理宛(電報)

加盟問題決議案の修正等審議の経過

ニューヨーク 11月10日後6時48分発
本　　省 11月12日前1時14分着

第二八五号

往電第二七二号に関し

冒頭往電三、の決議案に対してはタイ国側が反対の意向を強く示したるためアルゼンチン他二国は各決議案を撤回し他方往電第二七九号の三、の協議の結果十日アルゼンチン、キューバ、サルバドル及びインドは四ケ国共同にて修正案を提出せる処要旨次の通り。

一、従来のインド案の冒頭に国連のメンバーシップが平和愛好国に対し普遍的なるべしとの気運が嵩まりつつあることを認めその趣旨の一項を加え

二、最終項に於ける報告期限を出来れば総会の今会期中に右が不可能なる場合には必ず第十会期中と改む(修正案文空送せり。)

米に転報せり。

---

150 昭和29年11月12日 国際連合日本政府代表部沢田大使より緒方外務大臣臨時代理宛(電報)

懸案を一括して安保理に回付すべきとのインドおよびインドネシア提案等審議経過

ニューヨーク 11月12日後7時30分発
本　　省 11月13日前10時15分着

第二九四号

往電第二八七号に関し

一、十一日米国は冒頭往電三国共同決議案[編注]に韓国及びヴェト

ナムを追加すべき修正案を提出せり。

二、十二日特別政治委員会は最初に往電第二八五号の四国共同案を満場一致採択せり。

三、インド及びインドネシアはソ連の一括加盟案、オーストラリア外二国の共同決議案、アルゼンチン外二国の共同決議案、及び前記米国修正案を一括安保理事会に回付すべき旨提案せり。なおこれ等個々の提案に関しインド、インドネシア及びアルゼンチンは表決に付する必要なしと主張せるに対し、オーストラリア及び米国は前記四国共同決議案の採択とは無関係に、これ等諸決議案をも個々に表決に付すべき旨主張し、結局右取扱いにつき未解決のまま散会せり。

四、ソ連代表はその一括加盟案が全申請国平等の原則の基礎の上に立ちおる点を強調せるも、他国の支持する申請国を受諾する用意あり、且つ同一括案を修正して他の数国を追加する用意あることを述べたり。又審議の後半において南米三国及びインドの四国決議案が採択された以上一括案の表決固執せざる旨表明せり。

米に転送せり。

編　注　アルゼンチン、キューバ、エル・サルバドル提案による十国の加盟資格承認案。

151　昭和29年11月15日　国際連合日本政府代表部沢田大使より岡崎外務大臣宛（電報）

特別政治委員会における加盟問題の審議結果

ニューヨーク　11月15日後2時4分発
本　　省　11月16日後2時53分着

第二九七号

往電第二九四号の三、に関し

十五日委員会はインド及びインドネシア共同提案を二十五対二十四棄権六にて採択し、加盟問題審議を終了せり。委細公信。

米に転報せり。

152　昭和29年11月23日　国際連合日本政府代表部沢田大使より岡崎外務大臣宛（電報）

特別政治委員会決議の総会での審議結果

ニューヨーク　11月23日後6時43分発
本　　省　11月25日前8時46分着

第三一二号

貴電第二九四号及び往電第二九七号に関し

一、二十三日総会本会議は加盟問題に関する特別政治委員会報告を審議し、往電第二九四号の四国決議案を無審議、無表決の儘採択せり。

二、インド、インドネシア決議案に関してはメノン代表が同案も表決に付せざることを動議し、右動議に異議なく未採択となれり。若し表決に付された場合は三分の二の賛成票を要し採択の見込なくもともとインドとしてはアルゼンテイン、キューバ、エル・サルバドルの三国、オー《（オー》ストリア《ストラリアカ）》、米国、ソ連の個別案を不要なりとして棚上げすることを目的とせるため、右インド、インドネシアの採択、未採択いづれにても目的を達する訳なるも提案国としてはその提出せる決議案が否決されることを好まざりしためと思われる。他方オーストラリア、米国等もその個別案を固執せず簡単に審議を終了せり。

米、伊、オーストリア《（オーストラリアカ）》に転報せり。

二　第十回総会における国連加盟問題

1　AA会議決議を受けた関係諸国との連携

153　昭和30年1月18日　在オランダ岡本（季正）大使より重光（葵）外務大臣宛（電報）

アジア・アフリカ会議に際しての西欧陣営諸国に対する配慮について

ハーグ　1月18日後6時30分発
本　省　1月19日前7時47分着

第二号

最近世界の視聴は西欧より東亜に向けられ、この際日本の動向は深甚の注意を以て見られ居ると認められるところアジア、アフリカ会議に日本が中共と並んで招待せられたことは敗戦後の我国外交にとつて画期的重大一歩を進めるもので、これが参加に依つて我国際的地位を高め共存共栄の理想に基きアジア、アフリカ諸国をリードし得る素地を築くものとして欣快に堪えないが、然し乍ら招請受諾に当つては中共問題に極度に神経質なる米を第一として、英、仏、蘭等所謂コロニアリズム排撃運動の目標となつている西欧陣営諸国に与えるべき心理的影響に付ては充分顧慮の要あるべく、従つてあらかじめ特に米国政府と会議参加については充分の了解を遂げ置かるることは勿論、我国としては本会議をアジア、アフリカ地域の安全と独立確保のみならず、更にこれ等諸国間の協力増進、就中経済協力に付具体的討議を行う方向に積極的にリードして行くことが肝要なるべし。会議参加国中明らかに西欧陣営に属するものは我国の外にはパキスタン、フィリピン、タイ、トルコ及びイラク等少数に止まる事実にも鑑み、申す迄もなく本会議が中共の宣伝の独り舞台となり、或いはコロニアリズム排撃を強調する余り西欧陣営との対立を深める方向に逸脱せざるよう、如何に会議をリードするかについては、あらかじめ準備を整え置かるること必要なりと存ぜられる。又具体的問題としては中共の国連加盟、蘭領ニューギニア問題、インドに残存するポルトガル領土等機微な問題の討議も予想されるにより、これ等に対処する準備（例えば参加国が全部共同決議に賛成し我国のみが反対乃至棄権する如き孤立的立場に立ち至ることなき様)必要なるべし。なお当国各紙は本会議に多大の関心を払いつつあるにより主なる論調郵送せり。

154 昭和30年2月26日 在インドネシア日本政府代表倭島(英二)公使より重光外務大臣宛(電報)

アジア・アフリカ会議に際しわが方の取るべき措置について

ジャカルタ　2月26日後9時30分発
本　　省　2月27日前9時22分着

第一四号

一、アジア・アフリカ会議はその性格から決議や共同声明のごときものは出て来なくても、アジア・アフリカの三十箇国もの代表が集まり、しかもネルーとか周恩来とか、現下の国際情勢に一意見も二意見もある連中が集まつて意見を交換し、共同の利益のある問題について一つの空気を醸成しようというのであるからそこには今後の国際政治に対して無視出来ぬ一つの勢いを生み出す可能性が充分含まれている。特に米、英、ソ等国際会議の常連が出席しないで、しかも皮肉にも彼等の関心の深いアジアの問題、特にアジアの方向をどちらに向けるかという問題が、話題の中心になるのであるから、出席していると否とにかかわらず世界の視聴はこの会議に集まらざるを得まい。

二、わが国自身の関係から云つても、この会議は色々の含蓄をもつている。アジア諸国が現在わが国に対して有している感情と期待は、極めて機微なるものがある様に思われる。中共とその他の国では多少違うであろうが、兎に角アジアの諸国は戦後の日本の行き方に、未だ見透をつけかねて注視している様である。恐らくネルーにしても、アリにしても、日本はアジアの独立国として、アジアの命運を相共に切り拓いて行く気でいるのか、それとも西欧の手先として目前の利益を追う気でいるのか何れかと云う様な疑念を脳裡に有しつつ、西イリアン問題、台湾問題、共産主義との共存問題、原水爆禁止問題等火のついている問題について、具体的な探りを入れてくるものと思われる。従つてこれ等の問題についてのわが国の基本態度をはつきり考えて置く必要がある。

三、以上の様な関係から、わが首席代表の演説には、今後わが国が倚つてもつて立たんとする哲学を簡潔な表現で入れておく必要がある。例えば所謂平和五原則の如きものに対して、日本は如何なるガイディング・プリンシプルを標榜するかと云う点である。この点は是非御考慮願いたい。

四、経済協力の問題は比較的無難なので、色々話に花が咲き、特にわが国に対しては各国とも技術援助の点を期待しているかと思われるので、この点については現実に実行し得る具体的な案を用意せられ、又代表中にもその方面の権威を含められては如何かと存ず。

五、なお会議の性質上わが代表は少数精鋭主義を貫かれることが望ましいと思う。

以上念のため卑見申し進めず《ママ》。

155　昭和30年3月23日　国際連合日本政府代表部沢田大使より重光外務大臣宛（電報）

日本の加盟促進に関し加盟斡旋委員会議長であるペルー代表の動向について

ニューヨーク　3月23日後0時23分発
本　　省　3月24日前7時3分着

第六〇号

ペルー代表Belaunde氏は顔を合わすたびに日ソ交渉に発展なきやを訊ね、異常の関心を示しおり、去る十八日チェッコ代表団のレセプションの際には本使を傍に招きてソ連が日本に対するvetoをliftしたるときは加盟問題調停委員会（「べ」氏委員長）は直ちに発動し日本をパッケージより切離してその加盟を促進するよう工夫するつもりなるを内話したるが、二十二日本件担当事務局員が部員に語るところによれば「べ」は加盟問題のデッドロックを打開するため、目下日本のケースに専ら望みをかけおり、その際日本のみを切離すときは余りに目立ち過ぎるため、未加盟国中最も中立的小国にして問題少しとみられるフィンランド、リビア、ヨルダン等と共に日本の加盟問題を採り上げんとの心組みにて事務局とも累次協議しおる由。

米に転電せり。

156　昭和30年3月28日　国際連合日本政府代表部沢田大使より重光外務大臣宛（電報）

日ソ交渉と日本の加盟との関係等に関するインド代表の談話

ニューヨーク　3月28日後3時56分発
本　　　省　3月29日前7時17分着

第六二号

二十六日インド代表メノン氏来訪会談要領左の通り。

一、日「ソ」交渉問題に関する質問に対し、予備的打合せのため、目下モスコーの回答を待ちおる事態なるを答えたるに、メノン氏は交渉地としては外部（特に報道陣）よりの雑音の混ぜ返さるること少なきジュネーヴの方が良かりしならんとの感想を述べ、その理由として「メ」自身の経験に鑑み、ニューヨークが世界の報道のクロス・ロードとしてニュース活動余りに活潑なるため、交渉途中において mischief を行う（例えば一方に不利なるニュースを他が洩らした如く疑わしめる等）ものあり得べく、右が交渉者の心理に影響し、素直に纒るべき話が意外にもつれることを惧れる旨述べたり。なお本使より交渉経過途中にソ連側より日本の国連加盟に対するヴィートーをリフトすることを約束することあらば、加盟問題打開を本務とする本使としては遅滞なく、ベラウンデ委員会に働きかけて、日本の加盟促進方取計らいもらう積りなるを語りたるに、メノン氏はインドが日本の加盟を支持する方針は昨年の総会にて述べたる通りなりと答えたり。

二、台湾問題につき各方面へのメノン氏最近の情況打診の感想を求めたるに、いわゆる「二つの支那」の思想については、英国は客年末バロン・デッセーを放ちたるも反響面白からざるため別案を生み出さんと目下各方面に探りを入れつつある状態なるが中共は特に今日となりては、この思想に絶対反対にしてインドも中国のインテグリティーを尊重する建前より台湾の独立を認むることには反対なり。米国側には先日大統領、国務長官始めセネタース等と話合いたるが台湾問題のために全面戦争を誘発する危険を冒さずとするもの多きが如きも、中には砲火を交うるも辞せずとする強気の連中もあり、自分の感じにては米国側がはっきりせざる現在の態度をもつて推移せば、結局中共側をして火蓋を切らせる結果に立到らざるやを惧る。日本としてもかかる場合に処することも充分考慮しおかるる要あるよう考えると述べたり。

三、「メ」氏は、自分は明二十七日出発オタワ、ロンドン経由ニューデリーに立寄りたる上、バンドン会議に赴く予定なるが、該会議は呉越同舟の感ありて、その成果に多くを期待し得ざるも、アジア・アラブ諸国が相会して共通利害の問題を討議する習慣を作る第一歩として意義ありと考えおれり。アトミック・エナジーにつきても米国の如く軍事的使用を禁止せずして平和的使用を唱えたりとて意味なきこと故、インドとしては今回の会議に決議案提出等只今のところは考えおらずと語りたり。

四、「メ」氏がかねて余り米国を好かざるは定評あるところなるを以て、以上そのお含みにて本電御判読ありたく、殊に米国に対する機微の点もあるにつき取扱い特に御注意請う。

御見込みによりインドへ転電ありたい。

米、英へ転電せり。

157　昭和30年4月18日　高碕(達之助)アジア・アフリカ会議日本政府代表より重光外務大臣宛(電報)

アジア・アフリカ会議の議事進行および議題に関する各国代表の非公式会議の結果

バンドン　4月18日前9時30分発
本　　省　4月18日後5時5分着

第二号(大至急)

(以下略号)

十七日午後三時よりアリ総理宿舎において参加各国首席代表の非公式会議が開催され(パキスタンを含む五ケ国代表は未着のため欠席)議事の進行及び議題について意見を交換した結果左の通り決定を見た。

一、会議議長たるべき当国総理を除きて各国代表の演説は文章として配布するに止めること。

二、議事規則は特に定めずこの種の会議において普通とられている方法によつて議事の進行を計ること。

三、議題は左記七項目に整理すること。

㈠経済協力

㈡文化協力
㈢隷属民族に関する諸問題
㈣人権及び民族自決
㈤原子力の平和的利用
㈥大量破壊兵器
㈦世界平和増進に関する諸問題

四、前記㈢、のうち㈠及び㈡は夫々各国代表一名を以つて構成する特別委員会に付託し報告を提出せしめ、㈢以下は特に委員会を設置せず本会議において順次取り上げること。

五、㈣においては人種的差別待遇、民族問題及びパレスタイン問題に関する意見の開陳を妨げない。

六、㈦は国連加盟の普遍主義の主張を含むこと。

(以下暗号)

本代表の受けた印象では会議参加者の分野も当初と大いに異り旁々招請国代表は会議が破局的な事態に陥ることを極力避けるために紛議を醸す如き政治問題を取上げることを回避し重点を経済協力におき又各国代表も出来る限り非公式に自由に意見を交換することを希望し、そのため議事規則の如きものも特別に決定せず、又会議終了に際しジョイント・コミュニケを発表すること以外は特に決議又は宣言を採択することは望んでいないように見受けられた。

158　昭和30年4月24日　高碕アジア・アフリカ会議日本政府代表より重光外務大臣宛(電報)

アジア・アフリカ会議における国連加盟問題等の討議状況

付　記　昭和三十年四月二十四日採択
アジア・アフリカ会議最終コミュニケ

バンドン　4月24日後2時20分発
本　省　4月24日後5時16分着

第四三号

二十三日の代表会議における討議中注目すべき点左の通り。

一、周恩来は平和促進に関する中共の提案を披露したが、その内容は各国代表の提案を巧みに取纏めたもので、先ずわが方の提案した「平和宣言」のタイトルを推奨し、次いで平和五原則については各国が必ずしも賛成せざるべきにつき、これを主権尊重、不侵略、内政不干渉、人種平等承認、各国平等承認、民族自決権尊重、相互加害回避の七原則とした旨を説明し、列席各国に対し極力協調的且つ善隣友好的態度を示すに努めた。特にわが国に対しては、日本国民の希望である限り吉田政府でも鳩山政府でも、その態度には変りなきことを言明した。

二、インドシナの事態に関する討議で、インドがＡＡ会議はジュネーヴ協定が遵守されることを信頼する旨の宣言案を提出したところ南ヴェトナム代表は同協定はヴェトナム政府の同意なく作成されたもので、自決権を無視しており国連憲章の原則に反するとし、従つて統一選挙には無条件には賛成し難い。中立的立場にあるべき国際管理委員会の議長たるインドが、斯かる提案を行うとは驚くべきことであるとの発言を行つたのに対し、ネールはこれをもつて重大なる誹謗なりとして議場は緊張したが、結局右はネールを不公正なりと言つた訳ではないとの了解に達して解決した。但し宣言案は不採択に終つた。

三、国連加盟問題で日本等ＡＡ地域の未加盟国の加盟促進決議が採択されたところ、そのとき偶々不在であつた周恩来は、爾後に討議を蒸し返し、右決議が統一後の朝鮮及び外蒙古を除外する趣旨に非ざることを明示するよう強く要求した結果、本決議は会議参加国中の未加盟国についてのみ適用されるとの了解で妥結し、他方中共の国連代表権問題は全く提起しなかつた。

四、経済及び文化委員会の報告は倶に採択された。

（付　記）

FINAL COMMUNIQUE
OF THE
ASIAN-AFRICAN CONFERENCE

Held at Bandung from 18th to 24th April, 1955

The Asian-African Conference, convened upon the invitation of the Prime Ministers of Burma, Ceylon, India, Indonesia and Pakistan met in Bandung from the 18th to the 24th April, 1955. In addition to the sponsoring countries the following 24 countries participated in the Conference:

1. Afghanistan　　13. Liberia
2. Cambodia　　14. Libya
3. People's Republic　　15. Nepal

of China	16. Philippines
4. Egypt	17. Saudi Arabia
5. Ethiopia	18. Sudan
6. Gold Coast	19. Syria
7. Iran	20. Thailand
8. Iraq	21. Turkey
9. Japan	22. Democratic Republic of Vietnam
10. Jordan	
11. Laos	23. State of Vietnam
12. Lebanon	24. Yemen

The Asian-African Conference considered problems of common interest and concern to countries of Asia and Africa and discussed ways and means by which their people could achieve fuller economic cultural and political cooperation.

A. ECONOMIC COOPERATION

1. The Asian-African Conference recognized the urgency of promoting economic development in the Asian-African region. There was general desire for economic cooperation among the participating countries on the basis of mutual interest and respect for national sovereignty. The proposals with regard to economic cooperation within the participating countries do not preclude either the desirability or the need for cooperation with countries outside the region, including the investment of foreign capital. It was further recognised that the assistance being received by certain participating countries from outside the region, through international or under bilateral arrangements, had made a valuable contribution to the implementation of their development programmes.

2. The participating countries agreed to provide technical assistance to one another, to the maximum extent practicable, in the form of: experts, trainees, pilot projects and equipment for demonstration purposes; exchange of know-how and establishment of national, and where possible, regional training and research institutes for imparting technical knowledge and skills in cooperation with the existing international agencies.

3. The Asian-African Conference recommended: the early establishment of the Special United Nations Fund for Economic Development; the allocation by the International Bank for Recon-

struction and Development of a greater part of its resources to Asian-African countries; the early establishment of the International Finance Corporation which should include in its activities the undertaking of equity investment; and encouragement to the promotion of joint ventures among Asian-African countries in so far as this will promote their common interest.

4. The Asian-African Conference recognised the vital need for stabilizing commodity trade in the region. The principle of enlarging the scope of multilateral trade and payments was accepted. However, it was recognised that some countries would have to take recourse to bilateral trade arrangements in view of their prevailing economic conditions.

5. The Asian-African Conference recommended that collective action be taken by participating countries for stabilizing the international prices of and demand for primary commodities through bilateral and multilateral arrangements, and that as far as practicable and desirable, they should adopt a unified approach on the subject in the United Nations Permanent Advisory Commission on International Commodity Trade and other international forums.

6. The Asian-African Conference further recommended that: Asian-African countries should diversify their export trade by processing their raw material, wherever economically feasible, before export; intra-regional trade fairs should be promoted and encouragement given to the exchange of trade delegations and groups of businessmen; exchange of information and of samples should be encouraged with a view to promoting intra-regional trade; and normal facilities should be provided for transit trade of landlocked countries.

7. The Asian-African Conference attached considerable importance to Shipping and expressed concern that shipping lines reviewed from time to time their freight rates, often to the detriment of participating countries. It recommended a study of this problem, and collective action thereafter, to induce the shipping lines to adopt a more reasonable attitude. It was suggested that a study of railway freight of transit trade may be made.

8. The Asian-African Conference agreed that encouragement should be given to the establishment of national and region-

al banks and insurance companies.

9. The Asian-African Conference felt that exchange of information on matters relating to oil, such as remittance of profits and taxation, might eventually lead to the formulation of common policies.

10. The Asian-African Conference emphasized the particular significance of the development of nuclear energy for peaceful purposes, for the Asian-African countries. The Conference welcomed the initiative of the Powers principally concerned in offering to make available information regarding the use of atomic energy for peaceful purposes; urged the speedy establishment of the International Atomic Energy Agency which should provide for adequate representation of the Asian-African countries on the executive authority of the Agency; and recommended to the Asian and African Governments to take full advantage of the training and other facilities in the peaceful uses of atomic energy offered by the countries sponsoring such programmes.

11. The Asian-African Conference agreed to the appointment of Liaison Officers in participating countries, to be nominated by their respective national Government, for the exchange of information and ideas on matters of mutual interest. It recommended that fuller use should be made of the existing international organisations, and participating countries who were not members of such international organisations, but were eligible, should secure membership.

12. The Asian-African Conference recommended that there should be prior consultation of participating countries in international forums with a view, as far as possible, to furthering their mutual economic interest. It is, however, not intended to form a regional bloc.

B. CULTURAL COOPERATION

1. The Asian-African Conference was convinced that among the most powerful means of promoting understanding among nations is the development of cultural cooperation. Asia and Africa have been the cradle of great religions and civilisations while themselves being enriched in the process. Thus the cultures of Asia and Africa are based on spiritual and universal foundations. Unfortunately contacts among Asian and African

countries were interrupted during the past centuries. The peoples of Asia and Africa are now animated by a keen and sincere desire to renew their old cultural contacts and develop new ones in the context of the modern world. All participating governments at the Conference reiterated their determination to work for closer cultural cooperation.

2. The Asian-African Conference took note of the fact that the existence of colonialism in many parts of Asia and Africa in whatever form it may be not only prevents cultural cooperation but also suppresses the national cultures of the people. Some colonial powers have denied to their dependent peoples basic rights in the sphere of education and culture which hampers the development of their personality and also prevents cultural intercourse with other Asian and African peoples. This is particularly true in the case of Tunisia, Algeria and Morocco, where the basic right of the people to study their own language and culture has been suppressed. Similar discrimination has been practised against African and coloured people in some parts of the Continent of Africa. The Conference felt that these policies amount to a denial of the fundamental rights of man, impede cultural advancement in this region and also hamper cultural cooperation on the wider international plans. The Conference condemned such a denial of fundamental rights in the sphere of education and culture in some parts of Asia and Africa by this and other forms of cultural suppression.

In particular, the Conference condemned racialism as a means of cultural suppression.

3. It was not from any sense of exclusiveness or rivalry with other groups of nations and other civilisations and cultures that the Conference viewed the development of cultural cooperation among Asian and African countries. True to the age-old tradition of tolerance and universality, the Conference believed that Asian and African cultural cooperation should be developed in the larger context of world cooperation.

Side by side with the development of Asian-African cultural cooperation the countries of Asia and Africa desire to develop cultural contacts with others. This would enrich their own culture and would also help in the promotion of world peace and understanding.

4. There are many countries in Asia and Africa which have not yet been able to develop their educational, scientific and technical institutions. The Conference recommended that countries in Asia and Africa which are more fortunately placed in this respect should give facilities for the admission of students and trainees from such countries to their institutions. Such facilities should also be made available to the Asian and African people in Africa to whom opportunities for acquiring higher education are at present denied.

5. The Asian-African Conference felt that the promotion of cultural cooperation among countries of Asia and Africa should be directed towards:

(I) the acquisition of knowledge of each other country;

(II) mutual cultural exchange, and

(III) exchange of information.

6. The Asian-African Conference was of opinion that at this stage the best results in cultural cooperation would be achieved by pursuing bilateral arrangements to implement its recommendations and by each country taking action on its own, wherever possible and feasible.

C. HUMAN RIGHTS AND SELF DETERMINATION

1. The Asian-African Conference declared its full support of the fundamental principles of Human Rights as set forth in the Charter of the United Nations and took note of the Universal Declaration of Human Rights as a common standard of achievement for all peoples and all nations.

The Conference declared its full support of the principle of self-determination of peoples and nations as set forth in the Charter of the United Nations and took note of the United Nations resolutions on the rights of peoples and nations to self-determination, which is a pre-requisite of the full enjoyment of all fundamental Human Rights.

2. The Asian-African Conference deplored the policies and practices of racial segregation and discrimination which form the basis of government and human relations in large regions of Africa and in other parts of the world. Such conduct is not only a gross violation of human rights, but also a denial of the fun-

damental values of civilisation and the dignity of man.

The Conference extended its warm sympathy and support for the courageous stand taken by the victims of racial discrimination, especially by the peoples of African and Indian and Pakistani origin in South Africa; applauded all those who sustain their cause; reaffirmed the determination of Asian-African peoples to eradicate every trace of racialism that might exist in their own countries; and pledged to use its full moral influence to guard against the danger of falling victims to the same evil in their struggle to eradicate it.

D.　PROBLEMS OF DEPENDENT PEOPLES

1.　The Asian-African Conference discussed the problems of dependent peoples and colonialism and the evils arising from the subjection of peoples to alien subjugation, domination and exploitation.

The Conference is agreed:

(a)　in declaring that colonialism in all its manifestations is an evil which should speedily be brought to an end;

(b)　in affirming that the subjection of peoples to alien subjugation, domination and exploitation constitutes a denial of fundamental human rights, is contrary to the Charter of the United Nations and is an impediment to the promotion of world peace and co-operation;

(c)　in declaring its support of the cause of freedom and independence for all such peoples, and

(d)　in calling upon the powers concerned to grant freedom and independence to such peoples.

2.　In view of the unsettled situation in North Africa and of the persisting denial to the peoples of North Africa of their right to self-determination, the Asian-African Conference declared its support of the rights of the people of Algeria, Morocco and Tunisia to self-determination and independence and urged the French Government to bring about a peaceful settlement of the issue without delay.

E.　OTHER PROBLEMS

1.　In view of the existing tension in the Middle East, caused by the situation in Palestine and of the danger of that tension to world peace, the Asian-African Conference declared its support of the rights of the Arab people of Palestine and called for the implementation of the United Nations Resolutions on Palestine and the achievement of the peaceful settlement of the Palestine question.

2. The Asian-African Conference, in the context of its expressed attitude on the abolition of colonialism, supported the position of Indonesia in the case of West Irian based on the relevant agreements between Indonesia and the Netherlands.

The Asian-African Conference urged the Netherlands Government to reopen negotiations as soon as possible, to implement their obligations under the above-mentioned agreements and expressed the earnest hope that the United Nations would assist the parties concerned in finding a peaceful solution to the dispute.

3. The Asian-African Conference supported the position of Yemen in the case of Aden and the Southern parts of Yemen known as the Protectorates and urged the parties concerned to arrive at a peaceful settlement of the dispute.

F. PROMOTION OF WORLD PEACE AND COOPERATION

1. The Asian-African Conference, taking note of the fact that several States have still not been admitted to the United Nations, considered that for effective cooperation for world peace, membership in the United Nations should be universal, called on the Security Council to support the admission of all those States which are qualified for membership in terms of the Charter. In the opinion of the Asian-African Conference, the following among participating countries, viz.: Cambodia, Ceylon, Japan, Jordan, Libya, Nepal, a unified Vietnam were so qualified.

The Conference considered that the representation of the countries of the Asian-African region on the Security Council, in relation to the principle of equitable geographical distribution, was inadequate. It expressed the view that as regards the distribution of the non-permanent seats, the Asian-African countries which, under the arrangement arrived at in London in 1946, are precluded from being elected, should be enabled to serve on the Security Council, so that they might make a more effective contribution to the maintenance of international peace and security.

2. The Asian-African Conference having considered the

dangerous situation of international tension existing and the risks confronting the whole human race from the outbreak of global war in which the destructive power of all types of armaments, including nuclear and thermonuclear weapons, would be employed, invited the attention of all nations to the terrible consequences that would follow if such a war were to break out.

The Conference considered that disarmament and the prohibition of the production, experimentation and use of nuclear and thermo-nuclear weapons of war and imperative to save mankind and civilisation from the fear and prospect of wholesale destruction.

It considered that the nations of Asia and Africa assembled here have a duty towards humanity and civilisation to proclaim their support for disarmament and for the prohibition of these weapons and to appeal to nations principally concerned and to world opinion, to bring about such disarmament and prohibition.

The Conference considered that effective international control should be established and maintained to implement such disarmament and prohibition and that speedy and determined efforts should be made to this end.

Pending the total prohibition of the manufacture of nuclear and thermos-nuclear weapons, this Conference appealed to all the powers concerned to reach agreement to suspend experiments with such weapons.

The Conference declared that universal disarmament is an absolute necessity for the preservation of peace and requested the United Nations to continue its efforts and appealed to all concerned speedily to bring about the regulation, limitation, control and reduction of all armed forces and armaments, including the prohibition of the production, experimentation and use of all weapons of mass destruction, and to establish effective international control to this end.

G. DECLARATION ON THE PROMOTION OF WORLD PEACE AND COOPERATION

The Asian-African Conference gave anxious thought to the question of world peace and cooperation. It viewed with deep concern the present state of international tension with its danger of an atomic world war. The problem of peace is correlative with the problem of international security. In this connection, all States should cooperate, especially through the United Nations, in bringing about the reduction of armaments and the elimination of nuclear weapons under effective international control. In this way, international peace can be promoted and nuclear energy may be used exclusively for peaceful purposes. This would help answer the needs particularly of Asia and Africa, for what they urgently require are social progress and better standards of life in larger freedom. Freedom and peace are interdependent. The right of self-determination must be enjoyed by all peoples, and freedom and independence must be granted, with the least possible delay, to those who are still dependent peoples. Indeed, all nations should have the right freely to choose their own political and economic systems and their own way of life, in conformity with the purposes and principles of the Charter of the United Nations.

Free from mistrust and fear, and with confidence and goodwill towards each other, nations should practise tolerance and live together in peace with one another as good neighbours and develop friendly cooperation on the basis of the following principles:

1. Respect for fundamental human rights and for the purposes and principles of the Charter of the United Nations.

2. Respect for the sovereignty and territorial integrity of all nations.

3. Recognition of the equality of all races and of the equality of all nations large and small.

4. Abstention from intervention or interference in the internal affairs of another country.

5. Respect for the right of each nation to defend itself singly or collectively, in conformity with the Charter of the United Nations.

6. (a) Abstention from the use of arrangements of collective defence to serve the particular interests of any of the big powers.

(b) Abstention by any country from exerting pressures on other countries.

7. Refraining from acts or threats of aggression or the use of force against the territorial integrity or political independence

of any country.

8. Settlement of all international disputes by peaceful means, such as negotiation, conciliation, arbitration or judicial settlement as well as other peaceful means of the parties' own choice, in conformity with the Charter of the United Nations.

9. Promotion of mutual interests and cooperation.

10. Respect for justice and international obligations.

The Asian and African Conference declares its conviction that friendly cooperation in accordance with these principles would effectively contribute to the maintenance and promotion of international peace and security, while cooperation in the economic, social and cultural fields would help bring about the common prosperity and well-being of all.

The Asian-African Conference recommended that the five sponsoring countries consider the convening of the next meeting of the Conference, in consultation with the participating countries.

Bandung, 24 April, 1955

159 昭和30年5月26日 在カナダ松平（康東）大使より重光外務大臣宛（電報）

日ソ交渉の諸案件に関するカナダ政府筋の見解

オタワ 5月26日後3時25分発
本 省 5月27日前9時3分着

第一五九号

貴電合第一一九号に関し

日ソ交渉案件に関し本日外務省最高幹部につき広く接して得たる当国政府筋の判断、何等御参考までに左の通り申進する。

ソ連の global strategy の転換を考慮に入れソ連が代償として与え得べき案件中

一、「抑留者引揚」は日本世論の手前ソ連として長く放置することを許さざる問題にして、交渉とは関係なくともソ連としてこれを実行する事を有利と判断すべき事情にあり、従つて日本側としては本問題は折衝順位において上位に置くべきものにあらざるべし。

二、「貿易支払協定」は貿易上の実質少なき事にもあり、ソ連としても譲歩し易きところなるべし。

三、「漁業区域」は北太平洋の漁業が将来国際的規制の下に置かるる必然性強き事にも鑑み、ソ連としてこの際日本とこの点につき何等の了解をつけおく事は大局的に見えて失うところ少なく従つてソ連側に譲歩の可能性多きところなるべし。

四、「国連加入」は日本が左翼を含めて国論をこの点において統一すればソ連としても考えざるを得ざるべし。

五、「島嶼」は先づ問題とならざるべし、もつともこの事は交渉上の作戦としてこれを強く主張する事のメリットを**exclude**するものにあらず。

米、国連、英に転送した。

160 昭和30年5月27日 国際連合日本政府代表部沢田大使より重光外務大臣宛(電報)

紳士協定による日本の加盟策に関する加盟斡旋委員会議長との談話

ニューヨーク　5月27日後9時39分発
本　　省　5月28日後1時3分着

第一二六号

往電第六〇号に関し

二十七日加盟問題調停委員会委員長ベラウンデ氏と会談の際

一、「べ」は現在加盟の実現せられざる申請国の内日本は第七総会において最も多数の国の支持を得て加盟資格ありと認められおりその意味においては日本については従来より所謂パッケイジより切り離してもその加盟を促進すべきなりとの考えを持ちおりたるところ、今回のオーストリーがその国家条約において国連加盟につきソ連の支持をも得ることとなりたるにつき調停委員会としてはオーストリー以下もつとも問題なかるべしと考えられる数国の加盟問題を安保理事会において取上げしめる案を検討しつつあり(本案を**gentleman's agreement**と呼びおる由)万一右が成功せば他の諸国についても漸時解決の途開けるべしと考えおる旨述べ、更に加盟問題に関し、「べ」よりソボレフ大使に当りたるところ、「ソ」はソ連としては例の十四ケ国のパッケイジ案を支持せざるを得ざるも若し調停委員会に何等の案あるならば考慮するに吝ならざる旨述べた。但し日本に関しては日ソの平常関係樹立が前提条件なるが如き口吻を示せるにつき、「ベ」は逆に日本の加盟をソ連が確かめることが両国間の平和恢復を促進する所以にあらずやと応酬せる旨述べおりたり。

二、本官より「ベ」の努力を謝すると共に右の**gentleman's agreement**より日本を除外せざるようにと述べたるに「ベ」は自分としてはオーストリー、フィンランド、イタリア(同国をめぐる内外の情勢にも鑑みその中立化のためソ連が恩を売りたがりおるとの見透しによる)の他リビアと日本を考えおりわりあい楽観しおるも、安保理事会常任、非常任国すべてに当りたるところによればソ連の示したる反応にも鑑みもつとも問題少いと判断さるるオーストリー、芬、伊三国のみにすべしとの意見も強き旨述べたると共に今後とも日本の加盟については凡ゆる努力を惜しまざる旨述べ、更に桑港会議は特に本件推進に重要と考えるにつき日本(編注)政府においては自分をして云わしめたきことあらば何でも遠慮なく申越されたき旨述べおりたり。

米、英へ転電せり、英より墺、伊、芬へ転報ありたい。

編　注　「日本政府」以下「述べおりたり。」までに傍線が引かれ、欄外に「何かとる手段ありや」との重光外務大臣のコメントが記されている。

161　昭和30年6月6日

重光外務大臣より
国際連合日本政府代表部沢田大使宛
(電報)

国連十周年記念総会にあたり加盟促進に向けた最善の措置方訓令

本　省　6月6日後4時40分発

第一一二号

貴電第一二六号に関し

貴使従来の努力を多とするが桑港会議に際しても加盟促進のため最善の措置方御願いする。なおわが国が発議してオーストリア、フィンランド、イタリア等のオブザーバー共同にて加盟問題の行詰り打開を要望する声明を発する如きことを行いうるならば、わが国の加盟が取残される如き事態の防止にも、また、行詰り打開の気運醸成にも、資するに非ずやと考えられるところ、何ら御参考まで。

162 昭和30年6月9日 国際連合日本政府代表部沢田大使より重光外務大臣宛（電報）

日本の加盟促進は引き続きロビー活動により進めるべき旨意見具申

ニューヨーク 6月9日後5時45分発
本　　省 6月10日前9時22分着

第一三九号

往電第一二六号に関し

ベラウンデ委員長が安保理事会の常任並びに非常任理事国と別々に当りたる結果及び本使が理事会以外の各代表に当りおるところによれば、いわゆる gentlemen's agreement なる方法によることの効果につき疑念を抱くもの多く、これを支持するものと雖も自由共産双方陣営より最も問題の起らざる国のみを例示すべしとの厳選主義に傾き、只今のところオーストリー及びイタリアの二国に狭められ来りし趣なり。よつて更に本使は所在代表等に対し

㈠第七回総会において日本が最も多数国の支持を受けたる点

㈡ geographic representation の趣旨より右二国にアジアよりも是非一国を加うること妥当なりとの理由にて、日本が取残されざるよう要請し続けおる次第なるが、gentlemen's agreement が理事会においてテイクアップされるとしても十月頃となるべく、それ迄にロンドンにおける日・ソ会談の途上先方側が日本の国連加盟を支持する意思を表明することあらば、日本を加うることは容易となるべしとの意見の代表も少なからず。いずれにしても「べ」委員長などはサンフランシスコ会議の機会にも工作を続くる旨述べおる次第にもあり、この際突如貴電第一一二号御来示の共同声明を発するが如きは、先ず lobby にて事を固め行く国連の仕来りにも反して面白からず、隠忍して intense lobbying を続け行くこと良策と存ずる。

米、英、ドイツ、イタリアへ転電せり。

163 昭和30年6月9日 在中国芳沢（謙吉）大使より重光外務大臣宛（電報）

中国による日本支持の前提に関する外交部次長の談話

台　北　6月9日後11時53分発
本　省　6月10日前5時14分着

第二一六号

八日宮崎沈次長と会談の節、本日は自分の方より諸懸案につき卒直に申し上げたが貴方にも我が国に対し種々云分もあられることと思うがと述べたるに対し同次長は、実は外交部においては日本の根本的政策につき立法委員達に対し説明に困ることあり、即ち終戦後蔣総統は日本に対する仇を忘れ両国提携親善を力説され張群、何応欽等日本に対し「親しみ」を感じておる要人が重用せられおり、国連においても中国の代表は真先に日本の加盟を支持し近くは民間の反共会議開催の直前に韓国側は日本をとるか韓国をとるかの決定を中国に迫る態度に出で来つたが、我方は犠牲を忍んで韓国の主張をしりぞけ会議を取り止めた等、何れも中国の貴国に対する気持の現われに他ならぬ。然るに日本は中共の赤十字代表や貿易代表を迎え議会において中共を承認するが如き発言が行われるため、立法委員その他一部人心の疑惑を醸し中には中共に接近せんとする日本を何故国連等にて支持するかと云う質問をなすものもある始末なるが、我々は日本政府の意のあるところは董大使と貴大臣との会談の報告によつて良く、承知しおるにつき、適宜説明を行つて誤解をとくに努力しつつあるも、日本の政策の帰趨については一沫の危惧なき能はず一日も速かに日本の保守政党の合同が実現し強固なる政策が打ち立てられんことを我々は望んでいると語つた趣きである。

164　昭和30年6月14日　在セイロン結城(司郎次)大使より重光外務大臣宛(電報)

セイロンよりアジア・アフリカ会議議長への日本、セイロン等の国連加盟促進要請について

コロンボ　6月14日後6時10分発
本　省　6月15日前6時52分着

第一五八号

十四日当地新聞は当国総理がアフロ・アジア会議議長インドネシア総理に対し、アフロ・アジア会議の議決による日本、セイロン等八ケ国の国連加盟促進方につき、必要なる措置を執るよう要請した旨報じおるところ、右に関し外務次官は左の通り内話した。

一、今次措置を執りたるはアフロ・アジア会議後の国際情勢がソ連の反対を困難ならしめる段階に達したりと認めたるによる。

二、本件については事前に関係国と協議せざりしも、在外使節を通じ通報することとしておる。

三、在米国大使をして米国その他に働きかくべきやにつき目下考慮中である。

165 昭和30年6月25日 在サンフランシスコ勝野(康助)総領事より重光外務大臣宛(電報)

加盟問題打開に向けた沢田大使による各国代表への働きかけにつき報告

サンフランシスコ 6月25日前2時41分発
本　　　　省 6月25日後8時17分着

第四〇号

沢田大使より

サンフランシスコ第一号

一、国連加盟問題に関し

ベラウンデ氏サンフランシスコ到着劈頭モロトフ氏と会見したる際ソ連側はあく迄パッケージを固執する意向を明らかにし、日本に関しては講和条約成立せばとの意向を洩らしたる趣にて「ベ」氏のいわゆるゼントルマンス・アグリーメントを推進すること不可能なること明らかとなりたり。よつて本使は式典開始前日より各代表と個別的に会いて「国連のユニバーサリティを貫くため加盟問題行詰りを打開してウエーティング・リストにある国を速かに加盟せしむべき」旨をその祝辞演説中に織込まんことを慫慂し歩きたるが、その結果参加六十代表者中右趣旨を演説したるもの二十九箇国(主としてバンドン会議の参加国多し)に達し、その内特に日本をメンションヨン(他の国々を並べて)したるもの五国(キューバ、トルコ、エチオピア、ペルー、インドネシア)に及び、式典三日目よりは右ユニバーサリティ問題に言及するものある時はギャラレーより盛んに拍手起るに至り、四日目のダレスも、その印刷原稿にはなき「国連には、現在、加入のウェイティング・リストはなき」旨を補追演説するに至りたり。
状勢右につき、遺憾ながら未だ何時頃加盟可能とも見込を付け得ざる次第なるも国連内の右多数意見はこれを足場として今後ともその培養に努むる価値ありと認む。
国連及びワシントンに転電せり。

〰〰〰〰〰〰〰〰〰〰

166　昭和30年6月25日　在サンフランシスコ勝野総領事より重光外務大臣宛(電報)

ソ連によるオーストリア支持の実情に関する同国オブザーバー代表の不満について

サンフランシスコ　6月25日前2時37分発
本　　省　6月25日後8時17分着

第四一号
沢田大使より
桑港第二号
本使桑港往電第一号に関し
二十四日オーストリア・オブザーバーはモロトフ氏がベラウンデ氏に対し非共産側のオーストリア、イタリア、フィンランドの三国に対し共産側ルーマニア、ハンガリー、ブルガリア三国のパッケイジならば取引に同意可能なる旨洩らしたる趣を内話しこれにては米国が承諾する筈なくソ連はオーストリアとの条約において国連加盟を支持する旨約束しおきながら右の次第にて「何時如何に支持する」と言うところ迄約束せしめざれば無意味にて甚だ頼りなき次第なりとこぼしおれり。
国連、ワシントンに転電した。

〰〰〰〰〰〰〰〰〰〰

167　昭和30年6月28日　国際連合日本政府代表部沢田大使より重光外務大臣宛

加盟斡旋委員会議長に対するソ連の提案に関する報道

国連第五二一号
昭和参拾年六月廿八日
在ニューヨーク国際連合日本政府代表部長
特命全権大使　沢田　廉三［印］
外務大臣　重光　葵殿
加盟問題ソ連提案に関する件

六月二十八日付ニューヨーク・タイムズ紙はペルー国連代表ベラウンデ博士がソ連モロトフ外相より加盟に関する二提案を得た旨報じているので右記事写別添(省略)お知らせする。

右提案の一はオーストリア、イタリー、フィンランド、ハンガリー、ブルガリア及ルーマニア六国同時加盟を提唱し、二は従来のソ連一括加盟案に含まれた十四国にカンボジア及ラオスを加えたものである。更に右記事によれば日本は日ソ平和条約未締結に鑑み両一括案から除外されている趣である。又記事の執筆者であるハミルトン記者(国連担当)はソ連が右一括加盟案から日本を除外しているのはロンドンにおける日ソ交渉において国連加盟を餌に他の問題において日本の譲歩を狙ったものであるとの観測を行っている。

本信写送付先　米、墺、伊、英、セイロン

〰〰〰〰〰〰〰〰〰〰〰〰〰〰〰

168　昭和30年7月8日　国際連合日本政府代表部加瀬(俊一)大使より重光外務大臣宛(電報)

信任状奉呈に際しての日本の国連加盟に関するハマーショルド事務総長との会談要旨

ニューヨーク　7月8日後2時4分発
本　省　7月9日前8時6分着

第一六七号

七日ハマーショルド事務総長を往訪しクレデンシャルを手交すると共に、貴大臣のメッセージを伝達したるところ、同総長は深く謝意を表したる上、貴大臣の御健康に付き種々懇切に尋ねた。続いて本使より国際政局に於ける国連の権威が漸次増大しつつあることは世界平和の為心強い限りであると述べて、同総長の手腕に敬意を表したところ、「ハ」は国連が現代外交の精神的基調となつて居ることは疑問の余地なく、此の点は桑港祝典に於ても充分立証されたと思う。尤も祝典は予想以上の成功を収めたと云うのが真相であつて、自分としても実は望外の収穫だつたと考え喜こんで居ると答え、事務総長の任務が謂わば縁の下の力持ちであつて、兎角労多くして功少いと云う様な事情に付ても打ち解けた態度で訴えるところがあつた。依つて本使は此の際日本の加盟問題に触れ置くこと然るべしと考え、わが国民が常に熱烈に国連を支持して居る事実を篤と説明し、その一例として十週年記念日に際しては、各地に於て盛大な式典が催され、特に東京大会に於ては貴大臣の演説も披露された旨述べ、又過般ＡＡ会議に際しては我代表団が終始国連精神を強調したことを併せ指摘して、国連加盟は今や朝野を挙げて国民的要望となつて居る事実にも鑑み、一日も速かにその実現を切望する次第である。就てはこの上とも貴総長の御援助に期待し度いと申入れた。「ハ」は熱心に傾聴した上、貴国民が国連支持なりＡＡ会議に於ける貴国代表団の言動なりに付ては予て聞き及んで居たが、国連に対する関心の甚大なものがあるものを改めて承知して極めて愉快に思うと云い、日本の加盟も遠からず実現の運びとなるものと信ずると述べた。然るところハ総長は先月末日の記者会見に於て桑港会議の結果加盟問題に付格別の進展があつた訳ではなく、次の総会に於ては本件が部分的にも解決される見込は先ずあるまいとの趣旨を述べた事実があるので、本使よりこれに言及したところ、「ハ」は今のところ残念乍ら局面の急速打開は望み難い様に見受けるが、貴国の加盟促進に付ては素より引続き総ゆる協力を惜まないと答えた。

なお「ハ」は寿府巨頭会談準備のため九日渡欧するが、巨頭会談に於ける国連の役割はホステス乃至ハウス・ワイフの如きものであつて、会談には直接介入せぬものの、国連の平和精神が自然に会議の空気を支配することを希望して居ると述べた。

米に転報せり。

169　昭和30年7月20日　国際連合日本政府代表部加瀬大使より重光外務大臣宛（電報）

ソ連代表への新任挨拶の雰囲気につき報告

ニューヨーク　7月20日後5時31分発
本　省　7月21日前8時16分着

第一八二号

二十日新任挨拶のためソボレフ・ソ連代表を往訪したところ、極めて丁重に本使を迎え、沢田大使とは御昵懇に願つていたが、貴大使とも緊密に協力致したく、御用の際は用向の如何に拘らず何時でも御遠慮なく口をかけられたいと述べた上、日ソ両国は不幸にして戦争したが、元来は善隣関係にあるべき立場にあり国民性から見ても幾多の共通性があること故、目下進行中のロンドン交渉が円満に妥結し、両国が速やかに友交関係を回復することを切望すると語つた。なお種々と雑談したが「ソ」代表は傍らにあつた新聞を取上げ、ジュネーヴ会談における四巨頭の記念写真を指差しつつこの事実は誰も否定出来ないと云い、新聞によると会談の空気は良好らしいと述べ満足げに見えた。今後のこともあるにつき念のため。

英国に転電した。

170 昭和30年7月22日 在セイロン結城大使より重光外務大臣宛(電報)

ソ連への加盟促進支持要請に関するネルー首相書簡につきインド高等弁務官の内話

コロンボ 7月22日後4時0分発

本　省 7月22日後9時15分着

第一八三号(至急)

アフロ・アジア会議以来コテラワラ首相は当国その他適格国の国連加盟促進に関し、アフロ・アジア議長に対し、又その後巨頭会談に臨むイーデン首相にそれぞれ斡旋方要請(往信第五一五号)せる外ネール首相訪ソ前書簡を送り、拒否権を行使せざる様斡旋方申し入れたる趣である。

二十一日付当地タイムス・オブ・セイロン紙はセイロン、日本等適格国に対し、反対せざるべしとのソ連の意向がコモンウエルスの一国より当国首相に伝達された旨を大きく報道している。

右に関し当地インド・ハイコミッショナーが極秘の含みをもつて内話せるところによれば十九日首相に伝達せるネール書簡が新聞に洩れ一部誤り伝えられたためソ連及び「ネ」を刺戟せざるやを憂慮していると前置の上右書簡はネール首相がモスコーにてセイロン等の加盟につきソ連の協力を求めたるに対しソ連は単に適格国についてはヴィトウーせざるべしと答えたるによりネールより適格国とはいかなる国を指すやを反問せるところＡＡ会議関係国を含む諸国と答えた旨を通報したものなる趣である。なおその際同人はソ連の意図が中共をも含めんとするものならば米国との関係上何の新味なきも中共に付ては国連決議関係もあり別扱いせんとする可能性必ずしも絶無に非ざるべく、右の場合は事態の一歩前進と解さるべき旨付言した。当国官辺筋一部の楽観説は斯る考えに重きを置く結果とも思われる。なお当地一般外交筋は結局は寿府会議の結果に左右さるべしとの常識的見解である。

インドへ転電した。

171　昭和30年7月25日　在セイロン結城大使より重光外務大臣宛（電報）

加盟促進支持要請に関するセイロン側楽観説の根拠について

コロンボ　7月25日後10時50分発
本　省　7月26日前6時37分着

第一八七号

往電第一八三号に関し

二十五日外務次官を往訪セイロン側楽観説の根拠等を率直に尋ねたるに対し、先づネール書簡には冒頭往電の事実の外「ソ」側との接触に基く同人の印象としてAA会議可（ママ）関係のみをとりあげるは無理なるべしとの見解を表明しおることを述べたる後、中共については代表権の問題なるを以て（大臣宛インド発電報第二四〇号御参照）、「ソ」側もあるいは別扱いとすることに応諾するやも知れざるも、東欧諸国についてはAA会議関係国と同時に取扱うことを主張する公算あり、ネールも大体この方針にて進む腹なるやに感ぜられる旨付言し、更にこの場合所謂「ブラケットデイル」に対しては米の反対が問題となるべきを以てこれを避け個々の適格性審査の形式とせば、幸いジュネーヴ会議により空気緩和せることにもあり米も必ずしも反対せざるやに考えられる旨述べた。なお二十五日朝イーデン首相よりAA会議関係国加盟支持方要請のコテラワラ書簡を他の三首脳に回覧せる際いずれも支持方を約せる旨の通報に接したる旨内話した。

要するに当国としては、ネールがAA会議議長の要請により今秋の理事会及び総会に上程方この上とも関係国に対し努力するものと期待しおるようである。

最後に本使より万一「ソ」連が同国との平和条約の存在を支持の条件とするにおいては、日本の立場は困難となるべきも、コテラワラが一人セイロンのみならずAA会議関係国の加盟につきあらゆる努力を払われつつあるは日本政府の深く多としおるところなる旨述べておいた。

インドに転電した。お見込により国連代表部に転電ありたい。

172　昭和30年7月25日　在伊国原田大使より重光外務大臣宛（電報）

ジュネーブ四国首脳会談に関する各国外交団からの情報

ローマ　7月25日後10時5分発
本　省　7月26日前8時40分着

第一二六号
往電第一一七号に関し
ジュネーヴ巨頭会談に関し本使の接した情報、英、仏大使を初め当地外交団の感想を綜合するに
一、会議の成果については期待如何により自ら意見が岐れるであろうが、職掌柄飽くまでレアリストの立場を持するものとしてはあれ以上のものは到底期待出来ない。米大統領を初めとし、巨頭間に行われた極めて卒直な意見の交換は、心理的効果があつたと思われるが、果して国際緊張の緩和に現実に役立つかは今後に俟つ他ないとの意見に一致している。今回の経緯に照しても九月のドイツ、ソ連会見と十月の外相会議は極めての難航が予想され、特に山は対独問題となつた観があると見るものが多い。
二、全世界の要望に応えて戦争丈けは何とか喰止めねばならぬと云うことは全会一致であつたと言えよう。これ丈けでも大なる成果である（ソ連大使）。
三、ドイツ統一を先決条件とすることの至難なことは初めから分つているものの、英、仏としてはドイツの将来を顧慮し、これを強調せざるを得なかつた。右が安全保障と同時に取上げられるに至つたこととNATOが既成事実として一応認められた。これは西欧側の獲物と言えよう（仏大使）。
四、モロトフが最もタフであつた由であるが、彼の在任中はソ連外交も変り得ないのではないか（ユーゴー大使）。
五、米大統領の米ソ基地に関する提案はソ連側の到底容れられないところで、右は多分に宣伝的価値を狙つたものと見られる（英、仏、イラン大使等）。
六、イタリア筋は政府オブザーヴァの帰任俟ちの体で、マジストラーティ大使はモロトフ、ダレスに対しては国連加盟と抑留者問題を持かけた趣であるが、同大使の帰任を

俟ち追つて御報告すべきも取敢えず。
米、英、独、仏、寿府へ転送した。

173　昭和30年7月27日　在カナダ松平大使より重光外務大臣宛（電報）

ジュネーブ四国首脳会談後の日ソ交渉のあり方に関するカナダ外務省局長の内話

オタワ　7月27日後7時26分発
本　省　7月28日後1時22分着

第二〇七号

ジュネーヴ会議後の新情勢において日ソ交渉の在り方に関し外務省主管局長が本使に内話するところ左の通り。何等御参考迄。

一、日本側が日ソ交渉において最大限の要求を提示したることとは掛け引きとして賢明なりしものとピアソン外相以下外務省は考えおるが、問題はジュネーヴ会議後の新情勢において右要求を如何にhandleするかにあるべし。カナダはＮＡＴＯにつきジュネーヴ会議の結果如何に拘らず飽く迄既定方針にてこれを推進する決意なるが、日本の場合においても前記要求は飽く迄これを堅持すべきものと思考す。情報によればソ連側は交渉当初において楽観しeasyに考えおりたるため虚を突かれた模様なるが、日本側が右要求を提示したる今日においてはこれを中途において緩和し若しくは撤回することは大局的にみて賢明ならず、国内政治上のpressureはあるべきも相当の時間をかくることは問題を有利に解決するために必要なるべし。

二、ソ連の指導者が資本主義を代表する政府は国民を代表せざるが故にこれとの交渉は無意味なりとのスターリン時代の考え方を棄て現実的に各国の現在の政府と交渉することを決意したる点においてジュネーヴ会議の最大の意義を見るべきかと認むるところ、右は国際与論を無視することを不可能とする地位にソ連を置くに至れり。而して右は例えば日本の国連加入問題の如く世界与論及びアジアの与論（例、バンドン会議）の支持ある問題を長く理由なしに拒否することを不可能とする立場にソ連を追い込むものにして、従つてこの事情を良く知るソ連としてはこの問題をbargainとして有利に活用することを試みるべく、先日のセイロンの報道の如きはその一環とも見るべし。

英に転電し米、国連に転送した。

174 昭和30年8月5日　在セイロン結城大使より重光外務大臣宛（電報）

加盟促進問題に関する在セイロンインドネシア代理公使の内話

コロンボ　8月5日後9時25分発
本　　省　8月6日前7時50分着

第二〇一号

往電第二〇〇号に関し

インドネシア代理公使の本件書簡に関する内話左の通り（出所極秘）。或いは既に直接同一通報に接しおられるやとも存ずるが念のため。

一、インドネシア側情報によれば、チトー・ブルガーニン共同声明にかかわらず、ソ連が果してAA会議関係国全部の加盟に賛成すべきや疑問であり、現に、ソ連側準備のリストには日本、セイロン、カンボジヤ等は含まれおらざる模様なるをもつて、具体的国名を目下ソ連に照会中なること。

二、大国の意図如何にかかわらずAA会議関係国の一括加盟を押切る案を検討するため、AA会議関係国連加盟諸国が総会前に会合すべきことを関係国に提案せること（目下ニューヨークに会合中の十五ケ国代表はアフリカ問題に引続き本件を審議することとなるべきこと）。

三、ソ連も中共に関しては別途取扱う方針なるやに認められること。なお反対党も全面的に支持しおるにつき、政変にかかわらず、インドネシア政府として引続き本問題を推進することとなるべき旨付言した。

175 昭和30年8月17日　国際連合日本政府代表部加瀬大使より重光外務大臣宛（電報）

加盟問題に関する事務総長および各国代表からの聞き込みについて

ニューヨーク　8月17日後1時28分発
本　　省　8月18日前7時31分着

第二一一号

わが国の国連加盟問題についてはインド、セイロン、カナダ等の在外公館より有益なる情報に接しているが最近本使が国連事務総長、米国、インドネシア、オーストリア、スイス等の代表その他特に関係方面と接触した結果御参考まで。

(一)セイロン首相がインドネシア前首相宛書簡において過般のＡＡ会議決議の実現促進方につき申入れた件についてはインドネシア代表(右会議以来面識あり)はセイロン首相の意見に従い仮に決議案を提出してもソ連の意向次第では簡単に否決されてしまう惧れが多分にあるので目下最も効果的な方法を研究中であると述べ実は先日ソボレフソ連代表に対しこのような決議案を提出したらソ連は如何なる態度を取るかと試みに尋ねたところソボレフは笑つて本国政府に請訓せねば判らずと答えたが、現在のソ連の方針は依然例のパツケイジデイールを堅持するにあるらしく、又日本については講和条約締結が先決であると内話した。なおモスコー駐在インドネシア大使も直接クレムリンの意向を探つたがその結果は大体同様の由であろ《ママ》て目下は十六カ国(ニユーヨーク・タイムズ所報)パツケイジを考慮しているらしいとのことである。インドネシア代表に対しては我方も立場を充分説明しこの上とも善処方要請しておいたが、セイロン発貴大臣宛電報第二〇一号のアジア・アフリカ・グループ(十六国)は本件については未だ何も協議していない趣である。

(二)最近着任したオーストリア代表は加盟促進のため熱心に動いているが、同代表がソボレフと会談した印象として、本使に内報せるところも右と符節を合しており、ソ連政府は(イ)パツケイジを原則として維持しつつ(ロ)講和の成立した国の加盟を支持すると述べた由である。なお先般問題となつたネール書簡については、ソボレフは右の方針にも鑑み何かの誤報があろうと軽く一蹴したと言うが、本件は依然として当地において取り沙汰されている。

(三)他方ベラウンデを中心とする斡旋委員会も、総会を控えて動き始め、近く安保理事会又は十月の外相会議に対し、何等かの行動を取るらしいとの噂もあつたので、早速取調べたが、さしたることもなく、現にハマシヨルド事務総長等は「何分ベラウンデはアクチヴ・ジエントルマンのことだから」と批評して、むしろ冷やかな態度を示していた。同総長とは長時間懇談を遂げたが、セイロン首相のイニシアチヴに対しては一応好意を寄せつつも、この際はソ連の態度を軟化させる方が早道ではないかと反問し、そのためにも中共問題の処理が緊要と思うと強調した。ソ連としても中共の代表権問題を解決せねば、容易に前進し難いであろうから、差当り米国と中共との現実的なコンタクトを増大させながら、中共問題で実際的処理を進める方が賢明だと言うのが同総長の意見である。御承知の通りハマシヨルドは従来とも中共支持に傾いているが加盟問題については一国でも多く、一日でも速かに加盟せしむべきであるとの見地から、ソ連のパツケイジ方式にも本心は反対ではないようであつて、加盟につき道徳的基準を固執したり国際法上の論争を重ねるのは愚かであり、現実的な立場から少くとも日本、西独、中共の加盟は是非とも近く解決する必要があると力説すると共に、世論の威力によつてその日も遠からず到来することを信ずると述べていた。

(四)以上の次第であつて、衆目の見るところ加盟問題の帰結は、当面主としてソ連の動向によつて決せらるべく、その意味でロンドン交渉における松本全権の御努力に深く感謝するものであるが、他方カナダ発貴大臣宛電報第二〇七号の通り、ソ連としても世界の公論は長く無視し得ぬ筈であるから、本使としても折角国連内外における日本支持の機運を盛り上げるため総力を尽す所存である。この点と関連して米国代表とは常時緊密に連絡しており、セイロン首相書簡の経緯なども随時内報しているがロツヂ大使はこれを多としている模様である。なお本使の提案に基きオブザーバー・クラブの如きものを結成する事となり、目下先任格のスイス代表が斡旋中である。

松本全権に転電、米国、カナダ、オーストリアに転報した。
お見込によりインド、インドネシア、セイロンに転電ありたい。

176 AA諸国の国連加盟問題等に関するセイロン外務次官の内話

昭和30年9月8日 在セイロン結城大使より 重光外務大臣宛(電報)

コロンボ　9月8日後9時20分発
本　　省　9月9日前7時18分着

第二二七号

八日国連加盟問題等に関する外務次官内話要旨御参考迄。

ＡＡ会議関係国の加盟実現工作に対し、ソ連以外の関係国よりは何れも好意ある反響を受けおる旨述べたる上、ソ連については在米大使をしてザルービン大使及びソボレフ代表に対しサウンドせしめたところ、一応ＡＡ会議関係国の加盟に賛意を表し乍らも、結局パケージ・ディールを匂わせおるをもつて、第二段の構えとして各国のメリットによる個別的加盟の見地よりする工作の必要をも認め接触せるが、関係国よりは何れもセイロン加盟支持の内諾を得たる旨、並びにソボレフはユニバーサリズムを主張し乍らも、右セイロンの要請を本国に取次ぐべく約束せる旨内話し、要するに今次会期中に東西両陣営関係国多数の加盟実現の可能性絶無に非ずとし、殊にセイロン等の加盟の見透しは従来に比し明かるくなつたとの印象を有するよう認められた。なお同次官は日本側においても関係国の支持に関し個々に折衝しおらるるものと思考する旨述べたるをもつて然るべく応酬しておいた。

(以下暗号)

又ゴア問題については今後も中立的立場を取るべく、友好関係にあるポルトガルとの正常貿易を阻害するが如き措置を取ることは困難なる旨内話した。

(以下略号)

インドに転報した。お見込により国連代表部に転電ありたい。

177　昭和30年9月13日　在オーストラリア鈴木(九萬)大使より重光外務大臣宛

国連加盟問題等に関するオーストラリア外相の談話

(昭和三〇、九、一六受)

豪第五五一号

昭和三〇、九、一三付

在オーストラリア　鈴木大使

重光大臣

最近の国際情勢並びに日本、中共等の国連加入問題に

関するケーシー外相の声明の件

往信八月十六日付豪第四九〇号及び三十日付豪第五三六号に関し、ケーシー外相は、

一、八月三十一日目下開会中の連邦議会における予算審議に際し、最近の国際情勢につき説明し

(一)ジュネーヴ会議におけるソ連の態度にかんがみ世界情勢は緩和の時期に入つたとの甘い考え方に基き豪州の外交国防を論ずるものがあるが、これは危険且つ誤れる考え方である。

(二)われわれは国際間の緊張緩和を希望し、又緩和するつもりはあるが、未だ警戒心を緩めうる時期ではない。独乙統一欧州集団安全保障、軍縮、原子力等国際緊張の緩和に重大な関係ある諸問題はアデナウアー首相のモスコー訪問、四大国外相会議、国連軍縮小委員会、国連年次総会等の諸会議に懸つている（特に国連年次総会はソ連の真意をテストする機会となろう）。軍縮、原子力問題についても従来その伝統的軍事力の優越を恃み原子兵器の廃棄を要求して西欧側こそ国際緊張の緩和にイニシアティヴをとるべきだと主張してきたソ連は最近に至り始めて軍縮の具体的方法につき検討しようとしてはいるものの、有効な国際監視統制組織を受諾するのか、又軍縮の実行を保障する意図ありや否やを明らかにしておらず、ソ連がその基本政策を変えたという、証拠はどこにもない。

(三)他方最近における中共の言動は幾分妥協的で極東情勢が稍々小康を得ていることはエンカレッヂングではあるが、ソ連と同様中共の基本的態度に変化ありとは認められない。

(四)今や西欧の軍事力は強大であるので大規模の戦争の危険はないと考えるが共産主義諸国の軍事力の縮少なき限り自由諸国が防衛力を縮減することは絶対に誤りである。

豪州の国防に関する教訓は明らかにして豪州は自国の防衛のみならず集団防衛体制において名誉ある役割を果しうるが如き水準の防衛力を維持せねばならぬと述べた（詳細別添甲号参照）。

二、更に同外相は国連総会、アンザス理事会コロンボ・プラン協議委員会に出席旁々英、加、パキスタン、印度、ビ

ルマ、タイ、インドネシアの諸国を歴訪するため、九月六日空路シドニーを出発せるが、シドニー飛行場において記者会見を行い今回の外遊目的に関する詳細発表を行つたが、その際日本その他諸国の国連加入問題にも言及し、豪州は一貫して日本、イタリア、フィンランド等の自由諸国の国連加入を支持しているが、ソ連が共産圏諸国の加入が認められざる限り、（従来豪州は国連総会多数の諸国とともに共産圏諸国の国連加入を拒否して来た）これら自由諸国の加入を拒否するという態度に出たため、豪州が支持する諸国の加入が実現していない。しかし今や右の悪循環を打破すべき時期が来たと信ぜられ、豪州は中共を除く全ての国の加入を支持するであろう。中共の問題は国連加入の問題ではなく、いづれの政府が既に国連の一員となつている国を代表する資格ありやの問題であつて、これは台湾の将来に関する基本問題を含み、最も困難な問題で今次総会においては採決延期となろうと語つた（詳細別添乙号参照）。

三、なお、右一、に関しサン・ヘラルド紙（九月四日付）は外相の態度は余りにも慎重すぎる。重要な変化が起りつつある東南アジアに対する政府の政策には何らの新味を見出しえないと批評し、又右三、の中共国連加入問題に関し九月七日付キユリー紙は米国の対中共感情は従前ほど厳しくないようだし、もしすべての国の加入を認めると云う動議が行われれば中共はその他の諸国とともに、国連に加入し得て而も皆の「面子」が救われる訳だ。中共は国連総会により朝鮮における侵略者との烙印を押されている関係上中共の国連加入を承認するには種々の困難があるかも知れぬが、何時までも中共の加入を認めぬことは事実を否定するものだ。過去一年間中共の攻撃目標は彼らが中共領と考えている台湾にしか向けられておらず、そこにも小康状態が既に幾カ月も続いている。一強国としての中共の国連加入は国連を実効あらしめ国連に権威を与えるものである。

（別添省略）

178　昭和30年9月21日　国際連合日本政府代表部加瀬大使より重光外務大臣宛（電報）

加盟問題の近況についての報告および今後の

各国代表誘導ぶりにつき請訓

ニューヨーク　9月21日後3時39分発
本　　省　9月22日前7時4分着

第二六一号

加盟問題最近の状況。

一、ＡＡ会議決議実現の促進については御来示の趣旨に従いトルコイラン両理事国代表と懇談したが、何れも日本に対しては深い友情を示し、本件の成行如何に拘わらず常に我国を支持することを進んで約束した。ＡＡ会議決議に関してはセイロンの申出に接し努力を始めるところであつたが、両者の談話を綜合すれば効果的方策につき研究中であり、両三日全国連のアジア・アフリカ・グループ十七ケ国代表が協議した結果、近く小委員会を設けて具体策を検討することになつた由である。ＡＡ会議決議を不用意に安保理事会に提出すればソ連が東方諸国の加盟を条件とする修正案を出し、これを米国が拒否する羽目となる惧れありと見ている。尤も米国としても解放（開カ）政策の推進を図るにはルーマニア、ハンガリー、ブルガリア三国の加盟を妨害せぬ方が賢明であるとの説もないではない。セイロン大使は本使に対しユーゴー、インド等を利用してソ連に圧力を加えつつ他方トルコ、パキスタン等を仲介として米国の態度を緩和させたいとトルコ?の協力を求めるところがあつた。しかし英国の如きはセイロンを支持しつつも代表部筋ではＡＡ会議決議はそれ自体結構であるが、イタリアを除外することになるので困ると内話しソ連が進んで右決議を支持すればソ連の人気をはくすることとなり、西欧側としては聊か当惑せざるを得ないと述べている。但しソ連代表部員はフィンランド代表に対しＡＡ会議決議には興味なしと述べた由。

二、他方斡旋委員会も報告を提出する手筈となつているので右の中心たるペルー代表に接触したところ、何等解決の良策が見当らぬので引続き局面打開に努力することにして一応暫定報告を総会に提出することとしたしと述べた。なお数日前ソ連代表に当つて見たが依然としてパッケイジを固執しており且つ講和条約の成立した国のみ加盟を支持するとの態度を変えていないので日本の立場は微妙に見受けると語つた。尤も凡ゆる機会を捉え日本の加盟を促進する決意であると付言した。同代表は加盟申請中の二十一国のうち十七国(両朝鮮、両ヴェトナムを除く)につき予め東西両陣営間において話合を付けた上申請順に一国ずつ安保理事会に上程し通過を図る(反対の場合は棄権)ジェントルマン・アグリーメントを腹案として研究している模様であるが右に対しては実質的にはパッケイジに等しいとの批評が多い。この様な動きもあるので本使も念のためソ連代表の意見を求めたが同代表はソ連としては大小二のパッケイジ(十六国及び六国で何れも日本を含まない)を提案しているが問題は米国の態度にあると答えた上、目下のところ、加盟問題討議はジュネーヴ外相会議後になるらしいとの印象を得ていると洩らした。この点については英、米代表部の方針は未決定の様子であるが軍縮その他重要問題の本格的討議は何れもジュネーヴ会議後に持ち越されるとの観測が専らである。

三、要するに加盟問題についてはこの上解決を延ばすべきでないとの世論が漸次擡頭しつつあり従つて本件は今次総会の重要課題として一般の注意を集めているが(ダレスも二十二日の演説には強く触れる由)総ては東西の対立がどこまで緩和されるかに懸つており又本問題は極めて複雑なので国連事務総長の如く現実的観察をするものは早急解決の見込なしとの判断に傾いている、安保理事会担当のプロチッチ事務次長等は中国代表権問題が解決せざる限り前進は望み難いと観測している程である。

四、以上の状況に鑑み我方としては㈠AA会議決議実現促進の運動に同調しつつ㈡日ソ講和未成立の理由によつて日本が取り残されるが如きことなきよう充分手当すること必要(AA会議決議七国より日本を除きオーストリアを代りに入れるとの流説もある)と存ずるところ、安保理事会乃至総会に加盟問題を上程する時期は日ソ交渉進展の状況をも考慮し差当り寧ろジュネーヴ会議後とする方が安全なるやに見受ける。本使においては目下のところその趣旨をもつて各国代表の誘導に努めているが、この点心得おくべき儀もあらば折返し御回示願う。

米、英、トルコに転送し、セイロンその他へは然るべく御処置ありたい。

179　昭和30年9月23日　国際連合日本政府代表部加瀬大使より重光外務大臣宛（電報）

総会におけるオーストラリア外相等による日本の加盟支持演説について

別　電　昭和三十年九月二十三日発国際連合日本政府代表部加瀬大使より重光外務大臣宛第二六八号

右オーストラリア外相の演説要旨

付　記　昭和三十年九月二十三日発国際連合日本政府代表部加瀬大使より重光外務大臣宛電報第二六六号

十六国一括加盟を提案したソ連外相の演説文

ニューヨーク　9月23日後3時47分発
本　　省　9月24日前8時22分着

第二六七号

加盟問題については米国（二十二日）エジプト（二十二日）両外相が夫々一般討論において解決の急務なことを強調したが、オーストラリア外相は三十一《（二十三ヵ）》日別電の如く日本に言及し力強く加盟支持して議場に感銘を与えた（右についてはオーカー大使より予め本使に連絡があった）。なおソ連外相も本件の早急解決を主張したが例の十六国同時加盟を提案（往電第二六六号）したので各国代表部の間には折角盛り上がりつつある未加盟国加盟促進の気運に水を差したかの印象が専らである。

（別　電）

ニューヨーク　9月23日後4時0分発
本　　省　9月24日前8時22分着

第二六八号

世界情勢の好転に鑑み本年度こそはソ連が門戸を開き相当数の申請国の加盟が実現せんことを強く希望する。但し中共は別問題である。加盟資格ある国家のうちでも国連の事業に最も貢献し得るものは日本である。桑港条約発効当時は幾多の重要懸案が残つていたのみならずオーストラリア側には日本に対し当然に心理的留保があつた。然しその後対日関係は顕著に改善されたのみならず日本は既に全部の専門機関のメンバーとして立派に国連の活動に寄与しつつあり、他方コロンボ・プランにも参加し又国際司法裁判所の参加国として、目下真珠貝問題の解決を計っている。これ等日本政府の施策の実績に徴しオーストラリア政府は日本の加盟を支持し今総会中にこれが実現することを希望するものである。

(付　記)

ニューヨーク　9月23日後2時34分発
本　　　省　9月24日前7時53分着

第二六六号

モロトフ演説中加盟問題に関する部分の原文次の通り。

State of affairs with regard to admission of new members is absolutely unsatisfactory. Contrary to their desires and despite fact that they meet requirements placed upon UN members, a number of states of Europe, Asia and Africa continue to remain outside of this international organization. They are being barred from organization because of discrimination in regard to certain countries which is still being persisted in here. That injustice must be stopped.

Soviet Union is in favor of having question of admission of new members settled without delay. For this reason Soviet delegation declares that it is willing to support simultaneous admission to UN of 16 states which have applied for membership.

We are convinced that this solution of question would be in full conformity with interests of United Nations and cause of international cooperation. Admission to United Nations of 15(ママ) new members would meet just demands of those countries and interests of consolidating peace.

180　昭和30年9月24日　国際連合日本政府代表部加瀬大使より重光外務大臣宛(電報)

モロトフ外相演説前後の同外相およびマリク大使との懇談について

ニューヨーク　9月24日後1時12分発
本　　　省　9月25日前8時45分着

第二七一号

往電第二六六号に関し

一、モロトフ外相が総会演説を行う前(二十一日)に同外相と宴席にて面談し中立条約締結当時を回想したが「モ」がこの次は何時モスコーに来訪されるかと訊ねたので、本使は日ソ交渉が成立しなくては行けぬと軽く答えた。これに対し「モ」は日本が譲歩すれば成立すると云つたので、本使は外交交渉はすべて妥協によつて成立するものであるからソ連側においてもこの際互譲の精神を発揮ありたく、日ソ両国が和解を希望している事実に鑑み交渉の妥結を期待したいと述べたところ、「モ」は頷いて同感の意を表し日ソは隣国であり隣人として話合えば多少の困難があつても交渉は取纏め得ると思うと語つた。よつて本使は善隣の友誼に鑑み日本の国連加盟は是非支持願いたいと云つたが、「モ」は明答を避けた。

二、超えて二十三日「モ」が総会演説を行つた後マリク大使と談話したが「マ」はロンドンを出発する際に講和条約をポケツトに入れて来れなかつたのは真に残念である、条約が成立していたら貴使にとつて重要な例の問題も処理出来たろうと述べた。又ソボレフ大使とモロトフ演説につき話合う機会があつたので、十六ケ国同時加盟案は日本を含まぬものと了解され遺憾であると云つたところ、同大使はその問題はロンドン交渉の課題であるから交渉妥結が先決ではないかと思うと述べた。

三、ソ連が日ソ交渉の成立をわが国の国連加盟の条件としていることは従来の経緯によつてみるも疑問の余地のないところであるが、右念のため（なお二十四日ニユーヨークタイムスは社説を掲げ、日ソ交渉は目下中断されているがソ連のグッド・フエースな試金石であると述べ、早期妥結は見込薄であると結論している）。

英、米に転報した。

181 昭和30年9月26日 国際連合日本政府代表部加瀬大使より重光外務大臣宛（電報）

加盟問題を日ソ交渉の駆け引きに用いるソ連の態度は不都合とのロッジ大使の談話

ニユーヨーク　9月26日後5時8分発
本　　省　9月27日前7時53分着

第二七二号

二十六日ロッジ米国代表と加盟問題につき懇談したが、「ロ」はソ連が右を日「ソ」交渉と関連させ駈引きに利用するのは不都合千万であるといつて強く不満の意を表すると共に、自分においては日本を除くような提案は一顧の価値なしと確信しており、この見解をもつて関係国を誘導するつもりであると述べた。

182　昭和30年9月26日　国際連合日本政府代表部加瀬大使より重光外務大臣宛（電報）

加盟候補国を十七国にすべきとのカナダ代表の演説要旨

ニューヨーク　9月26日後5時16分発
本　　省　9月27日前8時19分着

第二七三号

往電第二六六号に関し

二十六日カナダ、マーチン代表は一般討論において加盟問題の早期解決の重要性を力説し、その理由として元来国連により取り上げらるべき数多の問題が、その当事者が未加盟国なるため国連外において取扱われおる政治的現実を指摘すると共に、他方同代表部としては懸案となりおる未加盟国の大多数の国の同時加盟を認める可能性については慎重に検討する要ありと考える旨述べた。更に先週金曜のモロトフの挙げた十六国なる数に言及し、同代表部の承知しおるところでは現在未だに二分されおる国を除けば、加盟候補国の数は十七であるべきであり（日本を示唆す）是非「モ」外相において再度検討の上この重要な点に関し訂正することを希望する旨述べた。

テキスト空送。

米、英に転報した。

183　昭和30年9月27日　重光外務大臣より国際連合日本政府代表部加瀬大使宛（電報）

加瀬大使意見のとおり加盟工作を進めるべき旨回訓

本　　省　9月27日後2時42分発

第二〇五号

貴電第二六一号の四、に関し

貴見の通り今後とも工作を進められたい。

なお、総会における今後の推移とも睨合せ、貴使よりロッジ米代表始め、英仏代表に対し、本件を外相会議に持込み、東西の融和促進と国連の普遍性の見地から、本総会において、我国を含む未加盟国の加盟問題の打開を計るための現実的な方式を発見することに努められたき旨申入れることも一案と考えられる。

なお貴電第二六二号(見当ラズ)に関し上村大使に訓電した。

英・仏に転報した。

米に転報ありたい。

---

184 昭和30年9月28日 在カナダ松平大使より重光外務大臣宛(電報)

カナダによる日本の加盟支持につきカナダ側よりの内話

オタワ 9月28日前10時44分発
本　省 9月29日前3時30分着

第二四四号

一、二十七日ホルムス次官補は日本の国連加入問題に関し本使に左の通り内話した。

昨日マーティン・カナダ代表は国連総会において日本の国連加入促進を示唆したが、右はカナダ政府の既定の方針に基くものにて右演説の起草には同次官補も参画したるが、今後とも同政府としては日本の加入を真摯に支持する意向である。

二、なおピアソン外相も過日本使に対しソ連訪問に際し機会あらばソ連側に対し日本国連加入を慫慂したき旨述べおりたり。

右何等御参考まで。

編　注　本電報の受信時間は「二九日三、三〇」と表記されている。

---

185 昭和30年9月28日 在カナダ松平大使より重光外務大臣宛(電報)

日本の加盟に対するソ連の態度につきカナダ側よりの内話

オタワ 9月28日後5時56分発
本　省 9月29日前10時30分着

第二四六号

往電第二四四号(会談)の際ホルムス次官補の本使に対する

内話左の通り何等御参考まで。

一、過日同次官補が国連会議に出席中、ソ連代表部ジユニアー・メンバーがカナダ代表部ジユニアー・メンバーにアプローチし来たり日本加入問題に対しカナダの態度を打診する態度を示したるにより、カナダ側よりソ連は日本加入に反対なりやと反問したるところ、ソ側は現在の状況においてはソ連内部に必ずしも非常に強い反対はない旨洩した。よつてマーチン加代表は直接ソボレフソ連代表に右の点につきその意見を質したるところ、ソボレフは本問題は色々複雑な関係あり日本加入支持は困難なるべしと答えた。然るところその翌日ソ側ジユニアー・メンバーは再びカナダ側ジユニアー・メンバーにアプローチし来たり、ソボレフの意見は必ずしも現在のソ連の立場を正確に伝えるものにあらず、日本加入支持はソボレフの云う如く困難ではないと語つた。

二、同次官補の観察によれば、ソ連は日本加入については甚だデリケートな立場にあり、日ソ条約解決までは日本加入に反対するのがソ連の基本的立場ではあるが、本問題に関し国連において拒否権を発動することはバンドン会議参加諸国、アジア諸国の世論に与える影響もあり不得策と考え、何んとか本問題を有耶無耶に葬り去りたいと考えおるものの如くである。

三、ソ連は日本加入問題に関し特に英、米、仏、加の意見を気にしている様に思われる。

186　昭和30年9月29日　国際連合日本政府代表部加瀬大使より重光外務大臣宛（電報）

日ソ交渉と日本の加盟問題に関するモロトフ外相の談話について

ニューヨーク　9月29日前11時39分発
本　　　　省　9月30日前7時18分着

第二七六号（極秘）

二十八日モロトフ外相のレセプションに出席したところ、本使の姿を見かけてモロトフの方から歩み寄り、先日ブルガーニン首相とフルシチョフ第一書記が日本議員団と会見したがその模様を御存知かと質問した。よつて本使は新聞報道しか知らぬと答えると、「モ」は新聞に充分報道されていたと思うと言つたので、本使は新聞にはフルシチョフ氏が恰も日本側において日「ソ」交渉を故意に引き延ばしているかのように語つたらしい句辞《ママ》があつたが、若し本心で述べたものとすれば誤解も甚だしいと云わざるを得ない。日本政府が誠意をもつて交渉の早期妥結に努力していることをここに確言すると述べた。これに対し「モ」はそれを信頼したいと云つたので、本使は交渉促進の見地から承りたいが、マリク全権は何時頃ロンドンに帰任させる方針かと訊ねたところ、「モ」は何のために帰任させるかその目的如何によることである、マリクが不在でも交渉は代理のものでやつて行けるではないかと反問した。そこで本使は従来の経緯から見てもそうは行くまいと思うし、現に日「ソ」両全権が近く再びロンドンにおいて会談することに打合せてあることは御承知の通りであり、従つてマリク全権は交渉を続行し妥結を図るために帰任することになると応酬したところ、「モ」はそれならばよい、マリクの当地滞在は余り長くはあるまいと述べたが、笑い乍ら併し一部には松本氏はお茶を飲むためにロンドンに行つたと云う話もあると戯れるので、本使はこの際焦らずに各種の懸案を充分検討することが将来の両国関係の基礎を築く所以であり、松本全権は国民の信頼を博しているが、元来右交渉を中坐したのはマリク全権なのであるから、ソ連政府が急速妥結を望まれるならばマリク大使を早目に帰任させるのが良いと思う。且つそれが日本の与論にも好感を与えることとなろうと述べた。「モ」はその点は考慮に入れようと答えた（英国代表部の聞込みによれば「マ」は三、四週間で帰任する予定の由）。なおロンドン交渉の次第はあるもこの機会に国連加盟問題にも触れ置くこと然るべしと考えたので、貴外相のみならずウクライナ及びベロ・ロシア両代表も（二十八日総会演説において）十六国同時加盟を提案しおるところ、これは日「ソ」交渉妥結せばソ連政府は右のパッケージ案とは関係なく無条件に日本の加盟を支持する意向と解されるがその点如何と質問したところ、「モ」は交渉成立せば加盟問題は日「ソ」両国の利益となるような適切な方法で解決出来ると思うと述べた。因みに「モ」外相は来月早々帰国の模様。（本電取扱いに御注意請う。）

米、英に転報した。

〰〰〰〰〰〰〰〰〰〰〰〰〰〰

187　昭和30年9月29日　国際連合日本政府代表部加瀬大使より重光外務大臣宛(電報)

インド代表による日ソ間斡旋の申し入れにつき請訓

ニューヨーク　9月29日後3時2分発
本　　　省　9月30日前7時8分着

第二七七号(極秘、至急)

二十九日メノン代表と会談したところ同代表は加盟問題の焦点は今や日本となりつつあるが、貴国が速やかに日ソ交渉を成立させれば十七国(スペインを加えれば十八国となる)が一挙に加盟出来ることとなり、世界特にアジア諸国のために一大サーヴィスをされることとなると言つたので、本使は

㈠交渉の早期妥結はもとより日本政府の希望するところであるが、そのためにはソ連側においても大局的見地から善処すべき点が少くない。

㈡然し仮に幸にして交渉の急速妥結を見たとしてもそれだけで果して加盟問題が立ち所に解決されるか疑問ではないか、米国政府が簡単に外蒙やアルバニアの加盟を支持すると思うか。

と反問した。これに対しメノンは

㈠日本側としては今回の交渉で凡ての懸案を解決せずとも一応国交を回復しておけば国際緊張の緩和するに従い遠からぬ将来に逐次解決を期し得ると思う。フィンランドに対する基地返還はその適例である。

㈡お説の如く米国の東欧諸国に対する態度は強硬であり自分の見るところでは加盟問題の障碍はソ連よりも寧ろ米国にある。

と答えた。

よつて本使は日本とフィンランドの立場を同視することの誤りであることを指摘しソ連が日ソ交渉と無関係に日本の加盟を支持すれば問題は簡単になると述べたところ、メノンは日ソ間の戦争状態解消が先決であるから出来るだけ速やかに日ソ交渉の妥結することを熱望する。就いては自分は重光外相の識見には多大の敬意を払つているものであるがこの際自分において何等か日ソ間を斡旋し得る余地はないか、土曜日(十月一日)モロトフと懇談することになつているから貴大使より外相にこの旨至急伝達ありたいと述べ

た。本使は御好意は多とするが偶々松本全権が月末帰朝し交渉経緯につき親しく政府首脳に報告する段階となつている関係もあり或いは今回は時期的にも無理かと思うが兎も角折角の御申出であるから東京に伝達しよう。何れにせよモロトフと会談の際は日ソ交渉、加盟問題其の他につき参考となる情報を入手願いたいと答えておいた。御承知の様にメノンは定評ある人物ではあるが印度の外交的地位特にネール訪ソ後のソ連との親交関係にも鑑み或る場合には加盟問題其の他につき同代表を利用し得る局面も今後あるべきやに思われる。就いては同代表に対する応酬振りにつき折返し回訓を請う。
インドに転電ありたい。

〰〰〰〰〰〰〰〰〰〰

188　昭和30年9月30日　重光外務大臣より　国際連合日本政府代表部加瀬大使宛（電報）

ソ連が日ソ交渉と関係なく日本の加盟を支持するようインド代表を誘導すべき旨回訓

本　省　9月30日後6時50分発

第二〇七号（極秘、大至急）
貴電第二七七号に関し
メノン代表が日ソ間を斡旋せむとする好意には本大臣としても敬意を表する次第なるが日ソ交渉に付ては我方に於ては既定方針通り促進せしめ度き意向にして何等遷延せしめおる次第に非ず之が妥結の為には貴使御指摘の通りソ側に於いても互譲の精神を発揮すべきにして日本としては懸案解決の見透しをつけずして国連加盟実現の為にのみ国交を回復することは不可能なり唯ソ連が日ソ交渉と関係なく日本の加盟を支持することは我方としては最も望ましき次第に付其の方向にメノン代表を誘導するを得ば幸なりと思考し居れり
インドに転電せり
冒頭貴電と共に米、英に転電あり度し

〰〰〰〰〰〰〰〰〰〰

189　昭和30年9月30日　国際連合日本政府代表部加瀬大使より　重光外務大臣宛（電報）

モロトフ外相が日本を含む十八国案に肯定的との情報について

第二七八号

ニューヨーク　9月30日後3時24分発
本　　省　10月1日前8時42分着

往電第二七七号に関し

一、ソ連政府は日ソ交渉の成立が日本の国連加盟を支持する条件であるとの態度を原則的に維持しているものと察せられる処、セイロン大使の内話によれば、モロトフ外相は二十九日同大使に対し米国が同意すれば、日本、スペインをも加え十八国の同時加盟に賛成してもよいとの口吻を洩らした趣なのでメノン代表とも連絡し目下真相を突きとめるため努力中である、若し日ソ交渉と我が国連加盟とを分離し得れば一進歩となるが所謂パッケイジについては米国側において内政上少なからざる困難があることは明らかであるから仮にソ連が賛成しても簡単に解決するや否や疑問である、穿つた見方をすればソ連は米国がパッケイジを拒否することを予期した上で一種の外交攻勢に出ているものと解し得ないでもない。よつて本使は米国代表のボールドウイン顧問（ロッヂ代表の代りに常時本使と連絡している）に対し対策如何を尋ねたる処米国政府としてはこの問題に関し根本政策を練るため協議中であるが未だ結論を得ていないと答えた、大統領が病で倒れたことは種々の意味で米国外交を不活潑にしているやに見受けられる。なお場合によつては加盟問題をジユネーヴ外相会議で討議することについては米英其の他代表部において概ね異議ない様子である。

二、タイ外相は斡旋委員会を拡大し米ソ両国を含ましめる案を以て関係方面を打診しているが加盟問題が本格的に審議されるのは外相会議後となるものとの観察が漸く一般的になりつゝある。

米、英に転電した。

190　昭和30年9月30日　国際連合日本政府代表部加瀬大使より重光外務大臣宛（電報）

カナダによる十八国加盟案の内容および同案に関する事務局側の態度について

ニューヨーク　9月30日後6時5分発
本　　省　10月1日前10時53分着

第二八〇号

往電第二七八号に関し
一、一般討論におけるカナダ代表の加盟問題に関する発言に関し同代表部クロオ書記官の北原に対する説明左の通り。
㈠十七国全部の加盟を今会期において認めるとの話合が米ソ間につけば、カナダはアルバニア、外蒙の加盟を支持すること勿論であるが、右両国の承認は別問題である。

㈡日本については日ソ平和条約成立の前後を問わずその加盟を承認する趣旨である。

㈢日本の加盟は何れにせよ近い将来実現する問題であるから、外蒙までが加盟承認される点において同案は寧ろソ連に有利であり、カナダ代表部としては同案実現のためにはソ連側よりも米国側の方に困難な点が多いと見ている。

㈣同案はピアソン外相も支持しおり、マーチン代表はその貫徹方努力する積りであり、若し大国間に了解成立せば早速安保理事会を召集し、加盟申請順に一国毎に審議し、所謂同時加盟乃至パッケイジの体裁を採らないこととする。

㈤アルバニア、外蒙については米、英、仏、中国が棄権することを期待しおり、必要数の七票を確保したい方針である(イスラエル加盟承認の際、英国が棄権した前例あり)。

㈥スペインがカナダ代表演説の翌日加盟申請を行ったのは、問題の解決を困難にしたと思われるが、スペインを除外しては米国は全然話に乗らぬと考えるので、十八国案で話合う積りである。
二、右カナダ案に関し事務局方面の意向左の通り。
㈠ピアソン外相は三十日出発モスコー経由シンガポールのコロンボ諮問委員会に赴くところ最近カナダが米ソ関係改善のため斡旋せんとの動き顕著なる折柄加盟問題打開のための斡旋役としてはカナダが最も適役にて特に米国は中立国による斡旋には耳を傾けず米国をして決意させるためには友好国より圧力をかける以外に手なき実情より見てかなり有力な案と考えられる。

㈡若し十七国案が通れば未加盟国はスペイン(分割されおる国を除き)のみとなるので米国としては十八国案でなければ絶対に交渉に応じないだろう。

㈢加盟問題全般に関する今次総会における各国代表の熱意は重々認めるとするもアルバニア(コルフ島問題にて国際司法裁判所の判決義務を履行しおらず)はさておき外蒙までをも加盟せしむることは米国にとつては一大転換と言はねばならず特に大統領療養中なる事情もあり見通しとしては甚だ困難と考える。

㈣安保理事会特別政治委員会における加盟問題審議の時期と睨み合せ本問題を外相会議の初期に取上げる様工作することについては斡旋委員会委員長も賛成しおる由。

米、英、加に転送した。

191　昭和30年9月30日　国際連合日本政府代表部加瀬大使より重光外務大臣宛(電報)

カナダ案に対する米英ソの態度につきカナダ代表との意見交換

ニューヨーク　9月30日後5時53分発
本　　　省　10月1日前9時43分着

第二八一号

往電第二八〇号に関し

カナダ代表(マツカイ大使)と意見を交換したところ、同代表はソ連が十七国または十八国の同時加盟を支持することはあり得ると見ているが、この点米国側の方針は未だ固まりおらず、加盟問題についてはソ連よりも米国の方に障碍多きやに見受けられ、必ずしも楽観は許されない。マーチン代表において目下折角裏面工作中であるが、安保理事会に席を持たぬカナダとしては表面に立ち難い。

なお、英国は同調すると思うが反植民地運動との関連において多数の後進国が加入することに若干の心理的留保を抱いている形跡があると内話した。よつて本使よりこの際日本の加盟問題を日ソ交渉から分離して処理できれば問題をシンプリフアイし得ると思うと述べ善処方を依頼しておいた。

192　昭和30年10月4日　重光外務大臣より国際連合日本政府代表部加瀬大使宛(電報)

モロトフ外相が十八国案の考慮を約束したと

の報道につき真相照会

本　省　10月4日後6時0分発

第二〇八号（至急）

貴地宮地特派員記事として四日朝日夕刊は国連消息筋情報としてモロトフ外相が貴地出発前ベラウンデに対し日本、スペインを含む十八ヶ国同時加盟の新提案を考慮することを約した旨報じおり、真相回電ありたい。

193　昭和30年10月4日　国際連合日本政府代表部加瀬大使より重光外務大臣宛（電報）

ソ連の態度は報道の通りでなく心理攻勢とも見られる旨回電

ニューヨーク　10月4日後7時51分発

本　省　10月5日前8時55分着

第二八四号

貴電第二〇八号に関し

一、右は往電第二七八号もつて報告せるセイロン大使に対するモロトフ外相の談話と同趣旨のものと察せられるところ、ここ数日来この種取り沙汰はいわゆる消息通の話題となつており、四日にニユーヨークタイムスもベラウンデス《ママ》案なるものを掲げている。よつて念のため「ベ」代表について直接確めたところ、右記事は正確を欠き、「モ」外相は十八国同時加盟案の考慮を約束した訳ではなくただ必ずしも反対でないとの印象を得た次第であると語つた。なお「ベ」代表はカナダ代表が日本を含む十七国加盟を主張した事実に言及して、「モ」外相に対し日本をも対等に取り扱い、速やかに加盟せしおる《ママ》ことを強く要請しておいたと附言した。

二、他方タイ外相の内話によれば、同外相も又モロトフに対し日本を除外することの不可なる所以を力説し、日ソ交渉と一応切り離して日本の加盟を支持することを要望したところ、「モ」外相は交渉が実質的に纒る見込みがつけば妨害せぬとの態度を(極秘)示唆した趣きである。

三、「ベ」代表もタイ外相もかねてよりの本使の依頼に基き、モロトフに対し、右様申入れを行つたものであり、その結果何れも或程度楽観している様子であるが本使は前電にて申し進めた通り、ソ連としては米国が拒否することを見越して、心理攻勢に出ている形跡なきにあらずと見受ける。但しソ連のこと故、本件につきても意表に出でる態度をとることなしとせず、その点からも本使は米国側に対して至急適切な対策を実施することを勧告している次第である。何れにせよアジア諸国代表は一般に米国の態度にあきたらぬもののようである。この限度においてソ連は外交的収穫を挙げているものともいえよう。

四、米国代表部と特殊関係ある一記者がダレス長官の直話として内話するところによれば、先日の西欧三外相会議に際し「ダ」長官は劈頭に大統領の病状を披露した上重要問題についてはすべてgo slowせねばならぬと述べて、英、仏外相の了解を求めた由であるが、どの途加盟問題の審議はジュネーヴ会議後となるべく、現に四日のアドホック委員会も同問題を四議題中の最終議題と決定(予めタイ外相より連絡があつた)している。

194　昭和30年10月5日　国際連合日本政府代表部加瀬大使より重光外務大臣宛(電報)

日ソ交渉妥結後に日本がアジアと国連で果たす役割に関するインド代表の演説

第二八五号　　ニューヨーク　10月5日後9時59分発
本　　省　10月6日前7時42分着

往電第二八四号に関し

四日メノン代表は一般討論の最後に二時間余り東西融和を促進する立場より重要外交問題の総てに論及したが、特に日本に言及し、日ソ交渉は漸次妥結に近附きつつあるように了解しているが、右妥結の結果日本がアジアにおける重要な役割を果し、且つ国連と協力し国連を強化する途が拓かれれば、アジアの安定に大いに貢献しようとの趣旨を述べた。

インドに転報した。

195　昭和30年10月5日　国際連合日本政府代表部加瀬大使より重光外務大臣宛(電報)

モロトフ外相とインド代表の懇談内容について

第二八六号　　ニューヨーク　10月5日後0時20分発
本　　省　10月6日前7時59分着

貴電第二〇七号に関し

一、御訓令の次第を申入れておいたところメノン代表は一日モロトフ外相と午餐を共にして懇談し日本政府はグッド・フェイスをもつてロンドン交渉の措置に当つており互譲の精神により右が早期妥結することを希望している旨を篤と説明した由である。「モ」はこの説明を了承し交渉の速かなる妥結はソ連政府も希望するところであると答えたが、メノンはソ連側が遠からず交渉成立を期待しているとの印象を得た趣である。メノンが四日の総会演説において日ソ交渉の妥結は間近いと思うと述べた(往電第二八五号)のはこの間の消息を反映するものと察せられる。なお加盟問題についてはモロトフは大体において交渉成立せば自然解決すべしとの態度だつたらしい。

二、メノンは重ねて貴大臣に敬意を表しつつ今後若し自分において斡旋すべきこともあらば喜んでお役に立ちたきもこの次仲介するような場合には恐らく正式斡旋の色合を帯びることと思われるのでその際は形式を整えるためニューデリーにおいてネール首相に対しメノンを利用したき旨一応御申入れ願いたいと申添えた。よつて本使は恰も松本全権が帰国し目下関係当局と協議中の模様であるから今俄に貴代表を煩わす事態とはなるまいかと思うが何れにせよ御厚意は重光大臣も多とするに相違ないと答えておいた。なおメノンは日本政府の希望する時期にマリク大使をロンドンに帰任させる自信があると付言していた。

米、英に転電した。

インドに転電ありたい。

196 昭和30年10月5日　国際連合日本政府代表部加瀬大使より重光外務大臣宛(電報)

マリク大使を晩餐に招待した旨報告

ニューヨーク　10月5日後3時26分発
本　　省　10月6日前8時13分着

第二八七号

本使五日マリク大使夫妻を主賓として晩餐に招待し居るところ、右は旧交を温めるための会合の建前につき念のため。

197　昭和30年10月6日　在米国井口大使より重光外務大臣宛（電報）

米国は一括加盟案に反対との国務省担当者の談話

ワシントン　10月6日後7時34分発
本　　省　10月7日前10時0分着

第一三三一号

国連加盟問題に関し六日国務省マクラーキンは島に対し米国政府の態度は四日の新聞会見においてダレス長官が言明した通り。

(イ)加盟問題については拒否権が行使さるべきこと。(編注)

(ロ)申請国個々のメリットに基いて審議さるべきこと。

の二点が根本方針であり形式はどうであろうとも実質的にパッケージ・ディールと認められる如何なる提案に対しても反対の態度をとるであろう。但し多くの国は国連における本件付議をジュネーヴ会議以後に持ち越すことを希望しているから恐らくそうなると予想されるが、その際米国政府の態度に変化があるか否かは同会議の結果如何によることであるから、今から予断出来ないと語った。（以上は国連事務担当局と打合せの上の説明である）更に「マ」は個人の見解として現在のところ十八ケ国案が安保理事会において七ケ国の賛成を得ることは困難と見ているがカナダを含む可成りの有力の国が本件解決に奔走している今日、ダレス長官が米国に拒否権行使の意図なきことを言明したのは相当の勇気を要することであると付言した。

国連、英、カナダに転電した。

編　注　十月八日の訂正報により、「行使さるべきこと」は、「行使せられざるべきこと」の誤りとして訂正された。

198　昭和30年10月6日　国際連合日本政府代表部加瀬大使より重光外務大臣宛（電報）

日ソ交渉や十八国加盟案に関するマリク大使との懇談内容につき報告

ニューヨーク　10月6日後8時47分発
本　　省　10月7日後0時11分着

第二八九号（館長符号扱）

往電第二八七号に関し

一、右晩餐は社交的会合でもあり且つ本使としては日ソ交渉の内容に立入ることはこの際堅く差控えたいので、当方から進んで交渉に触れる考えはなかつた。然るに食後別室に移るとマリク大使は本使とモロトフ外相の談話（往電第二七六号）に言及し、ロンドン交渉ではソ連が寛大な妥協をしたのに、日本は次々と要求を出すばかりで結局ソ連の一方的譲歩の形となつている。而かもその実情が日本国民には十分に知らされずソ連の好意は無にされているようだと述べ、自分は日本側に果して誠意ありやを疑わしく思つたのでその旨を政府に報告したが、実はこれが貴国議員団に対する最近のフルシチョフ談話の背景となつたものであると語つた。本使は貴電第二〇七号御訓令の次第もあるので日本政府が終始熱意をもつて交渉促進に当つていることを強調し、たとえて云えばバラックならば僅か数日で建て得るが鉄筋のビルは幾ケ月もかかるのと同じ道理であつて将来永きに亘つて日ソ友好の基礎を築くためには多少の時日がかかるのもやむを得まい。フルシチョフ談話にかかわらずロンドン交渉は今後のため極めて有益であつたと信ずる。現に松本全権も貴大使の協力的態度に敬意を表しているが、他方日本政府及び国民は完全な信頼を松本全権に寄せている。尤も日ソ双方の立場は既に略々明瞭となつたことでもあるから互譲の精神をもつて早期妥結を図るのが時宜に適すると云う意見が一般に有力となつている様子であると応酬した。

これに対し、マリクも賛意を表し早く条約にサインしたいものだといつて笑いながら、大袈裟に署名の身振りをした。なおマリクは先日当地でダレス長官に日ソ交渉はどうなつていると聞かれたので、自分は此処に居り、松本氏は東京にいると答えたところ、ダレスは交渉は成立すると見ていると述べたので、少しく驚いた次第であると附言した。

二、本使は早期妥結のためにはソ連も大局的見地から、日本の合理的主張にはミートして欲しいが、この点は松本全権が貴大使に対し委曲を尽して申入れた通りである。最近鳩山首相は日ソ交渉の形勢は結局国民がどう考えるかによつて決定されるとの趣旨を述べられたが、これは貴大使も御同感と思う。国民的支持なくして強固なる国交の基礎は築き難い。そこでソ連としても日本の国民感情をとくと考慮されたく、この辺に日本通たる貴大使の貢献を期待したいが、その意味からはフルシチョフ談話の如き行き過ぎは威圧と見られ易いから、かえつて反撥を招くことが多く、ソ連としては、むしろ日本国民の対ソ感情が自然に増大するように仕向けることが賢明ではないかと思う。領土等の重要事項につき適切に善処されることも、その有力な方法であり、また国連加盟につき便法を講ずることも時にとつての一策と考えると説いたところ、マリクは領土については格段の譲歩をしたとか、賠償も要求していないとか述べた(海峡問題は必ずしも固執しないかの口吻だつた。)ので、本使はそれ等は両国政府の妥協によつて早晩解決されることを希望するが、交渉促進のためには貴大使が早目にロンドンに帰任されることが好都合ではないかと思われるといつた。

マリクは軍縮問題はジュネーヴ会議を控えて当面さしたる発展もなさそうであり、自分は第一委員会に配属されて、原子力平和利用問題を担当することになつているが、暫くすれば帰任出来ようかと思う(六日のニューヨーク・タイムスによれば、同委員会の第一議題たる原子力平和利用は約十日間にて議了し得る見込みとのことであるが、第二議題は目下未定であり、ソ連は軍縮問題に着手することを提案するかも知れない)。何れにせよ総会は中座するが、帰任の時期が決定したら内報してもよいと語つた。

三、なお加盟問題につき、ベラウンデ談話(往電第二八四号)が話題となつたので、マリクの意見を求めたところ、詳細な事情は知らぬが、十七ケ国ならば兎も角、スペインも入れて十八国というのは無理ではないかと笑つて答えた。よつてタイ外相内話の次第(往電第二八四号)もあるので、日ソ交渉が実質的に妥結する目処がついたら、日本の加盟を別途支持すると約束は出来ぬものなりや、その程度の弾力性を持たせれば、日本国民の対ソ感情は更に好転し、これが交渉促進の新たな心理的要素となり、ひいては貴大使の事業達成を容易にすることと信ずると述べておいた。懇談一時間半。前電と重複する点あるも後日のため御参考まで。

米、英に転報した。

〈参考〉

「ソ連関係執務報告」（抜粋）

昭和三十年六月

欧米局第六課

ソ連関係執務報告
（自昭和二十九年六月
至昭和三十年五月）

目　次

第一章　日ソ関係正常化問題

第一節　日ソ両国政府間の接触確立前の経緯

ソ連は、平和条約発効以後、表面の宥和的態度に拘らず、直接日本政府を相手として日ソ国交を正常化せんとする努力は一向に示すことなく、国民の反政府、反米感情を煽る事に力を注いでいた。しかるに、昭和二十九年春頃より、ソ側のこのような態度は、少くも表面上、かなりの変化を示すに至り、日本は、現在の対米関係を変更しなくても日ソ間の国交調整が可能であるとか、中ソ同盟条約は日本に対して向けられたものではないなどと主張し、日ソ間の国交調整のため日本政府と交渉を行つてもよいというゼスチュアを示すようになつた。

右のようなソ連及び共産圏側の動きの主要なものは次の通りである。

1、昭和二十九年三月、在仏ポーランド大使館参事官クロスは、カンヌ映画祭のレセプションにおいて、わが在仏大使館々員に対し、相互に通商代表の交換等が考えられないかと話しかけ、その後、五月に至り、ポーランド代理大使オグロジンスキーは、「もし日本側において使節派遣の希望がある場合、ポーランド政府としては異存はあるまい」と言明した。本年一月二十一日、新駐仏ポーランド大使ガジエフスキは、インドネシヤ大使の晩餐会にて知合い往訪した西村大使に対し、「日本新内閣の成立した今度こそ、日波両国の国交調整に具体的効果の生れることを期待する」と述べ、さらに、⑴本国政府より日波国交調整につき交渉せよとの訓令を受けた、⑵国交回復に関する波政府の考えは、従来から、直ちに外交使節の交換を実現するということにあつた、⑶波政府は、現在では、桑港条約を暗黙裡に承認して可なりとの立場をとつている等の諸点を明かにした。

2、モスクワ発UP電によれば、七月二十一日、ヴィシンスキー外務次官は、訪ソ日本議員団と会見し、⑴日ソ間の正式な外交関係の樹立を希望するが、それ以前にも文化、経済関係の確立を希望する。⑵カムチャトカ、樺太、千島方面の海洋問題等科学的研究を日ソ共同で行うことを希望する。⑶抑留戦犯の減刑、釈放に関する見透しは有望である。⑷日ソ間に貿易代表を交換するのが便利である。⑸十二浬領海内における日本側の操業問題は両国間の協定で解決すべきである等言明した。

3、九月十一日、モロトフ外相は、中部日本新聞の質問に対し、⑴日本との国交関係調整は機が熟しているが、これを妨げている主な障碍は、日本の特定層が、日本を従属国の状態に維持しようとする、米支配層の命令に従つていることとである、(2)日本は、勿論、かかる半占領国の状態に止まるはずがない、(3)ソ連は対日関係を正常化する用意があることを表明し、日本側からも、同様の用意が披瀝されることを予期するものである旨回答した。

4、十月十二日、中ソ両国は、日本との関係に関する共同宣言を発表し、その中で、「両国政府は互恵の条件で広汎な対日通商関係を発展せしめ、緊密な文化的連繫を樹立することに賛成するものである。両国政府は、また、対日関係正常化のために措置をとる用意があることを表明する」と述べた。

5、十二月十一日、重光新外相は、外交政策に関する就任の談話(注、一)を発表し、その中で、「共産諸国との貿易も国際義務に反しない限り出来るだけ拡大すべきである」旨述べたが、モロトフ外相は、右談話に応え、十六日、声明(注、二)を発表、その中で、「ソ連政府は、日ソ関係に関する重光氏の右の声明に対し、肯定的な態度をとるものである。もしも、真に、日本政府が日ソ関係正常化の方向において措置をとる意向であるならば、ソ連政府は、このための実際的措置に関する問題を討議する用意がある」と述べた。

注、一

昭和三十年《二十九カ》十二月十一日の重光外務大臣談

われわれは、あくまでも、平和主義を堅持し、広く、世界各国との友好関係の増進を計る方針であります。

これがため、自由諸国家、特に米国との協力を基調とし、進んで、国際間の緊張を緩和することに貢献するとともに、特に、アジアにおいては、その安定と繁栄のためにでき得る限り寄与し、これによつて、共存共栄の実をあげたい所存であります。資源の乏しい過剰な人口をもつわが国として、全国民相協力して貿易の増進をはからなければならないことは申すまでもありません。

また、共産諸国との貿易も、国際義務に反しない限り出来るだけ拡大すべきであります。

以上の方針を遂行するに当つては、一般国民の理解と協力の下に、全力を尽したい覚悟であります。

注、二

対日国交調整問題に関するモロトフ外相の声明

過日、日本の重光外務大臣は、鳩山首相を首班とする日本の新政府がとらんとしている対外政策について公式声明を行つた。

この声明中において、重光氏は、若干の留保を付してはいるが、日本の新政府が、互に受け容れられる条件で、ソ連との正常な関係を復活する用意のあることを表明した。

この関連において、ソ連は、自らもそうする用意あることを示すすべての国との関係を樹立し、強化することに、常に努力していることを指摘しなければならない。ソ連は、ソ日関係の正常化が、両国の利益だけでなく、また、極東における平和の強化と国際緊張の緩和に関心を有する他の諸国の利益にも合致するものと認め、日本との関係においてもこの政策を持するものである。

対日関係正常化問題に対するソ連政府の立場は、本年十月十二日発表された、対日関係に関するソ中両国政府の共同宣言中に表明されている。周知の如く同声明には、ソ連が対日関係を正常化し、互恵の条件で、日本との貿易を発展させ、また文化交流を樹立する用意のあることが表明されている。

ソ連政府は、日ソ関係に関する重光氏の上記声明に対し、肯定的態度をとるものである。もし、日本政府が、真にソ日関係の正常化を実現する方向に向つて措置をとる意向をもつているならば、ソ連政府としても、これが実際的措置に関する問題を討議する用意がある。

6、十二月十四日のモスクワ放送において、ポルタフスキー解説員は、日本と中日《（ソカ）》両国との国交調整問題を論じ、「平和に反対している限られたグループは、さらにもう一つのデマをとばしている。それは、中ソの対日共同宣言は、日本に、米国その他の国々と関係を断つよう要求しているという宣伝である。しかし、対日宣言には、こういつたことなど一言も述べられていない。それもそのはずで、中ソ両国の対外政策の原則は、社会制度の差違を越えて各国が共存する原則であり、日本も含めてすべての国々と実務関係を盛んにしてゆく原則だからである」云々と述べた。

7、十二月二十二日付イズヴェスチャ紙所載、ニコラエフ論説「日本国民の賢明な要求」はつぎのように論じた。「日本の公式な宣伝機関は、一九五〇年に締結された中ソ友好同盟相互援助条約を引合に出し、この条約は日本に対する脅威をつくり出すものであると主張した。しかるに、この条約は、決して日本に向けられたものでないことは周知の通りである……日ソ関係および中日関係の調整に反対する理由の中には、ソ連と中華人民共和国が、桑港条約および日本が締結したその他の諸協定を日本が破棄することを、対日関係調整の前提条件としているかの如き主張もある。この偽りの主張は、中ソとの正常な関係を樹立することを、吉田政府が、希望しないことを弁解することだけを目的としたものである。」

8、日中、日ソ国交回復国民会議事務総長馬島僩は前記5、(注、二)の声明に感謝する旨、十二月三十一日、モロトフに新年の挨拶を送ったところ、モロトフは「われわれは貴国の具体的ステップさえあれば、外交々渉を開始する用意がある。貴国が具体的に手を打つことを期待する」旨述べたメッセージを馬島宛に送り、本年一月五日、在京元ソ連代表部ドムニツキー首席代理より同氏に伝達された。

第二節　日ソ両国政府間の文書交換

1、在京元ソ連代表部首席代理ドムニツキーは、本年一月二十五日、鳩山首相を来訪し、左記(訳文)の無日付無署名の文書を手交した。

記

ソ連邦は、対日関係正常化の熱望に促され、周知のごとく、終始一貫して両国関係の調整を唱えてきた。日ソ関係正常化の用意があることは、なかんずく周知の、一九五四年十月十二日付のソ連邦政府と中華人民共和国政府の共同宣言、ならびに、十二月十六日のソ連邦外務大臣ヴェ・エム・モロトフの声明中に表明されている。

鳩山総理大臣が、最近の諸演説中において、日ソ関係の調整に賛意を表されたことは世間に知られている。日ソ関係正常化の希望は、また重光外務大臣によつて、一九五四年十二月十一日の声明ならびにその後の諸声明において表明されている。

このような諸事情を考慮に入れて、ソヴィエト側は、日ソ関係の正常化を目指して執りうべき諸措置について、意見の交換を行うことは事宜に適するものであろうと考える。

ソヴィエト側は、モスコー又は東京のいずれかにおいて行われ得べき交渉のため代表者を任命する用意があり、この問題に関する日本側の意向を承知したい次第である。

2、政府は、右文書の性格について、在ニューヨーク国連代表部沢田大使をして、ソ連国連代表ソボレフに対し問合しめた(三十日外務省発表)ところ、二月一日、これがソ連政府の正式の意向である旨の口頭による回答を得、二月四日、重光外相は「日ソ両国の国交正常化の目的のために交渉を開く」ことに決定したと発表し、同五日、沢田大使をして左記(訳文)の口上書をソボレフに手交せしめた。

記

日本国国連常駐オブザーヴァーは、ソ連邦国連常駐代表代理に敬意を表するとともに、本国政府の訓令により、日本国政府の次の見解をソ連邦政府に伝達せられんことを要請するの光栄を有する。

一九五五年一月二十五日、在京旧ソ連ミッションのドムニツキー氏は、鳩山総理大臣に対し、「ソヴィエト側は、日ソ関係の正常化を目ざして執りうべき措置について、意見の交換を行うことが事宜に適するものと信じ、これがため、モスコー又は東京のいずれかにおいて行われうべき交渉のため、代表者を任命する用意あり、この点についての日本側の意向を承知したいと考えるものである」旨を記載した署名なき文書を手交した。

よつて日本国政府は、在ニューヨーク国連常駐オブザーヴァー沢田大使をして、同地ソ連邦国連代表ソボレフ大使に対し、ドムニツキー書簡がソ連邦政府の正式の意向を表明するものであるかどうかを確かめしめたところ、ソボレフ大使は、一月三十一日、沢田大使に対し、右はソ連邦政府の意向であることを伝達した。

日本国政府は、「日ソ関係の正常化を目ざして執りうべき措置について、意見の交換を行うことが事宜に適するものと信ずる」旨のソ連邦政府の見解に賛同し、これがため交渉に入る用意を有するものである。

交渉地については、日本国政府は、世界平和事業の中心である国際連合本部の所在地であり、しかも両国政府の正式の代表者が駐在しているニューヨークが、本件交渉の目的を達成する上に、最も適当かつ便宜の地であると思考する。日本国政府は、ソ連邦政府に対し、交渉地の選定についての日本国政府の右希望を受け入れられんことを要望するものである。

3、二月十六日、ドムニツキーは再び首相を訪問し、ソ連政府の訓令によるとして左記(訳文)の文書を首相に手交した。

記

鳩山日本国総理大臣に伝達のため

二月五日、日本国国連常駐オブザーヴァー沢田大使は、ソ連邦国連代表ソボレフ大使に、一月二十五日付ソ連側声明に対する日本国政府の回答文を手交した。

ソヴィエト政府は、右公文において日本国政府が、日ソ関係の正常化を目指しての可能なる措置に関する問題に付、意見を交換せんとするソヴィエト側の提案に同意し、且つこの目的をもつて交渉に入る用意ある旨を声明されたことを満足をもつて受諾するものである。

かくして両国政府間における公式意見の交換により、ソヴィエト・日本間の関係正常化に関する交渉は、実際上、交渉地に関して双方が合意に到達するとともに、直ちに開始し得べきことが明らかである。

前記日本国政府の公文において、ニューヨークを交渉地とすべき提案がなされた。

他方、東京におけるソヴィエト代表ア・イ・ドムニツキーは、二月五日、東京において交渉を行う可能性ある旨の通報を受取つた。その他、二月七日の日本側ラジオの報道によつて、日本国政府は、モスコーにおいて交渉を行う可能性について述べていることが明らかにされた。

ソヴィエト政府としては、東京又はモスコーにおいて交渉を進めることの望ましきことに関し既に声明した。しかし、ソヴィエト政府は、日本国政府が最も適当と考える交渉地に関する提案に同意する用意がある。

一九五五年二月十四日

4、右に対し、二月二十三日、沢田大使は左記(訳文)の口上書をソボレフに手交した。

記

日本国国連常駐オブザーヴァーは、ソ連邦国連常駐代表代理に敬意を表するとともに、千九百五十五年二月五日付前記オブザーヴァー発口上書に関し、本国政府の訓令に基き、次のとおり申し述べる光栄を有する。

千九百五十五年二月十六日、在京旧ソ連ミッションのドムニツキー氏は、鳩山総理大臣に対し、前記口上書に関連する文書を手交した。日本国政府は、この文書は、ソ連邦政府の意向を正式に表明するものであると認める。

日本国政府は、既に前記口上書において、日ソ関係の正常化をめざす交渉のために最も適当かつ便宜な場所として、ニューヨークを希望する旨を表明した。他方、ソ連邦政府は、前記二月十六日の文書において、同政府としては「日本国政府が最も適当と考える交渉地に関する提案に同意する用意がある」旨を述べた。

よつて、日本国政府は、交渉地としてニューヨークを選択することにつき、両国政府間に実質上の合意が成立したものと認める。

日本国政府は、かくしてすでに交渉地が選択された以上、交渉開始のため必要な予備的打合せもまたニューヨークにおいて、同地に駐在する両国政府の代表者を通じて行うべきことをソ連邦政府に提案する。

5、三月三十日、沢田大使は、右口上書に対するソ連側の回答をソボレフに督促したが、後者は回答未着と答え、その後、四月四日に至り、回答は、ドムニツキーを通じ、日本政府に手交された旨沢田大使に電話越した。四月四日、ドムニツキーは、左記(訳文)の文書を日ソ交渉全権委員に内定した衆議院議員松本俊一氏に手交した。

記

鳩山日本国総理大臣に伝達のため

二月二十三日、日本国国連オブザーヴァー沢田大使は、ソ連邦国連常駐代表ソボレフ大使に対し、日ソ関係正常化に関し行わるべき交渉の場所の問題に関する書簡を手交した。

ソヴィエト政府は、日本国政府の右書簡を検討した結果、現状の下においては、日ソ交渉の場所としては、直接当事国の首府の一、即ち東京又はモスコーを選ぶことが合目的であると考えられるという結論に達した。

加うるに、ソヴィエト政府は、福岡、鹿児島両市における鳩山総理の周知の言明(二月五日及び七日)において、右交渉をモスコー又は東京において行う可能性について述べられていることを考慮に入れるものである。また在京ソ連代表との会談において、日本側代表等も同じ趣旨を述べている。

上記に関連し、ソヴィエト政府は、モスコー又は東京において、日ソ関係正常化問題の交渉を行うことにつき、日本国政府の見解を知りたく思うものである。

一九五五年四月四日　東京都

6、四月八日、沢田大使は左記(訳文)の口上書をソボレフに手交した。

記

日本国国連常駐オブザーヴァーは、ソ連邦国連常駐代表に敬意を表するとともに、四月四日の両者の電話による会話に関連し、本国政府の訓令に基き、次の如く申し述べる光栄を有する。

一、日本国政府は、四月四日午後、在京ドムニツキー氏より松本俊一氏に非公式に手交された総理あての覚書を受領した。同覚書によれば、日ソ国交正常化の目的のための交渉地を、従来の経緯を顧みず、東京又はモスコーの何れかに選ばんことを提案している。

二、ソ連邦政府は、右覚書において、「福岡、鹿児島両市における鳩山総理の周知の言明(二月五日及び七日)において、右交渉をモスコー又は東京において行う可能性について述べられていることを考慮に入れるものである。また在京ソ連代表との会談において、日本側代表らも同じ趣旨を述べている」と述べているが、これは全く事実と相違するものである。しかして、同様のことは、既に、二月十四日付ソ連覚書にも述べられておりながら、なお且つその末尾において、「しかしソヴィエト政府は、日本国政府が最も適当と考える交渉地に関する提案に同意する用意がある」と述べられたことに対して、ソ連邦政府の注意を喚起するものである。

日本国政府は、既に、二月五日付をもつて、ニューヨークが、本件交渉の目的達成のため最も適当なりとして、これが受諾方ソ連側に申し入れてあつたので、前記ソ連覚書に対し、二月二十三日付覚書をもつて「日本国政府は、交渉地として、ニューヨークを選択することにつき両国政府間に実質上の合意が成立したものと認める」旨を回答した。かくして本件は、既に、両国間の合意を見た次第である。

三、以上の経緯にかんがみ、日本国政府は、交渉地の変更に関するソ連側今回の提案につき、その真意を了解するに苦しむ次第である。日本国政府は、平和事業の中心である国際連合の所在地にして、且つ日ソ双方の領土外にあるニューヨークを交渉地とすることが、両国国交正常化の目的達成に最も適当とする考えを依然有すると同時に、この際、速かに同地において交渉を開始せんことを切望するものである。よつて、ソ連政府においても、右わが方の意見に同意せられんことを希望する。

7、四月十八日、ソボレフは左記(訳文)の口上書を沢田大使に手交した。

記

ソ連邦国連常駐代表は、日本国国連常駐オブザーヴァーに敬意を表するとともに、本年四月八日付同オブザーヴァー発口上書に関し、本国政府の委任に基き、次のとおり通報するの光栄を有する。

ソヴィエト政府は、一九五五年四月四日の同政府の陳述を確認し、かつ、日ソ両国の関係正常化に関する日ソ交渉は、東京又はモスクワ、すなわち当事国の首府の一つにおいて行うことが合目的であるとの見解を依然有するものである。

しかしながら、ソヴィエト政府は、「日ソ双方の領域外に」おいて交渉を行いたいという日本国政府の希望を考慮し、かつ、ジュネーヴにおいて交渉を行うことの可能性についての、本年四月九日の、鳩山総理大臣の言明を顧慮し、ジュネーヴ又はロンドンが日ソ交渉の場所たるべきことに同意する用意がある。

ソヴィエト政府は、本件について日本国政府の回答をまつものである。

8、四月二十三日、沢田大使は、左記(訳文)の口上書をソボレフに手交するとともに、交渉開始時期を六月一日としたきわが方の意向を口頭にて申入れた。

記

日本国国連常駐オブザーヴァーは、ソ連邦国連常駐代表に敬意を表するとともに、四月十八日の同代表発口上書に関し、本国政府の訓令にもとづき、次のとおり申し述べる光栄を有する。

日本国政府は、前記口上書において、ソヴィエト政府が、日ソ両国の関係正常化の目的のための日ソ交渉の場所を、ジュネーヴ又はロンドンとすることに同意する意向であるとの陳述に対し、右交渉の場所として、ロンドンを選択するものであることをここに通告する。よつて日本国政府は、これをもつて交渉の場所に関し、日ソ両国政府間に完全に合意を見たものであると了解する。

9、四月二十五日、ソボレフは、左記（訳文）の文書を、沢田大使に手交するとともに、ソ連政府においても六月一日より交渉開始が可能なる旨を口頭にて申し述べた。

記

ソ連邦国連常駐代表は、日本国国連常駐オブザーヴァーに敬意を表するとともに、一九五五年四月二十三日付同オブザーヴァー発口上書に関し、本国政府の訓令に基き、次のとおり申し述べる光栄を有する。

日本国政府が、前記口上書においてなされた日ソ交渉の場所としてロンドンを選択した旨の陳述に対し、ソヴィエト政府は、日ソ交渉をロンドンにおいて行うことに同意した旨申し述べる。

10、五月二十七日、ソボレフは沢田大使を訪問、本国政府の訓令によると前置し、ロンドンにおける日ソ交渉に対し、ソ連政府は、マリク（注、駐英大使）をソ連側代表とすることとした旨を述べ、日本政府に伝達方要請した。

第三節　対ソ交渉の準備

1、本年五月六日、政府は、松本俊一氏を、対ソ交渉全権委員とすることを閣議において決定、同日発令し、同十日、左記を全権委員随員に発令した。

外務事務官	高橋通敏	外務事務官	新関欽哉
同	重光晶	同	都倉栄二
同	広岡任	同	高山亮三
同	本多隆平		

2、五月二十四日、松本全権に対し、左記の通り、交渉方針を指示することに関し、閣議了解を得た。

記

ソヴィエト社会主義共和国連邦との間に平和関係を回復し、国交を正常化するために相互に受諾しうる条件を見出すことを目的として、抑留邦人の送還、領土問題、わが国の国連加入問題、通商問題、漁業問題等の解決を期するものとする。

3、重光外務大臣は、五月二十六日、衆議院本会議において、日ソ国交問題に関する演説を行い、その中で、日ソ交渉に臨む政府の基本的立場をつぎのように述べた。

「平和を回復するためには、互いに他の立場を認め、領土に対する主権を尊重し、内政に介入せず、紛争は平和的に解決するという精神を互いに確認することが必要と思います。ソ連との間には、戦争状態の結果として、いろいろな問題がありますが、今なおソ連に抑留されておる同胞の釈放、帰還の問題は、まつ先に解決をはかるべき問題であると信ずるのでございます。さらに、北海道所属の島々、千島、南樺太等のいわゆる領土問題、北洋漁業問題、通商貿易の問題、または日本の国連加入の問題等、全国民のひとしく大きな関心を持つておる問題が多々あるのでございまして、これらの問題につきましては、国民的要望に従つて、極力その解決に努力する所存でございます。」

4、随員のうち高橋事務官以下六名（新関、重光両書記官は、それぞれ、任国たるスウェーデンおよび英国より参加）は五月二十五日、松本全権は、同二十八日、それぞれ交渉地ロンドンに向け空路出発した。

第四節　日ソ交渉開始前における本問題に関する主要共産側放送要旨ならびにソ連要人の言動

1、五月十八日のモスクワ日本語放送は、「話合の方法は平和を固める確実な方法である」と題するワシーリエフ解説員の解説放送を行い、その中で、「日ソ関係正常化は緊張緩和への前進である」と述べた。

2、五月二十二日のモスクワ日本語放送は、「米国が日ソ交渉に圧力を加えようとしており、五月十九日のアリソン米大使の鳩山首相訪問もその例に洩れない」と述べた。

3、発信地北京方面とみられている「自由日本放送」は、五月二十四日、「いろいろの前提条件をつけて交渉を行うことは、日ソ交渉を困難にするものである……(日本)政府は領土問題などにこだわらず、まず両国の国交を正常化するために努力を傾けるべきである」云々と述べた。

4、五月二十五日、「自由日本放送」はつぎのように述べた。

「懸案というようなものは、仮にそのようなものがあったとしても、国交を回復した上で、両国の交渉によつて、一つ一つ解決されてゆくべき筋合のものである。これに反して一方的な勝手な条件をつきつけて、さあ、これを呑めというやり方は、全くアメリカ流のめちやくちやな遣り方というほかはない……ソ連が一貫して望んでいることは、日本が国交を回復し、真に独立した平和な国になることであつて、それ以外に何ら野心を持つていないことははつきりしている」云々。

5、五月二十八日、ユーゴ政府は、同国を訪問したフルシチョフ等ソ連代表団歓迎レセプションを、ベルグラードにおいて開催したが、これに出席した在ユーゴ広瀬公使は、フルシチョフ、ブルガーニンおよびミコヤンと歓談する機会を得た。即ちブルガーニンは椅子を立つて同公使を誘い、日ソ会談の成功を祈る旨述べた後、種々雑談、ミコヤンは、一九二七年、久原氏と会つた当時のことどもを語り、フルシチョフも盃を挙げて、両国国交の正常化を祈ると述べた。(以下略)

2　十八国一括加盟案をめぐる米ソ等の動向

199　昭和30年10月26日　重光外務大臣より在ジュネーブ田付（景一）総領事宛（電報）

萩原大使にジュネーブ外相会議の経過調査方訓令

本　省　10月26日後7時0分発

第四五八号

萩原大使へ

貴使は四国外相会議開催に当つては田付総領事とも連絡、随時その経過、特に国連加入及び東西通商問題等につき探査報告ありたい。

200　昭和30年10月28日　在米国井口大使より重光外務大臣宛（電報）

拒否権禁止を前提とした加盟の個別審議をソ連へ提案との国務省内報

ワシントン　10月28日前11時5分発
本　省　10月29日前7時31分着

第一四〇六号

国連加盟問題に関し二十七日国務省よりの内報によれば米国は安保理事会各常任理事国に対し非公式に加盟問題に関する限り拒否権を行使しないとの前提で懸案の申請を個別審議に付することを提案したがソ連よりは未だ回答に接せざる由。

国連、カナダ、英、仏に転報した。

201　昭和30年10月28日　国際連合日本政府代表部加瀬大使より重光外務大臣宛（電報）

一括加盟案をめぐる米ソ、カナダ等の動きにつき報告

ニューヨーク　10月28日後8時19分発
本　省　10月29日前11時46分着

第三一一号

一、加盟問題の審議は軍縮等の重要案件と共に外相会議後に廻はされジュネーヴの結果を俟つ形勢となつたが、今会期中に出来得る限り多数国の加盟実現を要望する空気は依然として強く、会期も半ばとなるに至つて関係国の動きは漸く活潑となりつつある。右に関し主要代表と接触したところにより近況概略左の如し。ソ連は公式には十六国同時加盟案を維持しつつも、米国が同調すれば十八国パッケイジも又苦しからずとの態度を巧みに示唆しているが、米側は僅かにダレス長官が記者会見において、加盟問題につき拒否権行使を差控える旨(但しパッケイジには応ぜず)を言明したのみなので、米国に対し不満を鳴らす向が少くなかつた。これに刺戟されたものか米側は最近に至つて行動を起し、拒否権休戦を申合わせるため安保理事会常任理事国と非公式に協議を開始した。その結果英国と中国は同意したが、仏国とソ連は今なお態度を明示しない由(米代表内話)である。

二、問題の焦点は結局パッケイジの取扱いにつき米ソ間に妥協が成立するや否やにあるところ、カナダは相当の熱意をもつて斡旋を試みつつあり、ピアソン外相は先般訪ソのみぎり、ソ連当局に対し申入れを行つたが、同外相の印象ではソ連は共産諸国、特に東欧三国の加盟が絶対確実となるにおいては、拒否権休戦に必ずしも異議ないように見受けられた(カナダ代表内話)趣である。然し

(一)果してソ連の要求するような確実な保証を与え得るや否やに問題があり

(二)又米側は従来の行き掛りからパッケイジの形式には一応反対せざるを得ないし

(三)更に外蒙に対しては米国のみならず英国、中国にも難色があるので、局面打開の見透しは簡単にはつかぬ様子である。

目下カナダの外にインド等のアジア諸国も米国に対し態度の緩和を求めているが、米政府部内には場合によりては個別審査の形式を整えることにより実質的にはパッケイジに応ずるも已むを得ないとの意見が擡頭している模様である。

三、この間にあつて一層情勢を複雑にするのはフランスの動向であつて、消息通は同国が反植民地主義勢力の増大を

警戒する余り多数国の加盟に反対する惧れありと憂えている。フランスはアルジェリア問題で総会よりウォークアウトしたと同様、専ら内政上の理由から類似の行動に出ないとも限らず。現にニュージーランド代表の如きは加盟問題の最大障害はフランスであると極言している。

四、斯る情勢なので本使は各国代表並びにオヴザーヴァーと緊密に連絡し、外相会議において加盟問題を採り上げ懇談する様関係国に働きかけているが、イタリア外相はダレス長官のローマ立寄りに際し㈠共産圏を加盟させてもこの際本件の急速解決を図ること。㈡そのため外相会議において妥協を試みられたいことを同長官に強く申入れた由(イタリア代表内話)であり、又ロッジ米代表の内話によれば、ダレス長官はよき機会もあれば外相会議に進んで本件を持出す意向の由である。

五、他方斡旋委員会は来月イランが安保理事会議長となる(今月はフランス)のを待ち、正式報告を提出し審議を推進する方針の由であつて、アドホック委員会は多分二十日過ぎ頃本件を上程する(タイ外相談)模様であるが、この間カナダは極秘裡に十八国同時加盟決議案を総会に提出する準備を進めている。右決議案は何れアドホック委員会に提出せられる様子であり、本使も他言せぬ約束で内示を受けたが、カナダ代表の説明によれば、これによつてソ連にモーラル・プレッシュを加え譲歩を余儀なからしめるのが目的らしい。尤も同国主席代表(マーチン)は個別審査の形式よりも寧ろパッケイジの方が賢明でよいとの見解を本使に漏らしており、この点は米国の立場と相異している。右の外北欧諸国、ユーゴー等も別個に動いている形跡もあり、加盟問題をめぐる情勢は頗る複雑を極め、今後なお曲折を予想されるが、上記の限度において進展を示しつつあり、今や漸く微妙な段階に入りつつあるものと認められる。

米、カナダに転送した。

〰〰〰〰〰〰

202　昭和30年10月28日　国際連合日本政府代表部加瀬大使より重光外務大臣宛(電報)

ジュネーブ外相会議での米ソ妥協成立に向けた工作につき報告

ニューヨーク　10月28日後8時6分発
本　　　　省　10月29日前11時39分着

第三一三号

往電第三一一号に関し

一、右の如き情勢においてわが国の立場もすこぶる微妙なるものありと存ずるところ、本使としてはソ連は原則的には依然講和条約の成立を以て、日本の加盟支持の条件としているものと信ずるが、他面日ソ交渉の妥結程遠からずと見て、累次往電の如く可成り含みのあるヒントを持たしていたものと推察される。別してはソ連の主張するパッケイジデイールにしても、頭から日本を除外してかかつたのでは米国が相手とせぬ事は明白であるから、一応弾力性ある態度を取つているのでもあり、もとよりソ連の煽動には心理攻勢的要素が多分に含まれていようが、さりとて日ソ交渉と分離して、わが加盟実現する予地《余カ》些かにてもあるにおいては、わが方としては個々に善処して加盟促進に努力すべき儀と存ずる。然るに最近わが国の与論は対ソ交渉に著しく慎重となりおるため、これを反映してソ連の態度は自然に早晩硬化し、従つて加盟問題についても再び講和条約の調印を不可欠の前提として固執するに至る惧れ少なからずと思われる。但し本使がソ連代表と接触した印象では、目下のところは其処まではつきりと後退しておる様にも見受けない。依つてソ連がなお日ソ交渉の早期妥結に望みをかけている間に、加盟問題に関する米ソ間の政治的妥協が成立すれば、日本のためには有利な発展となろうと考える。

二、従つて本使はジュネーヴ外相会議において、米ソが妥協に達すること頗る望ましと考え、米代表に対し右の事情を説明し然る可く措置方要請したが、同代表部はダレス長官出発の前日、特にボールドウイン顧問をワシントンに派遣し連絡にあたらせた。二十五日ボ顧問が帰任して本使に報告するところに依れば、委細を上司に伝達したとの事であつたが、翌二十七日夜米国代表部幹部を招待した際、本使より重ねて同趣旨を申入れ、もし日ソ交渉と切離して加盟問題を解決し得れば、それ丈対ソ交渉における日本の負担が減少することになるとして指摘したところ、同代表部は直ちに右を国務省に伝達した趣きである。

三、右の如き工作がどの程度成功するかは別とし、少なくともこれに依り日本の加盟問題に対する熱意をこの際更めて表明しおく事はパッケイジデイールよりわが国が除外される万一の危険を防止する所以であろうと思われるので、同趣旨を適宜取捨し英国、カナダ等にも内密連絡している次第である。

米国、英国、カナダに転送した。

203 昭和30年10月29日 重光外務大臣より在米国井口大使宛(電報)

共産諸国の加盟に関する米国の態度につき調査方訓令

本省 10月29日後3時30分発

第一一八九号

貴電第一四〇六号に関し

米国は従来も今次提案の前提と同様のことを主張しつつ他方裏面において各理事国に働きかけ共産諸国が七票を得られざる如く工作し、以てこれら諸国の加盟を阻止し来つたものと思われるところ今回は米国は右工作を断念し状況によつては共産諸国の加盟をも認めんとする決意を定めたる次第なりや、然るべくサウンドされたい。

なお冒頭貴電は高級暗号によるを適当と考える。

ニューヨーク国連に転報ありたい。

冒頭貴電と共にジュネーヴに転電した。

204 昭和30年10月31日 国際連合日本政府代表部加瀬大使より重光外務大臣宛(電報)

加盟問題に関するカナダ決議案の審議予定について

別電 昭和三十年十月三十一日発国際連合日本政府代表部加瀬大使より重光外務大臣宛第三一五号

右決議案

ニューヨーク 10月31日後1時7分発

本省 11月1日前6時52分着

第三一四号

往電第三一一号に関し

一、カナダ代表は外相会議を鞭撻するためにも此際国連に於いて加盟問題の審議に遅滞なく着手すべしとの意見にて（カナダ発貴大臣宛電報第二六五号の関係もあるべし）ベラウンデ斡旋委員会議長の内報によれば同委員会は一両日中に会合しカナダ決議案を検討する由であるが状況によつてはアドホック委員会（目下南阿の人種問題を審議中）の手が空き次第議題順序を変更して右を上程することになる模様である。

各国代表の間には外相会議の収獲案外少なかるべしとの観測を下すもの多く、従つて此際四国外相がせめて加盟問題につき合意に達することにより局面収拾を図ることを希望する気分が強い。その関連からもカナダ代表の意見に同調するむきが少くないよう見受けられる。

二、カナダ決議案は空送するが要旨別電第三一五号の通りである。極秘に入手したものであるから取扱いに御注意願う。

三、目下のところ国連事務局の意向は加盟問題審議が順調に進む際はその最終決定を総会閉会の直前に行う方針の由であるが、右は現状では各議場とも新加盟国代表の着席する余地なきのみならず、事務局に於いても各種の派生的問題の処理に時間的余裕を必要とするためと推察される。

貴信半公信の次第もあるにつき念のため。

米、英、加に転送した。

関係往電と共に仏、ジュネーヴに転送した。

（別　電）

ニューヨーク　10月31日後1時7分発
本　　省　11月1日前6時53分着

第三一五号

与論がユニバーサリテイの原則を強く支持しをる現状に鑑み、安保理事会常任理事国の本総会における声明を考慮しメンバーシツプの拡大が国連の活動を効果あらしめる故なることを確信し

一、斡旋委員会の労を多とし

二、安保理事会に対し下記十八ケ国（国名を列挙）の加盟申請を consider することを要請

三、今会期中に右申請につき安保理事会が総会に報告を提出することを要請する。

205　昭和30年11月1日　在米国井口大使より重光外務大臣宛（電報）

共産諸国加盟に関する米国の態度は状況に応じた配慮と見られる旨回電

ワシントン　11月1日後2時50分発
本　　省　11月2日前7時15分着

第一四一四号

貴電第一一八九号に関し

本件米国側の動きは、最近多数国が紛糾せる加盟問題唯一の解決策は、ソ連のパッケイジ・デイールに多少の修正を加えてこれを容認する外なしとの空気になつてきたことに鑑み、米国が問題解決を阻むものなりとの非難を避けるため案出されたものと見られ、一方現状においてかりに本提案が実現した場合においてもソ側の支持する加盟申請国の若干（特に米国の反対する外蒙、ハンガリー、ブルガリア等）については、安保理事会において所要の賛成投票を得ること困難なるべしとの見透しに立つものなるが、現実の問題となつた場合に反対運動を行わざることをコミットしおるものに非ず、その辺は本提案に対するソ連の反応、各国の動向を見た上更めて方針を検討することとなると見るを至当とすべし。

ジユネーヴに転電し、国連に転送した。

206　昭和30年11月1日　国際連合日本政府代表部加瀬大使より重光外務大臣宛（電報）

加盟斡旋委員会での審議状況と今後の見とおしについて

ニューヨーク　11月1日後8時2分発
本　　省　11月2日前11時12分着

第三一六号

往電第三一四号に関し

一、ベラウンデ議長より聴取するところによれば斡旋委員会は一日会合しカナダ決議案を審議し些少の字句修正を行つたが、右委員会の構成員たるペルー、オランダ、エジプト各代表は夫々ラテン・アメリカ、欧洲、アジア・アフリカの三グループに対して懇談的に決議案支持を要請し、その賛成を得た上、ソ連に対し同調を要求することになつた由である。ソ連が同調すればアドホック委員会においても右決議案は全会一致にて採択され、引続き総会にて可決されることとなるべく、その上にて安保理事会に加盟問題を上程し、申請国を個別審査に付して一挙に解決を図る作戦であるという。

二、他方安保理事会担当のプロロチッチ事務次長につき質したところ普通の順序としては加盟問題は昨年総会の決議に鑑み、先づ安保理事会において取り上げ、しかる後総会にて審議すべきものであり、カナダ案を先づ総会にて可決することは変則に過ぎると答えており、この点若干の技術的疑問がある模様である。しかしカナダの行動は少くとも米英の暗黙の了解があることは当然であるから、総会において審議することになる可能性ありと思われる。

三、なお念のためアドホック議長たるタイ外相と連絡したところ、南阿人種問題は大体今週一杯で終了するので、次の議題（第二議題はパレスタイン難民救済）として加盟問題を取上げるや否やは決定しておらず、自分の感じでは少し早過ぎるかと思われるので、或いは来々週当りにしてはどうかと考えていると答えた。同外相は従来加盟問題は外相会議後に上程するを可とするとの方針をもつてアドホック委員会を指導していた関係もありカナダ案の取扱については幾分慎重である、この点はプロチッチ次長も同様であるが、これらは結局常任理事国間の政治的妥協の成立が加盟問題解決の鍵であると見るのに対し、カナダ案の支持者はむしろ総会の行動によつて大国にモラル・プレッシュアを加えることにより局面打開を図る方が早道であると考えている様子である。いずれにせよ加盟問題の急速解決は前途多難の感があり楽観は許されないが右とりあえず。

冒頭往電通り転送した。

207　昭和30年11月2日　国際連合日本政府代表部加瀬大使より重光外務大臣宛（電報）

カナダ案が提議される時期について

ニューヨーク　11月2日後4時17分発
本　　　省　11月3日前8時40分着

第三一八号

往電第三一六号に関し

一、加盟問題解決促進の裏面工作は俄かに活潑となつた感があり、その中心はカナダであるが一日本使においてカナダ及びオーストラリア代表を晩餐に招待した機会に、アドホック委員会で加盟問題の審議を外相会議後に一応予定していたのにかかわらず、カナダが急に決議案を推進し始めた理由を尋ねたところ、マッカイ・カナダ代表は今次総会においては本件解決を要望する空気が盛り上つているのに大国間の妥協は容易に実現する気配もないので、むしろ問題を先づ総会に持ち込み世界の公論に訴えて解決を計るのがよいと考えたとの趣旨を答え、従つて若し幸にして外相会議において何等かの妥協が成立すればカナダの行動は不必要となるが、カナダとしては必ずしも外相会議が終了するまで行動を差控える理由もなく、外相会議と並行してカナダ決議案を審議して差支えないと思うと述べた。右決議案上程のタイミングについては特に rigid な考え方はしていない由であつた。又これが成功するや否やその辺の見込みについては一切明答を避けつつも一応の期待を示していた。

二、他方プロチッチ次長は本使に電話をもつてその後の事態の発展(斡旋委員会の決定を指すものならん)にも鑑み、カナダ決議案はその処理よろしきを得れば変則的取扱いにはなるが、あるいは先づ総会において採り上げることになるかも知れぬと通報して来た。アドホック委員会が何時頃本件を上程することになるかは第一委員会の議事(主要代表は多くこれに出席している)とも関連があり、目下的確に予断出来ぬがわが国としては往電第三一三号申進めのとおり日ソ交渉との関連からもタイミングを誤らねばカナダ決議案の早期審議はむしろ有利かと思われる。

冒頭往電通り転報した。

208 昭和30年11月3日 国際連合日本政府代表部加瀬大使より重光外務大臣宛(電報)

ジュネーブ外相会議での加盟問題討議開始について

ニューヨーク 11月3日後4時10分発
本 省 11月4日前8時35分着

第三二〇号

往電第三一八号に関し

一、三日カナダ代表は、外相会議において加盟問題につき懇談が始まつた様子なので、その推移を見るため、カナダ決議案のアドホク委員会上程は多少遅れることとなろうと内話した。オーストラリア代表は早くとも来々週になろうと見ている。

二、一部通信は気早にも外相会議が本件につき既に何等かの妥協に達したかの報道を流布しているが、米国代表部員につき確かめたところ、意見交換は行われている筈であるが、その結果については、未だ公電は接到していないと答えた。なおソボレフ「ソ」連代表は昨夕突然ジュネーヴに向け出発したので種々の憶測を生んでいる。

ジュネーヴに転電し、米、英、加、仏国に転報した。

~~~~~~~~~~~~

209　昭和30年11月4日　重光外務大臣より在仏国西村大使宛（電報）

仏国に対し十八国加盟案の支持を慫慂方訓令

本　省　11月4日後7時0分発

第三九四号（大至急）

外電によれば外相会議フランス代表団スポークスマンはアルジェリア問題につき国連で同国に反対する国が増えるとの理由にて十八ヵ国国連加盟案に反対なる旨語りたる趣なるが、右が事実とすれば、我方としては日ソ交渉とは切離し、加盟の促進を計りおるものなるにつき、フランスが我国を含む十八ヶ国加盟案に反対せざるよう、働きかけありたい。

英及ジュネーヴに転電ありたい。

米及びニューヨーク国連に転電した。

~~~~~~~~~~~~

210　昭和30年11月4日　国際連合日本政府代表部加瀬大使より重光外務大臣宛（電報）

カナダ案をめぐるソ連代表との懇談につきタイ外相よりの内話

ニューヨーク　11月4日後1時17分発
本　　　省　11月5日前7時13分着

第三二二号

往電第三二〇号に関し

一、タイ外相の内話によれば、三日クズネツオフソ連代表とカナダ決議案につき懇談したところ「ク」は日本とは未だ講和条約を結んでいない。又スペインについては国連決議が障害となるのではないかと云い、この際先づ十六ケ国をパッケイジにして解決した上日本とスペインについては引続き別個に処理したら如何かと述べたので、外相は日本に関しては先般モロトフが必ずしも講和条約成立を条件とせぬと自分に言明した次第があり、スペインにつきては法律的に解釈が岐れている模様であるが、何れにせよ、日本、スペインをも含め十八ケ国全部を加盟せしむることがユニバーサリティーの見地から最も妥当と信ずる。もしソ連がこの両国を除外するにおいては東欧三国及びアルバニア、外蒙は到底加盟の望みがあるまいと応酬し強くユニバーサリティーを主張した由である。「ク」はこれに対し、日本とスペインについては更めて請訓するが、ソ連の支持する諸国が加盟に必要な票数を確実に獲得し得る保証を与え得るかと反問したので、外相はそれにはジェントルマンズ・アグリーメントを結ぶ外ないと答えたところ「ク」は最近の安保理事会、非常任理事国の選挙でも解るように紳士協定には信頼を寄せ難いと言つた趣である。

右に対しては外相よりその紳士協定既に無効であると云うのが定説であると指摘したが、外相の印象ではソ連は衛星諸国の加盟につき確実な保証を取り付けることに重点を置いているように見受けられた由であつて、外相はこの点につきソ連に満足を与えれば十八ケ国加盟は有望であると判断している。外相は米国側には外蒙につき難色があるが、これも妥協可能と見ており仏国もアルジェリア問題につき顔を立てれば、結局米国に同調するものと期待しているが、それは兎も角として本使の見るところでは全体的にやや楽観に過ぎぬやに思われる。

二、クズネツオフは何故加盟問題の審議を急ぐのか解らぬと云い、寧ろ軍縮問題を論議すべきであると主張した趣であるが、偶々外相会議でも加盟問題を取り上げているとの情報もあつたので主として外相の希望でアドホック委員会のカナダ決議案上程は暫く見送ることとなつたものの由である。

三、なおワズワース大使（米国次席代表）と会つたので外相会議の模様を尋ねたところダレス長官は拒否権休戦のもとに政治的妥協を図るため折角努力することになつているが、公電は未だ来ていないと答え往電第三二〇号同国代表部員の説明を裏書きした。在米大使宛貴電第一一八九号の次第もあるにつき、念のため。

ジュネーヴに転電し、米、英、仏、カナダに転報した。

211 昭和30年11月7日 重光外務大臣より在ジュネーブ田付総領事宛(電報)

ジュネーブ外相会議の情報入手方訓令

本省 11月7日後5時0分発

第四六九号(至急)
往電第四五八号に関し
国連加盟問題が各国外相間に非公式に話題とされ特にカナダ提案の十八ヵ国加盟案に対する各国の反響につき貴地発外電は種々報道しおるところ、本件関係情報入手次第回電ありたい。
冒頭往電と共に英、仏へ転電ありたい。米及びニューヨーク国連へ転電した。

212 昭和30年11月8日 国際連合日本政府代表部加瀬大使より重光外務大臣宛(電報)

十八国加盟案と日ソ交渉をめぐるソ連の態度につき報告

ニューヨーク 11月8日後0時53分発
本省 11月9日前7時6分着

第三二七号(極秘)
一、七日ソ連代表部のリセプションに列席したところ、マリク大使は直ちに本使を人目少きところへ誘い、実は貴国の国連加盟問題につき、われわれは甚だデリケートな立場に置かれている、ソ連邦は日本の加盟に反対ではないのだが、日ソ両国は法律的に戦争状態にあるので、困難なるジュディシアルな問題に当面している次第であるといつてしきりに困る困ると訴えた。よつて本使はそれほど困難な問題とも思われない、要するにソ連が日本に対し充分なる好意を有するや否やによつて決ることであつて、貴方において好意を示す意思さえあれば、深く法理論にこだわる必要もあるまい。特に日ソ両国は戦争状態を終結し国交を回復する目的をもつて現に友好的交渉を行つている際であり、且つ交渉はソ連が合理的な態度を取れば遠からず妥結を見るものと一般に期待されているのであるから、この際加盟問題も狭い法理論に捉われず、大局的見地から処理するのが妥当だと思うと答えておいた。マリクはソボレフがジュネーヴに行つたのでロンドン帰任は多少遅れるのではないかと思うと述べて松本全権の動静等を尋ねたが十日(木曜日)午餐を共にしつつ懇談したいと云うので承諾しておいた。

二、コロンビア代表(ウルチア大使)の語るところによれば七日夕ワシントンより当地に到着した米国国務省ラテン・アメリカ局長(ホランド)は同代表に対しモロトフ外相においで十八ケ国案に原則的に同意した旨の報告がジュネーヴの米国代表団から接到したと内話した由、この点米国代表につき確むべきも確実ならば前記マリクの談話、立場とあわせ考え興味あるにつき取敢えず。

三、スペイン代表はチェルニチェフ事務次長(ソ連人にて無任所次長)と加盟問題につき論議した際、若しソ連がスペイン又は日本に対し拒否権を行使するが如きことがあれば、ラテン・アメリカ十ケ国はこぞつてソ連衛星国の加盟を妨害すべしと警告した由であるが、チェルニチェフの関心は如何にすれば衛星国の加盟を絶対確実とし得るかに集中しているとの印象を得た趣である。この点は往電第二八四号タイ外相の内話とも符合するが両三日来同様の観測が消息通の間に有力となりつつある。なお同代表の内報によれば、過日のダレス長官のマドリッド訪問に際してはフランコ将軍より要請するまでもなくダレス長官の方から進んでスペインの加盟については極力援助する旨を強調した由である。又数日前マドリッド駐在イギリス大使は、スペインの加盟を支持する趣を正式に同国外相に申入れたとのことであるが、一部においては米、英政府は最近ソ連が貿易、文化等の分野においてしきりにスペインに働きかけているので、これに対抗する必要を感じ加盟問題につきても積極的支持の意思表示をしたものと観察している。もつともソ連とスペインの関係が急速に好転するか疑わしく、国連代表部間においてはソ連はスペインの加盟を好まず、米国は外蒙の加盟を喜ばぬので、この両国の取扱が加盟問題解決の難関になるとみる向が少くない。

米、英、ジュネーヴに転電し、フランス、カナダに転報した。

213 昭和30年11月8日 国際連合日本政府代表部加瀬大使より重光外務大臣宛(電報)

ソ連への十八国案支持要請に関する加盟斡旋委員会議長の内話

ニューヨーク 11月8日後6時42分発
本　　省 11月9日前9時34分着

第三二九号

ベラウンデ斡旋委員会議長は八日マリク大使と加盟問題につき会談し、十八ケ国加盟に賛成するよう強く要請したところマリクは日本に関しては国交未回復なることを指摘したのでベラウンデは種種議論の上この際例えば「日ソ両国は国交正常化のために現在交渉中でありその妥結が期待される」と云うような趣旨の共同声明でも出してこの点を解決してはどうかと試みに述べてみた由である。マリクはかなりの興味を示したように見受けたと云う。

右ベラウンデ代表の内話をそのまま御参考まで。

米、英、仏、カナダ、ジュネーヴに転報した。

214 昭和30年11月9日 国際連合日本政府代表部加瀬大使より重光外務大臣宛(電報)

ソ連の加盟支持に向け日ソ交渉に関する共同声明も一案との情報について

ニューヨーク 11月9日後0時29分発
本　　省 11月10日前7時4分着

第三三〇号(極秘)

往電第三二九号に関し

日本の加盟に対するソ連の心境は複雑なものがあると見受けるが左記談話はその面が露呈していると思われるので御参考まで。

一、タイ外相談話(八日同外相リセプションにおいて)

貴大使にとりグッド・ニュースがある。実は本日マリク大使と話合つたところソ連は本来ならば交戦状態にある日本の加盟は支持し難いがこの法律問題(リーガル・アスペクト)さえ適当に解決出来れば何とか妥協し得ぬものでもないと云う態度であることが分つた。この際日ソ共同声明と云うようなことで局面打開を図り得るのではないか云々。

二、メノン・インド代表談話（同夜本使公邸晩餐会において）
自分も本日マリク大使と会つたがソ連としても十八ケ国案は世論が強く支持していることを充分承知しており日本の加盟を阻止せんとして十八ケ国案を葬るのが不利なことも分つている筈であつて、従つて日本との法律的戦争状態を何とか処理したいと苦慮しているように認められた。ソ連は出来ることならば日本の加盟を積極的に支持し得る立場に立ちたいと思つているのではないか、そうすることによつて日本の友情を獲得出来ればソ連外交の収穫である。何れにせよ問題は如何にしてソ連の面子を救い日本の加盟を支持し得るようその立場を楽にしてやるかにあると思うが、それには例えば日ソ両国相互に国交回復を決意しそのため交渉の早期妥結に誠意をもつて努力していると云うような趣旨の公文を改めて両国間に交換することも一案かと考える云々。

（メノンの観察はソ連は善意の平和外交を進めているとの前提に立つていること御承知の通りである。念のため）。

冒頭往電通り転報した。

215　昭和30年11月9日　国際連合日本政府代表部加瀬大使より重光外務大臣宛（電報）

日ソ国交回復なしには日本の加盟を支持できないとのソ連代表の談話

ニューヨーク　11月9日後2時2分発
本　　省　11月10日前7時13分着

第三三一号（極秘）
往電第三三〇号に関し
八日夜タイ外相リセプションにおいてクズネツオフ代表と出会つたところ「ク」は「一寸話がある」と云つて本使を引きとめ、御承知の通り目下国連代表の間にカナダの十八ケ国案なるものが論議されているが、これにつき率直に申し上げたいと思う、ソ連としては戦争状態が解消せねば日本の加盟は支持出来ぬ立場にありこれが難関である。ロンドン交渉が妥結していたら問題はない筈なのに日本側が故意に交渉を遷延させたためにこの様な事態となつていることを残念に思うと述べた。よつて本使は我方が故意に遷延策を取ると云うのは全く邪推であつて、我方にはその必要もなければその様な意志も更にない。唯日ソ国交は永遠であり永遠なる歴史から見ればこの際一、二ケ月の時間は左したる問題ではないと思う。一、二ケ月の時間にこだわつて焦慮するよりは永遠たるべき国交の基礎を充分に固めることこそ賢明ではないか、しかし日本政府は依然として早期妥結の方針を堅持している。又加盟問題につき御説明があつたが、日ソ国交の前提は両国民が相互に好意を示すことである。現にロンドン交渉もこの相互の好意が背景となつて始めて妥結し得る筋合であるが、万一にもソ連が如何なる理由に基くにせよこの期に及んで日本の加盟を妨害するが如き態度に出れば、日本国民の対ソ好意は無残にも破壊し去られるであろうと応酬した。これに対し「ク」はソ連国民は日本に対し好意を持つていると云つた上、今期総会は来月十日が閉会予定日となつており、従つて加盟問題は早々に解決を図らねば処理不可能となる惧れがあると述べたので、本使はそれこそソ連の意向によつて決定される問題であるが、外交官はこう云う時にこそ局面打開のためあらゆる努力を試みるべきであると答え、結局互によく考えようと云うことで別れた。前電と重複する点あるも情勢機微なる際につき念のため。

冒頭往電通り転報した。

216　昭和30年11月9日　在仏国西村大使より重光外務大臣宛（電報）

フランスは十八国案には賛成できないとの同国総務長官内話

パリ　11月9日後6時40分発
本　省　11月10日前7時22分着

第五〇五号

貴電第三九四号に関し

九日マシグリ総務長官に申入れたるところ北阿問題につき反対国を増加する一八ケ国一括加盟案に仏国は賛成を躊躇す(n'est pas chaud)。国連総会のアルジェリア討議に出席したるピネー外相は個人的に特にその感を深くしおり、過日ジュネーヴにてモロトフ外相より一八ケ国加盟案をソ連も支持するにより仏国も賛成されたしと談じ込まれたる時同様不賛意を表示したり。ビルマ首相の訪「ソ」及びモスコー指導者招待の如きアジア・アラブ国家群の動きも仏国の賛成を渋らす理由なり。国際政治に経験浅き若国を増加することは国連のために取らずと述べたり。本使よりかかる仏国の態度は日本の如き国連参加を熱望して止まざる仏国の友邦を失望せしめるのみなり。仮りに一八ケ国加盟案が米、英、ソ等の賛成を得て国連総会に取り上げらるる場合仏国は安全保障理事会に出席ＶＥＴＯしてまで阻止せらるる肚なりやと反問せるに仏代表団の参加し居らざる国連にて取り上げらるれば、反対のしようもなし又仏国代表団が復帰したる後にても米、英が真実同案を支持して仏国の賛成を求めきたるならば仏国も結局賛成の余儀なきにいたるべしと笑いながら答えたり。辞去に際し重ねて日本の加盟支持方求めたるに、日本の加盟にあらゆる支持を惜しまずと繰り返したり。取りあえず。

米、英、国連、ジュネーヴへ転報した。

217　昭和30年11月9日　在カナダ松平大使より重光外務大臣宛（電報）

日本の加盟問題を含むソ連・カナダ外相会談の内容について

オタワ　11月9日後9時41分発

本　省　11月10日後1時58分着

第二七六号

往電第二五〇号に関し

ピアソン外相訪ソ中の話合については同外相帰朝後詳細承知の上報告致したき所存なるが、同外相よりの報告中現在までに一応まとまりたる日本関係の事項に関し外務省幹部が本使に内話せるところ左の通り。御参考まで電報す。

一、日本の国連加盟については出発前貴大使との話合もあり、ピアソン外相は十月十日モロトフ外相との会談においてこれを取上げカナダは日本の加盟に関し絶対的且最大限度の関心を有するものにして日本問題については言懸りを欲せず（No quibbling with Japanese issue）とまで極論したるところモロトフ外相はこれに対しパッケイジ・ディールに関心を有するが如き様子を示し、外蒙加入問題に言及した。ピアソン外相は右会談の結果日本の加盟については可能性有りとの印象を受けており、自分（外務省幹部）もその後の国連における情勢の発展も右を裏付ける線に沿いおるものと見おりソ連側も加盟を呑む兆候有りと考えている。

二、日ソ交渉についてもピアソン外相は出発前の貴使との約束に従い機会有らばモロトフ外相の意向をサウンドする積りなりしも、モロトフ外相はこれを警戒し本問題に触れることを好まぬ様子を見せるため、これに関しては何等論議は行われなかつた。

米、国連に転送せり。

218　昭和30年11月10日　重光外務大臣より国際連合日本政府代表部加瀬大使宛（電報）

マリク大使の言動には重きを置く必要なき旨通報

本　省　11月10日後4時0分発

第二二四号（大至急）

貴電第三三〇号等に関し

ソ連が日ソ交渉において領土問題等は後廻しとし先ず日本との国交回復を実現すること西独に対するが如くせんと百方手を尽しおることは御承知のとおりにて、「マ」の各国代表に対する言動もその一つと思われる。わが方は国連加盟問題を日ソ交渉とは別個に考えおることも御承知のとおりなり。「マ」の言動には多分に宣伝の意味もあると思われるので重きを置くには当らぬよう思われる。

219　昭和30年11月10日　在ジュネーブ田付総領事より重光外務大臣宛（電報）

十八国案実現の見とおしに関するジュネーブからの聞き込み内容

ジュネーブ　11月10日後7時58分発
本　省　11月11日前6時31分着

第六〇六号

萩原より

一、十日ドマルジユレイはモロトフが私的会談でピネーに国連加入問題を持出したが、フランスは北ア問題の立場から、極めてリザーヴドな返事をしたに留まる。然し先般イタリア、スペインは直接ダレスに強く要望し、マクミランも工作しているから、何れは表向きは各国審査、拒否権不行使で十六乃至十八国案が実現する可能性多かるべく、何れの途デールであるから、ソ連が最後まで平和条約不成立の故に日本の除外を主張するとは思われないと語り

二、米代表部ウエンハウスはカナダの工作でマクミランからダレスに話はあつた、米としてはソ連圏諸国に対し拒否権を行使せずに棄権し、十七国で纒まるならばそれでもいゝとの大体の腹であるが外蒙古は未だどうも同意する気になれないと語つていた。

国連に転電した。

~~~~~~~~~~~~

220　昭和30年11月10日　在カナダ松平大使より重光外務大臣宛（電報）

十八国案への中国の拒否権発動を憂慮するカナダ外務省幹部の内話

オタワ　11月10日後4時48分発
本　省　11月11日前10時44分着

第二七七号

国連発大臣宛電報第三一一号に関し

日本の国連加入に関するカナダの努力については、国連代表部より随時電報の通りであるが、外務省幹部の本使に内話するところによれば、カナダ政府としてはパッケージディールの成功に今なお望みを托し、今後とも努力する意向なるが現在の方法によれば外蒙参加に関連し中国政府がこれをvetoする気配あり憂慮しおる趣なり。

米、国連に転送した。

~~~~~~~~~~~~

221　昭和30年11月10日　国際連合日本政府代表部加瀬大使より重光外務大臣宛（電報）

十八国案に対するソ連の態度につきユーゴスラビア代表よりの情報

ニューヨーク　11月10日後7時54分発
本　省　11月11日後0時17分着

第三三四号

一、ユーゴースラヴィア代表ブリレジ大使は予てより加盟問題に熱心でありユニバーサリチ原則を支持しているが両三日来クズネツオフ「ソ」連代表より依頼を受け密かに

米国側と接触しているとの情報があつたので十日同代表と懇談したところ、
(一)クズネツオフは十八国案につき本国に請訓していたが右に対し差支えなき旨回訓に接した模様である。
(二)昨九日モロトフ外相はジュネーヴにおいて十八国案に同調する旨をダレス長官に申入れたと信ずる理由がある。
(三)もつとも「ソ」連は共産諸国が確実に加盟し得ることにつき保証を要求しており、この点についてはクズネツオフも自分に対し執拗に念を押していると内話し、結局第三の点を如何に処理するかが当面の課題であるが、これは何んとか工夫出来そうに思う、又日本については講和条約成立を必ずしも条件とはせぬもののようであると述べた。
よつて本使は右は「ソ」連としては一歩前進であるが日本の加盟につき条件をつけるようなことがあつては甚だ面白くないから、この際すつきりと無条件で加盟させるよう機会もあらば「ソ」連代表へ篤と御話しおきありたいといつたところ、快く了承した。なお日「ソ」交渉の現状ないし日本の政局等につき同代表の質問があつたので同代表から「ソ」連側に伝達されることを計算に入れてしかるべく説明しておいた。
二、ベラウンデ代表は昨九日ダレス長官に対し特別書簡をもつてこの際与論の大勢に従いユニバーサリチの原則の下に加盟問題解決せられたく、ドイツ問題その他が行き詰つている現在せめて加盟問題の妥結によつて大国間の協調を示すのが賢明と思うとの趣旨を切々と訴えた由であるが、ワズワース米国代表は本使の質問に対し「ソ」連は衛星国の加盟を確実ならしめんとしているが、米国としては外蒙の取扱いに困る（台湾政府は外蒙に対し拒否権を行使したいと主張する由）と述べつつも数日来加盟問題に格段の進歩があることを認めた。
三、国連事務局員が北原に述べるところによると、カナダ代表は同国決議案を十七日アドホック委員会に提出したき旨通告して来たが議題選択の関係があつて未だ決定に至らぬ趣。

米、英、仏、カナダ、ジュネーヴに転報した。

222 昭和30年11月10日 在米国井口大使より 重光外務大臣宛(電報)

十八国案に対する米国の意向について

ワシントン　11月10日後11時15分発
本　　　省　11月11日後1時50分着

第一四五五号

往電第一四五四号会談の際本使よりカナダの提示せる十八ケ国パケージ・ディール国連加盟案に対するソ側の反響必ずしも悪しからずとの情報もあるところ米側は何時までもパケージ案に反対するものなりやとの質問に対し、マーフィーは日本、スペイン、イタリア等友邦の加盟は最も希望するところにて、若しソ側が日ソ交渉の帰結如何に拘わらず真に十八ケ国パケージ案に賛成すれば米側も改めて考慮せざるを得ず憲章第四条の加盟資格よりすれば外蒙古等資格に欠くると思われるものあり、又個別審査の原則を棄てるわけにゆかざるがカナダ案にて日本等の加盟促進出来るならば(本使よりこの場合個別審査の形式を執るも外蒙等につき米がアブステインする方法は考慮出来ざるやと口を挟みたるに)米国としてもかれこれ利害得失を慎重考究中なり、唯北亜《(阿カ)》問題に反対と見らるる多数国が新に加わることに対する仏の思惑も考慮の要ありと内話せり。

ジュネーヴへ転電し、国連、カナダに転報した。

223 昭和30年11月13日 国際連合日本政府代表部加瀬大使より 重光外務大臣宛(電報)

十七国加盟支持発表に関する米国の事前通報

ニューヨーク　11月13日後7時31分発
本　　　省　11月14日前11時52分着

第三三七号

往電第三三四《?》号に関し

十三日夕、ワズワース米代表より電話をもつて米国政府は外蒙を除く一七ケ国の加盟を支持する旨公表することに決定したが、右公表に先立ち取急ぎ御内報する次第であると通報越した。

米、英、寿府に転電し、仏、カナダに転報した。

224 昭和30年11月13日 国際連合日本政府代表部加瀬大使より 重光外務大臣宛(電報)

米国は英国と同調せず十七国案を採用との米国代表の談話

ニューヨーク　11月13日後7時31分発
本　　　省　　11月14日前11時50分着

第三三八号

往電第三三七号に関し

米国代表部は日曜日にも拘らず朝来多忙を極めている様子であつて、ロッヂ、ワズワース両代表とも本日は時間の余裕なき趣きにつき、明十四日両名のいづれかと会談する積りであるが、ワズワース代表は本使の質問に対し、拒否権休戦についてはソ連側と未だ明確なる了解には達していないと答えた。

偶々ニューヨーク・タイムスのロンドン特電はイーデン首相がコテラワラ・セイロン首相宛書簡に於いて、十八ケ国案を支持する旨を約束したと報じており、同じくジユネーヴ通信は十三日朝、加盟問題につきモロトフ、ダレス会談が行われるらしいが、米国も英国に同調することになろうとの趣旨を伝えているが、米国政府が此の際十七国支持を公表するのは右の動きに関連があるものと思われる。ワズワース代表も此点を認めて、英国は十八ケ国案を支持するが米国は十七ケ国案を採用していると述べた。取り敢えず。

冒頭往電通り転電、転報した。

225　昭和30年11月14日　国際連合日本政府代表部加瀬大使より重光外務大臣宛（電報）

棄権方針をとるフィリピンに対する日本の加盟支持要請

ニューヨーク　11月14日前11時56分発
本　　　省　　11月15日前6時45分着

第三三九号

先般放射能調査委員会設置に際し、日本と国交未回復の理由を以てフィリピン代表（イングレス次席代表）が棄権せることは御承知の通りであるが、本使は機会を見てロムロ代表と懇談し同国の態度につき再考を促す積りでいたところ、安保理事会選挙は依然紛糾しているためロムロには到底その余裕がないよう見受けたので週末イングレスと会談した。イングレスは本使の質問に対し、先日棄権したのは、日本については国交が回復するまでは何事によらず棄権すべしとのスタンディングオーダーがあるためであつて、将来も今迄と同様に(例えば加盟問題につきても)この既定方針に基いて行動せざるを得ないと答えたので、本使は日比関係の大局を説き、両国政府首脳が国交回復を促進すべく目下賠償問題解決に折角努力している事実を指摘し、日比国民相互の感情が急速に好転しつつある折柄両国代表は国連においてもこの機運を助長するため協力すべきにも不拘、貴方がこれと逆行する措置を執られることは真に遺憾至極なり、所謂スタンディングオーダーなるものは全く現状に適合せぬものと認めると述べ、この点は賠償交渉の遅々として進捗せぬインドネシアが進んで日本の国連加盟を支持し同国代表がそのために親切に本使を援助してくれるのと対照して少からず奇異の念を抱かしめられるが、日本国民がその何れを多とするかは問わずして明白であり、従つて日比親善を信念とする本使としては敢えて苦言を提(呈カ)せざるを得ない。且つ又貴国の態度はバンドン決議を無条件に支持した事実と矛盾するではないかと云つて、両国将来のために既定方針を速やかに是正し国連加盟問題については積極的に日本を支持することを強く要請しておいた。イングレスは右を傾聴し、アジアの安定と進歩のために反共を国是とする日比両国が良き隣人として協力すべしとの本使の主張に十分共鳴したが、加盟支持については新訓令を必要とするから、マニラにおいても日本代表より本国政府に対し至急申入れありたいと答えた。ついては適当な方法にて右様お取計い相煩わしたい。

なお、ロムロは何時ぞやテレビ放送に際し聴衆の質問に答えて、日本は当然加盟すべきであると述べた次第がある。

226 昭和30年11月14日 国際連合日本政府代表部加瀬大使より重光外務大臣宛(電報)

十七国加盟支持発表の真意に関するロッジ大使の談話

ニューヨーク　11月14日後9時28分発
本　　省　11月15日後1時0分着

第三四二号
往電第三三八号に関し
一、十四日ロッジ米国代表は本使の質問に対し左の趣旨を答えた。

㈠加盟問題に対する米国政府の立場を明確にしたいと思い、かねてから努力していたが、昨十三日ジュネーヴのダレス長官からクリアランスを得たので早速公表した次第であつて、これによつてソ連政府の真意を明らかにし得ると思う。ソ連側はカナダ決議案を支持するやの態度を各国代表に対して暗示しているが確約はしていない。たとえば拒否権休戦に関しても米国政府の照会に対し未だに明答を与えていないが（フランスも未回答の由）国連内外において加盟問題が論議の焦点となりつつあるので今回の公表を行い、ソ連と対決しようとしたものである。

㈡米国政府は安保理事会において日本以下の自由諸国十三ケ国を積極的に支持するが、ルーマニア、ハンガリー、ブルガリア、アルバニヤに対しては棄権する、米国は加盟問題については拒否権を行使せぬ方針であつて、外蒙に対しても拒否権を発動しないが、外蒙は安保理事会においても総会においても必要な票数を獲得する見込がない。

㈢もしソ連が外蒙の除外に不満を唱え自由諸国に対して拒否権を行使するが如きことあれば、総会は衛星国全部の加盟を阻止する筈であるから、加盟問題は白紙に戻り再出発せざるを得ない、これが日本を除外されぬようにする保障《証カ》となるが、かくして加盟問題が御破産になれば一切の責任がソ連にあることが明白となろう。

㈣自分としては十七ケ国で手を打つことを心から念願しており事態の円満収拾のために極力努力する決心であるが、手続としてはカナダ案をアド・ホク委員会で審議するに先立ち安保理事会に加盟問題を上程すべきものと信ずる。

二、本使は此の機会に米国政府の好意を多とする旨述べると共に、我方としては国連加盟を日ソ交渉と分離して速やかに実現することが望ましく、その見地から努力を続けていることを説明し、この上の協力を要請しておいた。

冒頭往電の通り転電、転報した。

227　昭和30年11月14日　国際連合日本政府代表部加瀬大使より重光外務大臣宛（電報）

十八国案と十七国案をいずれも支持するとの

英国代表部声明

ニューヨーク　11月14日後6時54分発
本　　　省　11月15日前10時7分着

第三四三号

往電第三三七号に関し

ロッジ大使の声明に引続き、十四日英国代表部も見解を発表した。

要旨左の通り（本文空送）

一、英国政府は加盟問題の行き詰りを打開するためのカナダ政府の努力を支持するものであり、右目的のため加盟資格について疑義のある諸国をも含め（特に外蒙）十八ケ国の加盟を黙認する用意がある。

二、他方英国政府は外蒙を除く十七国の場合にも当然右に同意する。

三、英国政府の唯一の目的は本件の行き詰まりを打開することである。

四、コモンウエルス・カントリの一つであるセイロンの加盟は特に英国政府として関心を有する。

228　昭和30年11月14日　国際連合日本政府代表部加瀬大使より重光外務大臣宛（電報）

米国の十七国加盟支持発表の要旨

ニューヨーク　11月14日後10時42分発
本　　　省　11月15日後4時22分着

第三四四号

往電第三三七号に関し

右声明文の要点原文左の通り念のため。

Large number of deserving and qualified nations have been blocked from admission to United Nations because of Soviet Union's abuse of veto power in Security Council. Among these nations, in European area are Italy, Austria, Finland, Eire and Portugal. Security Council has not as yet taken up application of Spain, which is also deserving and qualified nation. In near and far east, number of deserving and qualified nations includes seven countries specifically endorsed for immediate United Nations membership by Bandung Conference of last spring: Cambodia, Ceylon, Japan, Jordan, Laos, Libya and Nepal.

It has been reported Soviet Union would be willing to withhold veto and accept these free nations as members of United Nations if Free World is willing to accept Admission of Nation behind so-called Iron Curtain—nations whose Governments are not equals among equals as are nations of Free World, but are in subordinate relationship to Moscow. To refrain from preventing entrance of satellites into United Nations does not mean approval of their present systems of Government nor does it condone violations of human rights in which Governments have persistently engaged. Indeed there is reason to hope membership in United Nations will to some extent bring peoples of these countries closer to independence. Overriding fact is admission of 13 free nations greatly outweighs whatever drawbacks there may be in admission of others, because 13 nations would add so tremendously to moral weight of United Nations. For these reasons United States intends to vote for admission of 13 and to abstain on others. Our abstention in Security Council on applications of satellites is consistent with our national policy as expressed in Vandenberg Resolution of 1948 (80th Congress), which called for voluntary agreement among permanent members of Security Council to remove veto from admission of new members. This proposal covers 17 new members, 13 of whom we favor. Satellites would include Albania, Bulgaria, Hungary and Rumania, since it is obvious Outer Mongolia can not make grade.

229　昭和30年11月14日　国際連合日本政府代表部加瀬大使より重光外務大臣宛（電報）

米国の十七国加盟支持発表に対するマリク大使の反発について

ニューヨーク　11月14日後9時36分発
本　　　　省　11月15日後1時0分着

第三四五号

十四日マリク大使と国連ラウンジで会談したがマリクはかなり興奮の体で昨日のロッジ声明は誠に奇怪である。実は今だから打ち明けるが、ソ連政府にはカナダの十八ケ国案を受諾する用意があつた。日本政府については先日も指摘したように国交未回復の事実が難点であるが、貴大使の御説明もあり、この点も固執しないで何んとか済まそうとしていたところである。然し外蒙を除外する以上米国と妥協する余地はない。米国は外蒙に対し拒否権を発動すると公言したと云うので、本使は遅れ馳せながら日本につきて国交回復を条件としない旨の言明を得たことを満足に思う。それならば日本の加盟も支持出来る筈であると述べたところマリクは貴大使にはお気の毒であるが外蒙を除外するならソ連も一切を考え直さねばならぬ。外蒙に対し **cannot make the grade** とは何事であるかとしきりに憤慨した。よつて本使は従来の経緯から考えて米国は外蒙に対して拒否権を発動するとは思われないと注意したが、マリクはロッジ声明を読めば拒否権を行使する意向は明白であると主張して譲らず、最後にはこうなればソ連としてはセイロンでも拒否する他あるまいと軽口を叩いて席を立つた。

マリクの談話には多少宣伝的意味合も含まれているかと思われるが(関係国代表中にはソ連があくまで外蒙を固執するか疑問視する向も少くなくないがユーゴースラヴィア大使は外蒙国連加盟は中共も好まぬところであると述べている)有りの儘御参考まで(極秘)。

米、英に転電し、ジュネーヴ、仏国、カナダに転報した。

---

230 昭和30年11月14日 国際連合日本政府代表部加瀬大使より重光外務大臣宛

加盟問題に関するカナダ決議案の送付

付記 右決議案

288

国連第一〇二五号

昭和参拾年拾壱月拾四日

在ニューヨーク国際連合日本政府代表部長

特命全権大使 加瀬 俊一〔印〕

外務大臣 重光 葵殿

加盟問題に関するカナダ決議案送付に関する件

十月三十一日附往信第九八〇号に関し

カナダは、加盟問題に関する同国決議案にその後修正を加えたが(主なる点は申請国名を削除したことにある)、右に基き、目下主要国代表と密かに折衝中の模様である。内密入手したから右空送する。

公表される迄は、取扱に御注意ありたい。

(付 記)

November 10, 1955

DELEGATION OF CANADA

Draft Resolution

Admission of New Members

The General Assembly

Having noted the general sentiment which has been expressed on numerous occasions in favour of universality in the membership of the United Nations,

Having received the preliminary report (A/2973) of the Committee of Good Offices established by the General Assembly Resolution 718 (VIII) of 23 October 1953,

Taking into account the statements about the admission of new members made by permanent members of the Security Council in the general debate of the present session of the General Assembly,

Believing that a broader representation in the membership of the United Nations will enable the organization to play a more effective role in the current international situation,

1. Expresses appreciation of the work and efforts of the Committee of Good Offices;

2. Requests the Security Council to consider in the light of the general opinion in favour of the universality of the United Nations, the pending applications for membership of all those countries about which no problem of unification arises.

3. Requests further that the Security Council make its report on these applications to the General Assembly during the present session.

ADVANCE DRAFT — NOT FOR PUBLICATION.

〰〰〰〰〰〰〰〰〰〰

231　昭和30年11月15日　重光外務大臣より　在マニラト部(敏男)在外事務所長代理宛(電報)

フィリピンに対し日本の加盟支持取り付け方訓令

本　省　11月15日後7時25分発

第三八〇号(至急)

ニューヨーク国連来電第三三九号に関し

貴電第七五一号の次第もあるにつき、冒頭往電のラインにてわが国の加盟支持方申入れ結果回電ありたい。なお、目下開会中のＦＡＯ総会において理事選挙に際し日比双方の再立候補につき相互支持を約せるにつき御参考迄。

ニューヨーク国連に転電した。

232　昭和30年11月15日　在ジュネーブ田付総領事より重光外務大臣宛(電報)

ジュネーブでの加盟問題をめぐるダレス・モロトフ会談の内容について

ジュネーブ　11月15日後6時55分発
本　　省　11月16日前6時32分着

第六一一号

萩原より

往電第六〇六号に関し

五日ウエンハウスの談左の如し

(一)日曜モロトフがダレスを来訪せる際、ソ連側は十八国案を考慮の用意ありとて米の意見を求めたるに対し、ダレスは発表文と同様の趣旨即ち共産系四国に対しては棄権し差支えなきも、外蒙には反対なる旨を述べた(反対とは拒否権行使の意なりやとの質問に対しては、ダレスは拒否権行使するとは言わず、反対なりとの語を用いたりと答う)。

(二)右会談においてダレスはバンドンリストの七国の加入の必要を述べ、間接に日本に言及したるに対し、モロトフは日本につき特に何も言わなかつた。モロトフは十八国又はスペインを除く十七国というようなことを言つたが、ソ連側はカナダ案に熱心であり、スペインさえも外蒙とバーゲンする強い気持とは思われない。

(三)右会談においてソ連側と何等かの、例えば拒否権不行使の合意が出来たわけではなく、第六章関係事項につき拒否権行使すべきでないとのバンドン決議がカナダ案の根本になつているものと了解している。

(欄外記入)

(四)米国としては、ピアソンのモスコーでの会談につき、事前に相談を受けおらず。バンドンリストにない外蒙を何故十八国案に入れたのか知らない。ニューヨークで中国側と何ういう話になつているか知らないが、中国が外蒙につき拒否権行使を固執するかも知れない。

(五)仏国の態度は消極的なるも、北ア問題が議事日程から削られれば（ナローマージンなるべきも、その見込あり）仏国が加入問題にブロックすることはない見込である。

国連に転電した。国連より米に転電ありたい。

（欄外記入）

バンドンではかかる決議なし

233　昭和30年11月15日　国際連合日本政府代表部加瀬大使より重光外務大臣宛（電報）

米国の十七国支持発表後の加盟問題をめぐる国連内の動きについて

ニューヨーク　11月15日後3時44分発
本　　　省　11月16日前7時7分着

第三四六号

往電第三四二号に関し

一、特別政治委における加盟問題審議開始の時期についてはジュネーヴ会議による本件解決への何らかの期待と、米国の先づ安保理事会において審議を始めるべしとの意向のため、十月末より情勢待ちの形であつたが、十三日米国が十七国案を発表したため、特別政治委側の動きも急に活潑となつた観あり、即ち十四日同委員会においてパレスタイン難民問題の討議開始に先立ちマーチン・カナダ代表より加盟問題は目下のところ同委員会の最終議題となつているが、同問題は今や将に取り上げられるべき時期に到達していると述べ、メノン・インド代表も第三議題となつている南阿におけるインド人問題は加盟問題審議のため喜んで後え廻す用意ある旨言明した。議長は右に対しパレスタイン問題は今週中に審議終了の予定であるが、加盟問題は遅くも二十二日には審議開始出来るよう、必要あらば議長において適当な手続措置をとる用意がある旨述べた。

二、往信第三一四号カナダ案はその後本文第二項後半が Universality of UN, the pending applications for membership of all those countries about which no problem of unification arises と訂正され（本文空送、十八国名を列挙することは取止め）たが、カナダ代表は右に対する各国代表の支持を求めつつあり。修正決議案は目下のところ来週早々特に政治委において審議される情勢にある。国名列挙を避けたのは米国が外蒙を忌避しているためであるが、他国代表よりカナダ案が何ケ国の加盟を推進せんとするかにつき質問があれば十八ケ国(外蒙を含む)と答えている由(マーティン代表談)。

三、事務局チャイの北原に語るところによれば、ベラウンデは安保理事会の早期開催のため、「べ」より安保理事会議長宛に加盟問題審議のため、理事会開催方理事国と至急協議されたい旨書簡を発出することにつき、十五日斡旋委員会メンバーと打合せる由であり、「べ」は理事会召集の準備に着手した理由として米ソ間及び理事国間の話合いに結着を付けさせること、及び今月議長のイラン代表エンテザムの手腕に期待する等の推測を述べた由。

四、他方米国代表部係官は、早ければ今週末にも安保理事会召集の運びとなろうと北原に語つた由であるが、米国側は特別政治委における本件審議が十八国案に有利に動く公算大と見て、安保理事会の早期開催を希望している模様である。

五、チャイが個人的見透しとして、北原に語るところによれば、米側は外蒙につきても米国自身は拒否権を行使せぬと公言しているが、既に十三日の声明を発した以上内政上の立場より十八国案を容れる可能性は少く、他方米ソ間の話合いが付かない場合カナダが斡旋役としてソ連に十七国案を受諾させることも、同国従来の主張より見て困難であり(ニューヨーク・タイムスによればソ連代表部スポークスマンは十八国か、然らざれば零かと述べている)結局ソ連の従来の遣り口よりすれば最後まで外蒙につきても譲歩せず、若しソ連が十七国案にて折れ合う場合には外蒙の表決に際し、ソ連としては不満なる旨を議事録に留めた上、やむを得ず屈服する形にて纒める以外に方法なきよう推測する由。

米、英、カナダ、仏、ジュネーヴに転報した。

234　昭和30年11月15日　在英国西(春彦)大使より重光外務大臣宛(電報)

英国はカナダ案を支持するとの同国国務相よりの内話

ロンドン　11月15日後8時7分発
本　省　11月16日前9時35分着

第三五四号

十五日レディング国務相の国連加盟問題に関する内話。

一、英国政府はカナダ案支持の態度にてこれがためにはスペインとの経緯も忘れ、又ウクライナ等の先例もありやむなくば外蒙をも含む覚悟で措置しおれり。モロトフもカナダ案支持の態度を示しおり、米も外蒙に対し拒否権行使とまではゆかざるべし。一週間後国連で取上げられる本件成行き不明なるも、なんとか纏まるかと考えている。

二、右実現の上は国連に於けるラテン・アメリカの勢力衰え、安保理事会も来年頃は非常任理事国増加、従つてアジア・メンバーの増員の如きことも考えられる。唯その結果民族主義を振り廻わされては困るが此点日本に期待するところ大なり。

三、本使から英側の配意を謝し二、の末段については日本は種々の困難はあるも出来るだけ西欧との橋渡しの役を忘れざるべし又ソ連は日本の加入にやや躊躇の模様なりしも最早解消せる模様なりと説明した。

国連に転電し米、仏に転報した。

235　昭和30年11月15日　国際連合日本政府代表部加瀬大使より重光外務大臣宛(電報)

カナダ案の支持獲得ぶりに関するカナダ代表の内話

ニューヨーク　11月15日後8時27分発
本　　　省　11月16日前11時44分着

第三四七号

一、マーチン首席代表は、カナダ決議案の提案者としての立場から頻りに米、英、ソ連、インド等の代表と往復しているが、十五日その求めにより懇談したところ左の趣旨を内話した。

カナダ決議案には多数の賛成者あり、ソ連も同調する形勢にあつたので、この分ならば今次総会において加盟問題を首尾よく解決出来るかと思つていたのに、米国が何故か突然外蒙を除外する旨を公表したので、局面は混乱しつつある。この後《(期カ)》に及んで外蒙だけのために加盟問題が行き詰まることは何んと考えても残念であるから、最後の努力を試みるべく昨日もアドホック委員会で発言した次第である。自分の考えではこの際至急カナダ案をアドホックに上程し、多数をもつてこれを可決し大勢の赴くところを明らかにした上で、加盟問題を安保理事会で審議するのが賢明だと思う。さもないとベルギー、ブラジル、ニュージーランド等の非常任理事国は、国内輿論の関係上共産国を支持する投票を行い難い、ところが米国はこの裏をかき、先ず安保理事会を招集する方針を取つており、その態度から判断するとソ連が外蒙を諦めぬ限り全部を御破算にする積りのようである。他方ソ連代表に当つたところでは少くとも現在は外蒙につき譲歩する気配なく、まずくすると我々の支持する十三ケ国全部に対し拒否権を発動しかねない様子である。又英国は表向きカナダ案を支持してはいるが反植民地主義国軍《ママ》の勢力増大を喜ばぬ形跡あり、従つて加盟問題促進について余り熱意がない。米、英は日本やイタリアの加盟を心から歓迎していることは明白であるがそのために必要な犠牲を払う心境にはないらしい。兎に角今夕カナダ案に同調する約二十ケ国代表を招集して善後措置を講ずる予定であるが、貴大使も側面から援助して欲しい云々(この会談中偶然クズネッオフ代表が傍らを通り掛り何んの御相談ですかと言つて割込んだが暫くすると鍵は米国の手にあると述べて立ち去つた)。

二、他方斡旋委員会は本日会合し加盟問題につきて安保理事国と協議することのみを決定(夕刻五時ベラウンデ代表は記者会見においてその旨を発表した)したが、ロッジ米国代表は午後三時安保理事会議長に対し書簡をもつて理事会の早期招集(アナーリーミーテング)を要請した。事務局からは早ければ十八日頃招集になるかも知れぬと内報越している。

米に転電、ジュネーヴ、フランス、カナダに転報した。

---

236 昭和30年11月16日　重光外務大臣より在米国井口大使、在英国西大使、在仏国西村大使他宛(電報)

安全保障理事会理事国に対する加盟問題解決への尽力要請方訓令

別　電　昭和三十年十一月十六日発重光外務大臣より在米国井口大使他宛合第三三〇号

十八国案に関する各国の動向

本　省　11月16日後1時55分発

合第三二九号（至急）

国連加盟問題は別電合第三三〇号の如き状況にて、わが国の加盟にも有利なる方向に動きつつある様判断されるところ、貴使よりも、安保理事会理事国たる責任国政府に対し、機を見て、国連のユニバーサリティーの原則により、わが国を含む未加盟国の加盟が実現するよう更に尽力方申入れ結果当方及びニューヨーク国連に電報ありたい。

（米宛のみ）米より国連え転報ありたい。

本大臣の訓令として

（仏宛のみ）仏よりベルギー、トルコ、イランえ転電ありたい。

（伯宛のみ）ブラジルよりペルーえ転電ありたい。

編　注　本電宛先は、米国、英国、仏国、中国、ブラジル、ニュージーランドの各在外公館長。

（別　電）

本　省　11月16日後2時30分発

合第三三〇号（至急）

今次国連総会にては加盟問題の全面的解決を望む気運昂まり、アド・ホック政治委員会は本月二十日頃よりカナダ原案による十八国加盟案（総会が安保理事会に対し、十八国の加盟につき審議し、今会期中に総会に報告方要請する趣旨にて、ソ連が挙げた十六国に日本及びスペインを追加し、但し少くとも形の上では一括方式をとらぬ）の討議を開始する予定のところ、既に外相会議においても右案につき非公式の話合いが行われつつある模様にて、米国は逸早く、自由諸国十三ヶ国の加盟を支持すると共に東欧共産四国の加盟には反対せざるも外蒙の加盟を好まざる旨発表し（但し加盟問題につき拒否権を行使せず）ソ連は日本及びスペインを含めることに表面は反対しつつ、共産国加盟の保証が得られれば右案を呑むものの如く、また、英はカナダと同調しおるも、フランスはアルジェリア問題の経験より、国連に新興国が増えるを嫌い一応本案に消極的態度なるも、米英が共同してフランスの支持を求めるに至れば同調すると見られ、他方、中国は外蒙につき拒否権を行使せんとの気配ありと伝えられる。なお、ソ連は本問題をも日ソ交渉の馳《駆カ》引に利用せんとし頻りにわが方の気を引きおるも、わが方は本問題を日ソ交渉と別個に解決する方針にて、わが国を含む多数国の加盟支持の国際与論の圧力により、結局ソ連をしてこれを認めしめるよう工作しおる次第なり。

貴使御含みまで。

(米宛のみ)米より国連え転報ありたい。

(仏宛のみ)仏よりベルギー、トルコ、イラン、エジプト、オランダえ転電ありたい。

(伯宛のみ)ブラジルよりペルーえ転電ありたい。

237 昭和30年11月16日 重光外務大臣より在エジプト与謝野(秀)大使、在オランダ岡本大使宛(電報)

加盟斡旋委員国のエジプトおよびオランダに対する加盟実現への尽力申し入れ方訓令

本省 11月16日後4時0分発

合第三三二号(大至急)

国連加盟問題は別電第三三〇号の如き状況にて、五大国及び主要加盟国間の折衝も最終段階に入り微妙なるものあるところ、エジプト及びオランダはペルーと共に加盟斡旋委員会委員国として、本問題の解決に重要な役割を果しおるにつき、貴使より、責任国政府に対し、その従来の労を謝するとともに、わが国を含む未加盟国の加盟が実現するよう更に尽力方申入れ結果当方及びニューヨーク国連へ回電ありたい。

238 昭和30年11月16日 在マニラト部在外事務所長代理より重光外務大臣宛(電報)

棄権方針の変更には賠償問題解決の保証が必要とのフィリピン側主張について

マニラ 11月16日後7時0分発

本省 11月16日後8時19分着

第九二九号

貴電第三八〇号に関し

ガルシア副大統領は近く外相の兼任を解かれるとの聞き込みもあり冒頭貴電の御訓令の申入れを何人になすかを思案中なりしところ十六日午後三時ネリ大使の招きにより往訪せるところ、同大使は本日の閣議の席上ロムロ大使がイングレス次席代表の日本代表との会談に基きスタンディング・オーダーを変更されたい旨の電報がガルシア外相により紹介せられ議論が分かれ自分は右閣議の席上賠償交渉の現段階につきてある程度の説明をなし日本支持の主張を行つたが従来賠償交渉の経緯を詳細に通報していない閣僚の大部分は賠償解決まではスタンディングオーダーの変更に賛成せず結局大統領が日本側より賠償解決につき何等かの保証を受け得るならば変更も可なりとの裁決をなした。ついては右を日本政府に御取次の上賠償解決につき更に保証を得られるようされたいと述べた。

よつて小官はインドネシアが無条件にて日本の加盟を支持しおる際、インドネシアと異り自由陣営の疑いなき一員たるフィリピンが、賠償交渉がインドネシアより進んでいるにも拘わらず、今賠償問題と本件とを取引の対象とする印象を与えることは如何かと存ぜられ、取次ぎ難い旨を縷々説明せるが、ネリ大使は自分が外務次官なりし時日本のＩＣＡＯ加盟を支持し、一部国民より非難されたことあり、また大統領は中間選挙にて国民の圧倒的支持を受けた丈に却つて慎重になつておるので、是非取次がれたいと繰返し述べた。よつて小官より第三次鳩山内閣が成立するまでは斯かる保証を発出すること不可能なるべしと判断されると述べ、問答を重ねた挙句、ネリ大使は然らば重光外相の保証を得たいと言い出したるにつき、小官より保証の内容如何と問いたるところ、ネリ大使は「保守合同実現に鑑み、提案有りて以来の時日遷延に鑑み早急に解決したい希望なり」と言う趣旨にて足るべしと答え、右書簡は自分宛とされたく、また右書簡の存在は極秘とすることとしても良い旨を答えた。

右ネリ大使の要請に対し何分の儀御回電を得たい。なお右会談の際ネリ大使は現在のところ大統領はガルシア副大統領の外相解任の方針なるも党内事情によつては変更も有るべしと述べていたので本件情報の取扱につきては格段の御注意を得たい。

国連へ転電した。

239　昭和30年11月16日　在米国井口大使より重光外務大臣宛（電報）

十八国案に対する米国の態度等に関する情報

ワシントン　11月16日後8時50分発
本　　省　11月17日前10時23分着

第一四七六号（至急）

貴電合第三二九号に関し

一、米国の態度は御承知の通り形式上十八ケ国案に反対せずというところまで緩和してきたが、日本が含まれるべきことは当然のこととし、もしソ連がこれに反対する場合は外蒙問題の成行如何に拘わらず全部を御破算にすることとなるべし、ただし外蒙問題が先に表面化したためソ連との間に日本についての明確な了解は未だ取付けていない。（十三日のダレス・モロトフ会談の報告電報中にも日本はなんら言及されていない。）

二、十三日ロッジは外蒙についても米国は棄権するかのように話したらしいがこの点は必ずしも正確でなく拒否権を伴わない反対ですむ限り（すなわち賛成が七票に達しない限り）、むしろ反対すると見るべきであろう。（英、米、仏、中国以外の全部が積極的に賛成投票しない限り拒否権の問題は起らず、外蒙については依然として七票は取れまいと見ている。）ロッジ声明は外蒙に対する反対運動についてのフリー・ハンドの留保をも意味する。

三、安保理事会における本件表決方式として一国毎に採決した後議題の全体を（すなわち加盟申請全部を一括して）更に採決する案が議に上つている。右方式による時は外蒙が通過しない場合にソ連の拒否権発動が考えられる。

（以上三項十五日マクラーキンの島に対する内話。）

四、当地中国側よりの情報に依れば、安保理事会において外蒙が七票以上の賛成を得た場合には拒否権を発動すべしとの明確な訓令が出されている由。

国連に転電した。

240　昭和30年11月16日　国際連合日本政府代表部加瀬大使より重光外務大臣宛（電報）

カナダ案に対する米国の動きとその対応について

ニューヨーク　11月16日前8時14分発
本　　省　11月17日前11時24分着

第三四八号

一、十六日マーチン・カナダ代表の内話するところ左の通り。

㈠昨夜二十二ケ国(アジア、アラブの外スカンヂナビア諸国、ブラジル、コスタリカ、ペルー等)代表参集し、カナダ決議案をアドホック委員会に上程することにつき協議したが米国はこれを阻止せんとして裏面工作を進めつつあり、英国も米国と共に安保理事会を先づ開くべしとの意見なので情勢はすこぶる微妙である。右の諸国は本夕再び会合する。

㈡本日ロッジ代表と極秘会談し米国が外蒙除外を固執するため折角ここまで進んだ加盟問題解決の努力が水泡に帰することがあればその責任は米国に帰せられるであろうと警告し種々論議したが米国は必ずしもあくまで外蒙の加盟を妨害するつもりでもないような印象を得た。この点ニユーヨーク・タイムスの社説(三、参照)は有益だつた。

二、米ソ両代表(ロッジ、ワズワース、クズネツオフ、マリク)は十三日のロッジ声明公表以来本日第二回の意見交換を行い局面打開を計っているが他方安保理事会は二十二日までは開かれぬことになつた由でエンテザム議長はこの間に形成の好転を期待している様子である。

三、昨十五日本使はニユーヨーク・タイムズに招かれ社長及び幹部と懇談したのでその機会に加盟問題に触れ、米国が外蒙を除外しようとする気持は充分了解出来るが、さりとてこのために本件解決が阻害されればカナダ案を熱心に支持するアジア・アラブ諸国は米国に対し深刻な反感を抱くに至ることは明白であり、そうなつては自由諸国全体の重大損失となるからこの際は大局的見地から弾力性ある外交を期待したいと述べたところ、ソースバーガー社長は直ちにこれに賛成し、その場で論説の記載を命じたが本日のタイムズは「外蒙と他の衛星国の間には選ぶところ少く、外蒙のために今回のデイールを失敗させることは短見と称する外ない日本・イタリア等の加盟の代償と考えれば安価ではないか」との趣旨を論じている。

米、英に転電しカナダ、仏、ジユネーヴに転報した。

241 昭和30年11月17日 在マニラト部在外事務所長代理より重光外務大臣宛(電報)

フィリピン側より賠償問題解決の保証書簡の督促について

マニラ　11月17日後1時8分発
本　省　11月17日後2時28分着

第九三一号

往電第九二九号に関し

十七日午前十時ネリ大使を往訪せる際、賠償解決につきての貴大臣の保証の書簡は何時受領し得るやとの質問がありたるにつき、なお若干の時日を要すべきところ、フィリピンの国連代表に対するスタンディング・オーダーを変更される電報が投票に間に合わざるが如きことあらば、折角の苦心は水泡に帰し、且つ損失は救い難きものあるべしとの議論を昨日に引続き繰返したところ、ネリ大使は実はその点については昨日来苦慮しおり、何等かの手は打ち置く積りなるが、一方貴大臣の保証の書簡は出来るだけ早く発出されたいと述べた。

国連ニューヨークに転電した。

242　昭和30年11月17日　在仏国西村大使より重光外務大臣宛(電報)

フランスは日本の加盟を妨げずとの仏外務担当国務相の内話

パ　リ　11月17日後7時50分発
本　省　11月18日前7時7分着

第五一三号

貴電合第三二九号に関し

一、十七日Chamant外務担当国務相往訪、御来示の趣旨を再度申入れたるところ、仏国は北阿問題を考慮し、国連における西欧の地位を弱化する惧れあるカナダ案に消極的態度を表示しおるも正直に申せば仏国のみにて同案を不成立に了らす意向はなし。近く閣議にて方針決定の筈なるが、十八国加盟案または米の外蒙反対に鑑み、十七国加盟案の成立を妨げるが如きことなかるべし。仏国は日本、イタリア、スペインの加盟を無条件に支持すべしと答えたり。

二、数日来ジュネーヴ新聞報道は米の外蒙に対する反対の結果、十八国加盟案は放棄されたりと報じおれり。思うにソ連が外蒙を除外する加盟等に同意するものとは考えられず。従つて今次総会におけるわが加盟の実現には米の外蒙反対を撤回せしむることが最緊要事なるべく、日ソ交渉成立の場合においてもなを然るべしと愚考す。

国連に転電した。

243　昭和30年11月17日　在オランダ岡本大使より重光外務大臣宛（電報）

オランダによる日本の加盟支持言明について

ハーグ　11月17日後7時5分発
本　省　11月18日前7時27分着

第一一一一号

十七日ルンス外相と会見、貴電の趣旨を申入れたるところ、外相はオランダとしては有力なる日本の加盟は従来大いに希望せる次第にて、この希望は先般のバンドン会議の際の日本代表の態度により曇らされたるも日本がコロニアリズム排撃反西欧陣営に加わらざることを信じて日本を支持すと述べ、本使より本問題の見透しをたたきたるところ、自分がニューヨーク滞在中ソ連はこの際日本の加盟には反対する旨聞込みたるも、イギリスは外蒙を含む十八ケ国の加盟を主張しおり、米国は外蒙を拒否しおるが、これは公平じみて余りスティッフに過ぎ結局積極的にこれを支持せざるもアブステインするものと思われる。外蒙に加盟を認める以上日本は当然加盟すべきなり、オランダは勿論日本を支持すると述べた。

国連へ転電した。

244　昭和30年11月17日　在米国井口大使より重光外務大臣宛（電報）

加盟問題の安保理先議を主張する理由等に関する米国側の説明

ワシントン　11月17日後5時47分発
本　省　11月18日前7時43分着

第一四八一号（至急）

往電第一四七六号に関し

十七日シーボルトの島に対する説明に依れば

一、米国が安保理事会の先議を主張する理由は憲章の解釈としてその方が順路であることの外、実質問題として総会を先にする時は最後の瞬間にソ連が特定の国(例えば日本)を拒否するやも知れず、終始成否の鍵をソ連に握られることになるのを避けたいと言うにある由(米ソ、何れかが態度を緩和せざる限り、結果は何れにせよ同様なるべきも、安保理事会を先にする場合は事態をコントロールし得る範囲が広く、且つ総会にかかる際は既に結果の見透しがついていると云う安心感が得られると云う意味)

二、ソ連は外蒙の加盟を固執しおるも、米国が外蒙に対する反対を撤回した場合十三国の加盟に反対せずとの保障は与えおらず(最も此の点は十七日総会におけるクズネッオフの言明発出前の話)

三、安保理事会も二十二日に決定した訳に非ずカナダ等の決議案との審議振りの調整については何とか妥協出来る見込。

国連、カナダ、英に転電した。

---

245 昭和30年11月17日 国際連合日本政府代表部加瀬大使より重光外務大臣宛(電報)

加盟問題に関する米国・ソ連代表間の懇談内容報告

ニューヨーク 11月17日後4時54分発
本　　省 11月18日前7時56分着

第三五〇号

往電三四八号に関し

十六日ロッジ代表はクヅネッオフ・ソ連代表、マリク大使を午餐に招待し、加盟問題等に関し懇談せるところ、右会議に同席せる米国マックスキーピー書記官の北原に述べるところ左の通り。

一、先づ米側より加盟問題に関する米国の立場を説明し、外蒙はその対外関係の見地のみより見るも、未だ独立国として認めること時機尚早であり、この際外蒙の加盟を適当な時機まで見送るを適当と考える旨述べ、もしソ連が右に応じこの際十七国案にて加盟問題を解決する用意ある場合は、米国は総会においてはハンガリー、ルーマニア、ブルガリア、アルバニア四(国欠カ)に対し積極的に賛成投票を行う用意ある旨提案した。

二、次にカナダ以下二十五国の共同決議案を安保理事会開催に先だち、特別政治委にて審議せんとする動きにつきては、早期審議を避けることにつきソ連の同調を求めたところ、ソ側は少くとも今週中に審議開始を要求するが如きことない旨言明した。

三、米側より右一、に対するソ連の回答と関連させ、次回には安保理事会常任理事国による会合を提案したところ、ソ側は現段階にて中国をも参加せしむることに反対したので、次回は一、に関する本国政府の回訓を得た上、十九日米、英、仏、ソ四国代表が会合することに決定した。

四、米代表部としては右一、に関し話が纒つた場合には、非常任理事国をも交え話合を進め、一挙に解決し得ると考えるが、ソ側が外蒙につき譲歩せず、従つて十七国の加盟につき最後迄確実に話合が成立しない場合には、一応加盟申請国全部につき安保理事会において表決を行うこととし、その際は先ず外蒙につき表決を行いその黒白を決定し、次いでソ連が最も問題としている国、たとえばスペインにつき表決を行い、ソ連の出方を見極めた上、他の国の表決を行う如き方法を検討している。なおその際は紛糾を避けるため秘密会とすること適当と考える。

五、会談中ソ側は外蒙との関連においてスペインの加盟を認めることがソ連にとり困難なる旨しばしば言明したが、日本の加盟についてはたゞ一度のみ軽く(Slightest degree)言及したのみであり、この点は興味深く感じた次第である。

六、北原よりフランスの態度につき尋ねたところ、既に米側より数度接触したが、未だアルジェリア問題を議題より削除することを前提条件としている由。

本電内容厳に極秘扱いに請う。

米に転電、英、仏、カナダ、ジュネーヴに転報した。

246　昭和30年11月17日　在エジプト与謝野大使より重光外務大臣宛(電報)

エジプトによる日本の加盟支持言明について

カイロ　11月17日後8時20分発
本　省　11月18日前9時35分着

第一二四号

貴電合第三三二号に関し

十七日外務次官を往訪御訓令の趣旨申入れたところ、後刻ハァウジ外相が先般ニューヨークより帰国前（同大臣は国連代表として同地に赴いた）エジプト代表団に対し日本の加盟をあくまで支持するよう訓令しあるにつき、安心せられたき趣を同次官より回報越した。

国連へ転電した。

247　昭和30年11月17日　国際連合日本政府代表部加瀬大使より重光外務大臣宛（電報）

先議に関する米国とカナダの了解およびフランス等各国の動向について

ニューヨーク　11月17日後8時21分発
本　　省　11月18日前10時50分着

第三五四号

往電第三四九号に関し

一、安保理事会とアドホック委員会の何れを先にするかにつき一時米国とカナダの間に気まずい空気が流れていたが、マーチン代表が巧みに処理したため両者は競争せずに協力する建前をとるに至り、結局二十二日までは安保理事会を開かず、その間に米ソ間に妥協を図ることとし、これが成功せぬ場合には、アドホックでカナダ決議案を審議することに一応了解がついた（オーストラリア代表談）。なおマーチン代表はカナダ案が総会に附議されれば、殆んど満場一致で通過するとの確信を示している。

二、国連内外では局面は稍々明るいとの観測が専らであるが、フランス代表は未だ本国政府よりの回訓を受取らぬとのことで態度を明らかにしない、フランスの希望はアルジエリア問題を議題から削除することであり、コロンビア代表（ウルチア大使）が十五日来その工作に着手しているが、事前にアラブ諸国の了解を得ていなかつたために難航する模様（スペイン大使談）であつて、目下マサ総会議長が側面からアラブ諸国代表のアピーズメントを試みている。今後の成り行きの如何に拘わらず、フランスが敢えて拒否権を行使することは先ずあるまいとみるのが通説である。

消息通によれば中国にも問題はあるがこれも米国次第と見られ結局外蒙に対しては拒否権を行使するものはなく、従つて外蒙が果して安保理事会にて七票を確保し得るかが焦点となる。ソ連の外ブラジル、ペルー、イランは賛成投票をする筈であり、イギリスも同調すると言われるが、ベルギー、トルコになお難色があるらしい。十七日トルコ代表(サーパー大使)は本使の質問に対しスタンディング・オーダーによれば外蒙を拒否する他ないが、目下新訓令を請訓中であると内話した。

米、英、カナダ、ジュネーヴへ転報した。

248　十八国案を堅持とのソ連代表声明

昭和30年11月17日　国際連合日本政府代表部加瀬大使より重光外務大臣宛(電報)

ニューヨーク　11月17日後8時16分発
本　省　11月18日前10時37分着

第三五五号

十七日午後クズネツオフソ連代表は国連本部で記者会見を行い、ソ連は依然政治的経済的形態の如何を問わず十八ケ国を例外なく加盟せしむべしとの立場を堅持しているとの趣旨のステートメントを発表した。なお米国がこれに応じない場合如何にするかとの質問に対しては、憲章の規定する権利を行使すると答えた由。

ステートメントの重要部分は左の通り。

Soviet Union is of opinion that decision of Security Council and General Assembly on admission of 18 states to United Nations regardless of their political and social structure would constitute serious step forward on road of developing international cooperation and strengthening peace. At same time such decision would considerably enhance United Nations prestige.

249　賠償問題解決の保証書簡なしに日本の加盟支持申し入れ方訓令

昭和30年11月18日　重光外務大臣より在マニラト部在外事務所長代理宛(電報)

本　省　11月18日後1時20分発

第三八三号(大至急)

貴電第九三一号に関し

賠償問題については東京会談のラインに副いて妥結を計るよう極力努力中であり本大臣としては成果に希望をもつて居る次第である。よつてネリの言う如く本大臣より書き物を以て之を保証することは目的を達する所以ではないと思われるので、右本大臣の気持をネリに伝えられフィリピン側が大局的見地より我が国の国連加盟を支持するよう申入れられたい。

尚フィリピンは我が国の加盟につきキャスティング・ヴォートを持つものではないが、同国の態度が他国に及ぼす影響をも考える必要があるのである。

250 昭和30年11月18日　在マニラト部在外事務所長代理より重光外務大臣宛(電報)

フィリピン側より日本の加盟に賛成投票するとの確約について

マニラ　11月18日後5時5分発
本　省　11月18日後6時40分着

第九三八号(大至急)

貴電第三八三号に関し

十八日午後三時十分ネリを往訪、種々説得に努めたる結果ネリは日本が大統領提案の解決方式に基いて出来るだけ早く賠償問題を解決されるものと信じ、且つ期待して日本の国連加盟に賛成投票する。但しこの約束は極秘とせられたい。ついては日本政府はこの措置を解決方式に対する反対克服に当り極秘にて利用されたい。なおロムロ代表に対する訓令は投票に間に合うまでは発出を差し止め置くが、日本政府の解決方式反対克服の結果につき、今少し積極的な通報を得れば直ちに発出すると述べた。委細追電する。

お見込により国連代表部に転電ありたい。

251 昭和30年11月18日　在中国芳沢大使より重光外務大臣宛(電報)

中国は欧州のソ連衛星国には同意可能なるもモンゴルには反対との葉外交部長内話

台　北　11月18日後4時35分発
本　省　11月18日後7時18分着

第三四七号(至急)

貴電合第三三〇号に関し

外交部長に会見する前、米国側より或いは必要な情報を入手出来るやも知れずと考え、十七日米大使に会見せるところ、同大使はこの問題については自分は新聞による情報のみにて、別段政府よりの情報は持合わせなき次第なるも、要するにソ連が外蒙の加入を固執せざることを望むと語つた。十八日早朝外交部長を訪問して詳細に亘り本問題につき意見を交換したるが、部長の談によれば真相は貴電の内容とは多少相違しおり、即ちカナダ原案なるものは存在せず、十六日ニューヨーク発十七日着電の英文決議案によればカナダを始め二十五ケ国にて加盟国増加を安保理事会に勧告しおり、他方ソ連は一昨年及び昨年の二回にわたり欧州衛星国及び東亜における北鮮、ヴェトミン、及び外蒙の三国を含む package deal の加盟増加案を提議しあるも、最近に至り北鮮及びヴェトミン二国をドロップし、その結果東亜においては外蒙一ケ国のみとなりたるが、中国は勿論外蒙の加入には絶体《(対カ)》反対にて、安保理事会における討議の際は、新規加盟希望の各国を一国づつ討議する筈につき、中国としてはヨーロッパの衛星国の加入には同意することとし、外蒙の加入には絶体《(対カ)》反対の態度をとる筈にて、外蒙は政府の閣僚にはロシア人も加わりおるに顧み、中国としては到底その加入に同意し難く、ヨーロッパ衛星国の加入に同意するかわりに、外蒙には絶体《(対カ)》反対する考えにて、これにて話をまとめたき積りなり。但しこれは絶対の秘密に願いたく、日本の加入には中国としては勿論これを支持すべく、問題が個別的に処理せられる以上、日本の加盟は円滑に進行するものと思わる。これは極秘に願いたいが、実は国連の問題については米国は最近二回失敗し、即ちアルジェリアの問題にて仏は国連をウオークアウトし、フィリピンを安保理事会に加入せしめんとして、ソ連の支持せるユーゴーと対抗するに到りたるなど失敗を繰り返しおるので、外蒙排除については余りあてにならず、但し日本の加入は大体無難に通過するものと思わる云々。

国連に転電した。

252　昭和30年11月18日　在マニラト部在外事務所長代理より重光外務大臣宛（電報）

フィリピンの賛成投票確約までの経緯につき報告

第九三九号

マニラ　11月18日後8時16分発
本　省　11月18日後10時2分着

往電第九三八号追電

一、小官より貴電第三八三号の趣旨を伝えたるところ、ネリは痛く失望せりと述べたので、小官より右は外務大臣の口頭の保証に他ならず、それ程失望せられる理由不明なりと述べたところ、ネリは右には相違なかるべきも、内容は極めて漠然たるもので、しかも従来の言明の繰返しに他ならず、右のごとき程度のものにては大統領も納得せず、また賛成投票後国民に説明するに当つても、困惑するのみなり。是非今少し明確な保証を書き物にて頂きたいと主張した。よつて小官は、ごもつともの儀ながら、かかる書き物の存在は如何にも取引きがましく、右を出すことにより国連加入について貴政府の賛成を得ておきながら、その書き物自体が禍いをなして賠償解決がこじれることともならば申し訳けなく、従つて逆の武器となるごとき書き物は出されないというのが、外務大臣の考えと認めらる。ついてはバンドン会議において示された貴国政府の根本方針を貫かれ、大局的見地より支持を得たいと述べたるところ、ネリは大統領は貴官の述べられたごとき論旨には納得すまじく、また国民も同様なるべしと繰返し、暫く押問答をなしたが、小官より自分の伝え聞くところによれば、外務大臣も高碕長官も極めて積極的に妥結のため努力せられている模様である。従つて最初にお伝えした口頭の保証は単なるリップ・サービスに非ず。ついてはこの際逆の武器となる惧れある書き物の発出を固執されるよりも、寧ろ日本政府の誠意に全幅の信頼を置かれて、日本の国連加盟を支持せられたく、斯くせられれば、外務大臣は素より日本政府としても、フイリピンのこの好意ある措置を賠償解決案に対する反対を克服するに当つての武器として利用さるべきこと疑いなしと力説せるところ、ネリは暫時熟考の上容を改めごもつともなりと述べた上、往電第九三八号のごとく約束した次第である。

二、ネリが右のごとく踏み切るに当つては、大統領の説得及び国民に対する説明に当つての困難を覚悟した上のことにて往電第九三八号以上のものを要求するのは無理と認められた次第である。ついてはネリが踏み切るまでの経緯またネリが踏み切つた際に述べた要望にも鑑み、更に貴電第三八三号末段のごとき考慮に基づき、折角のフイリピンの支持を他国の態度に良き影響を及ぼすよう御利用相成るためにも、至急往電第八七六号にて稟議せるところをもつて新党内部をお取り纏め相成るよう切望に堪えない。

253　昭和30年11月18日　在ブラジル安東(義良)大使より重光外務大臣宛(電報)

ブラジルによる日本の加盟支持言明について

リオデジャネイロ　11月18日後6時30分発
本　　省　11月19日前7時29分着

第四二〇号(至急)

貴電合第三二九号に関し

本十八日本使オリベイラ外務次官に面接しブラジル政府の支持を求めたところ「オ」は十八ケ国の一括加入案にブラジルは賛成すべく日本の加入を支持すること勿論なるも本件については米国が外蒙の加入を拒否せんとしソ連が外蒙を除外するならば他の十七ケ国の加入を拒否すべしとの態度を安保理事会においてとる模様であるから楽観を許さないと語つた。

国連に転報した。

254　昭和30年11月18日　在カナダ松平大使より重光外務大臣宛(電報)

決議案の正式提議につきカナダ政府より通報

オタワ　11月18日後7時24分発
本　省　11月19日後1時9分着

第二八一号

十七日外務省より本使に対し左の通り連絡し来れり。

一、カナダは十六日夜各般の情勢に鑑み国連加盟決議案(原案を修正したもの、テキスト電報せず)を正式に上程したる旨及び共同提案者としてミドルパワーズ二十四ケ国(国名省略)の支持を得たことを通報する。

二、カナダ政府としてはあくまでパッケイジディールにて推進する考えなるが累次申上げた通りソ連は外蒙を含む十八ケ国の一括採決を要求する線を依然堅持しおり、右決議案上程の際ソ連首席代表はマーチンカナダ代表に対しソ連としては十八ケ国一括加盟か又は全部取止めか何れかの二方式以外は絶対承認しがたき旨確認し又新聞記者会見において更にこの点を強調したり(尤もソ連は十八ケ国の中に日本、スペインが入りおるとの保証は与えたることとなし)。

三、本件今後の見透しについては理事国中に米国、フランス、中国等に問題あり、加盟申請国中のスペイン、外蒙に難点ある他、ソ連は講和条約の未締結を理由として日本の加盟に難色を示しおる等種々困難あるは事実なるもカナダ政府としては日本の加盟は依然ホープフルなりと考えている。

米、国連に転送せり。

255 昭和30年11月19日 重光外務大臣より在米国井口大使宛(電報)

加盟問題解決につき米国側に格別の善処を申し入れ方訓令

本　省　11月19日後7時40分発

第一二五六号(大至急)

往電合第三二九号に関し

貴使御承知の通り加盟問題は今や大詰に達し、その成否は主として米ソ両国間の話合い如何にかかりおるところ、貴使は至急ダレス長官に面会を求められ、わが国の加盟は国民の宿望にて、この機に及んで本問題が再び棚上げされるにおいては、国民の失望は大なるべく、他方、米国の努力により本問題が解決すれば、国民の対米感情も一層高揚すべく、旁々今後の日ソ交渉におけるわが方立場の強化に資するものと信ぜられるにつき、この間の事情をとくと説明の上、日本としては、何国よりも米国の斡旋により国連加盟の実現を切望しおるものなるにつき、米国が外蒙の加盟を好まぬことは万々承知なるが、この際、国連内外における輿論の趨勢を察知し、本問題解決につき格別の善処方申入れ、結果回電ありたい。

ニューヨーク国連へ転電ありたい。

256 昭和30年11月19日 国際連合日本政府代表部加瀬大使より重光外務大臣宛(電報)

加盟問題に対し中国のとるべき態度につき蔣大使との懇談内容

第三六〇号

ニューヨーク　11月19日後3時44分発
本　　　　省　11月20日前7時19分着

中国代表（ショウ大使）の風邪全快を待ち十八日夜懇談したが、心身共に憔悴の体で、中国は難きを忍んでアルバニア等の東欧諸国に対しては棄権することに決定したが、外蒙丈けは何としても加盟を許す訳に行かない。目下米ソ間に非公式折衝が行はれているが、ソ連は譲歩する模様もない（同代表は米国側から一応の連絡を得ているらしい）から妥協がつかぬまま安保理事会で対決することになろう。然し外蒙は必要な七票を獲得出来まい。若し獲得したら自分は拒否権を行使して加盟を阻止せざるを得ないと述べた。よつて本使は日本の立場は御承知の通りであつて、この機会を逸せず是非共加盟の宿願を達成したいが、日本の問題を暫く別とし中国の友人として考えるに、加盟問題については今やユニバーサリテイーが世界の公論となつており、又本件に関しては拒否権を発動すべからずと云うのが定説である。然るに今日までよく自制して一回も拒否権を行使しなかつた中国が、加盟問題につきこれを発動することは如何かと思われる。而もその結果はカナダ決議案（形式は十六日以来二十五ケ国共同決議案となつたが、一般に依然カナダ案と呼ばれている）が圧倒的支持を受けている現在、中国が完全なる国際孤立に陥ることは明白であるから、大局的に考える場合果して貴国のために得策であるかを疑うと云つたところ同代表は正にその点が問題である。ソ連は故意に斯かる事態を招来することによつて台湾政府を窮地に陥れ、加盟問題の解決を拒むものは台湾政府のみであると言つてその非を鳴らし、中共の代表権問題を有利に導こうと画策していると答えた。本使は流石によく情勢を観察しておられ敬意を表するが、当面の問題は然らば如何にしてソ連の仕掛けた罠に掛からぬようにするかに在る。対策如何と訊ねたところ、同代表は苦痛の表情を示して良策がないので煩悶しているが、外蒙が必要数を獲得しなければ拒否権行使の問題も起らなくて済む次第であると答え、イタリア、スペイン代表は中国の好意を（東欧衛星国に対し棄権することをさす）を《ママ》無にして、頻りにプレッシユアを掛けるので遣り切れない、又ニユーヨーク・タイムスの社説も誤解であるが《?》、数日中には全米の反共団体が挙つて政府議会に対し、外蒙加盟反対の陳情を行い、ポーランド、チエッコ、ルーマニア、ハンガリその他の東欧系市民も呼応して行動を起す形勢にある。遠からず大統領選挙を控える政府としては、これは無視出来まいと思うと付言した。（本使と行き違いにＡＦＬの有力幹部ラブストーンが辞去したのを見かけたが、この辺の事情と関連があるかと察せられる）。

米、英、仏、カナダ、ジユネーヴに転電した。

257　米国は日本の意向に沿うよう努力する旨ロバートソン国務次官補の内話

昭和30年11月19日　在米国井口大使より重光外務大臣宛（電報）

ワシントン　11月19日後6時30分発
本　　省　11月20日前8時26分着

第一四九五号（大至急）

貴電第一二五六号に関し

土曜午前早速ダレス長官に会見を申入れおきたる処、「ダ」よりロバートソンに対し自分（ダレス）は月曜まで都合つかざるが、本件については取急ぎ米国政府の方針決定の必要あるにつき、なるべく早く日本政府の意向を承知したきにつき、「ダ」に代りて面談方指示ありたる由にて、土曜午後「ロ」を往訪、一応貴電の主旨を書き物にすると共に事情を具して米国政府の善処方要請したるに対し、「ロ」は日本政府の切なる要望を承知し得て結構なり。早速「ダ」に報告すると共に本日ニユーヨークにおける四国代表会議の結果を見たる上、出来れば明日曜中にも開かるべき国務省首脳部の会合に披露し、なるべく貴意に副う様努力することと致すべし。御承知の通り本件は仲々厄介なる問題にて（同席のマクラーキン局長より本日朝ニユーヨーク国連代表部と連絡したる処によれば、外蒙の支持者はソ連側躍起になつての運動にもかゝわらず、衛生《(星カ)》国を除けば精々四、五ケ国にすぎずとの話あり）仏はよしとしても国府側に相当難色あるべく、何れにしても米としては日本を除外しての如何なる取引にも応ぜざる点は御安心ありたき旨内話せり。右取りあえず冒頭貴電と共に国連に転電した。

258　昭和30年11月20日　国際連合日本政府代表部加瀬大使より重光外務大臣宛（電報）

加盟問題をめぐる米英仏ソ代表の会談に関する米国書記官からの情報

ニューヨーク　11月20日後8時5分発
本　　省　11月21日後0時8分着

第三六一号（極秘）

往電第三四六号に関し

十八日ソ連はカナダ案に対し、十八国の国名を申請順に明記する修正案を提出（右によれば最初にアルバニア、次に外蒙が列記されることとなる）前日の記者会見における声明の発表と共に十八国案の推進に活潑な動きを示しおるところ、十九日の四国代表の会合に関し、マックスウィニー書記官の北原に述べたところ左の通り。

一、今回はソ連側が例によるロシア式午餐会に招待、クズネッオフ代表は食事の最中に加盟問題に関するソ連側見解を述べた長文の声明を朗読し、会議の空気を不必要に非協調的なものにしたが、会議を通じ四国とも自己の立場を主張したのみにて問題解決の糸口を見出す迄に至らず、ロッジ代表はソ連がスペイン、日本の加盟につき譲歩している旨強調するに対し、米国は元々その加盟に反対であるソ連ブロック四国につき譲歩しているのであるから取引としては四対二にてソ連に有利であると反駁、クズネッオフは終始英語にて時には、かつてフォード工場にて働きたる当時の職工言葉丸出しにて「ロ」と応酬した。結局ロシア式食事に時間をとられ実質的会談の時間は短かく、ロ代表が食後突然立上り辞去せるため今後の措置につきても打合せはなかつた。

二、右会談に先立ち米、英、仏代表は正午アルファン仏代表公邸にて下打合せを行つたが右話合に従いディクソン英代表はアルバニアに関し特に英国が難きを忍んでその加盟に賛成し居る旨強調、ソ連に圧力を加え、アルファン代表は加盟問題に関しては未だ訓令に接して居らず仏国の立場は未定であるがアルヂェリア問題の今次総会における取扱方に関し関係国間に目下話合が行われつつあり、右話合が成立せば仏国もその立場を表明し得る旨発言した。

三、最も注目すべきはソ連が今次包括加盟方式を成立させるためには関係大国間の合意を文書に明記すること必要であり、右文書を如何なる型式と内容にすべきやに関し協議することを提案した点であり、ロッジ代表は中国代表の不在に藉口し右方式は考慮し得ずと述べおくに止めた。

四、十八日マリク代表は中南米ブロックのスポークスマンたるトルヒロ、エクアドル代表を訪問し、中南米諸国の外蒙に対する態度如何によつてはソ連はスペインに対し拒否権を行使せざるを得ないと威嚇し、右に対しト代表より同日中南米十七国がカナダ案を支持する旨回答した事実あり今次会合においてもソ連は右に言及した。

五、なお、中国はまことに苦しい立場にあり、万一外蒙に対する中国の拒否権により加盟問題全部が不成立となるが如き場合にはその反撃は強かるべく、インド等はここぞとばかり直ちに中国代表権の問題を採上げること必定であり、他方蔣介石は一九四六年に外蒙の独立を承認した事実もあり、台湾政府のためのみより考えてもこの際拒否権を行使することには疑問が多いと考える。

本電内容極秘に請う。冒頭往電通り転報せり。

---

259 昭和30年11月20日 国際連合日本政府代表部加瀬大使より重光外務大臣宛(電報)

加盟問題の提議をひかえた各国の状況について

ニューヨーク 11月20日後8時23分発
本　　　省 11月21日後0時9分着

第三六二号

加盟問題を繞る情勢は極めて流動的でありて刻々変化しつつあるが、諸情報を綜合するに週末の形勢概ね左の通り。

一、十九日の米、英、ソ、仏代表会談(往電第三六一号)は空気は良好であつたが具体的収獲なきまま散会したので、一応二十三日に予定されていた安保理事会も何時開かれるか目下判然せず、局面の打開は寧ろロッジ、クズネツオフ乃至ロッジ、マーチン等の個人的な裏面の折衝に譲られるかの形勢にある。ソ連の外蒙に対する主張は依然強硬らしく、マーチン代表はクズネツオフと会談后、本使に対し譲歩の見込なしと述べている。

二、カナダ決議案は十六日二十五国の共同決議案として初めてアドホック委員会に上程されたことは既電の通りであるが(台湾発貴大臣宛電報第三四七号にカナダ原案なるものは存在せず云々とあるはカナダ代表が極秘裡に共同提案国を集めていたためであつて、事柄の性質上当地の中国代表は事情に充分通じていないものと察せられる）その后ソ連が十八国国名列挙方修正案（空送済み）を提出したので二十日には二十五国がその取扱方を協議する筈である。マーチン代表によれば此の修正を容れれば二、三の国（例えばギリシャはアルバニアを支持せず）は脱落するかも知れぬが世界に於ては少くとも四十数国は確保出来る趣であつて同代表は邪魔の入らぬ間に速かに共同決議案の審議を開始したいと述べている。但し米、英は之を抑えるため tremendous pressure を加えている由。なお決議本文のユニフィケーションの字句を修正するらしい。

三、仏国の動向を懸念する向は依然として多く、アルゼリヤ問題につきその顔を立てるため種々の斡旋が試みられているが仏国は総会議題から deletion を要求するに対しアラブ側は本件を not consider するところまで譲歩すると言うような工合で目下国連随一の智恵者と言われるエンテザムイラン代表がマサ総会議長と共に調停に苦心している。

四、台湾政府が拒否権を行使すれば墓穴を掘るに等しいとの判断からこれを予想するものは少いが一般に台湾の態度は結局米国の意向によつて決定すると見ておりそのため米国政府が外蒙除外を固執せずステップアサイドしてその加盟を妨害せぬことを要望する気持が頗る強い。此の形勢に鑑みハマショルド事務総長も内密ながら積極的に局面収拾に乗り出した（マーチン代表談）のでその手腕に期待が寄せられている。

五、斡旋委員会は二十一日会合する由。

米、英、仏、加、ジュネーヴに転報した。

260　日本の加盟を最優先として一括加盟を支持するとのトルコ外務省の示唆

昭和30年11月21日　在トルコ上村大使より重光外務大臣宛（電報）

第一三五号

アンカラ　11月21日後4時8分発
本　　省　11月22日前6時46分着

貴電合第三二九号に関し

外相及び次官バグダード会議出席不在中に付館員をしてEsenbel 次官補と懇談させたところ

(イ)無条件 universality 就中アルバニア、外蒙等の加盟及び一括加盟案には反対して来たが出来る限り米英等の動きに同調し

(ロ)日本の加盟に top priority を与える従来の方針にも鑑み日本がカナダ案に異議なく又米英側が右案を呑むことが明かになつたら仮令米英側が表面上の abstain する場合でもトルコの支持を予期されて差支えない旨を答えた。

国連へ転電した。

261 昭和30年11月21日　国際連合日本政府代表部加瀬大使より重光外務大臣宛(電報)

日本の加盟支持には賠償問題解決が急務とのフィリピン代表からの伝言

ニューヨーク　11月21日後7時59分発
本　　省　11月22日後0時4分着

第三六四号

二十一日ロムロフイリピン代表の求めにより会談したところ「ロ」は本国政府の訓令による趣を以て日本の加盟を支持したいのは勿論であるがそれには賠償問題の解決を急いで頂きたく此の点を貴大使より東京に伝達ありたいと述べたので貴電第二三〇号の次第もあり本使は深入りすることを避け日本政府の賠償解決に対する従来の熱意を一応説明すると共に(「ロ」は鳩山、重光内閣が日比関係調整には最も適格であると言つた。)政局多端の折からでもあり無理を期待されても困るが加盟問題の方が先に登場する場合には如何なされる積りかと反問した。これに対し「ロ」は自分の政治的立場は困難であると訴えたが十八国案が票決される際、フイリピンが日本につき留保をする様なことは好むところではないと答えとも角本日申入れの次第を東京に報告されその反応を通報願いたいと述べた。「ロ」の態度はめづらしく、はなはだ慇懃であつた。

262 昭和30年11月21日　国際連合日本政府代表部加瀬大使より重光外務大臣宛(電報)

ソ連は未だモンゴルの加盟資格獲得に疑問を

有しているとの観測

ニューヨーク　11月21日後7時59分発
本　　　省　11月22日後0時30分着

第三六六号

往電第三六四号に関し

一、二十一日ザミアチン・ソ連参事官(Secretary of Delegationとして代表部事務の総轄に当つている)と北原が偶然の機会に立ち話をした際、「ザ」は米側の態度により加盟問題はデッドロックに乗り上げたと述べたので、北原より米国は外蒙に対しても拒否権を行使しないと言明している故、米国が特に妨害しない限り外蒙はOwn meritにより七票を獲得し問題は解決されるのではないかと述べたところ、「ザ」は外蒙は恐らく四票(ソ連、英国、ニユージユ《(ママ)》ーランド、イラン)しかとれずブラジルは棄権する見込と述べ、更に北原より本件に関する大国間の話合を文書に纒める方法につき今後会談を続ける積りなりやと尋ねたところ、「ザ」はソ連としては右文書による協定に中国を加えることにも何ら異議なしと答えた。

二、右「ザ」の言より察するに、ソ連は外蒙が果して七票を獲得し得るかにつき未だに疑問を有しおり、右を絶対確保するため完全な十八国パッケイジか或いは加盟問題全部の見送りの線にて押しているものと考えられる。

米に転電し英、仏、カナダ、ジユネーヴに転報した。

263　昭和30年11月22日　在中国芳沢大使より重光外務大臣宛(電報)

拒否権行使に関する中国の態度の変化について

台　北　11月22日後4時20分発
本　省　11月22日後5時39分着

第三五〇号(至急)

往電第三四七号に関し

一、二十一日当地チャイナ・ニューズは外交部高官が、中国政府は外蒙を国連に入れしめないため、与えられたすべての権利を行使するであろう。但し政府は国連中国代表に必要あらば拒否権を行使するよう訓令したか否かは言明できない。如何なる国もかかる重要問題に対し拒否権を使うか否かを予め言明するものではない。ソ連が十八箇国のパッケージ・ディールを持出しているのは国連に対する脅迫であると洩した由報じている。

（以下暗号）

二、先日当館中田社会党議員穂積七郎の外交部長会見に立会い中、本件につき蔣介石総統より電話諮問ありたるに対し、外交部長はカナダ等より米国を通じて種々申出はあるも、中国としては当然拒否権を行使すべきものなる旨回答せるを聞知した事実があり、国府は当初は建前上当然拒否権行使の意図があつたが、その後新聞に対する発表等においてこの点をぼかして来たのは、米国及びカナダ等を支持する自由諸国側の態度に鑑み、当初の方針の貫徹について自信をぐらつかせ来つたためにあらずやと想像される。

国連に転電せり。

264 昭和30年11月22日 国際連合日本政府代表部加瀬大使より重光外務大臣宛（電報）

加盟問題解決に向けた米国およびカナダとの連携ぶりにつき報告

ニューヨーク 11月22日後4時52分発
本　　省 11月23日前7時47分着

第三六七号（館長符号扱）

一、ソ連側に譲歩の気配なき現状においては加盟問題解決の成否は一にかかつて米国の態度にありと申すべく、各国代表は週初以来活潑となりつつある米国政府首脳会議（大統領臨席の下にキャンプデーヴィッドにおいて月曜日には安全保障会議、火曜日には閣議を開いている）の結果を注目している。かかる折柄在米大使宛貴大臣御訓令（貴電第一四九五《（一二五六カ）》号）はタイミングにおいても頗る妙を得たものと存ぜられ、感謝に堪えぬ次第である。他方本使は国連方面の情勢を漸次書き物にとりまとめフーヴァー次官以下の有力者に然るべき路線を通じて内密配布しているが、二十一日夜同次官の連絡者よりダレス長官に対し十分進言しておいたから情勢の好転を期待し得ると思うとの趣旨の通報に接した。なおプレス方面にも可成り広く手を広げて工作しているが貴大臣年来の知己たるエリストンまで病軀を顧りみず協力してくれるので心強く存じている。

二、国連においてはマーティン・カナダ代表が指導者格となりエンテザーム安保理事会議長、マサ総会議長、メノン・インド代表等と連日密議しているが本使も招かれてそのグループに加わつているので甚だ好都合であり、特にマーティン代表とは頻繁に連絡している。尤も米、英代表とは従来の良好なる関係を維持しつつあるから、この点御安心願いたい。

三、マーティン代表とも協議の上、この際スペイン、イタリアよりもワシントンにおいて適宜申し入れを行うよう両国代表に勧告しておいたところ、在米スペイン大使は二十二日朝マーフィ次官補と懇談した由である。マーフィは米国側としても事態収拾に腐心している際であると云つて加盟問題の円満解決のため目下新しいフォーミュラーを検討中であると述べた趣である。

四、ロッジ代表は二十一日マーティンに対し二十五ケ国共同決議案の審議は両三日待つて欲しいと訴えたがマーティンの質問に対しなんらか打開の方法を講じたいと答えた由。ロッジは二十二日早朝キャンプデーヴィッドに赴いた。フーヴァー次官の立場もあり本電取扱い御注意願う。

265　昭和30年11月22日　在米国井口大使より重光外務大臣宛（電報）

加盟問題の状況好転を示唆する国務省担当官よりの内話

ワシントン　11月22日後7時0分発
本　　省　11月23日前9時38分着

第一五〇二号（至急）

二十二日国務省ボンドの島に対する内話次の通りで、情勢はいくらか好転の方向に向いつつありと思われる。

一、ソ連の「十八カ国か然らざれば零」の態度は駈引きのないところで、外蒙除外を応諾せしむる公算は殆んどないと考える。従つて、問題が円満妥結するときは、十八カ国全部加盟ということとなろう。

二、ニューヨーク・タイムス以下全米新聞論調は、外蒙のために本件を不成功に終らしめるのは愚策であるとの点で一致しており、国連内の十八カ国案支持国の増大と相俟つて、米国政府をして十三日のロッジ声明を緩和する態度を採らしめる上においての困難は減少しつつある。

三、ロッジ代表は本日の閣議出席のためキャンプデビッドに赴いた(フーバー次官も二十一日以来ダレスに同行している)。二十三日クズネッツオフと会談の予定。

四、一の困難は中国の拒否権行使の訓令であるが、米国からも中共代表問題が再燃した場合、多数国の支持を得られなくなることを話した結果、蒋代表及び顧大使双方から態度緩和方本国に具申している。

五、常任理事国が全部十八カ国案審議に異存ないということになれば、安保理事会の票読みに入るわけであるが、その場合の共産五カ国に関する予測次の通り。

(イ)米、全部棄権。(ロ)ソ連、全部支持。(ハ)イギリス、アルバニアに難色がある。外蒙は一応棄権。然しイギリスが支持しなければ否決される事態となれば賛成投票すべし。(ニ)フランス、概ね棄権。(ホ)中国、全部棄権(外蒙については退席する方法もある)。(ヘ)ブラジル、ペルー、スペインを加盟せしめるため全部支持。(ト)ニュージーランド、英に做(倣カ)うものと見られる。(チ)ベルギー、全部支持。(リ)トルコ、イラン、これが鍵であるが今のところ不明。

六、安保理事会は今のところ今週中に開かれる予定はないが、前項票読みの結果、問題解決の見透しがつけば、直ちに開催の運びとなろう。

七、カナダのマーチンは、特別政治委員会の二十四日又は二十五日開催を強硬に主張しているが、安保理事会前に最終討議にかけることは不得策なるとの点では英、米とも意見一致している。

国連、カナダ、英国に転電した。
中国へ転電ありたい。
英より仏へ転電請う。

266 昭和30年11月22日 国際連合日本政府代表部加瀬大使より重光外務大臣宛(電報)

加盟問題に関する米国代表部との情報交換につき報告

ニューヨーク 11月22日後8時40分発
本　　省 11月23日後0時10分着

第三六八号

一、キャンプディヴィッド首脳部会議を控えて米国代表部は慎重に沈黙を守っているが、二十二日ワズワース代表は本使の質問に対し目下情勢打開のため努力しているが台湾政府が外蒙に対し拒否権を行使することを主張するのでこれを抑えるのに少なからず苦心している。次はフランスとトルコの態度が判然せず、又ベルギーにも少し許り心配があると述べた。よつて本使は台湾政府は最後まで拒否権発動を固執せぬものと思う。拒否権を行使すれば却つて自滅を早める結果になる(「ワ」は自分もそう確信すると言つた)のみであつて、この点はショウ代表も十分承知しているし旁々台湾政府は結局米国の意向に同調すると信ずべき理由がある。仏はアルゼリア問題につき顔を立てることを期待しているのであろうが仮に同問題が速かに解決しなくても拒否権を発動する様子はなく、これ又そう見るべき根拠がある。トルコも米国がカナダ案を了承すれば外蒙を支持する形勢らしい。右は何れも外交機関を通じ集めた情報であると述べたところ、「ワ」は大いに喜び有益な情報を頂いて感謝に堪えない。右は米国代表部の得ている情報に較べ遥かに良好であつて、それならば前途は大分明るいと考えると言つた。

二、続いて米代表部バルコ公使と懇談したが、「バ」は「ワ」大使より貴大使の情報を承り意を強くしているところであると言うので、本使は然らば米国は外蒙の加盟を妨害せぬことになつたのかと質問したところ、「バ」は正面より回答することを避けつつ外蒙が安保理事会で必要票数を獲得出来ることが明白になれば、ソ連と何等かの妥協に達し得ぬものでもあるまいと答えた。本使は重ねて十九日の米、英、ソ、仏代表会談においてもソ連は事前にウォタータイトな取極を作成することを主張したようであるが米国としてそこまで応じ得ると思うかと尋ねたところ、「バ」はその辺はロッジ代表の本夕帰任を待たねば判らぬが、正直に申して只今のところ問題妥結の見透しは稍々明るいかと思う、「ロ」帰任の上は直ちに貴大使の重要情報を伝達し協議することになつていると語つた。

三、ワヅワース、バルコ等の談話は本国側の態度が急に緩和したかの印象を与えるが、「バ」によればソ連をバーゲンするためには一応強硬な態度をとる必要あり、これまで敢えて米国だけが悪者になることに甘んじて来たのだと言うことである。なお「バ」は米ソ会談におけるソ連代表の言動から見て、ソ連は或いは外蒙を除く十七国でも妥協するのではないかと思われる節があると付言した。

四、右のような情勢なのでマーチン代表は暫時アドホック委員会の共同決議案討論を延しているが、右委員会のパレスタイン難民討議は二十三、四日頃終了の見込みなので、これに引続き決議案討論を行いたい意向である。但し確実な日取りは米国首脳会談との関連もあるので、なお未定である。

米、英に転電、仏、カナダに転報した。

267 昭和30年11月23日 国際連合日本政府代表部加瀬大使より重光外務大臣宛(電報)

加盟問題の解決は有望との英国代表の見立てについて

ニューヨーク 11月23日後9時20分発
本　　省 11月24日後2時28分着

第三七一号

一、二十三日サーピアソン、ディクソン英代表の語るところ左の通り。

㈠先刻ロッジ代表と会談したところであるが、加盟問題はなお曲折はあろうが、何んとか解決出来るのではないかと思う(ホープフル)。但し情勢は極めて複雑であるから慎重処理を要する段階にある。

㈡焦点は言うまでもなく外蒙の加盟であるが、御承知の通り英国には異議がない、米国も若し外蒙は安保理事会をパスすれば加盟させて差支えないとの態度らしい。そこで(A)中国と仏国が拒否権を行使するや否や(B)他の非常任理事国が外蒙支持の投票をするや否やの二点が問題となる、ところが中国の反対は依然すこぶる強硬の由であって目下これが第一の難関となっている。仏国はアルジェリア問題の議題削除を希望しこれが実現せねば協力し難いとの立場をとっており、これが第二の難関である。然し中国が拒否権を発動すれば政治的自殺に等しいから多分反省するのではないかと思うし、又仏国もこの際拒否権を行使してまで我を通すこともあるまいと考えるので情勢は概してホープフルとみる次第である。

㈢非常任理事国については特にベルギーに困難があり結局外蒙が七票を得るためには、この辺を確実にせねばならぬが、ソ連は猜疑心が強いから七票獲得につき明確な保証を要求している。

㈣安保理事会は以上の諸点を解決しなくては開けないが、そのためになお数日の余裕を得たいと思つている。従つてカナダを中心とする共同決議案提案国が討論を急ぐのは感心しない。貴大使も関係国代表に自重を勧めて戴きたい。本当はソ連が外蒙を捨てて七《（十欠カ）》国で手を打つ可能性も未だあるとみている次第である。

二、最後のソ連の譲歩の可能性については多くの代表は見込み少ないとみているようでキャンプディヴィッドより帰任直後ロッジは本使に対しソ連は日本、スペインの加盟を容認したではないかといつて恩を売るが米国はアルバニア等四国の加盟を容認しているから結局バーゲンとしては、ソ連の方が分がよい訳である。従つて米国としてはソ連が外蒙を放棄することを期待すべき筋合であると思う。外交は売笑婦の如く、冷酷にせよと云うのが目下の自分の立場であると語つている。或いはキャンプディヴィス《（ママ）》の首脳会議の結果この点をもう一押する方針を決定したのではないかと察せられる。

米、英、仏、カナダに転報した。

268　カナダ案の審議およびソ連の動向に関するカナダ外相の内話

昭和30年11月23日　在カナダ松平大使より重光外務大臣宛（電報）

オタワ　11月23日後4時36分発
本　省　11月24日後6時4分着

第二八四号

二十二《?》日ピアソン外相に面会、第三次鳩山内閣成立を通報し、貴大臣御留任により外交政策については変更無きことを申入れたり。其の際日本国連加盟に関するカナダ政府の支持に対し謝意を表すると共に今後とも右実現のため御尽力を得たき旨要請しおけるがその際同大臣の内話せるところ左の通り、御参考までに電報す。

第一、国連加盟問題

一、国連における審議振りに関し

㈠国連加盟についてはかねてより貴大使の再三の御要請も有りカナダ政府として努力し来れること御承知の通

りなるが兎に角Middle Powers二四を動かし総会においては四〇票を獲得の情勢に立至り、世界与論を動員することに成功せり、自分としては理事会が少くとも拠つて立つ基盤を得るためにも総会において右与論を具体化すること必要と認め、総会の審議を先にしたく考えおれり、先日連絡申し上げたところにて御存知の通り、外蒙に関し問題有り、ソ連はしきりに十八ケ国案を呑む旨宣伝しおるが右が果して真実に加盟を欲するによるか、又は外蒙を主張することにより全体を破壊せんと欲するによるものなるか(後述参照)只今のところなお明瞭ならざるも後者の観測の方事実に合致する公算大なるかと思考す。従つて日本の加盟についてはfifty-fiftyなる状態に在りと見おれり、自分は明日ニューヨークにおもむき、側面より本件打開に貢献したき意向なるが、如何なる結果となるべきかは何とも予測出来ず、いづれ帰任したる上にて更にお話しすべきも兎に角努力し見るべし。

(二)自分が日本の加盟に関し最も熱心となれるについては貴大使の再三の御要請による影響も有るが、客観的に見て日本、イタリアの如きは加盟を当然とする国なりと考えおり、他の国のあるものについては必ずしも同様の考えを有しおらず、日本については世界は兎角日本が有力なる東亜の国なることを忘れ勝にて右に対して justice を与えることは当然なるのみならず、国連内部又は東亜において支那及びインドが余りに発言権を独占することは自由国家群の利益にとつてもあまり好ましきことならず、日本が国連にて彼等の発言を中和する穏健なる member たる可きことは自分の期待するところなり。

二、モスコーにおけるモロトフとの会見

自分は出発前貴大使と打合せたるところにより、モスコーにおいては国連加盟問題につき、モロトフに強く日本の加盟を呑むべき旨慫慂したるところ、同外相は最初は日本との間に平和条約なきことを理由として兎や角言いたるが、外蒙の話を持ち出したりして、結局日本の加盟に異論なき様なる印象を与うるに努力したり。右は

(イ)日本の加盟に反対なきことを表面に出し、右を手掛りとして日ソ交渉にうまく引つ掛けんと欲したるによる

か、又は

(ロ)いづれ外蒙に引っ掛かりて今次国連加盟問題は全部御破算となるべきことを見透しての策略なるか判明せず、モロトフが forthcoming なる人柄にあらざることも作用して、この点を充分突き止め得ざりしも、同人が非常に警戒して話しておりたることは事実なり。

三、外蒙加盟問題

外蒙については、自分は実質的に云えば同国は国連に加盟する資格を有しおれりとは考えおらざるも、同国を呑むことにより他の諸国の加盟が実現し得ると云うならば、これを呑むことに吝かならず(本使の質問に答え)ソ連が外蒙を主張する実質的理由は特にありとは信ぜず、モロトフの話によって見ても特に実質的にどうと云うことよりも、ソ連の外蒙に対するプレステイヂの問題を出ざるかと思考する。問題はむしろ前述の通り新たなる加盟をブロックするための口実ならざるかにあり。

第二、日ソ交渉について

自分がモロトフと会見したる際には、出発前の貴大使との御約束に依り出来得れば彼の真意を打診したく考えたるも、結局同人との会談中には彼自身極めて警戒的なりしため、会談の問題とならずして終れり。然れども自分が全般的に得たる印象に依れば、ソ連は日本よりも日ソ平和条約を欲しおれりと認む。勿論日本はソ連に比すれば嶋嶼帰属問題以下幾多の具体的利益を直接に且つ直ちに条約より得べく、この点よりせば日本の方遥かに有利なる結果を享有すべき筋合と認めらるるも、大局より政治的に見れば、本条約により最も大なる利益を得るものはソ連なること疑いなし。即ちソ連は右により少くとも

(イ)日本を西欧陣営より引離すための Manoeuvre 上の自由を獲得すべく又

(ロ)中共との関係を調整する上に重大なる手掛りを得べく又は

(ハ)アジアにおいて広汎なる発言権を得るに至るべし。

而して右の利益は少し許りの領土上の割譲に比すべくも非ず。右と同様のことはカナダとの通商協定についても言い得ることにて、カナダと最恵国待遇を基調とする通商協定を締結したりとするも、右によりソ連は貿易上カナダに進出し得る公算は極めて乏しと言わざるを得ず。

然れども右がソ連に取り北米大陸における最初の通商協定なることに無限の意味あり。

右協定は目下交渉中なるがこの見地より本問題を判断せられたし。

第三、ジュネーヴ会議の前後について

ジュネーヴ会議はモロトフとのモスコーにての会談によりても成功のチャンスなきこと明白と自分は見おりたるが、今次の結末は当然の帰趨かと存ず。自分としては右は実質を伴わざる皮相的な成功なるも、むしろ歓迎すべきかと考えおれり。

殊にＮＡＴＯ諸国に与える影響より見れば浮わついた楽観は全く警戒すべきものとす。ソ連の今後の出方は右会議の失敗に拘わらず依然として実質的譲歩を伴わざる detente の雰囲気の醸成に努力するにあるべく、従って今後大なる政策の転換ありとは期待せず。ジュネーヴ会議が決裂しながらも兎に角なんとか体面を保ち、今後の交渉の糸口をいささかながらとは言え残し得たることは消極的に言えば成功にて、最初より右以上を期待することは無理なりしなるべし(本使の質問に対し)ジュネーヴ会議の失敗が日ソ交渉の如き案件に如何なる影響ありやについてはソ連側に関する限り何等影響なしと思考す。

米、英、国連に転送せり。

3　一括加盟の成立に向けた諸措置

269　昭和30年11月24日　在ニュージーランド島（静一）臨時代理公使より重光外務大臣宛（電報）

ニュージーランドによる日本の加盟支持言明について

ウェリントン　11月24日前11時55分発
本　　省　11月24日前11時39分着

第二一一号

貴電合第三二九号に関し

二十三日マキントシ外務次官を往訪し日本の加盟実現のため安保理事国としてのニューの特別の尽力を要請したところ、マはニュー外務省としては大臣の同意を得た上省レベルで十八カ国案支持方現地代表に訓令済みで日本の加入支持には全く問題ない。唯十八カ国案支持につきてのニューの問題は

㈠共産五国が国連憲章を遵守するやは疑問で、その加入支持に困難があるが、自由諸国加入実現のための已むを得ない代償と考える。

㈡ニューは安保理事国として英、米、仏、中国の四常任理事国棄権の場合には議案成立のため否応なしに投票に追込まれるので斯る事態を最も惧れている。

なお㈡については今後の成行を見た上で閣議で改めて最終態度を極めることとなつていると述べたので御参考迄。

ニューヨーク国連へ転電した。

270　昭和30年11月24日　在ベルギー武内大使より重光外務大臣宛（電報）

ベルギーによる日本の加盟支持言明について

ブリュッセル　11月24日後7時48分発
本　　省　11月25日前7時18分着

第九五号（至急）

貴電合第三二九号に関し

スパーク外相ロンドンより帰国を俟ち二十四日会見、貴電の趣旨を申入れたところ同外相は
㈠日本の加入を支援すること勿論なること
㈡アン・ブロックの加入は憲章の精神に違反するので、ベルギーはこの遣り方に主義上反対なるも加入問題の投票は先づ安保理事会にて各国別に行わるべきにつき差支えなきこと
㈢たゞし最近当地国民政府代理大使より受取つた通報によれば国民政府は飽くまで外蒙の加入に反対する意向の趣につきその場合ソ連が如何なる態度に出るかが心配される点なりと答えた。
ニューヨーク国連に転電した。

271 昭和30年11月24日 国際連合日本政府代表部加瀬大使より重光外務大臣宛(電報)

モンゴルを除く十七国案を可能な限り追求するとのロッジ大使の内話

ニューヨーク 11月24日後8時5分発
本　省 11月25日前10時49分着

第三七二号(極秘)
米国代表部に対しては改めて格別の申入を行う必要なしとは存じたるも、ワシントンと併行して当地に於いてもワシントン宛貴電第一二五六号の趣旨を伝達しおくこと然るべしと考え、二十四日ロッジ代表と会談したところ、「ロ」は右を快く了承した上、左の要旨を極秘の含みで内話した。
米国政府としては外蒙を除外して十七国で話がまとまれば之に越したことはないが、止むを得ねば外蒙をも swallow する肚で目下局面の収拾に当つている。此の為中国政府の再考を求めており、フランス、トルコに対しても適宜措置している状況である(中国は強硬である)。然し自分は現在のところ外蒙は安保理事会で七票を獲得出来そうもないと見ている。その場合ソ連が西欧の支持する諸国を敢えて拒否するか、或いは外蒙を除く十七国で満足するかは恐らく最後の場面に到るまで分るまい。
自分としてはソ連に外蒙を捨てさせたいので折角努力を続けているが、何分カナダ案が大勢を動かしているので甚だやりにくい。何れにせよ米国は加盟問題解決のため誠意を以て尽力しているのに、一般が恰も米国が解決を阻害して

いるかのように誤解しているのは心外千万である。加盟問題が行き詰ればソ連の責任であつて米国の落度ではない。この点日本政府は米国を信頼してくれているので喜ばしいが、自分としては日本のためには今後とも全力を尽す積りであるから右を重光大臣に御伝達ありたい。

米、英に転電し、カナダ、仏に転報した。

272　昭和30年11月25日　国際連合日本政府代表部加瀬大使より重光外務大臣宛(電報)

加盟問題解決に向け中国とトルコに対して取るべき措置について

ニューヨーク　11月25日後0時19分発
本　　　　省　11月26日前7時55分着

第三七四号(至急)

往電第三七二号に関し

一、情勢機微なる折柄本省より種々と御支援を戴き心強く存じおるところ、米国が已むを得ざれば外蒙の加盟をも容認する肚を決め(冒頭往電)且つアルゼリア問題の妥協により、仏国も総会に復帰する形勢となりつつあるので、関係国筋ではなるべく速かに安保理事会を開こうとの気構えを示している。米英がカナダ案の審議を俟たず、機先を制して安保理事会を開こうとしていることは御承知の通りである。唯中国の拒否権行使と、トルコの棄権が依然として十八国案に対する重大難関として残つており、従つてこの両三日の裏面工作は注目に値するものがある。

二、中国代表に対しては各方面より拒否権を放棄するよう勧告が行われているが(マーチン代表も大いに説得に努めたが、ショウ大使はやつと右を台湾政府に取次ぐことを了承した由)同代表としては当地の情勢を露骨に本国政府に報告することには憚りあるらしく(同代表自らこの点を告白している)従つて台湾政府が果して充分に真相を了解しているか若干の疑問があるやにも思われる。何れにしてもここ迄進展した加盟問題が若し台湾政府の拒否権により挫折するが如きことがあつては誠に遺憾であるし、且つ右は台湾政府のために取らぬところであるから、芳沢大使において従来も種々御斡旋に当られている次第はあるが、この際重ねて台湾政府の善処方を促して戴ければ甚だ幸甚に存ずる。なお本使と協議の上スペイン代表は二十四日夜マドリッドに連絡しスペイン外相より台湾外交部長に直接電報方進言した由。

三、トルコ代表は今尚棄権のほかなしと称しているが、トルコ発貴大臣宛電報第一三五号末尾の「予期される」云々は外蒙に対する支持の投票を意味するものなりや、稍々判然とせぬ嫌いあるところ、現在の状況においては日本の加盟を確実にするためには、トルコが棄権せずに外蒙に賛成投票する必要ある次第につき、必要に応じこれ又適宜御措置方御高配願う。なおセイロン大使は本使と談合の結果コテラワラ首相よりトルコ首相に打電するよう取扱っている。

273 昭和30年11月25日 国際連合日本政府代表部加瀬大使より重光外務大臣宛(電報)

アイゼンハワー大統領より蔣介石総統への親電発出について

ニューヨーク 11月25日前1時3分発
本　省 11月26日前6時50分着

第三七六号(極秘、至急)

往電第三七二号に関し

米国筋では極秘にして居るがアイゼンハワー大統領は蔣総統に親電を打つた由。

聞込のまま。

274 昭和30年11月25日 在カナダ松平大使より重光外務大臣宛(電報)

十八国案に対し米国が不満表明とのカナダ外務省幹部の内話

オタワ 11月25日後7時50分発
本　省 11月26日後0時2分着

第二八六号

二十五日外務省幹部の本使に対する内話中何等御参考まで左の通り。

一、二十三日ダレス長官は在米カナダ大使館 Glazebrooz 公使参事官(ヒーニー大使不在)を招致し、今次国連に於いてカナダがパッケイジデールとして外蒙を含む十八ケ国の一括加盟を提案したことに対し強き不満を表現し、殊に外蒙をその中に加えたことにつき米国のソ連に対するバーゲンの自由を著しく困難ならしめたと述べ強き措辞をもつてコンプレインした。

二、なお右に対するコメントとしてカナダが十八ケ国加盟に外蒙を入れるや否やについてはカナダとしても充分審議せるものにて、既に貴大使に累次御説明申上げたる通りの事情もあり之を落せば日本若しくはスペインをも落さざるを得ず、右はカナダ政府として欲せざるところなるにより右様に決定したるものにて之にて各国の賛同を糾合し得たものなり。米国の抗議ありとも今日に到りては如何ともし得ざる次第なりと述べた。

米、国連に転送せり。

275

昭和30年11月26日　門脇(季光)外務事務次官・在本邦董(顕光)中国大使　会談

モンゴルに対する拒否権行使を控えるよう在京中国大使への申し入れ

日本の国連加盟等に関する門脇次官董中国大使会談要旨

(昭、三〇、一一、二六、次官御口述)

十一月二十六日午前十一時四十五分門脇次官は董中国大使を召致し本件に関し会談したが要旨左の通り

次官　御承知の国連加入問題は日本に取って極めて重大な問題であって本件に関して貴大使に申入をしたく存ずる次第であると前置きして別添の如き口上書を読上げた。そして何れ芳沢大使からも台北にて貴政府に申入るべき旨附言した。

大使　国連加入問題に関する国民政府の見解は先般わが大使館員を小川アジア局第二課長(編注)の所に派遣して申上げておいた。それによれば国民政府は日本の加入はサポートするが外蒙の加入には反対であると言うことである。併し本日のお申入は直に政府に電報してその考慮を求めることとすべし。

次官　外蒙に対する国民政府の考は諒解出来ないではないが国連のユニバーサリティは世界的与論である。所謂十八ヶ国案を支持しておるカナダ、英国その他の主要自由諸国と雖も外蒙とかアルバニアとかその他の共産国の加入を必ずしも好むものではないと思うが国連の目的達成の上からそのユニバーサリティを実現するためには小さい感情論を捨てて大局的見地からこれ等諸国の加入をも認めんとするものであってこの態度は今や世界的の与論の支持を受けておる。国民政府としてもこの大勢を十分考慮しその方針を誤らざることが大切だと思う。

大使　アメリカの態度は何うか。

次官　アメリカと雖も前記の国際与論は十分に承知しておるべく今朝のラジオ放送によれば米国は十八ヶ国の一括加盟即ち外蒙の加盟にも反対せざる旨を発表したそうである。

大使　とも角早速台湾に電報すべし。

なお問題は別であるが文芸春秋の清水公使の文章について先般大臣宛手紙をもって右は日本政府の見解なりや否やを問合せておいたがこの問題はどうなっておるか。

次官　あの記述は清水公使の個人的の印象を記述されたものであって勿論日本政府の見解でもなければ印象でもない。

大使　清水公使の如き外務省の重要な人物なるが故にその記述を特に重視したわけであるがお話を伺って安心せり。

（別　添）

You are well aware that the admission of Japan to the United Nations has been a longstanding and fervent national aspiration. Viewed in the light of the present international situation, Japan's role as a member state of the United Nations will be a most significant one, contributing to the strengthening of the solidarity of free nations.

However, in view of the current discussion in New York on the admission of new members, it seems that admission of Japan to the United Nations along with other free nations depends upon the attitude of your country—namely whether or not your country will exercise the veto powers in the Security Council on the admission of Outer Mongolia. If your government should resort to veto, it would not be of any help in solving your problem of Outer Mongolia, but would gravely affect the international position of your country. Moreover, such act would be extremely regrettable to Japan, because it would close the door to Japan's admission to the United Nations.

The Government of Japan earnestly desires that your country will proceed with prudence and circumspection.

編　注　「国協一課長の誤りと存ずる」との小川平四郎アジア局第二課長の書き込みあり。

276　昭和30年11月26日　重光外務大臣より在中国芳沢大使宛（電報）

拒否権発動の自重を中国に要請方訓令

本　省　11月26日後1時1分発

第二七九号（大至急）

貴電第三五〇号に関し

左の趣旨を以て至急中国政府に本件に関する注意を喚起せられたし。

多年日本が国連に加入を希望しおることは御承知の通りにて、今日の国際情勢より見て日本が国連内において自由民主々義国の陣営を強化することは、世界平和のため、はたまた東亜の大局上、極めて有意義と認めらるるところ、昨今の形勢を見るに日本加盟の成否は国民政府が外蒙に対する拒否権を発動するや否やに懸りおる様に見受けられる。もし国民政府が拒否権を発動することありとも、それは外蒙問題解決のために何ら寄与せざるのみならず、国民政府の国際的地位に重大なる打撃を与え、中共側に極めて有利なる情勢を誘起すべし。日本としても之がために多年の希望が実現せざる結果となることは日本政府の極めて遺憾として重大視せざるを得ぬ次第であるにつき、中国側の自重を希望する。

米、英、カナダ及びニューヨーク国連へ転電した。

277　昭和30年11月26日　重光外務大臣より在トルコ上村大使宛（電報）

加盟問題に関しトルコ政府へ大局的見地からの善処申し入れ方訓令

本　省　11月26日後3時15分発

第一一〇号（大至急）

貴電第一三五号に関し

貴使は至急外務大臣に会見を求め、トルコの日本加盟に対する支持につき感謝するとともに、加盟問題が加瀬大使来電第三七四号の如く大詰に達しおる状況を説明の上、この上ともわが国を始とする自由諸国の加盟を一層確実にするため、大局的見地から本問題解決のため善処方、重ねて申入れ、結果電報ありたい。なお、中国については拒否権行使を差控えるよう申入方芳沢大使に対して訓令し且二十六日次官よりも在京董大使に申入れた。ニューヨーク国連に転電した。

278 昭和30年11月26日 在中国芳沢大使より重光外務大臣宛(電報)

モンゴルに対して拒否権行使を検討中との中国外交部次長の談話

台北 11月26日後2時6分発
本省 11月26日後3時54分着

第三五一号

往電第一四五二号に関し

米発大臣宛電報第一五〇二号四《(見当ラズ)》、の蔣代表及び顧大使の具申に対する国府の反響をとるため二十五日宮崎をして沈外交部次長を往訪せしめたところ沈次長は由来国府は一括加入には国連憲章第四条の解釈上反対であり今回のカナダ案については反対はしないが、それは外蒙を除外することが必須条件であり米を通じて右工作を進めてもらつている。若し外蒙が入るなら拒否権を使うとの建前は今日も不変で之は国内与論及び国の面子の上からやむを得ない。現在外蒙加入について賛否の票数を見極めた上拒否権を使うことが手続上出来るか否か研究中である。(一体Noと投票しても Veto にはならぬとすることが出来るかと質問して来て《(ママ)》たので宮崎より常任理事国たる国府にとり斯ることは有り得ざる旨説明したが右は国府側が拒否権行使は出来る限り避けたしとする気持の現れかと思われる)宮崎より国府の外蒙反対は東欧四ケ国に対する棄権と平仄が合わぬやに思う。又外蒙を中国の領域の一部なりとしての反対は戦後の民族独立の気運に背馳するに非ずやと借問したるに対しては外蒙はたとい独立せしめるとするも英コモンウエルスの一国の如き地位を認めらるべくソ連の衛星国たることを承認し得ないと答えた。蔣代表及び顧大使の具申については両者より情勢の推移の報告はうけているとのみ述べ斯る具申のありたるを肯定はしなかつた由。

国連及び米に転電ありたい。

279　昭和30年11月26日　国際連合日本政府代表部加瀬大使より重光外務大臣宛（電報）

米国の態度に関するソ連の非難とカナダの不満について

ニューヨーク　11月26日後3時26分発
本　　省　11月27日前8時23分着

第三七七号

一、ソボレフソ連代表は従来スペイン大使を黙殺し会釈も与えなかつたが十五日（二十五カ）態々同大使を呼止め加盟問題につき感想を求めた上、ソ連は十八国案を受諾したのに米国は未だに渋つている。今朝のニューヨーク・タイムスには米国は外蒙に対する反対工作を中止した旨を他の代表団に通告した云々の記事（同紙ハミルトン記者より発せるもの）が載つているが右についてはソ連代表マン（団カ）には何等通報もない。米国が依然として反対工作を続けている事実については証拠があると云つてしきりに米国を非難した由（スペイン大使談）である。これはソ連が米国を牽制するために心理攻勢を行つているものと認められるがセイロン大使（稍々単純な性格である）等も米国は二枚舌を使つているとふれ歩きロッジ代表はこれを聞き憤然として米国は外蒙反対のために他国にプレッシュアを全然加えていないと反駁した趣である。

二、他方マーティン代表は同夜の本使公邸晩餐会（タイ外相、マンロー・ニュージーランド、サーパー・トルコ、ジャマロ・イラク各代表の他英国、ベルギー、フィリピン代表団幹部、セイロン大使、オーストリア公使等出席）に於て来週月曜（二十八日）にアドホック委員会がパレスタイン問題の討論を終結すれば直ちにカナダ案（その後チリ、エチオピア等が共同提案国に加わつたがなお増加しつつある由）討論に移りたいと述べ同委員会議長たるタイ外相も大体賛成したが、マーティンは依然として米、英の妨害を警戒し情勢を楽観していない。本来ならばパレスタイン問題は土曜（二十六日）も審議を続行して打切ることを申し合せてあつたのに米、英のプレッシャアーによつて休会となつたものらしく、マーティンはタイ外相がこのプレッシャアーに屈したことを内心不満としている様子であつた。

かかる事態となつたのでカナダと米国側の間には若干気

まずい空気があるらしく、数日来マーティンは加盟問題を手際よく裁かないと両国関係に面白からぬ後味を残す惧れがあると憂慮しており、ピアソン外相が目下極秘裡に活躍しているのもこの辺の事情と関連があるかと察せられる。いずれにせよマーティンは米国の真意を可成り疑つており、米国は極力外蒙が必要な票数を獲得出来なかつたと云う形にして、体好く本件にけりをつける底意であると観察している。

三、右の観察の当否は別として(消息通のマーティンの内話であるから全く無視するわけにもいかぬと思われる)結局(一)外蒙に対し拒否権を行使するものなく、(二)外蒙が安保理事会において七票を得ることが加盟問題解決の鍵となるところ、マーティンは仮に米国が外蒙反対の裏面工作を差控えるとしても、それだけでは前記二条件の実現は容易でなく、米国が誠意をもつて積極的に局面収拾に当らぬ限り、可成りの不安が残ると見ている模様である。要するにマーティンは米国に充分の誠意ありやに疑問を抱いているわけであるが、それだけにカナダ案に執着しその審議促進を焦慮しており、これがクワイエットディプロマシイを選ばんとする米、英の立場と調和せず機微なる状勢を招来しつつある。従つてこの際ピアソン外相の手腕に多大の期待が寄せられる次第である。

本電マーティン代表の立場もあり取扱い御注意ありたい。

---

280 昭和30年11月27日 在カナダ松平大使より重光外務大臣宛(電報)

安保理理事各国の加盟問題への態度に関するカナダ政府からの情報

オタワ 11月27日後2時42分発
本　省 11月28日前7時10分着

第二八七号

往電第二八六号に関し

カナダ政府の有する情報によれば、問題となる理事国中(アルジエリア問題解決に伴いフランスは全面的に加盟を支持するとしてこれを除き)中国は外蒙を veto すべき正式訓令を受けたる趣なる外、トルコ(国連代表は外蒙に投票すべき旨申しおるも本国政府の態度は必ずしも然らずと言う)ベルギー(外蒙及び衛星国に反対投票する危険ある外コラボラシヨニストの関係にてスペインの加入に対しても問題あり）の態度楽観を許さざる（中国が仮令棄権に留まるとしても後二者棄権すれば本件加盟が全面的に成立せず）由にて右は米国が態度を緩和したりと伝えられる理由なるやも知れずと言う。

米、国連に転送せり。

281　昭和30年11月28日　重光外務大臣より　在ベルギー武内大使宛（電報）

加盟問題の解決に関しベルギー政府への善処要請方訓令

本　省　11月28日後5時5分発

第七七号（大至急）

貴電第九五号に関し

先方の好意を謝するとともに、加盟問題解決の成否は中国、トルコ及びベルギーの態度如何にかかりおる状況（カナダ来電第二八七号、なお、ペルー、イラン、ブラジル、ニュージーランド及び英国は十八国加盟を支持すると見られ、米国も止むを得ねば外蒙をも呑む肚の由）を説明の上、冒頭貴電㈡の個別審査方式の下においても、ベルギーがここまで進展した加盟問題の円満解決のため、国連普遍性の考慮から、この際、大局的見地より本問題解決に善処するよう、重ねて要請され結果回電ありたい。なお、中国に対しては、わが方よりも拒否権を行使せざるよう要請し、トルコに対しても重ねて本電同様の趣旨申入れ方訓令した。

米国及び在ニューヨーク国連代表部に転電した。

282　昭和30年11月28日　在中国芳沢大使より　重光外務大臣宛（電報）

自由主義国の加入を重視しモンゴルに反対せぬよう葉外交部長への申し入れ

別　電　昭和三十年十一月二十八日発在中国芳沢大使より重光外務大臣宛第三五三号

右申し入れ文

台　北　11月28日後3時17分発

本　省　11月28日後5時7分着

第三五二号（大至急）

貴電第二七九号に関し

本使は土曜日月潭に行き日曜夜帰還、冒頭貴電及び往電第三五一号閲読すると同時にとくと考慮の上、至急外交部長に対し別電第三五三号の通り私信をもつてその深甚なる注意を喚起せり。なお往電第三五一号記載洩れの点お含みまで申し上ぐ、二十五日沈次長との会談において宮崎は国連発貴大臣宛第三六〇号加瀬大使の蔣代表に対する所論を適宜繰り返し、且つ日本加入の国府に与える利益と外蒙加入の不利益とを比較せられたしと述べたが、沈次長は外蒙加入の不利益は明白なるに反し、オール自由主義国の加入の利益は必ずしも直截でないと、一寸奥歯に物の挟つた如き口吻を洩らした由。

米及び国連に転電ありたい。

（別　電）

台　北　11月28日後3時19分発
本　省　11月28日後5時3分着

第三五三号（大至急）

日本の国連に加入を希望しおることは夙く貴政府御承知の通りで国連内に自由主義国の陣営を強化することの必要なることも今更申し上ぐるまでもないところであるが、現在国連の内部において外蒙加入の問題が非常な論議の中心となりつつあることに対しては、日本政府においても多大の関心を有する次第である。本問題については日本政府としては貴国政府の立場に対し深き同情と諒解を有する次第なるが、パッケージ・ディールが不成立の場合、日本の国連加入もまた不成功に終るにおいては日本としてもはなはだしき失望を感ぜざるを得ざることは貴国政府においても充分御了解下さることと信ず。最近宮崎公使沈次長往?訪、問答を重ねた趣なるが、大体右は日本政府の意向を述べたるものにてその后更に日本政府より貴国政府に慎重なる考慮を求むるよう訓令に接したるにつき、茲に本書をもつて右の次第申し進ず。

米及び国連へ転電ありたい。

283

昭和30年11月28日　在オランダ岡本大使より重光外務大臣宛（電報）

在オランダ米国大使よりわが方に対しモンゴルの加盟に反対しない旨の通報

ハーグ　11月28日後6時20分発
本　省　11月29日前6時56分着

第一一五号

往電第一一一号に関し

在当地米国大使は二十八日本使に対し、米国は外蒙の加入に反対せざることに決せり。従つてこの上は国民政府が外蒙に対し拒否権を発動せざるや否やにかかれりと語れるにつき、我が政府は既に右工作中と承知すと述べ置けり。御参考まで。

国連へ転電した。

~~~~~~

284　昭和30年11月28日　国際連合日本政府代表部加瀬大使より重光外務大臣宛(電報)

アイゼンハワー大統領の親電に対する中国の回答につき在米国大使館に真相確認依頼

ニューヨーク　11月28日後3時31分発
本　省　11月29日前7時34分着

第三七八号

米宛第四四号

貴地スペイン大使が二十七日国務省幹部(マーフィー、らしい)より得た情報によれば、アイゼンハワー大統領より蔣介石総統に宛、拒否権行使を差控えるよう要請した親電に対し、満足すべき回答に接したるやの趣であるが、御手数乍ら真相御確め戴きたい。(尤も右と正反対に悲観的な観測も国連内にはある)

大臣へ転電した。

~~~~~~

285　昭和30年11月28日　国際連合日本政府代表部加瀬大使より重光外務大臣宛(電報)

米国が充分な熱意を示せばカナダ案に同意するとのイラン代表談話

ニューヨーク　11月28日後7時18分発
本　省　11月29日前10時41分着

第三七九号

貴電第二三二号に関し

門脇次官へ

二十八日アブドー大使に貴次官御書簡を手交したところ、同大使は一読して大いに喜びなつかしげに貴次官の動静など尋ね、何れ御返事を差し上げると言つた上左の趣旨を述べた。

イランはカナダ案の共同提案国であるがその成否は一に米国の熱意如何にかかつていると考える。米国は今なお十七国で話を纏めようとしているらしいが、これはソ連が応ずる筈がない。そこでやむを得ねば外蒙加盟も許容する肚だと言われるが加盟問題の解決に進んでどこまで真剣に努力するかが今後の情勢を左右する鍵となる。例えば目下最大難関となつている台湾政府にしても米国が本気になつて圧力を加えれば解決する筈である。ところがその辺徹底を欠くやに思われる節があり、そのためブラジル等も時として態度を曖昧にしている。イランは米国が充分の熱意を示すまでは態度を留保するが、情勢が判然とすれば勿論十八ケ国案の成立に協力し必要に応じ外蒙にも積極的に投票する用意がある。

286　昭和30年11月28日　在米国井口大使より　重光外務大臣宛(電報)

大統領の親電に対し中国側からは応じかねるとの回答があった旨報告

ワシントン　11月28日後10時0分発
本　　　省　11月29日後0時39分着

第一五三七号(至急)

国連宛第三九号

貴電第四四号に関し

本使よりマーフイー及びシーボルトに確めたところ、ダレスより外交部長及びこれをエンドースする大統領より蒋介石宛要請に対して国民政府よりこれに応じかねるとの趣旨の回答あり、今後更に国民政府説得に努力する積りであると内話したので本使より米側の善処を強く希望する旨述べておいた。

大臣に転電した。

287　昭和30年11月29日　在中国芳沢大使より　重光外務大臣宛(電報)

中国は依然としてモンゴルの加盟に反対との葉外交部長の談話

台　北　11月29日後2時1分発
本　省　11月29日後3時47分着

第三五四号（大至急、極秘）

往電第三五二号に関し

二十八日蔣総統夫妻は本使夫妻のため送別宴を催し、食後本使は主に総統と話しい（ママ）たるが、陪席の宮崎は同じく陪席の葉外交部長と別室において会談し芳沢大使の貴部長あて書簡を見られたりやとの問に対し、然りとの返答ありし後、宮崎より本日の夕刊によると、外蒙が七ケ国の賛成投票を獲得する可能性増大し、米官辺は十八ケ国全部加入実現の機運高まりたりと見ており、米国側から種々申入れありたる旨報道されおるところ、国府の態度に変化ありたりやと尋ね之に対し葉部長は何等変化なし。アイゼンハウアー大統領よりの親書に対しても総統より外蒙加入に対する国府の反対を撤回し得ざる旨回答ずみであり、当初同じく外蒙反対の米国がソ連の脅し文句に屈したるを心外千万と考えている。先にランキン大使からも国府の態度緩和を申入れて来たが、之に応じられぬ旨返答してある。ソ連は外蒙加入を見極めた上、他の国々の加入を表決して行くことを主張し、外蒙が加入させられなければ十三の自由国家群悉くを拒否すると放言するが如きは全く無頼漢の脅迫である。これというのもロッジが早まつて外蒙は does not make the grade と新聞に発表したので、ソ連之を利用して斯かる脅迫手段に出たのである。国府は既に中共を承認したセイロンやネパールの加入に同意し、充分誠意を示したがもう誠意も限界に達した。外蒙についてはどうしても同意出来ない。いざとならば国連脱退の覚悟で外蒙を排除する決心であると述べた趣である。

国連及び米へ転電ありたい。

288　昭和30年11月29日　在トルコ上村大使より重光外務大臣宛（電報）

日本の加盟のためモンゴル支持も辞さずとのトルコ外務大臣代理の言明

アンカラ　11月29日後5時30分発
本　省　11月30日前8時0分着

第一三九号

貴電第一一〇号に関し

二十九日本使Zorla外務大臣代理を往訪注意を喚起したところ、Zorlaはトルコが日本の加盟を全面的に支持していることは御承知の通りで、貴使の申出もあり、トルコ代表に対して日本加盟の障害となることは一切差控えるよう更めて訓令した。トルコ代表が現在外蒙に対し棄権する態度をとつているのはマヌーヴァーであつて、そのため日本加盟の障害となることが明らかになれば、最後の瞬間において外蒙に対しても支持投票をする訳につき、この点御安心あつて然るべしと述べた。よつてその点は代表部に充分に徹底しているかと念を押したところ、充分徹底しているが、これは肚の中につき日本側も肚に蔵つておいていたゞきたいと述べていた。

ニューヨーク国連へ転電した。

289　昭和30年11月29日　国際連合日本政府代表部加瀬大使より重光外務大臣宛(電報)

中国代表によるモンゴル加盟への拒否権行使の正式発表について

別　電　昭和三十年十一月二十九日発国際連合日本政府代表部加瀬大使より重光外務大臣宛第三八四号

右発表文

ニューヨーク　11月29日後6時30分発
本　省　11月30日前10時33分着

第三八三号

往電第三八〇号に関し

蔣総統が米国大統領の親書を無視したことは漸く国連内外に知れ渡るに至り一般を痛く驚愕せしめているが、二十七《(二十九カ)》日蔣代表が外蒙に対し拒否権を行使する旨を正式に発表するに及んで(別電第三八四号)皆々啞然たるものがあり、折角好転しつつあつた加盟問題の前途は俄かに暗澹となつた観がある。尤もカナダ代表を始め加盟問題解決を念願とする関係国代表はいまなお望を捨てず最後の場面となつて台湾政府が譲歩する可能性に期待を繋ぎ、頻りに本使の所見を求めて来る状況である。蔣代表が特に本日新聞発表を行つた理由は詳かでないが、或いはカナダ案共同決議案の上程を妨害する狙いがあるものと思われる。

米、英に転電し、仏、カナダに転報した。

（別　電）

ニューヨーク　11月29日後6時17分発
本　　　　省　11月30日前9時24分着

第三八四号

My delegation is opposed to admission of Outer Mongolia to UN and we will use veto if necessary, my delegation has not received final instructions on Albania, Hungary, Rumania or Bulgaria.

290　昭和30年11月29日　在カナダ松平大使より重光外務大臣宛（電報）

カナダ政府は内閣として日本の加盟を支持との感触につき報告

オタワ　11月29日後8時29分発
本　省　11月30日後1時12分着

第二九三号

往電第二八七号に関し

一、二十八日サンローラン総理と会談の際、日本の国連加盟につきカナダ政府の支持に対し更めて謝意を表すると共に今後共一層の御援助を得たき旨申入れおきたるが、その際同総理はカナダ政府としては未だ右が如何なる結着を見るべきかにつき見透しつかざるも折角努力しおり、今後共右努力を続くべし、貴大使の御意向はよく承知しおれりと述べ、極めて上機嫌であつた。

二、副総理ハウ通商大臣も数日前出会いたる際本使に対し本件加盟問題の実現につき非常に関心を示しておつた。

三、カナダ政府は内閣としても日本の国連加盟に関し一致してピアソン外相を支持しおる模様である。

以上御参考迄。

291　昭和30年11月30日　在ベルギー武内大使より重光外務大臣宛（電報）

日本の加盟を支持するが一括加盟への対応方針は未決定とのベルギー外務当局者の内話

ブリュッセル　11月30日前1時45分発
本　　　省　11月30日後0時12分着

第九六号（至急）

貴電第七七号に関し

スパーク外相不在につき、二十九日田村をしてデユッケ国連局長代理（局長国連出張中）に御訓令の趣旨を申入れせしめたところ同代理は早急に大臣に取り次ぎ、なるべく速かに回答するよう努力すべしと述べた上、左の通り内話した趣である。

一、外相は国連代表あて日本の加盟をあらゆる場合に支持するよう電訓した。

二、一括加盟に関しては各国の態度が未だ最終的に判明していないので外相は最終的決定を下しかねている。

三、しかしベルギー政府による一括加盟反対の変更は、同国が四十七年十一月十七日の第二次国連総会での個別審査方式採択決議の有力な提唱国なることに鑑み相当問題がある。

右取りあえず。

ニューヨーク、国連に転電した。

292 昭和30年11月30日 重光外務大臣より在仏国西村大使宛（電報）

加盟問題の事態改善のため改めてフランスに善処を要請方訓令

本省 11月30日後4時20分発

第四三二号（大至急）

貴電第五一三号に関し、

米国が外蒙加盟反対の態度を緩和したるにより、外蒙を含む十八国加盟案にソ連、英国、ブラジル、ニュージーランド、ペルー、イラン、トルコも賛成にて、本件解決有望の形勢なりしところ、中国は拒否権を行使しても外蒙の加盟を阻止せんとの態度を明らかにし、（米大統領よりも善処方申入れ、わが方も工作中）、形勢微妙となりおるにつき、この際、安保理事国たるベルギー及びフランスも十八国案に賛成の態度を明らかにしうれば、事態改善に資し、中国の態度にも影響を与えるものと考えられるので、重ねてフランス政府に対し、わが国の加盟に対する従来の支持を謝するとともに、右を一層確実にするため善処方申入れ、結果回電ありたい。

ベルギーへ転電ありたい。

米及びニューヨーク国連へ転電した。

293　昭和30年11月30日　国際連合日本政府代表部加瀬大使より重光外務大臣宛（電報）

モンゴル加盟の拒否に固執する中国への対応につき米側との協議

ニューヨーク　11月30日後0時35分発
本　　　省　12月1日前7時17分着

第三八七号

往電第三八三号に関し

一、中国政府の外蒙に対する態度強硬なる折柄二十九日北原米国代表部バルコ公使と会談せしめ、米国側の意向を打診したところ、丁度今報告に接したところであるとて、バルコは冒頭往電の中国代表部声明に言及し、米国としては手続的に中国が外蒙につき意向を表明せずとも済むような便法を講ずることにより拒否権発動を差控え得るよう配慮したのに拘らず、米国が最も避けたいと努力している事態を中国政府が敢えて惹起する意図をこの時期に自ら進んで声明したことは誠に意外とするところである。実は大統領よりも蔣総統宛メッセイジを出したが回答は否定的であつた。米国としては一応五大国が拒否権を放棄する体制を整えた上、ソ連と最後の折衝に這入る積りであつたと説明した。

二、この機会に北原をして加盟問題解決のためには何とか中国を協調させる必要があるが中国政府が本件解決に反対する理由の一つが加盟申請国の大半が中共支持と見做されている点にあるやに察せられるところ一案として賛成国の内なるべく多く（例えば過半数）の国が次期総会において国府を支持するとか或いは少くとも中共を支持しないとの内約を与えるような方法により中国政府を説得出来ないものかと軽く示唆せしめたところ、バルコは拒否権を発動した際の国連における中国の立場は絶望に瀕するべく、よつて寧ろこの際は拒否権発動を差控え将来の地位を確保する方が賢明であると再三力説して来ており、現に当地の中国代表部は全くこれと同意見であるが難関は蔣総統個人にあると述べた。

米に転電し、英、仏、カナダに転報した。

294　昭和30年11月30日　国際連合日本政府代表部加瀬大使より重光外務大臣宛（電報）

中国の拒否権行使発表が加盟問題に与える影響につき安保理議長等の観測

ニューヨーク　11月30日後4時32分発
本　　省　12月1日前7時38分着

第三八八号

一、アド・ホック委員会の開催も切迫したので、二十九日エンテザーム安保理事会議長に理事会（昨日幹部が会合した。）の形勢を尋ねたところ、エンテザームは理事会を開くに先立つて常任理事国間に実質点に話合が成立することが必要であるのに、その方は一向に進捗する様子がないので気を揉んでいたところへ台湾政府の破壊的行動が加わつたので、失望を禁じ得ない。しかし台湾政府の暴挙は別としても、米国側の措置が果して充分かその辺多少疑問に思う。例えば自分にしても、トルコ代表にしても、安保理事会において如何なる態度を取るかにつき米国側から一度も照会に接したことがない。もし米国が進んで十八国案に同調する積りならもつと積極的に工作す可きだと考える。思うにジユネーヴ会議が失敗に帰したため、大統領選挙を控える米国政府としてはソ連に対する譲歩と見られる様な行動は取り憎いのではあるまいか。この観察が正しいとすれば、この際多くを米国に期待出来ないし、英国も微温的であるから後はカナダ案の発展に待つ外ない。しかしこれも台湾政府が反省せねば結局無効であるが蔣介石が何のために自殺的行動を選ぶのか全く理解出来ない。安保理事会で外蒙につき投票する際台湾代表が退席するなり又投票不参加を声明しておいて改めて総会において外蒙に反対投票すれば国民政府の面子は立派に立つ筈であると述べた。米国に対し稍々同情を欠く嫌いがあるが同様の観測をする代表が少なからぬので念のため。

二、当地の中国代表が突如強硬声明（往電第三八四号）を発表したことは米国代表部さえ心外としているところであるが、或いは右は拒否権行使を回避せんがための苦肉の策かと思われる。拒否権を行使すれば自ら墓穴を掘るに等しい事は十分承知しているが、その結果米国が窮地に陥ることも明かである。そこでこの際示威的態度を示すことによつて、米国をして中国が拒否権を行使せずに済むよう事態を誘導させ、安保理事会において外蒙が七票を獲得出来ないよう裏面工作を行わしめんとする含みがあるやにも察せられる次第である。

三、アイゼンハウアー大統領は再度蔣総統に善処方を訴えた様子(第二回目の分としてはまだ返事は来ないと云われる)であるが、ロッジ代表によれば蔣総統は national dignity の問題であるから、絶対譲れぬとの立場を固執している由であつて、ロッジは局面好転を期待せず概して悲観的であり、今は唯形勢の発展を待つ他ないと述べつつも、或いはソ連が最後には外蒙を除く十七ケ国で手を打つかも知れぬと云つて今もつてこれに若干の希望を寄せている。

四、トルコ代表は本国政府より回訓に接したが、この際日本以下の自由諸国の加盟を確保するためには、その代償として外蒙の支持投票も差支えないとの趣旨の自由裁量を与えられたと内話した。ベルギー代表も十八ケ国案成立のために必要ならば善処し得るとの意向を洩らしているので、外蒙の七票獲得は大体見透しがついた様に見受けられる。その際に台湾政府の拒否権行使により一切が葬り去られる形勢にあることはまことに遺憾至極であり、最後の翻意を切に期待したい。

米に転電、英、仏、カナダに転報した。

295　昭和30年12月1日　重光外務大臣より国際連合日本政府代表部加瀬大使宛(電報)

中国の拒否権阻止に向け米国代表にカナダ案への積極賛同等申し入れ方訓令

本　省　12月1日後3時0分発

第二三四号(至急)

貴電第三八九号に関し

国府の声明により形勢混乱の感あるも、折角ここまで進展せる加盟問題が中国一国の事情により行詰ることはいかにも残念に存ずるところ、この際中国に翻意の契機を与えるため、米国がカナダ案の積極的支持に転じ(即ち、十八国加盟のディール賛成に踏切り)た上、アドホック委員会の討議を先ず開始し、米国を含む圧倒的多数国の賛成をもつて右案を可決することが最も有効な打開策と思われるにつき、貴地における刻々の情勢の動きと睨合せ、貴使の裁量にてロッジ代表と右のラインにて懇談し、この上とも米国の善処方要請されたい。
米に転電ありたい。
台北に転電した。

296 昭和30年12月1日 重光外務大臣より在米国井口大使宛(電報)

中国の拒否権阻止に向け米国務省への善処申し入れ方訓令

本　省　12月1日後5時20分発

第一二九六号(大至急)
在ニューヨーク加瀬大使あて往電第二三四号に関し加瀬大使とも協議の上、冒頭電報のラインにより、貴使よりもフーバー次官に対し善処方要請されたい。
ニューヨーク国連へ転電ありたい。

297 昭和30年12月1日 在中国芳沢大使より重光外務大臣宛(電報)

中国の拒否権行使撤回の可能性に関する米国大使等の見解について

台　北　12月1日後7時32分発
本　省　12月1日後9時22分着

第三五九号(至急)
往電第三五六号に関し
三十日米海軍武官招待の晩餐会において宮崎よりランキン大使に対し、新聞に伝えられるところによれば、貴大使は外蒙加入に国府が拒否権を行使しないよう説得せられた由なるが、説得の効果ありたるやと質問したるに、同大使は説得と云う事程ではなく国府の真意を聞き質しに行ったのであるが、国府は外蒙の加入は中国の他の構成部分の加入の第一歩となり、中国の分離崩壊の素因となるので強硬に反対していると答え、更に宮崎より国府は最後の段階に立ち至って反対を撤回する可能性もあり得ざるに非ずやと述べたところ、同大使は自分には全然その気配を看取し得ないと述べた趣である。然るに同日別の機会に宮崎の接触したAP通信員スペンサー・モーサー(国府と特殊関係ありと噂されている)は本件に関し、国府の米国に対する立場は甚だ弱く米国が強い態度で臨めば、これに従わざるを得ないと語つた趣である。要するに今次のパッケージ・ディールの成否の鍵は国府が握つている様で、実は米国が握つているとも云い得ると考えられる。

お見込により米及び国連に転電ありたい。

298　一括加盟案への対応に関するフランス代表との意見交換

昭和30年12月1日　国際連合日本政府代表部加瀬大使より重光外務大臣宛（電報）

ニューヨーク　12月1日後7時55分発
本　　　省　12月2日前9時10分着

第三九一号

仏国も二十九日総会に復帰したので翌三十日アルファン大使と懇談したところ、同大使より加盟問題に言及し仏国は従来より日本の加盟を歓迎しその速かな実現を希つているがその上自分は日本を支持すべき旨の訓令を受けておると述べたので、本使は仏国の友誼を謝した後現状においては日本の加盟を確保するためには仏国が十八ケ国案に同調することが必要と認められるから、その点善処を期待する旨強調した。之に対しアルファンは右案に付ては未だ訓令に接していないから全く個人の見解に留まるが大体同調出来るものと考えており、実は都合つき得ば明日にもパリに赴き政府の指示を仰ぎたいと思つている。たゞ加盟申請国中には反植民地感情の旺盛な国も少くないので此の点仏国としては不安を禁じ得ないものがあると述べた。よつて本使はその点は理解に難くない、国連としては植民地問題に限らず、すべての重要問題に付節度を守るべきものと信ずる、さもなければ平和機関としての国連の機能は発揮し難い。そこで例えば十八ケ国の加盟と同時に国連の議事規則を再検討する委員会のようなものを設置することもときにとつての一案かと思う。実は此の種の構想につきマーチン・カナダ代表等と非公式に談合中であると告げたところ、アルファンは我が意を得たりと言う表情でそれは誠に有難い、出来れば直ちにでも着手したいものであると言つた。本使は更にそれならば目下の情勢では台湾政府さえ拒否権行使を思い止まれば加盟問題の解決は略々確実と見受けるから仏国政府に於ては此の際は寧ろ進んで新加盟国を歓迎するとの大乗的態度を示す方がアジアアフリカ諸国との関係を円滑にする所以ではないかと思うと問いたところ、アルファンは御意見は篤と考えて見る、いずれにせよ今日の御話しを承つたゞけでも日本が加盟することが国連のために如何に重要であるかゞ良くわかると答えた。仏に転電し、米、英、加に転報した。

299　昭和30年12月1日　在仏国西村大使より重光外務大臣宛(電報)

十八国案に賛成だが公表は躊躇する仏国総務長官の態度について

パリ　12月1日後9時0分発
本省　12月2日前8時19分着

第五四二号(至急)

貴電第四三二号に関し

御来示の趣一日マシグリ総務長官にとくと申入れたところわが方の謝意を多とし現《(言カ)》下に十八ケ国加盟案に賛成投票すると明言しつつこれを今から公表することは対スペイン関係等内政上デリケートな事情があつて好ましくないと躊躇したが反覆懇請した結果考慮してみよう Nous Y Penserons、

北亜《(阿カ)》問題の解決はこの種問題の取扱を容易にしたと答えた、甚だ不満足な結果ながら取敢えず。

国連、ベルギーに転電し、米に転報した。

4　総会・安保理における審議

(1)　総会

300　昭和30年12月1日　国際連合日本政府代表部加瀬大使より重光外務大臣宛(電報)

アドホック委員会開催につき報告

ニューヨーク　12月1日後6時4分発
本　　省　12月2日前10時20分着

第三九四号

アドホック委員会(議長タイ外相、副議長マッカイ・カナダ大使)は一日午後三時より開催、約二時間の後散会した。(経過別電の通り)次回は二日午後三時会合の予定であるが事務局筋の観測によれば来週火曜頃討論終結の見込の由。

米、英に転電し仏、カナダに転送した。

301　昭和30年12月1日　国際連合日本政府代表部加瀬大使より重光外務大臣宛(電報)

アドホック委員会冒頭におけるカナダやソ連等の発言

ニューヨーク　12月1日後8時8分発
本　　省　12月2日前9時25分着

第三九六号

往電第三九四号に関し

一、委員会の発言者はベラウンデ斡旋委員会議長(四十分)、マーチン代表(三十分)、クズネツオフ代表(二十分)、ラマダン・エジプト代表(七分)、シユールマン・オランダ代表(七分)、デイクシン英代表の順で六名であつた。

二、ベラウンデは斡旋委員会議長の立場より加盟問題従来の経緯を詳述した上、カナダ以下二十九国(本日の提案に際し、ドミニカ及びエクアドルの両国が新たに参加した(編注))の共同提案を雄弁に支持した。

三、マーチン代表はフルスキヤツプ十二枚に達する長文の演説において、加盟問題をこの上遷延することなくこの機会に解決する必要を力説しつつ、デッドロックを打開しうるとの強固な信念を披瀝して十八国即時加盟を主張した。要点左の通り。

(1)政治的妥協によらねばデッドロックは打開し難い。

(2)共同決議案に対するStrong endorsementによって安保理事国及び関係諸国に対し本件即時解決の決意を反映せねばならぬ。特にこの際総会の意向を明白にして安保理事会が結論を出すときにこれを尊重せしめる必要がある。

(3)この上解決を遷延することは正義に反する。

(4)多数の申請国は国連に貢献し得る資格があるが、然らざる国家といえども国連に参加させれば孤立状態に放置するよりも改善する公算が多い。

(5)平和愛好国家の定義はむずかしいが、これを戦争愛好国家にあらざるものと定義すれば先ず全ての国家を包含することになる。水爆時代に戦争を挑発する国家ありとは考え難い。

(6)憲章の義務履行について疑わしい申請国があるとの議論に対しては過去において用いた標準よりも厳格な審査規定を適用すべきではないと信ずる。

(7)かくて十八国の加盟がDesirable Targetとなるが、安保理事会の全ての勧告をFavorablyに考慮する用意がある(注十七国となつた場合を指すものと解される)。

四、クズネツオフ代表は加盟問題に対するソ連の従来の立場を宣伝的に説明し、本件解決の遷延している責任は主として米国にあると論じPeoples democracy(衛星国群)の加盟を拒否するのは内政干渉であつて憲章に違反すると訴えたが、特に過日のロッジ声明に言及し、米国及び台湾政府がかつて外蒙を独立国と認めてその加盟を支持した事実を挙げた。同代表は更に若干の国家(日本、スペインを指すものならん)についてはソ連はReservationを有するに拘らず、最大多数国の速やかな加盟が国連を強化する所以であると信じ、敢えて十八国案に同調するが、その条件は例外なく十八国全部を加盟せしめることにあるといい、且つこれを明確にするために国名を列挙すること主張した。

五、エジプト代表とオランダ代表は、斡旋委員会構成員の立場から発言したものであるが、オランダ代表はソ連代表の主張する国名列挙は安保理事会に対して指令するかの嫌いがあり、右は総会の採るべき態度ではないと述べてカナダ案を支持し、ソ連修正案に反対した。

六、最後に英代表はカナダ代表の労を多とし、右によつてデツドロックが解決されることを信ずると述べて十八国案に賛成したが、ソ連のように十八国か然らざれば零かという態度は建設的でないと述べて、その立場を明らかにした。

米、英に転電し、仏、加に転報した。

編注　ドミニカならびにエクアドルの参加発表は、後にエクアドルのみの参加に訂正され、共同提案国は二十八国となった。

302　昭和30年12月2日　国際連合日本政府代表部加瀬大使より重光外務大臣宛(電報)

イラン政府の対モンゴル方針を再考させるため日本政府の働きかけをイラン代表が要請

ニューヨーク　12月2日後4時29分発
本　　　省　12月3日前7時53分着

第四〇二号(大至急)

二日エンデザーム・イラン代表は極秘であるが貴大使との特別の関係に鑑み申し上げると前提し、実は昨日本国政府から安保理事会が外蒙に投票する際は棄権せよとの新訓令が接到したので、自分はスペイン、日本その他十三の自由主義諸国の加盟を確保するために必要な場合には外蒙に対し進んで賛成投票をすべきであるとの意見を打電した。イランの棄権により外蒙が七票を獲得せずカナダ案が不成立となるが如き事態は到底忍び難いところであるから自分はいざとなれば訓令を無視しても信念に従つて外蒙に対し積極投票を行う決意である、しかし出来得べくんば本国政府が態度を再考することが望ましいから貴国政府においても適宜イラン政府に御申入れ願いたい。但し自分の内話はあくまで極秘とされたいと述べた。なお本使の質問に対し右新訓令は二日前のソ連代理大使がイラン外務省に対し外蒙に対する態度を照会したことからイラン政府が疑惑を抱いたためらしいと付言した。

303　昭和30年12月2日　在米国井口大使より重光外務大臣宛（電報）

日本の加盟に向け努力するが中国の翻意は確約できずとの国務省フーバー次官の内話

ワシントン　12月2日後11時55分発
本　　省　12月3日後2時28分着

第一五六九号（至急）

貴電第一二九六号に関し

二日午後ゲッチスバーグにおける National Security Council 会合より帰来のフーバーを往訪（ロバートソン同席）貴電の趣旨を述べこの好機を逸しては、日本国民の失望大なるものあるべく、折角米側の尽力により国府側の拒否権行使を何んとか食止められたき旨要請せるに対し、「フ」は御承知の通り米国としては従来とも加盟問題につき拒否権を行使すること適当ならずとの建前をとりおる関係もあり、大統領より蔣総統に対し重ねてアピールせる次第なるが未だその回答なく（蔣は二、三日台北を留守にする由）遺憾ながら今までのところ蔣に翻意の indication なく結果については何んとも申上げられず、ただ日本加盟を強力に支持する米側の立場は変りなく今後とも御希望に副うよう努力する所存なるが、去りとて独立国たる台湾に対しこれ以上プレッシャーをかけることかなわざる事情御了承ありたき旨答えたり。その際「フ」及び「ロ」とも繰返し外蒙を入れざれば自由十三ケ国をビトーせんとするソ側の態度は Sheer blackmail ならずやとて強き不満の意を洩らしたるが、米国は現在のところ外蒙のみならず共産側五ケ国に対しては、アブステインするとの意向を未だ変えおらず、今後における対国府説得工作及びアドホック・コミッテイーの成り行き等を見定めたる上にて、最終的態度を決定する意向なりとの印象を受けたり。

国連に転電した。

304　昭和30年12月2日　国際連合日本政府代表部加瀬大使より重光外務大臣宛（電報）

アドホック委員会第二回会合開催につき報告

ニューヨーク　12月2日後6時18分発
本　　省　12月4日前8時33分着

第四〇三号（至急）

アドホック第二回会合は二日午後三時より約二時間に亘り中国順序《ママ》で七名が発言した（要領別電の通り）。経過は大体順調であつて加盟問題解決促進の空気はとみに昂揚されつつある。次回は五日月曜午前十時半の予定。

305　昭和30年12月2日　国際連合日本政府代表部加瀬大使より重光外務大臣宛（電報）

十八国案共同提案国によるソ連案に対抗した修正案の提出について

ニューヨーク　12月2日後8時52分発
本　　　省　12月4日前8時38分着

第四〇四号（至急）

往電第四〇三号に関し

二日共同決議案提案国は決議案本文二項に一八ケ国（Pending applications for membership all those eighteen countries）と明記する修正案を提出した。

右修正案の趣旨はソ連の修正案を撤回させんとするにあるところ共同提案国の会合においてメノン、インド代表が右を強く主張し、マーチン、カナダ代表はむしろ反対であつた由。右修正にもかかわらず提案国側においては米国が棄権するとの見透しを持つている模様である。

米、英、仏、カナダに転報した。

306　昭和30年12月2日　国際連合日本政府代表部加瀬大使より重光外務大臣宛（電報）

アドホック委員会における中国等各国代表の発言

ニューヨーク　12月2日(編注)後8時53分発
本　　　省　12月3日後7時9分着

第四〇五号

一、中国（蔣代表五十分）

中国代表は本共同決議案については右が委員会に上程されるまで何等関知しなかつたので Without any commitment of any kind to anybody と云う態度で接する外ない。

中国はユニバーサリティーの原則を支持するがこれは機械的もしくは数学的の意味におけるユニバーサリティーと解すべきではない。又パッケージ・デイールについては国際司法裁判所勧告の次第もあり従来反対してきた、特に今回のパッケージ・デイールの内容を検討するに韓国を除外しながら東欧の四衛星国及び外蒙の加盟を提案している。国連加盟と政権の承認とは別であると言う説もあるが、中国代表は、東欧衛星国の加盟については、責任をとり難い、これらの加盟を許すことは開放を不可能視しキヤプチブピープルに深刻な打撃を与えることになる。然し東欧衛星国はソ連の支配に帰するまでは兎に角独立の歴史を持つたものであるが、外蒙に至つては元来中国の領域をソ連が侵略しこれをカムフラジユするために独立を擬装せしめたものに過ぎず、しかも朝鮮動乱に際しては侵略軍の一部として国連軍に抵抗した事実がある。斯くの如きものが加盟することは言語道断の沙汰であつて中国代表は自由諸国十三国に対しては、これを欣然支持するが玉石混淆の共同提案を受諾することは、国連がソ連の脅迫に対し無条件降伏をすることに外ならないと考える。（本演説は過去の記録よりの引用が大部分を占め低調であつたが、拒否権行使に何んら言及しなかつたことは、一般に稍々安堵の感を与えた。なおマリク代表は終始苦々しい表情を示していた。）

二、ニユージーランド（アンポ代表三十分）

長きに亘つて紛糾を続けた加盟問題は今や始めて解決の曙光を見るに至つたがわれわれはこの機を逸せず急速妥結を計らねばならぬ。二十八国共同決議案が Widest possible membership と云い乍ら Divided Countries を除外したのはこれ等を放置する積りではない。しかし当面の事業としては領土の分割されていない申請国を即刻加盟させるべきものと思う。加盟については安保理事会において友好的勧告をなす必要がある。従つて先づ常任理事国間の了解成立を必要とする。

ニユージーランドは常任理事国が本決議案の枠内にある申請国に対し拒否権行使をさし控えるなら十八国の何れについても賛成投票を行う用意がある。又総会においても安保理事会の勧告を支持するであろう。しかし大国が了解に達し得ない時は問題はおのずから別となりその際は態度を留保する。

なおソ連の修正案については申請国名を列挙することは問題を複雑たらしめるからその撤回を希望する。

三、ビルマ（パーリントン代表三十分）

水爆時代においてはユニバーサリテイは絶対必要な条件であり特に日本其の他の重要国が加盟することは真に望ましいことであつて本共同決議案によりデッドロックを打開する鞏固な意思を表明したい。また共同決議案は十八国を残らず含むものであるからソ連の修正は不必要であり却つて本案支持者を減少させる惧れがあるからソ連の善処をうながしたい。この共同決議案には圧倒的支持があることは明らかであるから安保理事会も世界の公論に従つて行動せられたい。如何なる理事国も全世界の希望に逆つて加盟問題解決を妨害する責任を単独で負うことは万一にもあるまいと信ずる。（明らかに中国に対する警告と認められた。）

四、フイリピン（ロムロ代表五分）

斡旋委員会の従来の労を多とする。フイリピン代表は憲章第四条の義務を履行し安保理の勧告に従つて態度を表明せんとするものである。ソ連修正案には反対する。

五、イラク（ジヤマリ代表十分）

イラクは従来から拒否権は加盟問題に付ては使用すべからずと主張して来た。安保理事会は勧告するだけの機関であつて決定権は総会にある。長らく行詰つて居た加盟問題も国際緊張緩和に依つて今度こそは打開されることを切に希望する。日本、セイロン等はバンドン会議に於ても目覚ましい活躍をして居りジヨルダン、リビヤの如き国と共に国連に新鮮な要素を加えその発展に資するところ甚大なものがあろう。然し加盟問題は結局妥協に依る他なく従つて嫌悪するレジームと雖もこれを抱擁せざるを得ない。他国に対して石を投げる資格のある国はない筈であり、此の際中国が十八国案成立の為に helpful な態度を執ることを期待する。全世界は我々が積極的行動を執ることを信じて疑わない。

六、チエツコ代表（十五分）

異議なく、十八国を支持する。（ソ連と大体同趣旨）

七、ブラジル代表（十分）

此の際国連のユニヴアーサリテイを確立すべきであるから十八国に賛成投票する。一九五〇年以来のデッドロックは茲に初めて解決の気運を見るに至り、共同提案はその解決を可能ならしめる唯一の現実的手段と考える。加盟問題の解決は一日もゆるがせにすることは許されない。

編　注　本電報の発電日は十二月三日になっているが、本電報と番号が前後する電報の発着時間から推測して、二日の誤りと思われる。

307　昭和30年12月2日　国際連合日本政府代表部加瀬大使より重光外務大臣宛（電報）

キューバ代表が提出した修正案の要旨

ニューヨーク　12月2日前2時53分発（編注）
本　　省　12月3日後5時43分着

第四〇七号

キューバ代表（国連内にて反共的傾向強いので有名）は二日二十八国案に対する修正案二つを提出した。第一の修正案は新規加盟の資格の有無を決定する尺度として、憲章第四条の条件及び一九四八年の国際司法裁判所の勧告的意見を適用すべきことを明示しており、第二の修正案は一括加盟される国の数を一八より二〇（韓国及びヴエトナムを加える）に増加することを提案している。なお、此等の点はいづれも二日蔣中国代表が委員会における演説において触れた点であった。委細公信。

ワシントンに転電した。

編　注　本電報と番号が前後する電報の発着時間から推測して、本電報の発電時間は午後8時53分の誤りと思われる。

308　昭和30年12月3日　重光外務大臣より在イラン瓜生（復男）臨時代理大使宛（電報）

イランに対しカナダ案支持および安保理での善処を要請方訓令

本　　省　12月3日後2時35分発

第一三八号（大至急）

貴電第一四三号に関し

わが国の加盟に対するイランの支持を謝するとともに、加瀬大使来電第四〇二号の次第もあるにつき、わが国を含む十八国の加盟を確実にするため、イランがカナダ案支持の態度を貫き（イランはカナダ案の共同提案国）、安保理事会においても善処方要請ありたく結果回電ありたい。

ニューヨーク国連に転電した。

309　昭和30年12月3日　国際連合日本政府代表部加瀬大使より重光外務大臣宛（電報）

中国への善処要請を説く国務省宛メモ送付につき報告

ニューヨーク　12月3日後1時13分発
本　　　　省　12月5日前6時38分着

第四〇八号（館長符号扱）

貴電第二三四号に関し

一、御訓令の次第はまことに結構と存ずるところ、ただ当地においては目下ロッジ、ワズワース両代表共かなり神経的になりおり且つ今もつて十七国にて話をつけたいとの考えを捨てきつていない状態なので、今俄に御来示の趣旨を正面から談じ込んでもかえつて効果ありや疑問と思われる節がある。

よつて貴電末段の御注意に従い御訓令の趣旨を適当な方法をもつて先づ米国代表部内に植付け、むしろこの構想は彼等が自ら思いついた形に誘導する方が差当りの措置として適当かと察せられるので早速右の工作に着手した。

二、他方現在の事態については政策転換を行わしめるには何と言つ《(て欠カ)》も国務省を動かす必要あり、在米大使に御訓令相成りたるもその為と拝察するので本使は時を移さずメモを作成し例の路線を通じフーバ次官等の手許に内密送付方取り計つた。来週火曜（六日）の閣議までには一応の目当てが出来るものと思われる。

三、右のメモには「加盟問題は解決の機運が最高潮に達している。この機会に是非とも妥結致したく万一この機会を逸するが如き事あれば責任は遺憾ながら米国に着《(帰カ)》せられる惧れがあり且つ国民政府が拒否権を行使するにおいてはその国際的地位はたちまち崩壊し台湾の外交的、軍事的地位も危機に瀕することは明白であつて、その結果米国の極東政策は致命的打撃を蒙むるに至るべく、中国大陸よりの共産勢力の潜在的脅威増大しつつある折から、右は日本としても重大関心事たらざるを得ない。

よつてこの際米国政府においては重ねて国民政府の善処を要請すると共に、台湾の危機を救い加盟問題を一挙に解決するため大胆に局面収拾に当ることが望ましく、それにはこの際米国が過去の行きがかりをすてて積極的にカナダ案に賛成の態度を示すことも有力な一策と思われる」との趣旨を説いておいた。

思うに米国政府は加盟問題の外交的処理よろしきを得なかつた嫌がありその結果今や台湾の将来につき深刻に憂慮せざるを得ない立場に陥つたがためにかえつてそのために加盟問題の解決に積極的に乗り出すことを余儀なくされている感があるので、当方としてはこの点を利用すること然るべしと存ずる次第である。

本電は機微なる関係あるにつき本省幹部のみにとどめおかれたい。

310　昭和30年12月4日　国際連合日本政府代表部加瀬大使より重光外務大臣宛（電報）

新加盟国が次期総会において国民政府への議席支持を示唆する方策につき請訓

ニューヨーク　12月4日後3時0分発
本　　省　12月5日前6時38分着

第四一〇号

米国代表部においては往電第三八七号北原、バルコ会談の二、に示唆された構想につき協議した結果、この際共同決議案の提唱者たるカナダ辺りより相当数の新加盟国が中国のシーティングにつき来年総会において友好的態度を執る旨を中国政府に申入れるならば蔣総統の翻意を促す一手段となろうとの見解に達した趣であつて、二日本使より右をマーチン代表に相談ありたいと依頼して来た。右の構想についてはスペイン、イタリア、ポルトガル等には同調の用意があるよう見受けられるが拒否権問題以来台湾政府はおびただしく不人気の折柄でもあり、事柄の性質上、日本が表面に立つて行動を執るのも如何かと存ぜられ、且つ台湾政府に対し新たなるコミットメントを与えることはわが国の内政事情からみても問題かと思われるので、本使としては慎重を期している。但し蔣総統も軟化の徴候なきにしもあらず、現在米国代表部が本構想に若干の魅力を感じていることも事実であり、更に非公式の内約にして厳に発表せぬ了解の下に何等かのアシュアランスを与えることも時にとつての一策かとも存ぜられる。もつともカナダは英連邦の一国としてこれまた行動に制約あり得べく、本件は目下のところ暗中模索の域を出でないが何分にも時日切迫している際であるから、本省においても予め御検討相煩わしたく御意向念のため御回示願いたい。

311 昭和30年12月4日 国際連合日本政府代表部加瀬大使より重光外務大臣宛(電報)

中国の妥協先送りの動きと総会の会期切迫の状況につき報告

ニューヨーク 12月4日後3時34分発
本　　省 12月5日前7時18分着

第四一三号

一、台北駐在スペイン代理大使は?二日蒋総統と面談した結果、中国政府は妥協の用意ありとの趣旨を本国政府に報告した(スペイン代表内話)とのことであるが、蒋中国代表も四日本使に対し、妥協の可能性は充分あると思われると語つた。よつて総会終了期日(マサ総会議長は出来得れば予定通り十日に閉会したい意向の由)も切迫していること故、急速妥結の必要ある旨を指摘したところ、中国だけを責められても困ると言うようなことを頻りに陳弁した。

二、他方マーチン代表も右と前後し、蒋代表と同趣旨の会談をした由であるが、マーチンが妥協可能とはどう言う意味かと追求したところ、蒋は二、三月の時間的余裕があれば出来ると答えた(マーチン内話)趣である。マーチンはこの答を重要視し、台湾政府は恐らく妥協を仄かしつつ急場を凌ぎ巧みに今総会を時間切れに持込む作戦であると観察している。換言すれば総会は余日少いことを利用し、安保理事会の招集をサボタージュし、これにより拒否権行使を回避する方針(拒否権行使を示威的に声明することが安保理事会の開催を妨害する一手段となる)であるとみており、目下メノン代表等と共にカナダ案の強力推進に懸命の努力を傾けている。

三、米国大統領の第二回メッセイジに対する蒋総統の回答が著しく遅延しているのみならず、この危急の際に総統が不在となる事実(在米大使発貴大臣宛電報第一五六九号)は或いはマーチンの観測に若干の妥当性を与えるかとも思われる。現にキューバ代表はカナダ案に対して修正案を提出した(往電第四〇七号)上、三時間の反共演説を行う旨を事務局に通告しているが、右は中国政府よりキューバ政府に対し行つた依頼に基くものの由である（キューバ代表に対してはカナダ案支持者が目下修正案撤回方を勧告している）。

四、マーチンはアドホック委員会は水曜（七日）には終了されると言つているが、六日には安保理事会の選挙（依然としてフィリピンとユーゴーが対立している模様）が行われる予定であり、旁々会期を延長しなければ総会は木金両日を残すのみであつて時間的に甚だしく窮屈となる形勢である。

米、英に転電し、仏、カナダに転報した。

312 昭和30年12月5日 重光外務大臣より国際連合日本政府代表部加瀬大使宛（電報）

次期総会での国民政府の議席支持表明は差し支えなき旨回訓

本　省　12月5日後7時30分発

第二四一号（大至急）

貴電第四一〇号に関し

中国代表権の問題は国連における従来の経緯より米国の態度が決定的なるべく、米国をはじめ関係諸国が来年総会に於て中国の代表権の問題につき好意的態度をとることをコミットすることにより、中国の翻意を促すことはわが国としても異存なきにつき、右の趣旨にて関係国（特に米国と歩調を合せて）と話合いを進められ必要により適宜行動を取られ差支ない。

冒頭貴電とともに台北へ転電した。

米に転電ありたい。

313 昭和30年12月5日 在イラン瓜生臨時代理大使より重光外務大臣宛（電報）

カナダ案実現に向け努力すべく訓令発出済みとのイラン側回答

テヘラン　12月5日後4時15分発

本　省　12月6日前7時14分着

第一四九号

貴電第一三八号に関し

五日サミー外務次官を往訪御訓電の趣旨を申入れたところ四日エンテザーム大使に対し諸般の情勢を見極めつつ、カナダ案の実現に努力するようとの新訓令を発した旨答えた。

ニューヨーク国連に転電した。

314　昭和30年12月5日　国際連合日本政府代表部加瀬大使より重光外務大臣宛(電報)

アドホック委員会におけるキューバのカナダ案非難について

ニューヨーク　12月5日後3時10分発
本　　省　12月6日前11時33分着

第四一六号

一、キューバ代表は往電第四〇七号の修正案を説明せると共に次の要旨を述べた。

㈠カナダ案によれば南部ヴィエトナム及び南鮮が除れる《(か欠カ)》が、これは侵略者と非侵略者を同等に取り扱うもので不当である(キューバ代表の説明中東西ドイツの加入問題に触れたところ、ソ連マリク代表はドイツ問題は議題の範囲外であるから out of order であるとして激しく抗議したが、議長は in order なりと裁定し、キューバに対してはドイツに関する発言を簡単にするよう訴えるに止めた)。

㈡一括加盟は国際司法裁判所の意見及び従来発言された米、英等の代表の意見から見ても不法である。

㈢ソ連衛星国四国は強制労働、宗教圧迫等諸種の例より見ても平和愛好国ではなく、外蒙の加入を認めればそれに次いで周恩来が総会の議席を占める事態を招来するであろう。

二、ポーランド代表はキューバの激しい調子にも拘らず比較的穏やかに反駁を加えたが、特にカナダ等二十八国が原案を修正し、十八国なる語を入れた態度を歓迎する旨を発言し、修正案をソ連側が受入れる可能性を暗示した。

米へ転電した。

315　昭和30年12月5日　国際連合日本政府代表部加瀬大使より重光外務大臣宛(電報)

アドホック委員会におけるオーストラリア等各国代表の発言状況

別電　昭和三十年十二月五日発国際連合日本政府代表部加瀬大使より重光外務大臣宛第四二二号

右各国発言要旨

ニューヨーク　12月5日後9時3分発
本　　　省　12月6日後1時31分着

第四二一号（至急）

アドホック委員会は五日午後三時より三時間に亘り第四回会議を行いギリシア、ウクライナ、オーストラリア、シリア、パキスタン、レバノン、アイスランド、ユーゴー、トルコ、アルゼンティン、ドミニカの十一ケ国の順で発言した。要旨別電の通り。なお往電第四一五号の発言者リストに、チリーが加えられた旨議長より発表された。

米に転電した。

（別　電）

ニューヨーク　12月5日後10時45分発
本　　　省　12月6日後1時41分着

第四二二号

一、ギリシヤ代表（十五分）はカナダの貢献に感謝しつつも決議案の投票に際しては十八国別々に投票することを要求しソ連修正案が否決された場合には決議案に対する賛成投票が十八国に対する各国の態度を拘束するか否かが不明であるから決議案第二項については棄権する旨を述べた。

二、ウクライナ代表（二十分）は二十八国の修正案を支持する旨を明言したのでこれによつてソ連側が修正案を引込めカナダ案に同調する見込が濃くなつた。

三、オーストラリア代表（スペンダー約三十分）

(1)加盟問題は政治問題であり、従つて解決は政治的妥協に依らざるを得ない。カナダ案は要求された price を払うことによつて明らかに加盟資格を有する国の加盟を実現せんとするものである。

(2)イラク代表が指摘した通り加盟問題に関し拒否権が行使されることが不当なることは明瞭であり加盟に関する決定は総会にあり、勧告を行うに過ぎない安保理事会において総会の意思を無視して拒否権を行使することは不当である。又安保理事会には憲章解釈の権限はない。

(3)中国の指摘した如くカナダ案は国際司法裁判所の意見とは一致せず従来オーストラリアも含め多くの国がとつて来たパツケイヂ・デイール反対の態度にも矛盾する。しかし加盟国は直ちに裁判所の勧告的意見に拘束されるものではないし、現在われわれがパツケイヂ・デイールを容認することによつて得る損得を考慮をしてみれば加盟問題解決の唯一の途であることは明らかである。

(4)中国代表に対しては特に安保理事会において多数の意思を破壊する様な方法で投票を行わぬ様訴えたい。

四、次いでシリア(シユカイリ二十分)、パキスタン(ミルカーン十分)、レバノン、アイスランド(十五分)、ユーゴー(ブリレジ十五分)(以上何れも共同提案国)が共同提案支持の発言を行つたがシリア代表は成功すれば歴史的に記録されるべき事実であるが、若し失敗すればその責任者は歴史の審判を受けるであろう。また安保理事会は独立の機関であるが同じく国連機構内の一機関として総会の意思を無視することは出来ない筈であると強く訴えたのを始めとし何れも安保理事会の常任理事国の責任を強調し常任理事国の何れかがこの決議案による加盟問題の解決を妨げることが無いよう訴えた。又ユーゴーは現状の継続は有害であるとして是非とも今期総会中に解決することを強調すると共にキューバの修正案に対しては反対すること及びソ連が修正案を撤回することを希望する旨述べた。

五、トルコは(五分)共同提案国でないので安保理事会のメンバーとして態度が注目されたが決議案賛成の旨を明らかにすると共にソ連修正案には反対なる旨及び決議案に対する賛成は十八国の各々に対する賛成を意味するものでないと述べた。

六、アルゼンチンも(十分)共同提案国としてシリア等と同一歩調の発言を行つた。

七、最後にドミニカは共同提案国ではないが決議案を支持する。但しこれは個々の国に対する投票をコミツトするものではない旨を述べた。

米に転電した。

316　昭和30年12月5日　国際連合日本政府代表部加瀬大使より重光外務大臣宛（電報）

アドホック委員会の見とおしおよび中国とソ連の態度についての観測

ニューヨーク　12月5日後9時3分発
本　　省　12月6日後8時16分着

第四二〇号

往電第四一三号に関し

一、情勢は目下流動的なので総会の今後の日程は明確には予言し難いが、アドホック委員長、タイ外相は㈠アドホックの討論は七日頃に終了し㈡九日までに右を総会にて可決した上㈢安保理事会は十三日に開き㈣十五日辺りには総会にて最終的に加盟問題を円満解決したいと一応の目算を立てて会期延長（十五日までとの説が多い）の手配を始めている。

二、アドホックの討論は概ね順調であつた。マルチン代表も略々満足しているが、台湾政府の遷延工作は依然警戒を要するものありと認められるので、本使等は委員会の発言者に対して是非共今次総会において解決する必要ある旨を強調するよう要請している。

三、往電第四〇四号の修正によつてソ連代表は共同決議案に対し積極的に同調する態度を示し始めたので多分修正案は撤回するものと見られている。（マルチンは殆んど確実とみている）。よつて本使等はこの形勢において米国がひとり棄権することは国際孤立を招く所以であると指摘し、米国も進んで決議案を支持するよう説得に努めている。

米、英に転電し、仏、カナダに転送した。

317　昭和30年12月6日　国際連合日本政府代表部加瀬大使より重光外務大臣宛（電報）

反共を貫く立場につき中国代表部員の談話

ニューヨーク　12月6日後0時38分発
本　　省　12月7日前7時38分着

第四二三号

往電第四一三号に関し

国府政府の態度については国連内でも種々の観測あり、米国代表部は楽観しおらざるに対し、英国代表部は終局において国府は拒否権を行使せずとみているが、五日中国代表秘書Tsengが北原に語るところ御参考まで左の通り。

一、国府の存在理由は反共にあり、右を無視することは、対内的にも対外的にも国府の自殺行為であり、従つて加盟問題につきても当然衛星国特に外蒙については反対せざるを得ない。又我々が中共に走らず、未だに蔣介石の下にある理由は矢張り個人的に反共を信ずるが故であり、若し国府が反共的色彩を忘却するならば内部的崩壊は必至である。

二、然しながら冷戦の冷却と共に国府は国連内においても種々の妥協を余儀なくされ来つておりその結果国府の地位の低下を招き屈辱を受けることもしばしばである。今回のカナダ案につきてもカナダ代表部より事前に何等の連絡も受けなかつた。

三、外蒙につきて拒否権を行使することは国府にとり自殺行為なることもとより承知しているが、他方対内的には無理をしつつ外蒙その他について対外的に妥協しこれを黙認したとしても早晩国連における国府の地位が問題となることは必至であり、寧ろ従来受けて来た屈辱を考えれば、この際反共的立場を貫き強く出ることが却つて有利かとも考えたくなる次第である。

四、「ア」大統領の親書は鄭重に拒否権不行使を慫慂した声明であり国府よりの回答も右を丁寧に辞退したものに過ぎず、第二回にも強く再考を促す趣旨のものにて何ん等バーゲニングの対象となるべき実質には触れておらず回答は未だに出ていない。

五、要は現在の苦しい立場において国府が内外に対する考慮から如何に少しでも有利に進退するかにあり、もともと我々は実際的な国民であるから最後的妥協のための考慮を払うこと勿論である。

米、英、仏、カナダへ転送した。

318　昭和30年12月6日　国際連合日本政府代表部加瀬大使より重光外務大臣宛(電報)

中国の拒否権放棄に関するセイロン大使の工作について

ニューヨーク　12月6日後0時38分発
本　　　　省　12月7日前7時37分着

第四二四号

五日セイロン大使の内報するところ左の通り。

一、蒋中国代表に対し拒否権放棄を重ねて勧告したところ、蒋は米国大統領のメッセージに対しては回答を急がぬよう自分から進言してある。右は妥協のためにドアを開けておくためであるが蒋介石総統に翻意を促すには自分が帰国して親しく事情を説明するに如くはない。従つて加盟問題は今会期中に解決することは無理であるからこの儘一応見送つて来年三月頃にでも特別総会を開くがよいと思う。何れにせよ拒否権行使が損であることは充分承知しているとの趣旨を答えた。

二、貴大使の云われる通りこの機会を逸しては加盟問題解決は当分見込ないと思うのでコテラワラ首相よりイーデン首相、ダレス国務長官に対し解決促進を依頼する電報を打つて貰つた。別にジョウジ上院外交委員長に対しても工作中である。

米、英、仏国、カナダに転報した。

---

319 昭和30年12月6日 国際連合日本政府代表部加瀬大使より重光外務大臣宛(電報)

アドホック委員会におけるエルサルバドル等各国代表の発言状況

別　電　昭和三十年十二月六日発国際連合日本政府代表部加瀬大使より重光外務大臣宛第四二七号

右各国発言要旨

ニューヨーク　12月6日後3時3分発
本　　　　省　12月7日前7時36分着

第四二六号

アドフオック第五回は六日十二時十五分より一時間会合し(本会議開催中の為予定より遅れた)白ロシア、ノールウエイ、エルサルバドルが発言した。

要旨別電の通り。

米に転電した。

(別　電)

ニューヨーク　12月6日後3時2分発
本　　　　省　12月7日前7時40分着

第四二七号

一、白ロシア(二〇分)

(1)カナダ案支持の代表中にも十八国の内のある者に対して reservation を有する旨発言した代表が居たが、この reservation が投票の際棄権となつて現われると十八国加盟を破壊する惧がある。各代表が斯る隠れたる veto に依り全体のプランを破壊しないことを望む(此の点は従来よりソ連側の心配して居る点である)。

(2)白ロシアはカナダ決議案に依る十八国全部の加盟を支持する。

二、ノールウエイ(十分)

共同修正案は何れも困難を生ずる惧があるから反対する。

三、エルサルバドル(三十分)

(1)サルバドルは共同提案を支持する為努力する用意がある(支持する旨を明確にはコミットしなかつた)。

(2)一常任理事国が申請国の内六?国特にその一国に反対する懸念があるが、安保理事会に於ける veto はカナダ案の為のこれまでの一切の努力をふいにする。中国は外蒙を既に国家として承認した許りでなく、一九四六年八月の安保理事会に於て外蒙加入に賛成投票を行つた筈である(右は事実である)。

(3)サルバドルは決議案の具体的審議に際し提案をなす権利を留保する。

米へ転電した。

320　大統領書簡を再度拒否した中国に対する次案を準備中との米代表部員内話

昭和30年12月6日　国際連合日本政府代表部加瀬大使より重光外務大臣宛(電報)

ニューヨーク　12月6日後5時34分発
本　　省　12月7日前9時30分着

第四二八号(至急)

往電第四二三号に関し

六日米国代表部マックス・ウイデーが北原に述べたところ左の通り。

大統領の二度目のメッセージに対する回答は到着したが、又否定的である。第一回のメッセージに対する回答において国府は外蒙を放棄することは対内的反響特に国府に対し援助を与えている在外華僑の支持を失うこととなる点を強調したので、大統領の第二回メッセージにおいては国府が拒否権を行使した場合の功罪につき全般的立場より論究すると共に華僑に対する影響についても打つべき手段に言及した。目下第三のメッセージを準備中であり右メッセージにおいては一九五六年末迄国連に於ける国府の地位を保障する旨申入れることとなりこの点に関する英国の意向につき回答を待つている。

米、英に転電し仏国、カナダに転報した。

321 昭和30年12月6日 国際連合日本政府代表部加瀬大使より重光外務大臣宛(電報)

アドホック委員会におけるインドネシア等各国代表の発言状況

別電 昭和三十年十二月六日発国際連合日本政府代表部加瀬大使より重光外務大臣宛第四三一号
右各国発言要旨

ニューヨーク 12月6日後8時51分発
本省 12月7日前11時15分着

第四三〇号(至急)
アドホック第六回は六日午后三時より二時間四十分会合。パナマ、インドネシア、タイ、アフガニスタン、リベリア、サウデアラビア、グアテマラ、イスラエル、イエーメン、エチオピア、エクアドル、ウルガイ、ホンデユラス、コスタリカの順序で発言した。要旨別電の通り。
なおインドネシア発言の後議長はインドメノンの質問に対し、
(1)委員会は七日中に決議案を採択し八日か九日には本会議にて採択したきこと。
(2)安保理事会は来週早々に、総会は来週半ばに本問題を取上げることとしたきこと。
(3)以上の予定は総会の最終期日を延長する問題と共に七日昼の各委員会議長の打合せにより決定すべきことを説明したが、ソ連カナダは右予定を更に促進することを要求、殊にマーチンはペルーベラウンデの支持を得て八日決議案を採択し九日安保理事会を開催する様、強く要望し議長も右の趣旨にて出来る限り速かに処理する様努力する旨を約した。因に今月の安保理事会議長はニユージーランドマンローである。

なお明七日の発言予定は米、ソ、中国等九名。

米に転電した。

（別電）

ニューヨーク　12月6日後8時51分発

本　　　省　12月7日後2時1分着

第四三一号

一、パナマ（十五分）

この問題は政治的妥協によつてのみ解決出来るものであるから過去の書類を引用して法的解釈を求めたり、各国の態度の inconsistency を責めるべきでないとして決議案を支持した。

二、インドネシア（二十分、共同提案国）

一九四六年の米国の八国同時加盟提案及びダレスの著書等を引用して米国が外蒙の加盟を認めることを要望した。

三、タイ（十分、共同提案国）

(1)タイは東欧諸国及び外蒙についても加入を支持するから、ソ連が修正案を撤回することを希望する。

(2)日本、カンボディア、ラオス、セイロンの加入は東南アジア平和のため絶対必要であるから中国が十八国加盟に反対せぬよう special appeal を行いたい。

四、アフガニスタン（十二分）リベリア（五分）サウディ・アラビア（十分）（以上何れも共同提案国）は十八国の何れに対しても差別なく加盟を支持する旨を明らかにしたが、サウディ・アラビアは中国に対し十八国加盟を破壊する責任を負わぬよう訴えた。

五、グァテマラ（十分）は決議案支持を明かにすると共に、ソ連の修正案には反対する旨を述べた。

六、イスラエル（十五分）は決議案は支持するが、個々の申請国に対する意見は安保理事会の決定が総会に回付されて後明かにすると述べて、リビア、ジョルダン等に対する反対を暗示した。

七、イエーメン（五分）、エティオピア（三分）（いずれも共同提案国）は決議案支持を述べた。

八、エクアドル（二十五分、共同提案国）

加盟問題は政治的妥協によらねば解決し難い旨を強調した後、中国に対し安保理事会において veto しないよう要望し、これは申請国や提案国のためのみならず、中国代表自身の利益のためであり、中国代表の intelligence のみならず intuition to heart に訴えると強い表現で訴えた。

九、ウルグァイ(五分)は加盟が成功した時の国連の強化と失敗した時の grave consequence を考えればカナダ案は最も現実的なものであるとして支持を明かにした。

一〇、ホンデュラス(十分)は斡旋委員会の努力を賞讃したが、十八国の各々に対する最終意見は安保理事会の意見が回付されてから表明すると述べて明確なコミットを避けた。

一一、最後にコスタリカ(五分、共同提案国)は決議案支持の旨を述べた。

米に転電した。

~~~~~~~~~~

322 昭和30年12月6日 国際連合日本政府代表部加瀬大使より重光外務大臣宛(電報)

ソ連マリク代表が日本とスペインを含むカナダ案の支持を言明について

ニューヨーク 12月6日後8時51分発
本　　省 12月7日後0時56分着

第四三二号(至急、極秘)

一、米国がカナダ案を積極支持すれば台湾政府は横車を押し難くなること貴電第二三四号をもつて御来示の通りなるにつき、米国を右に誘導すべく目下努力中のところ、若しソ連がカナダ案に全面的に同調し、進んでスペイン及び日本政府に対しても賛成投票を行うにおいては、米国も自然態度を改めざるを得ぬこととなるべしと考え、両三日来マリクソ連代表(アドホック委員会を担当す)に対し強くこれを示唆しておいた。然るところ六日マリクはソ連はカナダ案が国連の発展に資するところ大なりと認め、これを支持するが、スペインにつきて妥協するには非常なる困難があつた。又日本につきても技術的障碍があつたことは御承知の通りであるのに、敢えてこれを忍んでサクリファイスを払つた次第であると述べた上この際更に進んで貴説の通り日本、スペインにつきて賛成投票をすることに内定したと語り、右は差当り極秘に願いたいと付言した。
~~~~~~~~~~

二、次いでマリクはソ連はここ迄日本に対して好意を示しているが、貴国は日ソ交渉をどうする積りかと笑いながら訊ねたので、それは貴全権のロンドン帰任とも関係があろうと答えたところ、国連総会が終了しなければ帰れないことはお判りであろうと述べた。

英に転電し米、仏、加に転送した。

323　中国の妥協に関するスペイン代理大使の観測と報道ぶりの変化について

昭和30年12月7日　在中国宮崎（章）臨時代理大使より重光外務大臣宛（電報）

台　北　12月7日後2時41分発
本　省　12月7日後5時1分着

第三七一号

往電第三六五号に関し

一、七日スペイン代理大使を往訪し国連加入問題に関し国府と折衝した結果につき話合つた。同代理大使は二回外交部長と会談（蔣総統とは面談せず、一回目は五日）したが、その際部長が国府は大国間に行われつつある話合が国府の立場を容易にする方向に発展することを望んでいると述べたので自分は国府は妥協の用意ありと観測した次第であると述べた。なお「妥協」の具体的内容如何と尋ねたところ、それは解らぬが国府が拒否権を行使することから生ずる不利益は甚大であり、棄権して強い声明でも出せば国府の面子は立つと自分は考えると述べた。

二、なお政府の統制下にある当地新聞の本件報道振りにも昨今若干の変化が見受けられ七日の各紙は全国総商会総会会頭が政府及び国連中国代表に対し必要の際は拒否権を行使してでも外蒙加入に反対するよう請願電報を発せる旨を報道しながらも一方、ダレスが記者会見において中国政府に拒否権を行使せざるよう勧説せる旨及びオーストラリアが例えば委員会において中国の拒否権行使に反対を表明したる旨等を大きく報道し拒否権行使が世界輿論の反対の的となりおることを一般に印象づけんとしておるかに認められる節もある。

国連、米に転電ありたい。

324　昭和30年12月7日　国際連合日本政府代表部加瀬大使より重光外務大臣宛(電報)

国民政府への議席保証申し入れに関する関係国の調整状況について

ニューヨーク　12月7日後0時38分発
本　　省　12月8日前8時40分着

第四三五号(至急)

貴電第二四一号に関し

迅速なる御回訓に接し有難く存ずるところ本件については早速本使より米国側希望をマーチン代表に伝達したがマーチンは両三日熟慮の後原則的に同意しつつも本国政府に請訓するには一応ロッジ代表と意見を交換したいと述べたので、本使より右を五日米国側に通報した。

マーチンは直接ロッジと談合を希望したのはその際に応諾の代償として米国がカナダ案に賛成投票することを勧告する積りだつたようであるが米国側もその辺の事情を察したものらしく尻込みしているのでマーチン、ロッジ会談は未だに行われていない。他方この間に往電第四二八号の如く?蒋介石の回答も接到し、米国代表部も次期総会における台湾政府のシーテイングについて何等かのアシユアランスを与える方法を考慮中の趣(フーバ次官筋よりも同趣旨の連絡があつた)なので本使は六日以来再び米国とカナダ両代表部間の斡旋に努めている、何分にも両代表部相互に心理的留保を抱いているので簡単に取り運ばないが仮りにカナダが難色を示す場合には或いは米国が自ら音頭をとつて台湾政府に申入れる廻り合わせとなるかとも想像されるのでワシントン方面とも連絡をとつて情勢の発展を促している次第である。ついてはカンボジヤ首相目下東京滞在中の由であるが御見込みによつて本件予め御相談おき願いたく当方においては新加盟国からは日本、スペイン、ポルトガル(外相本日当地到着の筈)、アイルランド、イタリー(稍々冷淡)、セイロン、オーストリア、カンボジヤ、ラオスを見込んでいる。若し右の外にジヨルダン、ネパール、リビアの内同調するものがあれば新加盟国の過半数を確保出来る計算となる。

右中間報告として取敢えず。

325
昭和30年12月7日　国際連合日本政府代表部加瀬大使より重光外務大臣宛(電報)

カナダ案に対する米国の棄権とソ連の支持について

ニューヨーク　12月7日後1時31分発
本　　省　12月8日前9時50分着

第四三六号(至急)

七日午前のアドホック委員会においてロッヂ代表はカナダ案に対し棄権する旨を声明し安保理事会においては共産圏五国について棄権すると云つたがマリク代表は十八ケ国即時加盟を実現する為にカナダ案を支持すると述べた。

米に転電した。

326
昭和30年12月7日　国際連合日本政府代表部加瀬大使より重光外務大臣宛(電報)

拒否権放棄につき米国から中国への申し入れ予定について

ニューヨーク　12月7日後3時18分発
本　　省　12月8日前8時50分着

第四三七号(至急、極秘)

往電第四三六号に関し

米国代表部バルコ公使の内報するところによれば、六日台北駐在ランキン大使を通じ、来年度の台湾政府の国連における地位を保証する代りに拒否権を放棄するよう、同政府に申入れ方訓令したが、当地においても、ロッジ代表より蔣中国代表に同趣旨を本七日申入れるとのことである。バルコは本来ならば保証の内容及びこれに同調する新旧加盟国の数を明確にした上、右の措置を執りたかつたが、時日が切迫(安保理事会を九日に開くこともあり得る由)しているので、不満足ながら、一般的表現とならざるを得なかつたと述べ、米国代表部は今後共貴国政府の御協力に期待すると語つた。なお国会決議は局面収拾上まことに有益と思うと附言した。

327
昭和30年12月7日　国際連合日本政府代表部加瀬大使より重光外務大臣宛(電報)

アドホック委員会における中国等各国代表の発言状況

別　電　昭和三十年十二月七日発国際連合日本政府代表部加瀬大使より重光外務大臣宛第四三九号

右各国発言要旨

ニューヨーク　12月7日後1時38分発
本　　　　省　12月8日前9時50分着

第四三八号

アドホック第七回は七日午前十時五十分より二時間四十分会合、ヴエネゼエーラ、ペルー、中国、ソ連、インドの順序で発言した要旨別電の通り。

米に転電した。

（別　電）

ニューヨーク　12月7日後3時58分発
本　　　　省　12月8日前8時59分着

第四三九号

一、ヴェネズェラ（十五分）及びペルー（三十分）は決議案支持を表明したがペルー、ベラウンデは特にユニヴァーサリティーの原則に基き憲章第四条を広義に解釈すべきことを要請した。

二、中国（蔣　四十分）

㈠中国はイタリア、日本をはじめ十二国には常に賛成投票を行い、スペインについても支持を表明している。これらの国の加盟実現が阻止されたのはソ連のヴィートのためであると述べ、日本及びイタリアにつき、従来中国がとつて来た友好政策を詳細に論じた。

㈡オーストラリア代表の意見を反駁し国連は司法裁判所の勧告的意見に反してはならず order of law に基く平和に努力すべしと強調した。

㈢人民共和国五国はソ連の帝国主義の下にあり平和愛好国とは言えない、特に外蒙は朝鮮侵略に参加したと述べてこれら諸国の加入は平和を促進するものではない旨を強調したが、安保理事会に於ける投票については明確なコミットを避けた。

三、米国（ロッジ　一〇分）は簡単に次の点を述べた。

㈠米国の加盟問題に対する態度は次の三原則に基く、すべての資格ある国家の加入を認めること、憲章の規程に従つて加入を認めること、安保理事会に於てヴィートを用いないこと。

㈡ソ連が十八国か、しからざればゼロな態度を採つているのは問題の解決を阻害している。

㈢米国は安保理事会に於て自由諸国十三国については支持投票、五衛星国については棄権する、従つて本決議案に対しても棄権する。
四、ソ連（マリク　二〇分）
㈠若干の国は申請国のあるものに対しリザーヴエーションを有する旨発言したが安保理事会に於ても、総会に於ても、棄権が集団的に行なわれる場合には特定の国の加盟を阻止する結果となるから慎重な行動を望む。

㈡ソ連は二十八国決議案を支持し、本案が万場一致採択されることを希望する。
五、インド（メノン　四〇分）
㈠国際司法裁判所の勧告的意見は法律的意見であつてパツケージディールは政治的条件であり、裁判所の意見はこの決議案を拘束しない。

㈡将来原子力平和利用軍縮等の問題を特定の国を除外して処理することは不可能であろう。

㈢平和愛好国なる語は国内憲法上の組織が民主主義的であることを意味するものではない、ソ連が国連加盟国であるのに、なぜ五人民共和国が平和愛好国にあらずとして除外されねばならないかと述べ、日本が外蒙との外交関係樹立を試みた例等を引用して外蒙が独立国なることを力説した。

㈣最後に安保理事会が総会の決議に現われた多数意思を破壊することにより国連組織の中で孤立することのないことを希望した。

328　アドホック委員会におけるカナダ決議案の可決について

昭和30年12月7日　国際連合日本政府代表部加瀬大使より重光外務大臣宛（電報）

ニューヨーク　12月7日後5時32分発
本　　省　12月8日前9時9分着

第四四〇号（大至急）

往電第四三六号に関し

午后の会議の劈頭議長は我方の要請に応じ日本国会の決議について全員の注意を喚起したが、フランス、カナダ両代表の討論に続きソ連は修正案を撤回しキューバ修正案（その一つはソ連修正案の撤回により自然消滅）は否決せられ、カナダ決議案は賛成五十二票反対二票（中国、キューバ）棄権五票（米国、ベルギー、フランス、ギリシャ、イスラエル）をもつて可決された。閉会時間五時十分。

米、英、仏、カナダに転電した。

329　昭和30年12月7日　国際連合日本政府代表部加瀬大使より重光外務大臣宛（電報）

アドホック委員会における決議案の討議状況について

ニューヨーク　12月7日後7時38分発
本　　省　12月8日後1時18分着

第四四二号（至急）

アドホック第八回は七日午後三時より二時間二十分会合、議長より往電第四四〇号の説明後フランス、カナダが次のとおり発言した。

フランス（サルドンヌ参事官）は極めて簡単にフランスの加盟問題に対する態度は従来表明された通りで、憲章に反しない範囲でユニバーサリティの原則を支持するが、個々の国に対する意見は安保理事会で表明すると述べ、カナダ案に対しては棄権する旨を明らかにした。

カナダ（マーチン）は中国代表の態度に同情と賞讃を表した後決議案に対する賛成は個々の政府に対する approval を意味するものではないこと、安保理事会において veto を行使しないと云う米国の決定にその他の国も従うて欲しいこと、及びキューバが修正を頑張らないことを訴えた。

以上にて一般討議を打切り、次いで決議案の討議に移り、メキシコ、ベルギー、英国、サルバドル、ソ連、コロンビア、キューバ及びボリビアが次の通り簡単に発言した。

メキシコ　決議案を支持しキューバの修正案に反対する。

ベルギー　キューバの修正案を支持し、修正案が拒否された場合にはカナダ案に対し棄権する。

英国　カナダ案は一般的希望の表明であり安保理事会に命令するものでもなく、国際司法裁判所の意見にも反しない。従つてキューバの修正案は支持出来ない。

サルバドル　キューバ修正案に反対する。

ソ連　ソ連修正案を撤回する。

コロンビア　キューバ修正案には棄権する。

キューバ　各代表よりの要望にも拘わらず修正案は撤回出来ない。

ボリビア　カナダ決議案を支持する。

次いで投票に入り先ずキューバより決議案本文第二項を前段後段に分割して投票する要求が提出され、インドが反対、イランはインドを支持し、投票の結果分割せずに投票することになつた。投票は先ず各項目毎に行われ、最後に決議案全体が往電第四四〇号の通り採択された。なおキューバ修正案は各項目共賛成七票、反対三十八票、棄権十四票で否決された。賛成した国はキューバ、ベルギー、中国、フランス、ルクセンブルグ、オランダ、米国である。

米に転電した。

330　昭和30年12月8日　重光外務大臣より在中国宮崎臨時代理大使宛(電報)

中国に対し再度拒否権自重の申し入れ方訓令

本　省　12月8日後6時12分発

第三一八号

加瀬大使来電第四三七号に関し

屢次往電の通り、国連総会における趨勢は圧倒的に十八ヵ国加盟承認支持にあること明白となり、国内においても衆参両院決議に見る如く、十八ヵ国加盟実現のため、国府の自重を要望する声は日増しに強くなりつつある状況につき、貴使においても、貴地、米国及スペイン大使とも協議し、往電第三〇一号御含みの上、国府の善処方重ねて要請されたい。

米及びニューヨーク国連に転電した。

331　昭和30年12月8日　国際連合日本政府代表部加瀬大使より重光外務大臣宛(電報)

総会本会議におけるカナダ案の採択について

ニューヨーク　12月8日後1時59分発
本　省　12月9日前7時25分着

第四四五号(至急)

八日午後一時二十五分総会は賛成五十二票反対二票(中国、キューバ)棄権五票(ギリシヤ、フランス、イスラエル、米国、ベルギー)にてカナダ案を採択した。

米、仏、加に転電した。

332 昭和30年12月8日 国際連合日本政府代表部加瀬大使より重光外務大臣宛（電報）

加盟決議への格別の配慮を安全保障理事会に要望する総会議長の発言

ニューヨーク　12月8日後2時58分発
本　　　省　12月9日前7時30分着

第四四七号

往電第四四五号に関し

本件決議採択直後議長は、本件決議の重要性に鑑み、特に発言したき旨前置きし、本決議に基き安保理事会が出来る限り速やかに本件を審議し、国連及び全世界の要望に応えた満足すべき解決に到達することを要望した。

米、英へ転電、仏、加へ転報した。

333 昭和30年12月8日 国際連合日本政府代表部加瀬大使より重光外務大臣宛（電報）

総会本会議での各国代表の発言状況

ニューヨーク　12月8日後7時55分発
本　　　省　12月9日前8時40分着

第四四八号

往電第四四五号に関し

本会議はラポルトール・キング（リベリア）のアドホック委員会の経過報告後ギリシャ、中国、キューバ、イスラエル、パラグァイ、フランス、ソ連、ポーランド、ギリシャ（二回目）、チリー、カナダ、ペルーの順序で発言の後、冒頭往電の通り決議案が採択された。発言要旨別電の通り。

ワシントンに転電した。

（別　電）

ニューヨーク　12月8日後8時0分発
本　　　省　12月9日前10時47分着

第四四九号

一、ギリシア（十分）は棄権の理由は次の二つであると説明し

別　電　昭和三十年十二月八日発国際連合日本政府代表部加瀬大使より重光外務大臣宛第四四九号

右各国発言要旨

た。

㈠各国別の投票を主張したがこれが行われなかった。

㈡アルバニアの加盟には反対であり他の東欧三国及び外蒙に対しては最終審議の際は棄権する。

二、中国(三十分、蒋)本問題の討議は第一に十八国が加盟資格を有するか第二にパッケイジ・ディールは適法下《かカ》についてなされねばならぬ。第一の点については東欧四国及び外蒙は平和愛好国とは云えない。アドホックの審議においてインド及びソ連圏諸国は外蒙は独立であることを示そうと試みたが、独立であることは平和愛好国である理由にならない。外蒙が朝鮮侵略に参加したのはアドホックにおいて説明した通りである。第二の点についてはパッケイジは国際司法裁判所の意見に反し違法である。政治的解決に妥協が必要な点は分るが、これは within the limit of law でなければならない。中国はこれ等の国を通じ国連に加盟せしめる責任を分つことは出来ない(can not share the responsibility)と述べて、相変らず安保理事会において反対投票を行うか否かは触れなかった。

三、キューバ(三〇分)は前日のアドホックの議論を繰り返し、特に国際司法裁判所の勧告的意見に関するインドの見解を反駁した。

四、イスラエル(五分)は棄権の理由をトランスヨルダン及びリビアの加盟を支持し得ないからであると述べた。

五、パラグァイ(五分)は決議案は支持するが、最終投票の際はソ連系五国の中一国については反対、四国については棄権すると述べた。

六、フランス(七分アルファン)フランスが棄権したのは提案者が本決議案の解釈につき政治的考慮が法律的考慮に優先すると言う議論を行つているからである。政治的考慮は法の範囲内でなされねばならぬ。

七、ソ連(一〇分マリク)はギリシア中国の議論に反駁を加えた後加盟問題は今会期において可決せねばならぬと強調した。

八、次いでポーランドがギリシアに反駁し、ギリシアが再び再反駁を行つた後、チリーが決議案支持の簡単なステートメントを行つた。

九、次いで、カナダ(十五分マーチン)雄弁をもつて前日アドホックで述べた趣旨を繰り返し、本提案の採択を謳つて、ペルー(ベラウンデ一〇分)も雄弁をもつてこれを支持した後、投票が行われた。

十、決議案採択後議長より加盟問題は十年のデッドロックの後始めて解決に近づいた、安保理事会が出来る限り早く行動することを希望する旨が述べられた。

334 昭和30年12月8日 国際連合日本政府代表部加瀬大使より重光外務大臣宛(電報)

中国が安全保障理事会に提出した新決議案等について

ニューヨーク 12月8日後8時34分発
本　　　省 12月9日後1時35分着

第四五二号(至急)

往電第四五〇号に関し

一、八日事務局 Tyai の北原に語るところによれば、中国は十八国の中、共産圏五国及びフィンランド、ネパールを除く十一国に韓国、南ヴィエトナムを加えた十三国の加盟を認むべしとの決議案を一国毎に別の決議案として八日安保理事会事務局に提出し、審議の順序をイタリア、日本、スペイン、韓国、南ヴィエトナム、カンボジア、ラオス、ポルトガル、セイロン、ジョルダン、リビア、オーストリア、アイルランドと指定している由である。

二、右中国決議案に関し米国マクスウィーニーに質したところ、米国も中国の真意を解するに苦しんでいるが、「マ」個人の意見としては、この際中国としては自己の立場を明確にする趣旨より、右を決議案の形で提出したものであり、中国代表としては最後の事態に備えるため当面は現在迄の訓令の範囲内で一応右の通り措置しておき、今後新訓令に接した際には補足する方針を執つたものではないか、何れにせよ右は安保理事会において簡単に否決されることは明白であり、その場合中国の態度が硬化することを惧れると述べた。なお「マ」は安保理事会における審議の方法については、未だ目途つかざるも、何れにせよ米国は一国毎に投票の結果を明確にする方式を主張する方針であり、他方ソ連は国際司法裁判所判事の選挙に倣い理事会と総会の同時開催を要求しており、理事会において一国が可決された時は直ちに総会において可決した上、次の国を同じ手続で審議する方式を主張しているが、米国はこれに強く反対していると述べた。

三、安保理事会は目下のところ手続規則四八により公開となる模様であるが、秘密会とすることもあり得る形勢である。

四、中国代表部よりTyaiへの連絡によれば英国はアルバニアについては棄権する由。

冒頭往電通り転報した。

335　昭和30年12月8日　国際連合日本政府代表部加瀬大使より重光外務大臣宛(電報)

安全保障理事会を目前にした加盟問題の前途多難な情勢について

ニューヨーク　12月8日後8時6分発
本　　　省　12月10日前6時21分着

第四五三号(極秘)

一、総会が圧倒的多数をもつてカナダ案を可決したのに拘らず米国が棄権したのは甚だ遺憾であるが聞くところによれば米国代表部内においては賛成と棄権と意見が分れいたるやの趣であつてスペイン大使(時々誤報あり)は両三日前マドリッド駐劄米国大使(ロッジ代表の弟で目下当地滞在中)から米国は賛成投票するとの内報を得てこれをマーチン代表に報告したので実はマーチンも賛成投票の可能性ありと若干期待していた模様である。それだけにマーチンは少なからず失望しこれによりソ連の米国に対する猜疑心が増大することなきやを懸念している。

二、率直に言えば米国の加盟問題に対する政策は当初より現実性を欠いていたため状況により態度を変更せざるを得ぬ仕儀となり、その結果、動もすれば首尾一貫せず進退もとかく明確ならざるきらいがあるので悪意を以て解釈する向きは熱意の不足とさえ観察し勝ちである。台湾政府の場合にしても国連代表の多くは米国が真剣にプレッシュアを加えれば蔣介石が翻意せぬ筈はないとみている。この点ロッジ代表等は今なお或はソ連が十七国に妥協するかも知れぬと淡い希望を抱いている形跡があるので自然プレッシュアが微温的になる傾向はあるかも知れない。

三、米国と比較すればソ連は巧妙に立回りカナダ案に全面的に同調することにより、このところ与論の支持者になりすました形である。台湾政府が拒否権を放棄しカナダ案が成立すればソ連はその推進に重要な役割を果したこととなり可成りのクレジットをかせぎ得る。その反面台湾政府が拒否権を行使すればこれを与論の敵として国連から追放し得るからカナダ案の成否に拘らずソ連としてはどちらに転んでも損はしない。ソ連は現に拒否権をもつているから別に東欧衛星国や外蒙加盟を急ぐ必要は毫もない次第であつてこの点米国が日本その他の自由諸国の加盟を急がねばならぬのとは《(マヽ)》るかに有利な地歩を占めている。

四、此の結果はソ連が悠々としているのに米国は極度に焦慮することになるが米国としては台湾政府が拒否権を濫用すれば政治的自殺を招来しそのため極東政策に深刻な打撃を蒙るので今は加盟問題そのものの成否よりも台湾の外交的軍事的地位の崩壊を阻止することに苦慮せざるを得なくなつたからである。因に米国軍部は台湾政府は拒否権を行使せざるべしと観察している由。

五、此の間台湾政府は拒否権を発動すべしと威嚇して安保理事会を牽制しつつ、あわよくば加盟問題を棚上げせんと試みたがマーチン等がカナダ案を強硬採択に持込んだため遂にショーダウンに追込まれるに至つた。カナダ案支持国は総会に於て圧倒的多数を制した余勢を駆つて息をもつかず安保理事会を一気に押切る作戦を樹て十日に之を召集することに成功したが（マーチンは米英が反対することをしきりに警戒していた）今や問題は台湾政府の態度一つに掛ることとなつた。

六、元来ならば斯る微妙なる情勢に於ては英国が斡旋に乗出すのが外交的常識であるが英国は台湾政府と外交関係のないことを理由にして容易に積極的な動きを示さうとしないので之が仏国の極めて消極的な態度と共に局面の急速打開を困難にしているように見受ける。いづれにせよ安保理事会の開催を眼前にひかえているのに台湾政府の最終的意図が依然捕捉し難く常任理事国特に米ソ間に何等事前了解が成立していない事実は前途にかなりの不安を抱かしめるものがある。

~~~~~~~~~~~~~~~~~~~~~~~~

336
昭和30年12月9日　在中国宮崎臨時代理大使より重光外務大臣宛（電報）

スペインと協調し安保理前に中国に最後のア
~~~~~~~~~~~~~~~~~~~~~~~~

ピールを行う旨報告

台　北　12月9日後11時43分発
本　省　12月10日前6時53分着

第三七八号

貴電第三一八号に関し

九日ランキン米大使を訪問し外交部長と米大使との総統訪問の結果(往電第三七六号)として新聞に伝えられておるところは事実なりやと訊ねたところ、拒否権行使を翻意しないのは事実であつて、蔣総統は世間で思うような独裁者に非ず、政府上層部、立法院、軍部言論界の意向も考慮しており今次パッケイジディール案を急に押しつけられ充分その対策を練る暇もなく、これ迄屢々提出された外蒙加盟案に対すると同様の態度を以て応対し来りたるため、今となつてはこの態度を貫くの他ない有様となつておると答えた。

来年度国府の代表権を保障する案は如何と問いたるに、同大使はニューヨークにおいて貴国のオブザーバーとわが国代表部との間に右の話が出た由は聞いているが、何れの国も未だかゝる保障を与うべしと申出たものはないと答えた。最後に急展開する可能性ありと思わるるやとの問に対しては、総統は日月潭において専心この問題を熟慮しているので全然この可能性を否定することは出来ないと述べた。

同日スペイン代理大使とも面談したが、スペイン外務省ではパッケイジディール案に中共が含まれていないことだけでも国府にとり喜ぶべきことであると見ておる由述べたので、本官より安保理事会は明日会合で本件を採り上ぐる次第もあり、日本は国府に最後のアッピールをしようと考えているが、貴使は右の点をもたらし今一応アッピールする気はないかと誘いかけたところ、然らば自分ももう一度外交部長に会見しようと述べた。国府においては日本やスペインが国連加盟を熱望する余り、ヤルタ会議中ソ条約以来の外蒙に対する国府の感情に顧慮なくプレッシユアーをかけるに対し、すこぶるあき足らざるやの噂もあり、棄権して十八ケ国を加入せしむるも結局中共支持国の比率を増加するのみなるにつき、むしろ外蒙に対するこれ迄の態度を改変すべからずとの考え方根強きよう観測せらるるも、我方としてはこの最後の段階に拱手傍観すべきに非ず。十日早々外交部長に会見方手配した。スペインも前後して会見の筈。

ニューヨーク国連及び米に転電ありたい。

(2)　安全保障理事会

337　昭和30年12月9日　国際連合日本政府代表部加瀬大使より重光外務大臣宛(電報)

安保理直前の各国代表の動向について

ニューヨーク　12月9日後6時30分発
本　　　　省　12月10日前10時54分着

第四五六号

一、十日の安保理事会については、如何に議事を進めるかに関して、九日夕現在なお関係国において協議中であるが、ロッジ代表が秘密会を希望するのに対して、マンロー(議長)、ベラウンデ、サーパー(トルコ)等は公開を主張しており、目下のところ公開になるものとみられている。

二、マンロー議長は理事会をどの様にさばくか苦慮していると述べ、如何にも思案に余る体であるが、理事会は手続問題だけでも相当の時間を費し、一回では終らないとみる向きが多い。

三、中国の決議案は頗る悪評で、多数のものは議事妨害に過ぎぬと批評しているが、九日蔣代表と午餐を共にした機会に、本使外二、三の代表より、外蒙については理事会でウオーク・アウトし総会で反対投票することを勧告したのに対し、蔣は終始無言で苦笑していた。

四、イギリス代表は、本日も亦、自分は楽観すると語つたが、その根拠はよく判らない。もつともイギリスが裏面で動いている形跡はある。

五、マルチン代表は理事会において発言を要求している。

米、英に転電し、仏、カナダに転送した。

338　昭和30年12月10日　在中国宮崎臨時代理大使より重光外務大臣宛(電報)

十八国案への中国の不支持につき葉外交部長の弁明

台　北　12月10日後5時55分発
本　省　12月10日後8時36分着

第三八〇号(大至急)

往電第三七八号に関し

貴電第三一八号御訓令執行のため葉外交部長に面会し日本朝野の切なる希望、殊に議会両院の決議に省み国府の善処を要望したところ、部長は国府の日本加盟の支持に対する誠意は三年前の同問題上程の際の自分の賛成演説に明らかで、今日この誠意は強くなるも弱くなつていない。スペインに対しても同様で、同国が加入申請するに先き立つて同国を加入せしむべしと演説した程である。しかるに今次のパケッジデールは突然押しつけられ、外蒙に対する国府の立場をよく了解する米国すら何等事前相談なく態度を変更して国府に同調方を申入れ来たつたが、この時既に立法院、外交委員会ついで同本会議は夫々外蒙に関し断乎拒否権を行使すべしとの決議を以て政府に迫り閣議もこのラインにて決定し、今となつて政府が態度を変更するに於ては、自分の見るところでは立法委員会の七割、華僑の四割の信を失い、延いては国府の存在をおびやかす惧れあり。これは貴使限りのお含みとされたいが、実は米国の態度が最初から判つて居れば、政府としても国論誘導のため打つべき手があつたと思われる。外蒙加入に今日の如き重さを与えず、国府の面子を維持しつつ十八ケ国加入問題を円満解決する方法もあつたであろうが、今となつてはなんとしてもその余裕はない。米国との間には大統領、総統間の二回のメッセージ往復の他ダレスと自分との間には何回となく書簡のやり取りをしておるが、ダレスもついに自分の説に同意するに到つた。従つて八日の日月潭に於ける総統との会見ではランキン大使は理屈を抜きにして実際的の利害を巧妙に論じたが遂に我々は態度変更を肯じなかつた。貴使の言われる外蒙は蒙古人の国で漢民族の国でないと言う理屈は分るし大陸奪還の目途すらつかないのに外蒙に拘わるのも現実的ではないかも知れないが、斯る議論は政府として立法院その他に呼び掛け得ないことは了解の行くことと思う。今后の情勢見透しについては先づ国府の新提案が安保理事会で取り上げられ又十八ケ国の加入案は各国個別の申請案として上程せられているので個別に取り上げられることになろうが、外蒙については仏国、ベルギーを含む四ケ国の棄権は問題なき外、トルコ及びペルーの棄権も約束せられているので中国が拒否権を行使する必要はないかも知れない。外蒙加入が実現しない場合は十三ケ国に対し拒否権を行使すると言つているが、ソ連とても国際与論の反響は顧慮せざるを得ざるべく、果してその公言する如く実行するかについては一抹の疑問あり。又貴使の言われる如く国府の態度が多数国の反感を買い、代表権問題について総会の投票に敗るるやも知れざるも国府はこれによつて議席を失う次第にはあらず、安保理事会の議決があれば国府の議席を奪い得るも、中国の拒否権のため斯る議決成立の可能性はない。結局憲章改正を俟(た欠カ)なければならないが、これはソ連が拒否権廃止に応じないから容易ではない。本官より日本の加入についてはthis time or neverと見る向きもあるがと述べた処、同部長は決して然らず、来年の総会までに米国辺りが日本その他自由諸国の加入実現の方途を考えるであろうから日本の加入は時間の問題である。これに反し国府は一歩誤れば取り返しのつかざる関頭に立つているので以上縷々説明の次第を重光大臣に充分伝えられたいと述べこれをもつて会談を了つた。

米、国連に転電ありたい。

339　昭和30年12月10日　国際連合日本政府代表部加瀬大使より重光外務大臣宛(電報)

安保理決議をめぐる中国の思惑および米ソの駆け引き状況

ニューヨーク　12月10日前11時52分発
本　　省　12月11日前8時26分着

第四五八号(至急)

往電第四五六号に関し

九日夜遅くマンロー議長に会つたが英国代表が拒否権を回避する目的を以て種々妥協案を出したのに拘わらず、安保理事会の議事手続については話合付かず結局理事会は目下のところカナダ決議案と、中国決議案が並立した儘開催される形勢となつて居ると語つた。中国が決議案を出したのは議事を遷延させるためと見られて居るがこの点はマンロー等も充分警戒して居るので成功する見込は少い。他方加盟問題が挫折する際は米国はソ連に拒否させようとしソ連は中国に拒否させようとして双方とも頻りにマヌーバーを行つて居る模様である。

なおマーチン代表は発言を取止めた。

340　昭和30年12月10日　国際連合日本政府代表部加瀬大使より重光外務大臣宛(電報)

安保理の議事経過報告

第四五九号（至急）

ニューヨーク　12月10日後3時8分発
本　　省　12月11日前8時23分着

往電第四五八号に関し

安保理事会は予定通り十時半開催せられ、マンロー議長の挨拶に続き、ペルー、英国、ソ連、中国、米国、ニュージーランド、フランスの各代表が発言したが、ソ連とニュージーランド（及びブラジル）が新に決議案を提案し、午後一時四十五分午前の会議を終了した。午後三時半再開する。米に転電した。

341　昭和30年12月10日　国際連合日本政府代表部加瀬大使より重光外務大臣宛（電報）

安保理における議長以下各国代表の発言要旨

ニューヨーク　12月10日後6時0分発
本　　省　12月11日前9時40分着

第四六〇号（至急）

往電第四五九号に関し

各代表の発言内容左の通り。

一、議長（十分マンロー）は安保理事会は総会又は他の機関の命令に従う必要はないが、加盟問題の如き性質の問題については総会の圧倒的多数により証明された意見を尊重すべきであり理事会の常任理事国及び非常任理事国双方共重大な責任を負っていることを強調した。

二、ペルー（四十分ベラウンデ）は総会と理事会の間に調和が必要なること、総会の決定はユニバーサリティーの原則に基くものであつて単なるパッケージ・ディールではないこと、決議は憲章第四条に矛盾しないことをローマ法より説き起して論じた。

三、英国（十分ディクソン）

㈠理事会はまず総会の決議の要請を実現する手続を発見しなければならない。

㈡英国は十八ケ国全部に賛成投票する。

㈢中国の決議案は十九《（十八カ）》ケ国の内十一ケ国のみを記載し他の二国は決議にない国でありこれを投票に付するのは正しい手続ではない。

㈣理事会は総会の決議、憲章第四条及び国際司法裁判所の意見に合致する手続に従つて行動せねばならない。

四、ソ連（十五分ソボレフ）

㈠総会は圧倒的多数によつて十八ケ国加盟の決議を採択した。ソ連は例外なしに十八ケ国全部の加盟を支持する。これによつてのみ加盟問題は解決し得る。

㈡この決議を実現するためには安保理事会と総会において必要な票数を確保せねばならず、このため予め合意された手続が必要であると述べ、次の要旨の手続を決議案として提出した。

理事会と総会を同時に開催し理事会は申請国を申請順に審議し最初の申請国が理事会を通過したら直ちに総会にかけ、総会がこれを可決した後、理事会は次の申請国を審議、これを総会に廻してゆき理事会は前の申請国の加盟が総会で認められる迄次の申請国を審議しない。

㈢発言後ソボレフは追加発言を求め、ソ連は十八ケ国各国の加盟の決議案を提出した。（決議案追電する）。

五、中国（十分蔣）

㈠理事会は手続規則三十二条に従い、中国提出の決議案（十三国加盟案）を先ず審議すべきである。然し十三国の順序はアルファベット順でもその他理事会にて合意し得るものにて差支えない。

㈡中国は本件処理のため憲章の範囲内で最大の努力をする。

六、米国（五分ロッジ）は極めて簡単にアドホック委員会における発言要旨を繰返したが、ソ連及び中国の手続上の議論には言及しなかつた。

七、ニュージーランド（十分マンロー）は先づ十八ケ国の加盟に賛成投票すること、総会決議は憲章に違反しないこと及び各国別投票には反対しないが、これが多数の要望による十八ケ国加盟を阻害する危険もあることを述べた後、次の趣旨のニュージーランド、ブラジル共同決議案を提出した。

安保理事会は（中略）個別に（空欄）（十八ケ国国名を申請順に列記）の加盟申請を審査した後、総会に対し上記諸国の加盟を勧告する。

マンローはロッジの質問に答えこの決議案は各パラグラフ別に投票し、しかも十八ケ国の国名を列記してある箇所は各国別に投票を行い、最後に決議案全体としての投票を行わんとするものであると説明した。更にニュージーランドは総会においても同様な手続を取るかとのソボレフの質問に対し総会の取るべき手続は総会の決定に待つと答えた。

米に転電した。

342 昭和30年12月10日 国際連合日本政府代表部加瀬大使より重光外務大臣宛（電報）

安保理においてニュージーランドが提出した決議案

ニューヨーク　12月10日後5時45分発

本　　　省　12月11日前8時21分着

第四六一号（至急）

ニュージーランドの決議案

The Security Council, noting resolution A/RES/357 adopted by General Assembly on 8 December, 1955 in which Security Council was requested “to consider in light of general opinion in favor of widest possible membership of UN the pending applications for membership of all those eighteen countries about which no problem of unification arises”, having considered seperately applications for membership of Albania, Mongolian People’s Republic, Jordan, Ireland, Portugal, Hungary, Italy, Austria, Rumania, Bulgaria, Finland, Ceylon, Nepal, Libya, Cambodia, Japan, Laos and Spain, recommends to General Assembly admission of above-named countries.

米に転電した。

343 昭和30年12月10日 国際連合日本政府代表部加瀬大使より重光外務大臣宛（電報）

安保理においてソ連が提出した決議案

ニューヨーク　12月10日後6時45分発

本　　　省　12月11日前11時54分着

第四六三号（至急）

往電第四六〇号に関し

ソ連決議案左の通り。

Admission of New Members

Union of Soviet Socialist Republics Draft Resolution.

The Security Council,

Bearing in mind General Assembly Resolution A/RES/357

of 8 December, 1955 on admission of new Members to United Nations,

Resolves to examine applications for admission to United Nations of eighteen states referred to in said General Assembly Resolution in chronological order of their receipt on understanding that Council will take a separate decision on each application and will begin to consider each application after General Assembly has completed its consideration of Security Council's recommendation on the preceding application,

Empowers the President of Security Council to reach agreement with President of General Assembly concerning above-mentioned procedure of examination of applications.

米に転電した。

~~~~~~~~~~~~~~~~~~~~

344　昭和30年12月10日　国際連合日本政府代表部加瀬大使より重光外務大臣宛（電報）

ソ連による各国別の決議案

ニューヨーク　12月10日後7時34分発
本　　　　省　12月11日前11時50分着

第四六五号

往電第四六〇号に関し

ソ連各国別決議案次の通り。

Admission of New Members

Union of Soviet Socialist Republics Draft Resolution

The Security Council, having examined the application of（国名）for admission to membership in the United Nations, recommends to the General Assembly to admit（国名）to membership in the United Nations.

米に転電した。

~~~~~~~~~~~~~~~~~~~~

345　昭和30年12月10日　国際連合日本政府代表部加瀬大使より重光外務大臣宛（電報）

ニュージーランド案とソ連案をめぐる各国の応酬

ニューヨーク　12月10日後9時52分発
本　　　　省　12月11日後3時53分着

第四六六号（大至急）

一、安保理事会は三時半再開先ずマンロー（ニュージーランド）代表より午前のソ連代表の質問に対し総会は圧倒的多数により議決したのであるからこの決議に応じて安保理事会において勧告を行えば総会においても右勧告に従い措置されることは疑を容れないと述べ、次いでブラジル代表はニユージーランドとの共同提案は一国毎に投票を行うものであるから憲章及び司法裁判所の勧告に反しない旨を述べた。イラン代表はニユージーランド、ブラジル案に賛成し十八カ国全部に対し一国毎に賛成投票する旨を述べ、更に同案を他の決議案に優先して投票することを主張した。ペルー代表はニユージーランド、ブラジル案を優先されることに賛成した。

二、右に対しソ連代表はニユージーランド案は本件解決のための実質に触れるものであり同案を優先させることは出来ないソ連は安保理事会に対しその意思を総会に押付けよと云うのではないか安保理事会の意思を総会において保証する方法を見出すことが必要である、現に総会における審議に際しカナダ案に賛成することは必ずしも十八カ国の夫々について賛成する意味ではないとの留保的態度をとつた国がある。右の理由によりソ連案を最も適切と考える旨述べた。

三、ベルギー代表は一九四八年の国際司法裁判所の勧告に従い、一国別の投票を要求した。

四、次いで議長がニユージーランド案優先審議要求に言及せんとした際、ソ連は発言を求め、ソ連手続案を何故先議しないのか、ニユージーランド案にては十八箇国全部の加盟を保証するものでないから反対である旨を述べた。

五、これに対しイランは次のように反駁した。

㈠ソ連は不審の念を抱いているが、かかる不審の念を自分の方でも押し進めるとアルバニアを総会が承認した後、理事会のメンバーがその他の国に対し反対しないという保証はないではないか。

㈡国際司法裁判所の選挙の場合には、総会は討議なしに投票するのみであるが、加盟問題に関しては当然討議が行われるから、ソ連案のごとく理事会と総会を併行的に開いても、総会の討議中理事会は何事もなし得ず、時日を空費するのみで実際的でない。

六、英国もソ連案に反対し、ソ連の懸念する棄権は総会においては必要賛成票数を減らすだけの効果しかなく、一方既に五十二国がカナダ案に賛成し、立場を明らかにしているのではないかと述べた。

七、ペルーもこれを支持し、五十二国中特定国に対し reservation を有する旨発言したのは五国のみであり、四七国は賛成していると述べた。

八、最後にソ連が三度発言し、イランは理事会における投票につきソ連の保証を求めたが、ソ連の態度は累次の声明により明らかであり、またソ連の承知するところでは、特定国に対し reservation を表明した国は二十に上つていると反駁した。

米に転電した。

346　昭和30年12月10日　国際連合日本政府代表部加瀬大使より重光外務大臣宛（電報）

モンゴルの得票と拒否権行使の結果予想に関する中国の誤解解消につき意見具申

ニューヨーク　12月10日後9時52分発
本　　　省　　12月11日後3時49分着

第四六七号（至急）

台北発貴大臣宛電報第三八〇号に関し外交部長の談話には、台湾政府として、もつともと思われる点も多々あるが既電の如く外蒙が安保理事会において七票を獲得しうる事は既に確実と認められおるのみならず（現にソ連もこの点は懸念しおらず、総会において三分の二の票数を確保することに専ら努力を集中しており往電第四六〇号の提案もその目的に出ている）九日の理事会における各国代表の発言もこれを立証している。従つてこの点は当地の蔣代表が誤報を送つているものと思われるが、トルコ・ペルー等が棄権を同代表に内約するが如き事が全く有り得ない次第は本省においても御承知の通りである。然し右にもまして恐るべき誤解は拒否権を行使しても台湾政府が国連における議席を失う惧れなしとする点であつてクレデンシャルをレビユーして同政府を総会より放逐するには安保理事会と関係なく三分の二の投票（単純多数でも可なりとの意見ある）を以て決定し得ると云うのが定説であり然もその場合はカナダ案支持国が速かに臨時総会を開いて総会及び各理事会より台湾政府を追放せんとの気構えを示していることは周知の事実である。右のように台湾政府は㈠外蒙の得票と㈡拒否権行使の結果につき二重の誤解を侵しているやに認められるところ、この重大なる危機に懸る安易な態度をもつて望むことは台湾政府自身にとつても甚だ不幸であり、しかもこれにより日本のみならず多数国の加盟が阻止されることは心外の至りと申す他ない、この期に及んで台湾政府の翻意を促すことは或は至難かとも察せられるが、安保理事会も十三日まで休会した事でもあり、せめて上記の誤解を解く機会もあらば、何卒折角御高配を賜りたい。なお国連関係国においても拒否権行使の結果につき台湾政府に共同警告を発する案につき協議中である。

米に転電した。

(台湾へ転電した。)

347 昭和30年12月12日 重光外務大臣より 在中国宮崎臨時代理大使宛(電報)

中国の誤解解消とともに拒否権放棄を再度申し入れ方訓令

本省 12月12日後0時55分発

第三二四号(大至急)

加瀬大使来電第四六七号に関し

外蒙は安保理事会において七票以上獲得することは十日の理事会においても明らかとなりたること、又、中国が拒否権を行使した場合の同国の代表権問題に対する各国の動き等については冒頭電報の次第あることも伝え、これらの諸点に関する国府の誤解を解かれると共に、明後日、安保理事会再開迄に国府が外蒙に対する拒否権を行使せざるよう、翻意方今一度、要請されたく、その場合わが国の加盟実現の際は、中国代表権につき、米国等と歩調を合わせる用意あることを申入れられ差支へない。

348 昭和30年12月12日 重光外務大臣より 国際連合日本政府代表部加瀬大使宛(電報)

中国に棄権を選択させる方策に関する情勢調査方訓令

本省 12月12日後3時10分発

第二五八号(大至急)

貴電第四六一号に関し

本案が表決に付せられる場合para一にも十八国とあるのに対し、中国が如何に出るか、次にpara二の国別表決で外蒙につきVETOしてもpara二全体についてまでVETOする肚ありや、更にpara三及び最後に案全体の表決に際し如何出るか等、本案の表決手続とも関連し、上記各場合の全体の表決に際して国府が棄権すれば同国の面子を保ちつつ譲歩の余地なきにもあらずと考えられ、本案を示唆せる英国が楽観しおることとも考え併せ、この点についても種々工作中のこととは存ぜられるも、この辺に打開の余地なきや情勢折返し回電ありたい。

台北に転電した。

〰〰〰〰〰〰〰〰〰〰〰〰〰〰〰〰〰〰〰〰

349　昭和30年12月12日　重光外務大臣より在米国井口大使宛(電報)

アリソン駐日米国大使に改めて日本の加盟に向けた米国政府の尽力を要請した旨通報

本　省　12月12日後7時0分発

第一三四九号(大至急)

十二日午後アリソン大使を招き、今度の国連総会はわが国の加盟にとり絶好の機会と思われ、もしこの機会を逸することとならば、日本国民の失望はその極に達すべく、これまで米国政府の好意ある態度を承知し感謝しおるも、なお十分この点を今一度米国政府に印象付け、この上尽力あるよう願うと述べ、アリソンは直ちに左様取運ぶ旨答えた。

台北に転電した。

ニューヨーク国連へ転電ありたい。

〰〰〰〰〰〰〰〰〰〰〰〰〰〰〰〰〰〰〰〰

350　昭和30年12月12日　在中国宮崎臨時代理大使より重光外務大臣宛(電報)

中国は拒否権行使の影響を十分検討済みとの外交部次長の談話

台　北　12月12日後10時19分発
本　省　12月13日前7時46分着

第三八四号(大至急)

貴電第三二四号に関し

葉外交部長多忙の為十二日中に面会出来ずとのことに付陳次長と会見拒否権行使の結果関係各国の取るべき動き等に関する加瀬大使発貴大臣宛電報第四六七号の内容を伝え特

に代表権問題の表決手続について先方の注意を喚起したところ同次長は国府は当初は拒否権行使の影響を考えず拒否権行使の方針を決定したのは事実であるが、その後その総ゆる影響について充分に研究ずみであり、国府がクレデンシャルを奪われて国連の議席を失う羽目に陥ることも良く承知しているが、元来国府が国連にあつて有効活動をなし得るは大国の支持があつて初めて可能である、これを失う以上は国連に止まるもその意味がない、又実際問題として十八ケ国を入れた場合も中共支持国の比率を増す結果となり、代表権問題については敗北を喫する蓋然性があるので寧しろ国連憲章の規定と反共と云う根本国策に飽くまで則り拒否権を行使する方が国民及び華僑の支持を繋ぐ上にも有利であり同時に国府の歴史を汚さない所以であると確信する。実は米国も拒否権行使の結果について国府が充分認識しないと思つていたらしく屢々右を説明して翻意方を勧めたが今日では国府が右に述べたような考え方を基にして拒否権に対する態度を決定していることを承知したと思う。安保理事会がショウダウンを延期し舞台裏工作の時間を作るのでサスペンスの状態が長引くのは困りもので我々はむしろ早く黒白が決るのを望むと述べた。

国連及び米へ転電ありたい。

351 昭和30年12月12日 国際連合日本政府代表部加瀬大使より重光外務大臣宛(電報)

ニュージーランド案での議事進行に向けた五十二国による秘密会開催について

ニューヨーク 12月12日後3時59分発
本　省 12月13日前8時26分着

第四七一号

往電第四六八号に関し

一、ソ連は総会に於て外蒙以下の共産国が三分の二を獲得することにつき保証を要求しおり之を満足させるために英国、印度、カナダ、ニュージーランド各代表は種々奔走していたが一応の見通しがついたので本十二日午後二時半よりカナダ案を支持した五十二ケ国代表が全員出席して秘密会を開き協議することになつた。マサ総会議長及びハマショルド事務総長も出席する。

二、ソ連は棄権を警戒していること既に電報置きのとおりであつて少くとも四十ケ国の保証を要求している様子であるが、カナダ案共同提案国の二十八ケ国にソ連ブロック五ケ国を加えれば三十二《(ママ)》ケ国となり四十国をラインアップすることはさして困難に非らず、然も棄権が多ければソ連の必要とする票数も之に応じて減少するはずであるから大体話合は成立するものと見られており（カナダ代表内話）、之が成立すれば明日の安保理事会においてはニュージーランド案に従い議事を進めることとなる。

米、英へ転電し仏国、カナダへ転送した。

352　昭和30年12月12日　国際連合日本政府代表部加瀬大使より重光外務大臣宛（電報）

五十二国参加秘密会の紛糾ぶりに関するオーストラリア代表の本国への報告

ニューヨーク　12月12日後9時32分発
本　　　省　12月13日後2時10分着

第四七三号（至急）

オーストラリア代表は秘密会の開かれることに対し著しく不満であるが、同代表より特に本国政府あて電信の内示を受けたので、その要旨御参考まで。

一、本日午后突然カナダ、エクアドル、インド三代表連名の要請により五十二国秘密会が催された。

二、エクアドル議長となりマーチンより Friendly exchange of views を行ないたしとの挨拶あり、十八国に賛成投票の確認を求めた。

三、ブラジル代表は右が安保理事会に対するプレシユアとなることを惧れると警告し、本代表（オーストラリア）は十八国案を支持の態度は変らぬが、この種会合を開いて確認を求めることは変則なる旨を強く指摘し、ニュージーランドも同趣旨を発言した。英国代表は英国の方針は既に公開の席上で明示してあると述べた。

四、この間留保的発言をするものもあり会議は紛糾したので、マーチンは窮余の策として議長に対し参集諸国が従来通り十八国案に賛成投票する旨を確認する様勧め、メノンこれを支持したが、議長は単にユニバーサリテイーを云々するのみで空しく散会した。

353 昭和30年12月12日　国際連合日本政府代表部加瀬大使より重光外務大臣宛（電報）

中国に棄権を促すためにニュージーランドと英国が想定する投票方法について

ニューヨーク　12月12日前10時19分発
本　　　省　12月13日後1時28分着

第四七五号（大至急）

貴電第二五八号に関し

一、ニュージーランド案は元々英国が作成したものであり同代表部及びニュージーランド代表部における投票方法に関する作戦は左の通りと見られる。

(イ)第一項は手続的前文に過ぎず中国は棄権し得る。

(ロ)第二項は先ず一国毎に投票し、中国が外蒙に対し反対投票を行つた場合には第二項が手続的事項なりや実質事項なりやの問題を採上げる。即ち having considered とのみあり consider するが結果は第三項において初めて実質的に採上げられるのであるから、仮令中国が外蒙に対し反対投票しても拒否権行使にあらずと見做す趣旨である。他方一九四六年サンフランシスコにおける米、英、ソ、中国四国宣言により審議の対象が手続事項なりや実質事項なりやを決定する際にも拒否権は行使し得ることとなつているが、右は議長が rule out し得るとの立場をとつている。右の如く第二項全体を手続的規定と見做して中国の拒否権行使を防ぐと共に、ソ連側よりの拒否権行使をも抑え第二項全体としての投票も手続事項であるとの建前の下に、中国が棄権することを望んでいる。

(ハ)第三項は唯一の operative para であり、本項に中国が反対投票を行う場合は、外蒙のみならず他の十七国にも拒否権を行使することとなるので、その意味において中国に圧力を加えんとするものである。

二、右一、の考え方に対しカナダ代表部においては第二項を手続事項と見做すことは困難と見ており、米国、フランス、ベルギーがニュージーランド案に賛成したのは同案が各国別に実質審議を行う建前となつているからであり、この意味において如何に議長が rule out せんとしても無理であり、万一中国が外蒙に対し反対投票した場合には、即拒否権の行使とならざるを得ぬ、ソ連も爾余の国に対しては右の建前の下に投票するものと見ている。

三、十日午後の安保理事会において中国代表はニュージーランド代表に対し第一項の noting なる字句はカナダ決議案を積極的に approve する趣旨か又は単に note する趣旨なりや質問し、若し前者の意味ならば中国は反対投票せざるを得ない旨を述べ、又第三項の above-named countries なる字句は、十八ケ国全部を意味するや又は第二項において favorably に consider された国のみ意味するやと質問したところ、ニュージーランド代表は右に対し明答を避けた経緯あり、中国代表部においても投票方法につきても種々検討しおるもののようである。

四、冒頭貴電末尾に関しては中国としては一応形式上は veto するも実質的には veto しないこととなり実際問題としては右三、末段の如く困難かとも考えられるが最後まで機会を見て工作致すべし。

354　昭和30年12月13日　在中国宮崎臨時代理大使より重光外務大臣宛（電報）

中国は断固拒否権を放棄せずとの葉外交部長の明言

台　北　12月13日後8時40分発
本　省　12月13日後10時29分着

第三八六号（大至急）

往電第三八四号に関し

十三日「ララコエチア」スペイン代理大使と事前打合せの上同道、葉外交部長を往訪し、国府は国連脱退を考慮し居るやの風説あるところ、若し然らば思い切つて理事会に於て拒否権行使の已むなきに至る一歩手前で walk out を敢行することとされまじきや、斯くすればある程度面子を保ち主義主張にも徹底しつつ将来国連復帰の途を開き置くを得べく、暫らく時を措いて国内与論の沈静を待ち其の間国連内の方は国府復帰を待つこととせば国府は国連内の友邦を失うことなくひいては中共が国連に加入することを防止し得べし、恐らく右が中共加入を防ぐ唯一の方法たるべしと説いたが、同部長は先ず国府は walk out の意思全然なしと明言し、モスコーに於けるピアソン、モロトフ間の取引以来のパッケイジ・デイル案の経緯を述べ、国府は拒否権行使の一切の影響を検討済で代表権問題で中共が国府に取つて代る可能性及び中共が新たなる加盟国として国連に「二つの支那」が席を並べる可能性も読み込み済みであるが、外蒙加入を許すことは国府の存立を脅かすと確信するにつき拒否権をもつて対抗せざるを得ないと答えた。更に本官よりソ連は今次のパッケイジ・デイルを第一歩として究極においては中共代表を理事会にすわらせんことを目標としており国府が拒否権を行使することはみすみすソ連のもうけた罠に陥るものではないか、即ち国府は憲章の規程や反共政策に拘わり過ぎ、外蒙の加入を嫌うの余りかえつて中共を国連に引き込む結果を招来せんと述べたところ、同部長は現に理事会改組案もあり何時まで国府が常任理事国たり得るや分らず、貴使等の本日の御訪問は国府の地位を顧慮され好意に発したものとして多とするが止む得ざれば拒否権を行使するとの立場は不変である事を本国政府にお伝えありたいと決然と答えた。

国連と米へ転電ありたい。

〰〰〰〰〰〰〰〰〰〰

355　昭和30年12月13日　国際連合日本政府代表部加瀬大使より重光外務大臣宛(電報)

安保理におけるニュージーランド案等をめぐる審議経過

ニューヨーク　12月13日後3時14分発

本　　　　省　12月14日前7時24分着

第四八三号(大至急)

十三日安保理事会は十一時より一時間半開催、審議概要次の通り。

一、ソ連(ソボレフ)

ソ連はソ連提案の手続が好ましいものと考えるが、ニュージーランド、ブラジル共同提案が多くの代表により支持されている事実を認める。ソ連は共同提案は安保理事会が総会に対し単一の勧告をするものと了解する、但し総会がこの勧告に変更を加える場合には、提案の性質が変更されるから、安保理事会で再審議すべきである、以上の理由によりソ連提案の手続を固執しない。

二、英国(ディクソン)

英国はアジア六国と欧州七国を完全に支持する。ソ連衛星国の五国に対しては賛成投票をするが、これは英国がこれ等の政府に好意を認めたことを意味しない。英国がこれ等の内特に外蒙とアルバニアに対しreservationを有するにも拘わらずこれに投票するには、外蒙についてはインドが外交関係を樹立したこと、アルバニアについては既に「コルフ」事件より九年を経過していることを考慮したためである。

三、中国（蔣）

(一)ニュージーランド、ブラジル共同提案のテキストに対する態度は次の通りである。

第一項はアドホック決議の承認を意味せず、単に事実を記したものであると云う解釈の下に反対しない。第二項は中国提案の南鮮及び南ヴィエトナムを含んでいないこと、国名順序が従来のソ連の主張をその儘入れたものであること、十八国然らざれば否の態度であることの理由により支持出来ない。第三項はpackage dealを適法化せんとするもので反対である。従つてニユージーランド提案を優先審議せんとするイランの提案も支持出来ない。

(二)中国は国連加盟国にuniformityを求めないが最低限の共通目的は必要であると考える。これは平和愛好国なること国家間の主権並びに基本的人権及び自由の尊重である。国連はこの最低限の共通目的に反することを行つてはならない。鉄のカーテンの彼方で苦しんでいる人民の問題に比べれば其の他の国連の扱つている事項は重要性なしと云つて良い位である。最後に中国代表は右演説後追加発言を求め共同提案第二項に南鮮、南ヴィエトナムを加わえる修正案を提出した。

次いで議長はイラン提案に基きニュージーランド、ブラジル提案を優先審議すべきか否かを表決に付し賛成八、反対一（中国）棄権二（米国、ベルギー）で共同提案を優先審議すべきことを可決した。その後トルコより中国修正案の重要性に鑑み午後三時迄休会することを提議賛成八、反対二（ベルギー、ソ連）棄権一（ニュージーランド）にて休会した。

米に転電、仏、加に転報した。

356　昭和30年12月13日　国際連合日本政府代表部加瀬大使より重光外務大臣宛（電報）

中国によるモンゴルへの拒否権行使につき速報

第四八四号(大至急)

ニューヨーク　12月13日後4時42分発

本　　　省　12月14日前7時15分着

往電第四八二号に関し

中国は午後四時二十五分外蒙に対し拒否権を行使した。

冒頭往電通り転電、転報した。

357　昭和30年12月13日

国際連合日本政府代表部加瀬大使より

重光外務大臣宛(電報)

安保理での審議ぶりと加盟決議案が否決された経緯

ニューヨーク　12月13日後6時48分発

本　　　省　12月14日前10時45分着

第四八六号(大至急)

往電第四八三号に関し

三時十五分再開。先ずニュージーランド代表は中国の修正案に対し、この際韓国と南ヴェトナムの二国を追加することは総会の決議に副わず、それだけ加盟問題解決のチャンスを減ずることとなる故、我々の崇高な共同の目的のために、右修正を撤回されたき旨強く要請した。右に対しロッジ米代表は韓国は朝鮮戦線における五十二パーセントの人員を供給した国であり、南ヴェトナムと共に加盟の資格あり、安保理事会は今回の総会の決議に重点を置くべきであるが、総会の意見とは独立に行動し得る旨を述べた。次いでディクソン英代表は今回の総会の決議に韓国及び南ヴェトナムが加えられなかつたのは右がデッド・ロックを破るために実際的と考えたためであるが、昨年総会の決議が現在なお有効であるのに鑑み、英国は右二国に賛成投票すると述べた。中国代表は十八国案に賛成できないのは、韓国及び南ヴェトナムを侵略した一国(外蒙)が含まれているためであり、中国としては Ich kann nicht anders. との立場をとらざるを得ないと述べ、次いで仏代表は韓国、南ヴェトナム両国に賛成投票すると述べた。ソ連代表は中国の提案は修正案にあらず、ニュージーランド案を体よく葬るための新提案であり、外蒙に対する根拠なき非難は何等権利なくして安保理事会に中国の席を占めている代表により行われたものであり、右代表の理事会における生命は時間の問題であり、かかる代表の発言を容れる必要毫もなしと述べた。次いでトルコ代表は十八国案及び韓国、南ヴェトナムに賛成投票する旨述べた。

議長は採決の方法に関し、第二項を membership of と、それ以下に分け membership of の後に韓国と南ヴェトナムを加える旨を述べた。右に対し、ソ連代表は右二国の表決はスペインの後とすべき旨を主張した。議長は手続規則三十六により membership of の後に行うのが適当と考えると述べ rule out せんとしたが、ソ連代表は十八国が申請順序ならば、これ等二国も右の方法に従い韓国はセイロンの後に、南ヴェトナムはネパールの後え入れるべき旨を主張した。中国代表は議長案を支持し、議長は前言を繰返したが、ソ連代表は譲らず、議長はソ連案を採決に移すべきや議場に諮つたところソ連代表はソ連は二国を十八ケ国に加える旨提案をしておらず。従つて右は修正を提案しているものにあらず、単に右二国の投票の時機について手続的動議をなしていると説明した。表決の結果賛成ソ連、棄権トルコ、イラン、反対八にてソ連動議は否決されニュージーランド案の採決に入つた。第一次賛成八反対なし棄権三(米、白、中国)。第二次 membership of まで賛成九、反対なし棄権二(米、中国)。韓国賛成九、反対一ソ連ＶＥＴＯ棄権ニュージーランド。南ヴェトナム賛成九、反対ソ連《（一欠カ）》ＶＥＴＯ棄権ニュージーランド。

アルバニア賛成七、棄権四(米、仏、白、中国)

外蒙、賛成八、反対一(中国ＶＥＴＯ)棄権米、白

ロッジ米代表は此処で point of order により十七国につき投票する案を提出したが、議長は voting の途中である旨をもつて右を拒否した。

ジョルダン	賛成一〇	反対ソ連ＶＥＴＯ
アイルランド	賛成一〇	反対ソ連ＶＥＴＯ
ポルトガル	賛成一〇	反対ソ連ＶＥＴＯ
ハンガリー	賛成　九	棄権、米、中国
イタリー	賛成一〇	反対ソ連ＶＥＴＯ
オーストリア	賛成一〇	反対ソ連ＶＥＴＯ
ルーマニア	賛成　九	棄権二(米、中国)
ブルガリア	賛成　九	棄権二(米、中国)
フィンランド	賛成一〇	ソ連ＶＥＴＯ
セイロン	賛成一〇	ソ連ＶＥＴＯ
ネパール	賛成一〇	ソ連ＶＥＴＯ

リビア　賛成一〇　ソ連ＶＥＴＯ
カンボジア　賛成一〇　ソ連ＶＥＴＯ
日本　賛成一〇　ソ連ＶＥＴＯ
ラオス　賛成一〇　ソ連ＶＥＴＯ
スペイン　賛成　九　ソ連ＶＥＴＯ　棄権ベルギー

次いで Paragraph 2 as amended 即ちアルバニア、ハンガリー、ルーマニア、ブルガリアのみを残した形にて表決、賛成一(ソ連)、反対四、トルコ、中国、ブラジル、ペルー、棄権六にて否決。第三次は総会に勧告する国なきためＶＥＴＯせず議長は決議案全体として葬られた旨言明した。

次いで投票の説明に入り、ソ連代表は投票の説明において今回の成功を阻害したのは誰れか、正に安保理事会に権利なくして坐つているものが正に責任者である。この事実について安保理事会理事国は真剣に考えるべき旨、責任者は処罰せらるべき旨述べた。米国ロッジ代表は右ソ連代表の言に対し反駁、本日ソ連代表の行つた十六(十五カ)の拒否権行使を見るも明らかであり、ソ連が十八か零かと言う脅迫を押付けなかつたならば今日既に十七国の加盟が実現していた旨述べた。

ニュージーランド代表は総会の決議に則り出来る限りの努力をしたが一方において大国間に完全な了解がなかつたため、他方或る国は加盟問題に関し頑迷な態度をとつたために不成功に終つたことを遺憾とする。然しながら国連が目下当面する最大の危機は総会の大多数の意志により近く解決されることを祈る旨、更にニュージーランドは中国の修正を残念に思う旨述べた。

英国代表は拒否権は加盟問題については行使すべきにあらずと云うのが英国政府の確信であり、英国は今会期において加盟問題解決のためあらゆる努力をしたが、本日又二つの国が拒否権を行使したのを遺憾とする旨述べた。ソ連代表は米国は自分が棄権したのみでは外蒙の加盟を阻止し得ないので国府をして拒否権を発動せしめたと攻撃し、国連はあらゆる異なる政治社会組織の国を網羅すべきであり、安保理事会にはソ連の十八ケ国の加盟案が未だに提出されている旨述べた。六時閉会。

冒頭電の通り転電、転報した。

358　昭和30年12月14日　重光外務大臣より国際連合日本政府代表部加瀬大使宛（電報）

代表部の努力を多とし日本の支持国に謝意表明方訓令

本　省　12月14日前10時55分発

第二六一号（大至急）

今会期中にわが国の加盟実現せざりしは誠に残念なるも、貴使はじめ館員の並々ならぬ努力は本大臣の深く多とする所である。引続き御尽力を御願する。

なお、わが国を支持した諸国及びカナダ、タイ（その他貴使御裁量にて）代表等に対し取敢えず貴使より深甚の謝意を表明すると共に引続き支持方要請おきありたい。

359　昭和30年12月14日　国際連合日本政府代表部加瀬大使より重光外務大臣宛（電報）

近い将来の加盟実現を確信し引き続き努力する旨回電

ニューヨーク　12月14日後1時20分発

本　省　12月15日前9時26分着

第四八七号

貴電第二六一号に関し

早速御懇電に接し部員と共に謹んで拝謝す。

今会期中に加盟問題の解決を要請する気運はカナダ案に対する圧倒的支持となつて表明せられ、ソ連がこれに同調し、米国もまた遅ればせながら追随するに至つて、わが国民の宿願は漸く達成せられんとするかに見えたが、最后の瞬間に至り、台湾政府の拒否権行使によりすべてが画餅に帰したのは遺憾の極みである。さりながらこの間貴大臣御指揮の下に、本省が終始適切機敏なる措置を執られ、右に応じてわが在外外交機関が水も洩らさぬ協力を示されたことは、元来微力なる本使等にとつて絶大なる活動力の源泉となつた次第であつて、その余恵により日本代表部の健在なることを国連内外に更めて認識せしめた事実はせめてもの収穫であつたかと思う。現に十八国の申請国中わが政府の如く熱心且つ効果的に活躍したものはなく、この点は関係国代表が一致して認めるところであつてそれだけ日本のプレスティジも向上した模様であるが、これは不日加盟した後のわが国の地位にも自然影響を齎すものと信ずる。特に国会決議は然るべき時宜を得たものであつてその後も右に対して敬意を表する代表(英国、メキシコ、インドネシア等)は少くない。加盟問題が今後いかなる推移を辿るかは目下のところにわかに予断し難いが、早期解決は今や世界の与論であるから、貴大臣の談話の通り、近い将来に実現することは確実と信ぜられ、本使等もあらゆる機会を把えその促進にこの上とも全力を傾注する決心である。なお御来示のように関係国代表には適宜謝意を表して置いたが、貴大臣よりもよろしく御措置下されたく、その際は特にカナダ、英国、米国、ニュージーランド、タイ、ペルー、オーストラリア、インドに安保理事国と共に御留意頂きたい。

360 昭和30年12月14日 国際連合日本政府代表部加瀬大使より重光外務大臣宛(電報)

ソ連による安保理招集要求について

ニューヨーク 12月14日後1時13分発
本　　　　省 12月15日前7時8分着

第四八八号(大至急)

十四日ソボレフソ連代表は加盟問題再審議のため本日中急速に安保理事会を招集するよう要求したが午後四時頃開催の模様他方メノン代表は本件を総会にて取上げる方針の下に工作中で目下総会議長事務総長と折衝している。

361 昭和30年12月14日 国際連合日本政府代表部加瀬大使より重光外務大臣宛(電報)

安保理開催の決定につき報告

ニューヨーク 12月14日後2時49分発
本　　　　省 12月15日前7時9分着

第四八九号(大至急)

往電第四八八号に関し

安保理事会は午后四時開催に決定した。

362 昭和30年12月14日 国際連合日本政府代表部加瀬大使より重光外務大臣宛(電報)

ソ連提案の背景についての観測

ニューヨーク　12月14日後4時35分発
本　　省　12月15日前8時48分着

第四九〇号（大至急）

往電第四八九号に関し

一、ソ連が如何なる提案をするか目下種々の臆測が盛に行われて居るが一般に或る種の条件の下に外蒙を除外する提案をするものと見られて居る、右の条件はスペインを除外する十六ケ国らしいとの取沙汰もあるが此の場合は安保理事会は兎も角として総会を通過するか甚だ疑わしく結果から見れば加盟問題を破壊した責任の転嫁を廻るマヌーバーとなる公算が大いやに見受けられる。他方オー《ママ》ザミアーテインソ連参事官は北原に対しソ連としては十八ケ国案は依然スタンドして居るとの見解であると述べて居る。何れにせよソ連提案が何等かの建設的要素を含むものならば一時休会を要求するようエンテザーム代表に依頼して置いた。

二、メノンは安保理事会の結果を早目に総会に勧告することを要求（その機会に台湾政府追放の伏線を張る意図と解されて居る）し総会議長は右をアジエンダに記載することを公表した。

363　昭和30年12月14日　国際連合日本政府代表部加瀬大使より重光外務大臣宛（電報）

ソ連の新提案に対処すべく工作中の旨報告

ニューヨーク　12月14日後4時20分発
本　　省　12月15日前6時55分着

第四九一号（大至急）

往電第四九〇号に関し

一、スペイン、外蒙を除外する時は総会に於て三分の二の多数を確保することが困難（中南米の反対に依り）との見透しの下に日本、外蒙を除く十六国案にソ連が戦法を変更し日本の加盟に関しては

(イ)日ソ間の平和条約成立まで或は

(ロ)明年まで見合せるとの案に代え右案にてマリクは各国の了解を求めつつあり、右案は直ちに当地ラジオにて放送された。

二、米国代表部に対しては既に所要の措置を執った。同代表部としてはソ連が恐らく衛星国四国に対し三分の二の多

数を確保する様何等かのコミットメントを求めるとの見透しの下に斯るコミットメントを絶対排除する方針にて動き居り、当代表部も右と協力し目下工作中。

三、時間切迫し居るも在米大使館を通じて米国政府にも然るべく依頼した。

米に転電した。

〰〰〰〰〰〰〰〰〰〰

364　昭和30年12月14日　国際連合日本政府代表部加瀬大使より重光外務大臣宛（電報）

ソ連の日本以外の各国に対する拒否権撤回表明

ニューヨーク　12月14日後4時30分発
本　　　省　12月15日前6時55分着

第四九二号（大至急）

往電第四九一号に関し

ソボレフは日本を除く各国に対する拒否権を撤回すると提案した。

（四時二十五分）

米に転電した。

〰〰〰〰〰〰〰〰〰〰

365　昭和30年12月14日　国際連合日本政府代表部加瀬大使より重光外務大臣宛（電報）

日本とモンゴルの加盟を先送りにするソ連の新決議案について

ニューヨーク　12月14日後5時0分発
本　　　省　12月15日前6時58分着

第四九三号（大至急）

往電第四九二号に関し

開会劈頭ソボレフ代表は日本と外蒙の加盟については来年の総会まで延期しその間右二国の加盟のために加盟国は努力するとの建前のもとに次の決議案を提出した。

Security Council bearing in mind resolution adopted by General Assembly on December 8, 1955.

Having considered separately the application for membership of Albania, Jordan, Ireland, Portugal, Hungary, Italy, Austria, Rumania, Bulgaria, Finland, Ceylon, Nepal, Libya, Cambodia, Laos, and Spain.

Recommends to the General Assembly the adminission of above named country《(countries カ)》.

〰〰〰〰〰〰〰〰〰〰

366　昭和30年12月14日　国際連合日本政府代表部加瀬大使より重光外務大臣宛(電報)

ソ連案に日本を追加した米国案がソ連の拒否権行使により否決された旨報告

ニューヨーク　12月14日後6時0分発
本　　　省　12月15日前8時53分着

第四九四号(大至急)

往電第四九三号に関し

米国代表はソ連十六カ国案に日本を追加方提案、ソ連代表は十六カ国案は全体として一となすものであるとの理由の下に米提案に反対、米国、ブラジル、トルコ、ペルー各代表は米案を支持、ソ連代表は反対投票するが、右は日本の加盟に反対の意味ではなく、日本の加盟を来期まで延期する意味なる旨説明し、次いでフランス、中国代表も日本の即時加盟を希望し日本の追加は承認された。次いで米国提案を容れたソ連案の投票に入り、第一項に関しては賛成八、棄権米国、ベルギー、中国、第二項の application for membership of までについては賛成九、棄権米国、中国、次に日本に関しては賛成一〇、ソ連拒否権行使、日本を除く他の十六国は総て承認される見込み。(五時三十分)

米に転電した。

367　昭和30年12月14日　国際連合日本政府代表部加瀬大使より重光外務大臣宛(電報)

米国による第十一回総会での日本加盟決議案の提議

ニューヨーク　12月14日後6時0分発
本　　　省　12月15日前8時52分着

第四九五号(大至急)

往電第四九四号に関し

十六カ国承認されたる後米国ロッジ代表は Security Council recommends to General Assembly that Japan be admitted to the United Nations in its eleventh session の決議案を上程、ソ連代表は三十分の休会を要求した。(五時三十分)

米へ転電した。

368　昭和30年12月14日　国際連合日本政府代表部加瀬大使より重光外務大臣宛(電報)

日本の加盟延期を遺憾とするイラン、英国およびニュージーランドの発言

ニューヨーク　12月14日後6時20分発
本　　　　省　12月15日前8時53分着

第四九六号（大至急）

往電第四九四号に関し

投票の説明において、イラン代表は日本加盟が延期されたことを遺憾とすると共に、本日の審議において常任理事国は十一総会において日本の加盟をエンゲージしたことを確認するものであると述べた。英国代表は日本の加盟が本日実現されなかつたことを遺憾とし十一総会において加盟することを希望し、米国代表提案の支持を表明した。ニュージーランド代表は唯一の遺憾なことは日本が残されたことであり、太平洋の隣国の日本が早く加盟することを望む旨述べた。

米へ転電した。

369　昭和30年12月14日　在米国井口大使より重光外務大臣宛（電報）

加盟問題に関し今後とるべき方策につき米国務省員との協議

ワシントン　12月14日後10時20分発
本　　　省　12月15日後0時47分着

第一六七二号（大至急）

国連発貴大臣宛電報第四九一号に関し

十四日午後七時フウーバー国務長官代理の命に依り、シーボルト来訪米国としてはヴアンデンヴアーク決議以来、メムバーシツプ問題に対し拒否権を用いずとの制約の下にあらゆる手を尽したるが、事ここに至りたるは甚だ遺憾にて、ロツジ提案の第十一回国連総会（大統領選挙との関係あり来春になる公算多し）にて日本の加盟を認めんとの決議通過にせめてもの望みをつなぎおる次第なるが、恐らくソ連としては明日の安保理事会に外蒙の追加を持出し来るにあらずやと推測され、国連関係次官補ウイルコツクス等の観測によつてもこれには国府の拒否権発動は必至と見られ苦慮しおる次第なり、重光大臣に対してはアリソン大使より早速事情釈明方、先刻訓電せりと述べたるにつきソ連謀略の裏をかくため、且つ東亜自由諸国の結束のため、難きを

忍んで外蒙に対する拒否権を撤回し日本との抱き合せを考慮せしむること only way out ならずやとサヂエストしたるがシーボルトは時をかせばともかく、今のところその望み極めて少しと答えたり。
国連、中国へ転電した。

370　昭和30年12月15日　重光外務大臣より国際連合日本政府代表部加瀬大使宛（電報）

ソ連の意向を十分調査のうえ米国と協調して善処方訓令

本　省　12月15日後0時30分発

第二六二号（大至急）

次官よりの電話連絡に関し

米国決議案に対しソ連が外蒙加盟と駈引せずそのまま承認する意向が何らかの方法で察知せらるるにおいては、同案の成立を望むこと勿論なるが、若しソ連の意向が不明ならば、英国等の主張にも一理ありと考えられるも当方に於ける情勢判断は極めて困難につき貴地における諸般の情勢を勘案し米国側と十分打合せの上、善処されたい。

371　昭和30年12月15日　在米国井口大使より重光外務大臣宛（電報）

日本とモンゴルの抱き合わせ案に至った場合の中国への拒否権差し控え要請について

ワシントン　12月15日前1時0分発
本　省　12月15日後3時11分着

第一六七三号（大至急、館長符号扱）

往電第一六七二号に関し

明十五日の安保理事会の成り行きは主としてソ連の出方に係る訳なれば元より予断を許さず、加瀬大使において万全の策を講じおることと推察されるもタイミングの関係あり予め最悪の事態を予想し、冒頭往電日本、外蒙の抱き合せ案提起の際国府側の拒否権発動差控え方我方より日台国交の大局的見地より、台湾側にアプローチ出来ざるものなりや、本使としても出来るだけ努力しおるも米側としては過去三回の大統領アピールにて一応諦めおること御承知の通りにて加盟問題打開の last straw として右御詮議相仰ぎたし。

国連、台湾へ転電した。

372　昭和30年12月15日　国際連合日本政府代表部加瀬大使より重光外務大臣宛（電報）

ソ連が開催を要求した安保理の経過と各国の動向

ニューヨーク　12月15日前1時0分発
本　　　省　12月15日後4時53分着

第五〇〇号（大至急）

今朝以来の各国の動きは極めて複雑なりしも取纒めると次の通り。

一、午前総会にて第三委員会報告を審議中議長「マサ」は加盟問題打開のための非公式会合に出席するため議長席を外したがこの途次「マサ」は外蒙を除く十七国案をもつて動いていた、その最中十二時半頃突如としてソ連が安保理事会の開催を要求し四時に開催と決定した。

二、米国は以上の事情を明確に把握しおらざりし模様にて不意を突かれて慌てた様子であつた。

三、ソ連の理事会召集の目的は昨日理事会で行つた十五のveto が不評判で加盟問題解決失敗の責任を負わされる惧れありと見て外蒙とスペインを除き十六国案を提出し米国を窮地に陥れんとしたことにあつたと見られる。即ち二時頃の案ではスペインが犠牲になると云われていたがスペインを除外しては総会にて南米の投票を得られずと考えてスペインを日本と振り替えることとなつた、この間「マサ」議長の意見も影響があつたと見られる。

四、本使が右情報を米代表部に連絡したところ情勢を知らざりし模様にて仮りに安保理事会を通つても総会で潰すことが出来ると思うとのことであつた。然し英国代表は十六国が加盟のチャンスがある以上これに反対することは困難（irresistible）ではないかと述べ、カナダ・マーチンすらこの際日本は本案に対して反対運動をせず自重すべしと忠告し本案成立に賛成する代表が漸次増加する状況であつた。

五、斯かる間に理事会は四時二十分開会されソ連が日本及び外蒙を除く十六国加盟を提案し議長の提議により三十分の休憩に入つた。休憩中ロッジに会つたところ日本を追加する修正案を出すがこれはソ連が拒否するであろう、米国はバンデンバーグ決議案により拒否権を使えないから棄権の外はない、英国その他諸国の態度から見て十六国案は通ると思うがこれはやむを得ない、然し米国としては日本を入れるため出来るだけのことを遣つて見ると述べた。

六、五時十五分理事会再開後米国より日本をソ連案に加える修正案を出し投票の結果日本はソ連により veto され決議案は賛成八棄権三で成立した、決議案投票前ソボレフは日本を加えると云う米国の修正案に反対する理由を説明した際、ソ連はこれによつて日本の加盟を支持する従来の態度を変更するものではなくその決定を次期の総会まで延期するのみであると説明(この際外蒙には触れていない)したが、ロッジは直ちにソ連発言要旨を内容とする往電第四九八号の決議案(編注)を提出した後ロッジは本使に対しソボレフは公開の席で同趣旨を述べたのだから反対は出来ないであろうと述べた。米国の決議案提出後イラン、中国、英国、ニュージーランド、ソ連等の発言がありソ連の要求にて理事会は再び三十分休憩した。

七、休憩中ロッジが英のディクソン、ニュージーランドのマンローと打合せたところソ連はこの決議案を外蒙と結び付けるから不成立となる惧れありとして疑議をさし挟み(英国は休憩前の理理(事カ)会では米案を支持する旨発言している)右の外インド・メノン、イランのエンテザムも同様の意見を洩らしていた。本使はロッジより意見を求められたので一応この決議案に表決を求め若しソ連が拒否したら各国に対しソ連が行つた発言をコンファームすることを求めて貰いたいと述べた。ロッジはこれを米国代表団員に図(諮カ)り各団員ともこれに賛成した。

八、七時十分理事会は再開されたがソ連は直ちに明日三時まで休会することを要求、これが可決された次第である。

九、貴電第二六二号御来示の趣旨に従いソ連側の意向を探索中。

米に転電した。

編　注　米国提出の決議案の全文は以下のとおり。

Security Council recommends to the General Assembly that it admit Japan to the United Nations at eleventh regular session.

373　昭和30年12月15日　在中国宮崎臨時代理大使より重光外務大臣宛（電報）

日本の加盟が阻まれたことへの遺憾表明を中国外交部に要請

台　北　12月15日後5時41分発
本　省　12月15日後9時5分着

第三九一号（至急、館長符号扱）

往電第三八六号に関し

十五日陳外交部次長に面会、理事会における事態急転し、日本及び外蒙を除く十六ケ国可決となつたことは、畢竟国府の外蒙反対に由因するとの印象を一般に与え、日華国交上に及ぼす影響は決して良くはないとおもんばかるので、国府として右事態の推移を遺憾とする趣旨を速やかに明らかにされること然るべきにあらずやと考え、自分の一存にて葉部長に右を申入れたく参上したと述べたところ、同次長は、部長は自からラジオで聴取した理事会の経過を総統に報告中につき、自分が代つて本日の閣議に出席して事態を報告したがその席においても、隣邦の大国日本が除外されたことに対し、遺憾を表明する発言が行われた程であり、理事会の経過にも明らかなる如く、国府は日本に賛成票を投じ、且つ十六ケ国一括して最後に賛否を表示する際棄権したのは、日本が包含されおらざるためである。本件が両国国交に悪影響なきよう望むことは勿論であり、貴使のお申出でを多とするにつき、早速部長に伝え、貴意に副うよう取計らいたいと述べた。

374　昭和30年12月15日　在中国宮崎臨時代理大使より重光外務大臣宛（電報）

モンゴル拒否の立場は抱き合わせ案に至っても不変と中国側言明

台　北　12月15日後9時2分発
本　省　12月15日後11時6分着

第三九四号（至急）

十五日夕刻のお電話により五時半陳次長と会見（葉部長は昨夜徹夜のため引きこもり中）、中国が外蒙加入に対する立場は、さきの十八カ国案表決において中外に充分闡明済みにつき今次日本、外蒙抱合せ案については新たなる観点に立つて日本加入を可能ならしめられることは出来ざるやと問いたるに、同次長は今となつて外蒙加入を許すことは国府当初からの戦いを一切無駄とするもので、外蒙排除で喜んでいる世論の手前からも不可能であり、実は貴使会見の申し入れはこのことではないかと思い、部長とも連絡の上御返事する次第であると答えた。本官より新提案は国府をon the spotにおくもので飽くまで従来の態度を固執せらるるにおいては、日本の朝野は国府は日本を国連加盟国として持つ「タンジブル」な利益と大陸を回復して初めて実効を発揮し得る外蒙排除の利益を天秤にかけ、後者の方をより重要なりとされたりとの印象を植えつけらるべく、両国友好関係上遺憾に堪えずと述べたが、同次長は一般人は仲々諒解し難かるべきも、少くとも政府当局は国府の止むにやまれぬ立場を諒解されることを飽くまで述べた。なお国府は右日本、外蒙抱合せ案に対する態度を十五日午後四時の葉部長声明に盛り込み、予め予防線を張つたきらいがあつたので、本官は貴方の考えおらるるが如き日本のみの単独加入には、ロンドンにおいて相当高価なる代償の支払いを要求せらるべしと述べておいた。

375 昭和30年12月15日 国際連合日本政府代表部加瀬大使より重光外務大臣宛(電報)

ソ連の真意につきマリク代表に直接確認の結果報告

ニューヨーク　12月15日前4時32分発(編注)
本　　　省　12月16日前8時1分着

第五〇一号(大至急)

貴電第二六二号に関し

結局マリク代表に当つてみること然るべしと考え、十五日朝十一時秘密裡に懇談し、日ソ国交の大局を説いてこの際日本の加盟を妨害せぬよう強く申入れたところ、マリクはソ連は日本の加盟を支持する方針なるも十八国案が米国と国府の合作によりつぶされた以上今回の措置に出でざるを得なかつた。日本を選んだのはこれが最も米国に打撃を与えるからであつて自分としては遺憾に思う。この際米国が国府に圧力を加え、外蒙に対する拒否を撤回させるのが唯一の解決策と信ずると述べた。本使は国府の翻意する見込先ず皆無なる現在せめてソボレフ代表の発言の趣旨を活用して来会期における日本の加盟につきコミットメントをなす用意なきや、それすらできないようでは日ソ関係の将来は甚だ暗いと云わざるを得ないと追及したが、マリクはアイ・アム・ソリーを繰返えすのみでらち明かず遂に米国決議案(往電第四九八号)に対しては外蒙を追加する修正案を出すことになろう、今となつては外蒙を本件と分離することは不可能であるというので、本使は日本と外蒙を両天秤にかけるようなことは日本国民の憤激を買うこと必至であると警告しておいた。マリクは右の結果ロンドン交渉が困難になると思うが、それもどうも致し方ないとの意味を私語した(明十六日クイン・メリー号で渡英する)。なおソボレフ演説の for obvious reasons 云々は十八国案が崩壊したことを主として指すものであると説明した。

米、英に転電し、仏、カナダへ転送した。

編　注　本電報と番号が前後する電報の発着時間から推測して、本電報の発電時間は午後4時32分の誤りと思われる。

376　昭和30年12月15日　国際連合日本政府代表部加瀬大使より重光外務大臣宛(電報)

米英代表と協議のうえ決定した安保理での対応ぶりについて

ニューヨーク　12月15日後5時4分発
本　　省　12月16日前8時5分着

第五〇二号(大至急)

往電第五〇一号に関し

右にて大体ソ連の腹は読めた(時間の関係から見て訓令は着いていたと思われる。)ので、米英代表等と重ねて本日の安保理事会に対する作戦を練つたが、結局一応米国修正案をもつて正面から強く押してソ連の反応を見ること、そしてその際ソ連が外蒙を追加する修正案を提出すれば蔣中国代表は拒否権行使を避けて棄権したい意向である。しかしそのためにはソ連修正案(すなわち外蒙)が七票を得ぬことが必要なので目下理事国に棄権を勧告工作中である。この工作が成功すればソ連のみが米国案を拒否する立場に追い込まれることとなり、ソ連としても若干躊躇するのではないかと思われる。もしこの工作にもかかわらずソ連が拒否すれば、英国代表より第二の決議案(国連全加盟国の一般的意見及び若干の常任理事国の声明が日本の加盟を支持している事実に鑑み、㈠日本が来総会以前に加盟することにつき希望を表現し、且つ㈡日本の申請を来総会迄に考慮するという大体の趣旨)を提出することに差当り手筈を決めた。右決議案文は英、米代表部において只今検討中である。
米、英へ転電、仏、加へ転送した。

377　昭和30年12月15日　国際連合日本政府代表部加瀬大使より重光外務大臣宛(電報)

米国案へは反対投票とのソ連代表の言明

ニューヨーク　12月15日後6時23分発
本　　　省　12月16日前9時55分着

第五〇三号(大至急)
往電第五〇二号に関し
ソ連代表は米国決議案に反対投票すると述べた。
(五時二〇分)

378　昭和30年12月15日　国際連合日本政府代表部加瀬大使より重光外務大臣宛(電報)

再開された安保理での米ソ各案の審議経過

ニューヨーク　12月15日後5時50分発
本　　　省　12月16日前9時40分着

第五〇四号(大至急)
往電第四九九号に関し
十五日午後三時再開、先ずロッジ米国代表より米国案の採択を提議し、ソ連代表は昨日の理事会において同代表に日本と外蒙二国の加盟を次期総会迄延期すべき旨述べたのであり、日本のみの加盟を次期総会に勧告する旨発言したことはないと述べ、米国案とは別個に日本と共に外蒙の加盟を次期総会に勧告する旨の決議案を提出した。米代表はpoint of orderにて、ソ連代表は昨日の発言を一部しか引用していないと指摘、総会の決議は安保理事会を拘束するものではなく、よつて理事会は外蒙に何等関係なく大国たる日本の加盟を総会に勧告出来る旨を強調した。
右に対するソ連代表の反駁の後サーパー、トルコ代表はソ連代表にこの際ソ連案を投票に付さない旨「アピール」し、日本のみが資格ある大国たるに拘わらず、唯一つ取残された国でありソ連代表は十六ケ国に日本を追加すべしとの米国提案に対する投票の説明において明らかに日本の加盟を次期総会迄延期すべき旨述べており、この際外蒙に関する投票を強制することは既にビターな事態を不必要に深刻にするに過ぎないと述べた。

次いでニュージーランド代表は日本の加盟が実現しなかつたことは最も遺憾とするところであるが、安保理事会は総会に対する勧告に条件をつけることは憲章違反であり、右理由により米案に対し棄権する、他方外蒙に対しても同じ理由により棄権する旨を述べた。

中国代表は日本の加盟を外蒙の加盟と掛引きすることは憲章違反であり、日本に対する侮辱であると共に世界の叡智に対する侮辱であると攻撃した。

ブラジル代表は日本が国連に貢献し得るところ大であり、その加盟は強く支持するが外蒙との関連において提案されることには反対なる旨を述べた。

英代表は米案に賛成、ソ連案には棄権する旨、更に英国は日本の加盟を外蒙の加盟に拘束することは反対であり、次期総会において外蒙の加盟を支持する意思はなく、他方今次総会において日本に対しなされた不公平な扱いは至急匡正されねばならぬと述べた。

ペルー代表は衡平の原則より日本の加盟は至急実現せらるべきであり、外蒙の加盟と抱き合わせすることに反対を述べた。

米に転電した。

---

379 昭和30年12月15日 国際連合日本政府代表部加瀬大使より重光外務大臣宛(電報)

次期総会までの日本加盟成立を確実にするための対ソ措置としての英国決議案について

別電 昭和三十年十二月十五日発国際連合日本政府代表部加瀬大使より重光外務大臣宛第五〇六号

右決議案

ニューヨーク 12月15日後6時10分発
本　省 12月16日前10時3分着

第五〇五号(大至急)

往電第五〇二号に関し

米国案が不成功に終る際には別に決議案を英国代表より提出することになつた(五時)。

右はソ連の態度に鑑みこの程度でなくてはソ連の妨害を招く公算大なるによる。なおこの決議案の前提における友邦代表の発言によりSoonは、次期総会までの間なることを明らかにする筈であり、又ソボレフ代表の発言(日本の加盟は引続き支持するが、単に次期総会までこれを延期するに過ぎぬ云々)については、同じく友邦代表が交々発言してこれを確認することにしてある。従つて右は口頭でソ連の態度を確認しこれを記録に留めた上更に書き物を安保理事会の決議として残して置く趣旨である(五時)。

米に転電した。

(別　電)

ニューヨーク　12月15日後6時25分発

本　　　　省　12月16日前9時23分着

第五〇六号(大至急)

The Security Council takes note that Japan is qualified for membership in UN and expresses the hope that Japan will soon be admitted to the UN.

〰〰〰〰〰〰〰〰〰〰

380　昭和30年12月15日　国際連合日本政府代表部加瀬大使より重光外務大臣宛(電報)

英国による事態打開のための決議案提出について

ニューヨーク　12月15日後6時23分発

本　　　　省　12月16日前9時22分着

第五〇七号(大至急)

往電第五〇二号に関し

英代表は発言を要求、この歎くべき事態を収拾するため英国代表団としては次の提案を行いたしと述べ、往電第五〇五号の決議案を提案、各国代表に考慮の時間を与えるため十五分間の休憩を要求した。

〰〰〰〰〰〰〰〰〰〰

381　昭和30年12月15日　国際連合日本政府代表部加瀬大使より重光外務大臣宛(電報)

安保理における米ソ両案の審議結果

ニューヨーク　12月15日後6時30分発
本　　　省　12月16日前9時54分着

第五〇八号（大至急）

往電第五〇四号に関し

ベルギー代表は日本を外蒙の人質にとることは憲章違反でありニュージーランド代表の発言に関し米国案を to the United Nations at the latest the next General Assembly と修正することによりニュージーランド代表の懸念は解消されると述べた。

米国代表は右に応じ米国の意図は日本の加盟を今後総会より延期する意味にあらず、今次総会においては出来なかつたので第十一総会と書いたのみであり何等の条件ではないと述べた。

フランス代表は日本の国連に与え得る文化的経済的貢献に鑑み第一級の国家として直ちにその加盟は認められるべきであり外蒙と結び付けることは反対であり米国案に賛成、外蒙に対しては棄権する旨述べた。

ソ連代表は米案には反対、ソ連案に関しては手続規則第三十二条により一括して投票することを固執した。

イラン代表は米案に賛成し、ソ連案に対しては日本と外蒙を別個に投票する点を受諾するならば賛成する旨、然らざれば棄権する旨述べた（なお投票は提出順によるので先ず米国案が投票に付せられる）。

議長は米国代表にベルギー代表の示唆を受諾するや否やを質し、米国代表は示唆を容れずと答え、議長は米国案を二つに分け冒頭の部分と Eleventh regular Session of General Assembly とに分割投票する旨述べた。

次いで米国案の投票に入り一、to the UN までは賛成一〇ソ連ＶＥＴＯし、二依つて以下は投票する必要なしとて投票を行わず、次いでソ連案の投票に入り先ず全体として一括投票賛成一（ソ連）棄権一〇。

382　昭和30年12月15日　国際連合日本政府代表部加瀬大使より重光外務大臣宛（電報）

英国案の提出を受けたソ連の休会要請について

ニューヨーク　12月15日後7時45分発
本　　　省　12月16日前10時26分着

第五〇九号（大至急）

往電第五〇八号に関し
六時半再開ソ連代表は新提案についてリザーブド・シーリアス・コンシダレーションとの理由の下に休会を要請、英国代表は右ソ連代表が慎重考慮するとの言を多とし休会に賛成する旨述べた。

米国代表は日本が昨日加盟出来なかつたのを重ねて残念とする旨述べ、英国代表の提案は合理的なものであり賛成なる旨述べた。

ソ連代表は米国代表の言はネガチヴ・ボートを誘発せしめる以外に意味なしと強く反駁した。

最後にニュージーランド代表は日本の隣国としてソ連が本問題につき慎重考慮を要するとの発言を歓迎する旨述べた。

二十一日(水曜)午前十時半迄休会、六時四十分閉会。

米に転電した。

383　昭和30年12月15日　国際連合日本政府代表部加瀬大使より重光外務大臣宛(電報)

米ソ両案が否決され英国案が提出されるまでの委員会の状況

ニューヨーク　12月15日後9時21分発
本　　省　12月16日後0時28分着

第五一〇号(大至急)
往電第五〇九号に関し
一、米国決議案はマリク談話往電第五〇七《(五〇一カ)》号に対しソ連が外蒙を日本と結びつけんとした為不成立となつたが、右の結果を予見しつつ敢えて右決議案を投票に付したのはどの道ソ連が外蒙を固執している以上決議案が拒否されても日本の立場には格別実質的影響はないと認めたからである。且つ投票に先きだち友邦各国代表が交々日本を支持する発言をなし、更にソボレフ代表が来総会迄には日本の加盟を実現したいと述べたことを重ねて重ね《(ママ)》引用し確認させこれを記録に残しておくことに重要な意義を認めたのであつて、多数代表は本使の依頼に応じ欣然として協力してくれた。即ち米国決議案の取扱は票決の結果よりもその過程に重きを置いた次第である。この点御了承を仰ぐ。
二、ソ連決議案は米国案の修正ではなく別個の案として提出されたので票決の順序は米案が先きとなり、従つて往電第五〇二号の手順とは逆になつた。然し理事国を説いて（主として米国及び中国が当つた）外蒙に対し棄権を勧めたのでソ連案は賛成一棄権一〇で簡単に葬り去られた。右は米国案が賛成一〇反対一で日本に対する圧倒的支持を以つて可決《（ママ）》されたのと対象的であり、これによつて日本と外蒙をパツケイジにすることが甚だしく奇怪なる事実を示す意図に出たものである。且各代表は一斉に日本と外蒙を抱合せることの不合理なことを強く指摘したから将来日本を外蒙と分離させる伏線になろうかとも思われる。又中国が拒否権を行使せずにすましたのでソ連のみが拒否せざるを得ぬ羽目となつた。

三、以上のあとを受け英国代表が往電第五〇六号の決議案を提出したのであるが、内容は至極簡単なものなのに拘らずソ連代表は全く不意を突かれた調子で慌て気味に休憩を要求し鳩首協議を続けた挙句、ソボレフは英国代表に対し右は極めてシーリアスな新提案であるから請訓のため休会を希望すると訴えた。休会の権利はないのであるがこれに応ずれば妥協的発言をする用意があるといつた由なので、マンロー議長、英、米代表は本使と交えて相談した上二十一日午前十時半迄休会することに決定した。

ソボレフは理事会再開の劈頭英国案は新問題を提起しレザーブズ・シリアス・コンシダレイシヨンであると述べ、英米代表ともにこれを歓迎しマンロー議長もソ連代表が慎重熟慮するといつたことを喜ぶと含みを持たせた発言をして閉会した。

四、英国決議案は全部で数案を作つたが議事の進行にともないソ連の態度に応じて逐次修正する内、最終案は内容的にはさしたる意味はないものになつた。然し米英代表はこの程度のものでも安保理事会の決議となれば相当の意義ありというので、本使は右をソボレフ累次の発言と合せ持ちうれば或いは意外の効用を発揮することもあるべしと考え、主として英国代表の措置に任せた。しかるにソ連代表がこれを重視し休会迄要請したので英米代表マンロー議長等も内心やゝ驚きつゝ喜色を示している次第である。ソ連がいかなる反応を示すかは予測出来ないが本日の経過取り敢えず。

米へ転電した。

384　昭和30年12月16日　在中国宮崎臨時代理大使より重光外務大臣宛(電報)

中国における日本とモンゴルの抱き合わせに対する批判論調について

台　北　12月16日後4時32分発
本　省　12月16日後9時21分着

第三九六号(至急)

往電第三九二号に関し

一、十六日付当地各紙何れも今次国連問題に関する社説を掲げているが右要旨は冒頭往電チャイナ・ニューズ社説と大体同様でありソ連の態度を非難しているものであるがそのうち政府機関紙中央日報は中国は日本、韓国、ヴェトナムの加盟に対しては引続き努力するがパッケイジ・ディール並びに闇取引に絶対反対なることは中国の不動の立場であると述べ、又民間紙興論報がソ連が日本の加盟に反対したのは日本と米国、日本と国府及び米国と国府との微妙なる関係に鑑み米国の東亜における立場を困難に陥れ日華間の悪感情を醸成せんとするソ連の悪辣なる陰謀なることを日本国民が充分認識せんことを望む旨強調しおることは注目に値する。

二、なお葉外交部長は十五日十六ケ国加盟決定直後声明を行い当然加入の権利ある日本が除外されたことを遺憾とし中国政府は将来も今まで通り日本の加盟を支持する旨及び日本加盟につき外蒙の如き無資格な国の加盟の条件とすることは馬鹿げていると述べ、又十六日朝再びチャイナ・ニューズ記者に対する談話としてソ連の日本加盟阻止の態度を非難した後加瀬大使が日本の加盟失敗の責任はソ連ではなく国府にあると語つた由の新聞報道に対し若し右報道が事実とすれば加瀬大使の判断は早急であり日本の友好国の一つに対してアンフェアであると声明した。

385　昭和30年12月16日　国際連合日本政府代表部加瀬大使より重光外務大臣宛(電報)

総会の延期を受け中国の拒否権撤回を米国側に再度申し入れにつき意見具申

ニューヨーク　12月16日後5時0分発
本　　省　12月17日前7時5分着

第五一一号(大至急)

総会は安保理事国選挙の埒があかず明十七日まで延期された。ついては日本のみが犠牲となること何としても黙視致し難く且つ右は強《(ママ)》いては日米関係を阻害し、みすみすソ連の手に乗ることとなる次第故、この一日の延期を最大限に利用致したく無駄骨折りは覚悟の上にて東京、ワシントン、ニューヨークにおいて米国側に対しこの際是非とも台湾政府を抑えて外蒙の拒否権を撤回するよう懇請することと致したく、右至急御高配仰ぎたい。

米、英に転電し仏国、カナダに転報した。

386 昭和30年12月16日　在米国井口大使より重光外務大臣宛(電報)

米国に対し再度中国の説得を要請

ワシントン　12月16日後8時40分発

本　省　12月17日前10時58分着

第一六九五号(大至急)

国連発貴大臣宛電報第五一一号に関し

十六国の加盟が実現し日本のみ取り残されたことの日米関係及び極東における自由諸国の結束にもたらすべき影響を説き、この際最後に残された方法としていま一度蒋介石を説得されたい旨申入れたのに対し、シーボルトは実際に効果ある方法があるならばあらゆる努力は惜しまざるべしと述べたるにより、実効の有無は別としても米国が最後迄日本の即時加盟実現のための努力を続けたと言う事の効果をも考慮されたしと説いたところ、時も少なきこと故とに角至急関係幹部と協議の上、後刻連絡すべしと述べた。(午后七時)

国連、中国へ転電し、英、仏、カナダへ転報した。

387 昭和30年12月16日　国際連合日本政府代表部加瀬大使より重光外務大臣宛(電報)

日本の加盟不成立の経緯につき詳細報告

ニューヨーク　12月16日前11時50分発

本　省　12月17日後3時4分着

第五一五号(大至急)

漸く寸暇を得たるにつき去る十四日日本の加盟が除外された事情につき往電第五〇〇号を左の通り補足致したい。

一、前日台湾政府の外蒙拒否により十八国案が崩壊したため各国代表は加盟問題は今会期においては完全に且最終的に葬り去られたと結論し甚だしく意気沮喪の態で朝から総会議場に集つていた。一人メノン代表のみが安保理事会の報告を総会に上程、十八国案不成立の責任追及のための審議を行うべしと主張していたがそこへ十二時半頃こつ然とソ連は安保理事会招集を要求した。このとき、マンロー議長はクリスマス・ショッピングに出て行方わからず他の理事国代表も多くは不在であつた。これからみてもソ連は一種の奇襲外交を行つたことは明かである。もつともこれより先メノンがネール首相に電話し訪印中のソ連首脳部に対しスペインを除く十六国にて話を取纏めることを申入れさせた形跡がある。

二、しかるにこれがぼつぼつ噂になり始(ママ)じめ午後二時過ぎにはスペイン大使は狂気の如く取乱していたが、この時ラテンアメリカ二十国は結束してスペイン支持に動きマサ議長(チリ)ウルチア代表(コロンビア)はクズネツオーフ代表に対しスペインを除外すればラテンアメリカ・ブロツクは挙つてソ連衛星国に対し総会において反対投票すると警告した模様である。

(ソ連が総会における三分の二の多数の獲得に努力を集中していたことは既に電報の通りである)。

この結果ソ連はスペインの代りに便宜的に日本を選ぶに至つた。ソ連としては最も問題の多いのはスペインであり、次が日本であつたから日本が身代りにされる羽目となつたが同時にマリク談話(往電第五〇一号)の様に日本を除外すれば米国に強烈な打撃を与えると考えたものらしい。つまり外蒙を拒否された(米国が国府にさせたものとみている)ので米国に復讐を試みた次第である。

三、本使がこれをイラン代表から単なる取り沙汰として聞知したのは三時過ぎのことであるが間もなくラジオも放送したらしいので直ちにロッヂ代表を探したが所在不明で連絡できず辛じてワズワース代表と会見したところなんら承知せずとのことであつたから本使より情報を提供して警告しておいた。しかし漸次これが根拠あることが分つたので本省及びワシントンへ打電すると共にイラン代表に対し必要に応じ休会要求方を要請しておいた。

四、この時既に理事(会欠カ)開催時間(四時)となつていたが漸くロッジ代表（病院に居た）と会えたので切に善処方を要望したところ自信ありげに御心配は先ず無用であると答えた。実際は米国代表部は事態を充分に認識していなかつた模様でマクスウイーニー等は北原に対し最悪の場合には安保理事会はどのようになろうとも総会で処置出来ると述べていたが情勢明白となるに従つて次第に慌て始めた感がある。

五、果してソボレフ代表は日本を除く十六国案を提案し（四時二十五分）理事会は三十分の休憩に入りソ連中国代表を除く全理事国は秘密会議を行つた。本使はこの間眼につく有力代表を片端から捉らえ北原と共に国会決議にも言及して日本支持を要請しつつ適当な時に理事会を休会に持込むよう申入れた。間もなく英国代表、マーチン代表（昼過ぎオタワより帰任した）、メノン代表、オーストラリア代表等のコモンウエルス代表がこもごも本使に対し日本には何んとも申訳けないが十六国案はこの際唯一の実際的解決案であるからなるべく反対は遠慮し自重して欲しいと要請し英国代表の如きは irresistible な提案であるからやむを得ないとさえ述べるに至つた。これら代表はいづれもセイロンの加盟を特に重要視していた。

六、他方本使はバンドン会議決議の次第もあるのでAAグループを説いて見たがこれらは大方メノンが握つており、しかも皆十六ケ国加盟の可能性を眼前に見て強くこれに誘惑されていた。トルコとイランは右グループに屈《ママ》しており且つ理事国であるがトルコ代表はこの際は日本としては無理をせずに来総会には必ず加盟し得るとの保証を取り付けるのが賢明であるとの趣旨を力説し（後にロッジが提案した米国決議案はこれからヒントを得たものである）イラン代表は一応休会を主張したがロッジはソ連案に日本を追加する修正案を出すと言つて専ら強気だつたと本使に報告してくれた。

七、よつて理事会再会《開カ》（五時十五分）直前本使はロッジの議席に赴きどうする積りかと尋ねたところロッジは日本を追加し修正案を出すと言うのでそれはソ連が拒否すること必至ではないかと反問しその後は如何の処置するかと重ねて訊いた。これに対しロッジは米国は加盟問題には拒否権は一切行使せぬ建前であるから事後は棄権すると答えたので、それではソ連の提案通り十六ケ国案が成立するではないかと指摘したところ、いや十七ケ国案は未だ絶望ではないと云うのみだつた(イラン代表の内話によるとロッジはソ連以外の各国代表が衛星国に対し揃つて棄権し、従つて十六ケ国案は不成立に終ると考えていたとのことである)

八、御承知の如く従来ロッジのみならず米国政府当局は、我方が日本のみが除外されることなきようしばしば念を押したのに対し米国は安保理事会においては拒否権は行使せぬがソ連が日本を拒否すれば総会は衛星国全部の加盟を阻止するからこれが日本の除外されぬ保証となると云つてかくの如き事態は起らないと確言していた(例えば往電第三四二号十一月十四日ロッジ談話)のであるが今回は米国が総会において主力部隊として頼むラテンアメリカ諸国はスペイン支持の立場より十六ケ国案に大賛成であり別動隊たるコモンウエルス諸国も同様であるしAAグループまたこれと概ね同調していたのでソ連に対抗する武器は殆んど皆無であつた。即ち竹槍一本で戦車と闘つた趣がある。

九、斯くして米国修正案はソ連の拒否権により葬られ引続き一瀉千里の勢いで十六国案が成立したのであるが之は米国中国ベルギーを除く全理事国代表がカナダ案支持国だつた関係から総会会期の余日少いことを理由にソ連提案をたちまち可決したものであつて、本使は今もつて此の点を遺憾に思う次第である。

一〇、尤も休会に成功しても恐らくソ連をして譲歩せしめる(或る段階に於てはマーチン代表の示唆によりマンロー代表はソ連に対しネパールを以て日本に代えることを交渉したがソ連は承知しなかつた)ことは困難であり又国府をして外蒙の拒否権を撤回せしむることも同様困難であつたらうから結果は同じであつたと思われる。しかし多少の時間的余裕があれば本省に対し局面の急転を詳報し請訓する余地もあつた筈である。それが一気呵成に事を決するに至つたのは一面米国代表部のミスカルキユレーシヨンもあるが他面ソ連の奇襲外交が心理的盲点を巧に衝いたため安保理事会はあたかも毒酒に酔つたかの如く浮足立つてひたすらパッケイジディールの救済をのみこれ急ぎその結果図らずも日本が犠牲となつたのは千秋の恨事である。なお日本を来総会において加盟させるとの趣旨の米国決議案は理事会が甲論乙駁している最中にロッジが自ら起草し提出したものであつて我方に事前に連絡の暇はなかつた。

米、英に転電し仏、加に転報した。

388 昭和30年12月17日　重光外務大臣より国際連合日本政府代表部加瀬大使宛（電報）

中国に対する再度の拒否権翻意の説得は差し控えるよう訓令

本　省　12月17日後1時50分発

第二六九号（大至急）

貴電第五一一号に関し

本件は一応片付きたる次第にて又この際かかる申入れを行うも国府を翻意せしめる事殆んど望なく深追ひする事は却って事態を複雑にし米側の立場を困難ならしめ、延いては、ソ連の手に乗ずる如き結果となることなきやを恐れるにつき貴地にて貴大使の思付きとして米側を打診さるることは差支へなきもそれ以上の措置をとる事は此の際差控へる方適当と思考す。

なお、わが国の加盟を外蒙のそれにかからしめるよう我方より持出すことは極力避くべきことにつき為念。

尚又在米大使発本大臣宛電報第一六九五号只今接到せるところ当方の根本の考方は前記の通りなるにつき右お含の上善処され度い。

米え転電ありたい。台北に転電した。

389 昭和30年12月17日　国際連合日本政府代表部加瀬大使より重光外務大臣宛（電報）

訓令の趣旨も考慮しつつ米国より中国への拒否権撤回申し入れについて

ニューヨーク　12月17日後4時25分発
本　省　12月18日前7時16分着

第五一七号（大至急）

往電第五一一号及び貴電第二六九号に関し

門脇次官へ

一、偶々国務省ボンド局長が当地出張中だつたので十六日夕懇談し、この際国府さえ外蒙拒否を撤回すれば、㈠日本の加盟は実現し㈡日本国民は米国の援助を多とし㈢国府の国連における地位は大いに改善し㈣これにより日本を狙い撃ちしたソ連の策謀を封じ得る次第であるが、特に国府に対する国連各国の悪感情はこれにより殆んど一掃せられ、その地位も従つて少なからず安定すると思うと述べたところ、ボンドは全く同感であるから早速上司と協議すると答え、ロッヂ代表は軍縮問題討論、安保理事国選挙等で寸時も議席を離れ得なかつたため、ボンドと連絡した次第であるが、ボンドは後刻代表団会議を開いた結果国府の翻意する見込みは少ないとは思うが御申入れの趣旨をサポートすることとなり、国務省え電話連絡したと追報越した。

二、続いて島、シーボルト会談が行われた次第のところ、当方の希望は例の路線を通じ、フーバー次官にも伝達された筈であるが、深夜に至り同筋より兎も角国府に対し何等かの措置を執ることにしたいとの連絡に接した。

三、十七日朝冒頭貴電を接受し或は本使に於て出過ぎた措置を取つたことも懸念して居る次第であるが現状は十四日(日本のみが取残された時)以前とは全く事情を異にして居り国府の外蒙拒否の結果図らずも日本が唯一の犠牲となつたのであるから国府が此の機会に猛省し日本に対するジエスチユアとして難を忍んで拒否権を撤回すれば国府としても大いに男を挙げ名誉を回復する所以と考える。ソ連も十九?の拒否に於て十四までは撤回して居るのであり既に一度外蒙を拒否してその立場を明確にしたのであるからこれに倣つても喝采は博するが非難を受けることは毫もない筈である。実は此の趣旨を説く国連代表は多数(英国、カナダ、スイス等)あり、当地に於ては殆んど常識となつて居る。他方国府の本件に対する態度は極めて強硬なるものあること充分明かになつては居るが総会開始は更に二十日?夜半まで延期されたことでもあり(其の上更に延期される可能性もないではない)こゝに多少の時間的余裕を得たのであるから折角米国政府が台北に於て何等か措置を採らんとするこの際日本のみが加盟し得ぬこととなつたこの深刻なる新事態を理由として本件一応御検討の余地なきや御考慮を御願え出来れば幸甚である。なお貴電に接するまでは本使は今回は或いは外交界の長老(川越大使は蒋総統と好友関係ありとか)にでも特使として出向いて載《(戴カ)》けまいかを考えて居た次第である、何れにせよ差当り貴電の御趣旨を体し状況の発展を見ることと致したい。

390　昭和30年12月17日　国際連合日本政府代表部加瀬大使より重光外務大臣宛(電報)

英国案に対するソ連の態度に応じとるべき措置につき請訓

ニューヨーク　12月17日後4時39分発
本　　　省　12月18日前7時40分着

第五一八号

往電第五一一号に関し

一、火急の際とて英国決議案については予め請訓の暇なきため当方において措置次第御了承をお願いするが、英側はソ連が相当身を入れて検討していると見ており、事務局よりの聞込によるも fully qualified なる字句の implication につきソ連側が事務局に内密問合せた事実もあり、十六日英国代表ブラムス・ボサムは北原に対しデクソン大使はマクミラン外相より同大使の取りたる措置をウオームリイ・アプルーヴするとの電報に接し何とかソ連に賛成させたいと種々考えを廻らしていると述べた由である。当方としても成可く水曜の理事会開催迄に英・ソ間に話合が成立するよう措置を講じたく、何等心得置くべき議《(儀カ)》あらば御回示願いたい。

二、もしソ連が英国案を実質内容なり《(しカ)》として拒否するとか或は外蒙と関連させることにより右が不成立に終る場合には、純然たる手続事項の形式のもの(例えば fully qualified の字句を in view of general sentiment favourable for membership of Japan 云々に替える)をこの際日本のみにつきて取付置くことは現在の理事会の空気に鑑み可能と思われ、右は日本と外蒙の関連を切断するためにも乃至は国内的考慮よりするも或は時宜に適するかとも存ぜられ現にエンテザーム・イラン代表において試案を準備中であるがこの種の第二次措置をも考慮致すべきや、この点につきてもあわせ御回訓請う。

三、なお英国代表は本使に対し英国決議案の日本における受けはどうかと尋ねていたが、従来比較的消極的だつた同代表が目下日本のために頻りに画策している事実は我方としては将来のためにも少からず意義ありと存ぜるにつき御見込により英国側に適宜挨拶方御高配ありたい。

米、英に転電、フランス、カナダに転報した。

391　昭和30年12月18日

国際連合日本政府代表部加瀬大使より重光外務大臣宛(電報)

日本の加盟不成立の経緯につき詳細続報

ニューヨーク　12月18日後6時47分発
本　　　省　12月20日前9時38分着

第五二〇号

往電第五一五号の(十四日理事会)続き。

十一、米国の加盟問題に対する政策は嘗つて報告の通り、カナダの十八国案が圧倒的支持を受けているにも拘わらず外蒙を除く十七国加盟を固執したため出発点において無理があり、その後与論に押され態度を変更したが、結果最後迄すつきりせず、その結果米代表部はカナダ案に賛成せる五二国から漸次遊離孤立状態に陥りつつあつた。米国は明らかに加盟問題を持て余していたのであつて、従つて十三日十八国案が崩壊した時にはむしろほつとした様子さえ窺われた。米国は失敗の責任をソ連に帰することにもつぱら努力を集中したのである。

十二、翌十四日ソ連が奇襲的に十六国案を提出するにあたつては、主たる目的が米国を出し抜き深刻な打撃を与えるにあつたから(これにより日ソ交渉にプレッシュアを掛ける底意も勿論あるが)、自然米国代表部はつんぼ桟敷に置かれ裏面の消息には通じていなかつた模様である。本使はソ連がスペインにつきラテン・アメリカ諸国と妥協した際、十六国案を一気に成立させる作戦に関しても同時に了解を遂げたものと観察する。たまたま安保理事会議長マンローはカナダ案共同提案者としてその推進に熱心に努力した人物であり、また理事国中重きをなす英国代表もコモンウエルスの指導者として共通利益を守る立場にあつたから自然この作戦に協力することとなり、ベラウンデ代表の雄弁と相俟つて理事会は米国代表を殆んど無視して強引にソ連提案を採択する結果となつた。つまり米国はソ連のみならずカナダ案支持国からも同様に出し抜かれた態である。

十三、多数の理事国は十三日の十八国案採決に際しては外蒙及び東欧衛星国に対し賛成投票をした。これは十八国案を成立させるため必要な妥協であつた。しかし十四日のソ連提案は日本、外蒙を除く十六国案であるから全く新たな提案である。従つてこれ等理事国はソ連提案の表決に際し、東欧衛星国に賛成投票する義務はなく棄権しても差支えなかつた筈である。ロッジは大量棄権を期待していたから、ソ連提案は否決されるものと思つていたらしい(七、参照)が、実際には衛星国はいずれも八票以上を獲得した。これは理事会がパッケージ・ディールの救済に焦慮した余り、これ等理事国が日本支持の義務を怠つたことを意味する。ソ連以外の全理事国は日本支持につき確約を与えており、従つて日本を除くソ連提案を軽々しく成立させてはならなかつた筈である。尤も日本の立場として十八国案の際はその成立のために賛成を勧告し、自国を除外する十六国案に際しては、これを否決させるため棄権を要求するのは露骨に利己的に過ぎるから大局的に考慮すれば恐らく賢明ではあるまい。また現実の情勢は到底かかる外交的工作の余地を与えなかつた。しかし理事国が日本支持の約束を反古にしたことは否定し難い事実である。恐らく各国はロッジ修正の十七国案を支持したことにより、日本に対する義務を一応果したと考えるかも知れぬがそれとこれとは別問題と云うべきであろう。

一四、要するに十四日の情勢は極めて特殊なものがあつたが、米国が日本だけを取残すことは絶対にしないと云いながら逆に最悪の状態の招来を許し、他の友邦がこれまた日本支持の約束に反したのは、返す返すも遺憾千万であつて、当日は日本は完全に捨子にされたと申す他ない。殊に皮肉なのはわが国が未加盟国中最も活潑に十八国案の推進に努力した事実であつて、本使の如きもマーチン、メノン、マンロー、エンテザーム等と日夜このために奔走したのであるが、背に腹は代えられぬの諺に洩れず不当にも日本は逆にソ連の術策の犠牲に供されたのである。しかしスペインを除外する場合には十六国案は成立せず、日本ならば成立すると云う事実は日本の国際的地位がいまだ確立されていないことに他ならない。尤もこの苦境を招いた根本の原因が台湾政府の拒否権行使にあつたこともまた極めて明白である。

米、英に転電、仏、カナダに転報した。

392　日本とモンゴルの抱き合わせ阻止工作の状況について

昭和30年12月18日　国際連合日本政府代表部加瀬大使より重光外務大臣宛(電報)

ニューヨーク　12月18日後9時21分発
本　　省　12月20日前10時17分着

第五二二号

貴電第二六九号に関し

一、外蒙の取扱いに関しては当方においても慎重を期し、後日に累を残さざるよう極力配慮致しおるところ、往電第五一〇号を以て報告せる米国決議案の取扱いについては

㈠英国代表も休会中に速記録を精読した結果、むしろこの際外蒙を日本と結び付ける潜在的思想を叩き毀しておくのが得策であるとの積極的意見に変つた上

㈡米国決議案は既に前日ロッジが独断で提出しており(往電第五一五号末段)、これに対しソ連が請訓までしているのに、今更撤回するのも不利となるとの見解から、ソ連の肚は承知の上で敢えて表決に付した次第であるが、現在のところ英、米代表マンロー議長も理事会の情況については大体満足している。即ち外蒙を日本とパッケイジにするが如き奇怪な思想ありとせば、これは世界の物笑いになるに過ぎぬことを、討論と投票により充分明確にしたから、ソ連としてもパッケイジの形式は固執し難いと観察している。

二、英国決議案につき往電第五一八号の次第があるが、ソ連が再び外蒙を引合に出せばこれまた不成立となるであろう。その場合は英国決議案と殆んど同趣旨の内容を手続事項の形式に盛れば拒否権を行使し得ないから、一〇対一で可決される見込が多く、米国代表もこれに魅力を感じている。その狙いが仮令内容は空疎なものであっても、日本のみにつき理事会決議を採択することにより、日本を外蒙と別のカテゴリーに置くことは既に電報のとおりであり、この点目下御回訓を俟つている次第である。

三、いづれにせよ加盟問題は一度は分離したのに、再び日ソ交渉との関連が復活することとなり遺憾であるが、交渉の結果ソ連が無条件支持に同意すれば、来年春には春期

総会を開く気運も可成りあるので（マリクはソ連は三月又は四月を希望していると述べていたが、目下クズネッオフがメノンと共に画策している模様である）その場合に加盟を実現することも期待し得るかと思う。

米、英に転電、仏、加に転報した。

393 昭和30年12月19日 重光外務大臣より国際連合日本政府代表部加瀬大使宛（電報）

英国案の採択が最善であり適宜措置にて差し支えなき旨回訓

本省 12月19日後4時30分発

第二七〇号（大至急）

貴電第五一八号に関し

英国案がそのまま採択されればそれでも結構なるものと考へるにつき、情況により適宜措置され差支えない。

英に転電した。

米に転電ありたい。

394 昭和30年12月21日 国際連合日本政府代表部加瀬大使より重光外務大臣宛（電報）

英国案にモンゴルを加えるソ連の修正提案について

ニューヨーク 12月21日後0時41分発

本省 12月22日前6時26分着

第五二六号（大至急）

一、安保理事会は二十一日午前十一時開会されソ連代表は予期の通り英国決議案を修正し、外蒙を加えることを提案した。（十一時十五分）

（以下暗号）

二、ソ連の意図は本朝クズネツオフ、ロッジ会見で分つたので、マンロー議長、英、米代表を中心に全理事国代表（ソ連、中国を除く）参集し、本使も列席して協議した結果、各国代表の日本支持の声明により日本と外蒙を結び付けることは世界の公論が断じて許さぬ事実を充分明らかにした上、理事会はソ連修正案を一〇対一にて葬り、英国代表は英国決議案につきて今日は表決をプレスせず、その儘議題に残し置きソ連の反省を待つ作戦をとることにしてある。御了承請う。（なお右作戦については二十日夜遅くマンロー議長、英、米代表と共に緊急協議の上打合せたものである）取敢えず。

（十一時三十分）

395　昭和30年12月21日　国際連合日本政府代表部加瀬大使より重光外務大臣宛（電報）

ソ連修正案には対案を出さず継続議事とする方針につき報告

ニューヨーク　12月21日後2時32分発
本　　省　12月22日前6時56分着

第五二八号（大至急）

往電第五二六号に関し

一、英国決議案の取扱についてはソ連がこれを妨害する場合に備え英国代表において種々対策を検討していたが我方としては貴電第二七〇号御来示の次第もあり手続事項の形式にて更に別案を提出するよりも（この場合再びソ連が妨害すれば却つて問題を複雑にする惧れもありと考えられる）英国代表の示唆せるようにソ連修正案を簡単に否決し去りたる上ソ連の拒否を避け英国決議案を引続き懸案として安保理事会の議事に残しおき他日の建設的行動の伏線とすること、この際寧ろ賢明にして御訓令に副う所故《（マヽ）》なりと認めた次第である。尤も右は二十日夕に至り手続的に可能なりとの結論に達したので同夜ロッジ代表マンロー議長とこのラインにて協議を遂げた上二十一日朝クヅネツオフ、ロッジ会談の結果ソ連の意図が略々明らかとなつた後に理事会開会に先立ち関係理事国代表に図《（諮カ）》りその同意を得た次第である。念のため。

米、英に転電し、仏国、カナダに転報した。

396　昭和30年12月21日　国際連合日本政府代表部加瀬大使より重光外務大臣宛（電報）

ソ連修正案に対する審議経過

ニューヨーク　12月21日後2時50分発
本　　省　12月22日前8時42分着

第五二九号（大至急）

往電第五二六号に関し

一、ソボレフソ連代表が修正案を提出後英国代表を筆頭に、米仏以下十ケ国代表は夫々日本の早期加盟実現に対する強い希望と、日本が国連に為し得る貢献に対する信念とを披瀝し、日本の加盟に付てなされた不公正な取扱は至急匡正されねばならぬと強調した。

二、次いで英国代表は表決に入る前に、ソ連代表に議長を通じて質問したしとて、英国案は安保理事会が挙げて日本の加盟を支持するとの事実を記憶に残す趣旨であり、右は世界の公論を反映するものであるが、他方外蒙に対しては理事会は強く反対である。右の情勢にも拘わらず

(イ)ソ連代表はなお且つソ連の修正案を表決に付する積りか

(ロ)更に右修正案が否決された場合に英国決議案を葬り日本に対して又々拒否権を行使する積りか

承知したしと述べた。

三、右に対しソ連代表は、外蒙の加盟を失敗に終らせた国府の拒否権は誰に依つて支持されたかと述べ、米国代表と渡り合い、ソ連修正案の表決を要求、外蒙に付ては賛成一(ソ連)棄権十で否決された。

四、英国代表はここで発言を求め、今直ちにソ連代表より英国案に反対しない旨の保証を得ない限り、此の際同案を表決に付することは避けて、当分の間此の儘 sustaining の状態に置くことが適当と考えられる旨、又数次に亘るソ連の拒否権行使のあと又々日本国民に対し不当な決定を見ることは英国政府の忍び難いところであると述べ、更に日本加盟の早期実現に対する理事会の圧倒的支持に鑑み、ソ連がその間再考することを切に望む旨を力説した。議長は右動議を採択すると述べ、ソ連代表は此の動議に棄権する旨発言して閉会した。

英、米に転電し、仏、加に転報した。

397 昭和30年12月22日 国際連合日本政府代表部加瀬大使より重光外務大臣宛(電報)

理事会審議におけるソ連代表の苦境および英国代表の貢献について

ニューヨーク 12月22日後4時0分発
本省 12月23日前10時45分着

第五三〇号

往電第五二八号に関し

一、安保理事会開会前にソボレフ代表は本使に対し、ソ連は日本の加盟を支持するものであつて、この点は sincere であり、現在も同じ態度であることを信じて頂きたい、且つ日ソ両国は善隣関係にあるべきものであるから、速やかにこの問題が解決することを希望すると述べたので、本使は日本の加盟を支持するとの言明は幾度も繰返されているが、この言明を実行に移すことがこの際ソ連のとるべき最も賢明な行動であると応酬しておいた。理事会討論中にイラン代表その他は前回ソボレフが英国決議案に多大の興味を示し、serious consideration に値するといつてわざわざ休会を求めながら、今日これに対し否定的態度をとるのはまつたく理解に苦しむところであると痛論したが、理事会散会後ソボレフは英代表部員に対して訓令には従わざるを得ないとこぼしていた由である。ソ連代表団員も加盟問題に関しては完全に孤立無援となつているので、この上日本ないしその友邦を刺戟することには可成りの躊躇を感じたものかと思われるが、これと比較して本国政府はこの辺の考慮を払わぬものと察せられる。英代表も同じ観察を下している。

二、外蒙を日本と関連させることに対しては、理事会はこぞつて反対したが、右は「奇怪なるパッケージ」を排撃する意味であつて、将来もし日本と外蒙が同時に加盟する廻り合わせとなればその際は個別審査の形式をとりつつ実際的措置として外蒙の加盟を考慮する含みは充分持つている。

三、英代表の討論はすこぶる巧妙であつたが、開会前より中国、ソ連以外の全理事国代表と懇談して作戦を整える等極めて用意周到であつた。討論を傍聴した国連詰め記者きばえは上々であると評している。（タイムス、UP、AP等）はいずれも英代表の討議ので なかつたのは是非もないが右を懸案としてサスティニングの形に残したのは少くともソボレフにとつては意外だつたらしく、わが方としてはこれにより今後も英の積極的協力を獲得し得るかと存ぜられる次第である。

米、英へ転電し、仏、加へ転送した。

三　第十一回総会における国連加盟の実現

1　第十一回総会に向けた活動

(1)　AA諸国および英連邦諸国への働きかけ

398　次期総会の見とおし等に関するハマーショルド国連事務総長の談話

昭和31年1月11日　国際連合日本政府代表部加瀬大使より重光外務大臣宛(電報)

ニューヨーク　1月11日後3時29分発
本　　　　省　1月12日前10時50分着

第三号

ハマーショルド事務総長は十五日出発近東より東南アジア、オーストラリア、ニュージーランド方面に旅行する予定(二月二十四日頃帰任)のところ、十日同総長の談話要旨左の通り。

一、日本の加盟が実現しなかつたことは、自分にとつても痛恨事であつて、それだけに出来得れば貴国を訪問し、国連に対する従来の御支援に対しこの際深甚なる敬意を表したいと思つたが、何分にも日程すこぶる窮屈なるため今回は割愛せざるを得ないので右の次第御了承願いたい。しかし来春には必ずゆつくりと日本を訪問したいと考えている。なお今回の旅行とバランスをとる必要もあるので今年中に多分モスコーに行くことになろう。

二、本年の総会については時期及び場所につき種々取沙汰があり、いずれも未だ決定に至らぬが個人的印象を申上げれば㈠時期は大統領選挙後(十一月中旬)となる公算多く、主要国に当つて見たところでは格別反対なく、ソ連代表も大勢に順応すると述べている、㈡場所についてはローマ説等かなり有力であるが経費の点から自分は反対している、米国外で開くのは大統領選挙の雑音を避けるためであるから選挙後に開くことにすればこの問題はやがて解消する筈である(イタリア大使は本使に対し事務局を除けばローマ賛成が国連の大勢を制しつつあるが、この点本国政府の熱意の程がよく解らぬので、近く打合せに帰国すると内話している）いずれにせよ三月頃には各国の意向をとり纒めることになろうが、総会を選挙後に延期すれば秋口から実質的準備を進め得る便宜があり、貴国の加盟問題もその際是非目途をつけたい。

三、本年の重要課題は何と云つても中共である。自分はユニバーサリテイーの原則に照し中共が国連の議席を占めるのが妥当であり且つ現実的であると信ずるが、過般の国民政府の拒否権行使に依り代表権問題は切実なイツシユウーとなつた。尤も本件は機微な政治的考慮を必要とするから大統領選挙終了迄は公開の論議は避けるのが賢明と思う。米国政府内部に於ても国務省は既に対支政策再検討が避け難いことを認めて居り、恐らくロバートソン次官補位が唯一の例外かと見受ける（国務省ボンド局長も最近偶然にも同趣旨を述べて居る）斯の様な情勢は一年前には全く想像も出来なかつたところである。尤も軍部には又別の思想があり得ることでもあり、結局は大統領の裁断に待たねばなるまいが、それが選挙を控え当分動きが付かぬと云う恰好である。而し選挙終了まで手を束ねて傍観するには事態は余りにも重大であるから自分としても折角対策を研究したい。就ては貴国は中共の隣国でもあり中国問題に関しては重光外相を初め多数の権威者を擁して居られることでもあるから世界平和増進の見地から中共台湾の処理は大局的に如何にすべきかにつき御意見を承りたく今後貴大使と自分との間で必要に応じ非公式に随時懇談をしたら有益であろうと思う。なお貴国の国連加盟は中共代表権とは別個の問題であるから自分としても両者を関連させぬよう努力する積りである。

四、（本使より原子力国際機関に是非日本を理事国としたいと強く申入れたのに対し）本件は二月末のワシントン会議の模様も見ねばならず且つ表向には自分の権限外の事項であるが自分としては御申出に共鳴するから裏面に於て斡旋の労を惜しまない。なお本機関には米英両国の発言権が強いがその何れも加盟問題の経緯もあり日本には好意を抱いて居るから相当の援助を期待出来ると思う、何れにせよ早きに及んで日本の希望を承知して好都合であつた。序で乍ら放射能に関する科学委員会に付ては拙速よりも巧遅を選ぶ方針を以て堅実に準備を進めたくその為近くワーキングコミツテイー（目下構想を練つて居る。）の如きものを設け様と計画して居る（本使はこれにも是非日本側代表を参加させたいと申出た）が、右には出来得る限り貴国代表を招待する様取計いたい云々。

米に転電、英、仏、スイスに転報した。

399　昭和31年1月13日　在中国堀内（謙介）大使より重光外務大臣宛（電報）

日本の国連加盟不成功および「二つの中国」論に関する蔣介石の談話

台　北　1月13日後7時20分発
本　省　1月13日後9時19分着

第八号

十二日本使歓迎晩餐の後陳誠、張群、葉公超同席の上本使及び陪席の宮崎に対し蔣総統は貴大臣の個人的友人として宮崎に伝言を求めたきことあり。第一は日本の国連加入が不成功に終つたことは自分としては頗る遺憾とするところなるが、右がソ連の策謀によるものなることは日本政府要部においてよく了解しおらるることと思うも、日本の新聞が一斉に社説において国府を攻撃したるは、かねてのソ連、中共の手先の日本における宣伝工作が成功したものとしか考えられず、折角友好なる中日関係がこのため阻害されるがごときこととなりては更に遺憾なるにつき、本件の責任は一にかかつてソ連にあることを伝えられたい。第二は、いわゆる「二つの中国」論で、これはソ連中共（注一）英国インド等が世界に流布しているが、国府は飽く迄「二つの中国」は在り得ずとの確信を有する。かかる説が行われるとやがて「二つの中国」が成り立ち得るかの錯覚を生ずるに至るをもつて注意されたい。若し中共が国連に加入せば国府は直ちに脱退する決心であるが、中共が国連に議席を持つが如きことは断じて有り得ず（注二）、「二つの中国」は日本にとりても極めて不利で、若し中共が国連に議席を持てば日本の加入は日本が共産化せざる限り不可能となるのであろう。国府は日本と存亡を共にする立場にあるも、中共は決して心から日本と手を握ろうとするものではない。米国が日本、韓国、中国、フィリピン、タイを反共勢力として援助する政策を採りつつあるに対して、中共は中日の離反と日米の離反に百方工作している。若し日本がそれに乗ぜられて万一共産勢力下に立つようなことになれば、アジアの情勢は一変するであろう。その辺深く考慮されたいと力説した。これに対し本使は右の次第は宮崎をして貴大臣に逐一伝達せしむべきも、一言所感を述ぶれば日本の国連加入不成功が日本の世論に影響したことは遺憾であるが、不成功の原因については日本政府要部は了解しおり、又「二つの中国」論については新聞記者会見において記者側が仮説を持ち出し、答弁をそれに結び付けて報道するため時に誤解を生ずることあるも、今日日本の政府内で「二つの中国」が現実の問題となつていることは絶対にないことを断言する、と答えておいた。なお宮崎より葉外交部長に対し(注一)の点につき中共も「二つの中国」に反対しおるよう承知するが、と述べたところ葉部長は然りと答え、(注二)の点につき、米国よりこの点何等保証ありたりやと問いたるに、これ又然り、而も代表権問題が仮令採り上げられたりとするも、票決において小差なりと述べた趣。

400　昭和31年1月18日　在英国西大使より重光外務大臣宛(電報)

ソ連が日本の加盟と中国代表権とを絡める懸念等を述べた英国外相の発言

ロンドン　1月18日後8時1分発
本　省　1月19日前10時26分着

第二〇号

十八日ロイド新外相を往訪新任挨拶を行つた。(外相は外交団員を席次順により極く短時間づつ引見しており本日も同様)

外相は日英関係の漸次好転を喜び、皇太子殿下御来訪の際も、当初オツクスフオードで旧俘虜(虜カ)がいたため御迷惑をかけたが、その後は無事だつた。一九五二年朝鮮から短時日東京訪問の際見物の暇はなかつたが、お堀の景色は良く記憶しているなどと語り

(以下暗号)

本使から戦犯及び国連加入問題につきお礼を述べたるに、外相は日本側から平和条約第十六条の支払があつたのは良かつた。国連問題は誠に遺憾であつたが、今後ソ連は日本の加入問題を中共の議席問題と引掛ける懸念大なりと言い、又松本全権の交渉にも同情を表した。

最後に本使から来るべきワシントン会談に関しては、レッ

デイング国務相から大体承知しているが、日本は中共貿易を少くとも対ソ連貿易と同程度まで緩和することに強き関心を有し、この点英国も同様と承知するので特に御尽力請うと言えるに、外相はこれを諒とし中共貿易を対ソ貿易よりも厳しく制限することも一般に納得させることが益々困難となつたと語つた。

401　昭和31年1月24日　在仏国西村大使より重光外務大臣宛

国連加盟に向けた中ソ米各国およびＡＡグループ等に対しとるべき施策につき意見具申

秘密第一二四号

昭和三十一年一月廿四日

在フランス特命全権大使　西村　熊雄〔印〕

外務大臣　重光　葵殿

国連加盟問題に関し意見具申の件

一、客秋国連総会で貴大臣国連大使の異常なる御努力にかかわらず、十八国一括加盟案が破れて十六国が加盟が実現し、その結果日本と外蒙の二国のみが取り残されたことは、遺憾千万に存じ上げるところである。しかして本年におけるわが加盟の見透しに至っては(イ)十八国の加盟か否かが二箇国の加盟か否かになり国連加盟七十六国にとり重要性がすくなくなり、従って、かれらの関心の度合も弱くなるであろうこと、並びに、(ロ)ソ連が外蒙の加盟を西欧とくに米国に強要する最有効の切札として米国にとり最も重要な日本を押えたことから考えて、わが加盟実現は一九五五年度より更に困難になったと結論せざるを得ない次第である。

二、さりとて外務当局としてわが加盟を成りゆきに放置することは断じて許されず、あらゆる困難を排してわが加盟の実現に、今日から万善（全カ）の方策を講ずる必要あるは言うをまたないところである。その趣旨から本使はフランス外務省及び当地外交団同僚のうち国連代表の経験を有する者につき所見をただし参考とするに足る意見を得るときは随時報告申し進める所存である。

三、それとは別に本使としては、わが加盟促進は、上記のふたつの事情と前回総会における失敗が「国府の外蒙拒否」を直接の原因としたことを考慮して、略左記の方針に従って施策いたすべきものかと愚考いたす次第である。

四、ただ本件施策と考えるに当って、最も不安を感ずるはソ連が日本を「ヴィート」した真意が「外蒙の加盟を米国に強要するため」にあると見るべきか、将又、そのほか「中共の国連における SEAT を強要する底意」もあるものと見るべきか（モンド社説、インド大使はかくみる）の判定いかんである。もしソ連は外蒙のみならず中共までも考えおる（と欠カ）すれば、わが加盟は中共国連代表問題の解決をまたざるを得ないことになり、仮りにそれが解決するとしても、その際中共は日本との戦争状態の存在を口実に日本を「ヴィート」して日本に対中共国交調整を強制する態度にいできたる危険もあって、わが加盟の見透しは殆ど立て得ないことになる。従って、ここには希望的観察の弊におつる危険あるかとも存ずるけれども、ソ連はそのいうとおり、外蒙加盟を強要する切札として日本を押えおるとの前提に立って、施策を考案いたした次第である。

五、施策としては、日本の加盟失敗の原因から勘案して左記三者が考えられると存ずる。

㈠国府に対する施策

　国府の外蒙拒否がわが加盟失敗の主因であったから、これが撤回を国府に勧説しなければならない。勧説は、東京で国府大使に対し、台北でわが大使から国府に対し行うほか、総理大臣から直接蔣総統に親書を送って訴うべきである。一九四六年国府自体が外蒙共和国の独立を承認しておることを指摘し外蒙拒否により日本の加盟を不成立に終らすことは日本国民を大陸中国に接近させ政府の対国府親善政策を困難にする、加うるに国連普遍性を阻害する国連における国府の地位を弱めるばかりであることを卒直に吐露すべきである。

　国府の説得は、米国政府と通じても、行うべきこと言をまたない。

㈡ソ連に対する施策

　ソ連が外蒙と無関係に日本の加盟に同意するならば、問題は解決される。ソ連に対する施策は、これからスタートすべきである。ロンドン交渉で松本全権が日本の国連加盟に対し「無条件支持」をソ連に要求しこられたのも、この趣旨であると存ずる。全権はこの態度を持続され日本は加盟した場合外蒙の加盟を無条件に支持することを約束せらるべきである。

しかし、実際問題として、ソ連が日本のみの加入に賛成することは予期し得ない。従って、次段の対策はソ連が日本の加盟を外蒙の加盟のみにひきかけて、その他の問題すなわち中共国連代表問題と結び付けぬようはっきりさせることである。ソ連に対する施策は、ロンドンにおいて行うほかないけれども、日ソ交渉はそれ自体として成否を考うべきであって、国連加盟を促進する方途として交渉の妥結をはかるという考慮は加うべきでないこと、もちろんである。たとえ、日ソ間に平和条約ができ条約に「ソ連は日本の加盟を支持する」との条項があっても、ソ連は外蒙が加盟できなければ日本を「ヴィート」するであろう。ソ連は条約上HOW AND WHEN日本の加盟を支持するかまで約束することをしないに違いない。要するにソ連に対しては日本と外蒙の一括加盟で行くことに念をおし、ひるがえって、国府に外蒙拒否を撤回させるに全力をつくすべきであると存ずる。

㈢米国に対する施策

客秋の総会末において米国は外蒙拒否撤回を国府に勧説はしたが、その態度は十分強硬でなく、又、その有するすべての手段をつくさなかったとの印象を第三国外交当局は有する(ドジヤン大使)。そういうふうに感じられて仕方がない。

東京において米国大使に、華府において国務長官に対し根気よく国府勧説を要請していける外ない。

㈣一般的対策

直接関係ある国府、ソ連、米国の三者に対する施策は、国際的に殊に国連において日本加盟支持の気運を醸成させることによって威力をもたさねばならない。加盟申請国が十八あればこれは比較的に容易であるけれども、二国となってしまった今回は極めて困難である。それにもかかわらず、外務当局は、依然万善《(全カ)》の努力をつくすべきで、そのためには、従前とおりわが国が外交関係を有する国連加盟国の政府に対して日本の加盟の急速なる実現に支持を要請しつづけ、とくに、国連でグループをなして数の上で勢力を張っているラテン・アメリカ・グループとアジア・アフリカ・グループの同情と協力を確保するよう努力すべきである。

アジア・アラブ・グループ（ヴァンドン・グループ）は、日本も外蒙もともに同グループに属する関係にあるので、同グループの同情と協力の確保が最も有効である。これがため、将来アジア・アラブ・グループ会議―カイロ会議は延期された趣であるが―開催の機に「日本及び外蒙の国連加入要請決議」の如きものを採択させてアジア・アフリカ・グループの総意として日本の加盟を要求することなど考慮に価すると存ずる。

本問題は、本省におかれても直接関係せらるる出先機関におかれても篤と御研究済のことであり、上述卑見の如きは既に既に《(ママ)》十分御検討済のこととは存ずるも、ただ御参考資料までにここに敢て申し進める。御一読いただければ幸甚と存ずる。

本信写送付先　国連大使

402　昭和31年2月9日　重光外務大臣より在英国西大使宛（電報）

スーダンの加盟審議に際してのソ連代表による日本の加盟に関する発言

本　省　2月9日後4時40分発

第四四号

松本全権へ

ニューヨーク国連来電第三一号に関し

日本に関するソ連代表発言左の通り

Since some of speakers touched upon question admission Japan which is obviously not on agenda, and since in this connection they also referred to position adopted by U.S.S.R., I would like to make use of my right of reply.

Question of admission Japan is not on agenda today. If anybody wishes discuss this question normal procedures are open to him to include this question on agenda Security Council. As far as we are concerned, we are willing consider admission of Japan and Outer Mongolia at same time if difficulties of past have now been eliminated. These difficulties arose from veto cast by Kuomintang who, against will of majority of U.N. members, prevented admission 18 countries in original resolution. If representatives of Western powers feel that difficulties have been eliminated, we are prepared consider both admission of Japan and People's Republic of Outer Mongolia, two countries which have not yet been admitted out of list of original 18 applicants. If members Council feel that such difficulties have not been removed, members should find means for united effort to ensure admission of Outer Mongolia and Japan at next session General Assembly. Example of consideration of application of Sudan shows that if all members seek guidance in principle of universality in field of admission of applicants, we meet with no obstacles. However, if policy of favouring some countries and discriminating against others is followed, difficulties will arise and Charter is violated. As regards U.K.'s statement, it is echo of cold war which some countries would like unleash again. I do not intend to go into details of British colonialism over which Sir Pierson Dixon appeared to squirm. Many countries have spoken to this point and there is no need for me repeat their arguments.

編注 本文書は、一九五六年二月六日の安全保障理事会におけるソ連代表の発言を要約したもの。

403 昭和31年2月9日 在仏国西村大使より重光外務大臣宛

仏国内外交要路による日本の加盟と中共の代表権との引換論について

秘密第二三二号

昭和三十一年二月九日

在フランス特命全権大使　西村　熊雄〔印〕

外務大臣　重光　葵殿

国連加盟問題に関する件

本邦の国連加盟促進策に関するマリク印度大使、ゼツブ英大使、ボネ仏大使、パロディ仏大使の「私見」は別途御報告申し進めたとおりであるが、これらを綜合するに、

一、ソ連が外蒙の加盟を強制するため日本を留保し、国府が外蒙の加盟をヴェトするという現在の条件の下に本邦の加盟を促進することは至難であるということに全員一致

する。

二、しかし、この状況の下に、ソ連に日本の無条件支持を説得することと国府に外蒙に対するヴェト放棄を求めることと、どちらがすこしでも望があるかといえばソ連を説くことであるとする。国府を説けという者はない。

三、ソ連の胸中には外蒙の外に中共代表問題であるとする見方がつよく(マリク大使、ゼツブ大使、パロディ大使)、日本はこれを逆用することによつて国連加盟をソ連に認めさせ得るとする(ゼツブ大使、パロディ大使)。

四、ソ連に国際的圧力を加うるため、日本はアジア、アラブ諸国とくにインドを利用することを考うべきである(パロディ大使)。

の四項につきる。このうち第三項すなわち「国連における中共代表の承認と交換に日本の加盟を実現すべし」との意見は、中共代表問題が本年末期から表面化し、殊に一九五七年中には実現の可能性がある問題であるだけに、日本外交として熟慮すべき意見かと思料する次第である。

以上は、本省におかれても既に十分御考究済のこととは存ずるも、万一の御参考までに敢て申し進める。

写送付先、国連代表

---

404 昭和31年2月11日 在中国堀内大使より重光外務大臣宛(電報)

日本の単独加盟推進策を米英およびニュージーランドと申し合せ済みとの葉外交部長の内話

台北 2月11日後6時37分発
本省 2月11日後9時26分着

第三六号

往電第三四号に関し

葉部長と会談の際、日本の国連加入問題に付部長は極秘の含みとして、米、英、ニュージランド、中国の四カ国間に於て日本の加入促進方法に付協議の結果(欄外記入)(オーストラリアとは未だ話合がついて居ない)今後理事会に於て如何なる国の新規加入を討議する場合にも必ずその都度日本の単独加入を提案することに申合せが出来て居る。その場合ソ連は引続き外蒙の抱合せ提案乃至拒否権発動を行うべきも、斯くすることに依り暫時日本支持の興《輿カ》論を起しソ連の反対の不合理を印象付け加入実現を促進することが出来ると思う、今回スーダン加入審議の際、米代表が日本加入を提案したのは右四カ国申合せに依る次第であると内話した。

(欄外記入)

ニュージランドは本年初より安保理事国の地位を失い濠が代った。

405 昭和31年2月20日 国際連合日本政府代表部加瀬大使より重光外務大臣宛(電報)

新規加盟議論の都度日本の単独加盟を提議する申し合せは存在しないとの各国の証言

ニューヨーク　2月20日後5時48分発
本　　省　2月22日前8時59分着

第四七号

台北発貴大臣宛電報第三六号に関し

一、葉部長の内話は当地蔣代表よりの報告に基づくものかと察せられ、実際の状況と相違するにつき、念のため関係代表につき軽く確かめたところ、何れも右様の申合せは存在しないと否定している。米、英等においては日本の加盟促進は切実な関心を寄せているが、如何なる場合にも先づ我方の希望を尋ね右に従つて協力する建前を固く取つており、現にスーダンの申請審議に際しても逐一我方と連絡し、専ら我方の意向に副つて善処した次第である。米、英代表部においては本件について貴方に先づ連絡せずに斯る申合せを行う筈がないではないかと云つて怪訝の表情を示しているが事実中国代表部は大体において孤立状態にあり、目下のところこの種申合せの当事者になり得るとは思われない、故に本件は蔣代表が過日のスーダン理事会の経緯を解釈して将来の動向を推測したものかと見受ける。堀内大使の御通報に感謝するも後日のため念のため。

二、なおオーストラリア代表は日本の加盟促進については米、英代表よりも更に熱心な程であつて次期総会までには是非ともこれを解決したく必要に応じてオーストラリアが卒(率カ)先してこの工作にイニシアチブをとりたいと述べているが、同代表の熱意は米英、ニュージランド代表等も勿論承知しており、従つて前記申合せから同代表を除外することは先づ有り得ないところである。(同代表は何等本件につき聞知していない）因みにオーストラリアは安保理事会理事国である（ニュージランドと交替した）関係上同国代表は場合によつては昨年のカナダ以上の働きを示し得ると自負している様子であるが、この点は我方としても心強く感ずる次第である。

406　昭和31年2月28日　在カナダ松平大使より重光外務大臣宛（電報）

日本の加盟については当面静観を妥当とするカナダ代表の内話

オタワ　2月28日後5時16分発
本　省　2月29日前10時57分着

第四三号

二十七日本使ポール・マーチン（カナダ国連首席代表）と懇談したる際、本使の質問に対し同人の内話するところ何んら御参考迄に電報す。

一、㈠自分の所見としては日本の国連加盟についてはこの際静観の態度最も妥当にて、小策を弄することは賢明ならず（本使も同意見なり）日ソ交渉の推移を待つこと最も論理的なるべきも、問題はソ連の意思に依存せざる部門あることとなり。

㈡日本加盟の前提として一般に考えられおる中共の Seating（若しくは承認）の問題については、カナダ政府も米国の国内情勢と睨み合わせ苦慮しおる次第なり。差当り米国大統領選挙終了までは現状を変更せず静観の他なきこともよく承知しおれり。

㈢中共承認の問題に関しては、

(イ)アイゼンハウア再選の場合には少くともここ二年位は承認反対の方針を強行すべき公算大と認められる（仮りに所謂消息筋と称せらるる人の言う如く、ダレスが右再選の場合国務長官を辞任する場合においても、この点は変更なかるべし）（本使の印象としては先般イーデン来訪の際のアイゼンハウアとの会談の内容のブリーフィングに影響せられおること多きよう見受けられたり）。

(ロ)スティーブンソン（又は民主党候補）当選の場合にも、その治政第一年中は斯くの如き機微なる問題を採り上ぐることは内政的に困難なるべし。

二、なお最後に package deal にて加盟実現したる諸国中殊に極東にては、例えばラオスの如く共産化の危険増大しつつある国あり、今般の新しき加盟国の増加に拘らず、国連においてアジアの名において発言する国の多くは所謂ニュートラルか又は共産主義に Sympathy を有する国なることは、国連規定そのものの根本に触るる憂慮すべき問題にて、この見地より日本の加盟は再検討せらるべき必要あり（客年往電第二八四号参照）今後とも御援助を得たしと述べたるところ、お説には全く同感にて出来得る限りのことは致すべしと答えた。

米、国連に転送せり。

〰〰〰〰〰〰〰〰〰〰〰〰〰〰

407　昭和31年2月28日　在セイロン結城大使より重光外務大臣宛

セイロンによる日本の加盟積極支援の意向について

第一三九号

昭和卅一年弐月廿八日

在セイロン特命全権大使　結城　司郎次〔印〕

外務大臣　重光　葵殿

（欄外記入）

我国の国連加盟問題に関する件（至急情報扱）

一、二月二十日当国サー・オリバー・グネティレケ総督及び娘夫妻家族のみを非公式の晩餐に招待せる際、総督は朝鮮、インドシナ等今後の事態の見透しは困難にしてアジアの発展及び安定のためには民主的日本が強大となるを希望せざるを得ず、経済開発上今後日本の援助強力に負うこと益々大なるセイロンとしては特にその感を深くする旨述べたる後、日本の国連加盟問題に言及し、本年十一月に予定されおる総会にはコテラワラ総理自らセイロン代表として出席することとなるべく、同人の日本に対する好意に鑑み、日本の加盟には最善を尽さんとする意向を有するものと認められる。よって日本の総理より前広に同総理に対し日本の加盟につき引続き支持方特に申し入れられては如何と述べ、なお右の旨同総督の言として日本政府に取り次がれ差支えなき旨附言した（註一）。

二、次いで二十二日当国政府系新聞財閥レーク・ハウス専務 Wickremasinghe（註二）の招待にて両人限りにて午餐を共にし、懇談せる際、同人よりコテラワラ総理は日本の国連加盟には特に重大なる関心を有し、十一月総会出席の際アジア・アフリカ諸国の陣頭に立ち日本のため最善の努力を払う意向を有せらるる様承知しおるが、同人(ヴィクレマシンハ)の私見としては先ず同総理よりコロンボ会議諸国に対しアジア・アフリカ諸国が一致して日本の単独加盟を支持する案につき意見を照会し、その上徐ろにA・A会議関係国全部の同意を取り付ける工作を進めること然るべしと考えているが、四月当国総選挙後新内閣成立の上適当の機会に右案につき総理に進言したきこと、右は十一月の総会においてアジアアフリカ関係国の総意として日本の単独加盟をヴィートせざるようソ連に要請することを骨子とするものなること等述べ本使の意見を求めるところがあった。

よって本使より総理の側近たる同人が総理同様日本の国連加盟に関し、かかる積極的関心を有せらるるは感激に堪えざるところなるが、唯々卒直なる私見を述ぶるにと前置の上、若しコテラワラ総理のみがイニシアチーヴをとられることとなれば、例えばネール首相の如きは反対せざるまでも消極的態度をとることとならずやと尋ねたるに、これを否定し、実は六月のコモンウェルス首相会議においてネール首相は二、三の問題につきコテラワラ首相の積極的好意的支持を求めざるを得ざる立場にあるをもってロンドン滞在中本案につき両首相間に懇談すれば了解成立することを確信する旨述べた。

なお、コテラワラ首相は新内閣成立後四月下旬出発ビルマ、カンボディアを訪問すべく、その際ウー・ヌー首相とも本件に関し懇談の機あるべしと述べ(ビルマ訪問の機会に中共を訪問さるるに非ずやとの本使の問に対し、その積りなりしも、五月二十三日当国建国及び仏陀二千五百年祭典開会前余裕あるよう帰国の要あるため、三週間程度の日程の一部を割き中共を訪問するも意義なきにつき今回は取り止めることとなりたる旨内話した。二月十日外務次官内話報告の関係もあり右念のため。)新内閣成立後適当の時期にコテラワラ首相より関係国首相に発出すべき書簡案を作成の上本使の意見をも徴したき旨附言するところがあった。

三、右の如く首相の外交顧問格のヴィクレマシンハの外、総督よりも当国首相において日本の国連加盟に関し斡旋の用意ある旨内話ありたる次第なるが、惟うにインド、パキスタン、ビルマ等に遅れ客年末漸く国連に加盟せる当国としては国連におけるプレスティージを高める機会を狙いおるは当然なるところ、差当りこれがため最も格好の問題として日本の加盟問題を取り上げんとしおるに非ずやと存ぜられる。従って本件に対する当国政府の熱意は他のアジア諸国に比し真剣なるものあるべしと考えられる。

本件につき我方としてはインドの思惑等に関する考慮は当然必要なるが、現在インドは過般バンガロールのエカフェ会議における同国代表の発言にても明かなる如く外蒙との抱合せを考えおること御承知の通りであり、他面当国はコロンボ会議幹事国たること及び小国なること等のため当国が本件につきイニシアチーヴをとるも他の関係国の反対反感等なかるべしと考えられ、旁々他に代るべき名案なしとせば、折角当国首脳部が日本加盟実現のため具体的施策を積極的に考慮しおるに鑑み一応当国首相をしてイニシアチーヴをとらしめる様仕向くること一案かと存ぜらる。ついては本件につき予め御研究置き賜わりたく、なお、万一総理より総理への書簡発出のことに方針御決定の場合は、総選挙の結果コテラワラ新内閣成立の機を捉え、鳩山総理より祝意表明のメッセージにおいて日本の国連加盟につき一層の支持方要望されるのが最も自然且つ効果的かと存ぜらる。

右報告旁々卑見申し進める。

なお、お見込により国連代表部に転報煩わしたい。

(註一)当国総督は累次報告の通り当国初代のセイロン人総督にして、戦時中は民間防衛長官、独立後は農相、駐英ハイコミッショナー、蔵相を歴任している。総理及び閣僚始め各界指導者は内外の重要問題に関し、何れも同人の意見を仰ぎおり、当国随一の知恵者と称せられている。

(註二)同人はレーク・ハウス新聞財閥先代の女婿として現在同財閥の経営の責任者であり、先代の妹は現在副首相夫人なる関係にあるが、既報の通りコテラワラ首相の国内宣伝の顧問たるのみならず、重要外交問題については総督に次ぎ総理の最高顧問として扱われおり、首相の外遊には外務次官と共に概ね随行している。中共に対するゴム輸出を中心とする対米関係の打解調整には特に指導的役割を演じ客年夏より約三カ月間米国政府の招請により米国各界要路と折衝した。又その機会に十八カ国の国連加盟問題については当国駐米大使と共に活躍し、加瀬大使とも親交を結びたる趣である。

なお、同人が専務たるレーク・ハウスの大略は註三の通りである。

(註三)レーク・ハウスは一八三四年セイロン・オブザーバー紙発行のため創設され爾来当国三大英語紙の中デイリー・ニューズ、オブザーバー二紙を発行する外、同社発行のシンハリ語紙はシンハリ語紙発行部数の過半を占め、又タミール語紙、英語、シンハリ語週刊及び月刊紙等をも発行しおる当国の新聞財閥である。

(了)

(欄外記入)

大臣の命により総理、侍従長へ写(要旨)配布ずみ。三・七・

408　昭和31年3月5日　国際連合日本政府代表部加瀬大使より重光外務大臣宛(電報)

SEATO会議での日本の加盟問題提起をオーストラリア大使に依頼

ニューヨーク　3月5日後6時37分発

本　　省　3月7日前8時30分着

第六二号

往電第四七号の二にて御報告の通りウォーカー大使は常に我国の加盟促進につき異常な熱意を示しおる次第あり、又新駐日大使はケーシー外相と共にＳＥＡＴＯ会議に代表として列席する趣なるにつき、五日同大使を往訪し、日本の加盟問題は今次会議とは表面的には無関係なるべきも、ソ連の攻勢に有効に対抗するためには、この際大局的見地に立つて綜合的に施策する必要あり、その観点よりすれば加盟を促進することは日本のプレステイジを向上させ、ひいてはアジアの安定に資するところ少なからずと思われるをもつて、今会議においても然るべき機会を捉えオーストラリア外相より本件を提起し参加国の協力を促されたく、右様お取計らい願えれば、一面ロンドンの日ソ交渉に対する側面援助となるべく、他面ダレス長官訪日の際加盟問題が話題となる時の伏線ともなり得べしと申入れたところ、同大使は御意見は尤もと存ずるにつき早速外相と連絡すべしと答えた。外相において右進言を容れるや否やは当地においては予想はし難きも取敢えず。

米、英に転電し、フランスに転報した。

お見込によりオーストラリア、パキスタンに転電ありたい。

409　昭和31年3月6日　国際連合日本政府代表部加瀬大使より重光外務大臣宛（電報）

日ソ交渉の成り行きにより中国に翻意を求める必要があるとの各国代表意見および米国への働きかけにつき意見具申

ニューヨーク　3月6日後5時50分発
本　　　省　3月7日後2時19分着

第六四号

㈠往電第六二号会談の際ウオーカー大使は左記趣旨を述べたが、右は英国代表を初め、当地に於ける相当数代表部の意見でもあるので念のため。

日ソ交渉が早期妥結を見てソ連が日本の単独加盟を支持するに於ては、直ちに安保理事会を召集し所要の手続を済ますことが出来るが、若し交渉が遷延し秋口に至るも妥結の見込が立たぬ際には局面打開のため何等か工作する必要あり、来総会に於て日本の加盟が実現せねば中共代表権問題の擡頭するに従い、日本と中共が結びつけられる形勢となる惧もあろう、然し現在のところは過般のスーダン加盟審議の際に、ソ連代表が行つた発言に徴しても、ソ連は国府が外蒙に対する拒否権を撤回さえすれば日本の加盟を妨害せぬものと認められ、中共代表権（乃至日ソ交渉の成否）とは一応無関係の形になつて居る。従つて日ソ交渉の成行き次第では国府に対し、果して翻意を求めることも必要となるのではないか、これには勿論多大の困難があるとは思われるが、或る場合には現実的解決方法として日本と外蒙の同時加盟を図ることも時に取つての一策となり得よう。少くともその可能性は残して置くのが賢明と考える。これには素より、国府の面子もあること故機微な考慮を要する。考え様に依つては、外蒙を拒否するよりも、日本を加盟せしめる方が国府に取り、有利でもあり此の辺に付大局的考察を促したいものである。何れにせよ、国府をこれと反対の方向に進ませぬ様にしたいものであつて、日本の加盟促進は要するにタクチックの問題となりつゝあると思う。云々。

(二)当方は加盟問題については差当り日ソ交渉の推移を静観しつつあらゆる機会を捉え国民世論を喚起している次第であるが我方を熱心に支持する有力代表中には昨秋の国府の拒否権行使を痛く不満とし今回のダレス長官の台湾訪問を機会に同長官より蔣総統が二回に亘る米国大統領の親電を無視したことに対し少くともこれを遺憾とする旨を申入れるべきであると論ずる向が少くない。然しそれは兎も角とし国府当局は拒否権行使はその後の情勢により是認されたかのように思つている形跡(台北発貴大臣宛電報第三六号はその一例かと存ずる)もあるやに見受けるので前記(一)と関連し代表部間には台北会議に対し多大の関心が認められる状況である。

(三)貴大臣とダレス長官の会談においては過日の谷大使の会見の線に沿つて大局的意見交換を行われるものと拝察するところ日本の国連加盟については米国当局は誠意は充分あるも昨秋の失敗をカバーせんがために専ら責任をソ連に転嫁するに急であつて加盟促進の具体的構想は目下のところ格別用意ないように見受けられるので本件に言及せられる際には前記の当方面の空気を御含みの上国務長官を然るべく御誘導賜わりたい。なおコミユニケには日本の加盟促進につき然るべく御触れ願いたく右は大統領も特に年頭教書において言及している関係もあり極めて自然なるよう存ぜられる。

米に転電した。

編注　欄外に国際連合日本政府代表部宛往電第三九号(本書第411文書)と同文の重光外務大臣の書き込みあり。

410　昭和31年3月10日　重光外務大臣より在セイロン結城大使宛(電報)

AA諸国の気運醸成のため引き続きセイロンに支持要請方訓令

本　省　3月10日後3時30分発

第四九号(至急)

貴電第四九号に関し

セイロンがかねてから、わが国の加盟に関し、格別の関心を示しおることにつき謝意を表明されると共に、今後引続き支持を与えられるよう要請おきありたい。ただ、貴使御承知の通り本年二月のスーダンの加盟審議の際に見られた如く、ソ連がわが国の加盟を外蒙と一括して処理せんとする方針はその後何等変化なく、他方、セイロンが貴信一三九号のラインにてわが国の単独加盟を進めるに当つても、印度等より外蒙をも加えんとする動きが生ずる可能性あり、セイロンの考えおる工作の結果については楽観は許されざること勿論なるも、同国のイニシアティブにてＡＡ諸国間にわが国単独加盟支持の気運を醸成することは、客年総会における経緯に鑑み、極めて有意義と考えおる次第なり。

〰〰〰〰〰〰〰〰〰〰

411　昭和31年3月13日　重光外務大臣より　国際連合日本政府代表部加瀬大使宛（電報）

国連加盟は日ソ交渉と別問題として取り扱う旨再度通報

本　省　3月13日後4時10分発

第三九号

貴電第六四号に関し

国連加盟問題は日ソ交渉とは全然別個の問題として取扱いおり、又、日本は外蒙加入につきても何等意見なく、要は我方加入の実現を見ることなり。なお、日ソ交渉の妥結は前途遼遠なる情勢にあること御承知の通りなり。

米に転報あり度い。

〰〰〰〰〰〰〰〰〰〰

412　昭和31年3月15日　在中国堀内大使より　重光外務大臣宛

ＡＡ諸国の気運醸成および単独加盟工作を開始すべき旨意見具申

台秘第三〇八号

昭和三十一年三月十五日

在中華民国日本国大使館

特命全権大使　堀内　謙介［印］

外務大臣　重光　葵殿

我国の国連加入問題に対する件

日本の国連加入問題については最近在国連大使、在仏大使、在セイロン大使その他各地在外使臣より本省に対し種々報告並びに意見具申あり。本省におかれても対策につき御検討中のことと存ぜられるところ、日本の加入実現は結局のところ、ソ連が日本の単独加入に同意するか又は国府が日本、外蒙の抱き合せ加入に同意するか（後には中国の代表権問題と抱き合せにされる可能性もあること、加瀬大使所見の通りと存ず）に懸つており、ソ連が現状において容易に日本の単独加入に同意せざるべきと同様、国府が外蒙抱き合せに絶対に応ぜざることは極めて明白である。国府としては昨年米国再三の要請や国連諸国の圧迫にも拘らず、蔣総統始め首脳部は国連における国府の地位を堵（賭カ）してまで拒否権行使の方針を変えず、現在においても拒否権を行使したことを決して国府にとりマイナスにあらずして、寧ろ外交の勝利と考えおり、この方針は今や国内結束上並びに華僑抱き込みのためにも絶対に譲り得ない立場となりおり、昨年来当地における対国府折衝並びに世論の趨向に鑑み、この点は今後とも一貫変らざるものと思われる。現に今回帰朝せる蔣廷黻国連大使が民族の英雄として迎えられ、飛行場において、昨年の拒否権行使が正しかつたことはその後事実により証明せられた、国府の代表権は絶対に動揺しない、米国民間の世論は予想外に良好であつたと述べておる次第で、恐らく米国と雖も余程の状勢変化でもなき限り、国府を説得してその態度を変更させることは至難と思われ、いわんや何んら国府に対して与うべき代償もなく、又国府としても必ずしも全面的に我国の態度に満足しおらざる現状において、我方が国府に翻意せしむるが如きことは不可能に近いと思料される。

以上の観点より卒直に卑見を申上げれば、元々外蒙との抱き合せと云うが如き案は我方として決して名誉のことにあらず、絶対に見込みなき国府の説得や、高価の代価を払つてのソ連との取引を考えるよりは（ロンドンにおける日ソ交渉が妥結すれば、或いはソ連の反対もなくなり、本問題も自然に解決するやも知れないが、本問題が日ソ交渉のバーゲンにされることは、避くべきであると思う）、寧ろ現在としては、在セイロン大使の所見の如く、アジア、アフリカ諸国の日本単独加入促進の気運を作る一方、往電第三六号米、英、国府等が考えおるが如き我方単独加入の必然性を世界の世論として認めしめるよう、今から国連加盟各国を説得する工作を在外使臣を動員して積極的に展開せしめ、殊にインド等の第三勢力諸国、アラブ諸国その他東西両陣営の間に立つ中立系諸国を総て我国の加盟支持に引付け、ソ連をして世界の世論の前に日本加盟に対する拒否権行使を著しく不利ならしむる如く施策することが迂遠の如くして寧ろ堅実に成功を収める方途と考えられる。国府当局が来るべき代表権問題に備えて、既に今年当初より中南米ラテン系諸国及び中近東アラブ諸国等に対する外交施策の強化を着々展開しおることを我方としても大いに学ぶべきにあらずやと思考する。

413　昭和31年3月20日　在中国堀内大使より重光外務大臣宛(電報)

日本支持とモンゴルへの反対を一貫して維持との蔣国連大使の談話について

台　北　3月20日後3時30分発
本　省　3月20日後5時12分着

第八五号

三月十九日帰国中の蔣程仏《(廷黻カ)》国連大使を訪問日本の国連加盟問題につき懇談したが蔣は中国としては終始一貫日本支持の方針なると同時に外蒙の加入には反対なることを述べ日本単独加入の場合には英米仏濠等は勿論理事国はソ連を除き皆賛成すべくその他ラテンアメリカ諸国と多数のアジア諸国の支持も期待し得べしと語つた、それと同時に昨年十二月十四日ソ連が突如十六カ国加盟案を理事会に提出した際ネパールの代りに日本を入れることにソ連が反対した経緯を述べインドの去就につき多少の疑念を抱きおる様看取された。日本単独加入の実現を可能ならしめるためにはセイロン等の積極的工作を促すと共にインドの支持を予め確保する工夫が極めて重要なる様思われる。ついでながら往電第三六号葉外交部長談は本使と会談の際先方より進んで内話したところでその数日後本使の参考として送付こした会談要録にも「中国は英米及びニユージーランド等安全《(保カ)》理事会代表と連合して一新方式を採用し云々」とあり蔣大使もこれら諸国の態度が概ね斯くなりおることを述べた。又濠洲のことは葉部長が本使の反問に答え同国が理事国としてニユージーランドと交替後未だ話合に至らなかつたことを述べたのみで同国に日本支持の熱意なきことを意味したわけではない。念の為。

414　昭和31年3月28日　国際連合日本政府代表部加瀬大使より重光外務大臣宛（電報）

ロッジ米国大使による日本の単独加盟推進提案に関する請訓

ニューヨーク　3月28日前10時59分発
本　　　　省　3月29日前8時19分着

第八四号（館長符号扱）

一、両三日前ロッジ米代表より四月の安保理事会は自分が議長となる順番であるからこの機会に日本の単独加盟を推進してみたいと思う。先般のスーダン申請の審査に際してはソ連は無条件で賛成した経緯もあり、日本の単独加盟に反対する理由はない筈であるから或いは同調せしめ得るのではないか。何れにせよソ連は甚だしく苦境に立つ（We shall give them hell of a time）に違いないが貴国政府の御意向を承りたい、との趣旨の申入があつたので本使は熟考の上回答すべしと答えておいた。

二、思うにソ連の態度はスーダンの際に明らかにされたように外蒙の同時加盟が妨げられている事情が解消すれば日本の加盟を支持すべしというにあつて（日ソ交渉の成否乃至中共代表権問題とは一応無関係になつている）、国民政府が外蒙拒否を再考しない限りまた他にソ連を翻意せしめる施策を行わねば俄かに我が加盟に賛成すべしとも思われない。従つてまずくするとソ連をして更に外蒙と日本のリンクを重ねて確認させるに止まり、実益少なきのみならず却つて我が与論を刺戟する惧れありと認めらる。

三、よつて若しロッジ提案を採用するとすれば予めソ連を軟化せしめるに足る外交工作を施しておく必要があるが、この点と関連しセイロン首相を煩わしAA諸国を糾合し我が単独加盟を推進すること（結城大使発大臣あて公信第一三九号）は一つの有力な対ソ牽制策となるかと思われる。同首相は予てからAA決議の実現に熱心であるが右決議には外蒙は含まれていないし、また日ソ交渉とも全く無関係である。従つてソ連としてもAA諸国一致の決意を無下に無視することも困難であろう。

唯セイロン案は次期総会に於てＡＡ諸国の総意を以てソ連に道義的圧力を加えんとするものかと察せられるが此の際次期総会を待たず四月（又は五月）中に累次の集団的意見をソ連政府又は安保理事会に対し行うことが出来れば或は意外の効果を挙げるかと考える。

因に五月はオーストラリアが議長（編注）であるが安保理事会に呼びかける場合にはイランを利用することも或は一策であろう、即ち其の際はイランがセイロンの工作を受けて理事会に対し行動をとり米国（四月）又はオーストラリアが議長の立場で我方に好意的に措置することになる。

四、右の見地より二十七日セイロン代表（兼駐米大使）の帰任を待ち一応打診（ロッジ提案には触れず）したところ、同代表はコテラワラ首相に前記構想あることを肯定した上時期としては必ずしも次期総会を待つ必要なく四月十日選挙終了次第日本側よりアプローチされればセイロン政府は直ちに所要の行動をとることと確信すると答え協力を申出たので本使は何れ東京に請訓の上連絡すべしと述べると共に本件は差当り極秘として慎重に取扱うよう依頼して置いた。

なお印度の態度に付ても意見を交換したが同代表は比較的楽観をして居る。

五、右の如き次第に付、若しセイロン政府に於て本件工作を四月に繰上げ而も有効に実施する見込が付くならばロッジ代表の折角の好意ある申出でもあり、これに応ずることも時によつては打開策かと存ぜらる。素より本件に付ては国内的にも種々微妙な考慮を要することと拝察致すも日ソ交渉も停頓の折柄諸般の情勢御検討の上何分の儀御回訓請う。

米、英、仏に転報した。

セイロン、オーストラリアに転電ありたい。

編注　五月の理事会議長はユーゴスラビアの誤りであり、セイロン工作が四月に間に合わない場合、オーストラリアが議長となる六月が適当である旨訂正の電報が本電報の直後に発出された。

415　昭和31年4月3日　在セイロン結城大使より重光外務大臣宛（電報）

セイロンは日本加盟に向けたＡＡ諸国への工作に積極的との観測

コロンボ　4月3日前1時5分発
本　　省　4月3日前7時37分着

第七一号

国連大使発貴大臣宛電報第八四号及び第九〇号に関し

一、往信第一三九号申し進めの後総督より十一月の総会にてはアジアの将来に関する各種重要問題が議せらるる公算大なるにつき、右以前に日本加盟の見透しを付けおくこと他のアジア諸国にとりても重要にして、なるべく速やかに工作を進める要ある旨述べたることあり。冒頭電報加瀬大使の進言趣旨には当国首脳部も賛成と思われる。現に最近一時帰朝のフォンセカ大使は本件に関し総督より言及ありたる旨並びに同大使としては国府説得のため台北行きも辞せざる旨述べたるにつき、外蒙に関し国府説得の試みは無意義なるべき旨 discourage しておいた。

二、本件工作において当国が主眼とするところは、ＡＡ会議諸国糾合のため先ずコロンボ会議諸国及び英連邦諸国の支持及び了解を確保することにあるが、総理自身六月の英連邦首相会議を期にこれを取上げること然るべしとの意向なること既報の通りである（なお今次総選挙にて現与党は意想外の苦戦をなめおるが結局第二次コテラワラ内閣が成立するものと見られている）。

三、単独加盟についてのインド説得その他に関し総理自身の工作に重点を置く以上、セイロン側の本格的工作は七月以降の理事会を目標とすること然るべきやに存ぜられる。尤もセイロン代表が四月又は六月の理事会に際し、右本格的工作を効果あらしめるための内面的準備を進めることは有意義と存ぜられる。

四、なお我方よりセイロンに対するアプローチは既報の通り総選挙の結果判明後、鳩山総理より当国総理宛祝賀メッセージの形にて行われること適当なるべく、右案文御参考までに空送するにつき、御検討置き賜わりたい。

お見込により国連及びオーストラリアに転電請う。

416　昭和31年4月4日　重光外務大臣より
国際連合日本政府代表部加瀬大使宛（電報）

ロッジ大使提案によらずＡＡ諸国をはじめ関係国への広汎な働きかけ方回訓

本　省　4月4日後4時30分発

第五二号(館長符号扱、至急)

貴電第八四号に関し

一、先般ダレス長官の本邦立寄りの際、米国は今後とも日本の国連加盟を推進する意向なること、及び、日本を外蒙と抱合せにせるソ連の態度を非難する国内世論を盛上げるべきことを語りたる経緯あり、今般のロッジの申出も同様のラインに出づるものと推察されるところ、米国側の好意には感謝するも、何人が議長に当りても、ソ連の態度に変化なき現状においては理事会にて一気に日本の単独加盟を成功せしめる見込はなきものと思われ、失敗の際は貴見の如き結果となり却つてわが国の加盟をかつてのイタリア、オーストリアと同様、棚ざらし状態に導く惧れがある。

二、国府の翻意を促して外蒙との一括加盟を試みるべしとの意見も、国府側態度に鑑み実現の見込なく(別送堀内大使来信第三〇八号参照)、他方日ソ交渉も休会のままの状況において単独加盟を推進するには、主としてＡＡ諸国の世論をこの方向に強く動かし、ソ連をして相当の考慮を払わざるを得ざるが如き情勢を招来するよう工作する必要あるところ、ロッジ案にては時期的にも右の気運熟せずと見られ、単にバンドン決議のみを論拠とすることは日本の加盟促進に新たなるモメンタムを与えるに不十分なりと認められる。

三、よつて前記気運醸成のため、第十一総会を目標として今後ＡＡ諸国はじめ関係国に広く働きかける必要あるにつき、貴使におかれても右を御含みの上、この上とも関係各国に対し必要な連絡をとるよう御配慮ありたい。

セイロン及びオーストラリアに転電した。

417　昭和31年4月9日

国際連合日本政府代表部加瀬大使より
重光外務大臣宛(電報)

ロッジ大使提案はＡＡ諸国の気運が熟すまで待つ旨同大使に伝達

ニューヨーク　4月9日後7時0分発

本　　　省　4月10日前11時4分着

第一〇七号

貴電第五二号に関し

御来示の趣旨を帯し、九日ロッジ代表と会談し、同代表の熱意を多とする旨申述べると共にAA諸国の動きにも期待すべきものある折から四月と云うことでは準備間に合わざる惧れあり、今回は折角の好意あるサジエスシヨンではあるが然るべく機の熟するを待ちたいと回答したところロッジは御尤もであると心よく了承し、自分等は貴国政府の御希望次第で表に立つなり裏に廻るなり何時でも如何様にも動く積りであつて、AA諸国の結集がなれば結構と思うから、之より喜んで協力する用意があると述べた。なおコテラワラ首相の敗北は意外で頗る残念であると付言した。

米、英、仏に転報した。

セイロン、オーストラリアに転電ありたい。

418　昭和31年4月16日　国際協力局作成

「国連加盟実現のための方策に関する件」

国連加盟実現のための方策に関する件

三一、四、一六

国際協力局

（従来の経緯並びに最近の情勢に関しては「国連第十総会における加盟問題」その他の資料参照）

一、基本方針

イ、本年十一月中旬から開催予定の国連第十一総会において（かつ、できる限り、その初期に）わが国の国連加盟実現を期する。

ロ、外蒙その他の国の加盟問題、中共代表権問題等と関連せしめられざるよう配慮し、わが国の単独加盟実現を期する。

ハ、国連加盟国の圧倒的多数の支持を確保し、安全保障理事会においてソ連が拒否権を行使しえざる如き気運を醸成し、右を実現するよう工作する。

二、具体的方策

イ、前記基本方針決定の経緯を含み、本問題を周る従来の経緯最近の情勢等を主要在外公館に十分に通報する。（省内関係局課との連絡を緊密にすることはいうまでもない）。また、在外公館長会議、情報連絡会議等の機会を活用する。

ロ、六月に開催される英連邦首相会議を第一の目標とし、オーストラリア、カナダ及びパキスタンに対しわが方の意向を伝え、あつせん方依頼する。英国、セイロン、その他英連邦諸国にも適当アプローチする。

ハ、右工作の進展状況に応じ、エジプトを中心とするアラブ諸国、ビルマその他アジア諸国に適当アプローチする。

ニ、西欧諸国、北欧諸国、中南米諸国等にも、夫々機会を把《（捉カ）》えわが国の加盟支持方、当該在外公館長より然るべく要請し、前記ロ及びハの工作の進展と睨み合せ、徐々に気運を盛上げるよう努力する。

ホ、米国に対しては、加瀬、谷両大使より、前記工作の概要を説明し、気運の盛上りとともに米国も自然に同調する態度をとるよう要請ないし指導する。国府に対しても略々同様とする。

ヘ、右以外に、本省においても在外公館においても、機会ある毎に、わが国の国連加盟への熱意と意義について一般的啓発工作を施す。日本国際連合協会その他の民間団体も適宜活用する。

419

昭和31年4月24日　在セイロン結城大使より重光外務大臣宛（電報）

セイロン新首相に対し日本の加盟への支援を要望

コロンボ　4月24日後3時10分発
本　　省　4月24日後8時7分着

第八八号

二十三日バンダラナイケ新総理は各国使臣との個別的会見を行つたが本使との会談要旨左の通り。

先づ総理よりアジア民族尊敬の的となりし日本が戦後の浮沈を経て再び興隆の気運に向きつつあるは同じ仏教国として慶賀に堪えざること、アジア、アフリカ歴史的転換期にある現在アジアの友国日本は世界政局のみならず特にアジアのため一層貢献されんことを期待すること、及び機会あらば日本を訪問したしと述べたる上、他方セイロンとしても日本のためお役に立ちうることあらば幸せと考える旨述べたるを以つて、本使より然るべく応酬の後、実は本日の会見にては触れざる意向なりしも唯今のお言葉に勇気付けられ申述べたしとて国連加盟問題に言及し二月のスーダンの例もあり日本国民はコロンボ会議及びＡＡ会議諸国との関係深きセイロンの新内閣首班たる貴総理が各国のメリットによる加盟方式推進につきイニシアチブをとられることを秘かに期待しおる旨述べたところ、同総理は大国間の妥協により日本の加盟が妨げられたる事情は当時新聞にて承知せるに過ぎないが、兎に角遺憾に堪えざるところにして日本その他有志各国の早急加盟については最大の努力を惜しまざることを確約する旨答えた。時間の都合上これ以上応酬を差控ざるを得なかつたので、果して前総理に期待せるが如き役割を引受くる意図あるやは、更に関係方面との接触の結果に待たざるを得ざるべしと存ず。

なお同総理は大谷門主夫妻、三笠宮両殿下の御来訪は最も歓迎申し上ぐところなる旨述べ次いで本使より日本はアジア諸国の農工業開発による生活水準向上及び購買力の増大には出来る丈けの協力を惜しまざる方針なるが右は貿易立国の日本自身にとりても重要にして例えば日セ合弁に対し日本官民は好意的関心を有する旨述べたるに対し総理より今後日本の援助に俟つところ多かるべく日本側御意向は十分考慮に入れおくべき旨回答した。因に新政府の工業開発基本方針空送す。

420　昭和31年5月10日

在オーストラリア鈴木大使より
重光外務大臣宛（電報）

オーストラリア首相に対する日本の加盟斡旋依頼に関し請訓

キャンベラ　5月10日後8時12分発
本　　省　5月10日後9時21分着

第一一一号

往電第九一号に関し

（以下暗号）

メンジス総理の訪日を機会に諸懸案解決方濠側各方面に働きかけおるところ、同総理は二十日頃当地発渡英の途につくにつき、十七日会談の予定にて、その際特に戦犯問題の全般的解決方及びその旅行に際し各方面にて日本の国連加盟実現斡旋方依頼しみたしと思うところ、往信第四〇五号《（見当ラズ）》参照の上、その際なんらか別に申入るべきことあらば御回電ありたい。

（以下略号）

なお右往信㈡の⑶に関し客年末現在英蘭関係戦犯数は貴信欧亜合第九九号付属第一表によれば夫々三十名及び一一五名なるところ他方貴信第三三号別添(C)によれば一六名・一一二名となりおるが何れが正しきや。戦犯問題の現状（本年初頭以来の関係国別戦犯釈放状況等）及び今後の見透しと共に御回電ありたい。

〰〰〰〰〰〰〰〰〰〰〰〰〰〰〰〰

421　昭和31年5月12日　在オーストラリア鈴木大使より重光外務大臣宛

オーストラリア首相訪日に際しての事前打ち合わせの内容

（昭和三一、五、一二受）

豪第四二五号（至急情報極秘第四号）

昭和三一、五、一一付

重光大臣

在オーストラリア　鈴木大使

メンジス総理訪日に関する件

メンジス総理訪日予定については五月七日付往信豪第三八四号をもつて申進めておいたが、総理省次官サー・アレン・ブラウンより五月八日付極秘書簡（別添甲号）をもつて、一行は八月十日東京着、十五日出発の旨通報して来た。

右につき、十日本使同次官に面会し種々意見を交換したが、その要領左のとおり御報告申進める。

記

一、旅程及び一行氏名

実は五月九日、右極秘書簡接到と同時に、同日の新聞は、一せいに八日総理談として今回総理一行渡英の予定に関する談話を報道しておつたが、（別添丙号切抜御参照）その要旨は、渡英の途次ウインナを訪問し、また英連邦首相会議後ボン及び華府を訪問することは確定したが、その帰途日本、フィリッピン、インドネシア、マレー等よりも訪問方招請を受けておるが、この点についてはおつて決定するはずという趣旨であり、日本訪問が未だ確定していないような報道ぶりであつた。

この点に関しては本使としては、帰路どの国を訪問するかの問題に機微なる関係もあり、特にこうした態度をとつたものと了解したが、五月十日サー・アレン次官も、この点を肯定し、本使の問いに対し、総理の訪日は総理当国出発までには（五月二十四、五日頃フリーマントルより乗船出発）公表し差支えないこととなると思うが、関係各国との関係もあり、今暫く秘密に願いたいと希望した。

一行の氏名は、サー・アレン・ブラウン夫人は訪日不可能と決定し、一行は結局五月七日付往信豪第三八四号の五名と確定した。則ち、メンジス総理、同夫人、サー・アレン総理省次官、ヘーゼルチン首席秘書官、クレーグ婦人秘書の五名である。

一行滞日中のプログラムについ《（きカ）》種々意見を交換した結果については既に電報をもつて申上げたとおりであるが、同次官は、那須において宮中の行事があるとすれば、その途中、日光の見物、また往復飛行機を利用しても宜しいから京都奈良方面に一泊の旅行を希望しておつた。メンジス総理は一九五〇年訪日し、同次官もこれに随行したが、東京呉方面を視察したのみで、京都、日光は見ておらない由である。

二、メンジス総理訪日の際の諸問題

サー・アレン次官は総理省次官として相当広き権限を有し、日本関係の諸問題にも関与している重要人物である。本年一月総理の訪日決定以来、本使は機会ある毎に、この際諸懸案をできるだけ促進解決し、右訪日を一そう意義あるものとしたいと話して来たが、同次官も賛成して種々あつ旋してくれたようである。本使五月十七日総理に面会の予定であるので、右面会の際の準備工作的意味もあり、五月十日ブラウン次官との間に真珠貝問題、戦犯問題、通商問題及び国連加入問題等について意見を交換した。右意見交換は主に各問題の現段階を相互にレヴューし、果してどこまで解決を進め得るかを検討した次第である。

(1)真珠貝問題

同次官は本件については豪州側としては現在の段階においては、最大の線まで譲歩したのでこれ以上のことは一応操業をしてみてからでなければ困難であると述べた。（現に八日夜国会において本問題の処置内容につき、一議員より質問があり、マクマン第一次産業大臣が書面回答を約したことは別途報告のとおり。）

(2)通商問題

輸入問題、税率問題について総理訪日までに妥結に達したいことは勿論であるが、時間不足のため、できるだけ相互に努力してみるほかないだろうと言うことに意見が一致した。

(3)戦犯問題

本使より、この問題こそ戦争終結後十一年となつた今日、一日も速かにその解決をみることは、日本朝野一致の切望であつて、総理訪日までには、なお三カ月の日子を有するので、なんとか本問題の全面的解決につき特別の考慮を願いたいと述べたのに対し、同次官はその気持は十分分るにつき自分としても折角努力してみたいと思うが、米英等のその後の様子につき何か特別の情報でもあれば、是非入手したいと述べておつた。(この点については五月八日付豪第四〇五(見当ラズ)号往信をもつて依頼した情報至急御回示願いたい。)

(4)国連加入問題

本使より国連加盟は、戦後日本国策の基本であつて、日本としては国連のあらゆる専門機関に加入し、極力これとの協力に努力し、各機関における日本の評判も決して悪くないと思うし、日本が国連に加入してこそ始めて連合国が日本に対して要望している日本の民主化の確立が実現されるわけだと思う。この点に関し豪州政府が一貫して日本の加盟に積極的な支持を与えつつあることは日本の朝野の深く多としているところである。しかしながら、日本の加盟問題は今や不幸なデッド・ロックの状態に陥つて、よほどのことなくば、来るべき十一月の国連総会においてもその実現は容易でないと見られる。この際メンジス総理が英連邦首相会議に出席し、また諸国を歴訪され種々の機会に各方面の指導的地位の人々と会談の機会あるのを幸い、総理自身この点につき特別のあつ旋をさるるにおいては日本側において最も多とするところであると述べた。これに対し同次官はこの点同感であつて自分から総理に進言したいと思うと答えた。

(5)日本画展覧会問題

同次官は美術問題に関心を有し、訪日の機会に、自分だけでも、日本の代表的美術を鑑賞する機会を得たいとの希望をもらしたのにも鑑み、本使より日本画の展覧会を本年末から各州都市で開く話があり、シドニー国立美術館と話合を進めており、同美術館よりは連邦政府の補助方願出があつたはずかと思うが、文化、スポーツの面ではお互に一そう努力して両国親善に貢献する余地があると思うので、この点に関し、自分からも特別の考慮を得たいと述べたところ、同次官は同美術館からは既に申請の手紙が来ており、自分としては、日本画の展覧会を本年度開催されるべき他国の何れの分よりも重視しており、（ドイツ、イタリーの分、フランスの分は終了）従つて一、五〇〇磅の援助は許可したいと思うし、また実現すると思うが、他国分との関係もあり、右決定の返事は八月頃まで保留したいと思うからお含みおき願いたいと答えた。

(6)なお、同次官は、この種正式訪問の際、懸案解決につき何らアナウスメントある場合、豪州政府としては正式訪問中または正式訪問終結の際よりも、むしろ訪問前にこれを行う一般方針を堅持しているが、正式訪問中の交渉により豪側が譲つたと言う如き印象を与えることを避ける趣旨から来ていると述べ、日本側として訪問前の発表にて差支えなかるべきやと問いたるにつき、本使より問題は総理訪日の好機に諸懸案の解決を図ることが主眼であり、発表の時機が訪日の前であるか、訪日中であるかは豪側の都合で結構であると思うと答えておいた。

三、なお、予め稟請もせず僭越ではあつたが、全くのノン・コミツタルな態度をもつて、本使よりメンジス総理従来諸国正式訪問の際当該政府より叙勲等の話は聞かないように思うが、この点何か原則上の問題でもあるやと問いたるところ、同次官は豪州人の叙勲については予め女王の允許を必要とし、原則として女王の允許が困難なので実現しないのが普通である。しかし自分より極めてノン・コミツタルに総理としてこの種の場合、女王より允許の見込ありと思うかどうか尋ねてみてもよいと述べた。なお、その後五月十一日付をもつて、さらに同次官より極秘書簡（別添乙号）を送付越し、一行五名の氏名を通報してきた。

（別添省略）

422

昭和31年5月15日　国際連合日本政府代表部加瀬大使より重光外務大臣宛（電報）

ハマーショルド事務総長のソ連訪問にあたり日本の加盟促進への支援要請

ニューヨーク　5月15日前11時36分発
本　　　省　5月16日前9時11分着

第一三五号

往電第一三四号に関し

事務総長のモスコー訪問は六月下旬となる模様であるがパレスタイン問題一段落の際でもあり、十四日往訪懇談し、ソ連政府首脳と会見の折には日本の加盟促進につき出来得る限りの側面援助を煩わしたいと申入れたところ、同総長は自分の気持は貴大使もよく御承知の通りであり、改めて御依頼を俟つまでもなく加盟促進に出来得る限りの努力を払う積りであると答え、左の趣旨を述べたので御参考まで。

一、スーダンの単独加盟はパッケージ・ディールに一応終止符を打つたもので、日本のためには喜ぶべき先例と認められ、理論的にはソ連は日本の無条件加盟に反対出来ぬ立場にある。然しその意義が一般に浸透するには若干の時日を必要とするのみならず、今俄かにスーダンの例を楯にとつてソ連に態度の変更を迫るのは策を得たものと思われない。ソ連や中共に対してはこれを壁に押し付け譲歩を求めるような強引な行方は概して成功しない、寧ろ彼等の退路を開けておくのが賢明のようであつて（チ?トー北京訪問の例を挙げ）、要するにタクチックスの問題に帰すると信ずる。

二、バンドン会議決議が、日本は含むが外蒙を含んでいない点は利用に価すべく、ＡＡ諸国が日本の単独加盟推進のため結束し、気勢を上げればこれ等諸国との親善増進を当面の主要政策としているソ連としては、強ちこれを無視し得ぬであろう。この点は貴大使と同感であつて時にとつての良策と見受ける。たゞその際は、先般のアジア旅行の体験にも鑑み、インド政府と充分な了解を遂げられインドが熱意をもつて事に当るよう誘導されるのが得策かと思う。自分の見るところでは行掛り、若しくは体面問題を別にすればソ連は少くとも外蒙を固執するものとも解されず、他面中共と外蒙の関係にも微妙な要素が伏在するやに考える。従つて例えばインドを通じ中共に働きかけ中共をしてソ連に外蒙を暫くドロップさせる余地もないではあるまい。

三、何れにせよ国民政府は自棄的になつているから拒否権撤回は望み難く、結局日本の単独加盟は何等かの方法によりソ連を同調せしめる他あるまい。自分は講和条約の成否と加盟問題は無関係であるとの立場をとつているが、日ソ国交が回復すればソ連としてはいよいよ日本の加盟を防害(妨カ)する理由を失うこととなる。兎に角モスコーにおいては及ばず乍ら最善を尽したいと思つている。ついては出発までの間に情勢の推移に応じ随時会談して引続き意見の交換を行いたい。(二)のインドを通じ云々は稍々飛躍的の感があるが、総長はかなりの自信を示していたので談話をそのまゝ)

米、英、仏に転送した。インド、セイロン、中国に転送ありたい。

423 昭和31年5月16日 重光外務大臣より
在オーストラリア鈴木大使宛(電報)

ソ連の拒否権阻止に向けオーストラリア首相への支援申し入れ方訓令

本　省　5月16日後4時0分発

第八九号

貴電第一一一号に関し

国連加盟問題については、日ソ交渉の帰趨に係わりなく第十一総会中に加盟実現することを目途として、わが国の単独加盟促進に対する各国の一層の支持を確保し、国際与論の圧力にて安保理事会におけるソ連の拒否を阻止せんと期しおるにつき、貴信第四〇五号(見当ラズ)(二)(4)に御申越の通り、本問題につきメンジスに然るべく要請されたい。

424 昭和31年5月17日 在オーストラリア鈴木大使より
重光外務大臣宛(電報)

日本の加盟支持拡大等に関するオーストラリア首相との意見交換

キャンベラ　5月17日後10時40分発
本　　省　5月18日前7時10分着

第一二〇号

往電第一一一号(一二一カ)に関し

十七日本使メンジス総理と会談せしところ十日サーアレンと懇談した内容(往信第四二五号)が報告しありたる模様にてメンジス総理より積極的に折角訪日するからには両国の懸案を自分も検討し、出来るだけこの機会に解決を期することに賛成なりと述べ、左の通り意見を交換した。

一、戦犯問題

本使より英蘭等戦犯問題を全面的に解決の情勢にあり、この際オーストラリア関係戦犯につきても、全面的解決を得ば日本朝野に与うる印象は深甚なるものあるべしと述べし処総理はそれまで行はるかどうか解らぬが、とも角閣議に持ち出してみたいと述べた。

二、真珠貝問題

本使より本年は採取船の数を二十五隻に減少するのやむなきに到りたる苦衷を訴え、今直ちに本年度操業条件の再考が困難なりとせば操業開始後早めに調整申出ることあるべきにつき、その際我が要望に対し充分に満足を与えるよう御配慮を請う旨を述べたるに関係閣僚に話すことを約した。

三、通商交渉

本使より貴総理及び貿易大臣の訪英のため、忙しき関係もあるべきが日本との交渉妥結に、稍々熱が欠けしやにも察せられるが、日本はオーストラリアにとり、第一又は第三の輸出先にて御出発前是非とも日本との交渉方針につき、日本の要望に沿うような方針を閣議決定ありたいと希望し総理、これを諾す。

四、国連加入

本使よりオーストラリア政府が一貫して日本の国連加盟に積極的支持を与えくれ居ることに付深厚なる謝意を表したる後、国連第一一回総会に於てこそは日本の加入を是非共実現したく、朝野を挙げて熱望し居るところ、貴総理が今回連邦首相会議に出席し又旅行の途次、諸国の指導者と接触の機会多きに鑑み、これらの機会に日本の民主化確立及びその自由諸国群との協力確保のためにも日本の加入実現の緊要なる点に付各方面の関心を喚起さるるに於ては加入実現に貢献するところ事大と信ずるに付、訓令に基き是非共貴総理のこの点に関する御努力を御願いする旨述べたところ、総理は事態は充分了解した。最近はソ連の指導者達もデイーセントにしてレスペクタブルな人間と思われねばならぬと感じて来た様に思われるので世界の与論が強く日本加入の必要を叫べば再考するだろう、兎も角ケーシー外務大臣共充分協議し御希望に副う様努力すると述べた。

五、日濠議員団交歓訪問

本使より思付なるが日濠両国間に議員団の相互交歓訪問を行つたならば相互理解増進に貢献するのではないかと思うと述べしに、総理は非常に面白き考え故研究したしと述ぶ、なお総理は二十六日キャンベラ出発に決定せし由にてアジアの他の国の訪問は今度は失礼したき考えにてそのため訪日もまだ正式に発表せざる点に付了解を求めた。

425 昭和31年5月23日

在セイロン結城大使より
重光外務大臣宛

日本の加盟に関するセイロン首脳部との談話追報および鳩山総理書簡発出につき意見具申

第三八六号（至急情報）

昭和卅一年五月廿参日

在セイロン特命全権大使　結城　司郎次〔印〕

外務大臣　重光　葵殿

我国の国連加盟に関する件

本件に関し往信第三七五号をもって申し進めの後、二十一日目下当地来訪中の大谷光照門主夫妻を交え当国総督、総理、閣僚、外務次官等要路者夫妻を晩餐に招待の際本件に関する政府首脳部側との内話要旨左の通り追報申し進める。

一、二十日日曜のゴール市におけるある結婚式にて隅々総督と同席せるがその際同総督は数日前総理に対し日本のメリットによる加盟促進に関する前総理の構想に基き説得せるところバンダラナイケ総理はA・A会議決議諸国中日本のみが加盟し得ざりしことを遺憾とし、同総理においてもコロンボ会議及びA・A会議諸国の力を結集し日本の加盟実現に極力努むべき旨確約せる旨内話するところがあった。

二、二十一日の宴会においてバンダラナイケ総理が大谷門主に対し客臘日本の加盟不首尾に終りたるはセイロンとしても遺憾に堪えざる旨述べたるをもって本使より同総理の本件に関する関心は本使は勿論日本政府も深く多とするところなる旨述べたるに同総理はコロンボ会議及びA・A会議の首唱国の一たるセイロンとしては日本のメリットによる加盟に重大関心を有しおり幸い今秋国連総会には自ら出席する予定なるをもってそれまでに万一解決せざる場合は加盟実現に当りセイロンとしてできるだけお役に立ちたしと考えおり国連代表グナワルデナ大使に対しては既に必要なる工作を進めるよう訓令することとせる旨語った。

三、なお、同夜外務次官は右総督及び総理の内話を裏書するところがあった。

今次日ソ漁業交渉に関する報道より察すれば日ソ国交関係打開の途開け或いはこの種工作の要なきに至りたるものなるやも知れざるが、一方我国の加盟がA・A諸国の一致せる支持を背景とすることは今後我国とA・A諸国の関係を緊密化するためにも重要なるべく、又折角セイロン政府首脳部の好意にも鑑み日セ両国関係の親善関係促進の見地よりするも鳩山総理より当国総理宛書簡を送らるることは無意義ならざるべしと存ぜらる。

ついては冒頭往信添附書簡案前段にブダ・ジャヤンティに関する追加を行いたるもの改めて別添するにつき御検討の上本件書簡至急発出方お取り計い賜わりたい。

右追報旁々卑見稟申する。

（了）

（別　添）

Dear Prime Minister,

May I, on behalf of my Government and myself, take this opportunity of reiterating my most sincere felicitations in a more ample measure than in my previous brief congratulatory cable on the occasion of your assuming the high office of Prime Minister, after your signal, sweeping victory at the polls. This is proof of the great confidence reposed in you and your Party, by the people of Ceylon who, I am sure, are looking forward to a new era of progress and prosperity under your inspiring leadership.

It is perhaps no mere coincidence that, just on the eve of the Buddha Jayanti Celebrations, as well as on the 2500th Anniversary of the founding of the Sinhalese race, you should have been chosen to head the new Government and to lead your nation. This, I am certain, is a most auspicious augury for you and your Government, and I heartily welcome the privilege of personally sharing in the felicitations that accompany this notable event.

I can assure you that my people and my Government hope that the people of Ceylon will, under your wise guidance, succeed in achieving all their aspirations for their wellbeing and happiness as a democratic, peaceful nation.

I would wish to take this occasion to touch on a matter of vital interest to my country. As you are doubtless aware, Japan was the only country of the several Asiatic countries mentioned in the Bandung Conference, which failed to secure admission to the United Nations last December. This was caused by Soviet Russia's veto, as a consequence of the Chang Kai Shek Government's veto of Outer Mongolia.

Should Japan's candidature be once again tied with Outer Mongolia, it is almost certain that my country will have no chance again this year.

There is, however, a precedent of recent occurrence which gives us hope. In February this year, the Security Council, presided over by the Soviet representative, unanimously agreed to recommend Sudan's admission to the United Nations.

In support of this devision, Article 4 of the Charter was quoted, and Sudan's candidature was supported on her merits alone, without her being tied with any other country, as was the unfortunate experience of Japan last December.

In the circumstances, Mr. Prime Minister, my Government and my people will be under a most profound debt of gratitude to you personally, and to your Government and country, if you will be kindly disposed to champion the cause of Japan by the exercise of your initiative and your good offices, to expedite her admission, maybe jointly through the Colombo powers and also the Afro-Asian Powers, supporting Japan's case entirely on the basis of her own merits as in the recent instance of Sudan.

I am hoping that this urgent matter for the new Japan will be regarded by you as meriting your active sympathy and lofty statesmanship as the leader of a sister Buddhist nation, to whom my people would naturally turn for support their claim to a rightful place in the United Nations. I assure you that my Government and my people will always remember your efforts, as a world and Asian statesman in contributing to establish peace and harmony in the world.

May I, in concluding, say that it would be most gratifying to my Government and my people if you would, as early as it may be possible and compatible with your many obligations and arduous duties, visit my country when, not only would I have the very great pleasure of making your acquaintance personally, but also my people would be able to most cordially greet you as the leader of an old, but new and rising Asian country.

With my renewed congratulations and my best wishes for yourself and the future of your country,

Yours sincerely,

Hon. S. W. R. D. Bandaranaike,
Prime Minister,
The Senate,
Colombo, Ceylon.

426　昭和31年5月28日　国際連合日本政府代表部加瀬大使より重光外務大臣宛

日ソ国交回復の進展状況に応じた国連加盟工作方針について

第五九六号

昭和卅壱年五月廿八日

在ニューヨーク国際連合日本政府代表部長
特命全権大使　加瀬　俊一

外務大臣　重光　葵殿

日ソ国交回復に伴う国連加盟工作に関する件

モスコウに於ける漁業条約調印の結果日ソ交渉は近く再開の運びとなる形勢にあり早期国交回復も一般に予想せられおる折柄右に伴い国連加盟問題についても唯今より充分考慮をめぐらす必要ありと存ずる処やや先き走る観なきにあらざるも左記事情対策御立案の御参考迄。

一、日ソ国交の回復に当っては平和条約方式によると所謂ア

（欄外記入一）

デナウアー方式によるとを問はずソ連をして我国の単独加盟につき無条件支持を確約せしめる必要あることは勿論であるが、かかる確約のもとに国交回復せる場合には機を逸せず安保理事会の勧告を確保すること然るべしと存ずる。

二、然るにスーダンの例でも明かなように米ソ両国は新加盟国の意を迎えんとして安保理事会の召集につき何れが先鞭をつけるやをめぐって競争する傾向あり。現にモロッコ、チュニスに関しても既にとかくの憶測が行われている程であるが、日本の場合にはこの競争は更に激しきものがあり得ようと想像される。その際ソ連は当然イニシヤティブをとろうとするであろうが、従来熱心に日本の加盟を推進して来た米国としては決してこれを快く思はぬであろう。依てこのような情勢ともならば本使は第三国に理事会召集の音頭をとらせる工夫をしたらどうかと考える。幸にしてオーストラリアは有力なる理事国であるし、ウォーカア大使は本件について極めて熱心である、且つ英国代表部に於ても対日関係の考慮から右には賛成のように見受けるので本使は六月の連邦首相会議に際し我国の加盟促進の見地より内々意見交換を行うよう示唆しておいた（因に英国代表は六月五日より十日迄帰英の筈）。

就てはニュージーランド、オーストラリア等の首相訪日の際は右御含みの上御応酬下され度い。

三、尚理事会召集については議長が何国なりやも機微なる関係を生じ得るが総会開会迄の右の順序はオーストラリア（六月）ベルギイ（七月）国府（八月）キューバ（九月）フランス（十月）イラン（十一月）となっている。仮に八月に日ソ国交が回復するとすれば理事会議長は国府であるがソ連は国府を忌避するから同月中は恐らく理事会召集に難色を示すであろう。ソ連の国府排撃は最近益々露骨となりつつあり、軍縮小委員会の再開についても英米が六月を希望するのに対して準備不足を口実に賛成しない趣であるが消息通はその真意に国府が右委員会の六月の議長となるからであると観ている（砂糖会議に於てもソ連は国府代表がスティアリング・コミッティに加はることに反対した経緯がある）、従ってこの場合理事会召集は九月以降となろうがキューバ代表が極端なる反共論者であることは留意に値しよう。

（欄外記入二）
四、当方としては差当り日ソ交渉の推移如何に拘らず従来の方針により国連内に於てはＡＡグループを中心としてラテン・アメリカ、西欧、北欧各グループと接触を深くしつつ、他方新聞、雑誌、ラジオ等を通じて加盟促進の気運をこの際一層盛り上げるため鋭意努力を続けている次第である。

（欄外記入一）
状勢によっては、正式国交回復の時迄、待つ必要もなかるべし。　星

（欄外記入二）
英連邦諸国ノ重要性ヲ忘ルベカラズ　吉村

427　昭和31年5月29日　重光外務大臣より在セイロン結城大使宛（電報）

セイロン首相への鳩山総理書簡発出は差し控える旨通報

本　省　5月29日後7時10分発

第九一号

国連加盟問題については英連邦首相会議を控え、オーストラリア及びニュージーランドに対し両国首相の訪日を機会とし夫々働きかけおるも、貴信第三七五号の如く「バ」総理の方針も確立しおらざる趣につき、鳩山総理の書簡発出は差控えることと致したい。委細公信。

428　昭和31年5月30日　在セイロン結城大使より重光外務大臣宛（電報）

セイロン首相への鳩山総理書簡発出につき再考を要請

コロンボ　5月30日後7時0分発
本　省　5月31日前7時23分着

第一〇一号

貴電第九一号御来示の次第敬承。然るに往信第三八六号を以て申し進めの通りその後バンダラナイケ首相は総督等の説得によりようやくセイロン新政府にとり本件の持つ意義を諒しこれが実現に深い関心を持つこととなりたる次第につきこの際至急鳩山総理よりの書簡発出方望ましく尚右と

並行し加瀬国連大使所報国連事務総長の見解通りネール首相に対しても同様なんらか御申入あること然るべきやに拝察す。

要するに右はいずれも少くとも無害たるべしと存ぜらる。従来の経緯もあり敢えて卑見稟申す。

429 昭和31年6月1日　重光外務大臣より　在セイロン結城大使宛

セイロン首相への鳩山総理書簡発出は差し控え他の英連邦諸国と同様に工作方訓令

協一第一一六号

昭和卅壱年六月壱日

外務大臣　重光　葵

在セイロン

特命全権大使　結城　司郎次殿

国連加盟問題に関する件

貴信第三七五号並びに同第三八六号及び貴電第一〇一号に関し、

一、コテラワラ前総理のイニシアティヴによりわが国の国連加盟促進をはからんとする方策には当方も大いに期待していたところ、四月上旬の総選挙の結果、バンダラナイケ新内閣が出現する事態となり、一応静観のやむなきに至つたが、他方、貴使累次お申越しのように、わが国の国連加盟実現のためには多数諸国なかんずくアジア・アラブ諸国の支持を確保することが重要であることにかんがみ、差当り英連邦首相会議を控えて、オーストラリアにおいてはすでに鈴木大使からメンジス総理等にアプローチし、来日中のホランド・ニュー・ジーランド総理も、同国の日本国連加盟支持を再確認し、本問題を英連邦首相会議に持出す旨述べた。

二、かくて、国連加盟工作は、日ソ交渉の推移いかんにかかわらず、国連第十一総会を目標に世界の与論を総動員する方向に推進したい所存につき、この際は、貴任国のみに対しわが方総理書簡を発出するような特別の措置をとることは、差し控え、オーストラリア、ニュー・ジーランドに対すると同様の方針により、貴大使を通じ、引続き工作することといたしたい。なお、昨年の経緯にかんがみるも、本問題の前途には幾多の難関あるべく、状況によつては「バ」総理の特別の活躍にまつべきこともありうると考えられ、その場合には、貴任国がＡＡ地域における本問題解決促進の有力なる推進力となることがきわめて望ましいと考えているにつき、右お含みの上、今後とも御努力ありたい。

編　注　本公信の写しは国連代表部加瀬大使に送付された。

430　昭和31年6月2日

重光外務大臣より
在英国西大使、在カナダ松平大使、
在インド吉沢（清次郎）大使他宛

英連邦首相会議に向け連邦諸国への適宜工作方訓令

付　記　昭和三十一年五月二十二日、国際協力局作成
「わが国の国連加盟問題に関する件」

協一合第六八七号

昭和卅壱年六月弐日

外務大臣　重光　葵

在連合王国　特命全権大使　西　春彦殿
在カナダ　特命全権大使　松平　康東殿
在インド　特命全権大使　吉沢　清次郎殿
在パキスタン　特命全権大使　山形　清殿

国連加盟問題に関する件

来日中のホランド・ニュージーランド総理は、わが国の国連加盟問題に付いて、ニュージーランドは従来も日本の国連加盟を支持してきたが、右方針を再確認し、英連邦首相会議においても日本の希望を出来る丈け反映したい意向である旨言明した。別途送付の資料「わが国の国連加盟問題に関する最近の動き」（五月二十八日付のもの）により御承知の通り、英連邦首相会議を控え、既にオーストラリア及びセイロンにおいても夫々同様工作しおるが、右御含みの上責任国政府首脳部に対しても、貴使御裁量により適宜わが方の意向を伝達しおかれたい。なお、本問題に関する当方の考えについては、別途送付ずみの欧州・中近東公館長会議用資料「わが国の国連加盟問題に関する件」（五月二十二日付）により御承知ありたい。

編　注　本公信の写しはプレトリア、国際連合日本政府代表部、

セイロン、オーストラリア、ニュージーランドの各在外公館長に送付された。

（付　記）

わが国の国連加盟問題に関する件

（欧州、中近東公館長会議用資料）

三一、五、二二

国際協力局

本問題に関する当方の考え並びに在外公館に要望する点は目下のところ概ね次のとおりである。

一、国連第十一総会は十一月十二日より（クリスマス及び年初の休会を経て来年三月にわたるものと予想される）ニューヨークにおいて開催されるが、わが方は同総会会期中、なるべく早期に国連加盟の実現を期し、諸般の準備を開始している。

二、国連加盟工作の方針としては、わが国の加盟問題が外蒙その他の国の加盟問題、中共代表権問題等と関連せしめられぬよう、単独無条件加盟を推進する。

注＝昨年第十総会におけるカナダ等提案に係る十八カ国加盟案は、未統一の状態にある南北鮮及び南北ヴィエトナムを排除したこと及び共産圏諸国を含む一括方式を採つたことにより、成果を収めたのであるが、この十八カ国から外蒙と日本が残る結果となつたことに鑑み、今後はカナダ案の如き方式を避け、純然たる単独加盟案で行く方が有利であると考えられる。外蒙と日本のみの同時加盟方式を示唆するむきもあるが、国府の外蒙加盟拒否の態度を変更せしめる可能性は全くない。なお、国連加盟問題と中共代表権問題とは法律的には性質を異にするものであり、今迄のところ、かかる動きは現われていないが、中共代表権問題と関連せしめられるおそれは、全然なしとはいい難く、警戒を要する。

三、日ソ間に国交が回復するに至れば、ソ連はわが国の国連加盟を支持するものと予想されるが、その場合においても「無条件」支持の確約を取りつける必要のあることはいうまでもない。ただ、日ソ交渉が第十一総会までに妥結しない場合をも考慮しおくとともに、ソ連にわが国の単独無条件加盟を受諾せしめる上においても、国連加盟は日ソ国交調整と別個の問題であるとの従来の建前で臨み、特に他の国に対してはこの建前に立つてわが国の国連加盟支持を確保する。

四、従つて、日ソ交渉の進展如何にかかわらず、日本を速に国連に加盟せしむべしとの国際与論を昂めることは、わが方として是非必要である。特にアジア・アラブ諸国の強い支持を確保しうれば、ソ連の反対を封ずる上に有力であろう。昨年四月のバンドン会議決議は、外蒙を含んでいない点からも、アジア・アラブ諸国その他諸国の支持を強めるために使用しうる好材料と考えられる。

注＝Information Bulletin Vol. III. No. 9（一九五六、五、一）所載の重光大臣メッセージも、本文と同趣旨を含むものであるが、その他、例えば本年の米国大統領年頭教書にも「重大な不正」として、わが国の除外を指摘しており、多数諸国が同様の認識に立ち、これが是正を要望する声を随所に挙げるよう、各国を誘導する必要がある。

五、今後、本件工作を推進する機会としては、差当り、六月の英連邦首相会議に際する関係国首脳の往復（本省においても訪日のニュー・ジーランド首相に働きかける予定。オーストラリア首相に対しては鈴木大使より申入れずみ）、ハマショールド事務総長の訪ソ旅行、国連憲章調印記念の各種行事等があり、モロッコ、チュニスの国連加盟申請もやがて行われるものと予想される。

六、従つて、各任国においても上記のラインにより、わが国の早期国連加盟支持を一層昂めるよう努力されるとともに、各任国の本問題に関する動向、新聞論調等についでは従来通り随時通報されたい。

431

昭和31年6月7日　国際連合日本政府代表部加瀬大使より重光外務大臣宛（電報）

国連AAグループでの日本の参加招請可決につき報告

付　記　昭和三十一年六月九日、国際協力局第一課作成
「国連におけるAAグループについて」

ニューヨーク　6月7日後8時15分発
本　　省　6月8日前10時34分着

第一一六号《ママ》

国連AA諸国グループが随時会合し共通の利害問題につき自由討議を行つていることは御承知の通りであつて当方に於ては従来討議の模様を同代表乃至連絡者から聴取していた次第である。本使としては予てから右グループの正式メンバーとなつておくことが加盟を促進する上に便宜多く、又国連内において漸次ウェイトを増大しつつあるグループの動向を親しく観察する所以でもあると考えていたが有力代表のこれに共鳴するもの少なからず、最近に至つて気運ようやく熟する様認められたので六日の会合に際し、トルコ代表動議を提出し、パキスタン代表これを支持し、議長(今月はセイロン代表)は万場《満カ》一致可決を宣し、直ちに日本を招請することになつた。右グループとの関係は我国がバンドン会議に参加して以来緊密を加えつつある次第でもあり、且つ我方方針は、これら諸国の積極的応援により加盟問題の早急解決を容易ならしめるにあるから、本使としては右グループ会合に参加することは当然の儀と解しているが(自由討議であつて採決もせねば記録もとらない)、本件につき内外新聞通信よりしきりにコメントを求めて来ており(いずれも国連加盟問題に一歩を進めるものと観察している)、日本の新聞も相当重視している趣なので念のため御報告する。

尚本グループ会合は目下アルジェリア問題を討議している関係もあり国連内外の注目を引いているが、かかる微妙な問題については予め充分本省と連絡することはもとより、当方においても慎重な態度を以つてのぞむ所存である。

因みに提案者にトルコ大使を選んだのは、米、英方面との関係を顧慮したからである。もつともイラン及びイラク代表も賛成演説を行う希望を有していたが、それでは余りバグダッド・パクト的色彩が濃くなりすぎるので中立的立場にあるセイロン代表に適宜善処させた次第である。異論は皆無であつたが、フィリピン代表のみ日本代表がいかなる資格を以つて参加するかにつき質問したのに対しトルコ大使は無用の論議であると云つて頭ごなしに一蹴した一幕もあつた由、次回会合は十二日の予定。

トルコ、セイロン等にしかるべく転送請う。

(付　記)

国連におけるＡＡグループについて

三一、六、九
国協一課

一、名称について

地域全体をカバーする名称としてはＡＡＡ（Afro-Arabian-Asian）グループというべきであろうが、一般にＡＡグループと呼ばれる。この「Ａ・Ａ・」は、二、三年前まではアジア・アラブの略称として使われていたことが多かつたが、昨年のＡＡ会議（Asian-African Conference）（バンドン会議ともいわれる）以来、「Ａ・Ａ・」もアジア・アフリカ（Asian-African）と書かれるようになり、アラブ諸国も含めて、そう呼ばれている模様である。

二、構成国

アフガニスタン、ビルマ、カンボディア、セイロン、エジプト、エチオピア、インド、インドネシア、イラン、イラク、ジョルダン、ラオス、レバノン、リベリア、リビア、ネパール、パキスタン、フィリピン、サウジ・アラビア、シリア、タイ、トルコ、イエーメン（アルファベット順）合計二十三ヵ国である。この他、中共、ゴールド・コースト、日本、スーダン、北ヴェトナム、南ヴェトナム（六ヵ国）が、昨年のバンドン会議に参加した（合計二十九ヵ国）。

なお、スーダンも次期総会では加盟することが略々確実であり、モロッコ、チュニスも、独立完了の暁には国連にも加盟するに至るものと思われる（従つて、そうなれば、日本も加えて、ＡＡグループは二十七ヵ国となる）。

三、議事等

月例会議を開催する他、特定の問題（例えばアルジェリア問題）については臨時の会議も開催しているが、国連の機関というようなものではなく、この地域の国連加盟国の意思疎通を図ることを目的とした、各国々連代表の集会である。従つて、議事規則の如きも、確定したものはない模様であり、月毎に変る議長（六月はセイロン）の主宰により、フリーディスカッションを行つている模様である。

常置委員会（standing committee）が設置されており、現在の委員国はエジプト、インド、パキスタン、セイロン、シリア、インドネシア及びイランの七ヵ国であるが、その選出方法等は不明である(加瀬大使から追つて詳細な報告があると思う)。

四、活動

第七総会(一九五二年)頃から、アジア・アラブ諸国が、特定の問題(人種差別問題、反植民地問題等)について、グループとして議題の提出や決議案の提出を行う傾向が顕著になつて来たが、月例会議を開催するようになつたのは昨年位からであろうと思われる。

人種差別問題及び反植民地問題の他には、加盟問題について特に大きな関心を持つているようであり、昨年のバンドン会議の決議(カンボディア、セイロン、日本、ジョルダン、リビア、ネパール及び統一されたヴェトナムの加盟資格を認め、加盟実現を要望した)を強調してきた。

その他、いずれも所謂低開発国であるから、経済開発国連特別基金(SUNFED)案の如き、低開発国の経済開発に役立つ如き施策の実施を強く要望する点においても、共通の立場をとつている。

なお、ハマショールド国連事務総長も、第十総会に対する年次報告の中で、現下の世界情勢における国連の役割として種々の点を指摘し、第一にアジア・アフリカ諸国の勃興に着目して、国連こそはアジア・アフリカの新興勢力と西欧諸国との遭遇を破壊的ではなく、建設的に行いうる所であると述べているが、アジア・アフリカ諸国の側も、これをよく承知して、十分に節度のある行動をとつていることは、第十総会の経緯からも明らかである(国連における他のグループの動き等については別添(省略)参照)。

五、日本に対する招請

加瀬大使来電によると、AAグループは六月六日の臨時会合において、日本をこのグループの正式メンバーとするようトルコ代表が提案し、パキスタン代表がこれを支持し、全会一致をもつて、日本の右グループ参加招請方決定した趣である。

加瀬大使の報告によつても、正式の招請状が発せられるのかどうか不明であるが、わが方として、右招請を受諾すべきことは当然と思われる。その理由としては、次の通りである。

イ、ＡＡグループが日本をメンバーに招請したのは、同グループの国はいずれも、日本を国連加盟国同様に待遇している証左であつて、これに応ずるのは当然であり、かつ、今後日本の国連加盟に対して同グループの一致した支持を期待しうるであろう。

ロ、ＡＡ地域、殊にアジア地域諸国との善隣友好関係の樹立は、わが外交の一大目標であることに鑑み、国連におけるかかるグループの会合に参加することは、これら諸国との友好関係増進のために役立つであろう。

ハ、ＡＡグループの特に関心を持つている事項は反植民地問題であるが、反植民地主義といつても、バンドン会議の最終コミュニケに示された如き、国連憲章の目的及び原則に従つたものである限り、何国にとつても何ら差支えないものであり、更に、問題の具体的処理方法については、ＡＡグループ内各国の間でも相当に広い幅があり、全部が画一的な方針に縛られる如き状況ではない。従つて、日本としても、今般同グループの会合に参加するに際し、事前に何らかの態度をコミットする如き必要はないと思われる。

432　国連加盟に向けたＡＡ諸国への工作方針につき意見具申

昭和31年6月9日　在ビルマ太田（三郎）大使より重光外務大臣宛

第五七三号

昭和三十一年六月九日

在ビルマ

特命全権大使　太田　三郎〔印〕

外務大臣　重光　葵殿

国連加入問題に関する意見具申に関する件

国連加入問題に関する各方面の情勢は随次御送付にかかる調書その他により大体の傾向を承知して居るに過ぎないが、次回は所謂バンドングループ諸国の積極的支持を得るに努むべしとの意見が各地より具申され、本省に於かれても右の方針の如く見受けられるところ、アジア・アフリカ会議参加国に対する具体的施策については現在迄の処何等御訓令なき次第であるが、国連総会を数ヶ月後に控えて、組織的かつ計画的工作を開始すべき時期が到来したと認められるので、バンドン会議全権団の末席を汚し、又同会議招請国の一たる国家に駐在する大使として、本使の気附の点御参考迄に左の通申進める。

一、本件工作は思い付或は行き当りばったりのものでなく、本省に於て各方面の意見を徴して十分御検討の上策定せられた確定の方針に基いて、関係在外公館を総動員して実施すべきである。

二、右方針及実施方策の決定に当っては、第一に工作の重点を指向すべき特定の一国或は数国を選定することとなるであらうが、特定の一国に依存し過ぎることは、バンドングループ各国相互の機微なる関係にも鑑み、却って逆効果となる惧すらあるから数国を選ぶことが得策だと認められる。

右数国の選定に付ては、第一に我方との友好関係、第二に相手国の国際的地位、第三に相手国の国連総会代表の個人的識見、力量の三点は少くとも考慮に入れなければならぬと考えられる。

三、所謂コロンボ五ヶ国に付ては何れの一国に限定しても収らぬことはバンドン会議で経験ずみであるから、五ヶ国政府に対して同時に同様の支持懇請の正式申入をなすべきだと思考する。国連総会に於ける発言権から見れば、印度は勿論最重要視すべきであり、同国のメノン代表の動きには特に注意を払う要ある次第であるが、印度を特に重要視して居ることが洩れたら、パキスタンはそっぽを向くであらうし、インドネシアもバンドン会議主催国として不快に感ずるであらう。

四、タイに対しては、日タイ関係よりして、特にその支持を懇請する要あるべく、特に同国外相ナラディップ殿下の豊富なる経験と識見に加ふるに人柄はバンドン会議に於て異彩を放ったこと御承知の通りであるから、同外相には是非一役買っていただき度いところである。

五、中近東諸国に付ては、少くともエジプトとイランの二国は無視出来ぬと認められる。両国に対しても前記六ヶ国と併行して懇請の申入をなす要があらう。尚御検討を願いたいのは、レバノンであって、同国はバグダッド条約諸国とアラブ連盟諸国との間に在って比較的中立的な立場をとっておるのみでなく、若し同国の国連代表が依然マリク氏であるとすれば、是非同氏に対しては事前に十分連絡し、その支持を得る様工作することが望ましい。蓋し同氏の国連に於ける地位は曾っての国際連盟のベネッシ或はポリチスのそれに似たものがあるとの事で、タイのナラディブ外相とは異った意味で一役買って貰う必要があるかと思はれる。

本信写送付先　印度、タイ

433　昭和31年6月12日　国際連合日本政府代表部加瀬大使より重光外務大臣宛（電報）

訪ソに際し日本の単独無条件加盟を促すとのハマーショルド事務総長の言明

ニューヨーク　6月12日後9時28分発
本　　　省　6月13日後11時43分着

第一七六号

往電第一三五号に関し

十二日事務総長の求めにより往訪時余懇談したところ要旨左の通り。

一、総長は目下のところ二十七日頃出発モスコーには来月四、五、六の三日間滞在する予定であるが日を追うて多忙となるので今のうちに貴大使と意見を交換しおきたいと思って御足労煩わした次第であると述べたので本使は前回会談の経緯は直ちに政府に報告しておいたが政府としても貴総長の好意を多とし、モスコーにおける会談の結果に期待している様子であると答え総長の質問に応じ日ソ関係の現状につき概略説明を行った。

二、総長は熱心に説明を聞いた上加盟問題は再開後の日ソ交渉と深く関連する様であるが自分は建前としては国交回復と加盟問題は別個の問題であるとの立場を依然とるものである。

右両者が同時に解決すればもとより結構であるが、仮りに日ソ交渉が成立しなくとも理論的にはソ連は日本の加盟を妨害すべき筋合ではないと信ずると述べモスコーにおいてはソ連首脳部に対しては単独無条件加盟に賛成する様懇々と説くつもりであると言った。

三、総長はその際自分は

㈠日本の加盟を妨害することが如何に甚だしくソ連の外交的マイナスとなるかを強調する考えであるが、ソ連要人も国連事務総長はこの種問題につき公正な判断を下す立場にあることを一応認めているからある程度の効果はあるかと述べ、更に

(二)日本と中共を結びつけるが如きことがあれば、これは結局中共の加盟を遅らせることになり寧ろ速やかに日本を加盟させることが、中共の国連外にあることが如何に不自然であるかを明白にデモンストレイトする所以になるとのラインで話を進め、中共の加盟を促進するためにも、この際日本の加盟を支持するのが得策であると論じてみたらどうかと考えると云い

(三)かくて大局的見地からソ連が外蒙を自然にドロップする方向に誘導してみたいと語った。即ち総長はメンツを救い得る様に充分配慮するのが賢明であり、ソ連に屈服を強いるが如き(米国式の)高圧的態度は執るべきでないとの意見を強調した。

四、要するに総長はソ連が日本を拒否してはソロバンが合わぬことを悟らせるため道具立を準備する(set a stage)必要があるとの意見で、事実その意味合から、本使が今般AAグループ会合にequal memberとして迎えられたことは加盟促進の上に重要な一歩を進めたものと思うと述べて祝意を表し、この様に誰も気の付かぬうちにAAグループに加入工作を進められたのは頗る巧妙であつて、実はこれが自分の日頃提唱するクアイエットデイプロマシーの一例であり、モスコーにおいてもこの手法で行くつもりであるが、何分フルシチョフには面識もない上、シェピロフ新外相の肌合いも全く判らないので折角の御期待に副い得るや否や実際に当つてみないと何んとも云えぬことであるから、その点予め御了承願いたい(相手が周恩来ならば必ず成功する自信があると述べたが、未知のソ連首脳部と力だめしをするような気持で可成りの抱負を持つているやに見受けた)。極秘、極秘を付言した。

米、英、仏に転報した。

434 昭和31年6月12日 国際連合日本政府代表部加瀬大使より重光外務大臣宛(電報)

国連AAグループへの日本の正式参加につき報告

ニューヨーク 6月12日後9時31分発
本　　　省 6月13日後1時5分着

第一七八号

往電第一七四号に関し

会議日程に入るに先立ち議長(セイロン)より先日の全会一致の決定に従い日本代表を equal member として招待した旨を被露し本使に対し祝意を述べ更に日本の加盟促進につきAA諸国を挙げ同志的結束をもつて協力したい(この点は予め打合せておいた)と強調し万(満カ)場拍手をもつてこれに共鳴するところがあつたので、本使はこれに対し然るべく答辞を述べると共に加盟促進につき今後一層の援助を求めておいた。

バンドン会議以来の関係もあり出席代表は皆心より温く本使を迎えたが本グループに正式参加したことは加盟工作に一歩を進めるものと見受ける。念のため。

435 昭和31年6月15日 在インド吉沢大使より重光外務大臣宛(電報)

英連邦首相会議の機会に日本の加盟支援をネルー首相に要請

ニューデリー 6月15日後7時25分発
本　　　省 6月16日前7時45分着

第一三七号

貴信協一合第六八七号に関し

気象通報等についての印度政府の協力に謝意を表するためニューデリーに来たマナスル隊槙隊長等を十五日ネール首相が引見することとなつたにより本使紹介のために同道極めて和やかな会見を終つた後本使のみ居残り日本政府は来る十一月の国連総会において加盟実現を希望しおるところこれには御承知の通りの困難なる事情あるをもつて事前に各方面の理解を深め支持を得るよう努力すべき旨の訓令を受けおる次第なるが我方はかかる支持は昨年会議の際の最終コミユニケの次第もあり先づバンドン会議諸国に期待しおるものにて(これに対してネールは naturally と言葉を挟んだ)ことにいわゆるコロンボ諸国がその中核をなすものと考えている。次に英連邦諸国はこれまたかねて我方加盟に賛意を表しおるをもつてその支持を得るものと信じているが連邦首相会議は近く開催される趣きにつきその際は何等かの形において右再確認の機会のあること望ましく実はオーストラリア、ニュージーランドについてはそれぞれ首相に対して右希望を表明して了解を得る次第なるにつき貴首相に対しても一週間後に迫つた出発を前にして同様の希望を申上げる次第なりと述べた。右に対してネールは日本の国連加盟は当然のこととして印度は従来終始支持し来たつたところであるが今後も機会のあるごとに右実現のために努力すべしと述べた。

よつて本使は貴首相の御言明は東京に報告すべく日本政府は今後とも本件につき貴首相の御支援に期待するところ多かるべしと信ずる旨を述べておいた。

436 総会議長候補であるタイ外相に対する日本の加盟への支援要請

昭和31年6月15日　在タイ渋沢大使より重光外務大臣宛

泰本第八一七号

昭和三十一年六月十五日

在タイ

特命全権大使　渋沢　信一〔印〕

外務大臣　重光　葵殿

日本の国連加盟問題に関するナ外相談報告の件

十四日ナラディップ外務大臣と会談したる際、東亜の一般情勢について意見を交換した後、日本の国連加盟問題につき本使より本件は来るべき国連総会に上程されることと予想される処、殿下は総会にて重要な役割を演ぜられることと承知しているが（ナ外相は総会議長の候補者となる予定である）、殿下に於いても我方加盟につき宜敷く御高配を得たいと述べた処、外相は過去に於いて日本の国連加盟のために尽力した次第を述べ、来る総会に於いても充分協力すべき旨を語つたが、その際外相は、この度は国民政府は外蒙の国連加盟につき拒否権を発動せず棄権（abstention）または不参加（non-participation）（議決の際、代表が席に居らぬか、居ても沈黙で通すか）のいずれかに出るであろうと信ずると述べた。

本使が国民政府の態度変更の理由につき訊したる処、外相は同政府は前総会に於ける拒否権の行使があまりにも悪しき国際的反響を及ぼした事実に鑑み、今回は拒否権を行使せぬことにするものと自分は信ずると語つた。

　以上聞き及びのまま御参考までに報告申上げる。なお、外相は日本の国連加盟は総会の議長選挙前に実現する可能性があり、若しそうなるとすれば日本は総会に於いて議決権を有することとなるにつきその際は議長問題でも自分を支持ありたいと述べたので本使より日本は好意的措置をとることと信ずるも、なお自分より本国政府に対しその旨申送るべしと回答し置いた。

本信写送付先　国連代表

437　昭和31年6月18日　国際連合日本政府代表部加瀬大使より重光外務大臣宛（電報）

英連邦首相会議における加盟問題の取扱いに関し英国大使との会談

ニューヨーク　6月18日後5時50分発
本　　　省　6月19日前8時13分着

第一八九号
英国大使は近く旅行不在となる由（七月五日頃ロンドン到着の予定）なので週末晩餐を共にし日ソ関係の推移乃至国連加盟問題につき更めて懇談したがその結果当面の対策につき意見完全に一致し、同大使は
㈠連邦首相会議においては日ソ交渉の成りゆき如何に拘らず、日本の単独加盟促進のため強力に支援する目的をもつて意見交換を行う
㈡日ソ復交に伴い米ソ両国が安保理事会招集につきイニシアチブを争奪するが如き局面ともならば（往信第五九六号御参照）状況によつては英国が然るべく間に入り米ソを納得せしめ連邦代表としてオーストラリヤあたりに音頭をとらしめることも或は一策なるべく、右の如き発展もあり得べしとの含みにて連邦首相会議に臨むことを本国政府に進言することとなつた。なお同大使はハマショールド事務総長の手腕を高く評価しそのソ連及び衛星国訪問（本日同総長よりの連絡によればニューヨーク帰任は八月二日の予定の由）は国際緊張緩和に資するところ甚大なるべしと期待している様子なので日本政府としても事務総長がソ連首脳と会見する際には単独無条件加盟を推進するよう内々依頼してあると告げたところ、同大使はこれに賛意を表し場合によつてはこの会談は可成りの効果を

挙げるのではないかと述べていた。
米、英、仏に転報した。

438　昭和31年6月18日　在パキスタン山形(清)大使より重光外務大臣宛

英連邦首相会議の機会に日本加盟支援をパキスタン大統領に要請について

第五九五号(至急情報)
昭和卅壱年六月拾八日

在パキスタン日本国大使館
特命全権大使　山形　清〔印〕

外務大臣　重光　葵殿

わが国の国連加盟問題に関しミルザ大統領と懇談の件

わが国の国連加盟問題については累次貴信の趣敬承。かねて当国政府に対しわが国の意向伝達に努めて来た次第であるが、六月十五日ミルザ大統領出席の宴会に招かれた際、本件につき左記のとおり懇談する機を得た。

本件については、近日中に更にパ政府首脳部と面談する意向であるが、右とりあえず報告する。

記

一、本使より大統領に対し、実は特にお願いいたしたきことありと前置し、六月一日付貴信協一合第六八〇号及び六月二日付協一合第六八七号のラインにより、わが国の国連加盟推進に尽力願いたい旨要請し、特に左の諸点を強調した。

㈠わが国の加盟が外蒙等の加盟と関連せしめられては国府の反対は必至と見られ、一方中共代表権問題と関連せしめられては米国等よりの反対にて問題は紛糾すべき情勢なるに鑑み、またスダンが単独加盟を認められた先例もあり、日本政府は加盟実現の最も速かな途として単独無条件加盟の推進に力を注いでいる。

㈡セイロン、豪州、ニュージーランド等英連邦諸国もわが国の加盟に頗る好意的な態度を示しおり、最近来日したニュージーランド首相も来る英連邦会議において日本の希望をできるだけ反映したい意向である旨言明した。

㈢かねてパキスタンがわが国の国連専門機関への加入その他国際的分野において積極的な支持を与え来つたこ

とを日本側は深く多としおり、先月も大統領自らUPAとの会見において、日本を速かに国連に加入せしむべき旨語られた由にて感激している。問題はソ連の態度にかかつており、アジア・アラブ諸国の強い支持を確保し得ればソ連の反対を牽制するため有力なるべきにつき、パ側において右お含みの上今後とも機会ある毎に日本加盟の国際世論を高めるよう御配慮願いたい。

㈣日本政府としてはあらゆる機会をとらえ本件推進に尽力したい所存であるが、差当り近く開催される英連邦首相会議は一の好機と考えられるにつき、同会議において日本加盟問題が話に出た場合のみならず、しからざる場合にもパ側において日本の加盟が推進されるが如き雰囲気を強めるためイニシアチブをとり積極的に尽力願えれば幸甚である。

ついてはアリ首相等にしかるべく指示方お願いいたしたい云々。

二、これに対し大統領は左のとおり答えた。

「パキスタンは日本とは最も友好的な関係にあり、日本の国連加盟をパキスタンが支持することは云うまでもない。これにつき貴使から自分にお願いされる必要は実はないのである。アジアや世界における日本の重要な使命を深く認識している自分らとしては、日本側から依頼されるまでもなく当然日本の速かな加盟を推進するため積極的に尽力すべき筋合いなのである。スダンの単独加盟の件は自分らもよく知つており、また中共代表権問題と関連せしめては問題が紛糾する事情も了承した。パ当局としては日本側の希望に添い得るよう大いに尽力すべく、お話しの主旨は首相等にもとくと伝達しよう。」

439　昭和31年6月18日　在カナダ松平大使より重光外務大臣宛

日本加盟の国際世論喚起に関するニュージーランド首相およびカナダ高官の見解

オG第四九一号

昭和三十一年六月十八日

在カナダ特命全権大使　松平　康東〔印〕

外務大臣　重光　葵殿

日本国連加盟問題に関するニュージーランド首相との

会談の件
六月二日付貴信協一合第六八七号に関し、六月十五日ニュージーランド首相招宴の際日本の国連加盟問題に関し、ホーランド首相及びハウカナダ副総理と意見を交換せる際注意すべき点左の通り何等御参考までに報告する。
一、(本使よりホランド首相に対し、貴首相は今次コモンウェルス首相会議で日本の国連加盟問題を提唱されるようけたまはってゐるが、右に対し如何なる構想をお持ちになってゐるか同じくコモンウェルスの一国たるカナダに対し右お考へによっては何等かの意見の調整を必要とすべき面もあるべきによりこの際自分としてははっきりうけたまはっておきたいと述べたのに対し)実はメンジース濠洲首相がセイロンを経由してロンドンに赴く際、同首相がセイロン等諸国の本件に関する意向を確めることになっており、ロンドンで落合って意見を交換したい。問題はセイロン・パキスタンが果してどの程度この点に関心を持ってゐるか確める必要があると思ふ。従ってこれらの事情を綜合して英連邦首相会議に如何に提出するか決定するつもりである。ただ日本を訪問した結果、日本の朝野が深い関心をこの問題に対して持ってゐるので、自分としては出来るだけ支持したいと考へてゐるものである。
二、(本問題は掘下げて考へれば、結局ロシアとの問題であり、或ひは更に言を換へて云ふならばソ連圏と米国との関係の問題といはねばならぬ。従ってこの二つの焦点をはづれての如何なる工作も結局問題の解決に実質的な貢献をなし得るものではなく単なるサイドイッシュー的な分野にまき込まれるだけに過ぎないといふ現実的な見解も立ち得るが、右に対し国際政治家として大きな経験を持たれると了解する貴首相に於て如何なる見解を有せらるるやとの質問に対し、)自分は国際輿論、特にコモンウェルス関係国の輿論を喚起することは本問題の解決の促進に資すると考へるものである。その意味で何とか支持したいが、勿論根本的解決になるかどうか問題である。従ってこれだけで問題解決に立至るとは考へてゐない。
三、右ホーランド首相の意見に対し、ハウ副総理はカナダ政府は本問題については極めて現実的見解を持ってゐる。コモンウェルス及びソ連圏以外の諸国が日本加盟に対しこれを支持したいことは明らかで、この点は既に昨年の国連会議に於て立証されたものである。右立証は今更新たに国際輿論の喚起を必要とするかどうかを疑はしむる位明白であった。本件解決のために現在現実的見地よりなすべき施策ありとせばその最大なるものは結局ソ連と話合をつけるか乃至は(右の話がつかない場合には)恐らくソ連が日本加盟の条件として外蒙若しくは中共承認を持ち出すであらうがその場合に米国がこれを呑むか呑まないかにかかってゐると考へてゐる。従ってこの問題をおき去りにして派生的の問題につき行動を取って見ても果してそれが空騒ぎに終らず本件の解決に有益なる作用をもたらすかどうか相当考慮の余地があらうと述べた。

四、カナダ外務省の高官もコモンウェルス首相会議でこの問題に対してはカナダは昨年国連総会の際、貴大使の御希望もあり、カナダを中心としてあそこまで問題を押しすめた関係もあり、勿論日本の加盟問題を支持するにやぶさかでないが実は卒直に申しもはや問題はかかる段階を経過したと云はざるを得ず、一歩進めて現実的な問題の核心をついた方法を行ふ時期に来てゐる。一方大統領選挙を控へて重大なる政策の決定がやりにくくなってゐる現在においてこの問題をあまり騒ぎ立てることは米国をエンバラスする丈けに終るのではないかと思はれる。この際世界の輿論を喚起すると云ふのはよいが、世界のこの問題に対する関心が深まる程(特に東亜地域の輿論が高まれば、)米国をエンバラスし、ソ連に対するプレシュアとならず、却ってそのバーゲニングパウアに力を与へるようなことになる惧あり。この辺慎重なる考慮を必要とすると述べた。

以上カナダ側の考へ方御参考迄に申進める。尚本件会談の内容は機微なる点あり取扱に特に注意せられたい。

本信写送付先　米、英、仏、国連

440　昭和31年6月19日　重光外務大臣より在オーストラリア鈴木大使宛(電報)

日本の加盟を理事会において主導することにつき在京オーストラリア大使よりの打診

本　省　6月19日後6時20分発

第一二四号

六月十八日在京オーストラリア大使本大臣を来訪、本国政府の訓令による趣を以て六月はオーストラリアが安保理事会の議長となりおる関係もあり、この機会に理事会においてオーストラリアとして日本の国連加盟のためイニシアティヴをとることの可否につき日本政府の意向を訊したるにより、わが方は従来ともオーストラリアの支持には感謝しおるところ、日本の国連加盟は日ソ交渉と関係なく、処理する方針にて、交渉の成行如何に拘らず早期実現を希望すること、尚日ソ交渉は参議院選挙終了後七月末までには再開すべく、その結果はどうなるか予測し得ないが、自分としてはソ連との国交正常化の目的を達したいと考えおる旨を答へて置いた。

国連代表部へ転電せり。

441　昭和31年6月21日　重光外務大臣より在セイロン結城大使宛（電報）

セイロンに対し英連邦首相会議での日本の国連加盟支持と国連ＡＡグループでの緊密協力の要請方訓令

本　省　6月21日後7時40分発

第一〇〇号

貴信第四三三号に関し

わが国の国連加盟問題に関する「バ」総理の配慮に対する日本政府の謝意を伝達されると共に英連邦首相会議に際してはセイロンとしても種々重要問題あるやに見受けられるところ、右会議にて本件が話題となる場合にはセイロンの支持を期待しおり、更に、今般わが国も正式メンバーとなりたる国連ＡＡグループ内にて、加盟問題解決のみならず、国連全般の事業推進につき両国が緊密に連絡して寄与したく考えおる旨総理出発前機会あらば御伝えおきありたい。

なお、招請の件につきては冒頭貴信末段の通り貴使より招請を発し置かれ差支えない。

442　昭和31年6月22日　国際連合日本政府代表部加瀬大使より重光外務大臣宛（電報）

オーストラリア等英連邦各国と首相会議での日本の加盟促進を申し合わせ

ニューヨーク　6月22日前11時49分発
本　　　　省　6月23日前8時14分着

第一九四号

貴電第九六号(編注)に関し

オーストラリア大使とは従来最も緊密に協力している経緯もあり貴電の次第を参考迄に内報した処やや驚いていた。もつとも同代表部次席が過日同様の事を語つた事があり、或いは類似の訓令を受けていたのではないかとも思われる。何れにせよ本件は四月のロツジ申出と同様のケイスでありオーストラリア大使は右に対する我方回答を承知しているので同様訓令に接したとしても多分深く取合わなかつたであろう。同大使は本使の通報を謝した上鈴木、ケイシー会談に触れたので本使よりはメンジス・ホランド両首相の動きにつき当方の情報を提供し、連邦首相会議を機会として我国の加盟促進の為凡ゆる努力をする事に申し合わせた。因みに右会議に際し日本の無条件加盟の早期実現につき強力な支持を連邦首相会議に於て申し合せる様進言方、セイロン、カナダ、インド、パキスタン各代表に対しても夫々依頼しておいた。

編　注　昭和三十一年六月十九日発重光外務大臣より在オーストラリア鈴木大使宛第一二四号(本書第440文書)の転電。

443　昭和31年6月25日　在パキスタン山形大使より重光外務大臣宛

日本の加盟支援に関するパキスタン外務次官との懇談について

第六二三号(至急情報)

昭和卅壱年六月廿五日

在パキスタン日本国大使館

特命全権大使　山形　清［印］

外務大臣　重光　葵殿

わが国の国連加盟問題に関しパキスタン外務次官と懇談の件

わが国の国連加盟問題に関しミルザ大統領が極めて好意的な考えを抱きおる次第は六月十八日付往信第五九五号をもつて報告に及びおきたるとおりなるが、当国アリ首相は先般来病気保養のため、中共訪問を取消しクウエタの高原にて静養しロンドン向け出発直前にカラチに帰来せる次第もあり、一方ハミドル・ハック・チヨードリ外相は国内政治家にて、外交問題に対する関心も知識も比較的乏しく、英連邦首相会議その他外交政策一般に関し、実質的に首相のブレーン・トラストとなりおるはベーグ外務次官なる次第もあり、六月二十一日本使は同次官を往訪し、わが国の国連加盟問題に関しパキスタン政府の積極的支持を要望せるところ、同次官は最善を尽すべき旨約した。右会談につき左のとおり報告する。

一、本使よりベーグ次官に対し、過日ミルザ大統領と面談の際、本件につきお願いしたところ、大統領が欣んで尽力すべき旨語つた次第を告げ、わが国としては来る十一月の国連総会会期中なるべく早期にわが国の単独無条件加盟の実現を期しおるわけであるが、パキスタン、豪州、ニユージーランド、セイロン、カナダ等英連邦諸国がかねてわが国の国連加盟を強く支持し来れる次第もあり、特にニユージーランドのホーランド首相が先般訪日の際、来るべき英連邦首相会議においても国連加盟に関する日本の希望をできるだけ反映したい意向である旨言明した経緯もあり、パ側においても同会議において何とかきつかけを捕え、本件促進のためできる限り尽力願いたい旨要請した。

二、本使としては英連邦首相会議の性格及び予想せられる議題等に鑑み、わが国の国連加盟問題を同会議において議せしめることは必ずしも容易ならざるべく、このためには本件につきパ政府首脳部に強い印象を与えおく必要ありと思考せるところ、当国における政府部内の実情にもかんがみ、パ国関係首脳部をして本問題につきより明確な認識を持たしめ、所期の目的を達するためには、当方の見解及び関係各国の態度等を記述せるものをパ政府首脳部の参考までに提示すること効果的と思考されたので、累次貴信特に六月一日付貴信協一合第六八〇号「わが国の国連加盟問題に関する件」及び六月二日付貴信協一合第六八七号「国連加盟問題に関する件」の御趣旨に則り、わが方の立場を記述した書き物を作成し外務大臣宛書簡に添付し、ベーグ次官に提出したるにつき、右事情特に御了承相願いたく、委細は別添本使発パキスタン外務大臣あて書簡（覚書添付）（省略）を御参照相成りたい。

三、ベーグ次官は右書簡を一読後、日本の国連加盟を支持することはつとにパ政府の既定の方針であり、何ら問題ないではないかと云つたので、本使は否大いに問題があるからこそ特に御願いするのであると述べ、特に左の点を指摘した。

(1)パ政府がわが国の国連加盟を積極的に強く支持し来れることはわが方の深く多とするところで何ら問題はないが、ただソ連等の態度如何が問題である。ソ連が外蒙の加盟を条件とすることなく、わが国の単独加盟に同意すれば、日本の加盟は実現するが、果して右のようになるか否か明かでない。もし外蒙等と抱き合せにされては国民政府の反対にて日本の加盟はいつまでも実現しないから、かかる措置を封ずるためあらゆる手を打たねばならない。

(2)パキスタンその他アジア・アフリカの諸国が日本の加盟を強く支持し、かかる国際的世論が高まれば、これら諸国の要望に対しsensitiveと思われるソ連としては、むげにこれを蔑ろにも出来ないであろうと考えられるので、各国の納得につきパ政府の尽力を希望するのである。

(3)来る英連邦首相会議は一の機会となり得べく、ニュージーランド首相言明の次第もあり、同会議において同首相から何か話が持出されるかと思われるが、その際は勿論のこと、かりに同首相からかかる話が出ない場合にも、パ国側から積極的に機会を捕え、わが国の国連加盟を推進するためのきつかけを作つて頂ければ大に多とするところである云々。

四、ベーグ次官はこれに対し日本側の希望はとくと了承した。日本の加盟支持はパ政府の不動の方針でもあり、英連邦首相会議の機会にも御希望に添い得るよう出来る限り尽力致すべし。英連邦諸国が日本の加盟を支持することは問題ないと見られるが、ただインドの態度は警戒を要しよう。勿論インドと雖も大義名分上日本の加盟に反対できる筋合でないが、日頃アジアの指導国家たらんとする野望を懐きおるインドとしては、将来目の上のこぶとなる日本の加盟を心中特に望むいわれもないと思われる。そこで何とか口実を設け、他国の同時加盟を唱えるなど術策を呈して日本の加盟を遷延せしめるが如き態度に出づるおそれなしとしない。自分らとしてはかかる点をも考慮しつつ出来るだけ尽力したいと答えた。

五、次いで英連邦会議の議題はいかなるものが予定されているかにつき質問せるところ、ベーグ次官は

(1) 独逸問題、欧州安全保障問題

(2) 中近東に対するソ連の攻勢

(3) 極東情勢

(4) スターリング地域の支払問題

(5) 原子力の平和的利用の問題

等が主要な議題であると答えた。

六、仍て本使より(3)の極東問題が議せられる際中共の承認問題、国連加盟問題等も議せられるやも知れず、右は日本の加盟問題を議する一のきつかけとなり得るものと思考されるにつき、パ代表においてはかかる機会をも捕え、わが国の加盟を推進されるよう望んでやまず、ただし書き物にも記載した如く、中共の代表権の問題は、中国が既に国連に加盟しおる事実に徴し、加盟問題とは別個の問題であり、且中共の国連加盟に対する米国の反対にもかんがみ、万が一わが国の加盟が中共の代表権問題と結びつけられるが如きことあらば、事態は紛糾し、日本の加盟は徒らに遷延せしめられるであろう。わが国の加盟は on its own merit により、スダンの場合と同様に単独無条件に推進すること最も肝要と信ぜられる。万一インドが外蒙や中共の同時加盟を条件として主張するが如き徴候ある際は、他の英連邦諸国とも諮り、かかる動きを牽制するため努められんことを希望する旨述べたところ、同次官はわが方の立場をとくと了解せるにつき、首相、外相等にもよく伝達し置くべしと語った。

七、なお、六月二十二日外交団パーテイにおいてベーグ外務次官に対し深井が重ねて宜しくお願いする旨述べたところ、同次官は笑いながら you are preaching to the converted と答えたので、深井よりパキスタンが日本側の立場を支持することはよく分つているが、ソ連が convert されていない現状にかんがみ、パキスタンその他の諸国が一致してソ連を convert するような国際的雰囲気を作つて頂きたいために特に大使からお願いした次第なる旨語つた。これに対し同次官はソ連を convert することは生易しいことにあらざるべく、ソ連が公然反対することもあり得

よう、一方インドは蔭に廻つて何をするやも図られぬ旨述べたので、かかる事情であるならば一層パ側の尽力方を望みたい次第である旨語つたところ同次官は最善を尽そうと答えた趣である。

444　昭和31年7月7日　在英国西大使より重光外務大臣宛（電報）

国連加盟国の拡大を期待するとの英連邦首相会議最終コミュニケでの言及

ロンドン　7月7日後2時19分発
本　　省　7月8日前7時43分着

第三二三号

往電第三一八号に関し

六日英連邦首相会議最終コミニユケ中連邦首相はニユージーランド首相の日本訪問報告を興味を以つて聴取せる旨述べた他国連加盟問題に関しPrime Ministers noted with satisfaction that Ceylon and certain other countries had recently been admited to UN. They recognized important part which members of Commonwealth had played in securing this extention of organization. They expressed hcpe that its membership could be broadened still further so that it might command wider allegiance throughout world と述べた。七日各紙は右は特に国名を記していないが日本及び中共を指すことは明らかであると同時に連邦首相は現在のところ両国加盟に伴う困難を認めたものと見ている。

445　昭和31年7月9日　在英国西大使より重光外務大臣宛（電報）

日本の加盟支持や中国代表権問題に関する英連邦首相会議での議論ぶり

ロンドン　7月9日後9時0分発
本　　省　7月10日前8時1分着

第三二四号

往電第三二三号に関し

九日黄田をしてアレンより聴取せしめたところ左の通り。

首相会議は決議乃至結論を出すと云うより寧ろ非公式に一般的討議を行う事を目的とし、general meeting の他に関係首相のみの会議も行われた。general meeting には内閣から

Norman Brook の他、外務省、植民省等より各一名、合計三名位陪席し「ア」も七月二日極東問題討議の際陪席した。日本問題は二日と五日に論及された。二日には支那問題が主であつたが、六億の支配者たる中共が国連に代表せられず、一千万の支配者たるに過ぎぬ国府が中国代表として国連に出席している現在の機構は anomalous であり can't last forever と云う事は大体意見が一致した。無論各首相によりニユアンスは異なり、例えばインドやセイロン首相は中共支持に積極的であるに反し、カナダ、オーストラリアは消極的で国連で中共を認める以前に、カナダ、オーストラリア等が中共を承認するが如き事を意味するものではないが、将来北京が国連に代表者を送る事が望ましいと云う事では意見が一致した。実際問題として台湾政府の地位が議せられ、結局は二つの支那に分れる他あるまいと云うのが general feeling であつたが、米国と台湾政府とのコミットメントもあり no immediate solution と云う空気であつた。支那問題討議の際東西貿易に関しその一般的緩和、就中中共とソ連圏との不均衡是正が議せられ将来の努力継続がアグリーされたがその際確かニユージーランド首相より中共との貿易制限緩和は日本にとつても望ましき旨の発言があつた。日本と連邦諸国との政治経済上の提携緊密化に関するホランド首相の発言は確か五日だつたと思うが、この発言に対しては、イーデンより英国としても徐々にこの方向に進んでおり貿易量を増大し通商航海条約も現に交渉中である旨発言があつた(但しイーデンは rather apologetically に日本のガットへの加入には未だ賛成出来ぬがと言つた趣きである)。

日本の国連加入問題に関しては、発言者が誰であつたかは憶えていないが日本はこの前の国連総会で加入を認めらるべきものとの発言あり、all favour であつたがその手続とか日ソ交渉との関連等に関しては一切論及されていない。又タイムス、テレグラフ等が国連の加盟国が増えることは歓迎さるべきことだとのコミユニケに関連し右は中共及び日本を意味するものとし恰も両者をリンクせしめて想像記事を載せているが日本の国連加盟と中共のそれは全く別個の問題と考えていることは勿論である。

国連へ転電した。

国連より米へ転電ありたい。

446　昭和31年7月10日　在オーストラリア鈴木大使より重光外務大臣宛（電報）

英連邦首相会議での合意形成に関するオーストラリア外務次官補の内話

キャンベラ　7月10日前9時55分発
本　　省　7月10日前11時51分着

第一九二号

往電第一六七号に関し

九日本使プリムソル外務次官補に面会の際、左の通り内報があつた。

詳しい報告はないが会議に於て最初メンヂース総理より日本を至急国連に加盟せしむるため、各国が出来る丈け努力することの必要を強調し、ついでホーランド総理よりその訪日に言及しこれを支持し参加国全部がその重要性を認め、これが実現に努力すべき旨意見一致したる後問題、方法特に決議は採択せず会議のファイナル・ステートメント（同次官補より入手せるにつき写空送す）第十項極東及び東南アジア情勢の項中に於て「各総理はホーランド総理の最近訪日の報告を興味を以て聴取した。」旨を述べ第十一項国連の項中に於て一般的に加盟増加の希望表明とこれがための連邦諸国内の役割につき言及しておる丈けであるが実質的には御希望通りここに英連邦総理会議全体としての日本の加盟問題に対する具体的強いパッキングが成立した次第である。本使より取敢えず深謝したる後、ステートメントの本問題に関する言及が明確でないのは、中共の議席問題等との関連によるとの新聞報に触れたところ大体これを肯定し更に本使より中共問題の論議振りを訊ねたのに対し、中共を未だ承認していない六参加国が何時如何に承認すべきや等については何も決つたわけでないとて国府同情論を述べていた。

447　昭和31年7月11日　重光外務大臣より在英国西大使、在カナダ松平大使、国際連合日本政府代表部加瀬大使他宛（電報）

英連邦諸国へ日本支持の謝意伝達および中国代表権と関連せしめぬよう誘導方訓令

本　省　7月11日後8時20分発

合第二四四号

往信協一合第六八七号並びに在英大使来電第三二四号に関し
過般の英連邦首相会議において連邦諸国とわが国との政治経済上の提携緊密化が討議され、国連加盟について結束した支持の態度が確認された模様にて、わが方所期の目的を十分に達したものと認められるところ、御如才なきことと存ずるも、適当の機会に責任国首脳者に対し然るべく謝意を表明せられるとともに、タイムズ等の本問題に関する記事にも鑑み、今後加盟を推進するに当り中国代表権問題と関連せしめざるよう誘導されたい。

編注　本電宛先は、英国、カナダ、国際連合日本政府代表部、インド、パキスタン、セイロン、オーストラリア、ニュージーランドの各在外公館長。

448　英連邦首相会議において日本の加盟と中国代表権問題は関連せずとのカナダ側内話

昭和31年7月12日　在カナダ近藤（晋一）臨時代理大使より重光外務大臣宛

秘オG第五五八号（至急情報）　（昭和三一、七、一八受）

昭和三一、七、一二付

重光大臣　在カナダ　近藤臨時代理大使

英連邦会議に関するホームズ次官補の内話の件

七月十日過般の英連邦会議にサンロラン首相に随行出席せるホームズ外務次官補の同会議における極東問題に関する討議について内話せるところ、左のとおり報告する。

一、日本の国連加盟問題

ホランド・ニュージーランド首相は日本の政治、経済情勢及び外交政策につき長時間且つ詳細な報告を行い、日本に対し非常に好意的な見解を表明するとともに、日本の国連加盟の急務を訴えた。同首相は英連邦諸国が何故に日本加盟に積極的支持を与えざるやと問い、恰も英連邦諸国が日本加盟を支持しおらざる如き口吻で従来カナダを始めその他の国の本件に対する態度を充分に理解しおらざりし模様であつたが、首相会議ともなると日常外交問題に直接関与しおらざる人の集りであるので兎角その討議が正確さを欠くのは已むを得ない。例えば中共問題の討議においても中共の国連代表権問題と中共承認問題とが屡々混同されて論議された。ホランド首相の右要請に対してサンロラン首相はもちろん各首相とも何れも賛意を表明したが、会議の一般的空気は東亜における二大国(日本及び中共)が国連の枠外にある限り国連のユニバーサリティを実現し得ずとの点において意見が一致していた。(日本の加盟問題が中共の代表権問題と取引される危険性について論議されたるや特にネール首相の本件に対する見解如何を問いたるに対し)日本加盟問題と中共代表問題との関連及び日本加盟を促進するフォーミュラ等についてつき込んだ検討は行われなかつた。ネール首相は特に中国本土が日本の経済自立上重要且つ自然的市場である所以を説き対中共貿易緩和の要を主張し、イーデン首相も亦対中共貿易の緩和が英連邦諸国の経済的利益の観点よりも必要なる旨を指導した。

二、中共問題

　ネール首相が例により中共問題に関する従来の持説を繰返し、特に中共が国内建設に専心しおる今日その平和的意図について信頼し得べきことを強調した後台湾海峡の平穏な状況には当分変化なきものと観測するも西欧側が台湾問題の平和的解決に充分の誠意を示さざれば中共は再びインペイシェントとなることもあり得べきをもつて台湾問題をこのまま放置することの危険について警告したことが注目された。

　中共承認問題については会議参加国間において夫々の立場があり中共の東南アジアに対する脅威を重視するオーストラリアのごとき最もリラクタントであるが、サンロラン首相としては、従来のカナダ政府の方針を説明すると共に本件については米国の中共に対する厳しい国民感情を考慮する必要を指摘した。

　中共の国連代表権問題については会議の一般的空気は中共を早晩国連に参加せしめざるを得ないとの点において一致し、特に反共的態度をもつて知られているストリジョダム南阿首相が率先これを支持したことに驚かされた。一部の新聞報道は英連邦諸国が一九五七年中に中共代表権問題の解決のため主として米国に対し、外交的働きかけを行うであろうと述べているが、本会議においてかかる具体的時期がメンションされたわけでなく、只本年は米国の大統領選挙があるため右終了後本問題の解決が明年以降何らかの進展を見るであろうとの一般的希望が反映したにすぎない。中共問題の円満解決の焦点が台湾問題にあることはネール首相が強調せるとおり各首相も同じ意見であるが、台湾問題を如何に解決するかの具体的方途については各首相間において意見がまちまちであつた。

三、インドシナ問題

インドシナ問題については七月五日英外務省においてピアソン、メノン及びロイド三外相間において情報及び意見の交換が行われたが、その際過般のロンドンにおける寿府会議共同議長国たる英ソ会談の行詰り打開について別段の決定を見なかつた。インドシナ情勢については最近特に変化は見られないが、ただラオスに関して共産側が何らかの了解に達すべき気配を見せていることが注意される。

(2)　安保理における単独加盟の検討

449　昭和31年7月13日　国際連合日本政府代表部北原（秀雄）臨時代理大使より重光外務大臣宛（電報）

モロッコ等の加盟審議に際し日本も議論することにつき米国より意向照会

ニューヨーク　7月13日前1時40分発
本　　省　7月13日後4時2分着

第二一一五号（大至急）

一、十二日夕求めにより米国代表部バルコ公使と会談せるところバは国務省よりの訓令により至急連絡する次第なりと前置し左の通り述べた。

㈠フランスはモロッコ、チユニスとの条約において両国の国連加盟を推進する旨約束しているが最近両国の外交上の地位が確立するにつれ国連加盟申請の話も出てきており、このまま事態を放置しおくときはソ連が先んじて両国の加盟提案方画策するやも知れざるにつき米国としてはフランスに対し速かに措置する要ある旨強調しおり近くその加盟申請が行われ安保理事会召集の運びとなるものとみている。

㈡右加盟申請が行われ安保理事会において審議される状態とならば当然日本の加盟問題との関係を考えねばならないが、米国政府部内において種々検討せる結果

(イ)ソ連としては日本の加盟に関しスーダン加盟審議当時に比し、日本に対し拒否権を行使しにくい立場にあるとみている。

(ロ)本来日ソ国交回復とは全く別箇の問題であるべき加盟問題が日ソ交渉においてソ連により掛《(駆カ)》引に使われていることは誠に残念である。

(ハ)その為日ソ交渉再開前において、モロツコ、チユニスの申請審議の際日本の加盟に関し今一度ソ連を押すことは案外面白い結果を生ずるやも知れぬと考える。

(ニ)万一ソ連が又又拒否権を発動したとしても右は日ソ交渉再開に際し寧ろ日本側を有利な状態におくこととなる等の理由により右両国の審議を行う際今一度日本に関しソ連を押してみては如何と考えておりそ

の際若し日本側において希望されるならば喜んで米国は提案国となる用意あり、又英国等が提案国として適当なりとの御意見ならば右を支持することと致したい。

㈢何れにせよ本件に関しては米国政府としては今後共日本政府の意向を尊重して行動したい方針でありそのため本日国務省はアリソン大使に対し本件に対する日本政府の意向問合せ方訓令した次第である。

二、なお米国は右の際「バ」自身としては加瀬大使と客月十五日昼食を共にし懇談せる際話題はモロッコ、チュニスの加盟にも触れたが当時は事態は今日程進展しおらず、又同日午後ロッヂ大使と会談の際加瀬大使より日本の加盟問題が日ソ交渉との関係において当分の間微妙な段階にあるためモロッコ、チュニスの加盟審議も出来得れば日ソ交渉の見通しつく頃まで避け得る事を希望する旨強調されたる経緯も承知しているが、右両国の加盟問題が急に進展する可能性ある為米国政府としては右一の措置を執るに至つたものなる旨述べた。

三、本件に関するフランス代表部の動向については至急質すべきも右取敢えず。

本電内容在リマ加瀬大使に電話済み。米に転電せり。

450 加盟審議に関する米国の照会についての補足情報

昭和31年7月13日　在ペルー寺岡(洪平)公使より重光外務大臣宛(電報)

リマ　7月13日後2時12分発
本省　7月14日前7時32分着

第二八号

加瀬大使より

バルコ公使の北原に対する連絡について左記御参考まで。

一、本使ニューヨーク出発の前日(二十五日)暫く旅行不在となる旨を通報旁々ロッジ代表を往訪し、日ソ交渉、英連邦首相会議、ハマーショルド事務総長訪ソ等に関し雑談的に種々懇談せる次第あり、その際本使よりモロッコ及びチュニスの国連加盟申請に関しいろいろと取沙汰ある様子なるが格別の(こと?)ありやと尋ねたるところ、ロッジ代表は何等承知せずと答えたるにつき、日ソ交渉も近く再開の運びとなるべき折から右両国の申請取扱については慎重を期されたいと念のため申入れておいた。ロッジ代表はこれに対しフランスが加盟審査を急ぐような場合には米国政府としても押える訳にはいかざるべしと述べたが更にスーダンの例に言及しソ連は同国の単独無条件加盟に賛成した以上もはや日本の加盟を妨害し得ざる立場にあること明白なるをもつて強気で押せば日本の加盟に同調するものと確信すると付言し何事によらずソ連はブラッフ外交を得意とする次第にしてこれに恐れをなすは禁物なりと語つた。右の意見は必らずしもモロッコ、チュニスの申請と関連するものではなく単にロッジ代表の信念を強調したものと解され、この点去る三月の申入(ロッジ代表が理事会議長の地位にある間に日本の加盟を一挙に決定せんとした件)と同趣旨である。

二、然る処、本使は右会談と前後してプロティッチ次長に(ママ)(安保理事会担当)及びバルコ公使と会合し談たまたまモロッコ、チュニスに及んだ際バルコ公使は右両国の加盟申請を早急に理事会において討議すること然るべくこれによりスーダンと合せて三ケ国の単独加盟実現しソ連としても斯く多数の前例確立せば日本の単独加盟に反対する理由を完全に失うべしと述べたが、プロティッチは自分等の得ている情報によれば本件についてはフランスが消極的で少くとも本年は申請を見送らせる意向のように諒解すると述べた経緯がある。

三、右様次第なので米国側今回の措置はやや唐突に感ぜられるが右は或は日本の国連加盟を日ソ交渉即ちソ連の手によらずあく迄も米国の手で促進したしとの意向によるものかと察せられる。

四、本件は本使任地に不在中にてもあり、アリソン大使より貴大臣に申入れる運びと相成るやに承知致すところ、もとより本省においては大局的見地よりとくと御判断願う他なきも本使としては果してロッジ代表の言うが如くこの際ソ連が簡単に軟化して態度を変更すべきやにつき些か疑問なしとせずたまたまハマーショルド事務総長が折角局面打開に努力しおる際その裏面工作等と関連を生ずべきやこの点も考慮の必要ありやに存ずる。

ニューヨーク、ワシントンへ郵送した。

451　昭和31年7月14日　重光外務大臣より在中国堀内大使宛（電報）

中国に対し日本の単独加盟への同調誘導方訓令

本　省　7月14日後7時15分発

第一四五号

十二日貴地発AFP電は外交筋情報として国府は今秋の国連総会に日本、韓国、南ヴェトナムの加盟を提案する模様にて右措置は昨年の総会における国府の立場を回復するためと見られおる旨報じおるところ、右が事実とすればわが方の加盟推進の上に障害となるものと考えられるにつき、適当の機会に国府の動きにつき打診されるとともに屢次通報の通り、わが方は単独加盟方式にて早期加盟実現を期しおる次第を説明し国府側もこれに同調するよう誘導しおきありたい。

452　昭和31年7月14日　重光外務大臣より国際連合日本政府代表部加瀬大使宛（電報）

加盟問題の安保理審議先送りは困難との米側よりの通報

本　省　7月14日後7時15分発

第一〇八号（至急）

十二日本大臣アリソン大使と会談の際先方よりわが国の国連加盟問題に触れたるが更に十三日モーガン参事官は国協局長を来訪、最近貴使よりロッジ代表に手交されたメモのうち、モロッコ及びチュニスの加盟問題の安保理事会上程を遅らされたいとの点については、米国としては他国の要望を抑えることはでき難きに付了承ありたく、更に、日本加盟問題の上程は日ソ交渉の目鼻つく迄待たれたいとの点については、米側としては日ソ交渉とは無関係に本件を推進し、ソ連に対しプレシュアーを加えることが本件を有利に導く所以にて、たとえVETOされてもソ連の立場を弱めうると考えおる旨述べたるにより、局長より、日ソ交渉を控えわが方は本件の処理にも慎重を要するところ、本件の安保理事会上程については関係各国の態度をも事前に十分検討の要あり、米国は次期総会前に本件の理事会上程を考慮しおるや訊ねたところ、「モ」は日本側希望に従って措置すると述べた。わが方としては加盟問題を日ソ国交回復と切離し推進する方針には変りなきは御承知の通りなり。
なおロッジとの会見の次第至急報告ありたい。
米に転電した。

453　昭和31年7月16日　重光外務大臣より　国際連合日本政府代表部加瀬大使宛（電報）

米国提案の安保理審議は時期尚早であり主要関係国等の意向見極め方訓令

付　記　昭和三十一年七月十七日、国際協力局第一課作成
「わが国の国連加盟問題に対するソ連側態度に関する件」

本　省　7月16日後7時20分発

第一一〇号

往電第一〇九号(編注)に関し（大至急）

一、チュニス・モロッコの加盟問題上程の際にわが国の加盟問題を持出すことは、元来加盟問題を日ソ国交と切離して処理せんとのわが方従来の方針に何ら反するものではないが、問題は上程の時期及び成否の見透しにあると考えられる。

二、即ち、日ソ交渉の帰趨未だ明らかならざる中に日本加盟問題を安保理事会に上程しても、昨年末以来の日ソ間の情勢に余り変化なきにより、ソ連側が日本の加盟自体に反対するものではないとの従来の主張を繰返しつつも結局VETOする公算多く、そのため或は外蒙加盟を持出し、或は普遍性の原則の下に中共代表権にも言及する惧れなしとせず、かかる場合には、米側の云うが如く、ソ連がVETOしてもなお日本のソ連に対する立場を有利に導きうるや疑問なるのみならず、日ソ交渉が不調に終つた場合にも次期総会を期し世界の与論を糾合してわが国の単独加盟実現を図らんとして昨秋以来工作し来つた運動の気勢を却つてそぐ惧れありと思考せらる。

三、他方、両国の加盟申請が理事会に上程される頃、折よく日ソ交渉も何らかの進展を見せる如き情勢となりおるならば、両国の申請と共に審議される場合、わが国の加盟をソ連がVETOせざる見込もなきにしも非ずと考えられる。

四、以上の如き考慮により、米側申出の本件上程がモロッコの申請と共に今直ちにということならば、わが方としては躊躇せざるをえぬと考へる。それでも米側が本件を促進したい意向なるに於ては少くとも本件に関し先般ソ連を訪問せるハマショルド事務総長及び英国その他主要関係国の意向をこの際米側より一応サウンドした上のことにする方適当なるべし。

米に転電した。

編注 往電第一〇九号は、第一〇八号（本書第452文書）に関し改めて訓令を発する旨を通報する内容。

（付記）

わが国の国連加盟問題に対するソ連側態度に関する件

三一、七、一七

国協一課

一、一九五二年におけるソ連の態度

わが国が国連加盟申請を行つたのは一九五二年六月であつたが、同年九月十七、十八の両日に亘る安保理事会の審議において、他の十理事国の賛成にも拘らず、ソ連の拒否権行使によつて葬り去られた。その際ソ連のマリク代表は、拒否の理由として、(1)対日平和条約は新戦争を準備する条約であり、日本が侵略国として復活することに対して何らの保障もない、(2)日本は未だ外国の占領下にあり、独立国でない、(3)日本は安保理事会の二常任理事国（ソ連及び中共）と未だ戦争状態にあり、(4)日本は朝鮮を侵略する米国の基地となつており、以上の理由で平和愛好国と認めるわけにはいかないとの趣旨を述べた。この主張は桑港講和会議におけるグロムイコ・ソ連代表の言辞とほとんど同様であつて、冷戦が最も激化していた当時の国際情勢の下におけるソ連のわが方「桑港体制」に対する反対態度を概ね反映したものであつたが、右の(3)の理由は、その後もソ連側が陰に陽に持出したところであつた。

わが方は、ソ連の拒否に対処し、国連加盟実現の一方策としても国連の諸機関、活動に遂《（逐カ）》次参加し、わが国の国連協力の誠意を世界に示すとともに、わが国が国連に加盟する資格を有することを認識せしめ、わが国の申請に対する多数諸国の支持を獲得すべく努力した。同年第七総会においても、米国の提案により、わが国の国連加盟資格を承認する決議が圧倒的多数をもつて採択されたが、当時は国連における加盟問題が全般的に行詰り状態に陥いつていたため、右決議の採択も、実質的効果はなかつた。

二、一九五三年及び一九五四年におけるソ連の態度

わが国の国連加盟申請は、その後一九五五年末までは安保理事会の審議にかけられるに至らなかつたが、わが国のエカフエ正式加盟問題、国際司法裁判所加入問題等に関連して、わが国の国連加盟に対するソ連の態度がうかがわれ、しかも、それが従来と異り、相当モダレートな態度に変つてきたことが注目された。即ち一九五三年四月第十五回経済社会理事会において、わが国等のエカフエ正式加盟問題が審議された(この問題は、この理事会では結局決まらなかつた)際、ソ連代表は、インドシナ三国、韓国等については、これらを非独立国ないし侵略国として痛烈な攻撃を加えたが、わが国については殆ど言及せず、次に同年十二月第八総会の特別政治委員会において国連加盟問題が審議された際にも、ソ連代表はインドシナ三国等の国連加盟は真面目に審議する対象となりえないとしたが、わが国については、ソ連及び中共と正常の国交関係がないうちは時期尚早であると述べるに止まり、更に同月わが国の国際司法裁判所加入の申請について、安保理事会においてソ連代表は拒否権を行使せず棄権するに止まつた。

ソ連の態度の軟化は、朝鮮休戦実現後、ソ連側が「平和攻勢」を展開し始め、わが国についても「桑港体制」に真向から反対する方針を改めつつあつたためと思われる(この間、沢田大使はヴィシンスキー・ソ連代表との間に非公式な接触を試み、ソ連側態度を打診した)。

なお、一九五四年第九総会の一般討論において、メノン・インド代表は、訓令に基くとして、日ソ間に速かに平和条約が締結され、日本が国連に加盟しうるようになることを希望する旨述べ、注目を浴びたが、この発言は全くインド側のイニシアティヴによつて行われた趣である。

同年末には沢田大使も岡崎大臣に対して、国連加盟促

進工作を進めるためには日ソ国交調整問題を速かにとりあげるべきである旨意見具申を行つたが、当時の本省側は後者の問題について極めて慎重な態度を持していた。

なお、同年においてはジュネーヴ会議以降、国際情勢が急速に変化し、ソ連側の「平和攻勢」が活潑に展開され、かかる情勢が国連にも反映して第九総会において原子力平和利用及び軍縮問題について満場一致の決議が採択され、加盟問題の解決も要望されたが、その行詰りは逐《(遂カ)》に打開されなかつた。

三、一九五五年におけるソ連の態度

一九五五年に入つてから加盟問題解決を要望する気運は頓に昂まり、四月のバンドン会議(いわゆるバンドン決議が採択された)、六月の桑港総会(国連憲章調印十周年記念総会)を経て、わが方代表の努力も奏効し、国連メンバーシップのユニバーサリティーの原則による加盟問題解決が特に強調され、その後のカナダ等提案に係る十八カ国加盟案を導き出す素地がつくられた。

わが国も鳩山内閣の下で日ソ国交調整に乗出すこととなり、ロンドン交渉が開始されたが、わが方は、右交渉においては、ソ連をしてわが国の国連加盟を無条件に支持するに至らしめることを案件の一つとしつつ、他方、国連の各国代表に対しては、わが方は国連加盟問題を日ソ交渉とは別個に処理する建前であると説明した。元来、国連加盟の承認と既加盟国・加盟申請国間の国交関係とは何ら関係のないことであるから、右の建前は極めて当然であり、現在においても、わが方は、加盟問題は日ソ国交関係如何とは切離して処理すべきものであるとの方針をとつている。しかしこの点は、タクティックスの面においては、柔軟性をもたせる必要がある。昨年末、当時の国内情勢からやむをえなかつたとはいえ、加盟問題を周る変転した情勢の中において、前記の建前を余りにも固執しすぎたきらいもあつた。(注)

注　第十総会に際し十八カ国加盟案を成功せしめんとした各国は、ソ連が日本(及びスペイン)について難色を示していたため、先ずこの難点を克服することが必要であると感じ、インド、タイ、ペルーの各国連代表は、日ソ両国が国交回復のため努力しつつある旨の宣言ないし共同声明を行う案をわが方代表に提示越したが、わが方は前記の建前を固持し、これを拒否した。その後、十八カ国案が多数の支持を受ける形勢となるや、ソ連は、これが成立のため、日本及びスペインについて譲歩すると称し、宣伝上有利な立場に立つたが、更にその後、安保理事会において同案が不成立に終るや、翌日、突如として外蒙及び日本を除く十六カ国案を提出し、ソ連の案によつて十六カ国が加盟するという事態を齎らすことに成功した。その際、ソ連が何故に日本を選んだかについては種々の情報ないし見方があるが、いずれにせよ、仮にわが方が前記インド、タイ等代表の提案を容れ、これら諸国の眼前においてソ連側を多少ともコミットせしめておいたならば、ソ連も、かくも簡単にわが国を除外しえなかつたのではないかと思われる。

　安保理事会において、十八カ国案が崩壊し、ついでソ連の提案に係る十六カ国案が成功する気運が濃くなつてからは、西欧側代表は(わが方代表との連絡の下に)日本の加盟問題についてソ連代表に何らかコミッタルな発言を行わしめんとしたが、ソ連代表は日本の加盟に対する積極的態度には変りはないと説明(注)しつつも、結局、外蒙と日本との同時加盟を固執した。(一種の一括案であるにせよ、十八カ国案をソ連も一旦支持したのであるから、少くとも表面上、国交未回復を日本加盟拒否の理由とはしなくなつた。)

　右の態度は本年二月スーダンの加盟申請が安保理事会で審議された際にも同様であつた。但し、スーダンの申請が単独に処理され、全会一致の支持を受けたこと自体は、今後の加盟問題の取扱いにおいて単独加盟方式によつて解決を進める上に良い先例となつたものということができる。

注

　昨年十二月十四日の第七〇五回安保理事会においてソボレフ、ソ連代表は、日本と外蒙を除外した十六カ国加盟案を提出した際就中次の如く発言した。

(理事会議事録)

　"The Soviet Union bases its proposal on the understanding that measures will be taken by concerted effort between sessions to ensure the admission of both these countries to the United Nations at the next session of the Assembly. Such a proposal with regard to Japan in no way alters our positive attitude to the admission of Japan to the United Nations, as may be seen from the Soviet draft resolution submitted earlier to the Security Council. This proposal merely means that question of the admission of Japan is being postponed until the next session, for reasons which are clear to every one."

454

昭和31年7月16日

国際連合日本政府代表部北原臨時代理大使より
重光外務大臣宛（電報）

モロッコの加盟申請審査にかかる安保理開催日程について

ニューヨーク　7月16日後2時26分発
本　　　　省　7月17日前8時30分着

第二二四号（極秘扱、至急）

貴電第一一〇号に関し

一、十六日朝事務局Tyaeに連絡せるところによれば、十三日事務局に接到せるモロッコの加盟申請書に対し憲章の義務受諾書を別に提出する様同日夕事務局より航空便をもつてモロッコ政府宛示唆せるところ、十四日仏国ギランゴー代理より安保理事会議長宛書簡をもつて至急モロッコの加盟審議のため安保理事会を召集ありたい旨の要請あり、更に十六日朝理事会議長ベルギー代表代理より事務局に対し十三日発出のモロッコ政府宛通報を至急再度電報する様要請あり。右様措置せる故事務局においてはモロッコの義務受諾書は今週末迄に到着するものとして理事会召集は来週となろうと見ている。

二、チュニスの申請書は未接到なるも仏国代表代理は万一チュニスの申請書が今週中に到着せざる場合には、モロッコのみに関し理事会召集方希望する旨理事会議長に申入れた由。

米に転電せり。

455　昭和31年7月16日　国際連合日本政府代表部北原臨時代理大使より重光外務大臣宛（電報）

モロッコ加盟審議に際しての心得につき照会

ニューヨーク　7月16日後8時49分発
本　　　省　7月17日前11時42分着

第二二六号（大至急、極秘扱）

往電第二二四号に関し

一、十六日夕米代表部係官よりモロッコ加盟に関する仏国決議案（十六日提出）に関し来週木曜安保理事会を招集するよう議長ベルギー代表代理に対し強く要請している旨連絡越した。

二、当方より憲章義務受諾宣言書はそれ迄に到着する見込ありや尋ねたところ、右係官は本件に関しソ連が何等か措置に出ずる前に理事会を召集する為受諾宣言書については、モロツコ政府の電報による意思表示を以て足りるとの立場にてプツシユしており、目下のところ木曜開催に漕ぎ付け得るものと考える旨述べた。

三、右に関し事務局ウイーに連絡したところ、米、仏国は右のラインにて木曜開催を主張しおるもベルギー代表代理ニソーは宣言書を電報をもつて代えることに反対すると共に、例え右を譲るとしても、果して木曜前に電報が到着するや否や保証なしとて木曜召集に反対しているので果して木曜召集の運びとなるや未だ確実とはいえないと述べている。なお、事務局としては理事会メンバーにおいて右便法に異議なければ特に意見なしとの立場をとつており、他方一九四七年迄は宣言書は加盟決議成立後提出することをもつて足りることとなりたるを同年手続規則改正により決議成立前に提出する要あることとした際、ニソー自ら努力した経緯がある由。

四、本件に関し貴大臣よりアリソン大使に対し応酬せられる際の御参考迄にと存じ右取敢えず。なお万一木曜開催となりたる際当方として執るべき措置につき何等心得おくべきことあらば至急御回示願いたい。

米に転電せり。

〰〰〰〰〰〰〰〰〰〰

456　昭和31年7月16日　在パキスタン山形大使より重光外務大臣宛

日本の単独加盟の意向を支持するとのパキスタン外務省員の談話

第七一八号（至急情報）

昭和卅壱年七月拾六日

在パキスタン日本国大使館

特命全権大使　山形　清〔印〕

外務大臣　重光　葵殿

わが国の国連加盟問題に関するパキスタン外務省員談報告の件

わが国の国連加盟問題に関し七月五日館員をしてパキスタン外務省国連担当官ファラタリ次官補代理に対し今後一層の尽力方を要請せしめたところ、同官は左の趣旨語つた由である。

㈠日本の国連加盟につき山形大使からパキスタン外相あての書簡を興味深く通読した。日本は加盟につき irresistible case を持つている。問題は一にかかつてソ連の出様にあるが、国連のアジアアフリカグループは次第に強力となりつつあるから、工作としてはまず同グループを中心に推進することが効果的と考えられる。

パキスタン外務省としては外相あて山形大使の書簡写しを早速在国連パキスタン代表に送付し、今後特にアジアアフリカグループと提携して日本の国連加盟を推進するよう訓令する意向である。

㈡国連の性格から云つてパケヂディールは正しいものではない。パキスタン外務省は国連加盟については個々の申請国につき国連憲章に則り加盟の資格の有無を各国のメリットにより決定すべしとする立場を終始一貫とつて来た。前外相ザフハラカーン（現在国際司法裁判所判事）も一九四八年頃から加盟は各国のメリットにより個別的に決せらるべしとの意見を国連において宣明したのであつた。かかる沿革もあり日本が単独加盟を主張されることに対しパ政府は全幅的支持を惜しまないものである。

457　昭和31年7月16日　在パキスタン山形大使より重光外務大臣宛

ソ連の態度緩和には日本の独立的外交方針が必要とのインド高官の談話

（昭和三一、七、一九受）

第七二三号（至急情報）　　　　　　　　　　昭和三一、七、一六付

重光大臣　　　　　　　　　在パキスタン　山形大使

わが国の国連加盟問題及び印パ紛争に関するインド Deputy High Commissioner の内話報告の件

七月五日当地インド・ハイコミツシヨンの Deputy High Commissioner たるチヤターヂは当館を来訪し、国際情勢につき深井と雑談し、最後に日本はカシミール紛争につきいかなる態度をとられるやにつき質問し、なおわが国の国連加盟問題についても内話するところあつた由にて談話要旨左のとおり報告する。

一、カシミール紛争に対する日本の態度

㈠チヤターヂは若干遠慮しつつ左の趣旨述べた。

「パキスタン政府はインドとパキスタン間の諸問題、特にカシミール紛争につき、日本がパキスタンを支持し、インドの立場に反対するよう日本に対し猛烈なキヤンペーンを行つており、米国政府も日本政府に対しパキスタン側を支持するようプレツシヤーを加えているとの情報に接した。

ついては、印パ間紛争に対する日本側の立場は如何なりや、もし日本がパキスタンに味方されるが如きことあらば、パキスタンの友情は確保できるであろうが、その代りインドの不興を招くであろうことをおそれる。日本はパキスタンの友情とインドの友情の何れをより重要と考えられるであろうか。アジア及び世界におけるインドの地位にもかんがみ、日本側が本問題につき慎重な態度を持せられることを希望している云々」。

㈡仍て深井より日本としてはインド及びパキスタンの双方と友好関係を維持したきは勿論であり、私見ではあるが、カシミール紛争についても国連の決定と同調する等慎重かつ公正な態度をとるものと思われる旨答えたところ、チヤターヂは日本がパキスタン側に加担されることなく、中立的態度を持せられるならば、大いに多とすべく、インドはそれ以上の何ものをも望むものでないと述べた。

㈢なお、チヤターヂはカシミール紛争を安保理事会に付託する問題につき左のとおり附言した。

⑴インド政府としては、カシミール紛争が安保理事会に付託されることを実は大いに望んでいる。何故な

らインドは今や very strong case を持つているからである。

(2)当初同紛争を国連に付託した際はインドは独立早々で外交の経験も乏しかつたので国際情勢を十分察知し得ず、少しへまをやつた。しかしその後インドは外交上の経験を積んだので国際情勢とにらみ合せ、パキスタンを徹底的にやつつける自信がある。

(3)就中インド側はパキスタン側がまずカシミールを侵略した事実及び人民投票実施の条件としてまずパキスタン軍が徹《(撤カ)》退することになつているのにパ側がこの条件を履行しない事実等につきパ側の非をきうだんするであろう。

(4)ソ連のカシミール紛争に対する態度についてはインドは再三ソ連の意向を確めた。ソ連は百パーセントインドを支持することを確約している。

その他にも安保理事会にはインドの立場に好意的な国々がある。

米国等は情勢不利と見てパ政府に対し安保理事会に付託せざるよう勧告している。

二、わが国の国連加盟問題

深井より英連邦首相会議において各国首相が日本の国連加盟を支持することに意見の一致を見た旨報ぜられているが、単独加盟は日本の強い要望であり、ネール首相も吉沢大使に対しインドが日本の加盟を支持する旨語つた由にて、今後ともインドの支持を期待している次第を語つたところ、チヤタージは次の趣旨答えた。

(1)自分は昨秋国連において日本その他の諸国の加盟問題が審議されていた当時デリーにおり、ネール首相の秘書官から加盟問題の経緯をくわしく聴取していた関係もあり、本件については若干知識を持つているので忌憚なく申述べたい。ネールは加盟問題につき深い関心をよせている。ソ連は当初十八カ国の一括加盟を渋つていたが、在国連インド代表からインド政府あて詳細な電報あり、これに基きネールが折しもインド訪問中のブルガニンに親しくアピールしたので、ソ連は遂に十八カ国加盟に同意したのであつた。

(2)何故ソ連が日本と外蒙の同時加盟を主張したかとい

うに、ソ連は日本が米国陣営の忠実な一員として悉く米国の政策に追随するものと見ているので、もし日本の加盟が実現すればそれだけ敵側の勢力と発言権が増大することになる。そこでソ連は米国側勢力を牽制するため日本の加盟と外蒙の加盟をリンクせしめているのである。

(3)アジア・アフリカグループが一致して日本の加盟を推進するといつても、ソ連が同グループの要望に無条件に耳を藉すか否か不明である。いかに単独加盟が理論上正しいからといつて、国際政治の現実は理論通りに動かず power politics が支配的であることは否定できない。実際問題としてスダンの加盟と日本の加盟を同日に談じ得るものでない。ソ連に対しては何か交換条件を出さないわけには行かないだろう。もし日本が真に独立的外交方針をとるならばソ連はそんなに日本の加盟に反対しないであろう。そこでソ連に対する交換条件としては、(a)外蒙の加盟を認めること、(b)日本が独立的、中立的外交方針をとること等が考えられる。

(4)国民政府が外蒙の加盟に対し拒否権を行使することを米国が阻止し得なかつたといわれることは全く奇怪な話である。台湾政権とは一体何ものであるか。米国の援助なしには一日も存在し得ない政権である。米国が台湾政権に対しプレッシヤーを加えたに拘らず同政権が翻意しなかつたなどということは考えられないことであり、到底真実とは思われない。要するに米国の誠意と勢力が足りなかつたと見る外ない。

458　昭和31年7月17日　国際連合日本政府代表部加瀬大使より重光外務大臣宛（電報）

モロッコ加盟審議の時期をめぐる各国の態度について

ニューヨーク　7月17日後5時8分発
本　　省　7月18日前7時57分着

第二二七号（大至急、極秘扱）

往電第二二六号に関し

一、十六日夕刻よりフランス代表は理事会メンバーと個々に折衝しつつ早期招集のラインにて奔走していたところ、ソ連代表は訓令を得るため時間的余裕を求め何等コミットメントを与えなかつたが、各国共全般的にフランスの要請に協調的であつたため十七日朝フランス代表、議長、ベルギー代表と協議の結果、一応金曜朝理事会招集を予定し、水曜正午頃迄に特に強い反対なき時は右手続を執ることを申合せた。

二、英国代表部係官は右に関し当方の意見を承知したき旨連絡越したが、日本の立場には同情しつつもフランスがイラン、ソ連の本件に対する介入を防ぐため遮二無二急いでいる実情よりして理事会招集を遅らせることは困難と考える旨述べた。

三、十七日朝オーストラリア代表部係官は本国政府の訓令による趣を以てオーストラリア政府は今回の如き加盟問題の審議を遽しく行うことには不賛成であり、加盟問題の如き国連自体に重要な問題は慎重に時間の余裕をおいて行うべしとの建前より金曜招集に一応反対しているが、万一日本政府において今回の審議の際にその加盟問題を提起される意向あらばオーストラリア政府としてはあらゆる協力を惜しまない旨申越した。

当方より貴電第一一〇号の趣旨を取り敢えず内報すると共に本件に関する最后的態度については改めて連絡すべき旨答えておいた。

四、米国代表部においては依然在京米大使館よりの回答を待ちつつある模様であるが、十七日午后バルコ公使は右三、オーストラリアの態度にも鑑み金曜開催に関する米国代表部の態度は日本の最終的意向表明を待つため水曜午后迄余裕を認める様議長に申入れている旨連絡越した。

五、理事会議長ベルギー代表代理に連絡せるところ余程オーストラリアが強く反対しない限り金曜に招集する意向を明らかにし、又万一チユニスが申請を行つた際には別個に再度理事会を招集するも止むを得ないと述べた。イラン代表部ではフランスが単独にてモロツコ支持したい旨固執するためイランとしては共同提案を断念したこと、従つてＡＡグループも目下のところ何等本件に関し動きを見せていない旨又日本の加盟申請は他国とは切離し単独にて行われることが適当と考える旨述べていた。

六、本省において米側に回答せられる際には至急当方にも御連絡願いたく、往電第二二八号及び冒頭往電末尾に関しても折返し御回示請う。

米に転電した。

459　昭和31年7月17日　国際連合日本政府代表部加瀬大使より重光外務大臣宛(電報)

訓令の趣旨にも照らしモロッコに合わせた加盟申請は断念すべき旨意見具申

ニューヨーク　7月17日後5時37分発
本　　省　7月18日前8時40分着

第二二八号(大至急、極秘扱)

往電第二二七号に関し

一、その後の動きは差当りモロッコのみにても理事会において急速処理せんとしつつあるところ、この期に及んで理事会招集を延期せしめることはフランス及び米側の強硬方針に鑑み、かなり困難と認められるのみならず、アラブ側の反感を招く惧れありと存ぜられる。

二、他方わが方の加盟問題をモロッコと同時に上程することは貴電第一一〇号御来示の通り機いまだ熟せず、むしろ逆効果を生ずる惧れもありと思われる。本使としてリマより電報せる通り右には俄かに賛成致しかねる次第である。

三、従つて若し金曜にモロッコが理事会において審議される段取りとなれば当方としてはその機会に主要代表をして改めて日本を支持する発言を行わしめ、これを記録に止めおくこと然るべきやに存ずる。すなわちスーダンの場合とやや類似の恰好となるが、今回日本につき何等言及しなければ、不自然であり、且つソ連に対する心証もいかゞなものかと思われる。もし今回日本支持の発言が皆無であればソ連はわが方が日ソ交渉の早期妥結を期待するため友邦代表の発言を省略したものと誤解する惧れなしとしない。他面わが方が日本をも同時審議せんとする米国の申出に応ぜずに、しかもなお多数代表を動員して、日本の早期加盟につき発言をさせることは形式的には多少矛盾する感を与えぬとも限らず。この辺に若干の工夫の必要があろうかと考える。

四、ついては理事会においては㈠モロッコの単独加盟の実現によりスーダンと併せて申請国のメリットによる加盟方式が確立された点を主として強調し、㈡右が速やかに日本にも適用され、わが国が次期総会までに必ず加盟を確保することを強く期待する趣旨で少数の有力代表に発言を依頼してはいかゞかと存ずる。たまたま首席代表は多くは目下不在であるが、従来の関係もあるので、その際はオーストラリア大使を中心として同大使と協議して米、英、イラン等の代表を煩わすのも一案であろう。ソ連が外蒙その他の問題を提起する可能性は少いと思うが、その場合は徹底的に粉砕すべきこと勿論である。以上については御回訓を俟つて処理する所存であるが何分時日も切迫しているので一応右のラインで準備を進めおきたく、この点御了承置き請う。

五、なお十七日ニューヨーク・タイムズはフランスがモロッコの加盟につき、理事会招集を要請した旨を簡単に報じている。

米に転電した。

---

460 昭和31年7月18日　重光外務大臣より国際連合日本政府代表部加瀬大使宛（電報）

加盟申請は日ソ交渉との関連で時期見極めが必要との回答をアリソン駐日米国大使に伝達

別　電　昭和三十一年七月十八日発重光外務大臣より国際連合日本政府代表部加瀬大使宛第一一五号

右回答

本　省　7月18日後8時30分発

第一一四号（至急）

往電第一一三号に関し

十八日、本大臣アリソン大使と会談の際、往電第一一〇号の趣旨をまとめた別電メモ（一一五号）を手交し、本件に関する米側の努力を大いにアプリシエイトするも、わが方の希望はあらゆる機会を失せざるようにしたいと同時に本問題をスポイルすることを欲しないことに帰着する故、形勢を良く見た上、処置すべきものと思いおる旨述べたところ、「ア」は、その通りと思うがソ連の態度を判断することはなかなか困難と思うが、日本側の考え方は良く分つたと述べた。御参考まで。

米に転電した。

（別　電）

本　省　7月18日後10時0分発

第一一五号（至急）

（Japan's membership in UN）

US Government has very kindly offered to introduce Japan's membership in UN to Security Council for its deliberation when it meets to discuss question of admission of Morocco and Tunisia very shortly.

While greatly appreciating positive step which US is contemplating in favor of Japan, we feel that the matter being of such vital importance to Japan all possibilities should be carefully studied and explored before decision is taken.

It has been Japan's stand all along to solve UN membership question independently of Soviet-Japanese peace talks. However, in view of fact that there has been no appreciable change in Soviet attitude on this particular question since last December, when Soviet Union blocked Japan's entry, chances are that Soviet Government would not only veto Japan's admission but would also bring up once again the question of Outer Mongolia or Communist China's representation thereby hopelessly complicating the issue. The result obviously would not strengthen position of Japan. Moreover, Soviet Russia by such a move would not necessarily be branded an evil-doer in eyes of world public opinion: she can very conveniently shift blame on to some other countries, notably Nationalist China as was case last year.

If on the other hand we could wait for a more opportune moment, possibly around the time when General Assembly meets in November and if by then moral pressure of righteous world opinion could be more fully mobilized and brought to bear forcibly on Soviet Government, the desired result could perhaps be achieved.

If despite our hesitation US Government is still anxious to take the matter up at this time, we venture to suggest that US would seek as wide a co-sponsorship as possible and to sound views of interested governments, particularly that of UK and Secretary-General, who on his recent visit to Moscow is presumed to have touched on Japan's UN membership question with Soviet Government.

米に転電した。

461　昭和31年7月20日　国際連合日本政府代表部加瀬大使より重光外務大臣宛（電報）

モロッコの加盟承認に際して日本の単独加盟実現を要望した各国の発言について

別　電　昭和三十一年七月二十日発国際連合日本政府代表部加瀬大使より重光外務大臣宛第二三三八号

右各国発言要旨

ニューヨーク　7月20日後0時27分発
本　　省　7月21日前10時16分着

第二三三七号（至急）

往電第二三三六号に関し

一、理事会は予定通り二十日午前十時半開催されモロッコの加盟勧告は満場一致で可決された。右に引続き explanation of votes において(1)オーストラリア(2)米国(3)イラン(4)英国(5)フランス(6)キューバの順にてそれぞれの要旨別電の趣旨を述べ日本がスーダン・モロッコの例に従いその individual merits により政治的考慮の介入なく速やかに加盟せんことを念願する旨を強調した。

二、これに対しソ連代表サクシン（ソボレフは十九日当地発休暇のため帰国）は今なお日本が加盟しておらぬのは国府の責任に帰すべきであり、ソ連は日本の加盟そのものには賛成しており、現に昨年の総会において十八ケ国案に日本を含めていたのであると応酬し日本と外蒙が速やかに加盟するに至ることを期待する旨を簡単に述べた。

三、最後に国府蔣代表は右を反駁し加盟問題は個別審査方式により解決すべしとの趣旨を述べた。（十二時半散会）

米に転電した。

（別　電）

ニューヨーク　7月20日後2時49分発
本　　省　7月21日後1時29分着

第二三三八号

Explanation of vote.

Australia :

"The vote that has just been taken on the admission of Morocco carries a step further the progress started at the last General Assembly of bringing qualified candidates into the United Nations. The application of Morocco has been treated on its merits without the introduction of any extraneous matters and without waiting for all members of the United Nations to establish diplomatic relations with it. This is clearly the correct way to deal with such applications and we can only express our regret that the outstanding application of Japan has not yet been dealt with in the same way. The Japanese Government has shown the most remarkable patience throughout this inexcusable delay—a patience that many of us would find difficult to emulate in similar circumstances. The Australian Government hopes sincerely that this patience will be rewarded in the very near future by the removal of obstacles toward their membership and that the necessary action will be taken in time for Japan to be admitted to membership at the forthcoming session of the General Assembly."

United States :

"As the distinguished representative of Australia has just said, the unanimous vote that has just been cast is an action in keeping with the letter and spirit of article four of the Charter, which opens United Nations membership to all peace-loving states acceding to the obligations of the Charter and able and willing to carry them out. After a period when the membership of the United Nations remained almost static due to the veto of one of the permanent members of the Security Council, the tenth General Assembly saw 16 nations admitted. The Sudan was admitted during this past year unhampered by attached conditions and solely on its own merits. That action, as this one today with respect to Morocco, has no overtones of political barter. It is thus the second instance this year that we have considered applicants on their merits and we have introduced no conditions, package deals or extraneous considerations of any kind. This proper action with respect to those states only serves to highlight the injustice still being perpetrated against one of the oldest sovereign states—Japan. The United Nations needs the full participation of Japan, which has fully demonstrated its devotion to the purposes and principles of the Charter. The United States will, therefore, continue to work for the early admission of Japan in accordance with the precedents established in the case of the Sudan and, today, in the case of Morocco."

Iran :

".....my delegation is also pleased to note that our organization has taken one more step toward fulfilling the principle of universality. As representative of a country situated in the Asian continent, we would like to express our regret once again that the request of Japan, that great Asian country which has been an important country in Asia since ancient times, has not yet been put in a position of making its precious contribution to the United Nations, even though neither in the Security Council nor in the General Assembly, no question has been raised as to its qualifications under the Charter.

The admission of Japan is all the more necessary now, especially in view of the recommendations already adopted in the cases of the Sudan and Morocco. The Security Council now has firm precedents under which applicants should be considered on the basis of their own merits. We hope that the wrong to Japan will be redressed and that the application of that great country will be judged in the proper context so that Japan may shortly take its place in the United Nations."

United Kingdom :

"As each applicant is recommended for admission on its own merits and on receipt of its application, we cannot help but think of one applicant whose application has still not received the same just treatment. I refer, of course, as the last three speakers have done, to Japan. I cannot fail, at a discussion in the Security Council on admission, to express my Governments deep regret that one of the permanent members of the Security Council should have continually vetoed its admission. We trust that this sad injustice will soon be set right. Not only the people of Japan but the whole world should know that the overwhelming number of the members of the Security Council will not rest until Japan can take its place with the other members at the next General Assembly."

France :

".....at the moment when we recommend to the General Assembly the admission of a new independent state, my delegation cannot refrain from expressing the most sincere regrets that a state which has been long a member of the Council of nations and with which my country maintains the most friendly relations, is still outside the boundries of this organization. My delegation feels that the situation which prevailed today when we considered the applicant on its own merits and unconditionally is the proper procedure to be followed in all cases of admission of new members. We ardently hope that other states, particularly Japan, will also be able to benefit from this precedent in the future."

Cuba :

"The position of Cuba regarding the admission of new members is already well known to all. We have always maintained in the General Assembly that countries should be admitted to the United Nations on the basis of their individual merits. We wish to state at this time that, in the General Assembly as well as in the Security Council, we are prepared to vote in favor of the admission of Japan because we consider that it fulfills all the qualifications of the Charter of the United Nations. Therefore, at any time that any member of the Security Council should request a meeting to consider the candidacy of Japan for membership, my delegation will, of course, vote in favor of it."

U. S. S. R. :

"The Soviet Union was most happy to note the spirit of unanimity in which the important matter of the admission of Morocco to the United Nations was considered. We note with satisfaction that the Security Council has unanimously adopted a resolution to that effect. This enables us to expect that the same spirit of unanimity will appear at the forthcoming Eleventh Session of the General Assembly when the recommendation will be voted on and approved—the resolution regarding the recommendation. It seems rather strange to me, after this vote, to have heard the other statements which were made regarding the admission of Japan, since we know that this problem does not appear in our agenda today. However, since the question was raised, the Soviet delegation will have to ncte the fact that we also regret that

Japan has not as yet become a member of the United Nations. What was the reason for this situation? The reason was that last year in accepting the candidacies of new members to the organization, when the question of Japan was discussed, some members of the Council, and particularly the permanent ones, followed a policy which was contrary to the spirit of the Charter, a policy of favoritism toward some countries and discrimination against others. We all know very well that the Soviet included among other countries the name of Japan as a new member. We all know, that in the draft resolution of 8 December 1955, among the18 countries also figured the name of Japan. We know that this resolution of the General Assembly regarding the admission of 18 new members to the organization, which included Japan, was submitted to the Security Council and that this decision of the General Assembly was reversed as a result of the veto of the representative of Chiang Kai-Shek who, unmindful of the wishes of the overwhelming majority of the members of the General Assembly, prevented the admission of Japan and Outer Mongolia. I hope and assume that this improper situation will be corrected in the future and that we will be able to recommend, as we stated last year, the membership of Japan and the Peoples Republic of Mongolia to the United Nations."

China :

"My delegation has always favored the admission of Japan, Korea and Vietnam into the United Nations. My Government has always spoken in favor of these applicants and voted in favor of them. On several occasions, my delegation sponsored these applicants, certainly their failure to become members is regrettable. The responsibility for this failure is clear to all of us. I am surprised that the Soviet Union this morning should defend their position. To condition the admission of any applicant on the admission of another applicant is in itself a violation of the Charter, if all the members would abide by the legal obligations of the Charter, all our problems could be easily solved, as we did this morning in the case of the application of Morocco and, some months ago, in the case of the application for membership of the Sudan."

462　昭和31年7月23日　国際連合日本政府代表部加瀬大使より重光外務大臣宛（電報）

ソ連に日本の加盟への無条件支持を確約させる必要性につき意見具申

ニューヨーク　7月23日後4時11分発
本　　　省　7月25日前9時48分着

第二三九号

一、モロッコ加盟に関する理事会審議の情況は往電第二三七号の通りであるが、消息通の間には日本が同時審議を避けたのは賢明であり、且つ友邦代表の日本の早期加盟を要望する発言も概して適切であつて、特にスーダンに続き、モロッコも単独加盟の実例を樹立したので、対ソ交渉に際し我方がソ連の無条件支持を要請するに一層好都合の情勢となつたと観察する向が多い。

二、尤もソ連代表は今回も一応外蒙を引合に出したが、一般にこれは現在の段階においては別に怪しむに足らずと見ている。
我方としては如何にして外蒙との関連を断ち切らせるかに問題があるところ、ロンドン交渉においては無条件支持を明記する日本案（第二条）に対し、ソ連案（第七条）は単に日本の申請を支持する旨規定するに止まり、この相違は今なお解決しおらざるよう見受けられる。ついてはオーストリア等の前例もあり、又前記の如き外蒙とのいざこざもあるにつき、我方としてはこの際是非共無条件支持を確約させる必要ありと存ぜられ、この点素より御承知のことながら特に貴大臣にお願い申し上げる次第である。

三、なお日本の新聞、雑誌は日ソ交渉の癌点は領土問題を残すのみであるとして、恰も国連問題は解決済なるかの印象を与えるが世論指導上如何なものかと存ぜられるので念のため。

463　昭和31年7月24日　国際連合日本政府代表部加瀬大使より重光外務大臣宛（電報）

国連AAグループ会合における日本の単独加盟支持への気運醸成の状況

ニューヨーク　7月24日後4時6分発
本　　　省　7月25日前9時41分着

第二四一号

往電第二三六号に関し

一、二十四日AAグループ会合ありたるところ、たまたま理事会はモロッコに引続きチュニスの加盟問題審査に着手せんとする際なるを以て本使はこの機会を利用し日本の立場を説明し日ソ交渉は間もなく再開されるべきも右の推移とは一応関係なく我方はスーダン、モロッコの審査により確立された慣行に従つて速やかに単独加盟を実現したく、このためAA諸国の強力な支持を要請する旨を訴えた。

右に対しては出席代表皆共鳴し、一日も早く日本が加盟するよう全面的に協力することを誓つたが、特にイラン、セイロン、インド、インドネシア、トルコ、タイ、エジプトの各代表は強力な発言を行い、すこぶる印象深いものがあつた。殊にトルコは(インドが日ソ交渉の早期妥結を希望したのに対し)妥結はもとより望ましいが日本が熱意を示しているのにソ連が加盟問題を交渉の駆引に悪用しているのは不都合千万であるからこの際A・Aグループ代表は口を揃えて日ソ交渉の妥結と加盟問題は元来無関係なるべきことを強調したいと述べた。A・A諸国代表が日本の単独加盟を活潑に支持することが期せずしてソ連に対する牽制となり日ソ交渉に於ける日本の地歩を有利にする所以でもあると力説し少なからざる感銘を与えた。なお、発言を希望する者が余りに多いのでエジプト(今月議長)は総括的に一同を代表し日本に対する万全の支持を約して結論とする有様であつた。新聞通信により報道されることあり得べきにつき念のため。

二、二十六日の理事会に際してはモロッコの場合と同様少数代表より日本に言及される筈であるが、多少形式を変え、新味を出すよう工夫中。

三、日ソ交渉の再開を控えニューヨーク・タイムス幹部に対し日本の単独加盟につき社説を掲げるよう申入れておいたところ二十四日同紙は日本と共に韓国、ヴエトナムに言及し、単独方式を支持している。

なお他の有力紙にも工作を進めている。

米に転電した。

464　昭和31年7月26日　国際連合日本政府代表部加瀬大使より高碕外務大臣臨時代理宛（電報）

チュニジアの加盟承認に際して日本の早期単独加盟実現を要望した各国の発言について

別　電　昭和三十一年七月二十六日発国際連合日本政府代表部加瀬大使より高碕外務大臣臨時代理宛第二四四号

右各国発言

ニューヨーク　7月26日後6時3分発
本　　省　7月27日後0時7分着

第二四三号

往電第二三七号に関し

一、理事会は二十六日午後三時半開催全会一致にてチユニスの加盟勧告を可決したが一般討議において

㈠英国

㈡米国

㈢キユーバ

㈣オーストラリア

は概ね打合せに従い、夫々別電の発言をして直接間接に日本の早期加盟を支持した（なおユーゴー及びペルーはユニバーサリテイーの原則を強調しスーダン方式に賛意を示した）。

二、ソ連（サクシン）は特に米国（ワズワース）の陳述を反駁し、昨年総会においてはユニバーサリテイーの原則に従い日本の加盟を支持したのに拘らず右は蔣政権の代表の拒否権行使により不成功に終つたと陳弁するところがあつた（これに対し蔣代表は日本と外蒙をリンクすることは正義に反し日本国民に対する侮辱であると述べたがサクシンは露骨な敵意を示して右に取合わぬ態度を示した）。

三、投票終了後イラン（アブドー）は日本の加盟促進につき改めて訴えるところあり、ベルギー（議長）及びフランスもこれに共鳴した。

スエーデン、米国に転電した。

（別　電）

ニューヨーク　7月26日後6時35分発
本　　省　7月27日後1時2分着

第二四四号

Main speech:

United Kingdom :

Last week we considered the admission of Morocco and Morocco was admitted to the United Nations solely on its own merits. I have no doubt that we shall today consider the application of Tunisia in the same fashion and will, by so doing, strengthen the pattern from which it will be unwise and quite wrong for any of us to depart in the future.

United States :

Today we have our third opportunity this year to consider the application of a state for membership in the United Nations solely on its merit in accordance with the Charter. Twice we have found ourselves in unanimous agreement. I have no doubt the same will be true today.

We sincerely hope that we have reached the stage where every application for membership can be considered in this manner. In my statement before the Security Council last Friday, I expressed this hope with respect to Japan. I also called attention to the eligibility of the Republic of Korea and Viet Nam.

Unfortunately at our last meeting, the representative of the Soviet Union, while admitting that Japan was eminently qualified again linked the admission of Japan to the admission of another applicant—a consideration wholly outside the Charter. In common with the other members of this Council, the United States will continue to adhere to the principles of the Charter. It is in this spirit that we will vote for the French resolution.

Cuba :

Once again the Security Council is meeting to examine the request of a state for admission to the United Nations. It does so in accordance with clear-cut provisions of our Charter and pursuant to a decision of the International Court of Justice of May 28, 1948. That is the Council is considering the applicant in accordance with, and on the basis of, its individual merits and not making the admission of an applicant state contingent on the application of any other state. This latter contingent has unfortunately been the case for Japan, the Republic of Korea and Viet Nam.

Australia :

In closing, I only wish to add that our pleasure and satisfaction on this occasion is clouded by only one thought, the continued exclusion on unjustified grounds of a most worthy and eminently suited applicant. I refer, of course, to Japan. I do hope that it will become possible for the Council to take a favorable decision on Japan's membership at some early date well before the opening of the next session of the General Assembly.

U.S.S.R. :

I would like to make one more brief comment in connection with the last remarks of the United States Delegate. Although this comment goes beyond the frame-work of the agenda of the Council, since it has bearing on the position of the Soviet Union, I see myself obliged to comment upon it briefly. It is well known to all that the Soviet Union was one of the 52 delegations in the General Assembly last session that, on the 8 of December, voted in favour of a resolution under which Japan would have been, together with the other 17 countries, admitted to membership in the United Nations. Furthermore a week later the Soviet Delegation moved a draft resolution in the Security Council（Document S/3499）which contained a recommendation to the General Assembly to admit Japan to membership of this Organization. Considering the views of many members of the Security Council, the Soviet Union on 13 December agreed to a draft resolution by Brazil and New Zealand providing for the admission of 18 countries including Japan. The adoption of this resolution, as we all know, was wrecked as a result of the veto wielded by the representative of Chiang Kai-Shek. It is only thanks to the initiative of the Soviet Union that an attempt to completely disrupt the adoption of the General Assembly resolution was frustrated and that 16 countries were finally admitted as members. As a result of this, the basic principle of universality, which flows from the Charter of the United Nations itself triumphed. That is why my delegation is particularly gratified to note the statement of the Peruvian Delegate who stressed that the principle of universality is becoming more and more recognized among most members and we are confident that if all members of the Security Council will adhere to this principle and avoid the incorrect policy of discrimination against some and favoritism of others, we are convinced that the problem of the admission of Japan will be solved within the frame-work of the Charter.

Explanation of vote :

Iran :

Before concluding, I would like to draw the attention of the Security Council to the need to admit Japan to the United Nations. I do not wish to abuse the patience of the Council and I dread repetitions, but it is difficult for us to bypass this occasion without stressing the harm and prejudice which has been caused to this great Asian nation. Be hope that in the light of the procedure followed by the Council in the cases of Tunisia, Morocco and the Sudan, which were considered on their own merits, the case of Japan will be viewed in a similar spirit and that a decision will be taken in favour of Japan's membership which will do justice to that great country. Thus a tribute would be paid to the Japanese people and nation whose contribution would be most valuable to the future of our Organization. It would be a further step toward universality and better cooperation in international relations.

France :

Several of my colleagues have alluded to our procedure today which, as at our last meeting on the admission of Morocco, consisted of examining a candidate on its individual merits without tying it up with any other candidate. As I said at our last meeting, I consider that this is the proper procedure, and I would like to stress once again that my Delegation continues to regret that this fair procedure was not followed in the case of Japan, who is thus unfairly held away from our Organization. We ardently hope that this injustice will soon be corrected.

Belgium :

As regards the application of Japan for admission to the United Nations, the Belgian Delegation has repeatedly stressed that Japan meets the conditions and requirements of Article Four and is eminently suited for membership. Today, we merely wish to take this opportunity to reiterate this conviction of ours.

465 昭和31年7月26日 国際連合日本政府代表部加瀬大使より高碕外務大臣臨時代理宛（電報）

チュニジア審議での各国による日本支持発言

の奏功ぶりにつき報告

ニューヨーク　7月26日後10時0分発
本　　省　7月27日後1時20分着

第二四五号

往電第二四三号に関し

一、僅か数日前モロッコの審議を終了したばかりの際でもあり、今日の九友邦代表の陳述が二番煎の印象を与えざる様考慮した次第であるが、大体順調に経過し概ね所期の効果を収めたものと認めるところ、傍聴せる外人記者団の感想も同様である。

二、ソ連の出方は注目されたところであるが昨年総会中日本の加盟を支持した旨を頻りに強調し専らdefensiveな釈明に終始し如何にも我方に対して気兼ねしているが如き感触を与えた。西欧代表はソ連は明らかに苦境に陥りつつ?あると観測しているが同日の発言中に一回も外蒙に言及しなかつた事はかなりの注意を惹いた様子である。

冒頭電報通り転電した。

466　昭和31年7月30日　高碕外務大臣臨時代理より国際連合日本政府代表部加瀬大使宛

チュニジア審議においてソ連が言及した決議案の性質確認

協一第二〇六号

昭和卅壱年七月卅日

外務大臣臨時代理　高碕　達之助

在ニューヨーク国際連合日本政府代表部長
特命全権大使　加瀬　俊一殿

国連加盟問題に関する件

去る七月二十六日の安保理事会においてサクシン・ソ連代表が言及せるソ連決議案(S/3499)は御承知の通りわが国のみに関するものであり、ソ連側がかかる案に言及し乍ら、他方外蒙に言及しなかつた如き、その態度の微妙なる変化は貴電においても御指摘の通り興味深いところであるが、今後の理事会対策の参考のため、前記決議案の現在の法律的ステータスにつき御査報ありたい。

467　昭和31年8月6日　国際連合日本政府代表部加瀬大使より高碕外務大臣臨時代理宛

ソ連決議案は日本の単独加盟を支持する性質のものではない旨回答

第八一三号

昭和卅壱年八月六日

在ニューヨーク国際連合日本政府代表部長

特命全権大使　加瀬　俊一〔印〕

外務大臣代理　高碕　達之助殿

国連加盟問題に関する件

七月三十日付貴信協一第二〇六号に関し

ソ連決議案（S／三四九九）は、単独の決議案としてみるべきものではなく、他の十七国加盟案（S／三四八四—三四九八、三五〇〇—三五〇一）と同時に提出されたものであって、従来のソ連十八国一括加盟案を個々に切り離したものにすぎない。而もソ連は、決議案S／三四八三を提出して、十八国をその加盟申請書提出順に一国づつ先づ安全保障理事会が加盟勧告を行い、直ちに総会に送り込み、総会が同国の承認を行った後に、理事会が第二番目の国の加盟勧告を行うという手続を主張することにより、飽く迄十八国の同時加盟を確保しようとしたものである。従って決議案S／三四九九のみを取り出して考えるのは当を得たものではない。サクシンソ連代表がS／三四九九に言及したからといってわが国の単独加盟を支持する方向に変化したと見る事は出来ないであらう。

ソ連代表は前述の十八決議案を提出はしたが、後に提出されたブラジル・ニュージーランド合同決議案に表決の先順位を与えることに同意し、ソ連案は表決に附されなかったので、その儘埋没されたものと見るべきである。

2　日ソ交渉の妥結による加盟問題の進展

468　昭和31年8月4日　国際連合日本政府代表部加瀬大使より高碕外務大臣臨時代理宛（電報）

日本の加盟に関するソ連外相との会談結果に基づくハマーショルド事務総長の内話

ニューヨーク　8月4日前11時50分発
本　　省　8月5日前8時3分着

第二五二号

往電第二四六号に関し

事務総長漸く寸暇を得た趣を以て四日約五十分会談したところ、その談話要旨左の通り。総長の意見については本使より種々コメントを加えおいたが談話のみ取敢えず。

一、貴国政府の御依頼もあつたのでシェピーロフ外相と加盟問題につき篤と意見を交換したが会談は極めてプレザント且つフランクであつた。「シ」は多少荒削りなところはあるが国際政局については一見識を具えており、この点は該して常識的で且つ外交折衝の手腕も相当にプロフエッショナルの域に達しているとの印象を得た。

二、自分（総長）は加盟問題はユニバーサリティ原則により処理すべしとの持論であるからこの建前の下に今後加盟問題の審議に際しては一切パッケージディールを排除すべしと強調したところ外相はむしろあつさり賛意を表した。よつてかねて貴大使にお話しておいた情勢に基き日本の加盟を妨害することはソ連にとつて百害あつて一利なきことを懇切に説き、特に中共代表権問題をからみ合わせるが如きことあれば却つて中共の加盟を遅延させるのみであると指摘したところ外相はソ連政府としては敢て日本の加盟に反対するものに非ず。ただプリンシプルとして西欧の支持する国は簡単に加盟出来るがソ連の支持する国は加盟の見込がないという事では納得し難い。つまり一方交通では不合理であるからソ連の支持する国も加盟出来るよう two way traffic とすべきであると応酬し（外蒙には言及せず）昨年総会でアルバニア等東欧諸国が加盟出来たのは実はパッケージのお蔭であつたと述懐した。

三、ここで双方議論を重ねたあげく外相は右の two way traffic のプリンシプルは同意出来ないが日本の加盟については all possible flexibility をもつて臨むことにすると述べ中共代表権問題については自分（総長）の意見を容れ本総会においては形式的には争うが深追いせず来年（五七年）総会において目的を達するようおもむろに努力しようという事となつた。

四、右を現実の情勢に当てはめれば、ソ連は日本と外蒙の同時加盟を固執はしないが、日本を加盟させる際には近い将来外蒙をも加盟せしむべしとの言質を西欧側（米、英、仏）より取付けねばならぬと考えているように観察される。この観察は大体当つている（may safely be assumed）と思うが、もとより「シェ」がそのように言明したわけではないが、御承知のようにソ連指導者は常に猜疑心が深いので、日本の加盟問題が速かに実現し、外蒙が永く取残される事態となることを警戒し、この点につき予め西欧側のコミットメントを得たいと思つているのではないかソ連としては外蒙加盟につき目途をつけることは面子の考慮からも必要と考えるであろう。要するにソ連政府の心境は日本の加盟そのものには賛成であり、日本に対し無条件支持で差支えないが西欧側提携に対しては付けるべき条件があると云うに落着する。

五、この観察が正しいとすれば自分（総長）は五六年度総会冒頭に、米、英、仏三外相とシェが秘密協議し西欧側がソ連に或る種のコミットメントを与えるよう誘導するのが或いは良策ではないかと思う。総会は米大統領選挙後に始まるから中共に対する米国の従来のリジッドな考え方にも（仮令ノーランドなどが居ても）自ら微妙な変化が起ろうし、従つて来年度総会において中共が国府と交替するときには外蒙の加盟も実現するというラインで或いは西欧もソ連と話合を付ける余地があるのではないか。

六、なお、自分（総長）は元来加盟問題と日ソ交渉は別個なりとの（モスコー交渉成立せば加盟も一段と容易になること当然と思う。）建前を持している関係もあり、そのためもあつてかシェも日ソ交渉には言及しなかつた。

七、以上は貴国政府首脳限りのお含みに願いたいが敏腕なる重光外相が本情報を活用せられ、この交渉を優位に導かれ、日本側の主張するいわゆる国連加盟無条件支持の明白な獲得に成功されれば自分(総長)としては、これにすぎる喜びはない。自分(総長)はシェの談話を素直に御報告し、右を基礎とした自分なりの観察をほんの御参考までにお伝えしただけであり、又ソ連政府の政策が現実的必要により時として容易に変化することも衆知の事実であるから、自分の報告による既定の御方針を貫ぬかれ、無条件支持を克ち取られるよう検討されんことを切に希望する次第である。

重光全権に転電ありたい。

米に転電し、英、仏に転送した。

469　昭和31年8月6日　国際連合日本政府代表部加瀬大使より高碕外務大臣臨時代理宛(電報)

ソ連に関するハマーショルド事務総長の内話を受けた現状分析および今後の見とおしについて

付　記　昭和三十一年十月、国際協力局作成

「モスコー交渉後の国連加盟問題処理方策に関する件」

ニューヨーク　8月6日後8時4分発

本　　省　8月8日前1時9分着

第二五三号

往電第二五二号に関し

一、事務総長の談話を要約すればソ連政府の目下の態度は、

㈠加盟問題はユニバーサリティーの原則に基づき処理すべし。

㈡パッケージ・ディールは放棄して差支えなきも、その代りにソ連の支持する申請国も加盟し得るよう two way traffic のプリンシプルを主張する。

㈢日本の加盟には賛成であり必ずしも外蒙との同時加盟を固執せぬが、外蒙も遠からず加盟出来るよう目途をつけおく必要ありそのためには西欧側のコミットメントを期待するということ。

二、総長は右ソ連の態度は概して妥当なりと考えている様子であるが(自分がシェピーロフの立場に居たら同様の態度を執るであろうと云つた)御承知の通り総長は常に現実的解決を尊ぶ人物であつて、日本を先ず単独加盟させ

るためには外蒙につき西欧側を譲歩せしめる必要ありと観察し、国民政府が国連に止まる限り、右は不可能であるから五七年総会を期し国府を放逐し中共と交替せしめるとの構想の下にその際外蒙加盟をも実現することを来るべき五六年総会において西欧側よりソ連に対し約束せしめ、これにより日本の早期加盟を実現することが時にとつての良策であると思つているようである。これは出来得る限り少くとも(但し紛糾を避けて)国府と中共とを交替せしむべしとの総長の日頃の信念とも合致する次第である。

三、右は事務総長の地位に在るものとしては一応尤もな考え方かも知れぬが、我方としては簡単に共鳴しかねる要素を含んでいる。日本が単独無条件に加盟し、然るべきことは憲章の規定を俟つまでもなく世界の公論であり、ソ連がパッケージすることは同時加盟を固執せぬとしても間接にせよ依然外蒙の加盟と関連することは理不尽であつて、日本としては迷惑も甚だしい(総長も苦笑しつつ理論は正にその通りと云つて首肯した)しかも今秋総会冒頭において日本加盟に際し米、英、仏をして来年総会における外蒙支持をコミットすることは決して容易であるまい。現情勢において米国が果して急速に軟化するか疑わしいのみならず英国も中共とは違い外蒙に対してはかなり消極的である。従つてハマーショルド構想を採用すれば拙くすると我国は五六年総会において加盟を逸する惧れなしとしない。

四、総長は冒頭往電六、の立場を執るため日ソ交渉に言及せず(日本の不利益となるを惧れ、慎重に介入を避けたものでもあろう)専ら国連の見地から議論を進めた趣であり、且つ終始日本の友人として発言したが、これも限度を越すと却つて逆効果を招くので、その点苦心を要したと述懐していたが、シェピーロフの応答は sincere で、先ず額面通り受取つて差支えないと信ずると述べた。我方としては総長の好意により速かにソ連政府の底意が明らかとなつたことを多とすべく、ソ連が日本と外蒙の同時加盟を固執せぬことだけでも一進歩であるから総長の言う通り右を活用し、局面の打開に努力すべきものと信ず。

五、従来我国言論界等の一部においては日ソ交渉妥結ないし日ソ復交さえ実現せばソ連政府は当然日本の加盟を支持するものと安易に期待する傾向あるところ、総長の報告に徴するも事態はしかく簡単に非らざること明確である。従つて我方としては日ソ両国の外交最高当局が親しく折衝しつつある今回のモスコー交渉を利用しなんとかしてソ連政府をして日本の単独無条件加盟を確約せしめたく、この点この上共重光全権の御尽力を切に期待する次第であるが、同全権が第一回交渉の冒頭声明において日本提案に対するソ連の同調を促されたことは頗るタイムリーと存ぜられ深く感謝申上げる。しかるに全権発貴大臣宛電報第三一号によればシェピーロフは右に対し無条件云々に反対を唱えている由であるが、前記の如き底意があればこそ無条件と明記することを躊躇しおるものと解せられざるにあらず講和条約の成立は自動的に国連加盟を招来せざることはオーストリア条約等の前例によるも明白なること故この際後日に悔を残さゞるよう万全の措置をほどこすこと必要と存ぜられる。なおこの点と関連し総長は「シェ」が新人である関係上従来の行きがかりに必ずしも捉われぬ立場にある点は注意に値すべく、この際対ソ交渉の責任者たる重光全権の御成功を心から念ずると繰返し述べていた。

六、いずれにせよ我方としては五六年総会(十一月十二日開会予定)の前に安保理事会の勧告を獲得し、総会期は第一日より加盟国として出席すること(新加盟国には便法を講じ初日より活動せしむる筈)極めて望ましきところ、過日のチュニス理事会(時間的には総長のモスコー訪問後になる)の際はソ連代表はスーダン、モロッコの場合と異り日本問題につきプリペアド・ステイトメント持参したのに拘らずスーダン、モロッコの際の如く外蒙に言及しなかつた点もあり、右は我方の工作により先方も日本と外蒙をパッケージにすることが徒らに世界の嘲笑を招くのみなることを悟り、この際日ソ交渉再開を控え我方を刺戟することを避けたためかと察せられるが、或いはこの辺にもシェピーロフのいわゆる flexibility を示唆するものあるやも知れず当方においては今後共ＡＡグループ、英連邦諸国、中南米諸国での圧倒的支持を背景に一層与論を盛り上げ全権団に側面より協力したい所存である。以上前電と重複する点あるも邦家の重大案件なるにつき念のため。

(付　記)

モスコー交渉後の国連加盟問題処理方策に関する件

三一、一〇

国　協　局

一、一応の想定

今次モスコー交渉に際し、わが国の国連加盟問題に関してソ連から実質的に如何なる内容のコミットメントを取付けたかによつて、本問題のその後の処理方法は種々異らざるをえないがソ連側が単に「日本の国連加盟を支持する」という約束をしたのみで、その「支持」の態容《(様カ)》、即ち安保理事会における本問題の取扱い振り(理事会の開催、提案及び審議の仕方)等については、モスコー交渉が一応終結しても、ソ連側の意向が依然として不明であるというのが、最もありうべき状況であると思われるので、その想定の下に、その後の本問題処理の方策を考究することとする。

二、目的ないし目標

わが方の目的は、いうまでもなく、十一月十二日から開催される国連第十一総会において、わが国の国連加盟を実現することである。昨年の第十総会に際し、十八カ国案が成立してさえいれば、わが国の国連加盟も実現していた筈であり、いずれにせよ、加盟資格の点からいえば既に遥か以前に加盟が実現すべきであつたのである。また、来年以後になれば、国連における中国代表権(中共加入)問題の帰趨もはかり難く、愚図愚図していては、この問題とわが国の加盟問題とが政治的に関連せしめられる惧れなしとせぬ形勢であるから、是非とも本年の総会において、わが国の加盟を実現しておかねばならぬ。なお、本年上半期に既に安保理事会の加盟勧告を得ているスーダン、モロッコ及びチュニスと同様に、わが国も総会開会前に安保理事会の加盟勧告を得て置き、右三国について予定されていると同様に、総会第一日に加盟承認を得ることを目標とすべきである。何故ならば、総会開会後には、各加盟国は、他の議題のための種々の駈引を活溌に開始するであろうから、わが国の加盟問題の処理についても、必しもわが方の意向のみに応じえなくなるものもあり、中には、本問題を他の問題のための駈引の具に用いんとする国も出てくる惧れなしとせず、兎に角事態が複雑化して、本問題解決の前途に不測の障害が生じないとも限らないからである。

三、基本方針

右目的ないし目標を迅速かつ円滑に達成するためには、本問題の処理に当り、次の基本的方針を堅持する必要がある。

1、適確（的カ）に事態を把握し、かつ、終始わが方のコントロールの下に処理を進めるよう努めることが第一に重要である。

2、本問題の処理は、単に日ソ両国間のみならず多数諸国とも関係があるので、広汎な外交活動を必要とするが、その活動は極めて機敏でなければならず、統一的指示の下に、本省は勿論、関係在外公館を縦横に活用し、しかも終始一糸乱れぬ統括を行うことが必要である。特に東京・ニューヨーク間に迅速、緊密な連絡をとりつつ処理を進めることが絶対に必要である。（そのためには、予め電信担当官の増員が必要となる。）

3、本問題の処理に当つては、安保理事会の開催及び表決のタイミングをわが方が適宜調整して行かなければならない。但し、十月下旬の国内政局如何によつては、国連加盟問題について、安保理事会において具体的結論を出すよう取運ぶべきか否かということ自体が、極めて微妙な問題となることもありうるが、少くとも本問題については、国内的事情に関する考慮に煩わされることなく、純外交問題として、その処理を行うべきであり、従つて、本問題処理のタイミングの調整も純外交問題としての見地から行うべきである。（タイミング調整の具体案は後述参照）

4、本問題の処理に当つては、いわゆるクワイエト・ディプロマシーを原則とすべきである。安保理事会における審議は別として、本問題に関し、今更種々宣伝、啓発すべきこともなく、不用意な発言等は、たとえ政府筋のものでなくとも関係国に無用の猜疑心を抱かせ、事態を複雑にする惧れがあるから、わが方は勿論、他の国に対しても、この趣旨を了解せしめ、できる限り協調せしめるべきである。

さりとて、全くの秘密外交に終始するのではジャーナリズムも承知せず、却つて誤つた憶測記事を生んで、マイナスの影響をきたす惧れがあるから、スポークスマンを特定し、適宜啓発的発表を行うこととする。更に、在外公館にも右趣旨を周知徹底させておく必要がある。

5、本問題を処理するに当つては、わが方自身、本問題の解決がわが国のみならず全関係国の利益を推進し、国連を強化するものであることを確信し、わが方のできる限りのコントロールの下に、細部の点に至るまで、熟慮した措置を採るべきであるが、その際、特に留意すべきことは、本問題を周る従来の東西間の対立抗争の経緯に鑑み、問題解決のため真に建設的な方向に全関係国を誘導し、無用の競争ないし、暗闘を排除するよう努め、かつ、わが方のかかる熱意を全関係国に周知徹底させることが必要である。かかる建設的、協調的な行き方こそ、成功の要諦であると信ずる。(注)

注　(国連加盟問題と冷戦との関係)

(1)そもそも、国連のユニバーサリティーに対しては、殆ど全ての国が賛成していながら、しかも国連加盟問題が一九五〇年以来全般的に行詰りに陥つてきたのは、この間、東西両陣営間の冷戦が激化したからであつた。従つて、一九五四年のジュネーヴ会議の「雪解け」から翌一九五五年夏のジュネーヴ四巨頭会談の実現という具合に、東西間の国際緊張が大いに緩和されると、国連加盟問題も解決の気運が濃くなり、結局、同年末わが国と外蒙を除く十六カ国の大量加盟が実現した。即ち、この点では冷戦の部分的休戦が見られたわけである。更に、本年上半期において、スーダン、モロッコ及びチュニスの新興独立国が相ついで極めて容易に安保理事会の加盟勧告を得たのは、これら三国の加盟問題が冷戦の対象とならなかつたからである。

(2)現在の国連未加盟国のうち、南北鮮、南北ヴェトナム及び東西ドイツ(加盟申請も行つていない)については、それらの国が依然として冷戦の重要な対象となつていることから見て、余程特別な解決方法でも見出されない限り、これらの国の加盟問題の解決は極めて困難と思われるが、日本及び外蒙の加盟については、右諸国とも異り、昨年末以来の特殊事情を考慮しなければならない。即ち、この二国は、昨年第十総会に際し、国府が外蒙を拒否しなかつたならば、恐らく加盟していたに違いない。

しかるに、国府が外蒙を拒否したため、冷戦の部分的休戦が破れ、ソ連側が冷戦の戦術から、日本を巻添えにしたと見ることができる。従つて、日本及び外蒙の加盟問題が冷戦の対象とされる危険は現在でも存在する。

(3)ところで、ソ連側も、外蒙と日本の加盟問題を関連させてはいるが、その加盟が文字どおり「同時」でなければならぬと考えているものではない。このことは、今夏モスコーを往訪したハマショールド国連事務総長の内話からもうかがわれる。現にソ連側も、日本の加盟自体は支持すると言明している。この点から見れば、日本の加盟問題を外蒙の加盟問題と切離すことが全然不可能ではないと思われる。即ち、ソ連をして、冷戦の戦術を捨てさせる途があるように思われる。固よりわが国は例えば、オーストリアのごとき中立主義的な行き方をとろうとしているものではない。また、仮に日本がいわゆる中立的行き方をとると言明しても、加盟問題の実際の取扱いに当つて冷戦的戦術を採るならば、ソ連をして日本の加盟を本当に実現させることは出来ない。（オーストリアは昨年中立宣言を行つたが、それのみでは同国の加盟実現の見込は濃くならなかつた）。

(4)かく見てくれば、わが国加盟問題の解決のためには、問題の実際の処理に際し、冷戦的戦術をとることを避ける必要があることが分る。ところで、加盟問題の解決に当つて冷戦的戦術を避けるために何よりも大切なことは、安保理事会における本問題処理の適切なフォーミュラを考え出すことである。即ち、ソ連側の西欧側に対する猜疑心を払拭しうるとともに、西欧側も納得しうるごときフォーミュラを見出し、かつ、双方をしてその実施につき合意せしめうるならば、本問題の解決は不可能ではないと考えられる。

四、具体的方策

イ、安保理事会の方式（フォーミュラ）

1、安保理事会開催の要請はペルーに依頼する。
「日本の国連加盟問題」（注一）審議のための安保理事会開催の要請を行うべき国としては、わが方としては何国でも結構であるが、敢てわが方の希望を述べるならば、加盟あつせん委員会委員長であるべラウンデ氏が代表となつているペルーに、右を依頼することとしたい（ペルーは先般わが方に対し、第十一総会第一委員会議長にベラウンデ氏が立候補したので、わが国が加盟したならば同氏を支持方要請越し、わが方も支持を約した経緯があるので、右の役割を依頼する場合は喜んで受諾すると思われる。しかも、前記の如き個人的資格を理由とするのであるから、他の何人に対しても、また、何国に対しても、感情を害う如き惧れはない）。
2、安保理事会に提出されるべき日本加盟勧告決議案は、スーダン等の場合に倣《(做カ)》い次の如き簡単な表現とする。
「安保理事会は、日本の加盟申請を審査したのち、日本が国連に加盟することを承認するよう総会に勧告する」
3、前記決議案の提出方法に関する各種の案
Ⅰ、理事国全部の共同提案とする。（理事会には議長から上程する）。本案により、賛否の議論、従つて加盟方式に関する議論（単独か一括か）を一切棚上げし、（各国は祝辞を述べる程度で）、迅速簡単に処理することができる。

Ⅱ、右決議案に加え、ソ連側は外蒙加盟案を提出するが、外蒙加盟が拒決されても、ソ連は日本の加盟を拒否しないこととする（ソ連も共同提案国である以上、日本の加盟案には賛成するのが当然である）。

Ⅲ、右案が実施不可能な場合、例えば、ソ連側が国府と共同提案国となることを拒否した場合には、東西両陣営の双方から若干国づつ加わつた共同提案とし、理事会への上程はペルーから行うこととする。（その際は、国府とキューバを除くか、国府、キューバ、ベルギー、ユーゴを除くか、関係国の意向を打診して決める）。（但し、次Ⅳの如き

行き方が考えられる）

Ⅳ、最初は米、英、蒙《(豪カ)》、イラン等から共同提案で一案、ソ連（及びユーゴ）からも一案（内容は同じ）を夫々提出せしめ、理事会の審議に際して両案を一本に統合する（議長にそれを依頼することとする）。

（注二）

Ⅴ、ペルーの単独提案とする。

ペルーを提案国に選ぶのは、理事会の開催を要請すべき国として同国を選ぶのと同じ理由によるものである。

本案は、米、英、蒙《(豪カ)》、イラン、ペルー等の共同提案よりも、ソ連側の反撥を和げるための効果は大きいと考えられるが、それも程度の差に過ぎず、ソ連を納得せしめるためには別の手段を併せ考える必要があろう。

かかる手段の一つとしては、(1)「議題の範囲を逸脱する議論や、修正案の提出を行わないこと」、(2)「投票理由の説明は表決前にのみ行うこととし、表決後は直ちに閉会すること」等、無用の波瀾を回避するための「紳士協定」を締結しておく方法があろう。但し、本案は、単独方式であるから、ソ連が右「紳士協定」位で納得するか否かは依然として疑問である。

Ⅵ、ソ連の単独提案

論理及び形式の上でソ連側が最も妥協し易いと思われるのは、ソ連側から外蒙及び日本の同時加盟勧告案を提出し、先ず外蒙が否決されれば、外蒙に関する西欧側の「差別待遇」を非難攻撃した上、しかしながらソ連は日ソ関係が良好になることを念願するから、日本の加盟は実現せしめる、という如き説明を加えつつ、外蒙を除いた日本のみの加盟勧告案を通過せしめるという行き方であろう。

ソ連が右の行き方を採る可能性は、昨年末以来の数度の安保理事会におけるソ連代表の出方から見て、相当に大であると考えられる。ただ、かかる案を如何にしてソ連側から自発的に提出せしめるかの点は、相当の工夫を要する。

右に対し、凡そソ連の提案によりわが国が国連に加盟することは、西欧諸国との関係及び国内対策から、望ましくないとの意見があり、その点は種々の角度から慎重に考慮しなければならぬことは勿論であるが、若し先方が自発的に右の行き方をとらんとするのであれば、わが方として、これを拒絶し、従つて、今回の国連加盟の機会を自ら壊す必要はないと思われる。西欧側及び国内に対しては、過去四年に亘るわが方の加盟への努力及び各国の支持ないし国際与論の圧力によつて、本件についてソ連を遂にここまで追詰め、ソ連をしてかかる行き方により翻身せしめたのは外交の成功であるとして、説明し納得せしめうるものと考える。

(右に関連し、ソ連側から外蒙と日本との同時加盟勧告案が提出されるのをわが方が容認する位ならば、寧ろ日本のみの単独加盟勧告案が提出される方が、西欧側としては安保理事会において、対処し易いということも考慮しなければならぬ。

すなわち、いずれにせよ、ソ連側の提案で日本が加盟するにしても、後者の行き方が、少くとも単独方式である点において、西欧側の主張を容れるものであり、かつ、外蒙加盟の可否を周つて、国府等に多少とも不利な影響のある論議を回避しうるからである。但し、それだけに、ソ連側がこの行き方をとる可能性は少いと考えられる。)

ロ、安保理事会開催の日程

各国と協議の上決定するが、わが方は、できる限り、十一月十一日までに、かつ、遅くとも総会の一般討論の終了(十一月二十三日頃)以前に、理事会の本問題審議及び表決が終ることを希望する。

ハ、関係国との折衝方法

1、主要関係国に対する申入れ

他の国から安保理事会開催の申入れが来ないうちに、わが方のイニシアティヴにより「安保理事会における日本の国連加盟問題の処理方法」について、米、英、ソ、豪及びペルーに対し、次の趣旨を申入れるとともに、前記基本方針のうち、4及び5の点

（クワイエト・ディプロマシー及び建設的、協調的態度の必要）を十分に説明することとする。

「わが国は、国連第十一総会において、かつ、できる限りその初期に国連に加盟したいとの強い希望を有するところわが国の早期加盟を支持する国際与論は日日に昂まり、最近の国際情勢もわが国の早期加盟実現にとり望ましい方向に展開しつつあると見られるので、先ず安保理事会において本問題を適切に処理していただくため、主要関係理事国と予め協議を行いたい。」

2、その後の折衝方法

わが方が米、英、豪、ペルー及びソ連と主として東京及びニューヨークにおいて個別的に折衝することを原則とするが、状況によつては西欧側を一つのグループとして取扱い、その取まとめを豪に依頼することを考える。ソ連との折衝は、わが方が直接に行う以外に、ペルー（イランも考慮すべきであろう）をしてこれを行わしめ、特にわが方としてソ連側から提案すべきことを示唆又は慫慂し難い場合には、ハマショールド事務総長を煩わすことも一案であろう。折衝が進展するに従い、フランス、ベルギー、イラン、キューバ、ユーゴ及び国府をも夫々適当の段階において、わが方の行き方に同調するよう慫慂する。その際には、豪又はペルーに或程度の折衝は委せてもよいが、最終的な取まとめはわが方が行うべきである。

3、米、豪等から先に申出があつた場合

モスコー交渉が終り次第、米、豪等から安保理事会の開催要請ないし日本加盟勧告決議案提出のイニシアテイヴをとる用意がある旨を、わが方に申出る可能性があるが、その場合には、全権団が帰朝し、その後の本問題処理方針が確立する迄は、先方申出の厚意を謝しつつも、「検討中」を理由に、わが方から更めて要請するまで実際の措置をとることを差控えて貰う。その後、わが方がイニシアテイヴをとるとの方針が決定された場合には、その理由を説明し、わが方の行き方に同調して貰うこととする。

（注三）

注一＝加盟申請審議のための安保理事会においては、単に「国連加盟問題」が議題として採択されるのが従来の例であるが、わが国のみの単独加盟を審議することを強調する意味において、「日本の国連加盟問題」を議題に採択せしめておく方が、実際の審議に際し、わが方に有利な場合もありうる（議題の採択は手続事項）。

注二＝本案はⅠ又はⅡの変形であるがソ連側からも提案させる方法についてはⅥ案と同様工夫を要する（折衝方法の項参照）。

注三＝従来、わが国の加盟促進のため西欧側が熱心に努力して呉れたことを思えば、わが方は本問題の今後の処理も、西欧側のイニシアテイヴに委ねたいところであるが、ソ連側の強い猜疑心に鑑み、かつ、西欧側諸国の中にも、状況如何では本問題を敵本主義的に利用せんとする国もありうべきことに鑑み、今後の本問題処理のイニシアテイヴは、わが方がこれを堅く把握し、わが方のできる限りのコントロールの下に処理を進めることが極めて重要である。また、西欧側は、わが方がその申出を拒否しても、理由を十分に説明すれば、了承するであろう。まして、西欧側がそれによつてわが方に不利な態度を示す如きことは決してない。何故ならば、西欧側は、わが国の加盟実現がソ連の出方如何にかかつていることを良く知つており、従つて、わが方が、日ソ交渉の妥結という機会を最大限に活用することを期待しているからである。

470 昭和31年10月5日 在中国堀内大使より重光外務大臣宛（電報）

日ソ交渉の帰趨に警鐘を鳴らす中国紙の報道ぶり

台　北　10月5日後4時46分発
本　省　10月5日後6時34分着

第二八四号

四日付当地各紙は鳩山首相の訪ソ決定に付ての東京電を掲

載したが五日付中央日報は右を社説にとり上げ鳩山訪ソは就任当初からの公約を果さんとするものではあろうが日本のためには幾多の危惧を感ぜざるを得ないと前置きした後ソ連は対日交渉を利用して日本国内に分裂と混乱を惹起せしめ究極には日本を中立におき更にソ連の支配下におかんとの陰謀をもつていると論じ日本が日ソ交渉妥結により漁業、戦犯、国連加盟等の問題が一時に解決すると見るならば極めて甘い考え方で国連加盟に関してはソ連が中共と引掛けて来るのは必至であり、結局ソ連と他国との例より見るも日ソ国交回復は日本よりもソ連に有利であることは明らかである。従つて鳩山首相が国家の前途を考慮して交渉決裂の責に任ずることが賢明であると信ずると結んでいる。

〰〰〰〰〰〰〰〰〰〰

471　昭和31年10月20日　重光外務大臣より国際連合日本政府代表部加瀬大使宛（電報）

日ソ交渉においてブルガーニン首相が日本の加盟支持確約の旨内報

付　記　昭和三十一年十月十九日調印

「日本国とソヴィエト社会主義共和国連邦との共同宣言」

本　省　10月20日後2時45分発

第二〇五号（館長符号扱）

今次日ソ交渉において、わが国の国連加盟問題については、十七日鳩山全権及び河野全権がブルガーニン首相と会談した際、わが方より、ソ連は他国の加盟問題と関連せしめることなく日本の加盟を支持されるものと確信する旨述べたに対し、「ブ」は、ソ連は国交正常化の場合においては日本の加盟を支持すべきことをソ連首脳部全員を代表してここに確約する旨答えた趣である。本件特に貴使限りの御含みとせられたい。

加に転電ありたい。米に転電した。

（付　記）

日本国とソヴィエト社会主義共和国連邦との共同宣言

千九百五十六年十月十三日から十九日までモスクワで、日本国及びソヴィエト社会主義共和国連邦の全権団の間で交渉が行われた。

日本国側からは、

内閣総理大臣　鳩山一郎

農　林　大　臣　河野一郎

衆　議　院　議　員　松本俊一

が参加し、

ソヴィエト社会主義共和国連邦側からは、

ソヴィエト連邦大臣会議議長

エヌ・ア・ブルガーニン

ソヴィエト連邦最高会議幹部会員

エヌ・エス・フルシチョフ

ソヴィエト連邦大臣会議議長第一代理

ア・イ・ミコヤン

ソヴィエト連邦第一外務次官

ア・ア・グロムィコ

ソヴィエト連邦外務次官

エヌ・テ・フェドレンコ

が参加した。

相互理解と協力のふん囲気のうちに行われた交渉を通じて、日本国とソヴィエト社会主義共和国連邦との相互関係について隔意のない広範な意見の交換が行われた。日本国及びソヴィエト社会主義共和国連邦は、両国間の外交関係の回復が極東における平和及び安全の利益に合致する両国間の理解と協力との発展に役だつものであることについて完全に意見が一致した。

日本国及びソヴィエト社会主義共和国連邦の全権団の間で行われたこの交渉の結果、次の合意が成立した。

1　日本国とソヴィエト社会主義共和国連邦との間の戦争状態は、この宣言が効力を生ずる日に終了し、両国の間に平和及び友好善隣関係が回復される。

2　日本国とソヴィエト社会主義共和国連邦との間に外交及び領事関係が回復される。両国は、大使の資格を有する外交使節を遅滞なく交換するものとする。また、両国は、外交機関を通じて、両国内におけるそれぞれの領事館の開設の問題を処理するものとする。

3　日本国及びソヴィエト社会主義共和国連邦は、相互の関係において、国際連合憲章の諸原則、なかんずく同憲章第二条に掲げる次の原則を指針とすべきことを確認する。

(a)　その国際紛争を、平和的手段によつて、国際の平和及び安全並びに正義を危くしないように、解決すること。

(b)　その国際関係において、武力による威嚇又は武力の行使は、いかなる国の領土保全又は政治的独立に対するものも、また、国際連合の目的と両立しない他のいかなる方法によるものも慎むこと。

日本国及びソヴィエト社会主義共和国連邦は、それぞれ他方の国が国際連合憲章第五十一条に掲げる個別的又は集団的自衛の固有の権利を有することを確認する。

日本国及びソヴィエト社会主義共和国連邦は、経済的、政治的又は思想的のいかなる理由であるとを問わず、直接間接に一方の国が他方の国の国内事項に干渉しないことを、相互に、約束する。

4　ソヴィエト社会主義共和国連邦は、国際連合への加入に関する日本国の申請を支持するものとする。

5　ソヴィエト社会主義共和国連邦において有罪の判決を受けたすべての日本人は、この共同宣言の効力発生とともに釈放され、日本国へ送還されるものとする。

また、ソヴィエト社会主義共和国連邦は、日本国の要請に基いて、消息不明の日本人について引き続き調査を行うものとする。

6　ソヴィエト社会主義共和国連邦は、日本国に対し一切の賠償請求権を放棄する。

日本国及びソヴィエト社会主義共和国連邦は、千九百四十五年八月九日以来の戦争の結果として生じたそれぞれの国、その団体及び国民のそれぞれ他方の国、その団体及び国民に対するすべての請求権を、相互に、放棄する。

7　日本国及びソヴィエト社会主義共和国連邦は、その貿易、海運その他の通商の関係を安定したかつ友好的な基礎の上に置くために、条約又は協定を締結するための交渉をできる限りすみやかに開始することに同意する。

8　千九百五十六年五月十四日にモスクワで署名された北西太平洋の公海における漁業に関する日本国とソヴィエト社会主義共和国連邦との間の条約及び海上において遭難した人の救助のための協力に関する日本国とソヴィエト社会主義共和国連邦との間の協定は、この宣言の効力発生と同時に効力を生ずる。

日本国及びソヴィエト社会主義共和国連邦は、魚類その他の海洋生物資源の保存及び合理的利用に関して日本国及びソヴィエト社会主義共和国連邦が有する利害関係を考慮し、協力の精神をもつて、漁業資源の保存及び発展並びに公海における漁猟の規制及び制限のための措置を執るものとする。

9　日本国及びソヴィエト社会主義共和国連邦は、両国間に正常な外交関係が回復された後、平和条約の締結に関する交渉を継続することに同意する。

ソヴィエト社会主義共和国連邦は、日本国の要望にこたえかつ日本国の利益を考慮して、歯舞群島及び色丹島を日本国に引き渡すことに同意する。ただし、これらの諸島は、日本国とソヴィエト社会主義共和国連邦との間の平和条約が締結された後に現実に引き渡されるものとする。

10　この共同宣言は、批准されなければならない。この共同宣言は、批准書の交換の日に効力を生ずる。批准書の交換は、できる限りすみやかに東京で行われなければならない。

以上の証拠として、下名の全権委員は、この共同宣言に署名した。

千九百五十六年十月十九日にモスクワで、ひとしく正文である日本語及びロシア語により本書二通を作成した。

日本国政府の委任により

鳩山一郎

河野一郎

松本俊一

ソヴィエト社会主義共和国連邦最高会議幹部会の委任により

Н. Булганин

Д. Шепилов

472

昭和31年10月23日　重光外務大臣より　国際連合日本政府代表部加瀬大使宛（電報）

日ソ共同宣言調印後の国連加盟方策について

本　省　10月23日後6時35分発

第二〇七号(館長符号扱)

一、国連加盟問題の今後の処理方策は、全権団の帰国を待ち、ソ連側との本件話合いの内容を検討した上決定することとするも、全権団貴地立寄りの際は貴使においても慎重打合せおかれたい。

二、臨時国会開催は概ね十一月中旬(目下のところ十二日が一応予定せられおる模様)の予定にて、国連加盟問題審議のための安保理事会開催は、往電第二〇五号の次第もあり、日ソ共同宣言の国会承認直後とすることが適当と思われる。尤もソ連の好意的態度が明らかとならば、その前にても差支えない次第である。

三、差し当り、当方としては、ペルー代表が加盟斡旋委員会委員長なる点にも鑑み、理事会開催要請及び単独加盟勧告決議案の提出を同代表に依頼し、同代表と相談の上成るべく多数の理事国の共同提案国となるよう働きかけ、理事会においては無用の議論を排して迅速に可決するよう事前に工作したい意向である。

米に転電した。

473　昭和31年10月23日

在カナダ松平大使より
重光外務大臣宛(電報)

ソ連の動向等に関するカナダ外相の内話

オタワ　10月23日後9時49分発
本　省　10月24日後4時4分着

第二二九号

二十三日ピアソン外相と会談したる際の内話中何等御参考になるべきかと存ぜられる諸点左のとおり電報す。

一、日ソ会談成立については特にコメントなし。

二、自分は来る十一月九日より国連会議に出席のためニューヨークに赴く予定なるところ、(日本加盟のため格別の尽力を得たき旨申し述べたるところ)今次会議において日本加盟のため格別の努力を致すべきことをお約束す。(当方の質問に答え)外蒙をソ連が今回も持出すとの情報には接しおらず、もし万一持出すとしても外蒙と日本との Package deal は rule out し得る所存なり。右はカナダが昨年最初に持出したる際の Package deal の精神に反す。(当方の再度の質問に答え)在ソ・カナダ大使館よりは日ソ共同宣言、国連加盟条項についてのソ連側解釈につき何等報告なきも、自分としては仮令加盟支持条項に無条件支持を明記しおらずといえども当然 Veto を行うようなことはなきものと考えおれり。尤も右は希望的観測なるやも知れず、但し自分の全般的に得おる情報にてはソ連は今回は円滑に日本の加盟を実現するため努力するにあらずやと思わしむる節あることも事実なり。

三、デスタリニゼーションが東欧に与える影響はソ連政策転換に当り、最も注目すべき点なりとのピアソン外相の判断（本年三月二十九日付至急情報第二四七号）は果してポーランド事件を契機として正鵠を得おりたること事実により証明せられたる次第なるところ、（今後のソ連政府の動向につき何らか注意すべき新しき徴候ありやとの質問に対し）自分の有する在ソ大使館よりの情報によれば結局フルシチョフの指導的地位に重大なる影響あること予想せられ（この点は新聞報道にも現われおれり）、今後の注視を必要とす。（フルシチョフに代るべき者は何人なるべきやとの質問に対し）モロトフあたりが考えらるるも、彼は既に老年にて活潑なる指導的立場に就き得ざるべし。（マレンコフは如何なるやとの質問に対し）自分はそこまでは考えたることなきもあるいは然るやも知れず。

四、スエズ問題につきてはエジプト外相ファウジはニューヨークにてユーザース・アソシエーションに賛成したり。（パイロットにつきては如何との質問に対し）パイロットの問題は論議せられずして終れり。米大統領選挙戦後米国のスエズ問題に対する態度に相当の変化あることは予測せらる。（A highly potential contingency）

米に転送した。

474 昭和31年10月25日

重光外務大臣より
在米国谷大使、国際連合日本政府代表部加瀬大使、在英国西大使他宛（電報）

安保理上程の時期につき在京ニュージーランドおよび米国大使館員からの照会

本　省　10月25日後7時20分発

合第五〇三号

二十四日在京ニュージーランド公使は門脇次官を来訪し、日本は日ソ交渉妥結により国連加盟実現については心配な

し と考えおるや質問せるに対し、次官より、ソ連が日本の単独加盟を支持するものと期待しおるも、百パーセントの保証ある訳にも非ずと答えたところ、先方は更に、日ソ共同宣言の国会承認前に安保理事会に本件上程を考慮しおるやと問うたので、国会も国連総会と同じ来月十二日開催の予定につき、国会承認後に本件を理事会に上程するとなると大分先になる故、国会承認前に上程する可能性も考えられるが、これらのことは、全権団の帰国を俟つて協議決定することとなる旨回答した。

更に先方は、日本はソ連が本件を上程することを期待しおるや、又は昨年の如く他の自由諸国に右を期待しおるや訊ねたので、次官より、英米等自由諸国の支持を期待しおることに変りない旨答えたところ、先方は、関係国に対し事前に十分了解を遂げ、各国間行動の調整をはかりおくことが必要と思うと述べたので、いずれ本件につきわが方態度決定の上、連絡する故、協力願いたい旨附言した。

なお、同日、米国大使館員も当方担当官を来訪し、総会開会前に本件を安保理事会に上程する意向ありや訊ねたので、全権団の帰国後、わが方の態度を決定することとなる旨回答せしめた。御参考まで。

本電宛先、米、国連、英及びニュージーランド。

英より仏に、ニュージーランドより豪に、転電ありたい。

475　ハマーショルド事務総長による鳩山総理表敬の際の加盟関係談話の概要

昭和31年10月27日　国際連合日本政府代表部加瀬大使より重光外務大臣宛(電報)

ニューヨーク　10月27日後2時45分発
本　　　省　10月28日前7時18分着

第四三二号

二十六日ハマーショルド事務総長はホテルに鳩山総理を非公式に来訪、親しく敬意を表するところがあつたが、その際日本の速やかな国連加盟実現のため最大限の努力を致すべきにつき、この際何等か承わりおくべきことありや、出来れば総会第一日より日本を加盟国として迎えたいがその手続、特に時期等につきての御意向如何なるべきや、国連における手続は細心の注意を要すること御承知の通りであると述べたのに対し、首相(偶々河野農相同席)は従来の事務総長の好意を謝すると共に、今回モスコー交渉の結果、ソ連の支持は確実となつたので（事務総長は祝意を表した）日本は極めて近く加盟出来ると期待しているが、その際には重ねて御配慮願う。又手続については帰国して外相と協議の上、加瀬大使に指示する積りであると答えた上、本日原子力国際機関憲章調印式が滞りなく終了したことに対し祝意を述べ、ジュネーヴ委員会に日本が多数を以て当選したことについても裏面における事務総長の斡旋に負うところ少なからずと了解するが、これ又感謝に堪えぬ次第であると挨拶され、十分ばかりで頗る和やかな会見を終つた。外国首相は国連を訪問し、事務総長と会見するのが恒例となつており、今回のように総長の方から進んで来訪したことは全く異例に属するが右は総長のわが方に対する並々ならぬ好意の表示と称すべく、総理も喜んでおられたが新聞方面に対しては単なるカーテシーコールアとして説明してある。

476　昭和31年11月1日　重光外務大臣より国際連合日本政府代表部加瀬大使宛（電報）

ソ連次第では日ソ共同宣言批准前の加盟も検討すべく事務総長と協議方訓令

本　省　11月1日後6時40分発

第二三一号（館長符号扱）

往電第二〇七号及び貴電第四三二号に関し

一、政府としては、できる限り速かに加盟承認を得たいことは勿論なるがソ連の日本加盟支持は日ソ共同宣言発効後に期待し得るとの法理論より加盟促進の諸手続は共同宣言の発効後になすべしとも考えられるが、他方、共同宣言の批准は最早や必至であることに鑑みソ連の態度如何によつては発効以前にも加盟を実現しうる可能性もあるやに存ぜられ、若し可能とせば政府としては勿論それを希望する次第である。

二、ついては当方としては事務総長が、自らの発意に基くものとして、共同宣言批准に対する日本政府の誠意に信頼して批准前においてもソ連側が日本の国連加盟に協力的であるか否か（例えば安保理事会において棄権する）を打診し若し協力的なる事明かならば速かに手続を進めること然るべしと考へてゐるが、本案について貴使より事務総長に非公式に協議し、結果回電ありたい。

三、なお、加盟手続に関しては、冒頭往電三、のラインにて、適宜事務総長と協議されたい。

477　昭和31年11月5日　在中国堀内大使より重光外務大臣宛（電報）

日ソ復交による中国内での日本加盟反対論を払拭するため措置考慮方請訓

台　北　11月5日後9時3分発
本　省　11月5日後11時13分着

第三〇九号（極秘）

予ての打合せの結果、五日葉外交部長を訪問したところ、同部長は日本の国連加盟問題に対する中国側の内情をお話したく、これは友人間の腹蔵ない話として極秘に願いたいと前置きし、次の通り述べた。

中国政府はこれまで常に日本の加盟を支持し来り自分も屢々それを言明したことは御承知の通りであるが、先頃より立法院及び政府の一部に日本は近来益々中共に接近しつつあり日ソ国交愈々再開の上はソ連の工作に引き摺られてやがて中共とも国交再開の方向に進むこととなるべく、ことに日本が国連に加盟すれば必ずやアジア・アフリカ・グループの大勢に押されて中共を承認することとなるべきにより、この際断然日本の加盟に反対し少くともアブステンションを行うべきであると強硬に主張するものあり、これに対し自分は情勢判断としては自分も日本の傾向に決して満足しおらず、むしろ悲観に傾きおるも、中国政府は従来日本の加盟を一貫して支持しおり自分が外交部長の地位にある限りは信義上も今更この方針を変更し難いことを告げ極力反対論者の説得に努めおる実情である。一方韓国においても先般京城訪問中李承晩大統領は自分に対し日本の国連加盟に反対するよう勧め、当地の韓国大使からも五回程同様の申出をなしたるも自分はすべてそれに反対して来た（同大使はこれ等の問題は《ママ》打合せのため七日帰国の予定である）自分としては総統に対しても自分の信念を告げおる次第なるが前述の強い反対論と度々戦いおる苦衷を卒直にお話する次第なりと述べた。よつて本使より貴部長が日本の加盟支持の方針を堅持されることは多とせるところで、又種々困難な内情も察せられないではないが、自分の見るところでは仮令今後日本の政局に変動があつても日本の自由陣営に属する立場はその国防上並びに経済上容易に変り得ないところで中共貿易が幾分緩和されても中共承認まで進むとは考えられないことを告げたところ、葉部長はこの種のお話は自分の内政上の立場を強める所以であり、若し幸い日本側で国府側に対し二、三好意的ジェスチュアを示さるることを得ば自分の反対論者説得上大いに力となる次第である。たとえば中共要人の日本訪問を制限するとか(先般の原水爆禁止大会中共代表の如き際)台湾独立運動の抑制とか(この頃は会合出席者は日本人が多いとの情報あり総統は自分よりも重視している)も説得の材料となることであるが、更に日本の国連加盟も日本は国府の地位を支持する旨の内意を示されることでも出来れば日本の加盟を支持する自分としてもつとも有力な論拠を得ることとなる。これは決して日本支持の条件という意味ではなく一に自分の立場を補強せんがために御考慮願う次第であると語つたので、本使よりお話の趣旨は兎も角政府に伝える旨答えておいた。

我方としてはこれ等の希望に一々応じ兼ねることとは存ぜられるも、国連加盟の重要性に顧み、第三の点は考慮の要あるべく貴見御回示願う。なお部長は国際情勢緊張のため暫く渡米を延ばし二十日過出発の予定の由。

478 日本の加盟実現に向けた段取りにつき総会議長への確認および措置に関する請訓

昭和31年11月7日　国際連合日本政府代表部加瀬大使より重光外務大臣宛(電報)

ニューヨーク　11月7日後6時35分発
本　　省　11月8日前11時45分着

第五三三号(至急、極秘)

一、総会も数日後に迫つたので新加盟国の取扱等に付て六日タイ外相(議長に内定し居ること御承知の通り)と懇談したところ外相は未だ確定した訳ではないが㈠十二日にスーダン、モロッコ、チュニス三ケ国をインヴァイトして着席させることになろう。その際は自分だけが演説する筈である。㈡翌十三日には昨年総会に於て加盟した十六ケ国代表のためにセレモニイを行い、此の時は各代表に五分間づゝ演説をさせる。㈢たゞ最近のハンガリ政変と関連して、同国代表の取扱について機微なる考慮を要するので少しく弱つている。㈣又仏国は急にチユニス、モロツコに対し冷淡となつた様子なので、之等の問題と関連して前記のセレモニイを行うか否かを最終的に確定せねばならぬ、云々と述べた。（事務局ではスーダン以下三ケ国の加盟を十二日の総会で票決した上十三日右三ケ国に付てのみセレモニイを行う計画を立てている様子である。）

二、依て本使は我国の加盟は或は日ソ共同宣言批准交換後となるかと思うが若しそうなる場合には十二日には間に合わぬ訳であるから（外相は間に合わさせたいものであると言つた）その際は議長演説に於て我国の加盟に適宜言及ありたいと依頼すると共に従来は此の種の機会にはソ連が横車を押して妨害することを非難するのが常であつたが、今回は「共同宣言にも明記される通りソ連は日本の加盟を支持方確約しているのであるから極めて近々に日本をフル・メムバーとして迎えることを各位と共に確信する」と言う様な趣旨にして載きたいと申添えたところ外相は快諾した上、何れ改めて御相談しようと答えた。

三、タイ外相の構想に従つて十三日にセレモニイが行われる場合には新加盟国中の二、三の国には簡単に同様趣旨を述べさせることも考慮し得るやに存ずるところ、此の点前項と併せ折返し何分の御指示を願う。

四、なお本使の質問に対して外相は一般討論は十日間と予定し居り永くとも二週間で打切る積りであると答えたので、我国の加盟が日ソの批准交換後となる場合右が何日に行われるかは予言し兼るが若し加盟決定が一般討論終了後になる場合には日本の外務大臣が総会に於て演説を行う機会を作り得るかと尋ねたところ、外相は即座にその際は直ちに本会議を招集して日本を迎え度く併せて御演説を拝聴するよう自分に於て適宜措置しようと答えた。

五、事務局担当次長に当つてみたところ右は可能と考えるが、之が事前に洩れると一部代表から前例の有無等に付て不要の議論を招く惧れあるとのことであつたから本件極秘に願いたい。

米に転電した。

479　昭和31年11月8日　重光外務大臣より在中国堀内大使宛（電報）

日本の国民政府支持の立場等につき中国側に充分説明方回訓

本　省　11月8日後8時50分発

第二四二号

貴電第三〇九号に関し

わが国としては加盟問題の最終段階に当り、従来通りの中国側の支持を期待し居り、葉外交部長の内話は心外に存ずるところ中国内政上の問題も察せられ又葉部長の立場も理解出来るので冒頭往電中《ママ》にある貴使の説明を敷衍し、葉部長の提起せる三点については左の通り然るべく説明しおかれたい。

一、中共よりの日本訪問については現在既に之を制限し居り、貿易、学術、文化その他やむを得ざる必要あるもののみに限つてゐる。

二、台湾独立運動については国内法規の許す限り極力之の抑止方努力しおること屢次通報の通りにして、又一般民間人も殆ど関心を持たず真面目に之に関与してゐるものはない。

三、わが国加盟後も国府の地位はもとより支持することに変りなき意向である。

480　昭和31年11月9日　重光外務大臣より国際連合日本政府代表部加瀬大使宛（電報）

新加盟国に適宜日本の加盟に言及せしめるよう措置方回訓

本　省　11月9日後9時20分発

第二五一号

貴電第五三三号に関し

貴見の通り処置され差支えない。国連加入の問題は日ソ交渉とは関係なき建前なることは已に御承知の通りなるに付特に日ソ交渉又は共同宣言に言及せざること適当と思はれる。

481　昭和31年11月10日　在中国堀内大使より重光外務大臣宛（電報）

葉外交部長による国民政府支持言明への謝意と韓国からの日本拒否要請に関する内話

台　北　11月10日後10時23分発
本　省　11月11日前8時10分着

第三一三号（極秘）

往電第三〇九号に関し

十日葉外交部長を訪問し貴電第二四二号御回訓の趣旨を説明したるところ、部長は謝意を表明すると共に前回会談の際申上げた通り国府はあくまで日本を支持する方針であるが、今朝も立法院外交委員会において日本加盟問題が討議され、自分より日本は国連加盟後も国府の地位を支持することを希望する旨説明したるに、希望のみならず保証が必要なりと云うものありたる有様にて、日本政府より改めて言明を得たることによつて更に力強く立法院及び政府部内の反対者を説得し得べしと述べ、実は目下高雄滞在中の総統より日本の中共通商は承認を意味しないことと日本の国府支持を期待し得ることを明らかにし置くべき旨指示ありたる矢先故日本政府の保障（証カ）を一層多とする次第なりと語つた。部長は更に絶対極秘に願いたいと断わり前回申上げた通り日本の国連加盟をビトーされたいとの韓国申入れを自分が拒絶したため、同国外務長官は甚だ不満にて、その後韓国政府は日本加盟の拒否をアジア諸国にアピールする声明を出すにつき国府において賛成されたいと申越したるにより、今朝自分より電報をもつて㈠国府は従来日本の加盟を支持し来り、ソ連の反対を責めたる程で、今更この方針を変え難いこと㈡国府は韓国の加盟と同様日本の加盟も支持するものなること㈢斯る声明は何れの方面からも賛成を期待し得ざるべく、却つて日本のプレスティジを高める結果となるべしと婉曲に拒絶して置いたが、明日米大使にも内報して米側からも韓国を抑えさす積りなりと内話した。

482　昭和31年11月11日　在中国堀内大使より重光外務大臣宛（電報）

葉外交部長に対し日本の立場を明確化する文書手交につき請訓

別　電　昭和三十一年十一月十一日発在中国堀内大使

より重光外務大臣宛第三一五号

右文書

台北　11月11日前2時1分発

本省　11月11日前11時26分着

第三一四号（極秘）

往電第三一三号に関し

葉部長は本使の説明中㈠中共と通商を行うことは中共政府承認のインデケイションではないこと㈡日本政府は国連加盟後も中華民国政府の地位を支持する意向なることの二点を英文（漢訳付）にて私信に認めること出来まじきや、右は単に記録にファイルするのみで決して公表はしないと申出たので別電第三一五号の通り書き送り差支えなきや御回示願いたく、若し私信の形が不可ならば単にこの点を一つ書きにするに留めては如何かと存ず。

（別　電）

台北　11月11日前1時1分発

本省　11月11日前11時25分着

第三一五号

Dear Mr. Minister:

In compliance with your request I am writing to state that in the course of my talk with you yesterday I said that Japan's trade relations with Chinese Communists do not constitute an indication of her recognizing their regime and that even after her admission to the U. N., it is her intention to support as hitherto the status of the Republic of China.

Sincerely,

483　葉外交部長への文書送付につき許可方回訓

昭和31年11月12日　重光外務大臣より在中国堀内大使宛（電報）

本省　11月12日後8時45分発

第二四四号

貴電第三一四号に関し

貴電第三一五号の通り私信として書き送つて差支えない。但し、今後も中国側は国連加盟問題に引掛けて種々申越し来るものと存ぜられるも、なるべく深入りせざるやう適宜応酬しおかれたい。

484　昭和31年11月13日　在中国堀内大使より重光外務大臣宛（電報）

葉外交部長と日中相互に立場を保証する文書の交換につき報告

台　北　11月13日後7時21分発
本　省　11月13日後9時17分着

第三二〇号（極秘）

貴電第二四四号に関し

十三日葉外交部長を往訪し、往電第三一五号の趣旨の私信を送る用意あるも日本政府においては国府及び立法院内に日本加盟の支持に反対する者あることを意外としているから貴部長より保証の書き物を貰い得ば幸いなりと申入れたるに、部長は即座に英文の本日付の極秘私信を起草して手交した。右は中国政府は日本の国連加盟を引き続き支持し且つ投票すべしとの言明をコンファームし、必要と認められるならば、この保証を貴政府に伝達せられ差支えないという趣旨である。

本使よりは案文に一、二些細の修正を加えたる極秘英文私信（漢訳添付は止め）を明日付にて同部長に送る筈。彼我の書面写は郵送する。

485　昭和31年11月14日　在中国堀内大使より重光外務大臣宛（電報）

蔣介石総統および中国内の日本加盟反対派の説得に関する葉外交部長の内話

台　北　11月14日後1時41分発
本　省　11月14日後4時42分着

第三二一号（極秘）

往電第三二〇号会談の際、葉部長は内密の話なるが、実は蔣総統に日ソ復交後日本が中共接近により「二つの中国」という方向に進むであろうことを憂慮し、国民党幹部にそれを告げたため立法院に伝わり、二週間前秘密会において対日政策が討議され、日本の国連加盟に対する反対論も出た次第なるが、貴大使の私信は総統にだけ示して安心させたく、またこの際確言あつたことにより、右反対論者を説得し易くなつたと述べた。また中国代表権問題を今期国連総会にても棚上げすることについては総統は約？一月前米国に同調を確言したが、問題は英連邦内の他の国の態度であると内話した。

486　昭和31年11月14日　在中国堀内大使より重光外務大臣宛

葉外交部長と取り交わした文書写しの送付

台秘第一二二七号

昭和三十一年十一月十四日

在中華民国日本国大使館

特命全権大使　堀内　謙介〔印〕

外務大臣　重光　葵殿

葉外交部長との間にとりかわした書面写送付の件

十一月十三日発拙電に関し本使と葉外交部長の間にとりかわしたる書面写こゝに別添送付する。

（別　添）

Personal and confidential

November 13, 1956

Dear Mr. Ambassador:

I write to confirm what I said to you during our conversations on the 5th and 10th of November with regard to Japan's application for membership at the United Nations, that is, that my Government will continue to support and vote for Japan's admission to the United Nations.

You may convey the above assurance to your Government should you find it necessary to do so.

Yours sincerely

(Signed)

George K. C. Yeh

H. E. Mr. Kensuke Horinouchi

Ambassador

Embassy of Japan

Taipei, Taiwan.

Personal and confidential

November 14, 1956

Dear Mr. Minister:

In compliance with your request I am writing to state that in the course of my talk with you on November 10th I said that

Japan's trade relations with the Chinese Communists do not represent any intention on the part of the Japanese Government to recognize the Communist regime at Peiping and that even after her admission to the United Nations it is her intention to support as hitherto the status of the Republic of China in the United Nations.

Yours sincerely,
(Signed)
Kensuke Horinouchi

H. E. Minister George K. C. Yeh
Ministry of Foreign Affairs
Taipei, Taiwan.

487　昭和31年11月14日　国際連合日本政府代表部加瀬大使より重光外務大臣宛（電報）

総会演説において日本加盟への言及を差し控えた事情につき議長の弁明

ニューヨーク　11月14日後5時16分発
本　　省　11月15日前10時0分着

第五七五号

十四日タイ外相は本使に対し昨日新加盟国歓迎のセレモニーを行うに際し、予て貴大使と打合せしておいたる節に基き、自分は演説草案に日本の加盟に関し然るべく言及しておいたところ、演説を行う直前に事務局幹部（コルディエ次長と認められる）より予想に反して中共代表権問題が第一日本会議においてプットアサイドされなかつた関係もあり、且つ韓国側より何等か申出る形跡もありとの理由をもつて、右の言及を差控えるよう助言があつたので遂に割愛せざるを得なかつた次第である、又時間の関係上予め貴大使にお断りできなかつたことを遺憾とすると釈明するところがあつた。なお同外相は数日中に次席代表パンラチュン外務次官において一般演説を行うべく、その際同趣旨を織入れることと致したいと述べたので、本使は右を了承しておいた。念のため。

米に転電した。

488　昭和31年11月14日　国際連合日本政府代表部加瀬大使より重光外務大臣宛（電報）

日ソ復交と日本の加盟に関するソ連代表の談話

ニューヨーク　11月14日後9時12分発
本　　　　省　11月15日後8時25分着

第五八二号

十四日クズネッホフ・ソ連代表は本使に対し日ソ共同宣言が調印をみたことは同慶に堪えず。今後両国が善隣関係を増進することを大いに期待する。鳩山総理は稀にみる立派な民主主義的指導者と思う等と述べた上、日本国会の共同宣言承認の方は如何なる状況になるかと質ねたので、野党たる社会党も賛成の旨を公式に声明している次第でもあり、近々に承認の運びとなることと信ずると答えたところ、貴国の加盟が両国のベネフィットのために(to the benefit of our two countries)円滑に実現することを希望すると述べた。

格別の新事実にもあらざるも念のため。

489　昭和31年11月15日

在米国谷大使より
重光外務大臣宛(電報)

韓国による日本の加盟阻害の動きに関する米国務省員の内話

ワシントン　11月15日後8時30分発
本　　　省　11月16日前11時19分着

第二五四五号(館長符号扱)

十五日国務省係官は極秘含みにて、最近韓国は国府に対し、日本の国連加盟をヴイトーするよう示唆し、国府はこれを拒否したと内話した。館員より、右情報は確実なりやと質したるところ、先方これを肯定し、更に館員より目下韓国側よりも日韓関係調整の動きあり、右は李大統領の意向を反映せるものとの情報あるところ、韓国側の真意を如何に判断するやと打診したが、先方はコメントを避けた。

本情報は米国の韓国、国府に対する機微なる関係あり、厳に部内限りとせられるよう特別の御配慮ありたい。

国連に転電した。

490　昭和31年11月16日

国際連合日本政府代表部加瀬大使より
重光外務大臣宛(電報)

他国に影響されず速やかに単独加盟を実現するための措置方要請

ニューヨーク　11月16日後8時20分発
本　　　　省　11月17日前10時33分着

第五九一号(至急)

台北発貴大臣宛電報第三一四号に関し

一、国府の申出は兎も角として、韓国の態度は不愉快の念を禁じ得ざるものがあるが、実は韓国側は最近国連内外において加盟推進を口実にして種々策動しおる形跡あり、現にタイ外相も自分の演説の主たる対象は韓国との関係であつた(往電第五七五号)と説明している経緯あるところ、右の策動は或いは自国の加盟実現よりは日本の加盟妨害を主眼とするものなるやも知れず、然るに近く日ソ共同宣言批准交換の上は我国としては単独加盟方式により速かに安保理事会の勧告を獲得する必要あり、その際日本以外の第三国の加盟問題が提起せられることは徒らに局面を複雑にするのみにて面白からざるにつき、右ようのことなきよう当方において折角配慮している次第である。

二、御記憶の通り昨年末の安保理事会が加盟問題を審議した際国府は韓国及びヴイエトナムの加盟を提起した事実あり、右は外蒙との関係において当時の特殊の事態に促され執つた措置と認められるところ、来るべき理事会においては、我が方はスーダン、モロツコ、チユニス三国の場合の先例に従い、日本のみを対象として単独加盟を提案するのが得策であるから、今回の国府側の申出を機会に我が方のアシユアランスを与える際、国府が右理事会において再び韓国、ヴイエトナムの加盟問題を提起せざるよう国府当局に自制方を要望し置くこと然るべきやに存ぜられる。

右要望を申入れることにつき堀内大使において差支えなしと認められるにおいては右よう御措置方本省において御配慮願いたい。

米に転電した。

3　加盟の実現

491　昭和31年11月16日　国際連合日本政府代表部加瀬大使より重光外務大臣宛（電報）

日本の加盟に言及した多数友好国の演説について

別　電　昭和三十一年十一月十六日発国際連合日本政府代表部加瀬大使より重光外務大臣宛第五九八号

右各国演説抜粋

ニューヨーク　11月16日後7時10分発
本　　　省　11月17日前9時37分着

第五九七号

十六日より開始される一般討論を控え、多数の友好国代表よりわが国の加盟問題につき言及したき旨連絡越したので、本問題の状況を然るべく説明すると共に我方としてはこの際ソ連を刺戟する惧れあることは一切差控えたき旨を申入れておいたところ、同日の演説中本件に言及したものは別電第五九八号の通りである。

念のため。

（別　電）

ニューヨーク　11月16日後9時12分発
本　　　省　11月17日後1時33分着

第五九八号

Brazil:

Japan has to play an increasingly important role in world affairs. To this end it is urgent that Japan be admitted into the United Nations and that the factors which have so long impeded that action cease forthwith.

Iraq:

In the meantime, we are glad to know that great Nations, Japan, will soon find its way to this organization by the Soviet consent to withdraw its veto.

United States:

There are other Nations however, particularly in the Far East, who are qualified and should be here. Japan has been excluded by the vote of a single state. We hope that speedy action may now be taken to pave the way to Japan's entry at the earliest possible moment.

Dominican Republic:

In congratulating the United Nations at this moment when we have arrived closer to universality, we hope that some other countries will soon have membership, including Japan which is so deserving and willing to cooperate in the work of the United Nations.

492 昭和31年11月16日 在米国谷大使より重光外務大臣宛(電報)

日本の早期加盟実現を期待するフーバー米国務長官代理の国連総会演説

ワシントン 11月16日後8時30分発
本　　省 11月17日前10時53分着

第二五六四号

フーバー米国務長官代理が十六日国連総会で行つた演説中我国の国連加盟に言及せる箇所次のとおり。

The United Nations faces the challenge of these tasks with growing strength and vigor. The recent admission of 19 new members has given our Organization new vitality and scope. I particularly welcome the representatives of Morocco, Tunisia and the Sudan who have most recently joined us here.

There are other nations, however, particularly in the Far East, who are qualified and should be here. Japan has been excluded by the vote of a single state. We hope that speedy action may now be taken to pave the way for Japan's entry at the earliest possible moment. The Republics of Korea and of Vietnam are also fully deserving of admission and should be brought in without further delay.

国務省発表空送。

493 昭和31年11月17日 在米国谷大使より重光外務大臣宛(電報)

日本の加盟が他国の加盟問題の影響を受けないよう国務省員への注意喚起

ワシントン　11月17日後9時0分発
本　　　省　11月18日後2時28分着

第二五七七号（極秘）

往電第二五六四号に関し

往電第二五七六号本使マーフイ会見の際本使より十六日フーバー国務長官代理の国連における演説において日本の速やかな加盟実現につき強力な言明を行われたことは感謝にたえないが右演説は韓国及びヴエトナムの加盟問題にも言及しおり日本は勿論両国の加盟に何等異存ある次第には非ざるも両国は所謂 divided country である関係上昨年の加入問題審議の際も西独と共に除外された経緯あり日本の加盟問題討議に際し両国が取り上げられる如き場合には必ず外蒙が引合に出されるにいたるべく事態混乱に導く惧れなしとせず、これらの点は米国として十分御承知の事と存ずるも特にこの際両国に言及せられたのは外部よりの申出にてもありたる次第なりやと問うた所「マ」は別に依頼のあつたわけではないが、今次総会において両国が加盟する chance はなく「フ」の演説に言及したのは a gesture to show they are not forgotten nor neglected のためであり、両国のセンシビリテイーに鑑み morale factor とも云うべき措置である。米国は一貫して package deal には反対で日本は on its own merits に基き当然加盟実現を見るべきものであり米国は右原則に基きあらゆる努力を行う方針であると語つた。

国連に転電した。

494　昭和31年11月24日　在中国堀内大使より重光外務大臣宛（電報）

日本支持をめぐる報道への対応や韓国加盟支持に関する葉外交部長の談話

台　北　11月24日後8時27分発
本　省　11月24日後11時15分着

第三三八号（極秘）

二十四日求めにより葉外交部長に会見したところ

一、二十二日付毎日新聞が国府は日本の国連加入支持を条件として中共の加入阻止を求めたとの報道を掲げた旨の中央社通信を示し、右は恐らく日本側から漏れた消息に基づくものと思われるが、あるいは二十七日の立法院外交委員会において質問するものあるやも知れず、その場合には自分は私信の往復には全然触れず単に日本の国連加盟支持は国府の既定の方針なること、又国連内の地位については日本政府が従来どおり支持することを期待し得べき理由あることを述べるに留める考えなるにつき、日本国会において若し問題となつた場合には、日本政府当局からも右と同趣旨をもつて応答せらるるよういたしたしと述べたるにつき、本使は本件が日本の新聞によつて報道されたことは遺憾なるもその措置については貴部長の意見に全く同感なりと答えておいた。ついては貴大臣におかれても右よう御配慮ありたく、なお念のため新聞に漏れた事情は内報請う。

二、右会談の機会に本使の問いに対し同部長よりその後韓国政府からは日本加盟反対の宣言案について何んら重ねて申出なきも、国府はすでに三年前韓国の国連加盟を支持すべき旨の約束を与えおり、理事会において提案ありたる場合には国府としては韓国を支持すべき義務ある次第なりと語りたるにつき、本使より国府は韓国の加盟提案方を要求されおるやと反問したところ、今までのところかかる要求に接しおらざるも、若し要求あれば拒絶し得ない訳である。しかし仮令斯る提案をなしてもソ連の反対により成立しないことは明らかであると答えた。なおヴィエトナムについては国府として現在問題となしおらずと語つた。

三、この機会に本使より国府は従来から一括加盟には原則上反対なるよう自分は承知しおるが、日本は単独加入を強く要請しおり、一括加盟案によつて紛糾を見ることは欲しない次第である。国府としても日本の単独加入を支持されることを期待しおる旨を告げたところ、部長は勿論その点はよく了承しおり、仮令将来国府側から韓国加盟案を提出する場合でも日本と組合せるようなことはしない旨確言した。

国連に転電ありたい。

495　昭和31年11月24日　在中国堀内大使より重光外務大臣宛（電報）

中国は韓国に対し慎重な態度が必要との葉外

交部長の内話

台　北　11月24日後8時26分発
本　省　11月24日後11時15分着

第三三九号

往電第三三八号会談の際、葉部長は先般の日本国連加盟反対の韓国宣言案に同部長が反対の回答をなして後、韓国政府より暫く消息なく、なんとなく鳴りを静めおる感じあり。駐韓米国大使もここ暫く同国政府との接触なき趣にて当地米国大使よりも三回程国府側に何等か情報なきや問合せありたる次第ありとて、この際李承晩が何か軍事行動でも策しおるのでないかとその動きに関し心配しおる様子に見えた。本使も日本新聞によると十七日在京城日本人特派員三名が韓国政府より退去を命ぜられた趣であり、この際韓国の動向については深く注意を要すべき旨述べておいた。なお葉部長は国府としては政治上および通商上韓国との関係を重視すべき立場にあることは前前回会談の際（往信第一二二六号）申上げたとおりなるが、立法院内には強き韓国支持者のグループあり、韓国大使もつねにこれらと密接な関係を保ちおり、このグループは自分に対し韓国を重視することを不充分にして却つて日本との関係に重きをおきすぎると非難しおる事情もあり、何れにしても韓国政府に対しては慎重な態度をもつて臨む必要があるわけであると内話した。

496　昭和31年11月28日　重光外務大臣より国際連合日本政府代表部加瀬大使、在米国谷大使宛（電報）

加盟に向けた段取りにつき在京米国代理大使への説明

本　省　11月28日後7時20分発

合第五八八号

廿八日在京米代理大使本大臣来訪の際、日本国連加盟について質問せるにつき、左の通り答へて置いた。

一、日本側衆議院は、二十七日日ソ共同宣言通過、参議院は、遅くとも五日には通過、その後直ちに批准交換を行う手筈にて（遅くとも十日）ソ連側の都合問合せ中。

二、国連加盟はソ連側に異議なければ、批准交換前にても手続き（理事会開催等）を進め度き意向なり。

三、加盟の手続き、即ち、理事会又は総会の開催日、スポンサー等のことは、ニユー・ヨークにて事務総長及び米代表等と打合せ決定するよう訓令済。但し、ソ連をスポンサーとすることは好まず。

497　昭和31年12月1日　国際連合日本政府代表部加瀬大使より重光外務大臣宛（電報）

加盟に向けた事務局との調整状況報告と安保理開催日程につき請訓

ニユーヨーク　12月1日後3時16分発
本　　　省　12月2日前9時37分着

第六八〇号（館長符号扱）

一、加盟手続きについては、事務総長の命により、事務当局において種々検討中のところ、理事会招集に際しては、議長（ペルー代表）に対し、更めて本使より簡単なる書簡を発出する必要ありとの結論に達し、書簡案は法制担当次長が起草に当ることになつている。

二、然るところ、三十日事務局首脳は本使に対し、もしソ連が先手を打つて理事会を招集するがごとき場合は、折角貴方が綿密に準備を進められても、計画が齟齬する惧れなしとせざるべく、これを予防する一助としても右書簡は早目に発出され置くこと然るべしとの趣旨を示唆した（右書簡は議長より全理事国に回付するが理事会招集の日取りは更めて議長と当方が協議して決定することになる。）ついては本件に関しては更に米国代表等とも打合わすべきも発出の時期については、大体当方にお任せ頂きたし。

三、なお本件理事会を裁判官選挙に先行させることについては、総会議長（タイ外相）、法制担当次長等に極秘斡旋を依頼してあるが、同次長は前記書簡を早目に発出しおけば、両者が競合するような場合には、日本側に都合よきよう取計らう余地あるべしと内話している次第がある（一両日前、?英代表は加盟を目前に控える現在、裁判官選挙を廻り、貴方が米国と露骨に対抗することは如何なるものなりやと述べていた。）

四、批准交換は十日に間に合う模様（モスコー発貴大臣宛電報第一六号）なるにも鑑み、安保理事会招集は一応十二日（水）と予定し準備を取進め差支えなきや、前項二、と共に念のため折返し御回示を仰ぐ。

五、提案国については、来週早々総長その他と最終的打合わせを行いその上にて電報致す所存なり。

498 昭和31年12月4日　重光外務大臣より　国際連合日本政府代表部加瀬大使宛（電報）

安保理開催日程につき回訓

本省　12月4日前11時45分発

第三〇四号（館長符号扱、至急）

貴電第六八〇号に関し

議長宛書翰に付ては貴見の通り御取計ありたく、理事会の招集は一応十二日と予定され差支なし。尚本件参議院の審議は順調に進み居るもスト規正《(制カ)》法とのカラミ合はせの為め通過は予定より若干遅れる虞あり念のため。

499 昭和31年12月7日　重光外務大臣より　在イラン山田（久就）大使、在ペルー寺岡公使宛（電報）

安保理で日本加盟に関する決議案提出予定の両国に謝意伝達方訓令

本省　12月7日後5時30分発

合第六一二号（至急）

わが国の国連単独加盟実現のため現地において加瀬大使は事務総長その他関係国代表と協議の結果、アジア・アフリカ諸国代表としてのイランに安保理事会開催要請方（十二日開催の予定）、日本加盟決議案の提案を加盟国斡旋委員会委員長（Chairman, Committee of Good Offices on Admission of New Members）たるペルー代表に夫々依頼することとなった趣なるについては責任国政府に対しわが国の加盟に対する従来の好意に対し謝意を表し置かれたい。

国連に転電した。

本電宛先　イラン、ペルー

500 昭和31年12月7日　国際連合日本政府代表部加瀬大使より　重光外務大臣宛（電報）

総会本会議における日本加盟への言及状況

ニューヨーク　12月7日前11時13分発
本　　　省　12月8日前8時41分着

第七一五号

往電第七〇三号に関し

六日の総会本会議は英国及びインドが一般討論を行い、午後二時終了、一般討論はこれをもつて打切られたが、英印両代表とも次のとおり我国の加盟問題に言及した。

英国

By admission of 19 members in course of past year organization has become more representative of world as it exists. We hope that process will be continued by remedying in course of present session deplorable exclusion of Japan from our members.

印度

But there are two omissions of which we are very conscious: one is that great country of Japan which but for its brief episode of aggression during last war is a country which has right to claim to make great contribution to human civilization. In any case establishment of Far East here, representation of Asia, would not be completed without Japan joining our ranks. Practically all other what I call ex-enemy countries are now members of UN. Charter of UN and even proclamation of 1942 contemplated their joining us. Therefore we hope it will not be long before Japan takes its place side by side with us.

501　昭和31年12月7日　国際連合日本政府代表部加瀬大使より重光外務大臣宛（電報）

ソ連によるモンゴル加盟勧告決議案の提出につき一報

別電　昭和三十一年十二月七日発国際連合日本政府代表部加瀬大使より重光外務大臣宛第七二二号

右加盟勧告決議案

ニューヨーク　12月7日後9時29分発
本　　　省　12月8日後2時16分着

第七二一号（大至急、極秘）

一、七日午後四時半ソ連代表は担当事務次長の手もとに別電第七二二号案と共に外蒙加盟勧告決議案（ペルー決議案と同趣旨。）を送付し右を理事会文書として廻付すると共に理事会の次の会合（next meeting）に提出方を要請した趣、只今事務局首脳より極秘内報に接した、とりあえず（午後五時）。

二、右文書は、我方文書と共に明八日廻付される。二《（十二カ）》日理事会の議題は Admission of new members の Sub-division として㈠ Admission of Japan ㈡ Admission of Outer Mongolia となるが、日本加盟の議題が優先することは確定されている。

（別　電）

ニューヨーク　12月7日後5時34分発
本　省　12月8日前9時16分着

第七二二号（大至急）

I enclose herewith a draft resolution of the USSR Delegation relating to the application of the Mongolian People's Republic for admission to membership in the United Nations.

I request you to circulate this draft resolution as a Security Council document and place it before the next meeting of the Council on the question of the admission of new members to the United Nations.

I have the honour, etc.

502　昭和31年12月8日　重光外務大臣より 在英国西大使、在仏国西村大使、在ベルギー武内大使他宛（電報）

各任国に対し安保理における支持要請方訓令

本　省　12月8日後11時0分発

合第六一三号

わが国の国連加盟問題に付ては、国連事務当局等とも協議の結果

一、安保理事会においてA・Aグループを代表するイランが本月十二日安保理事会の開催を要請する。

二、加盟斡旋委員会委員長であり十二月の理事会議長であるペルーが理事会に対しわが国の単独加盟勧告決議案を提出する。

こととすべく、目下手筈を進めているのでこの旨貴任国政府に通報の上決議案上程の際の支持方依頼し置かれ度い。

編　注　本電宛先は、英国、仏国、ベルギー、中国、キューバの各在外公館長。

503　昭和31年12月8日　国際連合日本政府代表部加瀬大使より重光外務大臣宛（電報）

日本の加盟に関する安保理開催の決定

別　電　昭和三十一年十二月八日発国際連合日本政府代表部加瀬大使より重光外務大臣宛第七三〇号

右安保理議題

ニューヨーク　12月8日後4時58分発
本　　省　12月9日前7時48分着

第七二九号（大至急）

わが国の加盟に関する安保理事会は十二日午前十一時（ニューヨーク時間）開催されることとなり、別電の如き七日付文書 *S/Agenda/756* が八日配布された。

なお別電の *S/3752* は事務総長あて本使書簡、三七五三はルキカイ議長あてイラン代表書簡、三七五五はソ連代表書簡の番号である。

（別　電）

ニューヨーク　12月8日後4時59分発
本　　省　12月9日前8時4分着

第七三〇号（大至急）

Provisional Agenda for 756th Meeting on Security Council to be held in Security Council Chamber of HQ, NY, on Wednesday 12 December 1956 at 11 a.m.

1. Adoption of the Agenda
2. Admission of New Members:
   (a) Application of Japan for Admission to Membership in the U.N. (S/3752 and S/3753)
   (b) Letter dated 7 December 1956 from the Representative of the USSR addressed to the President of the Security Council relating to the application of the Mongolian People's Republic for admission to membership in the U.N. (S/3755)

504　昭和31年12月10日　在英国西大使より重光外務大臣宛（電報）

英国による支持快諾の報告

ロンドン　12月10日後8時25分発
本　　省　12月11日前7時35分着

第七八六号

貴電合第六一三号に関し

一〇日レデイング国務相に対し御訓令執行したるに「レ」は英国政府及びデイクソン代表の態度は御承知の通りなりとて同代表とも連絡し支持方快諾し、なお、ソ連は外蒙につき決議案を提出せる趣なるも、今回は日本の加入と関連せしめざる意向と承知する旨述べたので、万一問題発生の場合には日本の単独加入に支障なき様配慮を依頼しおけり。

国連へ転電した。

〰〰〰〰〰〰〰〰〰〰〰〰

505　昭和31年12月11日　国際連合日本政府代表部加瀬大使より重光外務大臣宛（電報）

日本の加盟決議案は地域別主要国の共同提案とする方針につき報告

ニューヨーク　12月11日後0時43分発
本　　省　12月12日前7時26分着

第七四六号

総会本会議に提出さるべき日本加盟承認決議案については事務局及び各国代表部等と連絡の上内々に準備を進めているが、差当り各地域別に若干の主要国を選択しこれらの共同提案と致したきにつき御了承おき請う。

〰〰〰〰〰〰〰〰〰〰〰〰

506　昭和31年12月11日　国際連合日本政府代表部加瀬大使より重光外務大臣宛（電報）

安保理での対処方針に関する関係国との打ち合わせ内容につき報告

ニューヨーク　12月11日後6時6分発
本　　省　12月12日後0時3分着

第七五〇号（極秘）

十一日ペルー、イラン、米国、英国、オーストラリア各国首席代表及び担当事務次長は本使と共に極秘裡に会合（米国はロッジ・ワズオース両大使以下幹部全員出席）して明朝の安保理事会に対する打合を行ったが、その結果議題

（a及びbとも）を採択した上

㈠ペルー決議案を遅滞なく表決し

㈡しかる後ソ連決議案に移る方針をもつて

㈢発言はペルー（提案国として）イランの順序とすることにした。

本使は基本方針として

a) Proceed forth with to the vote on the Peruvian Resolution : avoid delay of the vote through debate on extraneous matters.

b) Make the session simple, short and smooth : avoid acrimonious debate as far as possible.

の二点を強調し、全員了承、特にオーストラリア及び英国代表は進んでこれに賛意を表したが、米国（ロッジ）代表はAcrimonious debate を始めるのは常にソ連代表であると述べた。本使としては理事会を、出来得る限り円満に終了せしめたいので念を押した次第であるが米国代表はワン・ミーティング、ワン・カントリーの原則を貫くためソ連要求?については休会を要求するかも知れない。なお一同はソ連がペルー提案に対する修正案を提出する可能性は少いとの意見に一致したが、若しその様な場合には議長（ペルー）がPule《(Rule ホ)》 out することに打合せた。御参考まで。

米へ転電した。

507　昭和31年12月12日　国際連合日本政府代表部加瀬大使より重光外務大臣宛（電報）

安保理において日本加盟決議案採択の一報

ニューヨーク　12月12日後0時15分発
本　　省　12月13日前2時25分着

第七六三号（大至急）

安保理事会は十二日午後零時十分ペルー決議案を全会一致で採択した。

米に転電した。

508　昭和31年12月12日　国際連合日本政府代表部加瀬大使より重光外務大臣宛（電報）

日本加盟決議案に関する安保理での審議状況

別　電　昭和三十一年十二月十二日発国際連合日本政府代表部加瀬大使より重光外務大臣宛第七六七号

右審議における各国の発言内容

ニューヨーク　12月12日後0時40分発
本　　省　12月13日前3時33分着

第七六四号（大至急）

一、十二日午前十一時五分安保理事会開会され、議長（ベラウンデペルー代表）は先月の議長エンテザム・イラン代表に讃辞を呈した後議事に入り、往電第七六三号の通り議題を採択しペルー代表として日本加盟勧告決議案提案理由を説明し、次いでイラン代表がアジア・アフリカ諸国代表として本日の会議開催を要請した所以並びにペルー決議案が満場一致採択されるようにとの要望を述べ次にロッジ米国代表より米国が従来日本の加盟実現の為尽力し来つたところを述べつつ、本件決議案の満場一致採択を要望、ウオーカー・オーストラリア代表も日本国民及び政府の国連に対する深い関心に言及して前記各代表同様の趣旨を述べ蒋中国代表も日華両国民の親近関係にふれ加盟後の日本が名誉ある役割を果すことを要望しつつ、本案支持の意向を表明しポルチユオンド・キユーバ代表も本案を支持する旨を明らかにし、ランゲンホーフ・ベルギー代表、デクソン・英国代表も同様発言し、ユーゴ代表は中国代表権問題に若干ふれつつも本件提案支持の旨及び全理事国が之を支持すべき旨を述べ、次にソボレフ・ソ連代表は昨年末の経緯を説明しつつペルー案支持の旨を明言し併せて他の理事国が外蒙加盟案を支持するよう要望し、フランス代表も新日本を賞讃しつつ、本案支持の意向を述べた。右発言内容特に全文別電する。

二、十二時九分表決に入り、同十二分満場一致可決され、次に外蒙の審議に入つた。

米に転電した。

（別　電）

ニューヨーク　12月12日後5時51分発
本　　省　12月13日前10時51分着

第七六七号（大至急）

往電第七六四号別電

Australia:

I was very glad when I learned that you, Mr. President, would be proposing the resolution recommending the admission of Japan, a resolution which expresses the desires of all members of the council, and certainly those of Australia. You will recall when I took my seat in the Council last General Assembly directly from the Australian Embassy in Japan, I mentioned that I have had many opportunities to learn how deep is the interest of the Japanese people and government in the work of the United Nations. To my expression of gratification of the Australian Government, I wish to add my personal satisfaction and also my congratulations to my old friend, Ambassador Kase, whose tireless efforts on the part of his country have gained our admiration. It is true that the admission of Japan is an essential step in the interests of the United Nations, because we believe that Japan has an extremely important role to play in the United Nations as a leading industrial power in Asia. Her admission will undoubtedly make the voice of Asia more effective in our councils. Japan is a country with a long and respected tradition of civilization and an economic experience of the problems arising from the modernization of its industry and, as such, holds a unique position in the world. We look forward to a fruitful cooperation with Japan as a full member of this organization. I trust the proposal will be unanimously adopted by our members. In the case of three other countries recently admitted, namely the Sudan, Morocco and Tunisia, it was possible to waive referring their applications to a special committee. I sincerely hope that a similar procedure will be adopted in the case of Japan so that we can welcome her among us as soon as possible.

It fell to my delegation when, as Chairman of the Good Offices Committee, we then enthusiastically and fervently advocated all efforts to have accepted for membership all those countries that had applied. Out《(Our ヵ)》 efforts were also directed to the admission of Japan. The merits of that country are well known to all and I do not think that I have to repeat the reasons for which, at that time, Japan was singled out and not admitted. The circumstances have now changed and we are fortunate that now Peru can present this draft resolution. We consider it an honor to sponsor this applications, because we are convinced that Japan will become a distinguished and most useful factor in the work and life of our organization. There has always existed a close relationship between Peru and Japan and numerous Japanese settlers live in Peru contributing greatly to Peruvian development, abiding by the laws of Peru and respecting Peruvian tradition. We all know the great role Japan has played in the development of Asia and its contribution through its centuries-old culture. We must also add its astonishing ability in the methodology of modern techniques which has established an additional link between the culture of the west and Asia. To this we must add the proof given by Japan lately of its adherence to democratic institutions and the sincere, efficient and frank way in which Japan has followed those traditions. We are convinced that Japan will do everything in its power strictly to abide by its obligations under the Charter.

In these moments, when the organization is going through very serious tests, it is very encouraging to know that if Japan becomes a member, we will count on its influence in the Asian continent to support the ideals of peace and international justice for which the United Nations stands.

Iran:

First of all, I must thank the distinguished members of the Council who were good enough to accede to the request of my delegation to meet today to consider the question of the admission of Japan. A year ago, the Security Council undertook to discuss the admission of 18 new members who had the necessary qualifications to be received in the United Nations. I do not propose to go into the history of that discussion because I do not wish to say anything today to disturb the atmosphere of agreement which prevails. I would, however, recall two facts: the first is that when the recommendation of the Council for the admission of Japan was not passed in view of the fact that the permanent members of the Council did not agree, I, as a member of an Asian country, had to express the regrets of my government to see an Asian power debarred from the United Nations—a power which had all the necessary qualifications. Secondly, when the distinguished representative of the Soviet Union expressed the view that Japan could be received next year—that is, during the eleventh regular session of the General Assembly—and when the United States submitted a resolution to that effect, I had an opportunity to note and stress that thereafter all members of the Security Council would be morally committed to support Japan when the application again came up next year, that is, this year. I am very glad to note that the Soviet Union will stand by its promise and we will be able to redress the injustice done to Japan at that time. Iran's membership in the Security Council comes to an end this month. It is a great privilege, in this last month of our membership of the Security Council, for my country to be able to support warmly the draft resolution which has just been introduced by Peru and to vote in favour of the resolution. Mr. President, no one was better qualified than you to take this initiative in view of your untiring efforts as Chairman of the Good Offices Committee which attempted to solve the thorny problem of the admission of all new members and your efforts to thus advance the cause of the United Nations are most praise-worthy indeed. I would like to extend my most sincere congratulations to you, Mr. President, and to express the hope that your resolution will be adopted, as in the case of the 16 new members, with the same unanimity, and that the General Assembly will also approve the admission of that great country, Japan, into the United Nations.

United States:

The United States has a high regard for the influence, the culture and the great contribution to civilization of the great Japanese nation. We have long been aware of the contribution to the strengthening of international peace and security, and to the other purposes of the Charter, which Japan aould《(would カ)》 make as a member of the United Nations. We are sure that the voice of Japan will be a significant addition to the growing participation and responsibility of Asian and of other countries in the United Nations. We also have a great regard and liking for her distinguished representative here, Ambassador Kase.

For all these reasons we have looked forward with keen anticipation—and, I might say, impatience—to a meeting of the Security Council at which the application of Japan to become a member of the United Nations would at last receive the unanimous endorsement which it deserves. On four occasions since 1952 the United States, together with the great majority of the Security Council, has voted for and sponsored Japan's membership in the United Nations, and has tried to be of every possible service to the Japanese Government in assisting it to obtain its rightful place. The grave injustice that has excluded Japan from the United Nations has long needed correction and we have tried to leave no stone unturned.

Mr. President, I hope and trust that this meeting this morning is the meeting which we have so long awaited and which will mark Japan's entrance. The question before the Council is the application of Japan for membership in the United Nations. It is a question which, if I am not mistaken, every member of the Security Council has now taken an affirmative stand. Our duty is therefore simple enough.

Since this question has been waiting for more than four years, I trust that now we can act upon it immediately, and that the General Assembly can ratify the action of the Security Council in the immediate future and welcome Japan as the 80th member of the United Nations.

China:

The Government and People of China ardently hope that Japan will be admitted into the United Nations. It will, therefore, be a pleasure to vote for the resolution which you, Mr. President, have put before the Council. Japan has all the qualifications for membership in the United Nations. In the long years in which Japan has had to wait for admission, not a single member ever questioned the qualifications of Japan. We once sponsored the application of Japan and the delegation of China has always voted for the admission of Japan. We are convinced that once admitted, Japan is profoundly devoted to peace and democracy. I have no doubt that Japan will make significant contributions to the advancement of peace and welfare of the peoples of the world. We are particularly happy to support Japan's application because the people of China and Japan are kindred peoples. In voting for Japan's admission, I am but expressing the affection of the Chinese people for the people of Japan.

Cuba:

I have the happy task of making known the fact that Cuba will vote in favour of the admission of Japan. We feel that Japan fulfills all the provisions of Article 4 of the Charter. Japan is a peace-loving state, truly democratic, and will, to a very important and considerable extent, aid in the development of our organization. At the same time, we wish to express our sincere congratulations to the permanent observer of Japan, Ambassador Kase, who has carried out really important diplomatic tasks on behalf of his country. My delegation will vote in favour of the Peruvian resolution.

Belgium:

On many occasions in the past, the Belgian delegation spoke in favour of the admission of Japan into the United Nations. We have always associated ourselves with the efforts which were made with a view to implementing this desire. I would, therefore, repeat today that in the opinion of the Belgian delegation Japan is undoubtedly qualified, under the Charter, to be admitted to the organization. There is no doubt that it will contribute immensely to our work. I will, therefore, vote in favour of the resolution moved by the distinguished representative of Peru and we also express the hope that it will be unanimously endorsed and that the General Assembly will adopt a speedy procedure in order to implement the wishes of the Security Council.

United Kingdom:

Just under a year ago, I said in this Council that the misfortune which befell Japan during the last session of the General Assembly should be redressed as soon as possible. My delegation is confident that the Security Council will today recommend Japan for admission. We look forward to an early completion of the process by the General Assembly. I will give great pleasure to my government to welcome Japan and see it take its rightful place in this organization. For me, personally, it will be a source of great satisfaction to continue a very friendly and enjoyable association with the permanent representative of Japan, Ambassador Kase, whose efforts, now about to be crowned with success, have aroused general admiration.

Yugoslavia:

My delegation will be happy to support the proposal welcoming the admission of Japan into the United Nations and we are glad to note that there appears to be a consensus of opinion in this regard. It could hardly be otherwise. Indeed, the fact that so prominent a member of Asia has not been able to be with us has created an anomaly from which the United Nations has undoubtedly suffered in the past. Japan's admission which, we are confident, will very soon take place in the General Assembly, will therefore be an important gain for our organization. We will be particularly glad to welcome the accession to membership of a country with which Yugoslavia enjoys the most cordial of relations.

U.S.S.R.:

The Security Council has before it a letter from the Observer of Japan which confirms the application of Japan for membership and we have also a draft resolution tabled by Peru recommending that the General Assembly take in Japan as a full member. As we know, at the tenth regular session of the General Assembly, the Soviet Union supported a proposal that all the countries which had made applications be admitted to the organization—that is, all those over which questions of qualification did not arise. The delegation of the Soviet Union voted in favour of a resolution by the General Assembly to that effect. With a view to carrying out this decision, on the10th of December 1955 the Soviet Union introduced a number of draft resolutions including one which recommended the admission of Japan. The delay in taking Japan into the organization was the immediate result of the veto by the Chiang Kai-Shek representative who attempted to disrupt the implementation of the General Assembly resolution of December 8th. The Soviet representative had already pointed out then that it would not alter its favorable attitude toward the admission of Japan as well as the other states concerned. In the course of the discussion in December of last year, in the Security Council, a number of members, including Peru and Iran, objected to a simultaneous consideration of the application of Japan and the Mongolian Peoples Republic and pointed out that they were prepared to vote in favour of the admission of both states if these applications were voted upon separately. Today, we are considering them separately. The Soviet Union will vote in favour of the draft resolution of Peru recommending the admission of Japan. We express the hope that the other members of the Security Council will vote in favour of the draft resolution for the admission of the Mongolian Peoples Republic into the United Nations and thereby fulfill the General Assembly decision of December 1955.

France:

The French delegation feels its duty lies in voting in favour of the draft resolution submitted by our eminent President. But we are fulfilling that duty with greater pleasure because we feel that Japan deserves in every possible way to be with us in the United Nations. History would be very severe on our organization when, removed from present passions, new light will be thrown on the whole question of the admission of new members. For many years, this question has given rise to endless and fruitless discussions. Instead of making calm and objective appraisals on the qualifications of every state, we have given way to considerations which I shall not refer to now. It has been most regrettable that countries should have waited so long at the threshold of the organon without having the door open to them. We felt a bitterness in our hearts that it was very difficult to hide. Today, it is the case of Japan that we are considering once again. We can, I think, be proud of the statement that has just been made by the representative of the Soviet Union. Today we will be able to welcome Japan with the greatest possible satisfaction. We are well aware of the fact that Japan has repudiated the mistakes of the past. We know that Japan is peace-loving and wishes to remain at peace with all nations. Less fortunate than the representative of Australia, I have not visited Japan but I know the qualities of the Japanese people, how hardworking that country is and how it fights for the development and the happiness of its people. Japan is a highly civilized nation of an ancient and antique civilization. Her present aspirations command our esteem. When a nation has knowledge of the dignity of the human person, without bargaining we can give it our trust. An American writer has said that when you want to know a nation you have to turn to its art because in its art you find its soul. France has enjoyed the most cordial relations with Japan, which has had very happy and constructive results for all of us. Thus, we will be particularly gratified to vote in favour of Japan's admission into the United Nations.

509 昭和31年12月12日 国際連合日本政府代表部加瀬大使より重光外務大臣宛(電報)

ソ連提案のモンゴル加盟決議案否決について

ニューヨーク　12月12日後3時37分発
本　　　省　12月13日前7時26分着

第七六六号

往電第七六三号に関し

ソ連代表は外蒙が独立国であることを屡々説明し、去る十月同国が permanent observer 事務所設置を要請し、日、独等の例があるにも拘らず事務総長に拒否されたことを不満とし、かつ同国加盟に関するソ連決議案に対する支持を要請したが、observer 事務所の問題については事務総長より observer 事務所設置は全く protocol matter に属し、外蒙の場合は内規により拒否された旨説明があり、次にユーゴ代表が本決議案支持の意向を表明したのみで他に発言者なく、午後一時八分票決に入り四（ソ連、ユーゴ、イラン、ベルギー）対（キユーバ、中国）二、棄権五をもつて、ソ連案は否決された。その後英、米、豪、キユーバ、ソ連、中国、仏代表より投票理由説明が行われ、議長より本日の理事会決定の結果をそれぞれ総会に報告する旨発言あり、一時二十五分閉会した。

米に転電した。

510　昭和31年12月13日　重光外務大臣より国際連合日本政府代表部加瀬大使宛（電報）

代表部の努力を多とし関係国代表への謝意伝達方依頼

本　省　12月13日後0時0分発

第三四五号（至急）

貴電第七六三号に関し

今回の成果を見たるについては、貴大使はじめ代表部々員全員の御努力に負うところまことに大である。ここに各位の日頃の御労苦を謝し、今後の御健闘を切望する。

尚理事会各国代表に日本政府の名に於て適当に謝意を伝達し置かれ度い。

右御手配済とは存ずるも為念。

511　昭和31年12月13日　重光外務大臣談話

安保理での日本加盟決議採択に関する重光外務大臣談話

昭和三十一年十二月十三日

安全保障理事会の日本加盟勧告決議採択についての
重光外務大臣談話

十二月十二日の安全保障理事会において、わが国の国際連合加盟申請について、総会がこれを承認するようにとの勧告決議案が、(全会一致を以て)採択されたとの公報に接し、欣快これに過ぐるものはありません。

四年半前、わが国が国際連合に加盟を申請して以来、これが実現のためにあらゆる努力をして参つたのでありますが、今やこの国民的願望が達成せられようとしているのであります。申すまでもなく、国際連合の一員となることは、わが国の国際的地位の躍進を意味するとともに、戦後十一年に亘る国を挙げての努力の結晶であると申しても過言ではありません。私は第十一回国際連合総会におけるわが国の代表として近くニューヨークに赴く予定でありますが、そのさいは、わが国の加盟に対し終始援助を惜まなかつた友邦各国代表に対し総会に於て深甚なる謝意を表明するとともに、わが国の国策とする平和外交について説明し、加盟後においては従来にもまして、日本は国際連合の事業に積極的に協力する用意のあることを内外に対し宣明致したいと考えております。

512　昭和31年12月13日　在中国堀内大使より　高碕外務大臣臨時代理宛(電報)

中国への安保理通過の謝意伝達と総会での支持要請

台　北　12月13日後7時30分発
本　省　12月13日後9時43分着

第三五九号

日本の国連加盟案の安保理事会通過に関し十三日本使は陳外交部長代理を往訪政府を代表し中国側の支持に対し謝意を表すると共に引続き総会における支持を要請した処陳は日本の加盟に対し祝意を述べ且つ総会においても葉部長より累次御話しの通り勿論日本加盟決議案を支持すべき旨答えた。

513　昭和31年12月13日　国際連合日本政府代表部加瀬大使より高碕外務大臣臨時代理宛(電報)

安保理での日本加盟案採択に関するニクソン米国副大統領の祝意表明

ニューヨーク　12月13日後3時0分発
本　　省　12月14日前9時21分着

第七七八号

十三日ニクソン副大統領はたまたまニューヨークを来訪したが、国連に立寄り特に本使を招いて日本の国連加盟に関し安保理事会が満場一致勧告を採択したことにつきて満足の意を表するとともに日本政府及び国民に対して深甚なる慶祝の意を表し、その伝達方を依頼するところがあつたので、本使はしかるべく謝意を表しておいた。

514　昭和31年12月14日　国際連合日本政府代表部加瀬大使より高碕外務大臣臨時代理宛(電報)

総会での日本の加盟問題討議決定につき通知

ニューヨーク　12月14日後6時47分発
本　　省　12月15日前9時32分着

第七九五号(至急)

往電第七八四号に関し

総会は十八日午前の開会劈頭(一〇時半開始)に我方加盟問題を採り上げることに決定した。

515　昭和31年12月14日　国際連合日本政府代表部加瀬大使より高碕外務大臣臨時代理宛(電報)

総会における日本加盟決議案の共同提案に関する各国との調整状況

ニューヨーク　12月14日後8時30分発
本　　省　12月15日後2時0分着

第七九六号(至急)

往電第七九五号に関し

一、安保理事会による日本加盟勧告決議採択をみるや、十二日午後イラン代表は我方に対しAAグループ全員が総会における日本加盟承認決議案の共同決議案の共同提案国となることを希望しおる旨申越した(スーダン等の場合と同じ)ので、我方より同グループの申出を多とするが、実はかねてより各地域をそれぞれ代表する若干国の共同提案とする腹案を有せるにつき、ＡＡグループ全員に加うるに他の各地域を代表する若干国(英国、オーストラリア、ニュージーランド、フランス、ペルー、カナダ、ソ連等)の共同提案としては如何と話したところ、同代表もこれに賛同し、我方の意向を汲んで各関係国にあたることを約した。

二、十三日イラン代表は米国代表部と協議せるところ、十四日米国は国務省と協議の上、右の案に参加方承諾越したので、イラン代表はソ連側にアプローチし、その同意を既に得たが、今後英仏以下その他諸国の賛成を得た上、三十数ケ国の共同提案として上程される予定である。目下のところ十七日昼頃までに事務局に持込む予定。

米に転電した。

516　昭和31年12月17日　国際連合日本政府代表部加瀬大使より高碕外務大臣臨時代理宛(電報)

日本加盟決議案の提出予定につき報告

ニューヨーク　12月17日後0時50分発
本　　　省　12月18日前7時55分着

第八〇三号(至急)

往電第七九六号に関し

一、総会における我国加盟に関する決議案はＡＡグループ全員(但しフイリピンは請訓中、ラオスは代表当地不在のため未決定)、米国、英国、仏国、カナダ、オーストラリア、ニユージーランド、ペルー及びソ連共同提案にて本日午後提出する。中国も参加の予定。

二、当日の議事日程は冒頭往電の通りなるも議長の歓迎の辞に引続き、総会副議長八名(常任理事国五国、インド、エルサルバドル、イタリア)が歓迎の辞を述べることとなつた。

米に転電した。

517　昭和31年12月17日　国際連合日本政府代表部加瀬大使より高碕外務大臣臨時代理宛(電報)

加盟採択にあたっての議事次第について

ニューヨーク　12月17日後3時35分発
本　　　省　12月18日前7時38分着

第八〇六号

(以下平文)

加盟式典順序念のため左の通り、

一、式典は十八日午前十時半より総会議場において行う。

二、定刻に先だち我が代表団は演壇に向つて左の貴賓席に着席する。

三、開会直後議長より日本加盟を議題にする旨を総会に諮り、次いで共同決議案を表決に付する、右はロールコールによる。

四、表決直後儀典部長誘導の下に代表団十名は日本のために設けられた恒久議席(現在のジョルダンの席)に着席する。

五、続いて総会議長及び副議長八名(米、英、仏、ソ、中国、エルサルバドル、インド及びイタリア)において夫々約五分の祝辞を述べる。

六、右に続き議長の指名により重光外務大臣登壇して演説(約二十分)を行う。

(以下略号)

右の全副議長の祝辞は前例なきところであつて日本に対し特別の敬意をはらつたものの由である。

518 昭和31年12月17日 国際連合日本政府代表部加瀬大使より
高碕外務大臣臨時代理宛(電報)

日本加盟決議案の共同提案国

ニューヨーク 12月17日後5時40分発
本　省 12月18日前9時24分着

602

第八一〇号(至急)

往電第八〇六号に関し

フイリピン、中国も参加し総計三十四カ国の共同提案となつた。

ドキユメント・ナンバー A/3460。共同提案国左の通り。

アフガニスタン、オーストラリア、ビルマ、カンボジヤ、カナダ、セイロン、中国、エジプト、エチオピア、フランス、インド、インドネシア、イラン、イラク、ヨルダン、レバノン、リベリア、リビア、モロッコ、ネパール、ニユージーランド、パキスタン、ペルー、フイリピン、サウジアラビア、スーダン、シリア、タイ、チユニジア、トルコ、ソ連、英国、米国、イエーメン。

519 昭和31年12月18日 国際連合日本政府代表部加瀬大使より高碕外務大臣臨時代理宛(電報)

総会本会議における日本加盟の満場一致承認につき報告

別　電　昭和三十一年十二月十八日発国際連合日本政府代表部加瀬大使より高碕外務大臣臨時代理宛第八一九号

右本会議における日本加盟決議案

ニューヨーク　12月18日前11時35分発
本　　省　12月19日前1時47分着

第八一八号(大至急)

わが国の国連加盟は十八日総会本会議において万(満カ)場一致承認された。委細追電。

米に転電した。

(別　電)

ニューヨーク　12月18日後0時19分発
本　　省　12月19日前3時44分着

第八一九号(大至急)

往電第八一八号に関し

総会本会議決議案左の通り。

Admission of Japan to membership in the United Nations

Afghanistan, Australia, Belgium, Brazil, Burma, Cambodia, Canada, Ceylon, China, Denmark, Dominican Republic, Ecuador, Egypt, El Salvador, Ethiopia, France, Haiti, Iceland, India, Indonesia, Iran, Iraq, Ireland, Italy, Jordan, Lebanon, Liberia, Libya, Luxembourg, Morocco, Nepal, Netherlands, New Zealand, Norway, Pakistan, Peru, Philippines, Poland, Saudi Arabia, Spain, Sudan, Syria, Thailand, Tunisia, Turkey, Union of Soviet Socialist Republics, United Kingdom of Great Britain and Northern Ireland, United States of America, Venezuela, Yemen, Yugoslavia:

Resolution

The General Assembly,

Having received the recommendation of the Security Council of 12 December 1956 that Japan should be admitted to membership in the United Nations,

Having considered the application for membership of Japan,

Decides to admit Japan to membership in the United Nations.

米に転電した。

520　昭和31年12月18日　国際連合日本政府代表部加瀬大使より高碕外務大臣臨時代理宛(電報)

本会議における日本の加盟決定までの経緯につき報告

付記一　昭和三十一年十二月十八日
国連総会における重光外務大臣の演説
二　右和訳文

第八二〇号(大至急)　ニューヨーク　12月18日後0時28分発
本　　省　12月19日前3時48分着

往電第八一八号に関し

一、十八日本会議(第六二三回)は十時五十五分開会、本日の最初の議題として日本の加盟を採り上げ議長より別電第八一九号の通りの五十一カ国共同決議案を上程し roll call による表決の結果万場《(満カ)》一致(南阿及びハンガリー欠席のため賛成七十七カ国)をもつて十一時これを採択、斯くて我が国の加盟は承認され、続いて予定通り、重光大臣以下代表団は議席に着いた。

二、次に議長及び副議長(中国及びエル・サルバドル、フランス、インド、イタリー、ソ連、英、米の順)より歓迎の辞が述べられ、十一時四十分重光大臣登壇し往電第八〇七号の通り演説を行い十一時五十五分終了、次の議事(国際法委員会メンバー増員問題)に移つた。

米に転電した。

(付記一)

ADDRESS OF HIS EXCELLENCY MAMORU SHIGEMITSU, DEPUTY PRIME MINISTER AND FOREIGN MINISTER OF JAPAN, BEFORE THE UNITED NATIONS GENERAL ASSEMBLY ON THE OCCASION OF JAPAN'S ADMISSION TO THE UNITED NATIONS ON DECEMBER 18, 1956

Mr. President, Distinguished Delegates:

1.　On behalf of the Government and the people of Japan, I wish to express our profound gratitude for the warm and friendly words just spoken by the President in welcoming my country to the United Nations. It is indeed a matter for gratification to us that our admission to this great world Organization has taken place during the Presidency of this Assembly of a distinguished statesman and diplomat who represents our traditional friend, Thailand. I wish also to express my thanks for the kind greetings of the Vice Presidents of this Assembly.

Japan first applied for membership nearly five years ago. It has been a long and anxious wait for us. But our people fully understand that the failure to be admitted until today has been due to external reasons beyond our control. This has given us all the more cause to receive with a deeper sense of gratitude the words spoken by the Delegates of those friendly States which have so ardently supported the membership of my country. I wish to avail myself of this opportunity to express our sincere appreciation to the eminent Delegates of those States which have endeavored unsparingly these long years to realize our cherished hope. Let me also tender our heartfelt thanks to the Secretary-General who has steadfastly supported our cause with his great wisdom from which we have benefited enormously.

2. The people of Japan today desire peace for all time and are deeply conscious of the high ideals controlling human relationships. We have determined to preserve our security and existence, trusting in the justice and faith of the peace-loving peoples of the world. We recognize that all peoples of the world have the right to live in peace, free from fear and want. We desire to occupy an honored place in an international society striving for the preservation of peace, and the banishment of tyranny and slavery, oppression and intolerance, for all time from the earth. We believe that no nation is responsible to itself alone, but that the laws of political morality are universal; and that obedience to such laws is incumbent upon all nations who would sustain their own sovereignty and justify their sovereign relationship with other nations.

These sentiments express the firm conviction of the people of Japan—a conviction expressed in the preamble of our Constitution and one which is in complete accord with the purposes and principles set forth in the Charter of the United Nations. The application for membership submitted by Japan in June 1952 stated: "The Japanese people have an earnest desire to participate in the work of the United Nations and to utilize the purposes and principles of its Charter as a guide in the conduct of their affairs." And the Declaration accompanying the application stated; "Japan accepts the obligations contained in the Charter of the United Nations and undertakes to honor them by all the means at its disposal from the day Japan becomes a Member of the United Nations". We solemnly renew these pledges today as we take our seat among you.

3. Many grave problems now beset the world. The United Nations is faced with a momentous challenge—the crisis in the Middle East and Eastern Europe. They are evidence of the need for vigorous action by this Organization in order to maintain peace and security.

In the effort to solve the Middle East crisis and thereby to relax international tensions, the United Nations, with the overwhelming support of its Members, has played a tremendous role, the effectiveness and importance of which is indeed incalculable. It is epochal that it has created an International Emergency Force and is effectively employing it as a new instrument in coping with a most difficult situation. It is our earnest hope that the United Nations will always command the widest possible power consonant with its mission as an instrument of world peace. I feel it appropriate at this point to pay tribute to the Secretary-General who has played an effective role in implementing the decision of the United Nations.

In regard to the situation in Eastern Europe, we Japanese cannot but feel deep sympathy for the plight of the people of Hungary. We fervently hope that the voice of the Hungarian people will be heard and their situation relieved in accordance with the resolutions of the United Nations.

Japan is gratified that together with the maintenance of peace, the United Nations places great importance on humanitarianism. It has taken up the problem of disarmament as a major task in the pursuit of its objective of maintaining peace. It is also devoting its efforts toward the prohibition of weapons of mass destruction because of its vital concern for humanity. Being the only country which has experienced the horrors of the atomic bomb, Japan knows its tragic consequences. It was from the standpoint of humanity in response to the earnest desire of the people that both Houses of the Diet of Japan adopted in February last a resolution calling for the prohibition of the use and testing of nuclear bombs. It came from a prayerful desire that mankind may not again be visited by the horrors of mass destruction. We earnestly hope that under the leadership of the United Nations, the great task of disarmament will be successfully consummated and mankind secured from a calamitous fate and relieved from the inhibitive psychology of fear. It is most encouraging that the United Nations is now taking active initiative in facilitating the peaceful uses of nuclear energy.

Whatever may be the nature of the uncertainties and the tensions in which the world is placed today and whatever may be their causes, there should be no problem that cannot be resolved peacefully with the united strength of eighty nations which now constitute our Organization. It would be utter folly for mankind, which today has entered upon the Atomic Age, to pursue a path that leads to its own annihilation.

4. In the region of Asia in which Japan is situated, the world situation is reflected and here, too, tensions have not receded. No one can say with certainty that a situation like that in the Middle East will not arise in Asia. I am moved to say that the United Nations, in the spirit of the Charter, must constantly be alert to situations which are a potential threat to peace and not simply cope with crises after they have occurred but devise measures to prevent them. Especially in East Asia where conditions of peace have not yet been fully restored, there are still many potential dangers. In this connection, I believe we should separate ourselves from ideological issues and devise a realistic approach to the practical problems involved. From this standpoint, Japan has resumed diplomatic relations with the Soviet Union, terminating an abnormal technical state of war which had continued for eleven years. We took this step in the belief that it would contribute to peace and security in East Asia. It goes without saying that to find the basis for lasting peace and stability in East Asia is an obligation of East Asian nations.

The basis for peace and progress in Asia is to be found in the economic development of the countries of the region. The countries of Asia today are devoting their full efforts toward their economic advancement. Not a few of them require the further assistance of the United Nations and its Members in order to make their efforts more fruitful. Japan's relations with them are those of mutual cooperation and common destiny, whether in the political or economic fields, and she holds great expectations in the growth and development of these countries.

Nationalism thrived in Eastern Europe after the first world war and has risen in the Arab and Asian regions since the second world war. It is a natural process in the liberation of mankind. I believe it should be fostered with understanding, but that it should avoid running into excesses or into extreme nationalism.

5. Japan today faces many difficulties in maintaining the livelihood of her people. The foremost of these difficulties is the problem of supporting an excessive population in her small territory. I need not say that the motive power to maintain livelihood and raise living standards lies in the industry of the people. Our people do not shirk hard work. Both men and women are laboring industriously at their places of work. But the great problem of national policy is how to make effective the labors of our people. We know that the best solution to our population problem is to be found in internal economic development and in the promotion of foreign trade through increased production. Hence, we are extremely sensitive to obstructions to international trade. Japan, therefore, welcomes any efforts of the United Nations to promote the freer flow of people and goods across national boundaries as an effective policy of peace. In this respect, all of us would be building a firm basis for peace and justice by developing the unexploited resources of the world and making life more abundant for peoples everywhere.

Japan is a country that has a world-wide interest in trade and commerce. At the same time, she is a country with the history and traditions of an Asian nation. Herein is to be found the reason for our participation in the Asian-African Conference at Bandung last year. We whole-heartedly support the ten principles of peace adopted by that Conference which are in complete accord with the spirit of the United Nations Charter. Peace is one and indivisible. Japan believes that the United Nations is the world's central driving force for peace.

The substance of Japan's political, economic and cultural life is the product of the fusion within the last century of the civilizations of the Orient and the Occident. In a way, Japan may well be regarded as a bridge between the East and the West. She is fully conscious of the great responsibilities of such a position.

May I close my remarks by expressing again before this great assembly the resolve of Japan to serve sincerely the high cause of the United Nations.

Thank you, Mr. President.

(付記二)

国際連合第十一総会における重光外務大臣の演説

昭和三十一年十二月十八日

議長並びに代表各位

一、議長閣下が只今わが国の国際連合加盟に際し、極めて熱誠かつ友情に富む歓迎の辞を述べられたことに対し私は、日本政府及び国民を代表して深甚な感謝の意を表明するものであります。わが国の伝統的な友邦タイ国の偉大な政治家でありかつ外交官である代表を議長とする今次総会において、わが国の国際連合加盟が実現したことは私の大なる喜びとするところであります。また私は総会副議長の各位が好意に充ちた歓迎の辞を述べられたことに対しても深く謝意を表明するものであります。

日本が最初に加盟を申請してからやがて五年にもなりますが、わが国の加盟が今日まで実現しなかつたのはわれわれの如何ともすべからざる外的理由に基くものであることをわが国民は充分に理解していたのであります。それ丈けにこれまでわが国の加盟について熱心に支持せられてきた友邦諸国代表の発言を一層深い感謝の念をもつて受取つたのであります。

長期にわたりわれわれの念願を実現するために撓まざる努力を惜まなかつた国々の代表に対しては私はこの機会において心から感謝の意を表明する次第であります。また私は、われわれを卑益するところ大なる叡智をもつてわれわれに絶えず支持を寄せられた事務総長に対し衷心より謝意を表するものであります。

二、日本国民は今日恒久の平和を念願し、人間相互の関係を支配する崇高な理想を深く自覚するのであつて、平和を愛する諸国民の公正と信義に信頼してわれらの安全と生存を保持しようと決意し、更に日本国民は平和を維持し、専制と隷従、圧迫と偏狭を地上から永遠に除去しようと努めている国際社会において、名誉ある地位を占めんことを念願し、全世界の国民がひとしく恐怖と欠乏から免かれ平和のうちに生存する権利を有することを確認するものであります。われらは、いづれの国家も自国のことのみに専念して他国を無視してはならないのであつて、政治道徳の法則は普遍的なものであり、この法則に従うことは自国の主権を維持し、他国と対等関係に立とうとする各国の責務であることを信ずるものであります。

以上は日本国民の信条であり、日本国憲法の前文に掲げられたところであります。この日本国民の信条は完全に国際連合憲章の目的及び原則として規定せられて居るところに合致するものであります。日本は、一九五二年六月国際連合に提出した加盟申請において「日本国民は国際連合の事業に参加し且つ憲章の目的及び原則をみずからの行動の指針とする」ことを述べ、更にその際に提出した宣言において、「日本国が国際連合憲章に掲げられた義務を受諾し、且つ日本国が国際連合の加盟国となる日から、その有するすべての手段をもつてこの義務を遂行することを約束するものである」ことを声明したのであります。

日本は、この厳粛なる誓約を、加盟国の一員となつた今日、再び確認するものであります。

三、現在世界には多くの重大問題が存します。国際連合は、中東及び東欧における危機を如何にして解決するかという重大な試錬に直面しております。このことは、平和及び安全を維持するためには、国際連合の強力なる活動を必要とすることを実証するものであります。中東問題の解決ひいては国際緊張の緩和に、国際連合はその加盟諸国の圧倒的支持を得て絶大なる役割を果したのであり、その効果と意義は、真に測り知るべからざるものがあります。国際連合が国連軍を組織し、困難なる問題解決の新しい手段としてこれを有効に使用したことは、真に画期的のことであります。かくして国際連合が世界平和を維持する機関として、益々広汎なる力を有することを望むものであります。中東に対する国連軍創設のための国際連合の決定を実行する上に重要な役割を果した事務総長に対し、ここに敬意を表したいと思います。なお、東欧における情勢に関し、日本国民はハンガリア国民の現在の窮状に対し、深い同情を禁じ得ないのであります。われわれはハンガリア国民の訴えが聞き入れられ、国際連合の決議に従つてハンガリアの情勢が改善されることを深く希望するものであります。

日本はまた、国際連合が平和の維持とともに人道主義に重きを置いていることを喜ぶものであります。国際連合が軍備縮少の問題を大きく取上げているのは平和維持のためであり、それとともに大量破壊兵器の禁止に力を尽くしているのは、人道主義に重きを置いているがためであります。日本は原子爆弾の試練を受けた唯一の国であつて、その惨害の如何なるものであるかを知つております。日本の国会がさる二月衆参両院において、ともに原水爆の使用及び実験の禁止に関する決議を行つたのは、人道上の見地より国民的要望に応えたものであり、人類をして再び大量破壊の悲惨を味わしめざらんとする願望に出でたものであります。日本は国際連合の指導の下に軍縮の大事業が成功し、人類が悲惨な運命から免れ、堪えがたい恐怖感から救われることを衷心よりねがうものであります。国際連合がすでに原子力の平和的利用を活撥に推進していることは、この意味において極めて喜ばしい次第であります。

今日世界が遭遇している不安と緊張の性質が如何なるものであろうとも、又その原因が如何なるものであろうとも、世界八十ヵ国の組織する国際連合の力によつて、平和的に処理し得ない問題はあり得ないと信じます。人類の生活が原子力時代にまで発達した現代において、自から破滅の道を辿ることの許されざることは、多言を要しないところであります。

四、日本が置かれているアジア地域においても、世界の情勢を反映して、未だに緊張が除かれておりません。中東に発生したような情勢がアジアにおいても起らぬとは、何人も断言し得ないのであります。国際連合は宜しくその憲章の趣旨に従つて、平和を害する恐れある情勢を警戒し、単に事後において行動を起すことをもつて足れりとせず、未然に平和を救済する手段を考案する必要があることを、痛感するものであります。特に未だ平和の完全に回復せられておらぬ東亜地域においては多くの危険が伏在しておるのであります。これに対処するためには、まず思想問題を離れて、現実的に実際問題に直面して考察することが必要であると信ずる次第であります。かかる見地から、日本はソヴィエト連邦と外交関係を回復し、十一年余に亘る日ソ両国間の不自然な法律的戦争状態を終結せしめたのであります。われわれはこのような措置が東亜の平和及び安全に貢献すると信じたからでありま す。東亜地域における永続的な平和及び安定の基礎を見出すことは、素より東亜諸国自身の義務であることは言うまでもありません。

アジアにおける平和と発展の基礎は、アジア各国の経済的発展にこれを見出し得るのであります。アジア諸国は現に、各々自国の経済的向上に向つて全力を尽しております。この努力を効果あらしめるため、さらに国際連合及びその加盟国諸国の一層の援助を必要とするものが少くないのであります。日本はアジア諸国とは、政治上はもちろん経済上においても唇歯輔車の関係にあり、かつ不可分の運命の下にあつて、これら諸国の向上発展に大なる期待をかけているものであります。

民族主義は、第一次世界大戦後に東欧方面に樹立せられ、第二次世界大戦いらいアジア・アラビア地域に確立せられました。元来民族主義は、人類解放の自然の道程であつて、私は、民族主義は理解をもつて育成されるべきものではあるが、極端なる国家主義に陥ることは避けねばならないと信じます。

五、日本は、国民生活上今日多くの困難に直面しております。その最も大なるものは、狭少なる領域において過大なる人口を養う問題であります。生計を維持し、生活水準を向上する原動力が勤勉にあることは、今更言うまでもありません。日本人は勤労を惜しむものではありません。現に男も女もその持場持場において勤勉に働いておる次第であります。しかし、国民の勤労を如何に効果あらしめるかが、国策上の重要課題であります。日本人は、国内の発展はもちろん生産力の増加による貿易の増進が、人口問題の有力なる解決方法であることを知つております。故に、貿易に対する各種の障害については、日本人は非常に敏感であります。従つて、国境を越えて人と物との交流を円滑にせんとする国際連合の企図は、平和のための有力なる政策として日本の歓迎するところであります。この意味において世界の未開発資源を開発し、あらゆる地域において人類の生活を豊かにすることが、平和及び正義の確固たる基礎をなすことは、言うまでもないのであります。

日本は世界の通商貿易に特に深い関心を持つ国でありますが、同時にアジアの一国として固有の歴史と伝統とを持つている国であります。日本が昨年バンドンにおけるアジア・アフリカ会議に参加したゆえんも、ここにあるのであります。同会議において採択せられた平和十原則なるものは、日本の熱心に支持するところのものであつて、国際連合憲章の精神に完全に符合するものであります。しかし、平和は分割を許されないのであつて、日本は国際連合が、世界における平和政策の中心的推進力をなすべきものであると信ずるのであります。

わが国の今日の政治、経済、文化の実質は、過去一世紀にわたる欧米及びアジア両文明の融合の産物であつて、日本はある意味において東西のかけ橋となり得るのであります。このような地位にある日本は、その大きな責任を充分自覚しておるのであります。

私は本総会において、日本が国際連合の崇高な目的に対し誠実に奉仕する決意を有することを再び表明して、私の演説を終ります。

521

昭和31年12月19日　外務省告示

日本の国連加盟承認と発効に関する告示

日本国政府は、国際連合憲章第四条の規定に基き、昭和三十一年十二月十八日に国際連合総会において、国際連合加盟国となることを承認され、その加盟は、同日効力を生じた。

なお、国際連合加盟国は、現在次のとおりである。

アフガニスタン、アルバニア、アルゼンティン、オーストラリア、オーストリア、ベルギー王国、ボリヴィア、ブラジル、ブルガリア、ビルマ連邦、白ロシア・ソヴィエト社会主義共和国、カンボディア、カナダ、セイロン、チリ、中国、コロンビア、コスタ・リカ、キューバ、チェッコスロヴァキア、デンマーク、ドミニカ共和国、エクアドル、エジプト、エル・サルヴァドル、エティオピア、フィンランド、フランス、ギリシャ、グァテマラ、ハイティ、ホンデュラス、ハンガリー、アイスランド、インド、インドネシア、イラン、イラーク、アイルランド、イスラエル、イタリア、日本国、ジョルダン・ハシェミット王国、ラオス、レバノン、リベリア、リビア、ルクセンブルグ大公国、メキシコ、モロッコ、ネパール、オランダ王国、ニュー・ジーランド、ニカラグァ、ノールウェー王国、パキスタン、パナマ、パラグァイ、ペルー、フィリピン連邦、ポーランド、ポルトガル、ルーマニア、サウディ・アラビア、スペイン、スーダン、スウェーデン、シリア、タイ、テュニジア、トルコ、ウクライナ・ソヴィエト社会主義共和国、南アフリカ連邦、ソヴィエト社会主義共和国連邦、グレート・ブリテン及び北部アイルランド連合王国、アメリカ合衆国、ウルグァイ、ヴェネズエラ、イエメン及びユーゴースラヴィア

昭和三十一年十二月十九日

外務大臣臨時代理

国務大臣　高碕達之助

日本外交文書　国際連合への加盟　日付索引

日本外交文書　国際連合への加盟　日付索引

事項番号	文書番号	日付	電信書信番号	発・受信者／作成者	件名	頁
		昭和二十六年八月				
一	1	昭和26年8月14日		条約局国際協力課作成	「国際連合加入問題と見透し」	3
		昭和二十六年九月				
一	2	昭和26年9月8日		調印	「平和条約」（前文）	6
		昭和二十六年十月				
一	3	昭和26年10月10日		条約局国際協力課作成	「国際連合第六総会に対する対策研究会議議事録」	6
一	4	昭和26年10月11日		条約局国際協力課作成（高裁案）	「国際連合第六総会にオブザーヴァー派遣の件」	11
一	5	昭和26年10月13日	五三	吉田外務大臣より在ワシントン武内在外事務所長宛（電報）	イタリア国連代表団の資格および現況について調査方訓令	13
一	6	昭和26年10月13日		条約局国際協力課作成	第六回総会へのオブザーバー派遣に関し総司令部外交局へ援助を要請	13
一	7	昭和26年10月19日	七四	在ワシントン武内在外事務所長より吉田外務大臣宛（電報）	イタリア国連代表の資格と現況に関する国務省の回答について	14

一 8 昭和26年10月23日 八一 在ワシントン武内在外事務所長より 吉田外務大臣宛(電報) 各国オブザーバーの資格と必要な手順に関する国務省の非公式書面による回答について……14

一 9 昭和26年10月26日 条約局国際協力課作成 第六回総会へのオブザーバー派遣に関し総司令部外交局より調査結果の通報……15

一 10 昭和26年10月26日 条約局国際協力課作成 総会へのオブザーバー派遣手続き等につき国連事務総長個人代表の説明……16

昭和二十六年十一月

一 11 昭和26年11月2日 FOM 二三七一 外務省より 連合国最高司令官総司令部宛 総会へのオブザーバー派遣に関するリー事務総長への書簡発出につき許可要請……17

一 12 昭和26年11月6日 連合国最高司令官総司令部より 外務省宛 総会へのオブザーバー派遣に関するリー事務総長への書簡発出につき許可回答……18

一 13 昭和26年11月6日 吉田外務大臣より リー国際連合事務総長宛(電報) 総会へのオブザーバー派遣についてリー事務総長に認可を要請……19

一 14 昭和26年11月7日 一 リー国際連合事務総長より 吉田外務大臣宛(電報) 総会へのオブザーバー派遣を認可するとのリー事務総長回答……19

一 15 昭和26年11月9日 一一八 吉田外務大臣より 在パリ萩原在外事務所長宛(電報) オブザーバーとして国連総会に出席方訓令……20

一 16 昭和26年11月24日 四二三 在パリ萩原在外事務所長より 吉田外務大臣宛 第六回総会におけるソ連代表の態度に関する事務総長の批判的発言について……20

昭和二十六年十二月

一 17 昭和26年12月27日 一五三 吉田外務大臣より 在パリ萩原在外事務所長宛(電報) 代表部事務所設置について内密に国連事務局の意向確認方訓令……21

昭和二十七年一月

一 18 昭和27年1月14日 二一 在パリ萩原在外事務所長より 吉田外務大臣宛 代表部事務所設置に関する国連事務局側の意向について ……22

昭和二十七年二月

一 19 昭和27年2月25日 一〇八 在パリ萩原在外事務所長より 吉田外務大臣宛 オブザーバーとして出席した第六回総会についての所感報告 ……23

昭和二十七年三月

一 24 昭和27年3月18日 条一 一七六 吉田外務大臣より 吉田内閣総理大臣宛 国連への加盟申請につき閣議請議 ……38

昭和二十七年四月

一 20 昭和27年4月28日 三五〇 吉田外務大臣より 在ワシントン武内在外事務所長宛 (電報) 国連代表部事務所設置に関し国務省の意向確認方訓令 ……26

昭和二十七年五月

一 21 昭和27年5月15日 四七四 在米国武内臨時代理大使より 岡崎外務大臣宛(電報) 国連代表部事務所設置に関し国務省の回答案要旨の報告 ……26

昭和二十七年六月

一 25 昭和27年6月4日 内閣外甲 三四 保利内閣官房長官より 岡崎外務大臣宛 国連加盟申請の国会における承認につき通報 ……38
付記 昭和二十七年五月二十六日、国際協力局第一課作成 「日本の国連加盟申請書の国連における取扱について」 ……39

一 26 昭和27年6月6日 国際協力局第一課作成（高裁案） 「国連加盟国に対しわが国の加盟申請支持方申し入れの件」……42

一 27 昭和27年6月10日 島大臣官房審議室参事官作成 イタリアの国連代表の地位および国連加盟問題に関する在京イタリア大使の談話……44

一 28 昭和27年6月16日 岡崎外務大臣より リー国際連合事務総長宛 加盟申請書……45

付記 右和訳文……47

一 29 昭和27年6月18日 五二四 岡崎外務大臣より 在米国新木大使宛（電報） 加盟申請支持を国務省に申し入れ方訓令……48

一 30 昭和27年6月18日 合一一九 岡崎外務大臣より 在英国松本大使、在仏国西村大使、在カナダ井口大使他宛（電報） 加盟申請支持を加盟各国に申し入れ方訓令……49

一 31 昭和27年6月18日 一一二 在ニューヨーク島津総領事より 岡崎外務大臣宛（電報） 国連事務総長が第七回総会に至急オブザーバー派遣を慫慂……49

一 32 昭和27年6月18日 一一三 在ニューヨーク島津総領事より 岡崎外務大臣宛（電報） ソ連代表が安保理に対し十四国同時加盟案を提示との報道について……50

一 22 昭和27年6月23日 協一合四八五 岡崎外務大臣より 在米国新木大使、在ニューヨーク島津総領事宛 常駐代表の派遣を国連事務総長に申し入れた書簡の送付……27

付記 昭和二十七年六月二十七日付ジョルジュ・ピコ国連事務総長代理より岡崎外務大臣宛書簡 常駐代表の派遣了承……28

一 33 昭和27年6月24日 六三二 在米国新木大使より 岡崎外務大臣宛（電報） 国務省への加盟申請支持申し入れにつき報告……50

付記一 作成日不明、国際経済局第一課作成 「日本の国際連合加入申請に関する米国側の態度」……51

二　昭和二十七年十月三十日作成「わが国の国連加盟申請の支持要請に対する回答一覧表」……52

一 34 昭和27年6月26日 JOAN四五〇 在ニューヨーク島津総領事より岡崎外務大臣宛 日本の加盟申請書の受領および加盟各国への通報に関する国連事務総長代理の書簡について……56

一 35 昭和27年6月30日 一二四 在ニューヨーク島津総領事より岡崎外務大臣宛(電報) 加盟申請を安保理の議題とするための複数の方針案に関する国連米国代表部公使発言……57

一 36 昭和27年6月30日 一二五 在ニューヨーク島津総領事より岡崎外務大臣宛(電報) 加盟申請を安保理の議題とするには理事国による上程が必要との米国代表部説明……58

一 37 昭和27年6月30日 一二六 在ニューヨーク島津総領事より岡崎外務大臣宛(電報) 加盟申請を安保理で議題とするための複数の方針案を示した米国代表部の意図について……58

昭和二十七年七月

一 38 昭和27年7月3日 一一二 岡崎外務大臣より在ニューヨーク島津総領事宛(電報) 日本を含む一括加盟案への賛成または速やかな単独審議の実施希望を米国に回答方訓令……59

一 39 昭和27年7月3日 五七一 岡崎外務大臣より在米国新木大使宛(電報) 一括加盟案に対する日本側希望に関し米国側意見の確認方訓令……59

一 40 昭和27年7月7日 一三四 在ニューヨーク島津総領事より岡崎外務大臣宛(電報) 米国は新加盟問題の討議を当分延期する模様との観測……60

一 41 昭和27年7月8日 七〇一 在米国新木大使より岡崎外務大臣宛(電報) 日本を含む一括加盟案への態度および同案を不可とする場合の代替案につき米国側に照会……60

一 42 昭和27年7月9日 五九七 岡崎外務大臣より在米国新木大使宛(電報) 米国政府が一括加盟案を不可とする場合に日本が早期単独審議を希望する理由について……61

一　43　昭和27年7月9日　七一一　在米国新木大使より岡崎外務大臣宛（電報）　日本を含めた一括加盟案に対する米国の態度は未だ結論を得ずとのアリソン国務次官補内話……61
一　44　昭和27年7月10日　三四六　在英国松本大使より岡崎外務大臣宛（電報）　日本の加盟申請審議については提案時期が重要とするロイド英国外相代理の談話……62

昭和二十七年八月

一　45　昭和27年8月15日　九一四　在米国新木大使より岡崎外務大臣宛（電報）　日本を含めた一括加盟案に対する米国側態度に関しヒッカーソン国務次官補との意見交換……63
一　46　昭和27年8月19日　九二五　在米国新木大使より岡崎外務大臣宛（電報）　米国は安保理冒頭に日本の単独加盟案を提出するとのアリソン国務次官補の言明……64
一　47　昭和27年8月22日　一七七　在ニューヨーク島津総領事より岡崎外務大臣宛（電報）　日本を一括加盟案に加えずその加盟審議は同案採択後の旨ソ連マリク代表が発言との情報……65
一　48　昭和27年8月27日　一八三　在ニューヨーク島津総領事より岡崎外務大臣宛（電報）　日本の加盟に否定的なソ連の態度を踏まえた今後の措置につき米国側との協議結果……65
一　49　昭和27年8月27日　一八四　在ニューヨーク島津総領事より岡崎外務大臣宛（電報）　日本の加盟をソ連が否決した場合の次策としてグロス大使より「準加盟」案の検討につき打診……66
一　50　昭和27年8月28日　一八五　在ニューヨーク島津総領事より岡崎外務大臣宛（電報）　ブラジル国連大使より安保理での日本の単独加盟案審議手続き完了の通報および右決議案の内示……67
一　51　昭和27年8月28日　一八六　在ニューヨーク島津総領事より岡崎外務大臣宛（電報）　準加盟問題に関する上村公使と信託統治理事会イタリア代表との意見交換について……68
一　52　昭和27年8月29日　国際協力局第一課作成　「米国連代表グロス大使提案の「準加盟」案に関する討議要旨」……69

一 53 昭和27年8月30日 七九〇 岡崎外務大臣より在米国新木大使宛(電報) グロス大使の準加盟提案に関し詳細報告方訓令……71

昭和二十七年九月

一 54 昭和27年9月3日 一八八 在ニューヨーク島津総領事より岡崎外務大臣宛(電報) 安保理での一括加盟案討議において日本の加盟拒否を暗示したソ連代表の発言……71

一 55 昭和27年9月5日 普通八四六 在米国新木大使より岡崎外務大臣宛 準加盟案に関する日本側質問事項に対する国務省北東アジア局長の見解について……71

一 56 昭和27年9月12日 島大臣官房審議室参事官作成 在京イタリア大使より米国の準加盟案に対する日本の態度につき情報提供の要請……73

一 57 昭和27年9月12日 二〇八 在ニューヨーク島津総領事より岡崎外務大臣宛(電報) 安保理による日本の加盟申請審議決定の報告……74

一 58 昭和27年9月17日 二一三 在ニューヨーク島津総領事より岡崎外務大臣宛(電報) 安保理でのソ連代表による日本の加盟申請反対発言……74

一 59 昭和27年9月18日 二一五 在ニューヨーク島津総領事より岡崎外務大臣宛(電報) 安保理における日本加盟申請採決の見とおし……74

一 60 昭和27年9月18日 二一六 在ニューヨーク島津総領事より岡崎外務大臣宛(電報) 日本の加盟申請がソ連の反対により安保理で否決について……75

付記 昭和二十七年九月十九日付在米国大使館上村公使より渋沢外務事務次官宛書簡
安保理での日本の加盟申請審議を傍聴しての感想……75

昭和二十七年十月

一 61 昭和27年10月7日 一〇七〇 在米国新木大使より岡崎外務大臣宛(電報) 準加盟の規定等に関する米国側研究の結果につき国務省北東アジア局長からの報告……77

一 23 昭和27年10月9日 一 国際連合日本政府代表部武内公使より岡崎外務大臣宛(電報) 国連代表部事務所の開設について……29

一　62　昭和27年10月23日　八　国際連合日本政府代表部武内公使より岡崎外務大臣宛（電報）　日本の国連加盟の見とおしに関するリー事務総長の発言について……78
別　電　昭和二十七年十月二十三日発国際連合日本政府代表部武内公使より岡崎外務大臣宛第九号　右発言要旨……79
一　63　昭和27年10月25日　国連一四　国際連合日本政府代表部武内公使より岡崎外務大臣宛　日本の加盟問題に関する中国および米国代表部との意見交換……79
一　64　昭和27年10月29日　九三一　岡崎外務大臣より在米国新木大使宛（電報）　国連準加盟に関する具体案骨子を米国側へ提示し非公式に協議方訓令……82
別　電　昭和二十七年十月二十九日発岡崎外務大臣より在米国新木大使宛第九三二号　右骨子……83

昭和二十七年十一月

一　65　昭和27年11月10日　秘協一六四〇　岡崎外務大臣より在米国新木大使宛　国連準加盟に関する具体案の詳細および説明の送付……84
一　66　昭和27年11月11日　国連二六　国際連合日本政府代表部武内公使より岡崎外務大臣宛　加盟と準加盟問題に関するドイツおよびイタリア代表の談話要旨……86
一　67　昭和27年11月13日　一六　国際連合日本政府代表部武内公使より岡崎外務大臣宛（電報）　日本の国連加盟を支持する中国代表の総会本会議における一般演説について……88
一　68　昭和27年11月25日　一〇〇一　岡崎外務大臣より在米国新木大使宛（電報）　国連加盟資格承認決議案の総会提出に対する日本政府の期待を国務省に伝達方訓令……89
付　記　昭和二十七年十一月二十四日、国際協力局第一課作成「国連総会に対する日本の国連加盟資格承認案提出についての考察」……89

昭和二十七年十二月

一 69 昭和27年12月2日 奥村外務事務次官 在本邦ダイエタ伊国大使 会談 国連未加盟各国の準加盟案に対する見解等につき在京イタリア大使からの情報提供……90
一 70 昭和27年12月4日 一二〇七 在米国新木大使より 岡崎外務大臣宛(電報) 米国以外の国による国連加盟資格承認決議案提出の可否につき請訓……91
一 71 昭和27年12月5日 秘一三〇四 在米国新木大使より 岡崎外務大臣宛 国連加盟資格承認決議案の上程および特別委員会設置案に関する米国側との意見交換……92
一 72 昭和27年12月6日 一〇二四 岡崎外務大臣より 在米国新木大使宛(電報) 特別委員会案に日本の加盟資格確認を含めることおよび他国による日本の加盟決議案提出につき米国側意向確認方訓令……96
一 73 昭和27年12月8日 一二一四 在米国新木大使より 岡崎外務大臣宛(電報) 日本の加盟資格確認措置に向け努力するが単独決議案の他国への依頼は形勢を見るべきとの米国側意見……96
一 74 昭和27年12月9日 二六 国際連合日本政府代表部武内公使より 岡崎外務大臣宛(電報) 米国代表部より特別委員会設置決議案の内示および加盟資格承認決議案提出の意向確認……97
別 電 昭和二十七年十二月九日発国際連合日本政府代表部武内公使より岡崎外務大臣宛第二七号 右特別委員会設置決議案の骨子……99
一 75 昭和27年12月10日 二八 国際連合日本政府代表部武内公使より 岡崎外務大臣宛(電報) 安保理での議事経緯に照らして諸加盟申請の審議を行うとの総会決議案をペルーが提出について……99
一 76 昭和27年12月11日 三〇 国際連合日本政府代表部武内公使より 岡崎外務大臣宛(電報) 総会での加盟申請審議ないし特別委員会設置に関する決議案を中米諸国が提出について……100
一 77 昭和27年12月12日 九 岡崎外務大臣より 国際連合日本政府代表部武内公使宛(電報) 特別委員会設置に関する五国決議案の修正案提出を米国に申し入れ方訓令……100
一 78 昭和27年12月12日 三一 国際連合日本政府代表部武内公使より 岡崎外務大臣宛(電報) 日本の加盟資格承認に関する単独決議案の米国提出につき至急意向回示方請訓……101

別　電　昭和二十七年十二月十二日発国際連合日本政府代表部武内公使より岡崎外務大臣宛第三二号
米国代表部との打合せ状況および請訓……102
一　79　昭和27年12月12日　三四　国際連合日本政府代表部武内公使より岡崎外務大臣宛（電報）
加盟資格承認決議案提出に際し日本側から各国代表部への働きかけの適否につき米国側意見……103
一　80　昭和27年12月13日　一〇　岡崎外務大臣より国際連合日本政府代表部武内公使宛（電報）
国連加盟資格承認の単独決議案提出を可とする旨訓令……104
一　81　昭和27年12月13日　三五　国際連合日本政府代表部武内公使より岡崎外務大臣宛（電報）
総会において日本の加盟資格承認の単独決議案を米国より提出決定について……104
別　電　昭和二十七年十二月十三日発国際連合日本政府代表部武内公使より岡崎外務大臣宛第三六号
右決議案文……104
一　82　昭和27年12月13日　三七　国際連合日本政府代表部武内公使より岡崎外務大臣宛（電報）
ソ連が一括加盟案に日本を含めないとの観測をもたらした特別政治委員会での審議状況……105
一　83　昭和27年12月15日　三九　国際連合日本政府代表部武内公使より岡崎外務大臣宛（電報）
日本の国連加盟資格承認決議案を米国代表部が正式に提出……106
一　84　昭和27年12月16日　四〇　国際連合日本政府代表部武内公使より岡崎外務大臣宛（電報）
アジアとラテンアメリカ諸国を中心とした日本の加盟資格承認の支持固め状況……106
一　85　昭和27年12月16日　四一　国際連合日本政府代表部武内公使より岡崎外務大臣宛（電報）
日本は加盟資格を備えずとするソ連代表の発言等特別政治委員会での審議要旨……107
一　86　昭和27年12月17日　四二　国際連合日本政府代表部武内公使より岡崎外務大臣宛（電報）
日本の加盟資格承認をめぐる米国のソ連案への反駁等特別政治委員会での審議要旨……108
一　87　昭和27年12月20日　四四　国際連合日本政府代表部武内公使より岡崎外務大臣宛（電報）
特別政治委員会における日本の加盟資格承認決議案の採択……108

一 88 昭和27年12月21日 四六 国際連合日本政府代表部武内公使より岡崎外務大臣宛(電報) 総会本会議における日本の加盟資格承認決議案の採択……109

一 89 昭和27年12月26日 国連七五 国際連合日本政府代表部武内公使より岡崎外務大臣宛 日本の加盟資格承認決議案の審議における気づきの点につき報告……110

昭和二十八年一月

一 90 昭和28年1月5日 SCA二一〇二 リー国際連合事務総長より岡崎外務大臣宛 日本の加盟資格承認決議案採択の通知……111

昭和二十八年四月

一 91 昭和28年4月8日 島大臣官房審議室参事官作成 最近の国際情勢の変化と国連加盟問題への影響につき在京イタリア大使との意見交換……113

昭和二十八年五月

一 92 昭和28年5月28日 八一 国際連合日本政府代表部沢田大使より岡崎外務大臣宛(電報) 準加盟に関わる日米間の協議状況につきイタリア代表部からの照会……115

昭和二十八年六月

一 93 昭和28年6月4日 二四七 在伊国原田大使より岡崎外務大臣宛 準加盟問題に関しイタリアの同調を求め応諾が得られない場合には日本は独自に態度を決すべきとの意見具申……116

昭和二十八年八月

一 94 昭和28年8月31日 八四一 岡崎外務大臣より在米国新木大使宛(電報) 正式加盟への見とおしおよび日本側作成の準加盟案骨子に対する米側意見報告方訓令……117

付記 昭和二十八年八月二十一日、国際協力局第一課作成「「国連準加盟」に関する件」……118

昭和二十八年九月

一 95 昭和28年9月18日 一二九 国際連合日本政府代表部沢田大使より岡崎外務大臣宛(電報) 準加盟制度の効用を説き実現への惜しみない協力を示唆した米国代表部ロッジ大使の談話……120
一 96 昭和28年9月18日 一一五一 在米国新木大使より岡崎外務大臣宛(電報) ダレス国務長官およびロッジ大使による準加盟制度採用の慫慂……120
一 97 昭和28年9月21日 九二六 岡崎外務大臣より在米国新木大使宛(電報) 準加盟に関する米国側具体的方針につき確認方訓令……121
一 98 昭和28年9月22日 島大臣官房審議室参事官作成 準加盟に対する日本側見解につき在京イタリア大使館からの問い合わせについて……121
一 99 昭和28年9月22日 一一六二 在米国新木大使より岡崎外務大臣宛(電報) 準加盟に関する米国側方針につき国務省事務当局への照会……123
一 100 昭和28年9月23日 一三三 国際連合日本政府代表部沢田大使より岡崎外務大臣宛(電報) 正式加盟は現状困難でありその代案として日本の準加盟に向けて努力するとのロッジ大使の説明……123
一 101 昭和28年9月24日 一三六 国際連合日本政府代表部沢田大使より岡崎外務大臣宛(電報) 日本の準加盟案に対する各国国連代表の反応について……125
一 102 昭和28年9月24日 国連四五五 国際連合日本政府代表部沢田大使より岡崎外務大臣宛 加盟問題に関する特別委員会設立の決議案についての報道……126
一 103 昭和28年9月28日 国連四五九 国際連合日本政府代表部沢田大使より岡崎外務大臣宛 総会におけるペルー等各国代表の加盟問題に関する発言について……126
一 104 昭和28年9月30日 一三九 国際連合日本政府代表部沢田大使より岡崎外務大臣宛(電報) 米国側による準加盟案提出の時期等に関する米国代表部員の内話……128
一 105 昭和28年9月30日 国連四六五 国際連合日本政府代表部沢田大使より岡崎外務大臣宛 加盟問題に関するペルーの特別委員会設置案についての聞き込みと観察……129

昭和二十八年十月

一　106　昭和28年10月1日　国連四六七　国際連合日本政府代表部沢田大使より犬養外務大臣臨時代理宛　総会におけるアルゼンチンおよびインド代表の加盟問題に関する発言について……131

一　107　昭和28年10月7日　一四二　国際連合日本政府代表部沢田大使より犬養外務大臣臨時代理宛(電報)　準加盟案の今次総会提出可否につきわが方意思を表示すべきとの意見具申……133

一　108　昭和28年10月7日　国連四七五　国際連合日本政府代表部沢田大使より犬養外務大臣臨時代理宛　準加盟案提出の方法につき沢田・ロッジ両代表による意見交換……134

一　109　昭和28年10月8日　国連四八三　国際連合日本政府代表部沢田大使より犬養外務大臣臨時代理宛　特別政治委員会における一括加盟案は十四国の加盟問題であるとするソ連代表の発言等について……136

一　110　昭和28年10月9日　一一二　犬養外務大臣臨時代理より国際連合日本政府代表部沢田大使宛(電報)　準加盟案の今次総会提出は見送りを希望する旨米国側へ通報方訓令……138

一　111　昭和28年10月12日　一四三　国際連合日本政府代表部沢田大使より犬養外務大臣臨時代理宛(電報)　準加盟案の今次総会提出見送りにつき米国側への申し入れ……138

一　112　昭和28年10月13日　国連四九〇　国際連合日本政府代表部沢田大使より犬養外務大臣臨時代理宛　ソ連代表の主張する一括加盟案に対し米英代表による批判等について……139

一　113　昭和28年10月21日　国連五一一　国際連合日本政府代表部沢田大使より岡崎外務大臣宛　特別政治委員会における三人委員会設置案の可決およびソ連による新提案をめぐる議論等について……140

付　記　昭和二十八年十月十六日付国際連合日本政府代表部沢田大使より岡崎外務大臣宛公信国連第四九九号　加盟問題審議における米国の態度に関し同国代表部員の内話……145

昭和二十八年十二月

一 114 昭和28年12月9日 国連六一三 国際連合日本政府代表部沢田大使より岡崎外務大臣宛 日本の国連加盟問題に関するソ連代表団との応酬ぶりにつき報告……146
付記 昭和二十八年十二月十四日、新関欧米局第五課長作成「日本加盟に関するソ連の態度に関する件」……150

昭和二十九年一月

一 115 昭和29年1月14日 五 国際連合日本政府代表部沢田大使より岡崎外務大臣宛(電報) 国交回復調整に向けたソ連側意向探査の是非につき請訓……151

昭和二十九年二月

一 116 昭和29年2月4日 一三 岡崎外務大臣より国際連合日本政府代表部沢田大使宛(電報) 日ソ国交調整問題は慎重な対応を要するため国連加盟問題に限りソ連側意向探査方回訓……151

昭和二十九年三月

一 117 昭和29年3月26日 国連一七五 国際連合日本政府代表部沢田大使より岡崎外務大臣宛 ジュネーブ会談の見とおし等の国際情勢および準加盟問題につきマーフィー国務次官補の談話……152

昭和二十九年四月

一 118 昭和29年4月28日 国連二六〇 国際連合日本政府代表部沢田大使より岡崎外務大臣宛 沢田大使より加盟促進工作に関する私案をロッジ大使に提示……154

昭和二十九年五月

一 119 昭和29年5月18日 六六 国際連合日本政府代表部沢田大使より岡崎外務大臣宛(電報) 沢田大使提示の加盟促進案に対する米国側見解について……157

昭和二十九年六月

一 120 昭和29年6月11日 国連三七五 国際連合日本政府代表部沢田大使より岡崎外務大臣宛 加盟問題特別委員会の動静に関する国連事務局からの情報 ……158

一 121 昭和29年6月28日 国際協力局第一課作成 「国連準加盟問題に関する件」 ……159

昭和二十九年八月

一 122 昭和29年8月19日 国連五六一 国際連合日本政府代表部沢田大使より岡崎外務大臣宛 加盟問題解決策としての一括加盟方式には反対とのキー国務次官補の言明 ……160

昭和二十九年九月

一 123 昭和29年9月24日 一五四 国際連合日本政府代表部沢田大使より岡崎外務大臣宛(電報) 米国代表団より日本の国連加盟方式に関する新提案の連絡について ……161

別 電 昭和二十九年九月二十四日発国際連合日本政府代表部沢田大使より岡崎外務大臣宛第一五五号 右米国新提案 ……162

一 124 昭和29年9月28日 一七二 岡崎外務大臣より国際連合日本政府代表部沢田大使宛(電報) 米国の新提案につき詳細確認方訓令 ……163

付記一 昭和二十九年九月二十八日、奥村外務事務次官作成 「国連準加盟の件」 ……164

二 昭和二十九年九月三十日、奥村外務事務次官作成 イタリアが本案について反対の理由 ……164

一 125 昭和29年9月29日 一六五 国際連合日本政府代表部沢田大使より岡崎外務大臣宛(電報) 米国新提案に対する吉田総理の賛意につき通報 ……165

一
126 昭和29年9月30日 一七七 国際連合日本政府代表部沢田大使より岡崎外務大臣宛(電報) 米国新提案の草稿入手の報告 …… 165
別電 昭和二十九年九月三十日発国際連合日本政府代表部沢田大使より岡崎外務大臣宛第一七八号 右草稿 …… 166

昭和二十九年十月

一
127 昭和29年10月2日 一八一 岡崎外務大臣より在伊国原田大使宛(電報) 正式加盟が打開不能の場合は米国新提案に賛成とのわが方方針をイタリア側へ伝達した旨通報 …… 167

一
128 昭和29年10月4日 一九四 岡崎外務大臣より国際連合日本政府代表部沢田大使宛(電報) 米国案に原則異議なきも正式加盟を優先として加盟再申請の書簡発出等適宜措置方訓令 …… 167

一
129 昭和29年10月5日 一九四 国際連合日本政府代表部沢田大使より緒方外務大臣臨時代理宛(電報) 米国新提案に原則として異存なき旨をロッジ大使に回答について …… 168

一
130 昭和29年10月8日 協一合一三三五 緒方外務大臣臨時代理より在伊国原田大使、在セイロン木村公使、在カンボジア吉岡公使他宛 米国新提案に基づく方針採用の場合は非加盟諸国に対し同調勧誘方訓令 …… 169

一
131 昭和29年10月8日 二六三 在伊国原田大使より緒方外務大臣臨時代理宛(電報) 米国新提案は支持し得ないとするイタリア外務省局長の内話 …… 171

一
132 昭和29年10月11日 二六八 在伊国原田大使より緒方外務大臣臨時代理宛(電報) 米国新提案につき吉田総理とイタリア首相との会談での言及を提案した在京イタリア大使内話 …… 172

一
133 昭和29年10月11日 二二六 国際連合日本政府代表部沢田大使より緒方外務大臣臨時代理宛(電報) 米国代表上院議員より米国新提案取り下げの可能性示唆について …… 172

一
134 昭和29年10月16日 二一二 緒方外務大臣臨時代理より国際連合日本政府代表部沢田大使宛(電報) インド代表に対し国連加盟問題を日ソ平和条約締結と関連させぬよう説明方訓令 …… 174

付記　昭和二十九年十月十五日、国際協力局作成「国連加盟問題に関する件(対インド関係)」……174
一 135 昭和29年10月16日 三九三 在オーストリア中川臨時代理公使より緒方外務大臣臨時代理宛 米国新提案は支持しないとするオーストリアの立場について……175
一 136 昭和29年10月22日 二三六 国際連合日本政府代表部沢田大使より緒方外務大臣臨時代理宛(電報) 早期国連加盟実現のための対ソ方針に関しインド代表との意見交換……177
一 137 昭和29年10月22日 二三九 国際連合日本政府代表部沢田大使より緒方外務大臣臨時代理宛(電報) 日本政府の正式加盟に関する希望を再確認する趣旨の事務総長宛て書簡発出について……178
別　電　昭和二十九年十月二十二日発国際連合日本政府代表部沢田大使より緒方外務大臣臨時代理宛第二四〇号 右書簡……178
一 138 昭和29年10月22日 二四一 国際連合日本政府代表部沢田大使より緒方外務大臣臨時代理宛(電報) オブザーバーの権限を強化し総会での発言を認めるとの私案を米国代表部に提案……180
一 139 昭和29年10月22日 二四二 国際連合日本政府代表部沢田大使より緒方外務大臣臨時代理宛(電報) 新提案の推進とオブザーバーの権限強化は米側結論として実現困難との米国代表の談話……181
一 140 昭和29年10月22日 二四三 国際連合日本政府代表部沢田大使より緒方外務大臣臨時代理宛(電報) ソ連の一括加盟案に日本を加えることは困難との米国代表上院議員の見解……181
一 141 昭和29年10月26日 田中情報文化局長談話 国連加盟再申請に関する外務省情報文化局長の談話……182
一 142 昭和29年10月28日 合三四九 緒方外務大臣臨時代理より在伊国原田大使他宛(電報) 米国が新提案の見合わせを決定の旨通報……182

昭和二十九年十一月

一 143 昭和29年11月5日 二七二 国際連合日本政府代表部沢田大使より緒方外務大臣臨時代理宛(電報) 特別政治委員会におけるアルゼンチン等による加盟問題決議案および修正案の提出について……183

一 144 昭和29年11月8日 二七六 国際連合日本政府代表部沢田大使より緒方外務大臣臨時代理宛(電報) 特別政治委員会における加盟決議案の審議状況 ……183
一 145 昭和29年11月8日 二七七 国際連合日本政府代表部沢田大使より緒方外務大臣臨時代理宛(電報) 特別政治委員会におけるインド提出の決議案について ……185
一 146 昭和29年11月8日 二七九 国際連合日本政府代表部沢田大使より緒方外務大臣臨時代理宛(電報) 特別政治委員会の加盟問題審議における主要発言 ……186
一 147 昭和29年11月9日 二八二 国際連合日本政府代表部沢田大使より緒方外務大臣臨時代理宛(電報) ソ連の一括加盟案に日本を含めることにつきインドネシア代表が賛意表明 ……187
一 148 昭和29年11月10日 二八四 国際連合日本政府代表部沢田大使より緒方外務大臣臨時代理宛(電報) 特別政治委員会審議での日本に関する主要発言 ……187
一 149 昭和29年11月10日 二八五 国際連合日本政府代表部沢田大使より緒方外務大臣臨時代理宛(電報) 加盟問題決議案の修正等審議の経過 ……188
一 150 昭和29年11月12日 二九四 国際連合日本政府代表部沢田大使より緒方外務大臣臨時代理宛(電報) 懸案を一括して安保理に回付すべきとのインドおよびインドネシア提案等審議経過 ……188
一 151 昭和29年11月15日 二九七 国際連合日本政府代表部沢田大使より岡崎外務大臣宛(電報) 特別政治委員会における加盟問題の審議結果 ……189
一 152 昭和29年11月23日 三一二 国際連合日本政府代表部沢田大使より岡崎外務大臣宛(電報) 特別政治委員会決議の総会での審議結果 ……189

昭和三十年一月

二 153 昭和30年1月18日 二 在オランダ岡本大使より重光外務大臣宛(電報) アジア・アフリカ会議に際しての西欧陣営諸国に対する配慮について ……193

昭和三十年二月

二 154 昭和30年2月26日 一四 在インドネシア日本政府代表倭島公使より重光外務大臣宛(電報) アジア・アフリカ会議に際しわが方の取るべき措置について ……194

昭和三十年三月

二 155 昭和30年3月23日 六〇 国際連合日本政府代表部沢田大使より重光外務大臣宛(電報) 日本の加盟促進に関し加盟斡旋委員会議長であるペルー代表の動向について……195

二 156 昭和30年3月28日 六二 国際連合日本政府代表部沢田大使より重光外務大臣宛(電報) 日ソ交渉と日本の加盟との関係等に関するインド代表の談話……196

昭和三十年四月

二 157 昭和30年4月18日 二 高碕アジア・アフリカ会議日本政府代表より重光外務大臣宛(電報) アジア・アフリカ会議の議事進行および議題に関する各国代表の非公式会議の結果……197

二 158 昭和30年4月24日 四三 高碕アジア・アフリカ会議日本政府代表より重光外務大臣宛(電報) アジア・アフリカ会議における国連加盟問題等の討議状況……198

付記 昭和三十年四月二十四日採択 アジア・アフリカ会議最終コミュニケ……199

昭和三十年五月

二 159 昭和30年5月26日 一五九 在カナダ松平大使より重光外務大臣宛(電報) 日ソ交渉の諸案件に関するカナダ政府筋の見解……209

二 160 昭和30年5月27日 一二六 国際連合日本政府代表部沢田大使より重光外務大臣宛(電報) 紳士協定による日本の加盟策に関する加盟斡旋委員会議長との談話……210

昭和三十年六月

二 161 昭和30年6月6日 一一二 重光外務大臣より国際連合日本政府代表部沢田大使宛(電報) 国連十周年記念総会にあたり加盟促進に向けた最善の措置方訓令……211

二 162 昭和30年6月9日 一三九 国際連合日本政府代表部沢田大使より重光外務大臣宛(電報) 日本の加盟促進は引き続きロビー活動により進めるべき旨意見具申 …… 212

二 163 昭和30年6月9日 二一六 在中国芳沢大使より重光外務大臣宛(電報) 中国による日本支持の前提に関する外交部次長の談話 …… 212

二 164 昭和30年6月14日 一五八 在セイロン結城大使より重光外務大臣宛(電報) セイロンよりアジア・アフリカ会議議長への日本、セイロン等の国連加盟促進要請について …… 213

二 165 昭和30年6月25日 四〇 在サンフランシスコ勝野総領事より重光外務大臣宛(電報) 加盟問題打開に向けた沢田大使による各国代表への働きかけにつき報告 …… 214

二 166 昭和30年6月25日 四一 在サンフランシスコ勝野総領事より重光外務大臣宛(電報) ソ連によるオーストリア支持の実情に関する同国オブザーバー代表の不満について …… 215

二 167 昭和30年6月28日 国連五二一 国際連合日本政府代表部沢田大使より重光外務大臣宛 加盟斡旋委員会議長に対するソ連の提案に関する報道 …… 215

昭和三十年七月

二 168 昭和30年7月8日 一六七 国際連合日本政府代表部加瀬大使より重光外務大臣宛(電報) 信任状奉呈に際しての日本の国連加盟に関するハマーショルド事務総長との会談要旨 …… 216

二 169 昭和30年7月20日 一八二 国際連合日本政府代表部加瀬大使より重光外務大臣宛(電報) ソ連代表への新任挨拶の雰囲気につき報告 …… 217

二 170 昭和30年7月22日 一八三 在セイロン結城大使より重光外務大臣宛(電報) ソ連への加盟促進支持要請に関するネルー首相書簡につきインド高等弁務官の内話 …… 218

二 171 昭和30年7月25日 一八七 在セイロン結城大使より重光外務大臣宛(電報) 加盟促進支持要請に関するセイロン側楽観説の根拠について …… 219

二 172 昭和30年7月25日 一二六 在伊国原田大使より重光外務大臣宛(電報) ジュネーブ四国首脳会談に関する各国外交団からの情報 …… 220

二 173 昭和30年7月27日 二〇七 在カナダ松平大使より重光外務大臣宛(電報) ジュネーブ四国首脳会談後の日ソ交渉のあり方に関するカナダ外務省局長の内話 …… 221

昭和三十年八月

二 174 昭和30年8月5日 二〇一 在セイロン結城大使より重光外務大臣宛(電報) 加盟促進問題に関する在セイロンインドネシア代理公使の内話……222

二 175 昭和30年8月17日 二一一 国際連合日本政府代表部加瀬大使より重光外務大臣宛(電報) 加盟問題に関する事務総長および各国代表からの聞き込みについて……222

昭和三十年九月

二 176 昭和30年9月8日 二三七 在セイロン結城大使より重光外務大臣宛(電報) AA諸国の国連加盟問題等に関するセイロン外務次官の内話……224

二 177 昭和30年9月13日 豪五五一 在オーストラリア鈴木大使より重光外務大臣宛 国連加盟問題等に関するオーストラリア外相の談話……225

二 178 昭和30年9月21日 二六一 国際連合日本政府代表部加瀬大使より重光外務大臣宛(電報) 加盟問題の近況についての報告および今後の各国代表誘導ぶりにつき請訓……227

二 179 昭和30年9月23日 二六七 国際連合日本政府代表部加瀬大使より重光外務大臣宛(電報) 総会におけるオーストラリア外相等による日本の加盟支持演説について……230

別　電　昭和三十年九月二十三日発国際連合日本政府代表部加瀬大使より重光外務大臣宛第二六八号 右オーストラリア外相の演説要旨……230

付　記　昭和三十年九月二十三日発国際連合日本政府代表部加瀬大使より重光外務大臣宛電報第二六六号 十六国一括加盟を提案したソ連外相の演説文……231

二 180 昭和30年9月24日 二七一 国際連合日本政府代表部加瀬大使より重光外務大臣宛(電報) モロトフ外相演説前後の同外相およびマリク大使との懇談について……231

二 181 昭和30年9月26日 二七二 国際連合日本政府代表部加瀬大使より重光外務大臣宛(電報) 加盟問題を日ソ交渉の駆け引きに用いるソ連の態度は不都合とのロッジ大使の談話……232

二 182 昭和30年9月26日 二七三 国際連合日本政府代表部加瀬大使より重光外務大臣宛(電報) 加盟候補国を十七国にすべきとのカナダ代表の演説要旨……233
二 183 昭和30年9月27日 二〇五 重光外務大臣より国際連合日本政府代表部加瀬大使宛(電報) 加瀬大使意見のとおり加盟工作を進めるべき旨回訓……233
二 184 昭和30年9月28日 二四四 在カナダ松平大使より重光外務大臣宛(電報) カナダによる日本の加盟支持につきカナダ側よりの内話……234
二 185 昭和30年9月28日 二四六 在カナダ松平大使より重光外務大臣宛(電報) 日本の加盟に対するソ連の態度につきカナダ側よりの内話……234
二 186 昭和30年9月29日 二七六 国際連合日本政府代表部加瀬大使より重光外務大臣宛(電報) 日ソ交渉と日本の加盟問題に関するモロトフ外相の談話について……235
二 187 昭和30年9月29日 二七七 国際連合日本政府代表部加瀬大使より重光外務大臣宛(電報) インド代表による日ソ間斡旋の申し入れにつき請訓……237
二 188 昭和30年9月30日 二〇七 重光外務大臣より国際連合日本政府代表部加瀬大使宛(電報) ソ連が日ソ交渉と関係なく日本の加盟を支持するようインド代表を誘導すべき旨回訓……238
二 189 昭和30年9月30日 二七八 国際連合日本政府代表部加瀬大使より重光外務大臣宛(電報) モロトフ外相が日本を含む十八国案に肯定的との情報について……238
二 190 昭和30年9月30日 二八〇 国際連合日本政府代表部加瀬大使より重光外務大臣宛(電報) カナダによる十八国加盟案の内容および同案に関する事務局側の態度について……239
二 191 昭和30年9月30日 二八一 国際連合日本政府代表部加瀬大使より重光外務大臣宛(電報) カナダ案に対する米英ソの態度につきカナダ代表との意見交換……241

昭和三十年十月

二 192 昭和30年10月4日 二〇八 重光外務大臣より国際連合日本政府代表部加瀬大使宛(電報) モロトフ外相が十八国案の考慮を約束したとの報道につき真相照会……241

二 193 昭和30年10月4日 二八四 国際連合日本政府代表部加瀬大使より重光外務大臣宛(電報) ソ連の態度は報道の通りでなく心理攻勢とも見られる旨回電……242

二 194 昭和30年10月5日 二八五 国際連合日本政府代表部加瀬大使より重光外務大臣宛(電報) 日ソ交渉妥結後に日本がアジアと国連で果たす役割に関するインド代表の演説……243

二 195 昭和30年10月5日 二八六 国際連合日本政府代表部加瀬大使より重光外務大臣宛(電報) モロトフ外相とインド代表の懇談内容について……243

二 196 昭和30年10月5日 二八七 国際連合日本政府代表部加瀬大使より重光外務大臣宛(電報) マリク大使を晩餐に招待した旨報告……244

二 197 昭和30年10月6日 一三三一 在米国井口大使より重光外務大臣宛(電報) 米国は一括加盟案に反対との国務省担当者の談話……245

二 198 昭和30年10月6日 二八九 国際連合日本政府代表部加瀬大使より重光外務大臣宛(電報) 日ソ交渉や十八国加盟案に関するマリク大使との懇談内容につき報告……245

二 199 昭和30年10月26日 四五八 重光外務大臣より在ジュネーブ田付総領事宛(電報) 萩原大使にジュネーブ外相会議の経過調査方訓令……262

二 200 昭和30年10月28日 一四〇六 在米国井口大使より重光外務大臣宛(電報) 拒否権禁止を前提とした加盟の個別審議をソ連へ提案との国務省内報……262

二 201 昭和30年10月28日 三一一 国際連合日本政府代表部加瀬大使より重光外務大臣宛(電報) 一括加盟案をめぐる米ソ、カナダ等の動きにつき報告……262

二 202 昭和30年10月28日 三一三 国際連合日本政府代表部加瀬大使より重光外務大臣宛(電報) ジュネーブ外相会議での米ソ妥協成立に向けた工作につき報告……264

二 203 昭和30年10月29日 一一八九 重光外務大臣より在米国井口大使宛(電報) 共産諸国の加盟に関する米国の態度につき調査方訓令……266

二 204 昭和30年10月31日 三一四 国際連合日本政府代表部加瀬大使より重光外務大臣宛(電報) 加盟問題に関するカナダ決議案の審議予定について……266

別　電　昭和三十年十月三十一日発国際連合日本政府代表部加瀬大使より重光外務大臣宛第三一五号 右決議案……267

昭和三十年十一月

二〇五　昭和30年11月1日　一四一四　在米国井口大使より重光外務大臣宛(電報)　共産諸国加盟に関する米国の態度は状況に応じた配慮と見られる旨回電……268
二〇六　昭和30年11月1日　三一六　国際連合日本政府代表部加瀬大使より重光外務大臣宛(電報)　加盟斡旋委員会での審議状況と今後の見とおしについて……268
二〇七　昭和30年11月2日　三一八　国際連合日本政府代表部加瀬大使より重光外務大臣宛(電報)　カナダ案が提議される時期について……269
二〇八　昭和30年11月3日　三二〇　国際連合日本政府代表部加瀬大使より重光外務大臣宛(電報)　ジュネーブ外相会議での加盟問題討議開始について……270
二〇九　昭和30年11月4日　三九四　重光外務大臣より在仏国西村大使宛(電報)　仏国に対し十八国加盟案の支持を慫慂方訓令……271
二一〇　昭和30年11月4日　三二二　国際連合日本政府代表部加瀬大使より重光外務大臣宛(電報)　カナダ案をめぐるソ連代表との懇談につきタイ外相よりの内話……271
二一一　昭和30年11月7日　四六九　重光外務大臣より在ジュネーブ田付総領事宛(電報)　ジュネーブ外相会議の情報入手方訓令……273
二一二　昭和30年11月8日　三二七　国際連合日本政府代表部加瀬大使より重光外務大臣宛(電報)　十八国加盟案と日ソ交渉をめぐるソ連の態度につき報告……273
二一三　昭和30年11月8日　三二九　国際連合日本政府代表部加瀬大使より重光外務大臣宛(電報)　ソ連への十八国案支持要請に関する加盟斡旋委員会議長の内話……275
二一四　昭和30年11月9日　三三〇　国際連合日本政府代表部加瀬大使より重光外務大臣宛(電報)　ソ連の加盟支持に向け日ソ交渉に関する共同声明も一案との情報について……275
二一五　昭和30年11月9日　三三一　国際連合日本政府代表部加瀬大使より重光外務大臣宛(電報)　日ソ国交回復なしには日本の加盟を支持できないとのソ連代表の談話……276
二一六　昭和30年11月9日　五〇五　在仏国西村大使より重光外務大臣宛(電報)　フランスは十八国案には賛成できないとの同国総務長官内話……277

二 217 昭和30年11月9日 二七六 在カナダ松平大使より重光外務大臣宛(電報) 日本の加盟問題を含むソ連・カナダ外相会談の内容について……278

二 218 昭和30年11月10日 二二四 重光外務大臣より国際連合日本政府代表部加瀬大使宛(電報) マリク大使の言動には重きを置く必要なき旨通報……279

二 219 昭和30年11月10日 六〇六 在ジュネーブ田付総領事より重光外務大臣宛(電報) 十八国案実現の見とおしに関するジュネーブからの聞き込み内容……279

二 220 昭和30年11月10日 二七七 在カナダ松平大使より重光外務大臣宛(電報) 十八国案への中国の拒否権発動を憂慮するカナダ外務省幹部の内話……280

二 221 昭和30年11月10日 三三四 国際連合日本政府代表部加瀬大使より重光外務大臣宛(電報) 十八国案に対するソ連の態度につきユーゴスラビア代表よりの情報……280

二 222 昭和30年11月10日 一四五五 在米国井口大使より重光外務大臣宛(電報) 十八国案に対する米国の意向について……282

二 223 昭和30年11月13日 三三七 国際連合日本政府代表部加瀬大使より重光外務大臣宛(電報) 十七国加盟支持発表に関する米国の事前通報……282

二 224 昭和30年11月13日 三三八 国際連合日本政府代表部加瀬大使より重光外務大臣宛(電報) 米国は英国と同調せず十七国案を採用との米国代表の談話……282

二 225 昭和30年11月14日 三三九 国際連合日本政府代表部加瀬大使より重光外務大臣宛(電報) 棄権方針をとるフィリピンに対する日本の加盟支持要請……283

二 226 昭和30年11月14日 三四二 国際連合日本政府代表部加瀬大使より重光外務大臣宛(電報) 十七国加盟支持発表の真意に関するロッジ大使の談話……284

二 227 昭和30年11月14日 三四三 国際連合日本政府代表部加瀬大使より重光外務大臣宛(電報) 十八国案と十七国案をいずれも支持するとの英国代表部声明……285

二 228 昭和30年11月14日 三四四 国際連合日本政府代表部加瀬大使より重光外務大臣宛(電報) 米国の十七国加盟支持発表の要旨……286

二 229 昭和30年11月14日 三四五 国際連合日本政府代表部加瀬大使より重光外務大臣宛(電報) 米国の十七国加盟支持発表に対するマリク大使の反発について……287

二 230 昭和30年11月14日 国連一〇二五 国際連合日本政府代表部加瀬大使より重光外務大臣宛 加盟問題に関するカナダ決議案の送付 …… 288

付記 右決議案 …… 288

二 231 昭和30年11月15日 三八〇 重光外務大臣より在マニラト部在外事務所長代理宛(電報) フィリピンに対し日本の加盟支持取り付け方訓令 …… 289

二 232 昭和30年11月15日 六一一 在ジュネーブ田付総領事より重光外務大臣宛(電報) ジュネーブでの加盟問題をめぐるダレス・モロトフ会談の内容について …… 290

二 233 昭和30年11月15日 三四六 国際連合日本政府代表部加瀬大使より重光外務大臣宛(電報) 米国の十七国支持発表後の加盟問題をめぐる国連内の動きについて …… 291

二 234 昭和30年11月15日 三五四 在英国西大使より重光外務大臣宛(電報) 英国はカナダ案を支持するとの同国国務相よりの内話 …… 292

二 235 昭和30年11月15日 三四七 国際連合日本政府代表部加瀬大使より重光外務大臣宛(電報) カナダ案の支持獲得ぶりに関するカナダ代表の内話 …… 293

二 236 昭和30年11月16日 合三二九 重光外務大臣より在米国井口大使、在英国西大使、在仏国西村大使他宛(電報) 安全保障理事会理事国に対する加盟問題解決への尽力要請方訓令 …… 294

別電 昭和三十年十一月十六日発重光外務大臣より在米国井口大使他宛合第三三〇号 十八国案に関する各国の動向 …… 295

二 237 昭和30年11月16日 合三三二 重光外務大臣より在エジプト与謝野大使、在オランダ岡本大使宛(電報) 加盟斡旋委員国のエジプトおよびオランダに対する加盟実現への尽力申し入れ方訓令 …… 296

二 238 昭和30年11月16日 九二九 在マニラト部在外事務所長代理より重光外務大臣宛(電報) 棄権方針の変更には賠償問題解決の保証が必要とのフィリピン側主張について …… 296

二 239 昭和30年11月16日 一四七六 在米国井口大使より重光外務大臣宛(電報) 十八国案に対する米国の態度等に関する情報 …… 297

二 240 昭和30年11月16日 三四八 国際連合日本政府代表部加瀬大使より重光外務大臣宛(電報) カナダ案に対する米国の動きとその対応について……298

二 241 昭和30年11月17日 九三一 在マニラ卜部在外事務所長代理より重光外務大臣宛(電報) フィリピン側より賠償問題解決の保証書簡の督促について……299

二 242 昭和30年11月17日 五一三 在仏国西村大使より重光外務大臣宛(電報) フランスは日本の加盟を妨げずとの仏外務担当国務相の内話……300

二 243 昭和30年11月17日 一一一 在オランダ岡本大使より重光外務大臣宛(電報) オランダによる日本の加盟支持言明について……301

二 244 昭和30年11月17日 一四八一 在米国井口大使より重光外務大臣宛(電報) 加盟問題の安保理先議を主張する理由等に関する米国側の説明……301

二 245 昭和30年11月17日 三五〇 国際連合日本政府代表部加瀬大使より重光外務大臣宛(電報) 加盟問題に関する米国・ソ連代表間の懇談内容報告……302

二 246 昭和30年11月17日 一二四 在エジプト与謝野大使より重光外務大臣宛(電報) エジプトによる日本の加盟支持言明について……303

二 247 昭和30年11月17日 三五四 国際連合日本政府代表部加瀬大使より重光外務大臣宛(電報) 先議に関する米国とカナダの了解およびフランス等各国の動向について……304

二 248 昭和30年11月17日 三五五 国際連合日本政府代表部加瀬大使より重光外務大臣宛(電報) 十八国案を堅持とのソ連代表声明……305

二 249 昭和30年11月18日 三八三 重光外務大臣より在マニラ卜部在外事務所長代理宛(電報) 賠償問題解決の保証書簡なしに日本の加盟支持申し入れ方訓令……305

二 250 昭和30年11月18日 九三八 在マニラ卜部在外事務所長代理より重光外務大臣宛(電報) フィリピン側より日本の加盟に賛成投票するとの確約について……306

二 251 昭和30年11月18日 三四七 在中国芳沢大使より重光外務大臣宛(電報) 中国は欧州のソ連衛星国には同意可能なるもモンゴルには反対との葉外交部長内話……306

二 252 昭和30年11月18日 九三九 在マニラ卜部在外事務所長代理より重光外務大臣宛(電報) フィリピンの賛成投票確約までの経緯につき報告……307

二 253 昭和30年11月18日 四二〇 在ブラジル安東大使より重光外務大臣宛(電報) ブラジルによる日本の加盟支持言明について……309
二 254 昭和30年11月18日 二八一 在カナダ松平大使より重光外務大臣宛(電報) 決議案の正式提議につきカナダ政府より通報……309
二 255 昭和30年11月19日 一二五六 重光外務大臣より在米国井口大使宛(電報) 加盟問題解決につき米国側に格別の善処を申し入れ方訓令……310
二 256 昭和30年11月19日 三六〇 国際連合日本政府代表部加瀬大使より重光外務大臣宛(電報) 加盟問題に対し中国のとるべき態度につき蔣大使との懇談内容……310
二 257 昭和30年11月19日 一四九五 在米国井口大使より重光外務大臣宛(電報) 米国は日本の意向に沿うよう努力する旨ロバートソン国務次官補の内話……312
二 258 昭和30年11月20日 三六一 国際連合日本政府代表部加瀬大使より重光外務大臣宛(電報) 加盟問題をめぐる米英仏ソ代表の会談に関する米国書記官からの情報……313
二 259 昭和30年11月20日 三六二 国際連合日本政府代表部加瀬大使より重光外務大臣宛(電報) 加盟問題の提議をひかえた各国の状況について……314
二 260 昭和30年11月21日 一三五 在トルコ上村大使より重光外務大臣宛(電報) 日本の加盟を最優先として一括加盟を支持するとのトルコ外務省の示唆……315
二 261 昭和30年11月21日 三六四 国際連合日本政府代表部加瀬大使より重光外務大臣宛(電報) 日本の加盟支持には賠償問題解決が急務とのフィリピン代表からの伝言……316
二 262 昭和30年11月21日 三六六 国際連合日本政府代表部加瀬大使より重光外務大臣宛(電報) ソ連は未だモンゴルの加盟資格獲得に疑問を有しているとの観測……316
二 263 昭和30年11月22日 三五〇 在中国芳沢大使より重光外務大臣宛(電報) 拒否権行使に関する中国の態度の変化について……317
二 264 昭和30年11月22日 三六七 国際連合日本政府代表部加瀬大使より重光外務大臣宛(電報) 加盟問題解決に向けた米国およびカナダとの連携ぶりにつき報告……318
二 265 昭和30年11月22日 一五〇二 在米国井口大使より重光外務大臣宛(電報) 加盟問題の状況好転を示唆する国務省担当官よりの内話……319

二	266	昭和30年11月22日	三六八	国際連合日本政府代表部加瀬大使より重光外務大臣宛(電報)	加盟問題に関する米国代表部との情報交換につき報告	320
二	267	昭和30年11月23日	三七一	国際連合日本政府代表部加瀬大使より重光外務大臣宛(電報)	加盟問題の解決は有望との英国代表の見立てについて	322
二	268	昭和30年11月23日	二八四	在カナダ松平大使より重光外務大臣宛(電報)	カナダ案の審議およびソ連の動向に関するカナダ外相の内話	323
二	269	昭和30年11月24日	二一	在ニュージーランド島臨時代理公使より重光外務大臣宛(電報)	ニュージーランドによる日本の加盟支持言明について	327
二	270	昭和30年11月24日	九五	在ベルギー武内大使より重光外務大臣宛(電報)	ベルギーによる日本の加盟支持言明について	327
二	271	昭和30年11月24日	三七二	国際連合日本政府代表部加瀬大使より重光外務大臣宛(電報)	モンゴルを除く十七国案を可能な限り追求するとのロッジ大使の内話	328
二	272	昭和30年11月25日	三七四	国際連合日本政府代表部加瀬大使より重光外務大臣宛(電報)	加盟問題解決に向け中国とトルコに対して取るべき措置について	329
二	273	昭和30年11月25日	三七六	国際連合日本政府代表部加瀬大使より重光外務大臣宛(電報)	アイゼンハワー大統領より蔣介石総統への親電発出について	330
二	274	昭和30年11月25日	二八六	在カナダ松平大使より重光外務大臣宛(電報)	十八国案に対し米国が不満表明とのカナダ外務省幹部の内話	330
二	275	昭和30年11月26日		門脇外務事務次官 在本邦董中国大使 }会談	モンゴルに対する拒否権行使を控えるよう在京中国大使への申し入れ	331
二	276	昭和30年11月26日	二七九	重光外務大臣より在中国芳沢大使宛(電報)	拒否権発動の自重を中国に要請方訓令	333
二	277	昭和30年11月26日	一一〇	重光外務大臣より在トルコ上村大使宛(電報)	加盟問題に関しトルコ政府へ大局的見地からの善処申し入れ方訓令	333
二	278	昭和30年11月26日	三五一	在中国芳沢大使より重光外務大臣宛(電報)	モンゴルに対して拒否権行使を検討中との中国外交部次長の談話	334

二 279 昭和30年11月26日 三七七 国際連合日本政府代表部加瀬大使より重光外務大臣宛（電報） 米国の態度に関するソ連の非難とカナダの不満について……335
二 280 昭和30年11月27日 二八七 在カナダ松平大使より重光外務大臣宛（電報） 安保理理事各国の加盟問題への態度に関するカナダ政府からの情報……336
二 281 昭和30年11月28日 七七 重光外務大臣より在ベルギー武内大使宛（電報） 加盟問題の解決に関しベルギー政府への善処要請方訓令……337
二 282 昭和30年11月28日 三五二 在中国芳沢大使より重光外務大臣宛（電報） 自由主義国の加入を重視しモンゴルに反対せぬよう葉外交部長への申し入れ……337
別電 昭和三十年十一月二十八日発在中国芳沢大使より重光外務大臣宛第三五三号 右申し入れ文……338
二 283 昭和30年11月28日 一一五 在オランダ岡本大使より重光外務大臣宛（電報） 在オランダ米国大使よりわが方に対しモンゴルの加盟に反対しない旨の通報……338
二 284 昭和30年11月28日 三七八 国際連合日本政府代表部加瀬大使より重光外務大臣宛（電報） アイゼンハワー大統領の親電に対する中国の回答につき在米国大使館に真相確認依頼……339
二 285 昭和30年11月28日 三七九 国際連合日本政府代表部加瀬大使より重光外務大臣宛（電報） 米国が充分な熱意を示せばカナダ案に同意するとのイラン代表談話……339
二 286 昭和30年11月28日 一五三七 在米国井口大使より重光外務大臣宛（電報） 大統領の親電に対し中国側からは応じかねるとの回答があった旨報告……340
二 287 昭和30年11月29日 三五四 在中国芳沢大使より重光外務大臣宛（電報） 中国は依然としてモンゴルの加盟に反対との葉外交部長の談話……340
二 288 昭和30年11月29日 一三九 在トルコ上村大使より重光外務大臣宛（電報） 日本の加盟のためモンゴル支持も辞さずとのトルコ外務大臣代理の言明……341
二 289 昭和30年11月29日 三八三 国際連合日本政府代表部加瀬大使より重光外務大臣宛（電報） 中国代表によるモンゴル加盟への拒否権行使の正式発表について……342

別電　昭和三十年十一月二十九日発国際連合日本政府代表部加瀬大使より重光外務大臣宛第三八四号
右発表文……343

二九〇　昭和30年11月29日　二九三　在カナダ松平大使より重光外務大臣宛(電報)　カナダ政府は内閣として日本の加盟を支持との感触につき報告……343

二九一　昭和30年11月30日　九六　在ベルギー武内大使より重光外務大臣宛(電報)　日本の加盟を支持するが一括加盟への対応方針は未決定とのベルギー外務当局者の内話……343

二九二　昭和30年11月30日　四三二　重光外務大臣より在仏国西村大使宛(電報)　加盟問題の事態改善のため改めてフランスに善処を要請方訓令……344

二九三　昭和30年11月30日　三八七　国際連合日本政府代表部加瀬大使より重光外務大臣宛(電報)　モンゴル加盟の拒否に固執する中国への対応につき米側との協議……345

二九四　昭和30年11月30日　三八八　国際連合日本政府代表部加瀬大使より重光外務大臣宛(電報)　中国の拒否権行使発表が加盟問題に与える影響につき安保理議長等の観測……345

昭和三十年十二月

二九五　昭和30年12月1日　二三四　重光外務大臣より国際連合日本政府代表部加瀬大使宛(電報)　中国の拒否権阻止に向け米国代表にカナダ案への積極賛同等申し入れ方訓令……347

二九六　昭和30年12月1日　一二九六　重光外務大臣より在米国井口大使宛(電報)　中国の拒否権阻止に向け米国務省への善処申し入れ方訓令……348

二九七　昭和30年12月1日　三五九　在中国芳沢大使より重光外務大臣宛(電報)　中国の拒否権行使撤回の可能性に関する米国大使等の見解について……348

二九八　昭和30年12月1日　三九一　国際連合日本政府代表部加瀬大使より重光外務大臣宛(電報)　一括加盟案への対応に関するフランス代表との意見交換……349

二九九　昭和30年12月1日　五四二　在仏国西村大使より重光外務大臣宛(電報)　十八国案に賛成だが公表は躊躇する仏国総務長官の態度について……350

二　300　昭和30年12月1日　三九四　国際連合日本政府代表部加瀬大使より重光外務大臣宛(電報)　アドホック委員会開催につき報告……351
二　301　昭和30年12月1日　三九六　国際連合日本政府代表部加瀬大使より重光外務大臣宛(電報)　アドホック委員会冒頭におけるカナダやソ連等の発言……351
二　302　昭和30年12月2日　四〇二　国際連合日本政府代表部加瀬大使より重光外務大臣宛(電報)　イラン政府の対モンゴル方針を再考させるため日本政府の働きかけをイラン代表が要請……353
二　303　昭和30年12月2日　一五六九　在米国井口大使より重光外務大臣宛(電報)　日本の加盟に向け努力するが中国の翻意は確約できずとの国務省フーバー次官の内話……354
二　304　昭和30年12月2日　四〇三　国際連合日本政府代表部加瀬大使より重光外務大臣宛(電報)　アドホック委員会第二回会合開催につき報告……354
二　305　昭和30年12月2日　四〇四　国際連合日本政府代表部加瀬大使より重光外務大臣宛(電報)　十八国案共同提案国によるソ連案に対抗した修正案の提出について……355
二　306　昭和30年12月2日　四〇五　国際連合日本政府代表部加瀬大使より重光外務大臣宛(電報)　アドホック委員会における中国等各国代表の発言……355
二　307　昭和30年12月2日　四〇七　国際連合日本政府代表部加瀬大使より重光外務大臣宛(電報)　キューバ代表が提出した修正案の要旨……358
二　308　昭和30年12月3日　一三八　重光外務大臣より在イラン瓜生臨時代理大使宛(電報)　イランに対しカナダ案支持および安保理での善処を要請方訓令……358
二　309　昭和30年12月3日　四〇八　国際連合日本政府代表部加瀬大使より重光外務大臣宛(電報)　中国への善処要請を説く国務省宛メモ送付につき報告……359
二　310　昭和30年12月4日　四一〇　国際連合日本政府代表部加瀬大使より重光外務大臣宛(電報)　新加盟国が次期総会において国民政府への議席支持を示唆する方策につき請訓……360
二　311　昭和30年12月4日　四一三　国際連合日本政府代表部加瀬大使より重光外務大臣宛(電報)　中国の妥協先送りの動きと総会の会期切迫の状況につき報告……361

二 312 昭和30年12月5日 二四一 重光外務大臣より国際連合日本政府代表部加瀬大使宛（電報） 次期総会での国民政府の議席支持表明は差し支えなき旨回訓……362
二 313 昭和30年12月5日 一四九 在イラン瓜生臨時代理大使より重光外務大臣宛（電報） カナダ案実現に向け努力すべく訓令発出済みとのイラン側回答……362
二 314 昭和30年12月5日 四一六 国際連合日本政府代表部加瀬大使より重光外務大臣宛（電報） アドホック委員会におけるキューバのカナダ案非難について……363
二 315 昭和30年12月5日 四二一 国際連合日本政府代表部加瀬大使より重光外務大臣宛（電報） アドホック委員会におけるオーストラリア等各国代表の発言状況……363
別電 昭和三十年十二月五日発国際連合日本政府代表部加瀬大使より重光外務大臣宛第四二二号 右各国発言要旨……364
二 316 昭和30年12月5日 四二〇 国際連合日本政府代表部加瀬大使より重光外務大臣宛（電報） アドホック委員会の見とおしおよび中国とソ連の態度についての観測……366
二 317 昭和30年12月6日 四二三 国際連合日本政府代表部加瀬大使より重光外務大臣宛（電報） 反共を貫く立場につき中国代表部員の談話……366
二 318 昭和30年12月6日 四二四 国際連合日本政府代表部加瀬大使より重光外務大臣宛（電報） 中国の拒否権放棄に関するセイロン大使の工作について……367
二 319 昭和30年12月6日 四二六 国際連合日本政府代表部加瀬大使より重光外務大臣宛（電報） アドホック委員会におけるエルサルバドル等各国代表の発言状況……368
別電 昭和三十年十二月六日発国際連合日本政府代表部加瀬大使より重光外務大臣宛第四二七号 右各国発言要旨……368
二 320 昭和30年12月6日 四二八 国際連合日本政府代表部加瀬大使より重光外務大臣宛（電報） 大統領書簡を再度拒否した中国に対する次案を準備中との米代表部員内話……369
二 321 昭和30年12月6日 四三〇 国際連合日本政府代表部加瀬大使より重光外務大臣宛（電報） アドホック委員会におけるインドネシア等各国代表の発言状況……370

別　電　昭和三十年十二月六日発国際連合日本政府代表部加瀬大使より重光外務大臣宛第四三一号
右各国発言要旨……371
二　322　昭和30年12月6日　四三二　国際連合日本政府代表部加瀬大使より重光外務大臣宛（電報）　ソ連マリク代表が日本とスペインを含むカナダ案の支持を言明について……372
二　323　昭和30年12月7日　三七一　在中国宮崎臨時代理大使より重光外務大臣宛（電報）　中国の妥協に関するスペイン代理大使の観測と報道ぶりの変化について……373
二　324　昭和30年12月7日　四三五　国際連合日本政府代表部加瀬大使より重光外務大臣宛（電報）　国民政府への議席保証申し入れに関する関係国の調整状況について……374
二　325　昭和30年12月7日　四三六　国際連合日本政府代表部加瀬大使より重光外務大臣宛（電報）　カナダ案に対する米国の棄権とソ連の支持について……375
二　326　昭和30年12月7日　四三七　国際連合日本政府代表部加瀬大使より重光外務大臣宛（電報）　拒否権放棄につき米国から中国への申し入れ予定について……375
二　327　昭和30年12月7日　四三八　国際連合日本政府代表部加瀬大使より重光外務大臣宛（電報）　アドホック委員会における中国等各国代表の発言状況……375
別　電　昭和三十年十二月七日発国際連合日本政府代表部加瀬大使より重光外務大臣宛第四三九号
右各国発言要旨……376
二　328　昭和30年12月7日　四四〇　国際連合日本政府代表部加瀬大使より重光外務大臣宛（電報）　アドホック委員会におけるカナダ決議案の可決について……377
二　329　昭和30年12月7日　四四二　国際連合日本政府代表部加瀬大使より重光外務大臣宛（電報）　アドホック委員会における決議案の討議状況について……378
二　330　昭和30年12月8日　三一八　重光外務大臣より在中国宮崎臨時代理大使宛（電報）　中国に対し再度拒否権自重の申し入れ方訓令……379
二　331　昭和30年12月8日　四四五　国際連合日本政府代表部加瀬大使より重光外務大臣宛（電報）　総会本会議におけるカナダ案の採択について……379

二　332　昭和30年12月8日　四四七　国際連合日本政府代表部加瀬大使より重光外務大臣宛（電報）　加盟決議への格別の配慮を安全保障理事会に要望する総会議長の発言……380

二　333　昭和30年12月8日　四四八　国際連合日本政府代表部加瀬大使より重光外務大臣宛（電報）　総会本会議での各国代表の発言状況……380

別　電　昭和三十年十二月八日発国際連合日本政府代表部加瀬大使より重光外務大臣宛第四四九号　右各国発言要旨……380

二　334　昭和30年12月8日　四五二　国際連合日本政府代表部加瀬大使より重光外務大臣宛（電報）　中国が安全保障理事会に提出した新決議案等について……382

二　335　昭和30年12月8日　四五三　国際連合日本政府代表部加瀬大使より重光外務大臣宛（電報）　安全保障理事会を目前にした加盟問題の前途多難な情勢について……383

二　336　昭和30年12月9日　三七八　在中国宮崎臨時代理大使より重光外務大臣宛（電報）　スペインと協調し安保理前に中国に最後のアピールを行う旨報告……384

二　337　昭和30年12月9日　四五六　国際連合日本政府代表部加瀬大使より重光外務大臣宛（電報）　安保理直前の各国代表の動向について……387

二　338　昭和30年12月10日　三八〇　在中国宮崎臨時代理大使より重光外務大臣宛（電報）　十八国案への中国の不支持につき葉外交部長の弁明……387

二　339　昭和30年12月10日　四五八　国際連合日本政府代表部加瀬大使より重光外務大臣宛（電報）　安保理決議をめぐる中国の思惑および米ソの駆け引き状況……389

二　340　昭和30年12月10日　四五九　国際連合日本政府代表部加瀬大使より重光外務大臣宛（電報）　安保理の議事経過報告……389

二　341　昭和30年12月10日　四六〇　国際連合日本政府代表部加瀬大使より重光外務大臣宛（電報）　安保理における議長以下各国代表の発言要旨……390

二　342　昭和30年12月10日　四六一　国際連合日本政府代表部加瀬大使より重光外務大臣宛（電報）　安保理においてニュージーランドが提出した決議案……392

二　343　昭和30年12月10日　四六三　国際連合日本政府代表部加瀬大使より重光外務大臣宛（電報）　安保理においてソ連が提出した決議案……392

二 344 昭和30年12月10日 四六五 国際連合日本政府代表部加瀬大使より重光外務大臣宛(電報) ソ連による各国別の決議案 …… 393

二 345 昭和30年12月10日 四六六 国際連合日本政府代表部加瀬大使より重光外務大臣宛(電報) ニュージーランド案とソ連案をめぐる各国の応酬 …… 393

二 346 昭和30年12月10日 四六七 国際連合日本政府代表部加瀬大使より重光外務大臣宛(電報) モンゴルの得票と拒否権行使の結果予想に関する中国の誤解解消につき意見具申 …… 395

二 347 昭和30年12月12日 三二四 重光外務大臣より在中国宮崎臨時代理大使宛(電報) 中国の誤解解消とともに拒否権放棄を再度申し入れ方訓令 …… 396

二 348 昭和30年12月12日 二五八 重光外務大臣より国際連合日本政府代表部加瀬大使宛(電報) 中国に棄権を選択させる方策に関する情勢調査方訓令 …… 396

二 349 昭和30年12月12日 一三四九 重光外務大臣より在米国井口大使宛(電報) アリソン駐日米国大使に改めて日本の加盟に向けた米国政府の尽力を要請した旨通報 …… 397

二 350 昭和30年12月12日 三八四 在中国宮崎臨時代理大使より重光外務大臣宛(電報) 中国は拒否権行使の影響を十分検討済みとの外交部次長の談話 …… 397

二 351 昭和30年12月12日 四七一 国際連合日本政府代表部加瀬大使より重光外務大臣宛(電報) ニュージーランド案での議事進行に向けた五十二国による秘密会開催について …… 398

二 352 昭和30年12月12日 四七三 国際連合日本政府代表部加瀬大使より重光外務大臣宛(電報) 五十二国参加秘密会の紛糾ぶりに関するオーストラリア代表の本国への報告 …… 399

二 353 昭和30年12月12日 四七五 国際連合日本政府代表部加瀬大使より重光外務大臣宛(電報) 中国に棄権を促すためにニュージーランドと英国が想定する投票方法について …… 400

二 354 昭和30年12月13日 三八六 在中国宮崎臨時代理大使より重光外務大臣宛(電報) 中国は断固拒否権を放棄せずとの葉外交部長の明言 …… 401

二 355 昭和30年12月13日 四八三 国際連合日本政府代表部加瀬大使より重光外務大臣宛(電報) 安保理におけるニュージーランド案等をめぐる審議経過 …… 402

二 356 昭和30年12月13日 四八四 国際連合日本政府代表部加瀬大使より重光外務大臣宛(電報) 中国によるモンゴルへの拒否権行使につき速報 …… 403

二 357 昭和30年12月13日 四八六 国際連合日本政府代表部加瀬大使より重光外務大臣宛(電報) 安保理での審議ぶりと加盟決議案が否決された経緯……404

二 358 昭和30年12月14日 二六一 重光外務大臣より国際連合日本政府代表部加瀬大使宛(電報) 代表部の努力を多とし日本の支持国に謝意表明方訓令……407

二 359 昭和30年12月14日 四八七 国際連合日本政府代表部加瀬大使より重光外務大臣宛(電報) 近い将来の加盟実現を確信し引き続き努力する旨回電……407

二 360 昭和30年12月14日 四八八 国際連合日本政府代表部加瀬大使より重光外務大臣宛(電報) ソ連による安保理招集要求について……408

二 361 昭和30年12月14日 四八九 国際連合日本政府代表部加瀬大使より重光外務大臣宛(電報) 安保理開催の決定につき報告……408

二 362 昭和30年12月14日 四九〇 国際連合日本政府代表部加瀬大使より重光外務大臣宛(電報) ソ連提案の背景についての観測……408

二 363 昭和30年12月14日 四九一 国際連合日本政府代表部加瀬大使より重光外務大臣宛(電報) ソ連の新提案に対処すべく工作中の旨報告……409

二 364 昭和30年12月14日 四九二 国際連合日本政府代表部加瀬大使より重光外務大臣宛(電報) ソ連の日本以外の各国に対する拒否権撤回表明……410

二 365 昭和30年12月14日 四九三 国際連合日本政府代表部加瀬大使より重光外務大臣宛(電報) 日本とモンゴルの加盟を先送りにするソ連の新決議案について……410

二 366 昭和30年12月14日 四九四 国際連合日本政府代表部加瀬大使より重光外務大臣宛(電報) ソ連案に日本を追加した米国案がソ連の拒否権行使により否決された旨報告……411

二 367 昭和30年12月14日 四九五 国際連合日本政府代表部加瀬大使より重光外務大臣宛(電報) 米国による第十一回総会での日本加盟決議案の提議……411

二 368 昭和30年12月14日 四九六 国際連合日本政府代表部加瀬大使より重光外務大臣宛(電報) 日本の加盟延期を遺憾とするイラン、英国およびニュージーランドの発言……411

二 369 昭和30年12月14日 一六七二 在米国井口大使より重光外務大臣宛(電報) 加盟問題に関し今後とるべき方策につき米国務省員との協議……412

二 370 昭和30年12月15日 二六二 重光外務大臣より国際連合日本政府代表部加瀬大使宛（電報） ソ連の意向を十分調査のうえ米国と協調して善処方訓令……413
二 371 昭和30年12月15日 一六七三 在米国井口大使より重光外務大臣宛（電報） 日本とモンゴルの抱き合わせ案に至った場合の中国への拒否権差し控え要請について……413
二 372 昭和30年12月15日 五〇〇 国際連合日本政府代表部加瀬大使より重光外務大臣宛（電報） ソ連が開催を要求した安保理の経過と各国の動向……414
二 373 昭和30年12月15日 三九一 在中国宮崎臨時代理大使より重光外務大臣宛（電報） 日本の加盟が阻まれたことへの遺憾表明を中国外交部に要請……416
二 374 昭和30年12月15日 三九四 在中国宮崎臨時代理大使より重光外務大臣宛（電報） モンゴル拒否の立場は抱き合わせ案に至っても不変と中国側言明……416
二 375 昭和30年12月15日 五〇一 国際連合日本政府代表部加瀬大使より重光外務大臣宛（電報） ソ連の真意につきマリク代表に直接確認の結果報告……417
二 376 昭和30年12月15日 五〇二 国際連合日本政府代表部加瀬大使より重光外務大臣宛（電報） 米英代表と協議のうえ決定した安保理での対応ぶりについて……418
二 377 昭和30年12月15日 五〇三 国際連合日本政府代表部加瀬大使より重光外務大臣宛（電報） 米国案へは反対投票とのソ連代表の言明……419
二 378 昭和30年12月15日 五〇四 国際連合日本政府代表部加瀬大使より重光外務大臣宛（電報） 再開された安保理での米ソ各案の審議経過……419
二 379 昭和30年12月15日 五〇五 国際連合日本政府代表部加瀬大使より重光外務大臣宛（電報） 次期総会までの日本加盟成立を確実にするための対ソ措置としての英国決議案について……420
別　電 昭和三十年十二月十五日発国際連合日本政府代表部加瀬大使より重光外務大臣宛第五〇六号 右決議案……421
二 380 昭和30年12月15日 五〇七 国際連合日本政府代表部加瀬大使より重光外務大臣宛（電報） 英国による事態打開のための決議案提出について……421

二 381 昭和30年12月15日 五〇八 国際連合日本政府代表部加瀬大使より重光外務大臣宛(電報) 安保理における米ソ両案の審議結果……421
二 382 昭和30年12月15日 五〇九 国際連合日本政府代表部加瀬大使より重光外務大臣宛(電報) 英国案の提出を受けたソ連の休会要請について……422
二 383 昭和30年12月15日 五一〇 国際連合日本政府代表部加瀬大使より重光外務大臣宛(電報) 米ソ両案が否決され英国案が提出されるまでの委員会の状況……423
二 384 昭和30年12月16日 三九六 在中国宮崎臨時代理大使より重光外務大臣宛(電報) 中国における日本とモンゴルの抱き合わせに対する批判論調について……425
二 385 昭和30年12月16日 五一一 国際連合日本政府代表部加瀬大使より重光外務大臣宛(電報) 総会の延期を受け中国の拒否権撤回を米国側に再度申し入れにつき意見具申……425
二 386 昭和30年12月16日 一六九五 在米国井口大使より重光外務大臣宛(電報) 米国に対し再度中国の説得を要請……426
二 387 昭和30年12月16日 五一五 国際連合日本政府代表部加瀬大使より重光外務大臣宛(電報) 日本の加盟不成立の経緯につき詳細報告……426
二 388 昭和30年12月17日 二六九 重光外務大臣より国際連合日本政府代表部加瀬大使宛(電報) 中国に対する再度の拒否権翻意の説得は差し控えるよう訓令……430
二 389 昭和30年12月17日 五一七 国際連合日本政府代表部加瀬大使より重光外務大臣宛(電報) 訓令の趣旨も考慮しつつ米国より中国への拒否権撤回申し入れについて……430
二 390 昭和30年12月17日 五一八 国際連合日本政府代表部加瀬大使より重光外務大臣宛(電報) 英国案に対するソ連の態度に応じとるべき措置につき請訓……432
二 391 昭和30年12月18日 五二〇 国際連合日本政府代表部加瀬大使より重光外務大臣宛(電報) 日本の加盟不成立の経緯につき詳細続報……433
二 392 昭和30年12月18日 五二二 国際連合日本政府代表部加瀬大使より重光外務大臣宛(電報) 日本とモンゴルの抱き合わせ阻止工作の状況について……435

二 393 昭和30年12月19日 二七〇 重光外務大臣より国際連合日本政府代表部加瀬大使宛（電報） 英国案の採択が最善であり適宜措置にて差し支えなき旨回訓……436
二 394 昭和30年12月21日 五二六 国際連合日本政府代表部加瀬大使より重光外務大臣宛（電報） 英国案にモンゴルを加えるソ連の修正提案について……436
二 395 昭和30年12月21日 五二八 国際連合日本政府代表部加瀬大使より重光外務大臣宛（電報） ソ連修正案には対案を出さず継続議事とする方針につき報告……437
二 396 昭和30年12月21日 五二九 国際連合日本政府代表部加瀬大使より重光外務大臣宛（電報） ソ連修正案に対する審議経過……437
二 397 昭和30年12月22日 五三〇 国際連合日本政府代表部加瀬大使より重光外務大臣宛（電報） 理事会審議におけるソ連代表の苦境および英国代表の貢献について……438

昭和三十一年一月

三 398 昭和31年1月11日 三 国際連合日本政府代表部加瀬大使より重光外務大臣宛（電報） 次期総会の見とおし等に関するハマーショルド国連事務総長の談話……443
三 399 昭和31年1月13日 八 在中国堀内大使より重光外務大臣宛（電報） 日本の国連加盟不成功および「二つの中国」論に関する蔣介石の談話……445
三 400 昭和31年1月18日 二〇 在英国西大使より重光外務大臣宛（電報） ソ連が日本の加盟と中国代表権とを絡める懸念等を述べた英国外相の発言……446
三 401 昭和31年1月24日 秘密一二四 在仏国西村大使より重光外務大臣宛 国連加盟に向けた中ソ米各国およびAAグループ等に対しとるべき施策につき意見具申……447

昭和三十一年二月

三 402 昭和31年2月9日 四四 重光外務大臣より在英国西大使宛（電報） スーダンの加盟審議に際してのソ連代表による日本の加盟に関する発言……450

三 403 昭和31年2月9日 秘密二三一 在仏国西村大使より重光外務大臣宛 仏国内外交要路による日本の加盟と中共の代表権との引換論について……451

三 404 昭和31年2月11日 三六 在中国堀内大使より重光外務大臣宛(電報) 日本の単独加盟推進策を米英およびニュージーランドと申し合せ済みとの葉外交部長の内話……452

三 405 昭和31年2月20日 四七 国際連合日本政府代表部加瀬大使より重光外務大臣宛(電報) 新規加盟議論の都度日本の単独加盟を提議する申し合せは存在しないとの各国の証言……453

三 406 昭和31年2月28日 四三 在カナダ松平大使より重光外務大臣宛(電報) 日本の加盟については当面静観を妥当とするカナダ代表の内話……454

三 407 昭和31年2月28日 一三九 在セイロン結城大使より重光外務大臣宛 セイロンによる日本の加盟積極支援の意向について……455

昭和三十一年三月

三 408 昭和31年3月5日 六二 国際連合日本政府代表部加瀬大使より重光外務大臣宛(電報) SEATO会議での日本の加盟問題提起をオーストラリア大使に依頼……458

三 409 昭和31年3月6日 六四 国際連合日本政府代表部加瀬大使より重光外務大臣宛(電報) 日ソ交渉の成り行きにより中国に翻意を求める必要があるとの各国代表意見および米国への働きかけにつき意見具申……459

三 410 昭和31年3月10日 四九 重光外務大臣より在セイロン結城大使宛(電報) AA諸国の気運醸成のため引き続きセイロンに支持要請方訓令……460

三 411 昭和31年3月13日 三九 重光外務大臣より国際連合日本政府代表部加瀬大使宛(電報) 国連加盟は日ソ交渉と別問題として取り扱う旨再度通報……461

三 412 昭和31年3月15日 台秘三〇八 在中国堀内大使より重光外務大臣宛 AA諸国の気運醸成および単独加盟工作を開始すべき旨意見具申……461

三 413 昭和31年3月20日 八五 在中国堀内大使より重光外務大臣宛(電報) 日本支持とモンゴルへの反対を一貫して維持との蔣国連大使の談話について……463

三　414　昭和31年3月28日　八四　国際連合日本政府代表部加瀬大使より重光外務大臣宛（電報）　ロッジ米国大使による日本の単独加盟推進提案に関する請訓……464

昭和三十一年四月

三　415　昭和31年4月3日　七一　在セイロン結城大使より重光外務大臣宛（電報）　セイロンは日本加盟に向けたＡＡ諸国への工作に積極的との観測……465
三　416　昭和31年4月4日　五二　重光外務大臣より国際連合日本政府代表部加瀬大使宛（電報）　ロッジ大使提案によらずＡＡ諸国をはじめ関係国への広汎な働きかけ方回訓……466
三　417　昭和31年4月9日　一〇七　国際連合日本政府代表部加瀬大使より重光外務大臣宛（電報）　ロッジ大使提案はＡＡ諸国の気運が熟すまで待つ旨同大使に伝達……467
三　418　昭和31年4月16日　国際協力局作成　「国連加盟実現のための方策に関する件」……468
三　419　昭和31年4月24日　八八　在セイロン結城大使より重光外務大臣宛（電報）　セイロン新首相に対し日本の加盟への支援を要望……469

昭和三十一年五月

三　420　昭和31年5月10日　一一一　在オーストラリア鈴木大使より重光外務大臣宛（電報）　オーストラリア首相に対する日本の加盟斡旋依頼に関し請訓……470
三　421　昭和31年5月12日　豪四二五　在オーストラリア鈴木大使より重光外務大臣宛　オーストラリア首相訪日に際しての事前打ち合わせの内容……471
三　422　昭和31年5月15日　一三五　国際連合日本政府代表部加瀬大使より重光外務大臣宛（電報）　ハマーショルド事務総長のソ連訪問にあたり日本の加盟促進への支援要請……475
三　423　昭和31年5月16日　八九　重光外務大臣より在オーストラリア鈴木大使宛（電報）　ソ連の拒否権阻止に向けオーストラリア首相への支援申し入れ方訓令……476
三　424　昭和31年5月17日　一二〇　在オーストラリア鈴木大使より重光外務大臣宛（電報）　日本の加盟支持拡大等に関するオーストラリア首相との意見交換……476

三　425　昭和31年5月23日　三八六　在セイロン結城大使より重光外務大臣宛　日本の加盟に関するセイロン首脳部との談話追報および鳩山総理書簡発出につき意見具申……478

三　426　昭和31年5月28日　五九六　国際連合日本政府代表部加瀬大使より重光外務大臣宛　日ソ国交回復の進展状況に応じた国連加盟工作方針について……481

三　427　昭和31年5月29日　九一　重光外務大臣より在セイロン結城大使宛(電報)　セイロン首相への鳩山総理書簡発出は差し控える旨通報……483

三　428　昭和31年5月30日　一〇一　在セイロン結城大使より重光外務大臣宛(電報)　セイロン首相への鳩山総理書簡発出につき再考を要請……483

昭和三十一年六月

三　429　昭和31年6月1日　協一一一六　重光外務大臣より在セイロン結城大使宛　セイロン首相への鳩山総理書簡発出は差し控え他の英連邦諸国と同様に工作方訓令……484

三　430　昭和31年6月2日　協一合六八七　重光外務大臣より在英国西大使、在カナダ松平大使、在インド吉沢大使他宛　英連邦首相会議に向け連邦諸国への適宜工作方訓令……485

付　記　昭和三十一年五月二十二日、国際協力局作成「わが国の国連加盟問題に関する件」……486

三　431　昭和31年6月7日　一一六(ママ)　国際連合日本政府代表部加瀬大使より重光外務大臣宛(電報)　国連AAグループでの日本の参加招請可決につき報告……487

付　記　昭和三十一年六月九日、国際協力局第一課作成「国連におけるAAグループについて」……488

三　432　昭和31年6月9日　五七三　在ビルマ太田大使より重光外務大臣宛　国連加盟に向けたAA諸国への工作方針につき意見具申……491

三　433　昭和31年6月12日　一七六　国際連合日本政府代表部加瀬大使より重光外務大臣宛(電報)　訪ソに際し日本の単独無条件加盟を促すとのハマーショルド事務総長の言明……493

三 434 昭和31年6月12日 一七八 国際連合日本政府代表部加瀬大使より 重光外務大臣宛(電報) 国連AAグループへの日本の正式参加につき報告……494
三 435 昭和31年6月15日 一三七 在インド吉沢大使より 重光外務大臣宛(電報) 英連邦首相会議の機会に日本の加盟支援をネルー首相に要請……495
三 436 昭和31年6月15日 泰本八一七 在タイ渋沢大使より 重光外務大臣宛 総会議長候補であるタイ外相に対する日本の加盟への支援要請……496
三 437 昭和31年6月18日 一八九 国際連合日本政府代表部加瀬大使より 重光外務大臣宛(電報) 英連邦首相会議における加盟問題の取扱いに関し英国大使との会談……497
三 438 昭和31年6月18日 五九五 在パキスタン山形大使より 重光外務大臣宛 英連邦首相会議の機会に日本加盟支援をパキスタン大統領に要請について……498
三 439 昭和31年6月18日 オG四九一 在カナダ松平大使より 重光外務大臣宛 日本加盟の国際世論喚起に関するニュージーランド首相およびカナダ高官の見解……499
三 440 昭和31年6月19日 一二四 重光外務大臣より 在オーストラリア鈴木大使宛(電報) 日本の加盟を理事会において主導することにつき在京オーストラリア大使よりの打診……501
三 441 昭和31年6月21日 一〇〇 重光外務大臣より 在セイロン結城大使宛(電報) セイロンに対し英連邦首相会議での日本の国連加盟支持と国連AAグループでの緊密協力の要請方訓令……502
三 442 昭和31年6月22日 一九四 国際連合日本政府代表部加瀬大使より 重光外務大臣宛(電報) オーストラリア等英連邦各国と首相会議での日本の加盟促進を申し合わせ……502
三 443 昭和31年6月25日 六二三 在パキスタン山形大使より 重光外務大臣宛 日本の加盟支援に関するパキスタン外務次官との懇談について……503

昭和三十一年七月

三 444 昭和31年7月7日 三二三 在英国西大使より 重光外務大臣宛(電報) 国連加盟国の拡大を期待するとの英連邦首相会議最終コミュニケでの言及……507
三 445 昭和31年7月9日 三二四 在英国西大使より 重光外務大臣宛(電報) 日本の加盟支持や中国代表権問題に関する英連邦首相会議での議論ぶり……507

三 446 昭和31年7月10日 一九二 在オーストラリア鈴木大使より重光外務大臣宛（電報） 英連邦首相会議での合意形成に関するオーストラリア外務次官補の内話……509

三 447 昭和31年7月11日 合二四四 重光外務大臣より在英国西大使、在カナダ松平大使、国際連合日本政府代表部加瀬大使他宛（電報） 英連邦諸国へ日本支持の謝意伝達および中国代表権と関連せしめぬよう誘導方訓令……509

三 448 昭和31年7月12日 秘オG五五八 在カナダ近藤臨時代理大使より重光外務大臣宛 英連邦首相会議において日本の加盟と中国代表権問題は関連せずとのカナダ側内話……510

三 449 昭和31年7月13日 二一五 国際連合日本政府代表部北原臨時代理大使より重光外務大臣宛（電報） モロッコ等の加盟審議に際し日本も議論することにつき米国より意向照会……513

三 450 昭和31年7月13日 二八 在ペルー寺岡公使より重光外務大臣宛（電報） 加盟審議に関する米国の照会についての補足情報……514

三 451 昭和31年7月14日 一四五 重光外務大臣より在中国堀内大使宛（電報） 中国に対し日本の単独加盟への同調誘導方訓令……516

三 452 昭和31年7月14日 一〇八 重光外務大臣より国際連合日本政府代表部加瀬大使宛（電報） 加盟問題の安保理審議先送りは困難との米側よりの通報……516

三 453 昭和31年7月16日 一一〇 重光外務大臣より国際連合日本政府代表部加瀬大使宛（電報） 米国提案の安保理審議は時期尚早であり主要関係国等の意向見極め方訓令……517

付記 昭和三十一年七月十七日、国際協力局第一課作成「わが国の国連加盟問題に対するソ連側態度に関する件」……518

三 454 昭和31年7月16日 二二四 国際連合日本政府代表部北原臨時代理大使より重光外務大臣宛（電報） モロッコの加盟申請審査にかかる安保理開催日程について……522

三 455 昭和31年7月16日 二二六 国際連合日本政府代表部北原臨時代理大使より重光外務大臣宛（電報） モロッコ加盟審議に際しての心得につき照会……523

三 456 昭和31年7月16日 七一八 在パキスタン山形大使より重光外務大臣宛 日本の単独加盟の意向を支持するとのパキスタン外務省員の談話……523

三 457 昭和31年7月16日 七二三 在パキスタン山形大使より重光外務大臣宛 ソ連の態度緩和には日本の独立的外交方針が必要とのインド高官の談話……524

三 458 昭和31年7月17日 二二七 国際連合日本政府代表部加瀬大使より重光外務大臣宛(電報) モロッコ加盟審議の時期をめぐる各国の態度について……527

三 459 昭和31年7月17日 二二八 国際連合日本政府代表部加瀬大使より重光外務大臣宛(電報) 訓令の趣旨にも照らしモロッコに合わせた加盟申請は断念すべき旨意見具申……529

三 460 昭和31年7月18日 一一四 重光外務大臣より国際連合日本政府代表部加瀬大使宛(電報) 加盟申請は日ソ交渉との関連で時期見極めが必要との回答をアリソン駐日米国大使に伝達……530

別電 昭和三十一年七月十八日発重光外務大臣より国際連合日本政府代表部加瀬大使宛第一一五号 右回答……531

三 461 昭和31年7月20日 二三七 国際連合日本政府代表部加瀬大使より重光外務大臣宛(電報) モロッコの加盟承認に際して日本の単独加盟実現を要望した各国の発言について……532

別電 昭和三十一年七月二十日発国際連合日本政府代表部加瀬大使より重光外務大臣宛第二三八号 右各国発言要旨……532

三 462 昭和31年7月23日 二三九 国際連合日本政府代表部加瀬大使より重光外務大臣宛(電報) ソ連に日本の加盟への無条件支持を確約させる必要性につき意見具申……537

三 463 昭和31年7月24日 二四一 国際連合日本政府代表部加瀬大使より重光外務大臣宛(電報) 国連Aグループ会合における日本の単独加盟支持への気運醸成の状況……537

三 464 昭和31年7月26日 二四三 国際連合日本政府代表部加瀬大使より高碕外務大臣臨時代理宛(電報) チュニジアの加盟承認に際して日本の早期単独加盟実現を要望した各国の発言について……539

別電 昭和三十一年七月二十六日発国際連合日本政府代表部加瀬大使より高碕外務大臣臨時代理宛第二四四号
右各国発言 ……539

三 465 昭和31年7月26日 二四五 国際連合日本政府代表部加瀬大使より高碕外務大臣臨時代理宛(電報) チュニジア審議での各国による日本支持発言の奏功ぶりにつき報告 ……542

三 466 昭和31年7月30日 協一二〇六 高碕外務大臣臨時代理より国際連合日本政府代表部加瀬大使宛 チュニジア審議においてソ連が言及した決議案の性質確認 ……543

昭和三十一年八月

三 468 昭和31年8月4日 二五二 国際連合日本政府代表部加瀬大使より高碕外務大臣臨時代理宛(電報) 日本の加盟に関するソ連外相との会談結果に基づくハマーショルド事務総長の内話 ……545

三 467 昭和31年8月6日 八一三 国際連合日本政府代表部加瀬大使より高碕外務大臣臨時代理宛 ソ連決議案は日本の単独加盟を支持する性質のものではない旨回答 ……544

三 469 昭和31年8月6日 二五三 国際連合日本政府代表部加瀬大使より高碕外務大臣臨時代理宛(電報) ソ連に関するハマーショルド事務総長の内話を受けた現状分析および今後の見とおしについて ……547

付記 昭和三十一年十月、国際協力局作成
「モスコー交渉後の国連加盟問題処理方策に関する件」 ……550

昭和三十一年十月

三 470 昭和31年10月5日 二八四 在中国堀内大使より重光外務大臣宛(電報) 日ソ交渉の帰趨に警鐘を鳴らす中国紙の報道ぶり ……558

三 471 昭和31年10月20日 二〇五 重光外務大臣より国際連合日本政府代表部加瀬大使宛(電報) 日ソ交渉においてブルガーニン首相が日本の加盟支持確約の旨内報 ……559

付記 昭和三十一年十月十九日調印
「日本国とソヴィエト社会主義共和国連邦との共同宣言」 ……559

三 472 昭和31年10月23日 二〇七 重光外務大臣より国際連合日本政府代表部加瀬大使宛(電報) 日ソ共同宣言調印後の国連加盟方策について……562
三 473 昭和31年10月23日 二二九 在カナダ松平大使より重光外務大臣宛(電報) ソ連の動向等に関するカナダ外相の内話……563
三 474 昭和31年10月25日 合五〇三 重光外務大臣より在米国谷大使、国際連合日本政府代表部加瀬大使、在英国西大使他宛(電報) 安保理上程の時期につき在京ニュージーランドおよび米国大使館員からの照会……564
三 475 昭和31年10月27日 四三二 国際連合日本政府代表部加瀬大使より重光外務大臣宛(電報) ハマーショルド事務総長による鳩山総理表敬の際の加盟関係談話の概要……565

昭和三十一年十一月

三 476 昭和31年11月1日 二三二 重光外務大臣より国際連合日本政府代表部加瀬大使宛(電報) ソ連次第では日ソ共同宣言批准前の加盟も検討すべく事務総長と協議方訓令……566
三 477 昭和31年11月5日 三〇九 在中国堀内大使より重光外務大臣宛(電報) 日ソ復交による中国内での日本加盟反対論を払拭するため措置考慮方請訓……567
三 478 昭和31年11月7日 五三三 国際連合日本政府代表部加瀬大使より重光外務大臣宛(電報) 日本の加盟実現に向けた段取りにつき総会議長への確認および措置に関する請訓……568
三 479 昭和31年11月8日 二四二 重光外務大臣より在中国堀内大使宛(電報) 日本の国民政府支持の立場等につき中国側に充分説明方回訓……570
三 480 昭和31年11月9日 二五一 重光外務大臣より国際連合日本政府代表部加瀬大使宛(電報) 新加盟国に適宜日本の加盟に言及せしめるよう措置方回訓……570
三 481 昭和31年11月10日 三一三 在中国堀内大使より重光外務大臣宛(電報) 葉外交部長による国民政府支持言明への謝意と韓国からの日本拒否要請に関する内話……571
三 482 昭和31年11月11日 三一四 在中国堀内大使より重光外務大臣宛(電報) 葉外交部長に対し日本の立場を明確化する文書手交につき請訓……571

Documents on Japanese Foreign Policy

Japan's Admission to the United Nations

CONTENTS

日本外交文書　国際連合への加盟

2019年6月20日　初版発行

編　　者　外　務　省

発 行 者　八　木　唯　史

発 行 所　株式会社 六　一　書　房
〒101-0051　東京都千代田区神田神保町 2-2-22

電話 03-5213-6161　FAX 03-5213-6160　振替 00160-7-35346

http://www.book61.co.jp　E-mail info@book61.co.jp
印刷・製本　株式会社　三陽社

ISBN 978-4-86445-117-8 C3021

三 512 昭和31年12月13日 三五九 在中国堀内大使より高碕外務大臣臨時代理宛(電報) 中国への安保理通過の謝意伝達と総会での支持要請 …… 599
三 513 昭和31年12月13日 七七八 国際連合日本政府代表部加瀬大使より高碕外務大臣臨時代理宛(電報) 安保理での日本加盟案採択に関するニクソン米国副大統領の祝意表明 …… 600
三 514 昭和31年12月14日 七九五 国際連合日本政府代表部加瀬大使より高碕外務大臣臨時代理宛(電報) 総会での日本の加盟問題討議決定につき通知 …… 600
三 515 昭和31年12月14日 七九六 国際連合日本政府代表部加瀬大使より高碕外務大臣臨時代理宛(電報) 総会における日本加盟決議案の共同提案に関する各国との調整状況 …… 600
三 516 昭和31年12月17日 八〇三 国際連合日本政府代表部加瀬大使より高碕外務大臣臨時代理宛(電報) 日本加盟決議案の提出予定につき報告 …… 601
三 517 昭和31年12月17日 八〇六 国際連合日本政府代表部加瀬大使より高碕外務大臣臨時代理宛(電報) 加盟採択にあたっての議事次第について …… 601
三 518 昭和31年12月17日 八一〇 国際連合日本政府代表部加瀬大使より高碕外務大臣臨時代理宛(電報) 日本加盟決議案の共同提案国 …… 602
三 519 昭和31年12月18日 八一八 国際連合日本政府代表部加瀬大使より高碕外務大臣臨時代理宛(電報) 総会本会議における日本加盟の満場一致承認につき報告 …… 603
別電 昭和三十一年十二月十八日発国際連合日本政府代表部加瀬大使より高碕外務大臣臨時代理宛第八一九号 右本会議における日本加盟決議案 …… 603
三 520 昭和31年12月18日 八二〇 国際連合日本政府代表部加瀬大使より高碕外務大臣臨時代理宛(電報) 本会議における日本の加盟決定までの経緯につき報告 …… 604
付記一 昭和三十一年十二月十八日 国連総会における重光外務大臣の演説 …… 604
二 右和訳文 …… 609
三 521 昭和31年12月19日 外務省告示 日本の国連加盟承認と発効に関する告示 …… 613

三 502 昭和31年12月8日 合六一三 重光外務大臣より在英国西大使、在仏国西村大使、在ベルギー武内大使他宛(電報) 各任国に対し安保理における支持要請方訓令……586

三 503 昭和31年12月8日 七二九 国際連合日本政府代表部加瀬大使より重光外務大臣宛(電報) 日本の加盟に関する安保理開催の決定……587

別電 昭和三十一年十二月八日発国際連合日本政府代表部加瀬大使より重光外務大臣宛第七三〇号 右安保理議題……587

三 504 昭和31年12月10日 七八六 在英国西大使より重光外務大臣宛(電報) 英国による支持快諾の報告……588

三 505 昭和31年12月11日 七四六 国際連合日本政府代表部加瀬大使より重光外務大臣宛(電報) 日本の加盟決議案は地域別主要国の共同提案とする方針につき報告……588

三 506 昭和31年12月11日 七五〇 国際連合日本政府代表部加瀬大使より重光外務大臣宛(電報) 安保理での対処方針に関する関係国との打ち合わせ内容につき報告……588

三 507 昭和31年12月12日 七六三 国際連合日本政府代表部加瀬大使より重光外務大臣宛(電報) 安保理において日本加盟決議案採択の一報……589

三 508 昭和31年12月12日 七六四 国際連合日本政府代表部加瀬大使より重光外務大臣宛(電報) 日本加盟決議案に関する安保理での審議状況……589

別電 昭和三十一年十二月十二日発国際連合日本政府代表部加瀬大使より重光外務大臣宛第七六七号 右審議における各国の発言内容……590

三 509 昭和31年12月12日 七六六 国際連合日本政府代表部加瀬大使より重光外務大臣宛(電報) ソ連提案のモンゴル加盟決議案否決について……597

三 510 昭和31年12月13日 三四五 重光外務大臣より国際連合日本政府代表部加瀬大使宛(電報) 代表部の努力を多とし関係国代表への謝意伝達方依頼……598

三 511 昭和31年12月13日 重光外務大臣談話 安保理での日本加盟決議採択に関する重光外務大臣談話……598

三　493　昭和31年11月17日　二五七七　在米国谷大使より重光外務大臣宛（電報）　日本の加盟が他国の加盟問題の影響を受けないよう国務省員への注意喚起……579
三　494　昭和31年11月24日　三三八　在中国堀内大使より重光外務大臣宛（電報）　日本支持をめぐる報道への対応や韓国加盟支持に関する葉外交部長の談話……580
三　495　昭和31年11月24日　三三九　在中国堀内大使より重光外務大臣宛（電報）　中国は韓国に対し慎重な態度が必要との葉外交部長の内話……581
三　496　昭和31年11月28日　合五八八　重光外務大臣より国際連合日本政府代表部加瀬大使、在米国谷大使宛（電報）　加盟に向けた段取りにつき在京米国代理大使への説明……582

昭和三十一年十二月

三　497　昭和31年12月1日　六八〇　国際連合日本政府代表部加瀬大使より重光外務大臣宛（電報）　加盟に向けた事務局との調整状況報告と安保理開催日程につき請訓……583
三　498　昭和31年12月4日　三〇四　重光外務大臣より国際連合日本政府代表部加瀬大使宛（電報）　安保理開催日程につき回訓……584
三　499　昭和31年12月7日　合六一二　重光外務大臣より在イラン山田大使、在ペルー寺岡公使宛（電報）　安保理で日本加盟に関する決議案提出予定の両国に謝意伝達方訓令……584
三　500　昭和31年12月7日　七一五　国際連合日本政府代表部加瀬大使より重光外務大臣宛（電報）　総会本会議における日本加盟への言及状況……584
三　501　昭和31年12月7日　七二一　国際連合日本政府代表部加瀬大使より重光外務大臣宛（電報）　ソ連によるモンゴル加盟勧告決議案の提出につき一報……585
別　電　昭和三十一年十二月七日発国際連合日本政府代表部加瀬大使より重光外務大臣宛第七二二号　右加盟勧告決議案……586

別　電　昭和三十一年十一月十一日発在中国堀内大使より重光外務大臣宛第三一五号
右文書……572
三　483　昭和31年11月12日　二四四　重光外務大臣より在中国堀内大使宛(電報)　葉外交部長への文書送付につき許可方回訓……572
三　484　昭和31年11月13日　三二〇　在中国堀内大使より重光外務大臣宛(電報)　葉外交部長と日中相互に立場を保証する文書の交換につき報告……573
三　485　昭和31年11月14日　三二一　在中国堀内大使より重光外務大臣宛(電報)　蔣介石総統および中国内の日本加盟反対派の説得に関する葉外交部長の内話……573
三　486　昭和31年11月14日　台秘一二二七　在中国堀内大使より重光外務大臣宛　葉外交部長と取り交わした文書写しの送付……574
三　487　昭和31年11月14日　五七五　国際連合日本政府代表部加瀬大使より重光外務大臣宛(電報)　総会演説において日本加盟への言及を差し控えた事情につき議長の弁明……575
三　488　昭和31年11月14日　五八二　国際連合日本政府代表部加瀬大使より重光外務大臣宛(電報)　日ソ復交と日本の加盟に関するソ連代表の談話……575
三　489　昭和31年11月15日　二五四五　在米国谷大使より重光外務大臣宛(電報)　韓国による日本の加盟阻害の動きに関する米国務省員の内話……576
三　490　昭和31年11月16日　五九一　国際連合日本政府代表部加瀬大使より重光外務大臣宛(電報)　他国に影響されず速やかに単独加盟を実現するための措置方要請……576
三　491　昭和31年11月16日　五九七　国際連合日本政府代表部加瀬大使より重光外務大臣宛(電報)　日本の加盟に言及した多数友好国の演説について……578
別　電　昭和三十一年十一月十六日発国際連合日本政府代表部加瀬大使より重光外務大臣宛第五九八号
右各国演説抜粋……578
三　492　昭和31年11月16日　二五六四　在米国谷大使より重光外務大臣宛(電報)　日本の早期加盟実現を期待するフーバー米国務長官代理の国連総会演説……579